职业活动导向一体化培训教材

汽车配件运营实务

主　编　李　晓

中国财富出版社

图书在版编目（CIP）数据

汽车配件运营实务/李晓主编．—北京：中国财富出版社，2013.2

（职业活动导向一体化培训教材）

ISBN 978-7-5047-4548-4

Ⅰ.①汽…　Ⅱ.①李…　Ⅲ.①汽车—配件—商业经营—职业教育—教材　Ⅳ.①F766

中国版本图书馆CIP数据核字（2012）第267807号

策划编辑　王淑珍　　**责任印制**　何崇杭　王　洁

责任编辑　徐文涛　李瑞清　　**责任校对**　杨小静

出版发行　中国财富出版社（原中国物资出版社）

社　　址　北京市丰台区南四环西路188号5区20楼　　**邮政编码**　100070

电　　话　010-52227568（发行部）　　010-52227588转307（总编室）

010-68589540（读者服务部）　　010-52227588转305（质检部）

网　　址　http://www.clph.cn

经　　销　新华书店

印　　刷　中国农业出版社印刷厂

书　　号　ISBN 978-7-5047-4548-4/F·1901

开　　本　787mm×1092mm　1/16

印　　张　27.25　　**版　　次**　2013年2月第1版

字　　数　680千字　　**印　　次**　2013年2月第1次印刷

印　　数　0001—3000册　　**定　　价**　49.80元

前　言

随着中国汽车工业的高速发展，中国汽车零配件产业进入了快速发展阶段。汽车零配件产业将是汽车行业竞争的风向标。汽车配件种类繁多，涉及机械、电子、化工、原材料等多种工业生产领域。结合“以工作任务”为导向的高职高专系列课程改革，本书将汽车配件运营实务工作中的技能点设置为九个模块，系统介绍了汽车配件经营与管理中各个环节的知识，具体内容包括汽车主要配件、汽车配件编号及编号规则、汽车常用材料、汽车配件采购、汽车配件配送及物流、汽车配件仓储、汽车配件销售、配件经营分析、汽车配件管理信息系统及电子商务。

本书旨在培养实践操作能力，从实践环节出发，图文并茂，内容全面、具体，实用性强。可作为高职高专院校汽车类相关专业的教学用书，也可供从事汽车、工程机械和其配件管理及营销的技术人员阅读，还可作为相关单位职工培训使用。

本书由李晓（成都师范学院）担任主编，参与编写的人员有：代静（四川工程职业技术学院）、姬虹（河南职业技术学院）、林梅（成都师范学院）、杨二杰（四川交通运输职业学校）、田勤琴（成都师范学院）、马萍萍（北京汽车工程学校）、马三力（四川科华技工学校）、龚敏（柳州城市职业学院）。

由于编者水平以及掌握资料的限制，书中不足之处在所难免，恳请同行专家及读者批评指正。

编　者

2013 年 1 月

目　　录

模块一 汽车主要配件

汽车配件是构成汽车整体的各单元及服务于汽车的产品。汽车由成千上万个零部件装配而成，且型号很多，用途和构造各异，但是从汽车的整体构造而言，主要包括发动机、底盘、车身和电气设备。发动机是汽车动力装置。底盘作用是支撑、安装汽车发动机及其各部件、总成，形成汽车的整体造型，并接受发动机的动力，使汽车产生运动，保证正常行驶。汽车车身的作用主要保护驾驶员以及构成良好的空气力学环境。好的车身不仅能带来更佳的性能，也能体现出车主的个性。电器与电子设备是汽车的重要组成部分，其性能的好坏直接影响到汽车的动力性、经济性、可靠性、安全性、排气净化及舒适性。

任务一 汽车发动机主要配件认识

【任务描述】

通过对汽车发动机结构的介绍，学习汽车发动机的主要配件的作用、结构和位置。

【任务目标】

掌握汽车发动机主要的组成部件、作用以及位置，能够识别相关配件名称。

【任务准备】

一、发动机配件概述

汽车配件是构成汽车整体的各单元及服务于汽车的产品。汽车由成千上万个零部件装配而成，且型号很多，用途和构造各异，但是从汽车的整体构造而言，任何一辆汽车都主要包括四大组成部分：发动机、底盘、车身、电气设备。

发动机是汽车动力装置。以往复式运动活塞发动机居多，通过气体或液体燃料与空气混合后在发动机内燃烧产生热能，再转化为机械能；由于燃烧产生热能的过程在机体内部完成，所以称为内燃机。这类发动机在汽车上使用广泛，技术相当成熟。

汽车发动机种类繁多，可按照不同特征进行分类。根据使用燃料可分为汽油机和柴油机；根据行程数可分为二冲程发动机和四冲程发动机；根据冷却方式不同可分为风冷发动机和水冷发动机。根据缸数多少可分为单缸发动机和多缸发动机。无论哪种多缸发动机，要完成能量转换、实现工作循环、保证长时间连续正常工作，都必须具备以下一些机构和系统。即由曲柄连杆机构、配气机构、燃料供给系、润滑系、冷却系、点火系（仅汽油机）和启动系组成。

二、曲柄连杆机构

曲柄连杆机构是发动机实现工作循环，完成能量转换的主要运动零件。它由机体组、活塞连杆组和曲轴飞轮组等组成。在作功行程中，活塞承受燃气压力在汽缸内作直线运动，通过连杆转换成曲轴的旋转运动，并从曲轴对外输出动力。而在进气、压缩和排气行程中，飞轮释放能量又把曲轴的旋转运动转化成活塞的直线运动。

1. 机体组的结构和作用

机体组主要包括：汽缸体、汽缸盖、汽缸套、曲轴箱、汽缸垫等不动件。它是发动机的基础，是组成燃烧室的主要零部件，是曲柄连杆机构、配气机构和发动机各系统主要零部件的装配基体。

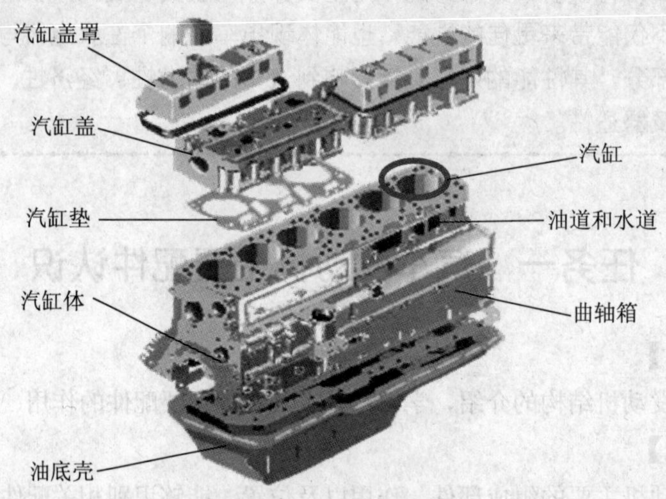

图 1-1-1　机体组的结构

（1）汽缸盖罩

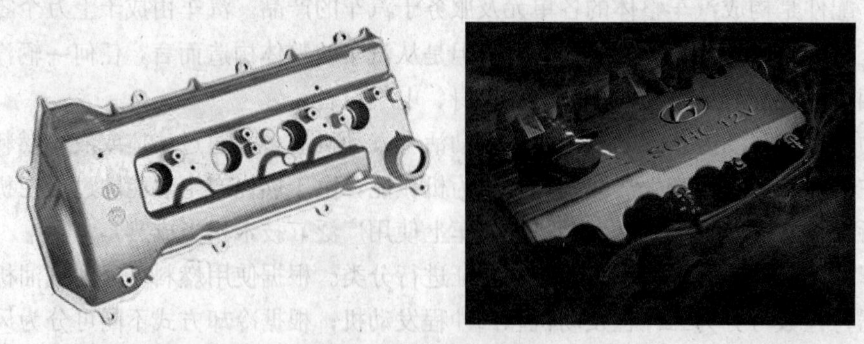

图 1-1-2　汽缸盖罩

作用：形成汽缸盖上部分的密封腔，主要用来密封汽缸盖及配气机构等零部件，防止

灰尘污染机油或灰尘进入加快气门传动机构的磨损及润滑油的泄漏。

材料：铝合金、铁质、塑料等。

外型特征：上有机油加入口、通风口及标记，如表1-1-1所示。

表1-1-1 **汽缸盖罩上的标记**

标 记	含 义
12VALVE	12气门
SOHC	单凸轮轴
DOHC	双凸轮轴
VTEC	分级可变气门升程及可变配气正时
i-VTEC	分级可变气门升程/连续可变配气正时
VVT/VVT-i	可变/连续可变配气正时
VVTL-i	分级可变气门升程 连续可变配气正时
VANOS	连续可变配气正时

(2) 汽缸盖

作用：是封闭汽缸上部，并与活塞顶部和汽缸壁一起形成燃烧室。

构造：汽缸盖是发动机上最复杂的零件之一。汽缸盖内部有与汽缸体相通的冷却水套；有进、排气门座及气门导管孔和进、排气通道；有燃烧室、火花塞座孔或喷油器座孔；上置凸轮轴式发动机的汽缸盖上还有用以安装凸轮轴的轴承座。

材料：一般采用优质灰铸铁、合金铸铁或铝合金铸造。

(3) 汽缸垫

作用：汽缸垫用来保证汽缸体与汽缸盖结合面间的密封，防止漏气、漏水、漏油等。

种类：

金属—石棉汽缸垫。石棉中间夹有金属丝或金属屑，且外覆铜皮或钢皮，在缸口、水孔和油道口周围采用卷边加固，以防被高温燃气烧坏。这种汽缸垫有很好的弹性和耐热性，能重复使用，但强度较差。

图1-1-3 汽缸盖

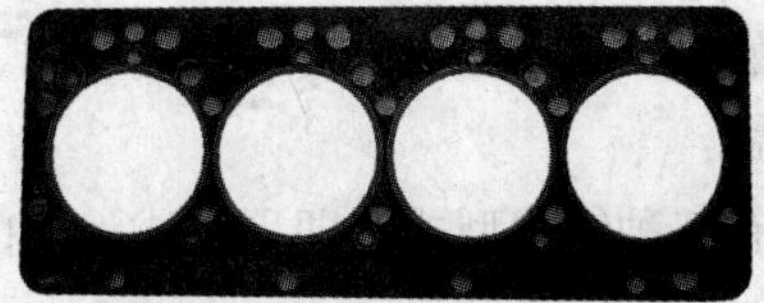

图1-1-4 汽缸垫

金属骨架—石棉垫。用编织的钢丝网或冲孔钢片为骨架，外覆石棉及橡胶粘结剂压成垫片，只在缸口、油道口及水孔处用金属包边。这种缸垫弹性更好，但易粘结，只能一次性使用。

金属片式汽缸垫。这种汽缸垫多用在强化发动机上，轿车和赛车上采用较多。它需要在密封的汽缸孔、水孔、油道口周围冲压出一定高度的凸纹，利用凸纹的弹性变形实现密封。

(4) 汽缸体

作用：汽缸体是发动机各个机构和系统的装配基体，并由它来保持发动机各运动件相互之间的准确位置关系。水冷式发动机通常将汽缸体与上曲轴箱铸成一体，简称汽缸体，如图 1－1－5 所示。

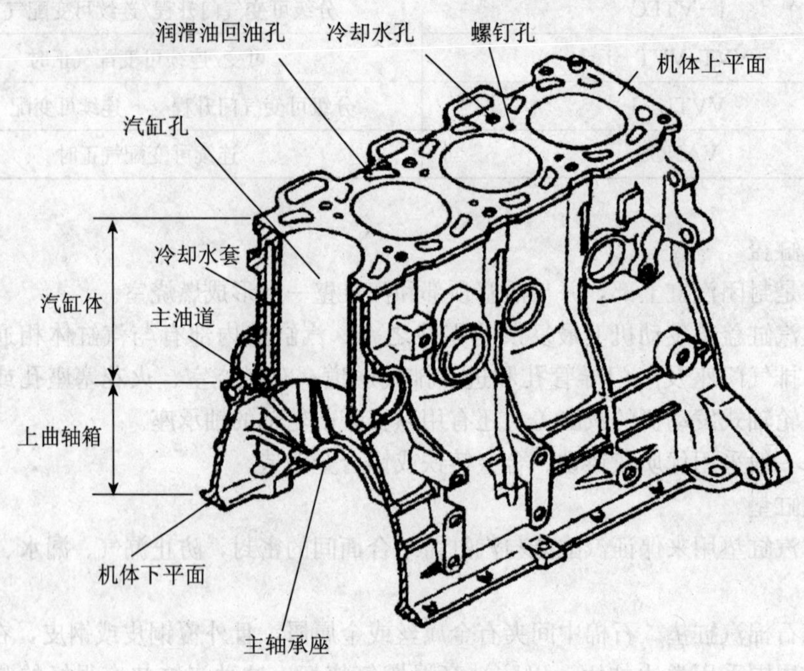

图 1－1－5　汽缸体

汽缸体上半部有若干个为活塞在其中作运动导向的圆柱形空腔，称为汽缸。下半部为支承曲轴的上曲轴箱，其内腔为曲轴运动的空间。在上曲轴箱上制有主轴承座孔，有的发动机还制有凸轮轴轴承座孔。为了这些轴承的润滑，在侧壁上钻有主油道，前后壁和中间隔板上钻有分油道。

汽缸体的上、下平面用以安装汽缸盖和下曲轴箱，是汽缸修理的加工基准。

结构形式：

汽缸体有三种结构型式，即平底式、龙门式和隧道式，如图 1－1－6 所示。

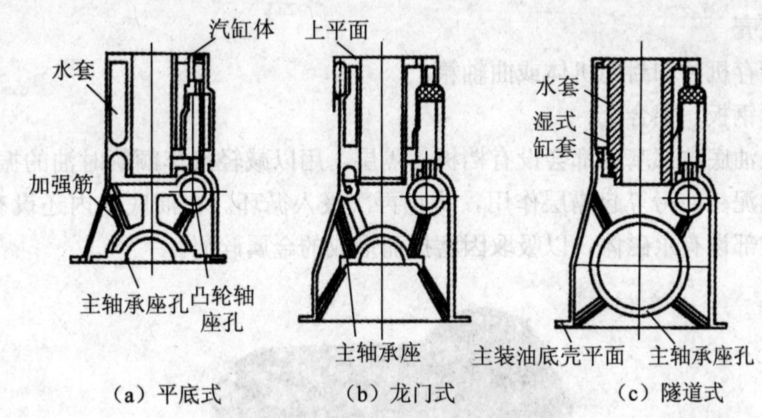

图 1-1-6　汽缸体的结构形式

材料：灰铸铁、球墨铸铁、合金铸铁等。

汽缸的排列方式：发动机汽缸排列方式有三种：直列式（也叫单列式）、V 型和对置式、W 型如图 1-1-7 所示。

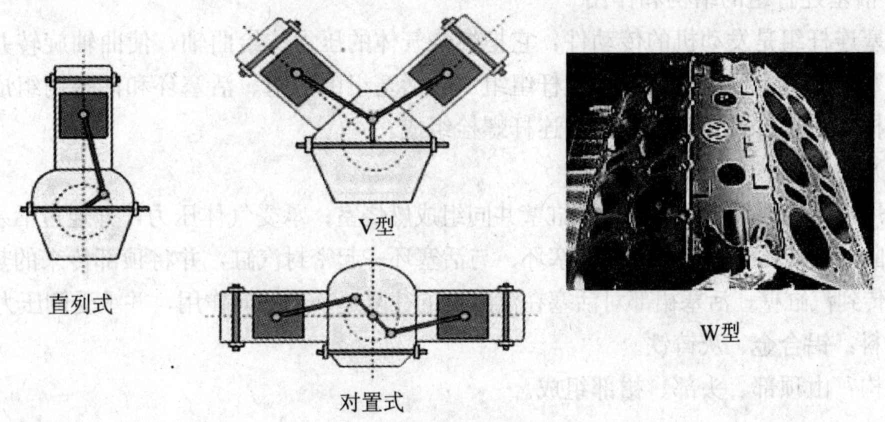

图 1-1-7　汽缸的排列方式

汽缸的冷却方式：汽缸的冷却方式分为水冷式、风冷式如图 1-1-8 所示。

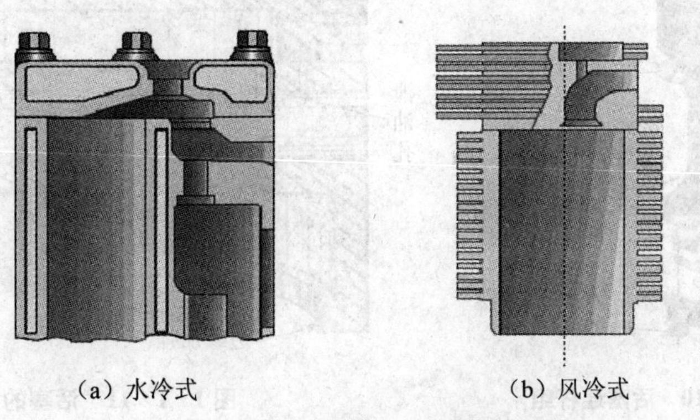

图 1-1-8　汽缸的冷却方式

(5) 油底壳

作用：储存机油和封闭机体或曲轴箱。

材料：薄钢板、铝合金。

结构：在油底内部基本都会设有档板、隔层，用以减轻汽车颠簸时油的振荡以及对沉入油底壳的油泥、油污等起隔层作用，防止再次吸入循环。在油底壳内还设有放油螺栓，并在螺栓的前部设有永磁体，以吸取因磨损而形成的金属碎屑。

图 1-1-9　油底壳

2. 活塞连杆组的结构和作用

活塞连杆组是发动机的传动件，它把燃烧气体的压力传给曲轴，使曲轴旋转并输出动力。活塞连杆组主要由活塞组和连杆组组成。活塞组由活塞、活塞环和活塞销组成，连杆组由连杆体、连杆盖、连杆轴瓦和连杆螺栓组成。

(1) 活塞

作用：活塞顶部与汽缸盖、汽缸壁共同组成燃烧室；承受气体压力，并通过活塞销和连杆驱使曲轴旋转；活塞头部安装活塞环、与活塞环一起密封汽缸，并将顶部传来的热量通过活塞环传到汽缸壁；活塞裙部对活塞在汽缸内的往复运动起导向作用，并承受侧压力。

材料：铝合金、灰铸铁。

结构：由顶部、头部、裙部组成。

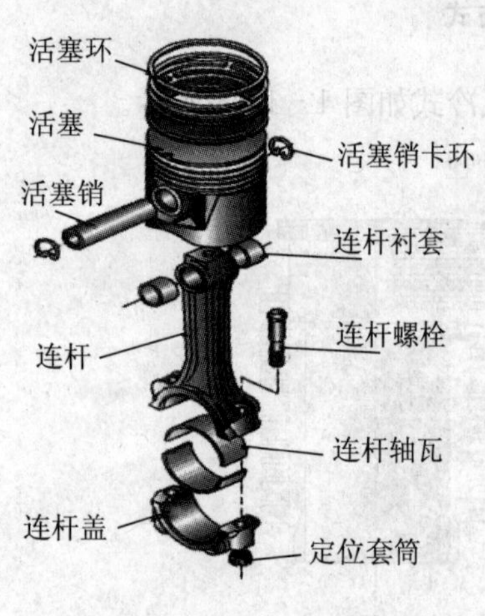

图 1-1-10　活塞连杆组

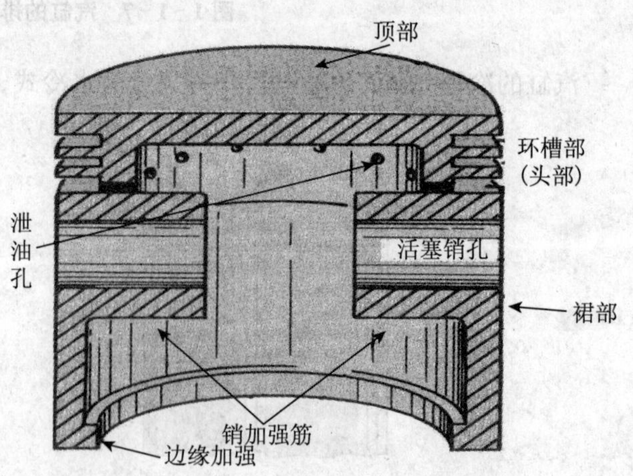

图 1-1-11　活塞的结构

图 1-1-12　活塞环

（2）活塞环是具有切口的弹性环，自由形状时环外径大于缸径

活塞环按作用不同分为气环和油环，气环主要保持活塞以上汽缸的密封性，油环的作用是防止机油窜入燃烧室。

气环根据断面形状不同分为矩形环、扭曲环、锥面环、梯形环和桶面环等。

表 1-1-2　气环断面形状

形　状	特　点	示意图
矩形环	结构简单、制造方便、易于生产、应用面广	
扭曲环	断面不对称，受力不平衡，使活塞环扭曲，有锥面环优点	
锥面环	减少环与汽缸壁的接触面，提高表面接触压力，有利于磨合和密封	
梯形环	抗结胶性好，加工困难，精度要求高	
桶面环	凸圆弧加工困难，适应性好；润滑性能好；密封性好；磨合性好	

油环可分为普通油环和组合式油环如图 1-1-13 所示。

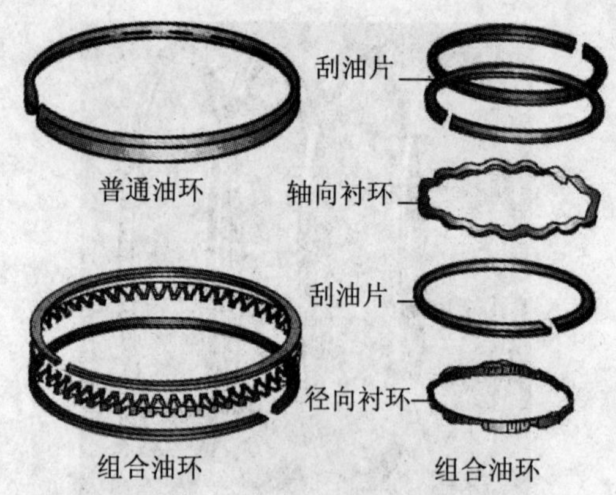

图 1-1-13　普通油环和组合油环

安装位置：气环在上（一般来说汽油机使用两道气环，柴油机使用三道气环），油环在下（一般使用一道油环）。

作用：气环的作用主要是传热和密封，油环的作用主要是布油和刮油。

材料：合金铸铁是广泛使用的活塞环材料，第一道环镀铬，其余环一般镀锡或磷化。

(3) 活塞销

作用：连接活塞和连杆小头，并把活塞承受的气体压力传递给连杆。

结构：活塞销的内孔形状有圆柱形，两段截锥形，以及两段截锥与一段圆柱的组合形。

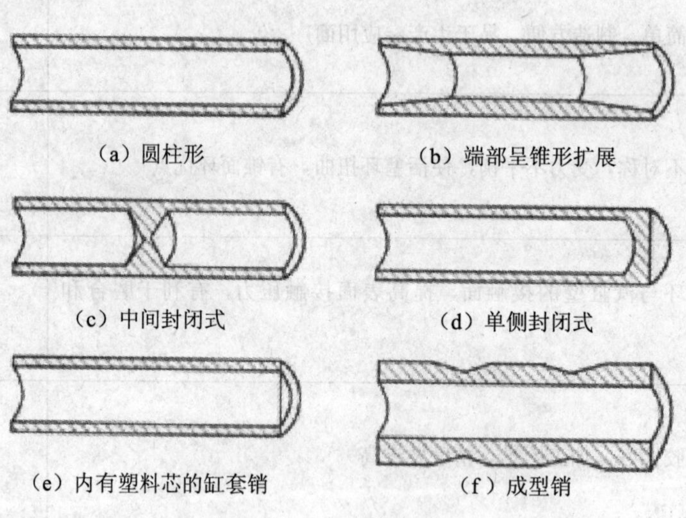

图 1-1-14　活塞销

（4）连杆组

作用：将活塞的力传给曲轴，变活塞的往复运动为曲轴的旋转运动。

结构：连杆组由连杆体、连杆盖、连杆螺栓和连杆轴瓦等组成。

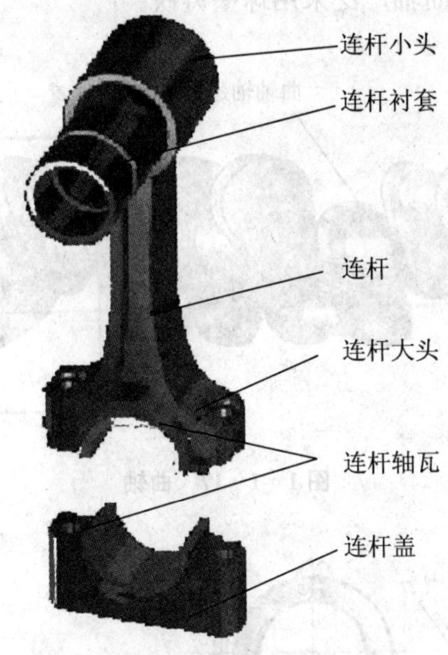

图 1-1-15　连杆组

3. 曲轴飞轮组的结构和功用

曲轴飞轮组主要由曲轴、飞轮、正时齿轮、带轮及曲轴扭转减震器等组成。

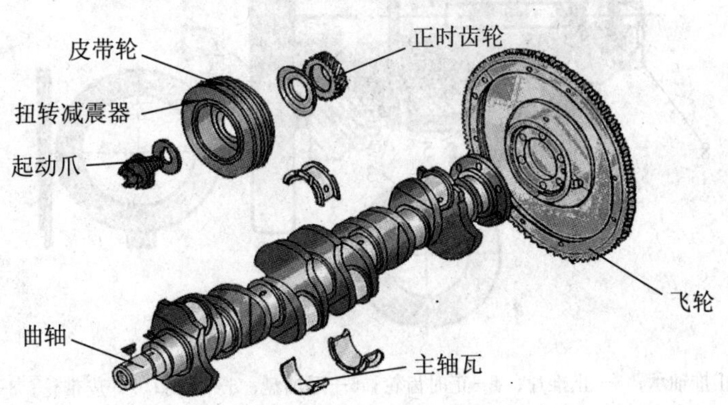

图 1-1-16　曲轴飞轮组

（1）曲轴

作用：把活塞连杆组传来的气体压力转变为扭矩对外输出。还用来驱动发动机的配气机构及其他各种辅助装置。

材料：中碳钢（汽）、合金铸铁（柴）、球墨铸铁。

结构：曲轴由若干个单元曲拐组成。一个曲柄销，左右两个曲柄臂和左右两个主轴颈构成一个单元曲拐。多数发动机的曲轴，在其曲柄臂上装有平衡重。按单元曲拐连接方法的不同，曲轴分为整体式和组合式两类。前端轴安装正时齿轮及附件（皮带盘等），后端轴安装飞轮。前后端轴都设有防漏装置，如挡油盘、回油螺纹、油封等。

材料：现代汽车发动机曲轴广泛采用球墨铸铁。

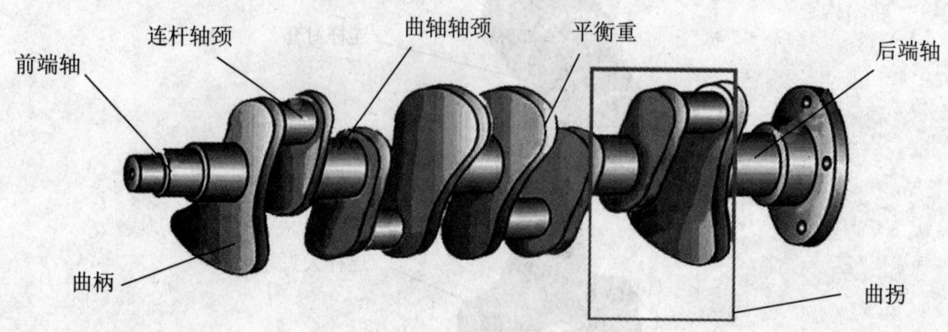

图 1-1-17　曲轴

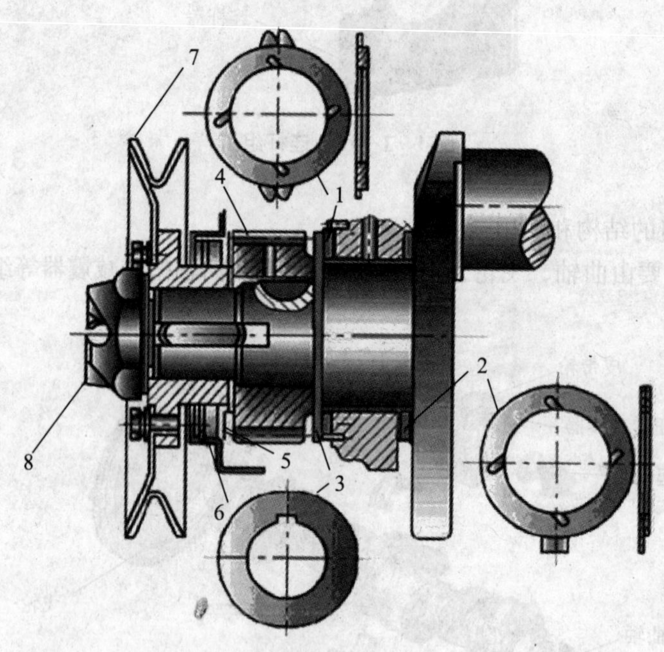

1、2—止推轴承；3—止推片；4—正时齿轮；5—甩油盘；6—油封；7—皮带轮；8—启动爪

图 1-1-18　曲轴前端

（2）飞轮

作用：将在作功行程中输入于曲轴的功能的一部分储存起来，用以在其他行程中克服阻力，带动曲柄连杆机构越过上、下止点，保证曲轴的旋转角速度和输出转矩尽可能均匀，并使发动机有可能克服短时间的超载荷，同时将发动机的动力传给离合器。

结构：由飞轮盘和飞轮齿构成（飞轮盘边缘有刻线或孔销作为上止点记号）。

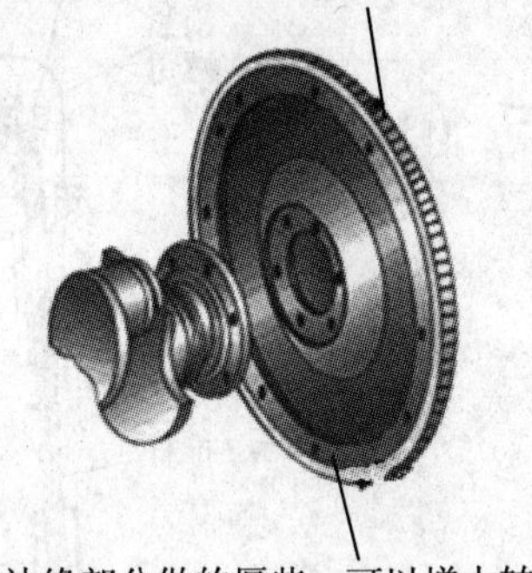

图 1－1－19　飞轮结构

(3) 曲轴扭转减震器

作用：吸收曲轴扭转振动的能量，使曲轴转动平稳，可靠工作。

种类：橡胶式（车用），硅油式，摩擦片式。

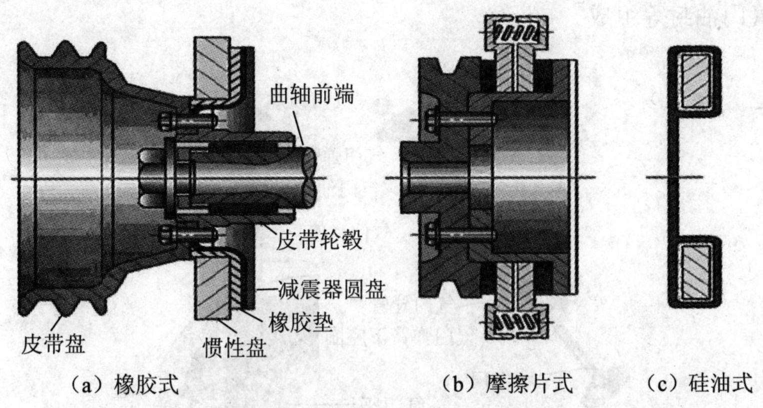

图 1－1－20　三种扭转减震器

三、配气机构

配气机构的作用是根据发动机的工作顺序和工作过程，定时开启和关闭进气门和排气门，使可燃混合气或空气进入汽缸，并使废气从汽缸内排出，实现换气过程。配气机构大多采用顶置气门式配气机构，一般由气门组、气门传动组组成。其零件组成与气门的位置、凸轮轴的位置和气门驱动形式等有关。现代汽车发动机均采用顶置气门，即进、排气门置于汽缸盖内，倒挂在汽缸顶上。

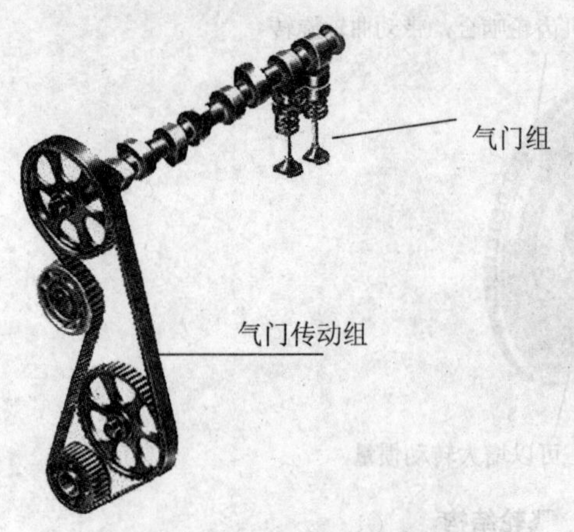

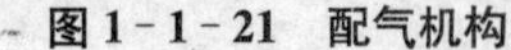

图 1-1-21　配气机构

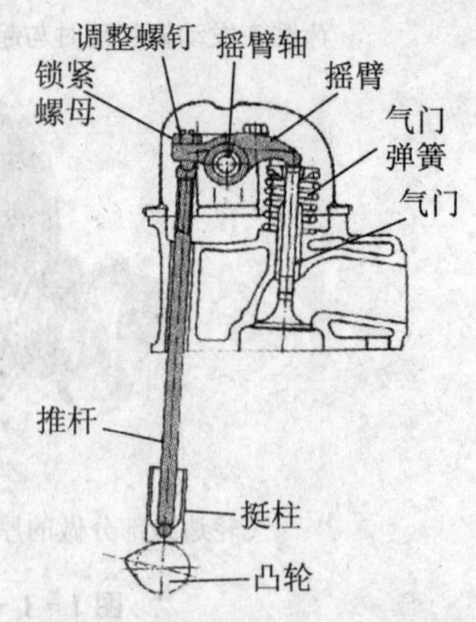

图 1-1-22　顶置式气门配气机构

1. 气门组的结构和作用

气门组的作用是由气门传动机构传来动力，及时开启和关闭进排气道，并保证关闭时对进排气道的密封。气门组主要由气门、气门导管、气门座圈、气门锁片、气门弹簧、气门弹簧座、气门油封等组成。

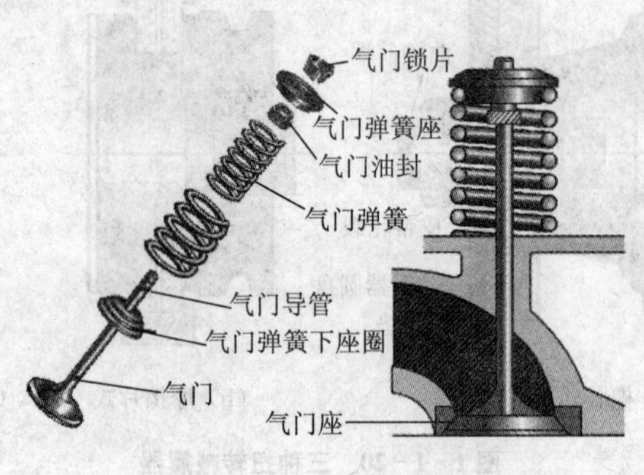

图 1-1-23　气门组

(1) 气门

结构：由头部和杆部组成，顶部形状主要有三种。

作用：导向传热（气门杆）、与气门座圈配合打开或密封燃烧室。

工作条件：与高温腐蚀性燃气接触，承受气体和气门弹簧力的作用，在气门导管内高速往返运动。

材料：进气门一般用中碳合金钢制造，排气门则采用耐热合金钢制造。

(2) 气门弹簧座

分为上气门弹簧座和下气门弹簧座，主要作用是将气门弹簧的张力施加给气门机构，确保气门和气门座气密性良好，同时在气门开闭过程中通过气门弹簧的张力施加一个扭转力，用来碾碎气门和气门座之间的积碳。

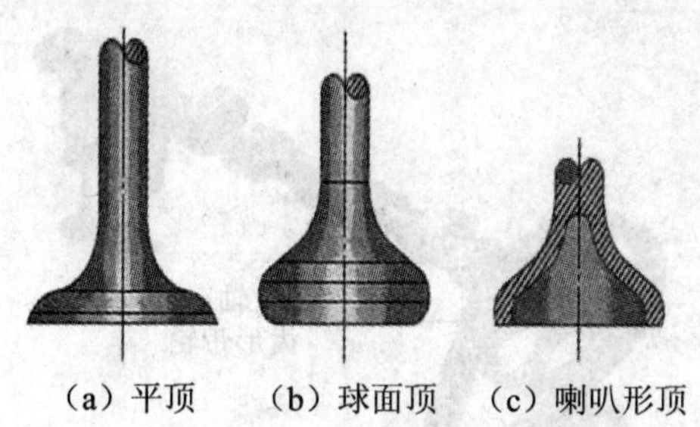

图 1-1-24 气门顶部形状

（3）气门导管

安装于汽缸盖上起导向、导热作用，同时保证气门准确落座。

（4）气门油封

防止过多的机油沿气门杆进入燃烧室。

（5）气门座圈

以较大过盈量镶嵌在气门座上的圆环，耐热合金钢制成，可更换，作用是提高气门座的使用寿命。

（6）气门弹簧

气门弹簧采用优质合金钢制成，作用在于当气门关闭时，保证气门与气门座之间的密封，在气门开启时，保证气门不因运动时产生的惯性力而脱离凸轮。

2. 气门传动组的结构和作用

气门传动组的作用是定时驱动气门开闭，并保证气门有足够的开度和适当的气门间隙。根据凸轮轴位置的不同，气门传动组的组成也有所不同。

结构：凸轮轴下置式：由凸轮轴、挺柱、推杆、摇臂和摇臂轴等组成；

凸轮轴顶置式：由凸轮轴、挺柱、摇臂或摆臂等组成；

凸轮轴顶置直接驱动气门式：由凸轮轴、挺柱等组成。

（1）凸轮轴

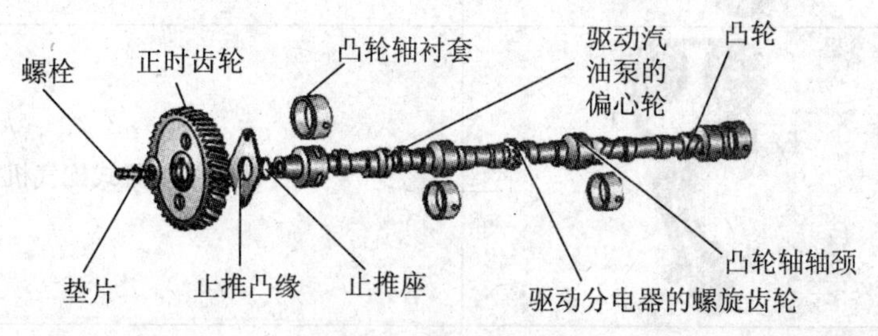

图 1-1-25 凸轮轴

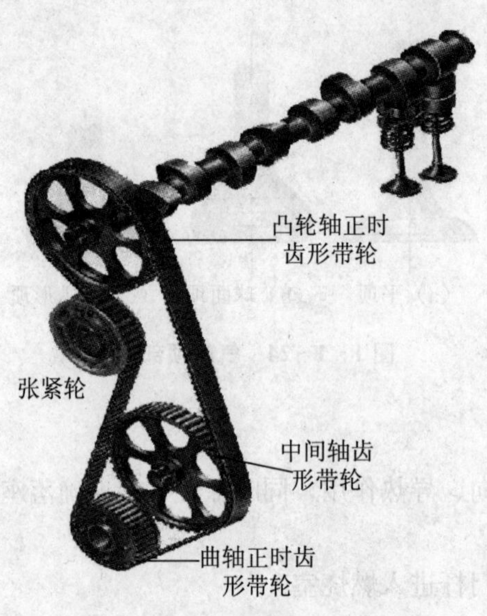

图 1-1-26 链条和齿形皮带传动

作用：驱动和控制各缸气门的开启和关闭，使其符合发动机的工作顺序、配气相位和气门开度的变化规律等要求。

工作条件：承受气门间歇性开启的冲击载荷。

材料：优质钢、合金铸铁、球墨铸铁。

凸轮轴的传动方式见表 1-1-3 所示。

表 1-1-3 凸轮轴的传动方式

传动方式	图示	应用
齿轮传动		凸轮轴下置、中置式配气机构
链条传动		凸轮轴上置式配气机构
齿形带传动		凸轮轴上置式配气机构

(2) 挺柱

作用：将凸轮的推力传给推杆或气门。

分类：机械挺柱、液压挺柱（消除了配气机构的间隙，减小了各零件的冲击载荷和噪声提高发动机高速时的性能）。

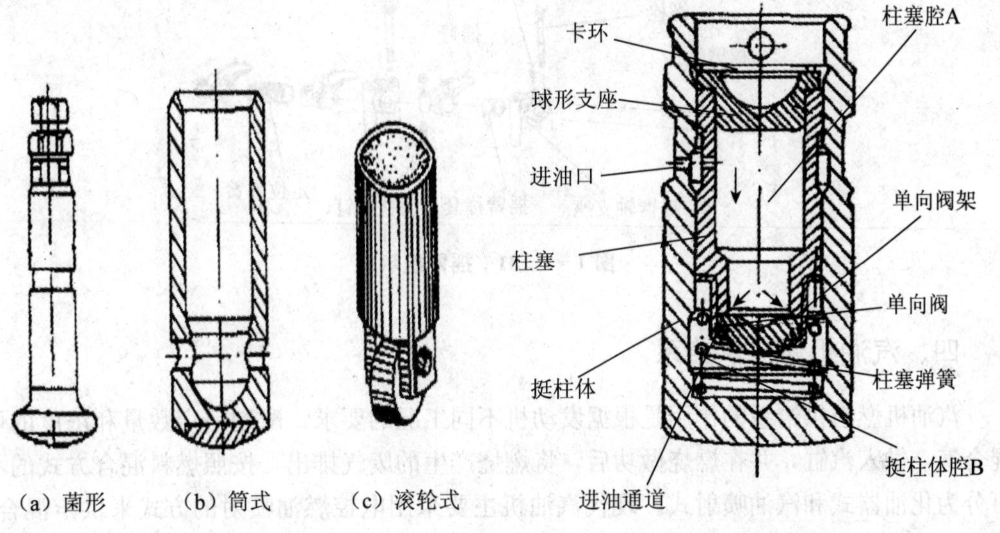

（a）菌形　（b）筒式　（c）滚轮式

图 1-1-27　机械挺柱　　**图 1-1-28　液力挺柱**

(3) 推杆

作用：将挺柱传来的推力传给摇臂。

工作情况：是气门机构中最容易弯曲的零件。强度要求高，尽量短。

材料：硬铝或钢。

构造特点：空心或实心杆件，两端为球状尖形或凹形端头。

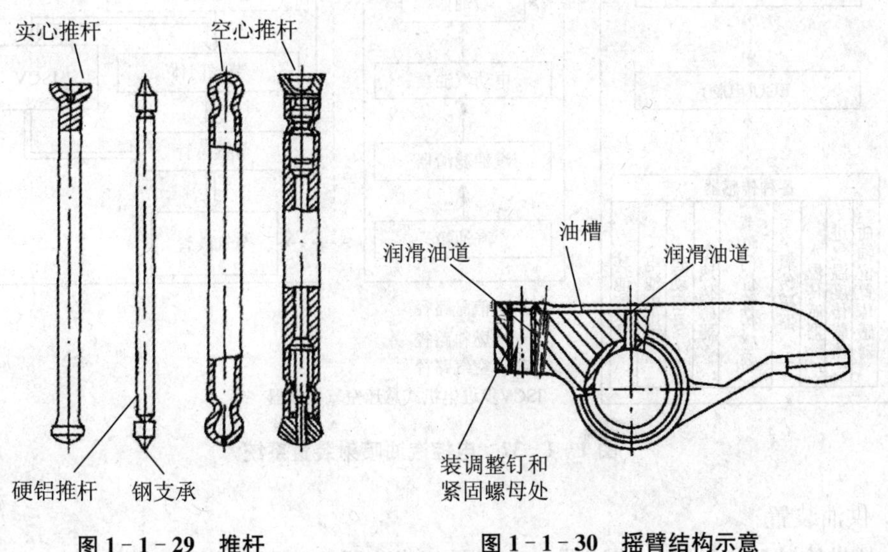

图 1-1-29　推杆　　**图 1-1-30　摇臂结构示意**

(4) 摇臂

作用：改变传力方向，增力，调整气门间隙。

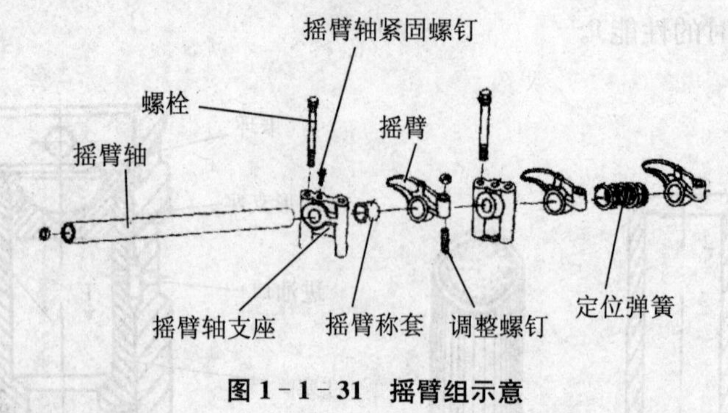

图 1－1－31　摇臂组示意

四、汽油机燃料供给系

汽油机燃料供给系的作用是根据发动机不同工况的要求，配制一定数量和浓度的可燃混合气，供入汽缸，并在燃烧做功后，将燃烧产生的废气排出，按照燃料混合方式的不同可分为化油器式和汽油喷射式。现代汽油机主要采用电控燃油喷射的方式来供给混合气。电控燃油喷射系统可以提高发动机的充气效率，使各缸混合气分配比较均匀，精确控制各个缸混合气与工况的匹配，并且使排气污染降低。电控燃油喷射系统由供油装置、空气供给装置、电子控制装置以及废气排出装置组成。

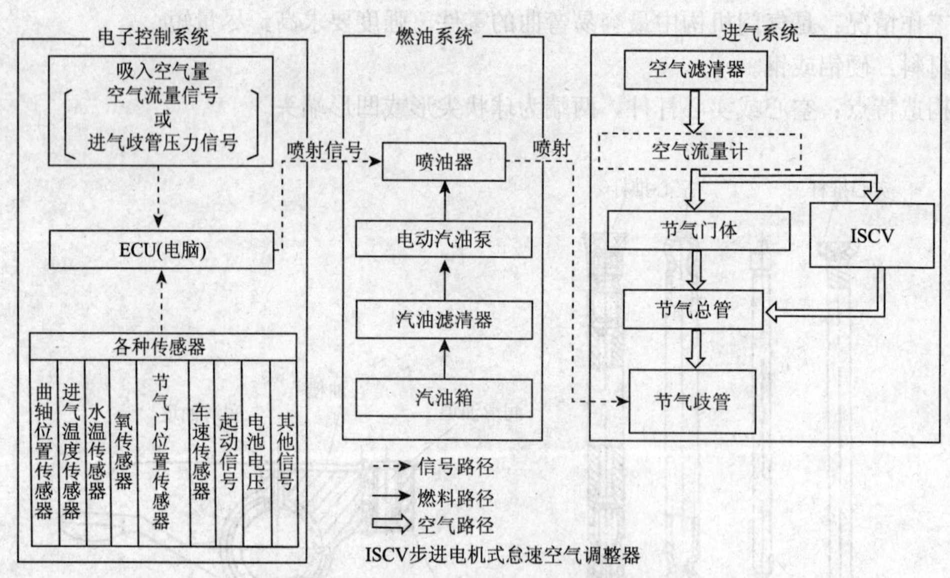

图 1－1－32　电控汽油喷射装置系统

1. 供油装置

汽油供给装置由油箱、滤清器、汽油泵、喷油器、油压调节器、燃油脉动衰减器、油

管等组成，其作用是供油、滤清、调压和喷油。

(1) 汽油箱

作用：储存汽油，其储备里程一般为 300～600km。普通汽车有一个汽油箱，越野汽车常有主、副两个汽油箱。

安装位置：货车油箱位于车架外侧、驾驶员座下，轿车油箱装在车架后部。

构造特点：油箱多为薄钢板冲压焊制，内部镀锌或镀锡，有的用塑料铸制。同时为保证汽油泵正常工作，油箱盖设有空气阀与蒸汽阀。

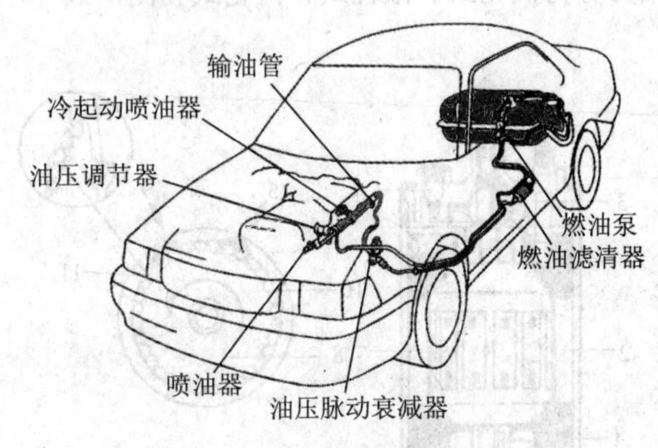

图 1-1-33 供油装置组成

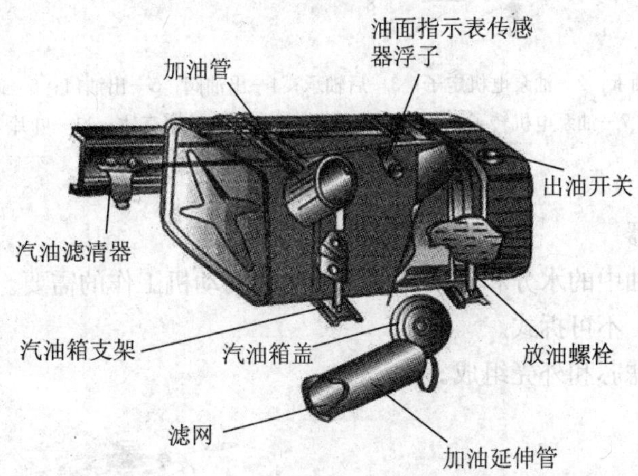

图 1-1-34 汽油箱

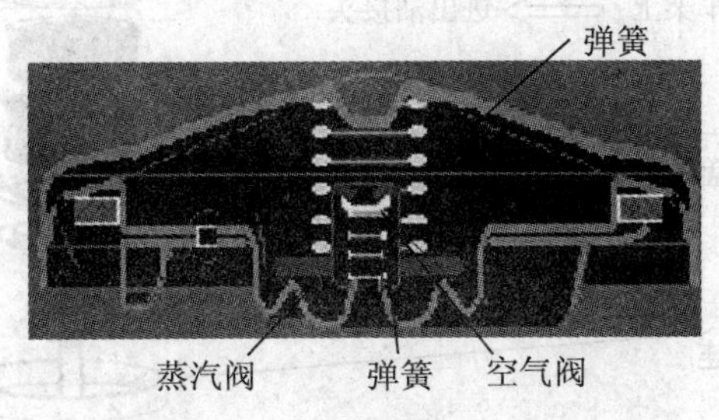

图 1-1-35 汽油箱盖结构

(2) 油箱盖：密封汽油箱

(3) 电动汽油泵

作用：泵油并使燃油压力升高，便于喷油雾化。由点火开关和油泵继电器控制。

结构：由油泵电机、燃油泵、出油阀、卸压阀等组成。

油压：多点喷射：0.2～0.3MPa，单点喷射：0.1～0.2MPa。

安装位置：外置和内置两种，内置式电动燃油泵噪声小、不易产生气阻、不易泄漏，应用广泛。

类型：按燃油泵结构分为涡轮式、滚柱式、齿轮式和侧槽式等。

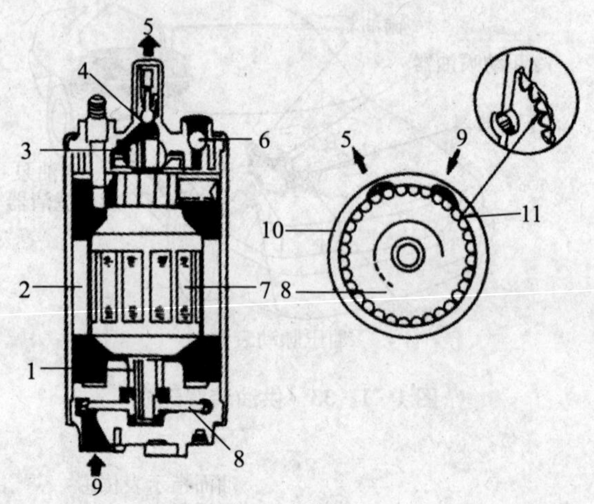

1—前轴承；2—油泵电机定子；3—后轴承；4—出油阀；5—出油口；6—卸压阀；
7—油泵电机转子；8—叶轮；9—进油口；10—泵壳体；11—叶片

图 1-1-36 涡轮式燃油泵结构

(4) 汽油滤清器

作用：除去汽油中的水分和杂质，使汽油达到发动机工作的需要。

类别：可拆式、不可拆式。

结构：由盖、滤芯和外壳组成。

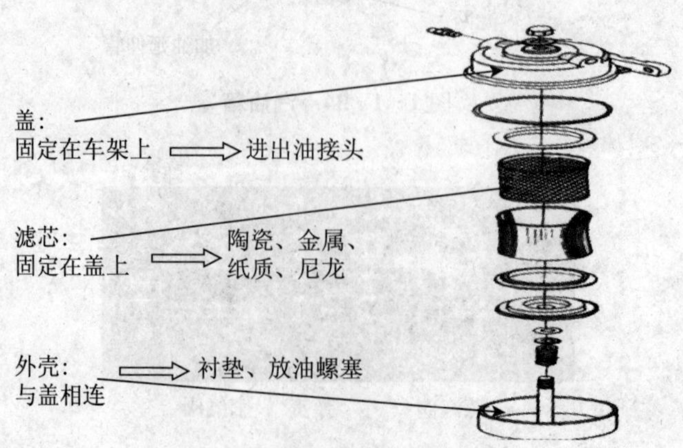

图 1-1-37 汽油滤清器结构

（5）油压调节器

作用：使油压保持在某一规定值不变，确保喷油压力恒定。

结构：如图 1－1－38 所示。

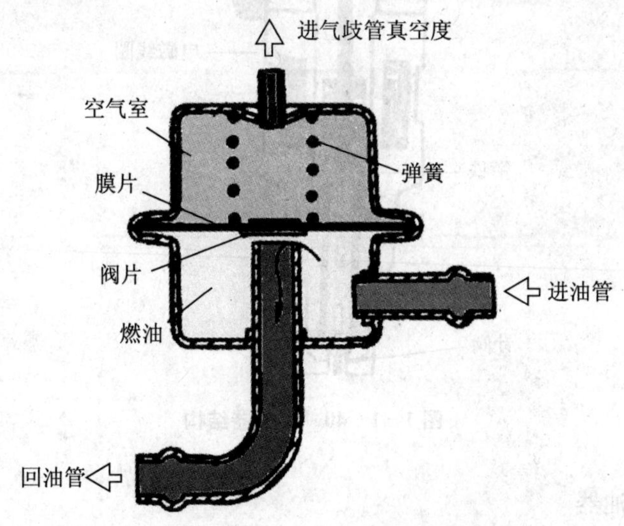

图 1－1－38　油压调节器结构

（6）脉动阻尼器

作用：减小在喷油器喷油时，油路中的油压可能产生的微小波动，使系统压力保持稳定。

结构：由膜片、回位弹簧、阀片和外壳组成。

原理：发动机工作时，燃油经过脉动阻尼器膜片下方进入输油管，当燃油压力产生脉动时，膜片弹簧被压缩或伸张，膜片下方的容积稍有增大或减小，从而起到稳定燃油系统压力的作用。

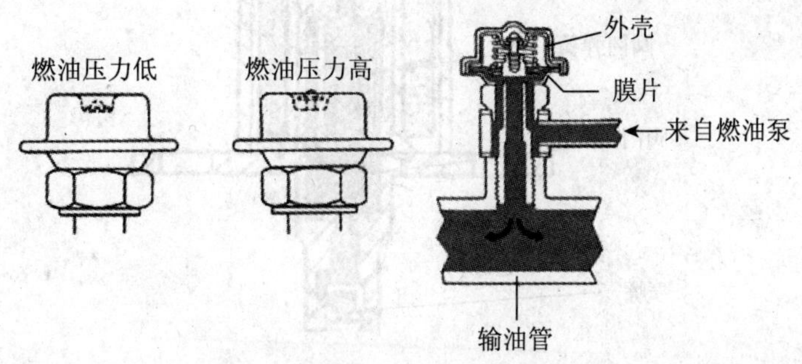

图 1－1－39　脉动阻尼器结构

（7）喷油器

作用：在恒定压力下定时、定量地喷油并使之雾化。

结构：如图 1－1－40 所示。

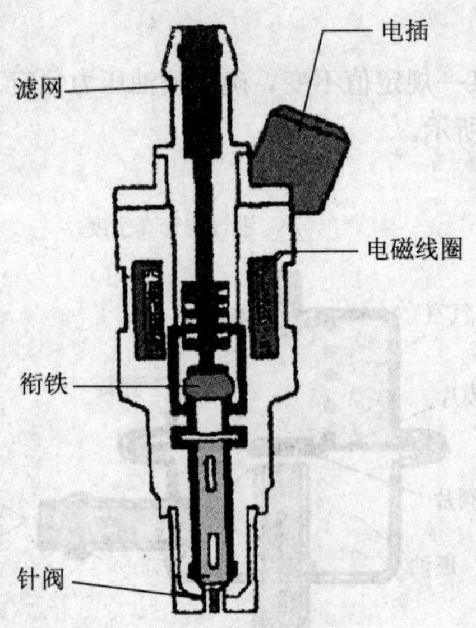

图 1－1－40　喷油器结构

（8）冷启动喷油器

作用：冷启动时，额外加大喷油量，使混合气瞬时加浓，便于着火启动。

结构：如图 1－1－41 所示。

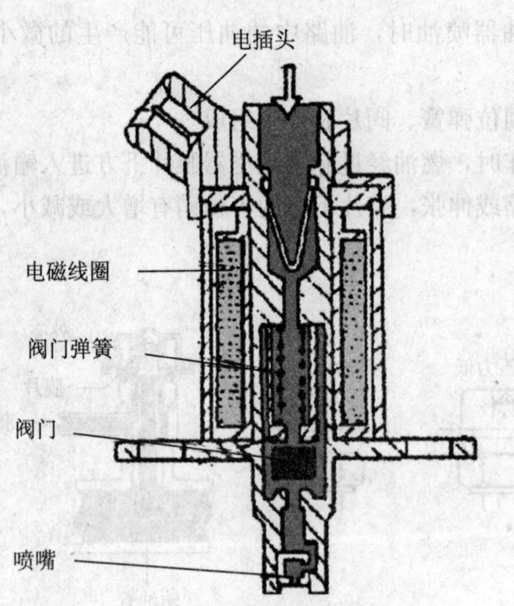

图 1－1－41　冷启动喷油器结构

2. 空气供给装置

汽油供给装置由空气滤清器、进气管、节气门体、怠速旁通道等组成，其作用为滤清、调节和分配。

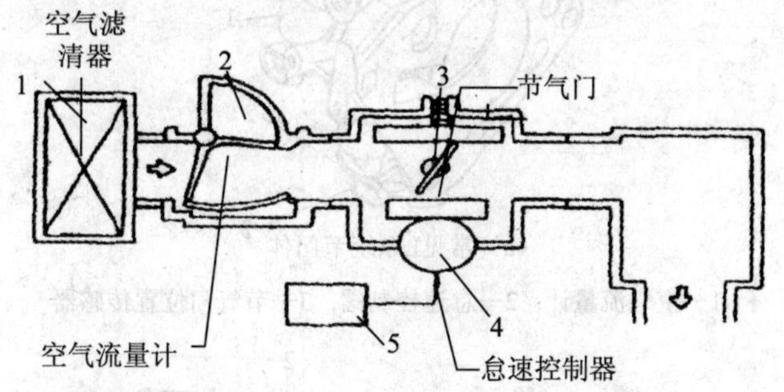

1—空气滤清器；2—空气流量计；3—节气门；4—怠速空气调整器；5—ECU

图 1－1－42　空气供给装置组成

(1) 空气滤清器

作用：主要负责清除空气中的微粒杂质。

结构：由空滤器盖、空滤器壳、空滤芯等组成。

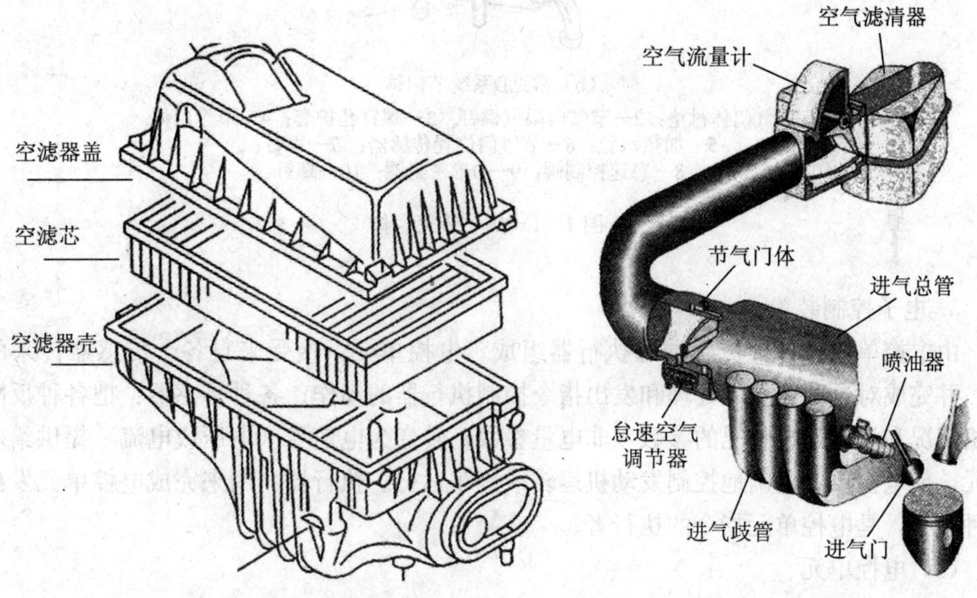

图 1－1－43　空滤器　　**图 1－1－44　进气系统**

(2) 进气歧管：铝合金制成，以螺栓固定在缸盖一侧

(3) 节气门体

作用：控制进气量。

组成：节气门、主空气通道、怠速空气道等。

安装位置：进气管中。

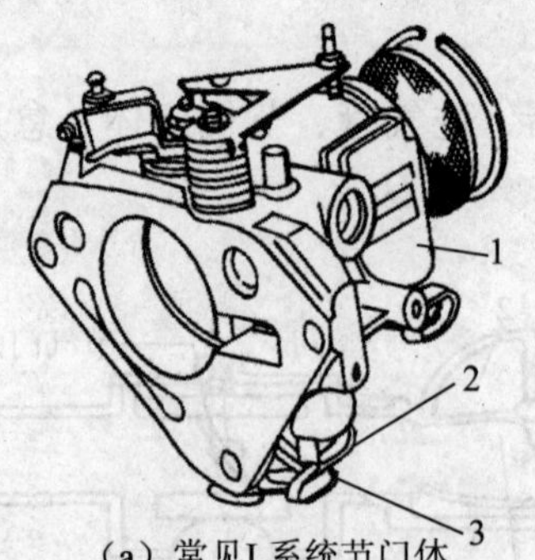

（a）常见L系统节门体

1—空气流量计；2—怠速控制阀；3—节气门位置传感器

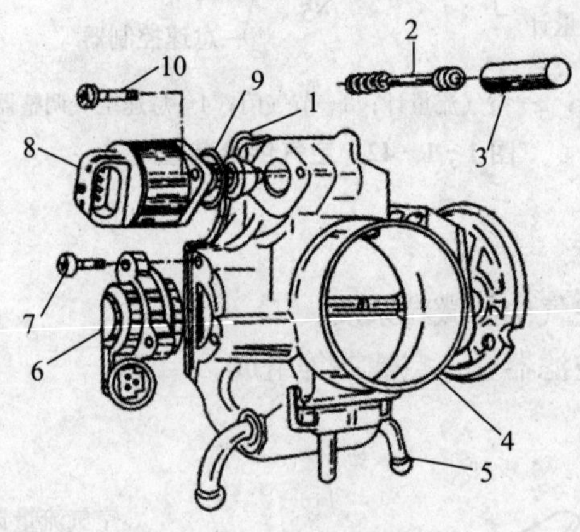

（b）常见D系统节门体

1—节气门体衬垫；2—节气门限位螺钉；3—螺钉孔护套；4—节气门体；
5—加热水管；6—节气门位置传感器；7—螺钉；
8—怠速控制阀；9—O形密封圈；10—螺钉

图 1－1－45　节气门体

3. 电子控制装置

由电控单元，各种传感器和执行器组成。电控单元：接受来自各个传感器传来的信号，并完成对这些信息的处理和发出指令控制执行器的动作；各种传感器：把各种反映发动机工况和汽车运行状况的参数（非电量参数）转变为电信号（电压或电流）提供给电控单元，使电控单元正确地控制发动机运转或汽车运行。执行器：用来完成电控单元发出的各种指令，是电控单元指令的执行者。

（1）电控单元

基本功能：

给传感器提供标准电压；

储存该车型基本特征参数和运算中的有关数据；

确定所需程序，计算输出信号值；

识别故障信息；

向执行机构输出指令，或根据指令输出内存信息。

ECU 组成：

输入回路：对各传感器输入的信号进行处理。

A/D 转换器：将部分传感器输入的模拟信号转换成数字信号。

微型计算机：根据需要，利用其内存程序和数据对送来的信号进行运算处理，并将处理结果送往输出回路。

输出回路：将微机的处理结果放大，生成能控制执行元件工作的执令信号。

（2）传感器和控制器

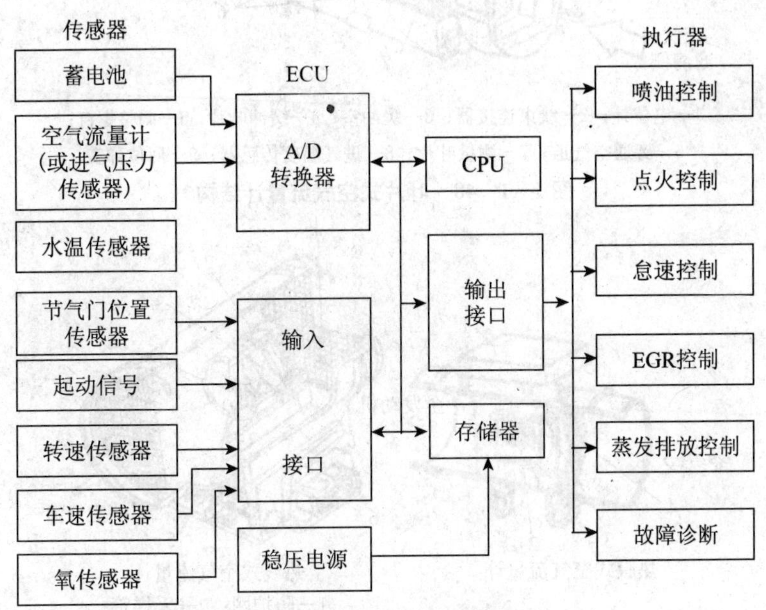

图 1-1-46 传感器和控制器

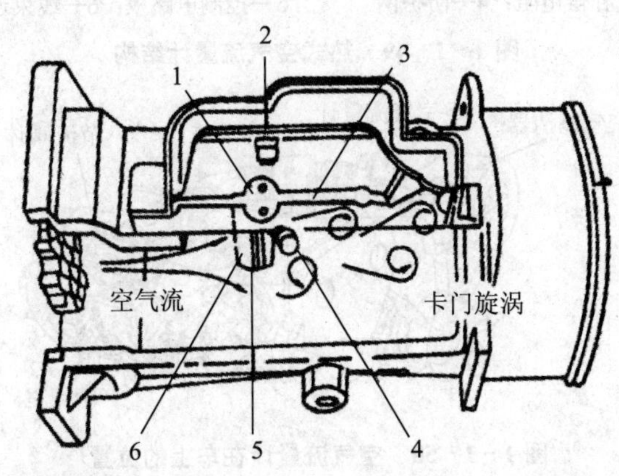

1—反光镜；2—发光二极管簧；3—钢板弹；4—光电管；5—导压孔；6—涡流发生器

图 1-1-47 光学卡门旋涡式空气流量计结构

①空气流量计（MAF）

作用：在 L 型系统中，测量发动机的进气量，并将信号输入 ECU。

类型：叶片式、热式和卡门旋涡式三种。

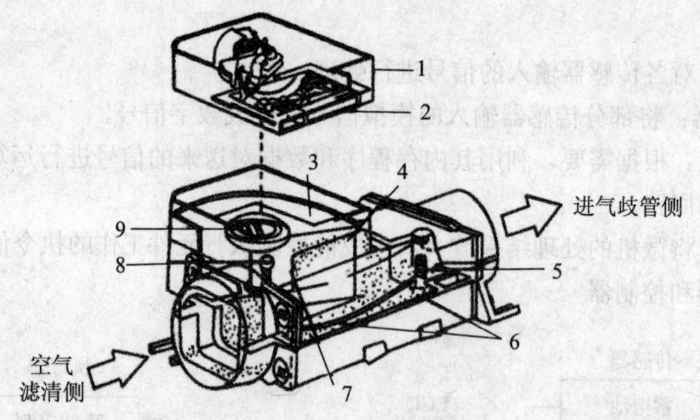

1—电位计；2—线束连接器；3—缓冲室；4—缓冲叶片；5—调整螺钉；
6—旁通空气道；7—测量叶片；8—进气温度传感器；9—回位弹簧

图 1-1-48　叶片式空气流量计结构

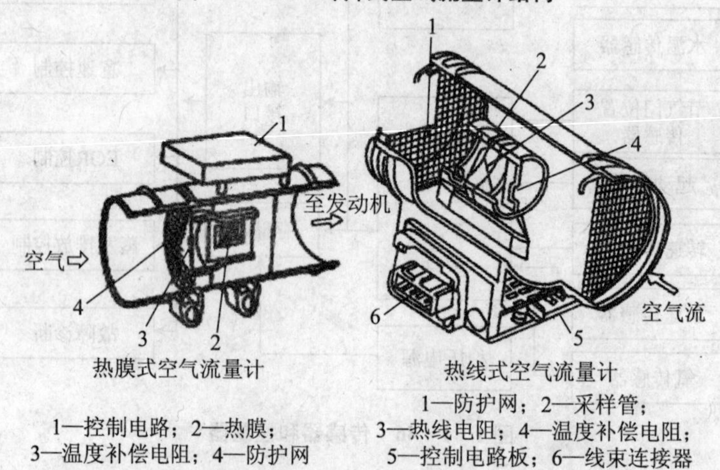

1—控制电路；2—热膜；
3—温度补偿电阻；4—防护网

1—防护网；2—采样管；
3—热线电阻；4—温度补偿电阻；
5—控制电路板；6—线束连接器

图 1-1-49　热式空气流量计结构

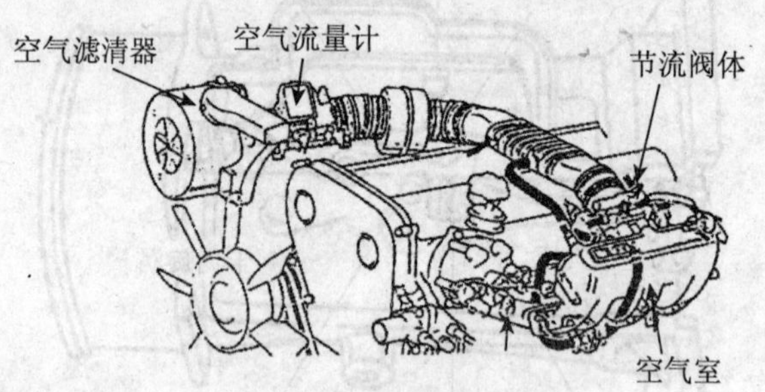

图 1-1-50　空气流量计在车上的位置

②进气管绝对压力传感器（IMAPS）

作用：D 型系统中，测量进气管压力，并将信号输入 ECU，作为燃油喷射和点火控制的主控制信号。

种类：压敏电阻式、电容式、膜盒式和表面弹性波式等，应用最多的是压敏电阻式。

安装位置：发动机罩内的车身上。

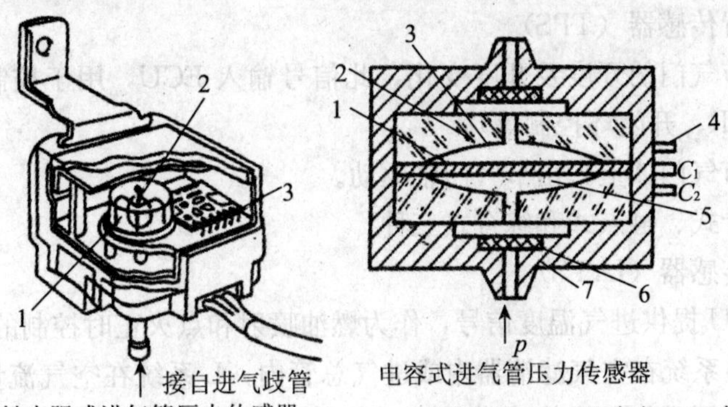

压敏电阻式进气管压力传感器

1—绝对真空室；2—硅片；3—IC放大电路

电容式进气管压力传感器

1—弹性膜片；2—凹玻璃；3—金属涂层；4—输出端子；5—空腔；6—滤网；7—壳体

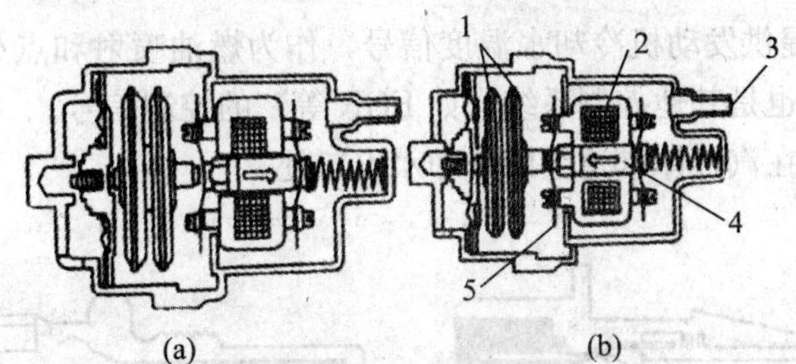

膜盒式进气管压力传感器

1—膜盒；2—感应线圈；3—接进气管；4—铁心；5—回位弹簧

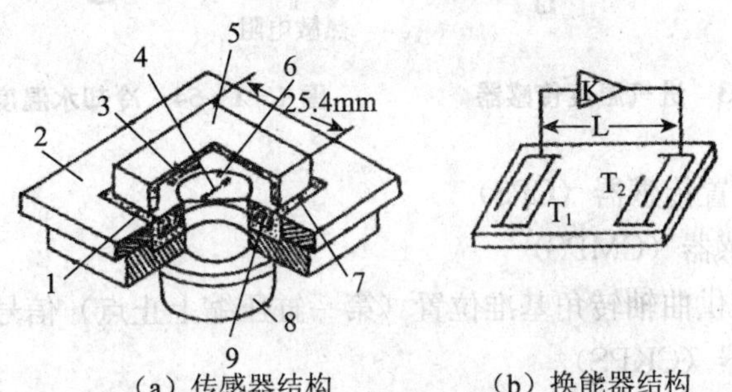

（a）传感器结构 （b）换能器结构

表面弹性波式进气压力传感结构

1、7—气密封；2—印刷电路板；3—温苦SAW延时线；4—换能器；5—石英盖；6—压力敏感膜；8—压力器件；9—石英基体

图 1-1-51 几种进气绝对压力传感器

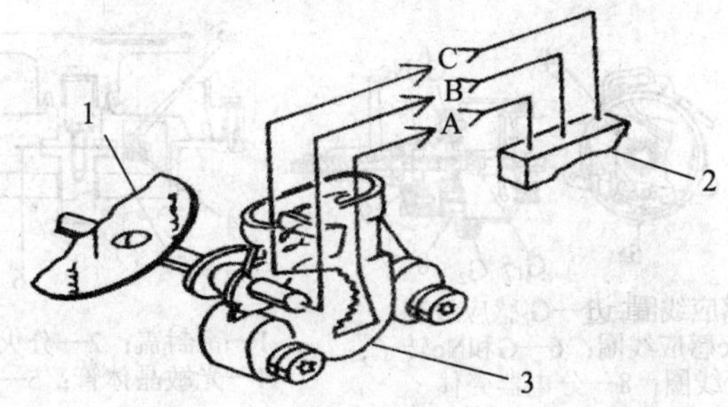

1—节气门；2—ECU；3—节气门位置传感器

图 1-1-52 电位计式节气门位置传感器

③节气门位置传感器（TPS）

作用：检测节气门的开度及开度变化，此信号输入 ECU，用于控制燃油喷射及其他辅助控制（如 EGR、开闭环控制等）。

安装位置：节气门体上，由节气门轴驱动。

类型：电位计式、触点式和综合式三种。

④进气温度传感器（IATS）

作用：给 ECU 提供进气温度信号，作为燃油喷射和点火正时控制的修正信号。

安装位置：D 系统在空气滤清器内或进气总管内，L 系统在空气流量计内。采用热式空气流量计时可不用进气温度传感器。

⑤冷却水温传感器（ECTS）

作用：给 ECU 提供发动机冷却水温度信号，作为燃油喷射和点火正时控制的修正信号。水温传感器信号也是其他控制系统（如 EGR 等）的控制信号。

安装位置：一般在汽缸体水道上或冷却水出口处。

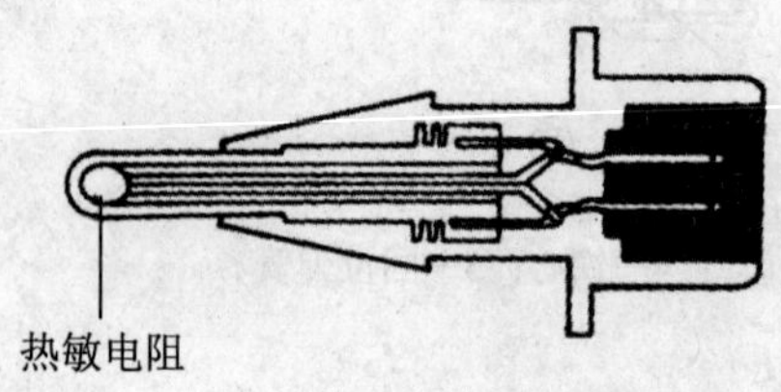

图 1-1-53　进气温度传感器

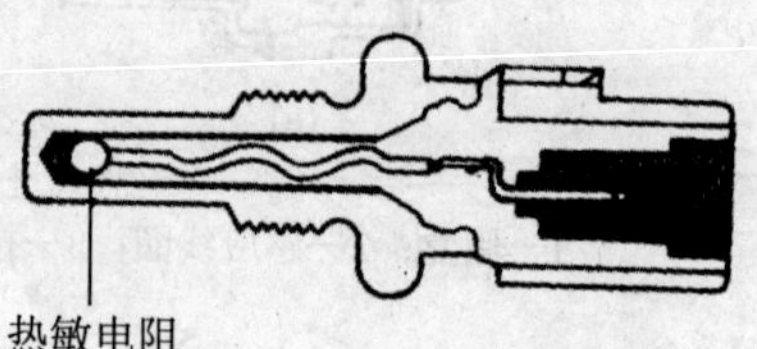

图 1-1-54　冷却水温度传感器

⑥凸轮轴/曲轴位置传感器（CPS）

⑦凸轮轴位置传感器（CMPS）

作用：给 ECU 提供曲轴转角基准位置（第一缸压缩上止点）信号。

⑧曲轴位置传感器（CKPS）

作用：又称转速传感器，给 ECU 提供发动机转速信号和曲轴转角信号。

安装位置：与曲轴有精确传动关系的位置，如曲轴、凸轮轴、飞轮或分电器处。

类型：电磁式、霍尔式和光电式三种。

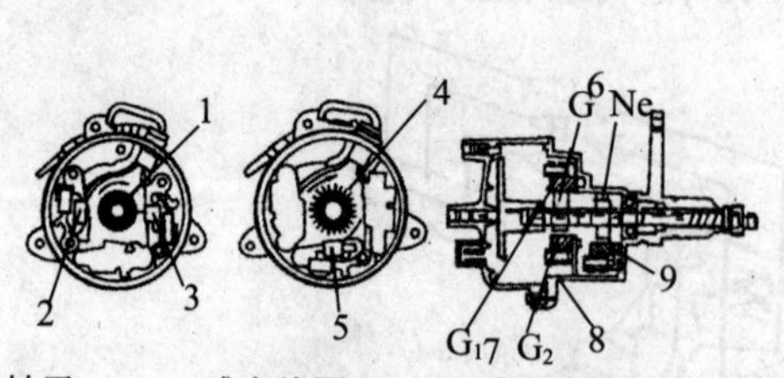

1—G转子；2—G_1感应线圈；3—G_2感应线圈；
4—Ne转子；5、9—Ne感应线圈；6—G和Ne转子；
7—G_1和G_2感应线圈；8—分电器壳体

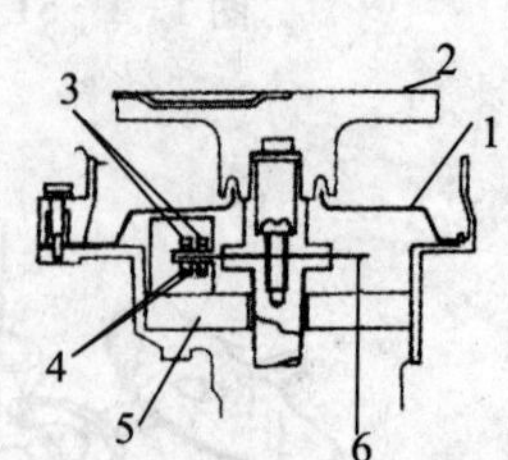

1—密封盖；2—分火头；3—发光二极管；
4—光敏晶体管；5—放大电路；6—转子

图 1-1-55　电磁式和霍尔式凸轮轴/曲轴位置传感器结构

⑨氧传感器

作用：检测排气中的氧浓度，向 ECU 输送空燃比信号。

类型：氧化锆（Z_rO_2）式和氧化钛（T_iO_2）式两种。

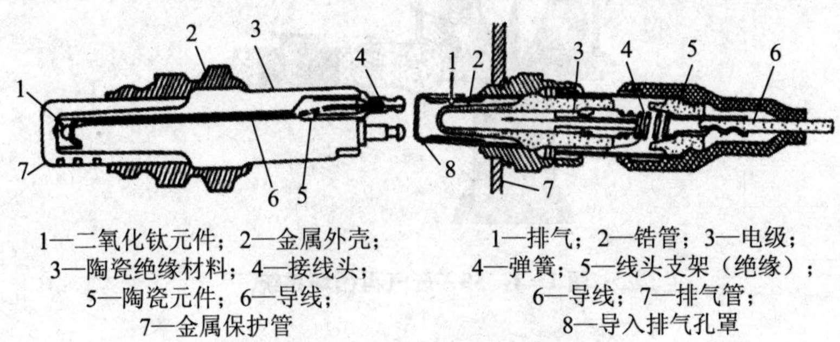

1—二氧化钛元件；2—金属外壳；3—陶瓷绝缘材料；4—接线头；5—陶瓷元件；6—导线；7—金属保护管

1—排气；2—锆管；3—电级；4—弹簧；5—线头支架（绝缘）；6—导线；7—排气管；8—导入排气孔罩

图 1－1－56　氧传感器结构

4．废气排出装置

废气排出装置包括燃烧废气排出装置以及排气污染的控制装置。燃烧废气排出装置包括排气管、消声器等；排气污染控制装置包括废气再循环、催化反应器和曲轴强制通风。

（1）燃烧废气排出装置：

排气消声器：改变气流方向，分散消除火星、火焰，减少噪声。

（2）排气污染控制装置：减少排出的有害气体，包括燃烧后的污染物、曲轴箱窜气以及燃油蒸汽。催化反应器：利用催化器，将有害成分 CO、NOX、和 HC 进行化学反应并转化为无害的 CO_2、H_2O、N_2 的一种反应器。

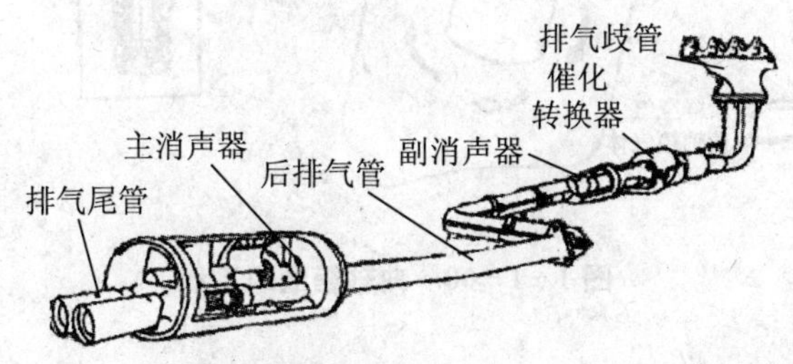

图 1－1－57　燃烧废气排出装置

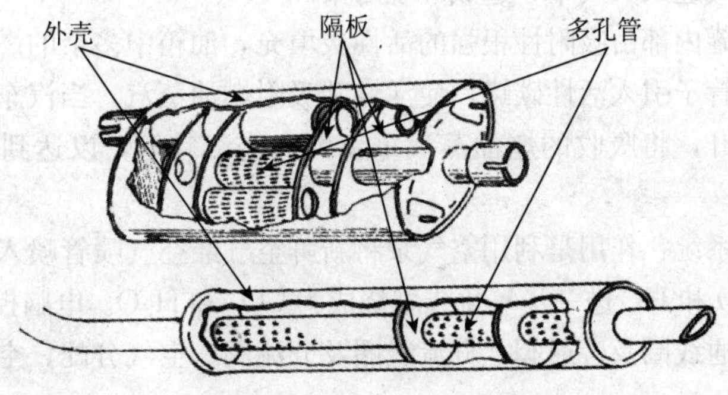

图 1－1－58　催化反应器

废气再循环：发动机排出的废气再送到进气气管，与新鲜空气一起再次进入汽缸。

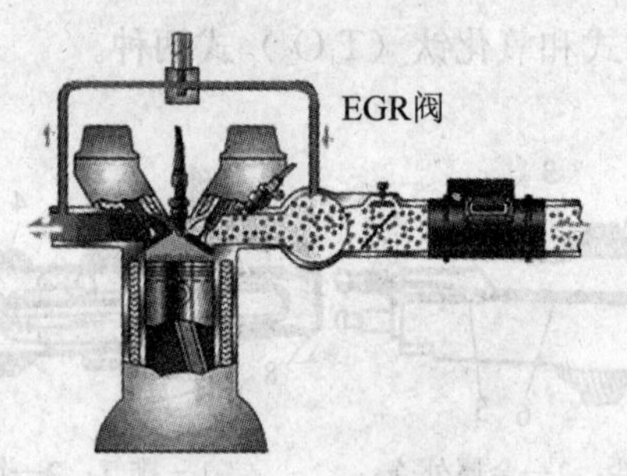

图 1－1－59　废气再循环系统

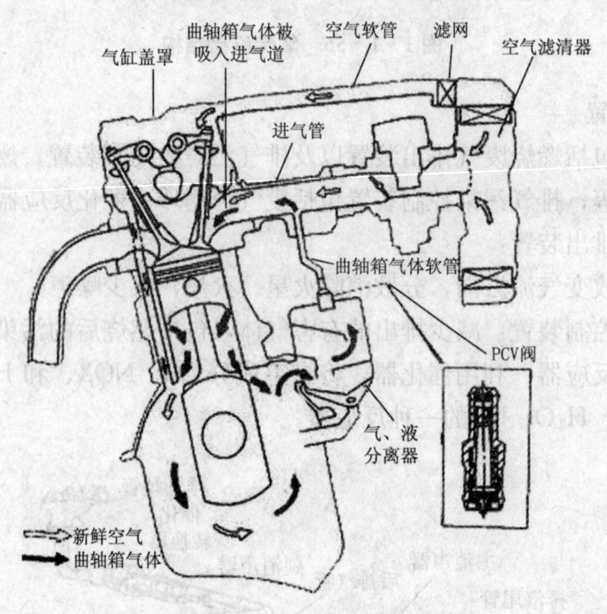

图 1－1－60　曲轴箱通风系统

曲轴箱强制通风系统（PVC）：将曲轴箱内的窜气导入发动机燃烧室燃烧，以免活塞和汽缸壁之间的窜气逸入大气中，造成环境污染。

活性炭罐：碳罐内部由吸附性很强的活性炭填充，油箱中多余的燃油蒸汽不再排到空气中，而是由一根管子引入活性碳罐，使活性碳吸附燃油蒸汽，当汽车开动的时候，活性碳罐电磁阀适时打开，将吸收的燃油蒸汽重新倒入进气歧管，以达到节约燃油和环保的目的。

二次空气喷射系统：作用是利用空气泵将新鲜空气经空气喷管喷入排气道或催化转换器，使排气中的CO和HC进一步氧化或燃烧成为CO_2和H_2O。电脑控制的二次空气喷射系统由空气泵、旁通线圈及旁通阀、分流线圈及分流阀、空气分配、空气喷管和单向止回阀等组成。

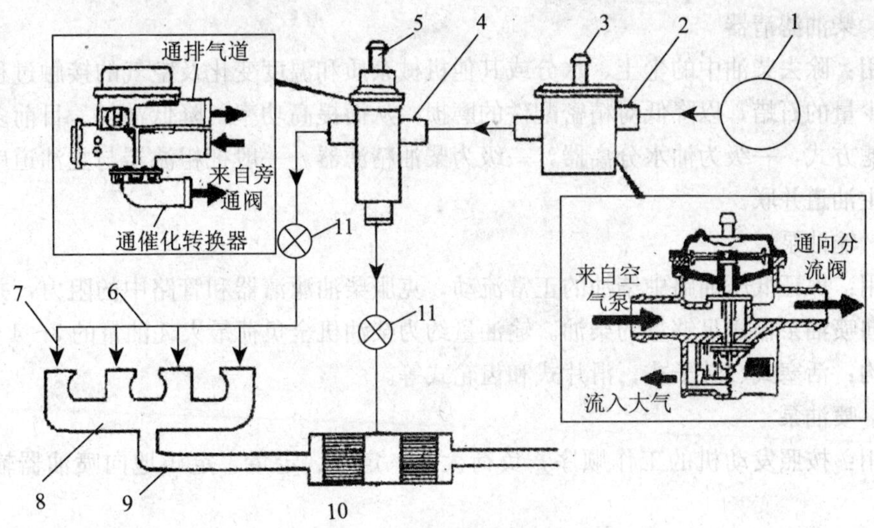

1—空气泵；2—旁通阀；3、5—真空管；4—分流阀；6—空气分配管；7—空气喷管；
8—排气支管；9—排气管；10—催化转换器；11—单向止回阀

图 1-1-61　二次空气喷射系统组成

五、柴油机燃料供给系

柴油机燃料供给系同汽油机燃油供给系同样要完成柴油、空气供给以及可燃混合气的形成、燃烧和废气的排出任务。其中差异比较大的是柴油供给装置。

1. 传统柴油机的燃油供给装置

燃料供给装置的主要作用是完成燃料的储存、滤清和输送工作，并以一定压力和喷油质量，定时、定量地将燃料喷入燃烧室。主要由柴油箱、输油泵、柴油滤清器、喷油泵、喷油器等组成。

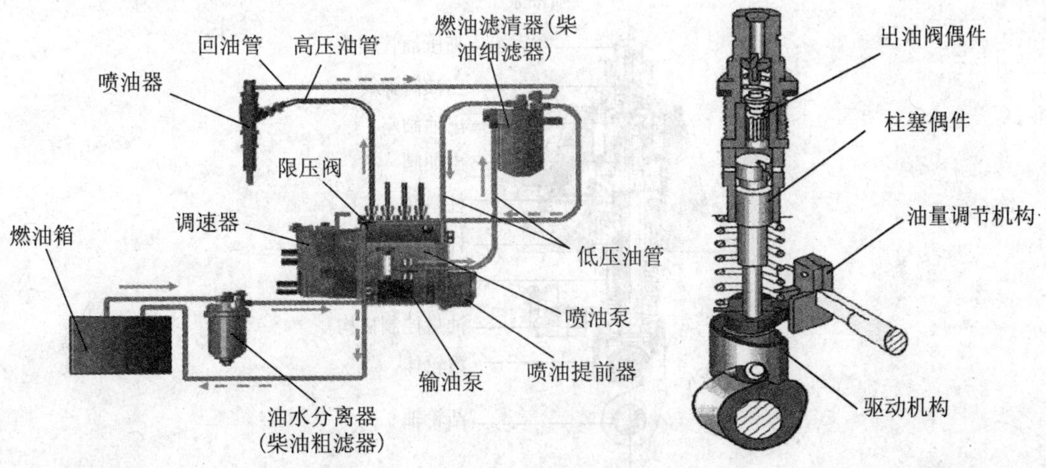

图 1-1-62　传统柴油机燃油供给装置的组成　　**图 1-1-63　分泵结构**

（1）柴油滤清器

作用：除去柴油中的尘土、水分或其他机械杂质和温度变化及空气的接触过程从柴油中析出少量的石蜡，以降低对精密配件的磨损，从而提高功率，降低油耗。目前多采用两级式过滤方式，一级为油水分离器，一级为柴油精滤器。一般把粗滤器与主油道串联，精滤器与主油道并联。

（2）输油泵

作用：保证低压油路中柴油的正常流动，克服柴油滤清器和管路中的阻力，并以一定的压力向喷油泵输送足够量的柴油。输油量约为柴油机全负荷最大耗油量的 3～4 倍。

结构：活塞式、转子式、滑片式和齿轮式等。

（3）喷油泵

作用：按照发动机的工作顺序，负荷大小，定时、定量、定压地向喷油器输送高压柴油。

分类：柱塞式、喷油泵—喷油器（一体式）、转子式。

结构：柱塞式喷油泵由分泵、油量调节机构、驱动机构、泵体四部分组成。

要求：按发动机工作顺序供油，且各缸供油量力求均匀；各缸供油提前角和供油延续时间应相等；供油迅速、断油干脆。

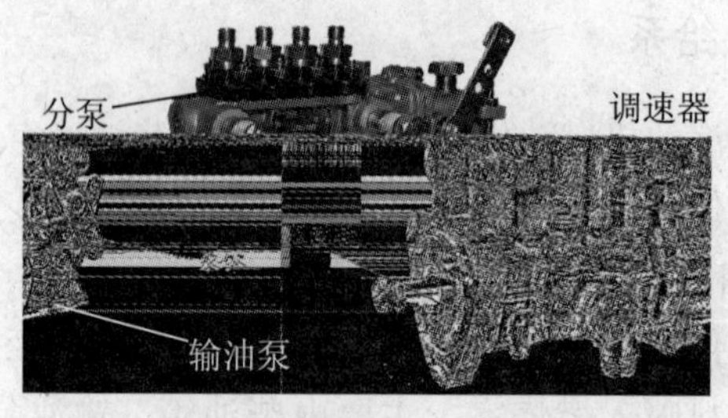

图 1-1-64　A 型喷油泵

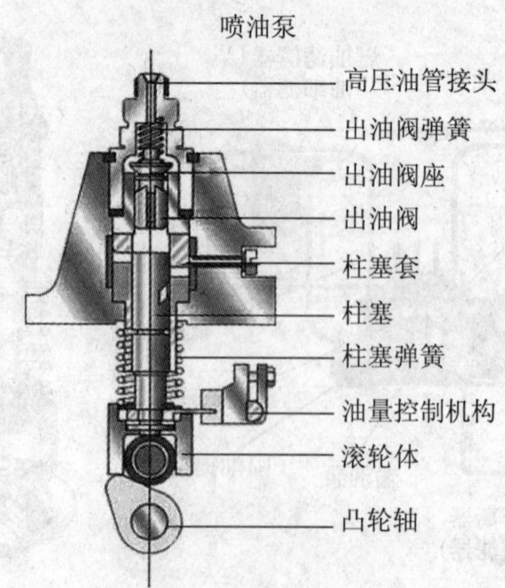

图 1-1-65　分泵组成

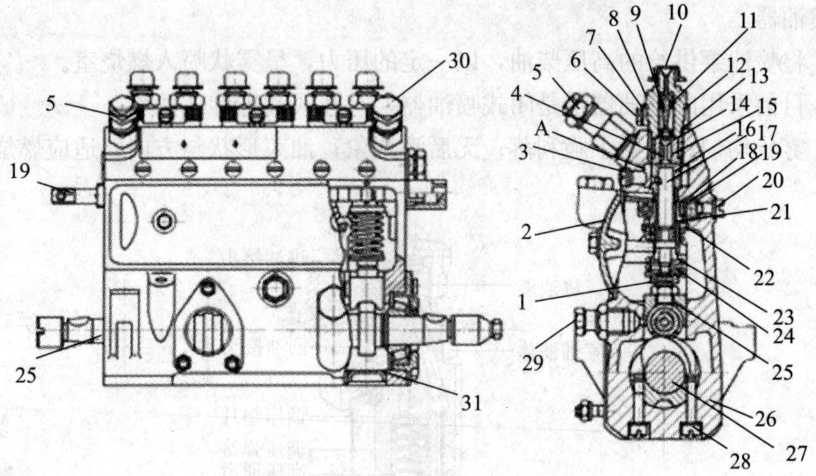

1—调整螺钉；2—检查窗盖；3—挡油螺钉；4—出油阀；5—限压阀部件；6—槽形螺钉；7—前夹板；
8—出油阀压紧座；9—减容器；10—护帽；11—出油阀弹簧；12—后夹板；13—O形密封圈；
14—垫圈；15—出油阀座；16—柱塞套；17—柱塞；18—可调齿圈；19—调节齿杆；
20—齿杆限位螺钉；21—控制套筒；22—弹簧上支座；23—柱塞弹簧；24—弹簧下支座；
25—滚轮架部件；26—泵体；27—凸轮轴；28—紧固螺钉；29—润滑油进空心螺栓；
30—柴油进油空心螺栓；31—堵盖

图 1-1-66　柱塞式喷油泵

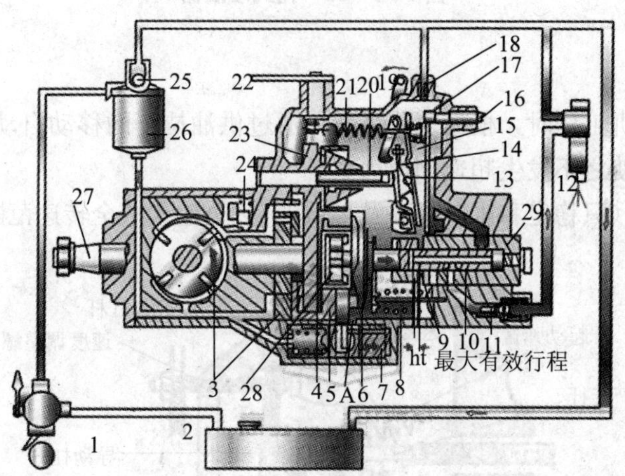

1—膜片式输油泵；2—燃油箱；3—叶片式输油泵；4—调速器驱动齿轮；5—滚轮机构；6—凸轮盘；
7—供油提前角自动调节油缺；8—分配转子回位机构；9—油量控制滑套；10—分配转子；11—出油阀总成；
12—喷油器；13—张力械杆限位销钉；14—启动杠杆；15—张力杠杆；16—最大供油量调节螺钉；
17—预调杠杆；18—溢流喉管；19—停车操纵杆；20—滑动套筒；21—调整弹簧；22—操纵杆；
23—离心飞块总成；24—调压阀；25—溢流阀；26—燃油精滤器；27—分配泵驱动轴；
28—联轴器；29—分配套筒

图 1-1-67　分配式喷油泵

(4) 喷油器

作用：将喷油泵供给的高压柴油，以一定的压力，呈雾状喷入燃烧室。

分类：目前采用的喷油器都是闭式喷油器，有孔式和轴针式两种。

要求：雾化均匀；喷射干脆利落；无后滴现象；油束形状与方向，适应燃烧室。

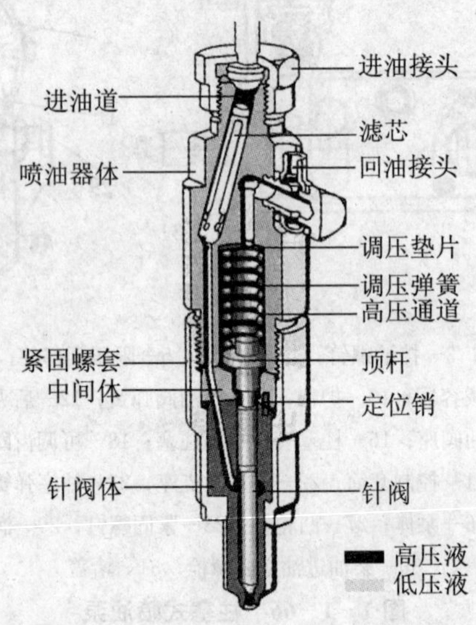

图 1-1-68　孔式喷油器

(5) 调速器

作用：在发动机工作时，根据负荷情况，通过供油拉杆的移动自动调节供油量，以稳定柴油机转速，并使之不发生超速和熄火。

分类：两速式（只稳定和限制最高及最低速）、全速式（全转速范围内起稳定作用）。

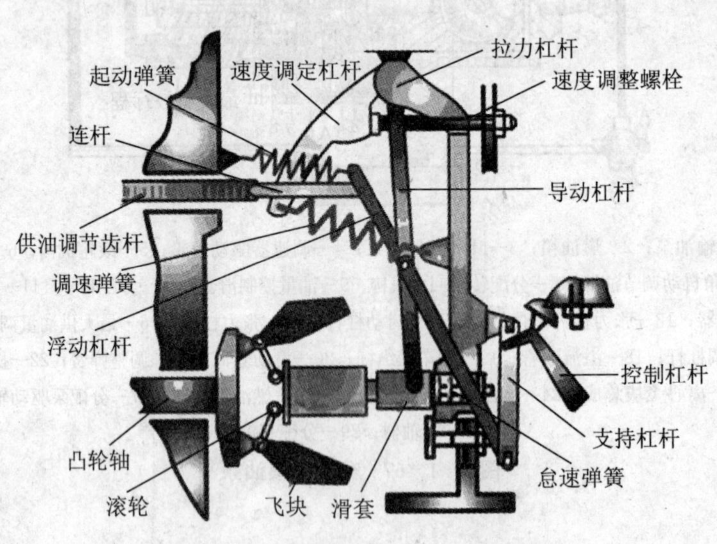

图 1-1-69　两速调速器结构示意

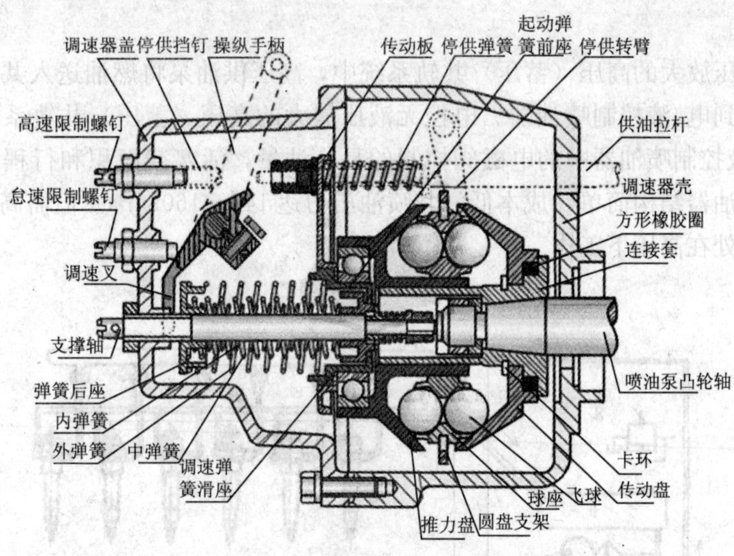

图 1－1－70　全速式调速器结构

2. 现代柴油机的燃油供给装置

(1) 电控柴油喷射系统概述

目前，国外柴油机装用的电控燃油系统主要有 3 种，即电控泵喷嘴系统、电控单体泵系统和共轨燃油喷射系统。对燃油喷射系统的要求是在各种工况下对循环供油量、供（喷）油正时、喷油速率和喷油规律以及喷油压力进行精确控制，并保证各缸循环供（喷）油量的均匀性。按燃油喷射系统的基本组成和结构可分为常规压力电控燃油喷射系统（第一代）和高压压力电控燃油喷射系统（第二代）。

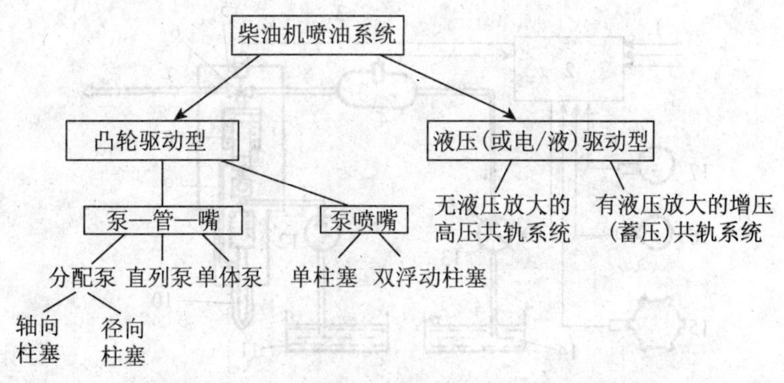

图 1－1－71　现代汽车柴油机的燃油喷射系统分类

第二代电控喷油系统即高压电控喷油系统，其发展分为二个阶段，第一阶段采用电控单体泵喷油系统或电控泵喷嘴喷油系统，目前第二阶段普遍采用电控共轨式喷油系统，它们对循环喷油量、喷油正时、喷油速率和喷油规律、喷油压力等采用了“时间—压力控制”或“压力控制”，其中使用最多的是“时间—压力控制”。电控共轨式喷油系统的发展又经历了 3 个阶段，第一阶段为高压共轨系统，第二阶段为中压共轨系统，第三阶段为压电式共轨系统。

电控无液压放大的高压（蓄压）共轨系统中，高压供油泵将燃油送入共轨，然后经各缸高压油管送到电/液控制喷油器。电控无液压放大的高压（蓄压）共轨系统，由于无液压放大，电/液控制喷油器中的电磁阀控制的是小油量，活塞截面积和行程小，电磁阀开关速率高，喷油器结构简单，成本低，其喷油压力达 140～160MPa。但需高压油泵，系统中许多零部件处在高压下工作。

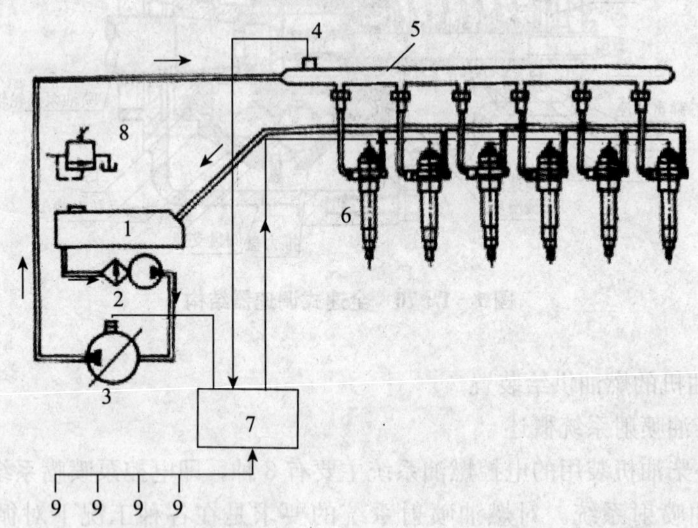

1—燃油箱；2—滤清器＋输油泵；3—高压输油泵；4—共轨压力传感器；5—公共油轨；
6—喷油器；7—电控单元；8—限压阀；9—各种传感器

图 1－1－72　电控无液压放大的高压共轨系统

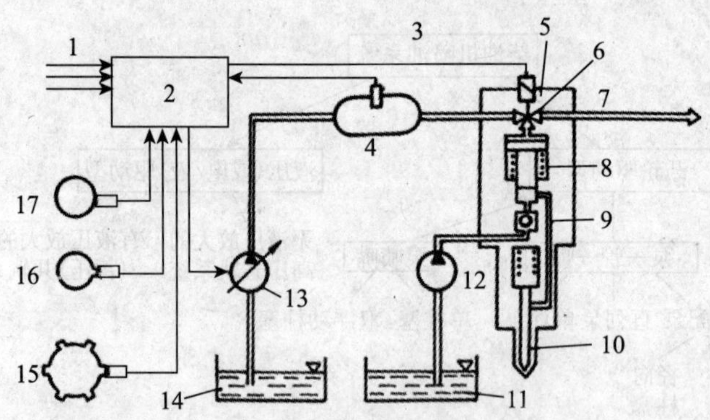

1—各种传感器；2—电控单元；3—共轨压力传感器；4—公共油轨；5—喷油器；6—二位三通电磁阀；
7—回油；8—压力放大活塞；9—节流阀；10—喷嘴；11—燃油箱；12—供油泵；13—机油泵；
14—机油箱；15—柴油机转速传感器；16—凸轮轴位置传感器；17—油门踏板

图 1－1－73　电控有液压放大的高压共轨系统

电控有液压放大的高压共轨系统中，中压（或低压）供油泵将燃油送入共轨，再经过中压（或低压）油管送到具有液力放大机构的电/液控制喷油器。

由供油泵、共轨上的油压传感器和电控单元组成的闭环系统对共轨内的燃油压力实施精确的控制，用高速电磁—液力控制的喷油器对循环喷油量、喷油正时、喷油速率和喷油规律进行控制。电控有液压放大的高压共轨系统只需中等油压的供油泵，喷油压力达150～180MPa。

（2）电控柴油喷射系统的组成

电控柴油喷射系统主要由传感器、ECU（中央控制单元）和执行器三部分组成。

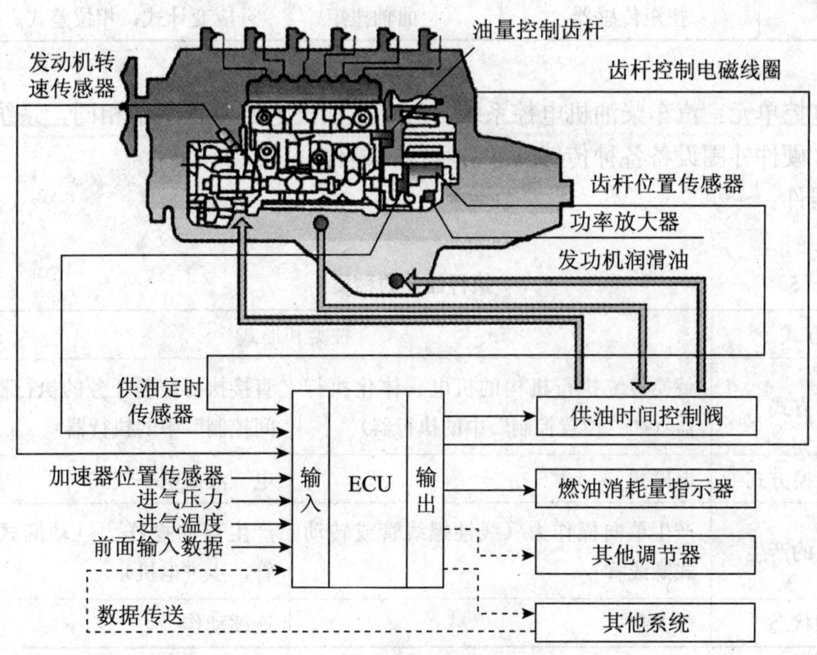

图 1－1－74　电控柴油喷射系统控制原理

传感器：

表 1－1－4　柴油机电控系统中使用的各种传感器

传感器功能	传感器名称	检测对象	结构形式
运行工况传感器	曲轴转速与位置传感器	曲轴转速与位置	霍尔式、磁感应式、光电式
	凸轮轴位置传感器	凸轮轴位置	霍尔式、磁感应式、光电式
	负荷传感器	发动机负荷	电位计式、差动式、霍尔式等
	空气流量计	发动机负荷	热膜式、热线式
修正参数传感器	冷却液温度传感器	发动机温度	负温度系数热敏电阻
	进气温度传感器	进气温度	负温度系数热敏电阻
	燃油温度传感器	燃油温度	负温度系数热敏电阻
	进气压力传感器		压电晶体

续 表

传感器功能	传感器名称	检测对象	结构形式
执行器信号反馈传感器	油门踏板位置传感器	油门踏板角度	滑动电位计、差动转换器
	负荷操作杆角度传感器	喷油泵负荷操作杆角度	滑动电位计
	齿杆位置传感器	喷油泵齿杆位置	差动电感式、电涡流式
	针阀升程位置传感器	喷油器针阀位置	霍尔式
	扭矩传感器	曲轴扭矩	应变计式、相位差式、磁致伸缩式

中央电控单元：汽车柴油机电控系统与汽车汽油机电控系统基本相同，系统由硬件和软件构成，硬件外围设备各种传感器和各种执行器件。

执行器件：

表 1-1-5　　执行器件的种类

分类方式	种类和形式	
按控制方式	替换传统执行机构的机电一体化执行器（如“位置控制”中的执行器）	直接执行控制任务的执行器（如“时间控制”中的执行器）
按能量转换方式	电磁式	电一液或电一气式
按操作力的产生	产生单向操作力（线性螺线管或转动式螺线管）	产生双向操作力（动圈式线性螺线管，步进电机）
按运动状态	开关型	连续动作

（3）泵喷嘴电控系统

泵喷嘴，顾名思义就是喷油泵与控制单元和喷嘴组合在一起，即高压油管长度为零的燃油系统。它安装在缸盖上，每个缸都有一个。由于无高压油管，所以可消除长的高压油管中压力波和燃油压缩的影响，高压容积大大减少，因此可产生所需的高喷射压力。泵喷嘴电控系统是在柴油机传统 P—T 燃油供给系统的基础上发展而来的。泵喷嘴安装在汽缸盖中，进、回油道均在汽缸盖内。泵喷嘴主要由驱动机构、高压泵、控制电磁阀和喷油嘴四部分组成。

泵喷嘴驱动机构：包括喷射凸轮、滚柱式摇臂和球销等，喷射凸轮有一个陡峭上升面和一个平滑下降面，当喷射凸轮转到陡峭上升面与摇臂接触时，泵活塞被高速向下压并迅速获得一个高喷射压力；当喷射凸轮转到平滑下降面与摇臂接触时，泵活塞缓慢、平稳地上下移动，允许无气泡的燃油流入泵喷嘴的高压腔。其作用是驱动泵喷嘴中的高压泵完成泵油。

高压泵：由泵油柱塞和高压腔组成，其作用是产生高压油。

控制电磁阀：作用是控制泵喷嘴的喷油正时和喷油量。

喷油嘴：主要由针阀、针阀体、喷嘴弹簧、收缩活塞和针阀缓冲元件等组成，喷油嘴的针阀和针阀体与普通柴油机喷油器相同，收缩活塞和针阀缓冲元件用于控制喷油器的喷油规

律。利用收缩活塞将喷射过程分为预喷射（前期喷射）和主喷射（后期喷射）两个阶段，并利用缓冲活塞控制针阀上升时的升程变化，从而保证其具有“先缓后急”的理想喷油规律。

回油管：来自供油管的燃油冲刷通向回油管的泵喷嘴油道，冷却泵喷嘴；排出泵活塞处泻出的燃油；通过回油管内节流孔分离来自供油管内的气泡。

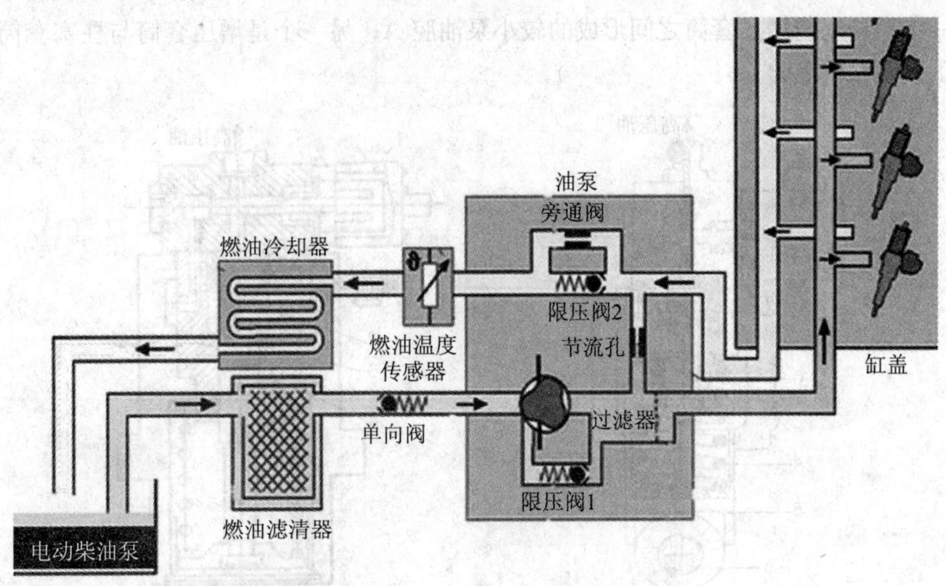

图 1-1-75　电控泵喷嘴燃油供给系统

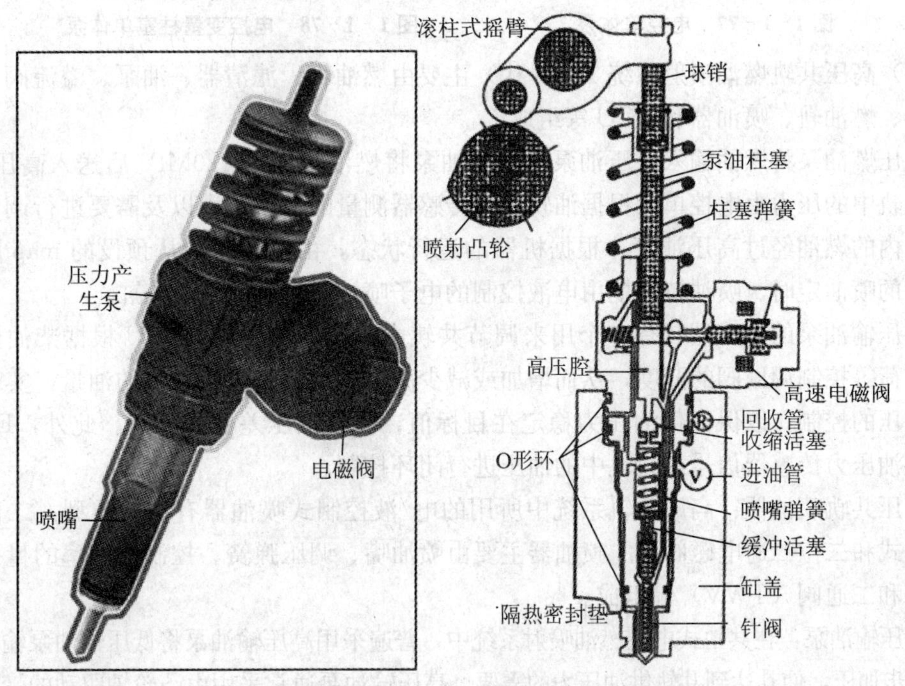

图 1-1-76　电控泵喷嘴的结构和组成

(4) 单体泵电控系统的燃油喷射系统

单体泵电控系统的燃油喷射一般由 ECU 通过电磁阀控制，电磁阀的瞬时动作决定喷油的时刻，喷油量则由电磁阀通电时间的长短来确定。由 ECU 控制的二位二通电磁阀安装在单体泵的出油端，控制其回油通道。

变量柱塞单体泵在泵油柱塞上方增加一个增压套筒，这样就在单体泵中形成两个泵油腔：一个是柱塞与增压套筒之间形成的较小泵油腔 A；另一个是增压套筒与柱塞套筒之间形成的较大泵油腔 B。

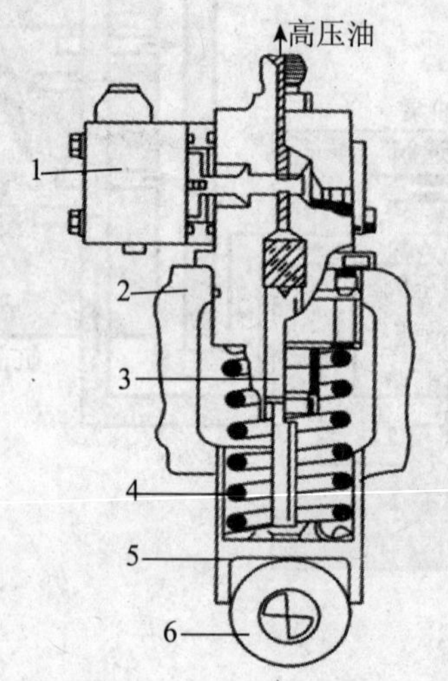

1—高速电磁阀；2—柴油机；3—泵油柱塞；
4—柱塞弹簧；5—滚轮体；6—滚轮

图 1-1-77　电控单体泵

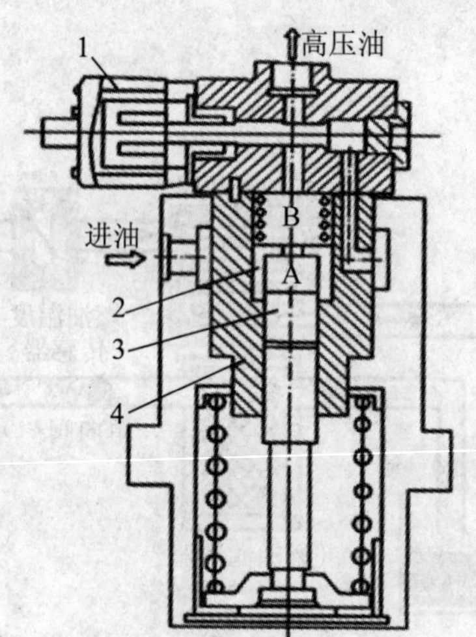

1—高速电磁阀；2—增压套筒；
3—泵油柱塞；4—柱塞套筒

图 1-1-78　电控变量柱塞单体泵

(5) 高压共轨燃油喷射系统（第一代）主要由燃油箱、滤清器、油泵、溢流阀、压力传感器、燃油轨、喷油器和 ECU 等组成

低压燃油泵将燃油输入高压油泵，高压油泵将燃油加压约 120MPa 后送入高压油轨，高压油轨中的压力由电控单元根据油轨压力传感器测量的油轨压力以及需要进行调节，高压油轨内的燃油经过高压油管，根据机器的运行状态，由电控单元从预设的 map 图中确定合适的喷油定时、喷油持续期由电液控制的电子喷油器将燃油喷入汽缸。

高压输油泵的出口端装有一个用来调节共轨中油压的调压阀，ECU 根据柴油机的转速、负荷等控制调压阀的开度，从而增加或减少高压输油泵输送给共轨的油量，实现对共轨中油压的控制，以保证供油压力稳定在目标值，使喷油压差保持不变。此外，ECU 还根据燃油压力传感器信号对共轨中的油压进行闭环控制。

高压共轨喷油器：高压共轨系统中所用的电/液控制式喷油器有两种类型：二位三通电磁阀式和二位二通电磁阀式。喷油器主要由喷油嘴、调压弹簧、控制喷油率的量孔、控制活塞和二通阀（TWV）等组成。

高压输油泵：在共轨式电控燃油喷射系统中，普遍采用高压输油泵将低压输油泵输出的燃油进一步加压，使其达到共轨供油压力的需要。高压输油泵通常采用由凸轮轴驱动的带有多个分泵的直列柱塞式油泵（一般用于大型柴油机）或径向柱塞式油泵（一般用于小型柴油机）。

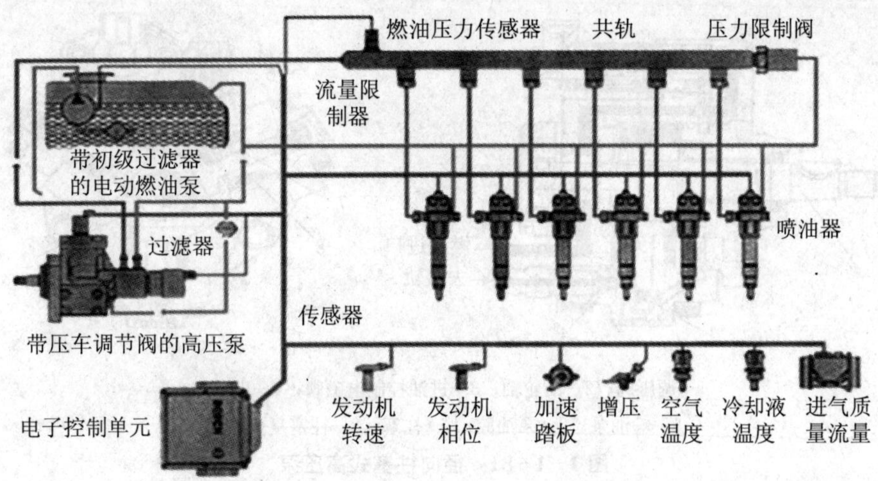

图 1-1-79　高压共轨系统

直列柱塞式高压油泵：与直列柱塞泵基本相同，主要由柱塞、柱塞套筒、柱塞复位弹簧、凸轮轴、滚轮体、出油阀（止回阀）、进油控制电磁阀等组成。

发动机工作时，凸轮轴每转一圈，凸轮上的 3 个凸起轮流驱动柱塞压油，每个柱塞分泵可完成 3 个泵油过程。每个柱塞分泵的进油口处都安装一个进油控制电磁阀，用来控制分泵供油正时和供油量。高压油泵一般利用发动机润滑油进行强制润滑。

径向柱塞式高压油泵：有 3 个分泵的径向柱塞式高压油泵。3 个分泵及凸轮的 3 个凸起均相互错开 120°，这样可使 3 个柱塞泵同时吸油、同时压油，且凸轮轴每转一圈，3 个分泵各完成 3 次泵油过程，即高压油泵完成 3 次供油。

高压油泵由发动机曲轴通过齿轮、链条或齿带驱动，且传动比为 1∶1，则发动机每个工作循环高压油泵供油 6 次，与六缸柴油机的喷油频率相同。

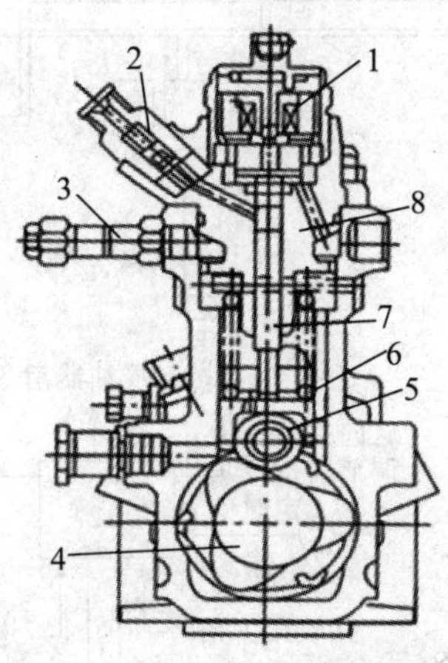

1—进油控制电磁阀；2—出油阀；3—调压阀；4—凸轮轴；5—滚轮体；6—柱塞复位弹簧；7—柱塞；8—柱塞套筒

图 1-1-80　直列柱塞式高压泵

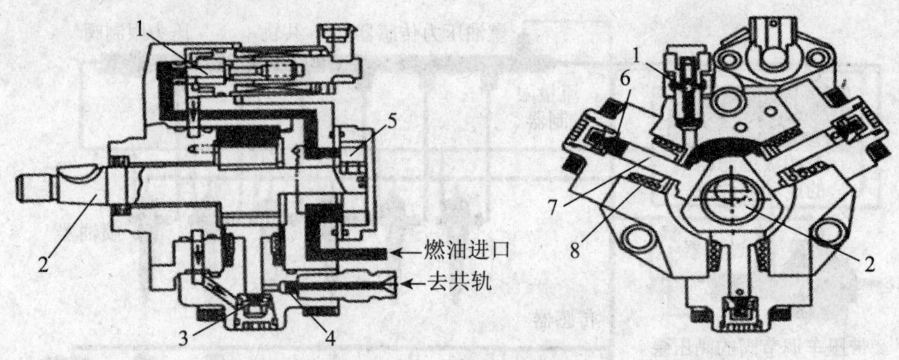

1—调压阀；2—凸轮轴；3—进油控制电磁阀；4—出油阀；
5—输油泵；6—泵油腔；7—柱塞；8—柱塞复位弹簧

图 1-1-81 径向柱塞式高压泵

共轨：储存高压输油泵提供的高压燃油，并根据需要分配给各喷油器，起蓄压器的作用。喷油器流量限制器、共轨限压阀一般都安装在共轨上。在部分共轨系统中，用于电控系统的燃油压力传感器、调压阀也安装在共轨上。

流量限制器：共轨给每个喷油器供油的通道中都安装有 1 个流量限制器，其作用是防止喷油器可能出现的持续喷油现象。

限压阀：限压阀一般安装在输油泵内或共轨上，其作用是限制共轨中的最高压力，当共轨中燃油压力过高时，打开放油孔卸压。

调压阀：调压阀安装在高压输油泵出油口或共轨上，其作用是根据 ECU 的指令实现对共轨压力的闭环控制。

（6）中压共轨燃油喷射系统（第二代）

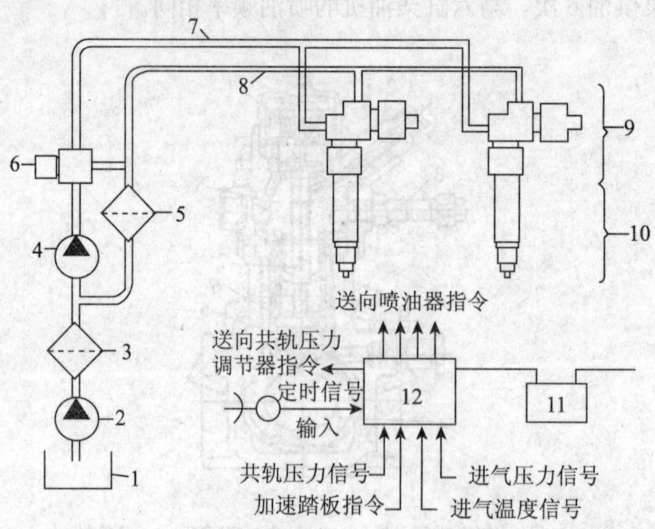

1—油箱；2—低压输油泵；3—燃油滤清器；4—中压输油泵；5—热交换器；6—调压阀；
7—共轨；8—回油管；9—电磁阀和油压增压器；10—喷油器；11—蓄电池；12—ECU

图 1-1-82 中压共轨系统

中压共轨系统主要由低压输油泵、蓄压式电/液控制喷油器、调压阀、共轨等组成。ECU 根据各传感器信号控制调压阀，以调节共轨中的油压；ECU 同时通过控制安装在喷油器上的电磁阀工作，使喷油持续时间保持不变，以实现喷油量的“压力控制”。

(7) 压电式共轨燃油喷射系统（第三代）

压电式共轨系统是采用了压电技术的共轨系统，主要是控制喷油器的执行元件用压电元件取代了电磁阀。与电磁阀相比，压电执行器具有没有滞后时间，切换迅速精确，可重现性良好，没有因设计造成的以气隙之类的形式出现的偏差，寿命长，工作稳定等特点。

六、润滑系

发动机润滑系主要有减磨、冷却、冲洗、密封和防锈的作用，由油底壳、机油泵、机油滤清器、安全阀和旁通阀等组成。

1. 机油泵

润滑系统的动力源，主要有齿轮式和转子式两种。

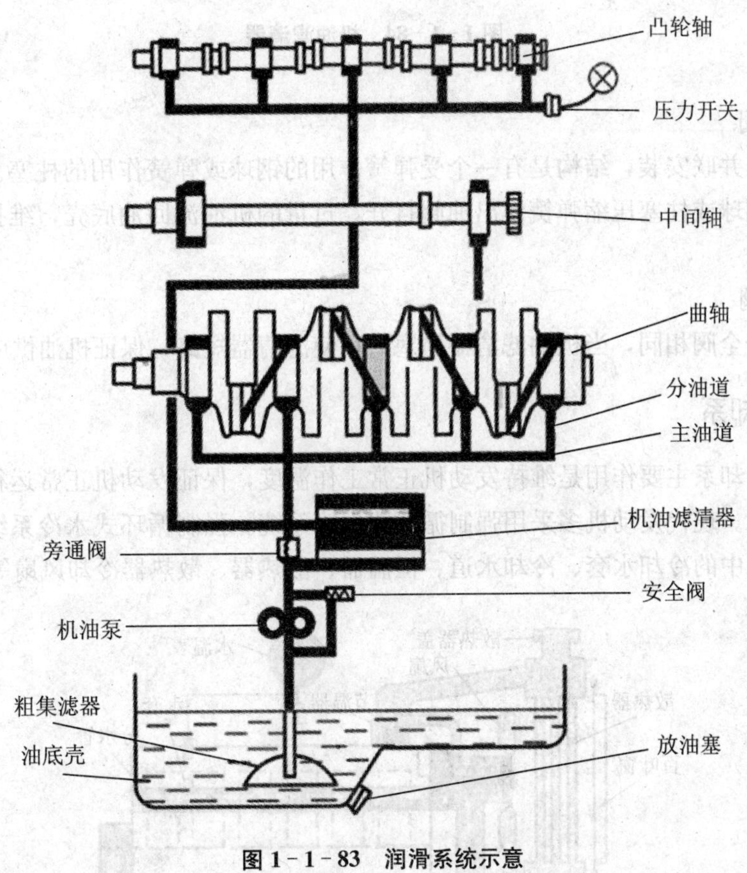

图 1-1-83　润滑系统示意

2. 机油滤清器

用来过滤掉机油中的金属屑、炭粒、变质机油的胶质、外界渗入的杂质，一般采用纸质全流式滤清器（根据滤芯的使用情况分为可折式纸滤芯和整体旋转式滤清器）。

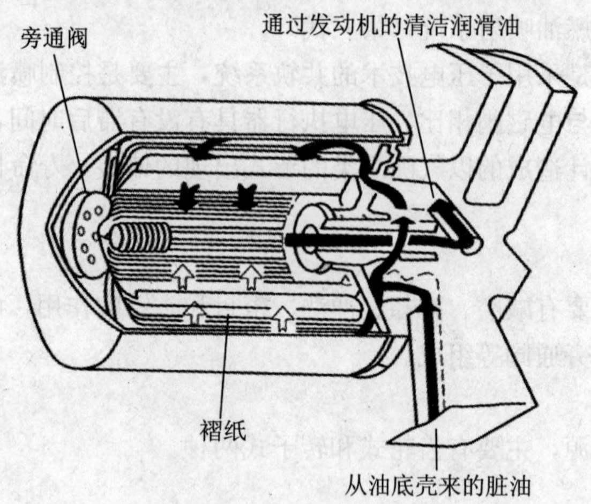

图 1－1－84 机油滤清器

3. 安全阀

与机油泵并联安装，结构是有一个受弹簧作用的钢球或弹簧作用的柱塞。当压力超过规定值时，钢球或柱塞压缩弹簧使出油阀打开，过量的机油流回油底壳，维持机油压力正常值。

4. 安全阀

结构与安全阀相同，当机油滤清器堵塞时，使滤清器短路，保证机油供应。

七、冷却系

发动机冷却系主要作用是维持发动机正常工作温度，保证发动机正常运行，分为风冷和水冷两大类。现代发动机多采用强制循环式水冷系统。强制循环式水冷系统由水泵、汽缸体和汽缸盖中的冷却水套、冷却水道、恒温器、散热器、散热器冷却风扇等组成。

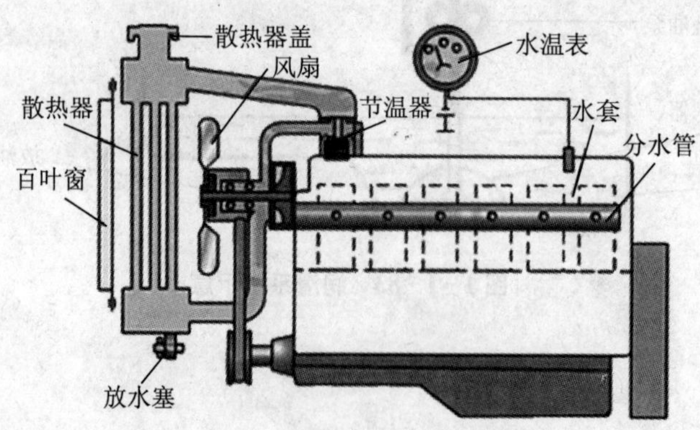

图 1－1－85 强制循环式水冷系统组成

1. 散热器

利用流进散热器芯缝隙中空气流来带走散热器中冷却液热量，达到降低冷却液温度的目的。由上、下贮水室及散热器芯组成。

图 1－1－86　散热器

2. 膨胀水箱

冷却液通过膨胀水箱使冷却系成为一个封闭系统，从而避免了冷却液因蒸发而导致耗损，膨胀水箱还可将冷却系统中水气分离，增大水泵的泵水量和减小水泵和水套内部穴蚀。

3. 散热器盖

提高提高冷却水沸点（108℃～120℃）、提高冷却效果、防止冷却水量减少。

4. 水泵

使冷却液能进入发动机水套内进行循环，以提高发动机冷却效果。由水泵叶轮、水泵轴及轴承、水泵外壳、水封等组成。

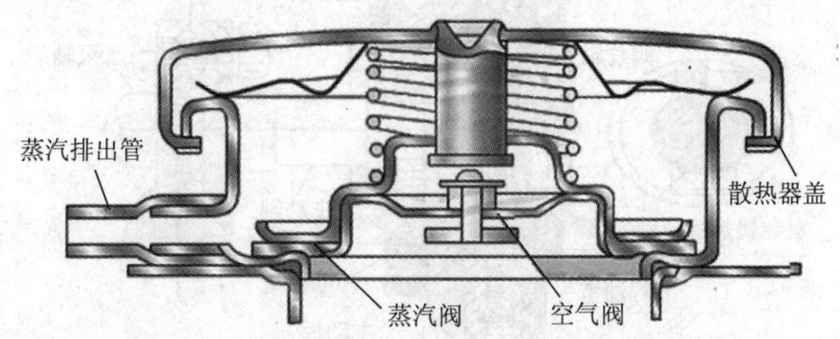

图 1－1－87　散热器盖

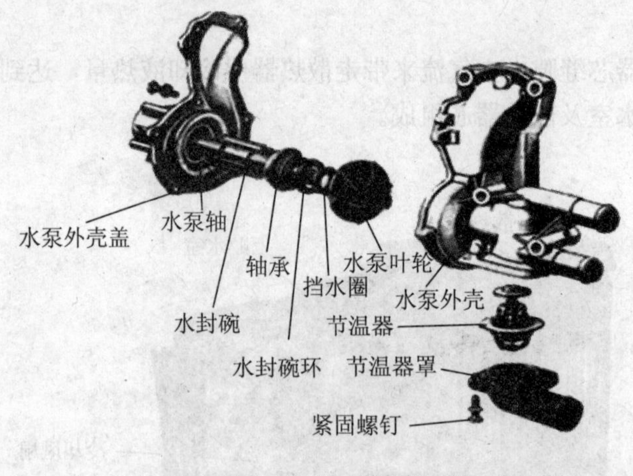

图 1-1-88 水泵

5. 风扇

增加通过散热器的空气量，使流过散热器的冷却液温度迅速下降，提高冷却效果。目前轿车水冷发动机广泛采用螺旋浆式风扇，其叶片多用塑料或铝合金铸成翼形断面，由装在散热器一侧的热敏开关和点火开关控制。

6. 风扇离合器

根据发动机温度自动控制风扇的转速，改变通过散热器的空气量，实现冷却强度的自动调节，减少发动机功率消耗，降低发动机的噪声。根据驱动方式可分为硅油式、电磁式和机械式。

7. 节温器

通过控制冷却液通往散热器的流量来保证发动机在最短时间内达到工作温度；在发动机运行过程中保证其始终维持在正常的工作温度范围内。

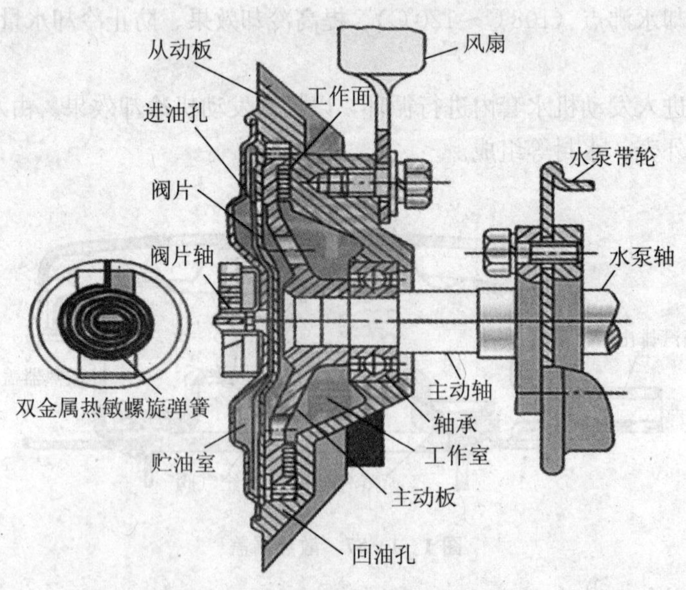

图 1-1-89 硅油式风扇离合器

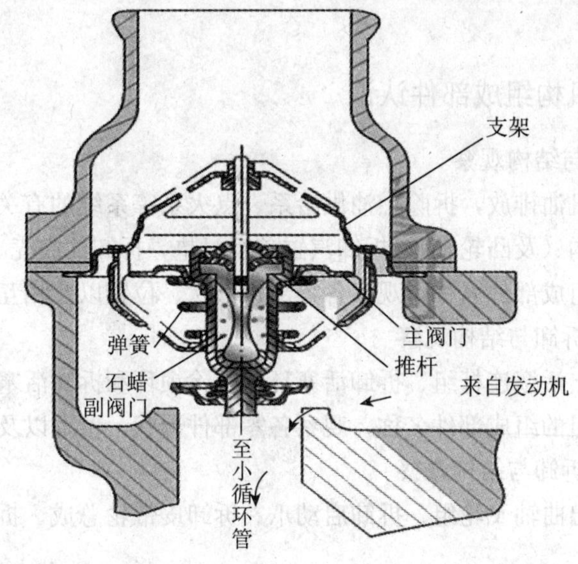

图 1－1－90 节温器

八、点火系

现代汽车点火系由供给低压电流的蓄电池、发电机、发动机控制单元（ECU）、带点火控制器的点火线圈、高压线及火花塞等组成，作用是保证按规定时刻及时点燃汽缸中被压缩的可燃混合气。根据点火线圈与缸数的关系可分为同时点火和独立点火两种方式。

九、启动系

启动系由启动机及其附属装置组成，作用是使静止的发动机启动，并转入自行运转。

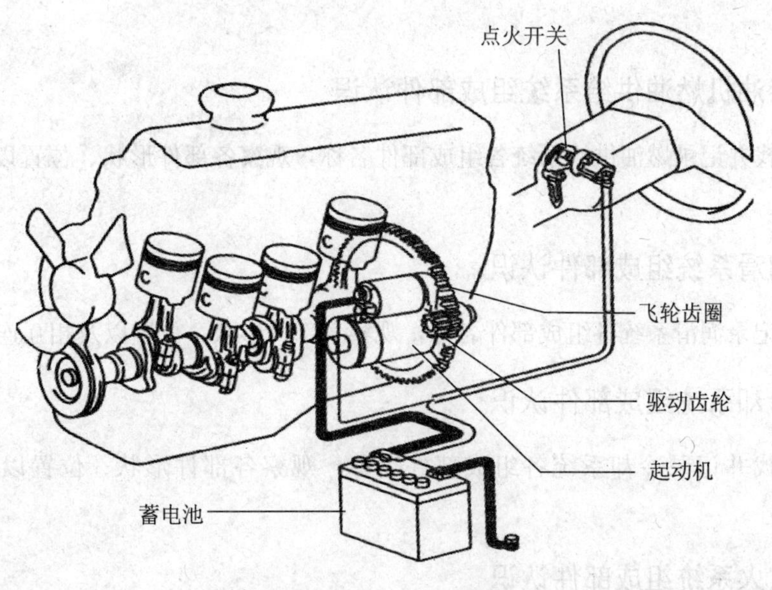

图 1－1－91 启动系统

【任务实施】

一、曲柄连杆机构组成部件认识

1. 机体组的拆卸与结构观察

先将油底壳内的机油排放，拆除燃油供给系、点火系等系统的有关部件，拆卸前后汽缸盖罩，拆卸摇臂机构（及凸轮轴），拆卸汽缸盖反衬垫，拆卸油底壳。

记录下机体组的组成部件名称，观察各零部件形状、位置以及相互连接关系。

2. 活塞连杆组的拆卸与结构观察

从发动机中拆卸出活塞连杆组、拆卸活塞环、拆除锁环和拆卸活塞销。

记录下活塞连杆组的组成部件名称，观察各零部件形状、位置以及相互连接关系。

3. 曲轴飞轮组的拆卸与结构观察

从发动机中拆卸出曲轴飞轮组、拆卸启动爪、拆卸皮带轮总成、拆卸正时齿轮和拆卸飞轮。

记录下曲轴飞轮组的组成部件名称，观察各零部件形状、位置以及相互连接关系。

二、配气机构组成部件认识

卸下气门室罩，卸下凸轮轴正时带轮，卸下凸轮轴轴承盖，取出凸轮轴，取出挺柱，用专用工具压气门，取出气门锁片，取出气门弹簧，取出气门油封及气门。

记录下配气机构的组成部件名称，观察各零部件形状、位置以及相互连接关系。

三、汽油机燃油供给系统组成部件认识

就车查找并记录燃油供给系统各组成部件名称，观察各部件形状、位置以及相互连接关系。

四、柴油机燃油供给系统组成部件认识

就车查找并记录燃油供给系统各组成部件名称，观察各部件形状、位置以及相互连接关系。

五、润滑系统组成部件认识

查找并记录润滑系统各组成部件名称，观察各部件形状、位置以及相互连接关系。

六、冷却系统组成部件认识

就车查找并记录冷却系统各组成部件名称，观察各部件形状、位置以及相互连接关系。

七、点火系统组成部件认识

就车查找并记录点火系统各组成部件名称，观察各部件形状、位置以及相互连接关系。

八、启动系统组成部件认识

就车查找并记录点火系统各组成部件名称，观察各部件形状、位置以及相互连接关系。

【任务总结】

首先，查阅汽车备件手册，检查对发动机两大机构，五大系统组成部件的就车认识情况；其次，检查汽车发动机主要配件认识任务完成情况。

检验内容	检验指标	检验总结
汽车发动机主要配件认识	核对汽车备件手册，检查汽车发动机两大机构、五大系统组成部件的名称识别情况是否正确	
检查任务完成情况	1. 能说明汽车发动机两大机构、五大系统及组成部件和功用及其相互位置关系 2. 以小组为单位，认识汽车发动机主要配件	

任务二　汽车底盘主要配件认识

【任务描述】

通过对汽车底盘结构的介绍，学习汽车底盘的主要配件的作用、结构和位置。

【任务目标】

掌握汽车底盘主要组成部件的作用以及位置，能够识别相关配件名称。

【任务准备】

底盘作用是支撑、安装汽车发动机及其各部件、总成，形成汽车的整体造型，并接受发动机的动力，使汽车产生运动，保证正常行驶。底盘由传动系、行驶系、转向系和制动系四部分组成。

一、传动系

汽车发动机与驱动轮之间的动力传递装置称为汽车的传动系。它应保证汽车具有在各种行驶条件下所必需的牵引力、车速，以及它们之间的协调变化等功能，使汽车有良好的动力性和燃油经济性；还应保证汽车能倒车，以及左、右驱动车轮能适应差速要求，并使动力传递能根据需要而平稳地接合或彻底、迅速地分离。

按结构和传动介质的不同，汽车传动系可分为机械式、静液式、液力机械式和电力式四种。机械式和液力机械式运用最为广泛。

机械式传动系主要由离合器、变速器、万向传动装置、主减速器及差速器和半轴等组成。

液力机械式传动系主要由液力机械变速器、万向传动装置、主减速器及差速器和半轴组成。

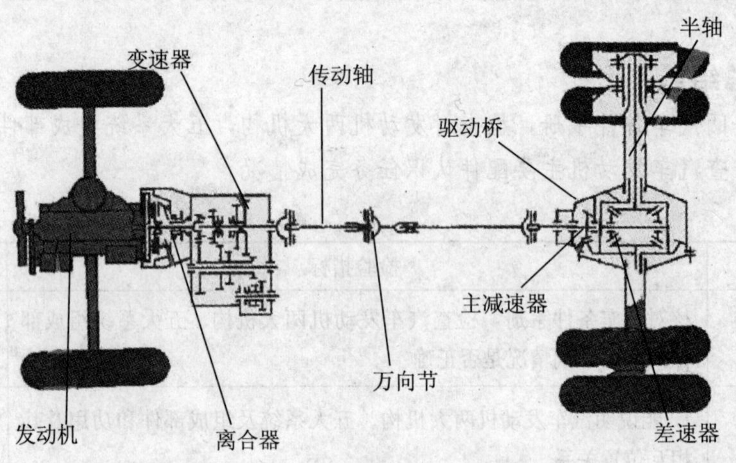

图 1-2-1 机械式传动系结构示意

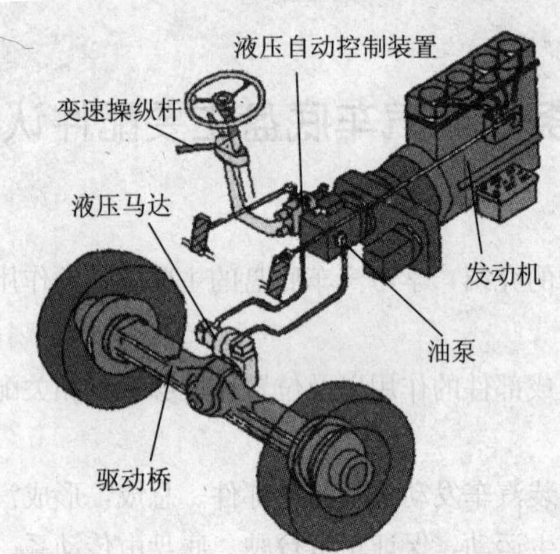

图 1-2-2 液力式传动系结构示意

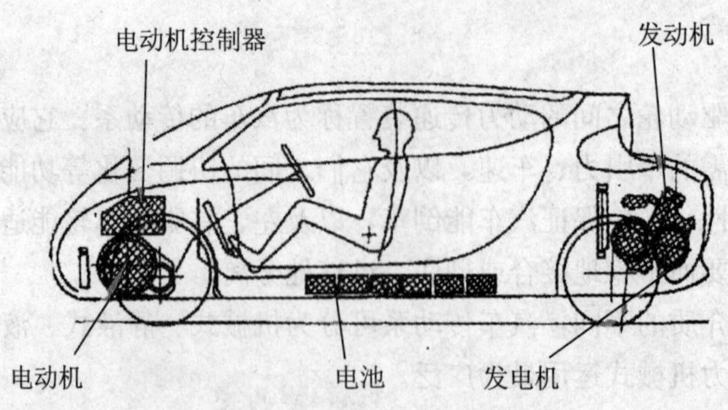

图 1-2-3 电力式传动系结构示意

1. 离合器的组成和功能

汽车离合器位于发动机和变速箱之间的飞轮壳内，用螺钉将离合器总成固定在飞轮的后平面上，离合器的输出轴就是变速箱的输入轴。

（1）功能

使发动机与传动系逐渐结合，保证汽车平稳起步；

暂时切断发动机与传动系的联系，便于发动机的启动和变速器的换挡；

限制所传递的扭矩，防止传动系过载。

（2）工作原理

离合器的主动部分和从动部分借接触面间的摩擦作用，或是用液体作为传动介质（液力偶合器），或是用磁力传动（电磁离合器）来传递转矩，使两者之间可以暂时分离，又可逐渐接合，在传动过程中又允许两部分相互转动。

（3）分类

为了使离合器的主动部分和从动部分可以暂时分离又可以逐渐接合，并且在传动过程中还可能相对运动。其主动部分和从动部分不可能采用刚性连接，而是借助两者间的摩擦力、液力或者电磁力来传递转矩。汽车离合器可分为摩擦式离合器、液力偶合器、电磁离合器三种。目前在汽车上广泛采用的是用弹簧压紧的摩擦离合器（简称为摩擦离合器）。

（4）组成

离合器由主动部分、从动部分、压紧机构（压紧弹簧）和操纵机构四部分组成。

摩擦式离合器主动部分由（飞轮）、离合器盖、压盘等机件组成。

摩擦式离合器从动部分主要是从动盘。从动盘毂通过花键与变速器输入轴配合。从动盘的两个摩擦面通过摩擦传递发动机扭矩。从动盘由从动盘本体，摩擦片和从动盘毂三个部分组成。

根据从动盘的数目可分为单片式离合器、双片式离合器以及多片式离合器。

为了使汽车能平稳起步，离合器应能柔和接合，这就需要从动盘在轴向具有一定弹性。为此，往往在动盘本体圆周部分，沿径向和周向切槽。再将分割形成的扇形部分沿周向翘曲成波浪形，两侧的两片摩擦片分别与其对应的凸起部分相铆接，这样从动盘被压缩时，压紧力随翘曲的扇形部分被压平而逐渐增大，从而达到接合柔和的效果。为了避免转动方向的共振，缓和传动系受到的冲击载荷，大多数汽车都在离合器的从动盘上附装有扭转减震器。

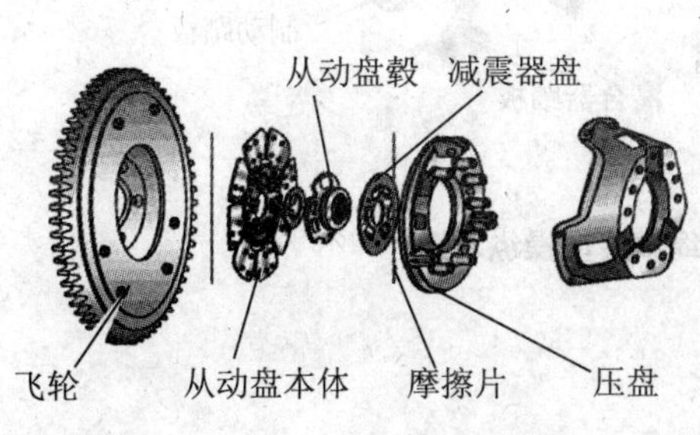

图 1-2-4　离合器从动部分

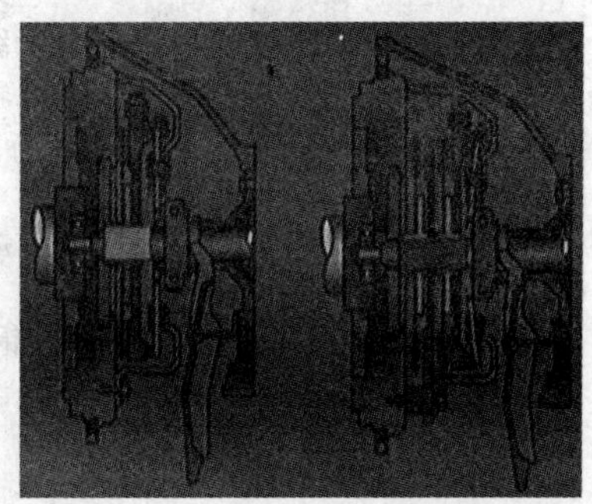

图 1-2-5　单片和双片离合器

摩擦式离合器压紧机构主要由螺旋弹簧或膜片弹簧组成，与主动部分一起旋转，以离合器盖为依托，将压盘压向飞轮，从而将处于飞轮和盘压间的从动盘压紧。

压紧机构主要由压盘、离合器盖、膜片弹簧（或螺旋弹簧）、支撑环、支撑环定位铆钉、分离钩和传动钢片组成。

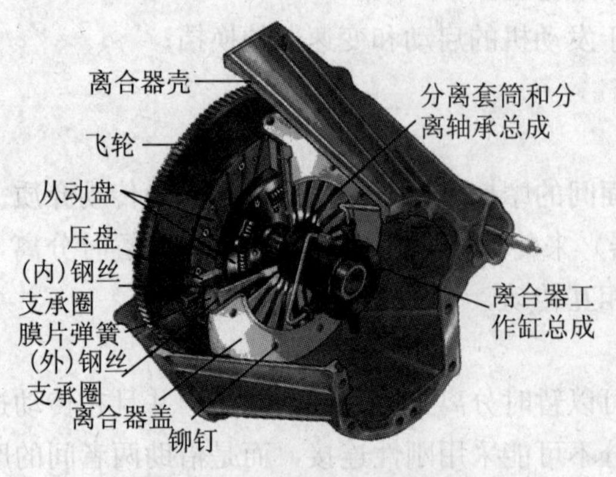

图 1-2-6　膜片弹簧离合器

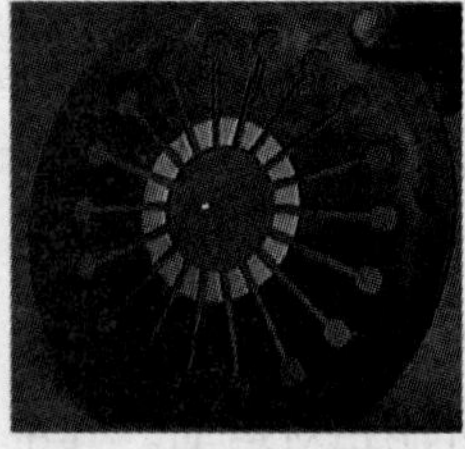

图 1-2-7　螺旋弹簧和膜片弹簧

离合器的操纵机构是驾驶员可以使离合器分离，而后又使之柔和接合的一套机构。是由位于离合器壳内的分离杠杆（在膜片弹簧离合器中，膜片弹簧兼起分离杠杆的作用）、分离轴承、分离套筒、分离叉、回位弹簧等机件组成的分离机构和位于离合器壳外的离合器踏板及传动机构、助力机构等组成。

按照分离离合器所需的操纵能源，离合器操纵机构分为人力式和助力式两种。人力操纵机构按所用传动装置可以分为机械式和液压式。根据助力方式不同可分为气压助力式和弹簧助力式。

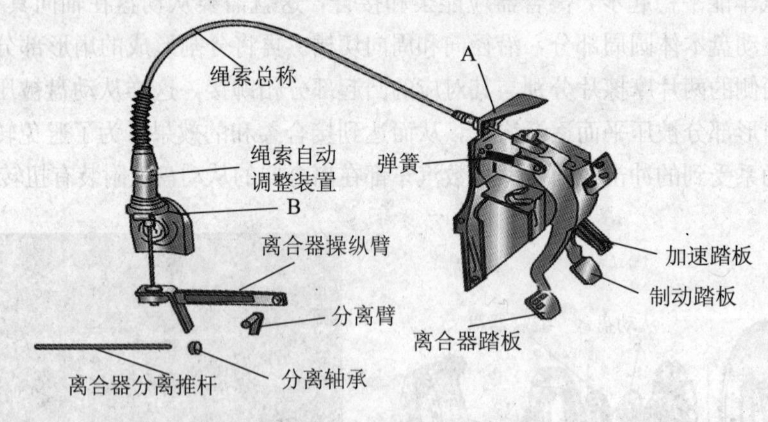

图 1-2-8　钢丝绳索传动操纵示意

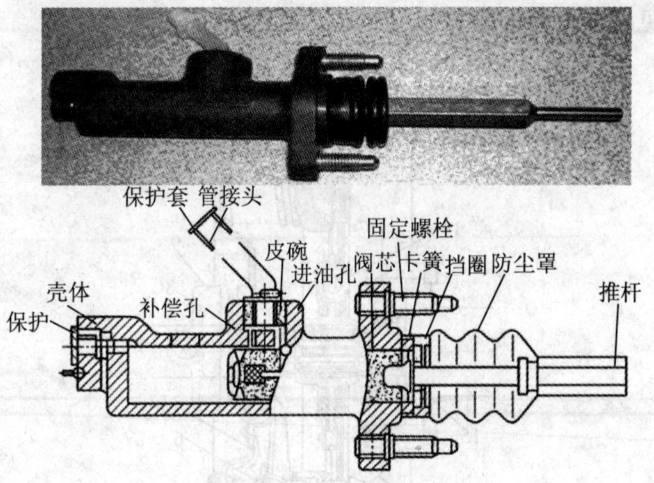

图 1-2-9　离合器主缸

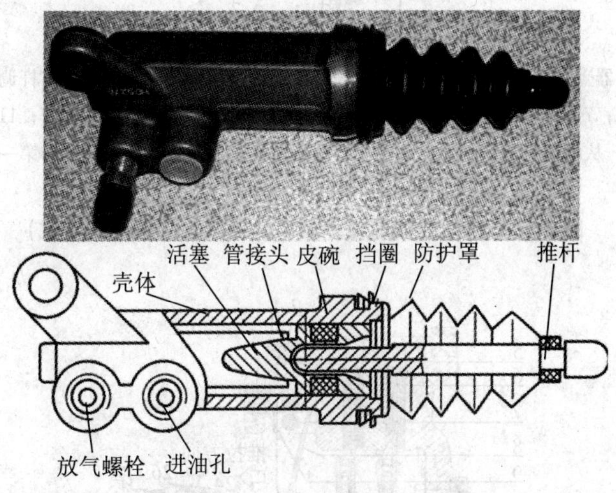

图 1-2-10　离合器工作缸

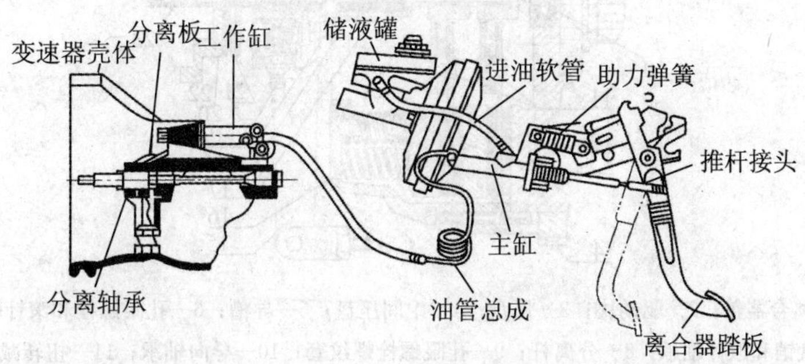

图 1-2-11　离合器液压操纵机构

（5）几种常见摩擦式离合器

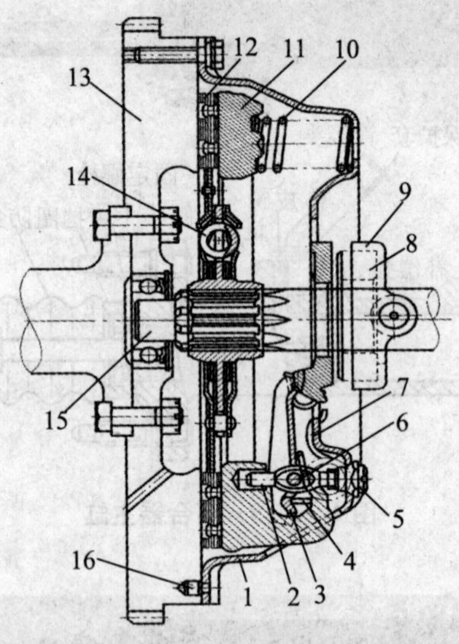

1—离合器盖；2—孔耳螺栓（柱）；3—分离杆；4—摆动支片；5—分离杆调整螺母；
6—滚销；7—分离杆弹簧；8—分离轴承；9—分离套筒；10—压紧弹簧；11—压盘；
12—从动盘摩擦片；13—飞轮；14—扭转减震器弹簧；15—变速器第一轴；
16—离合器盖定位销

图 1-2-12　周置螺旋弹簧离合器结构（单片、干式）

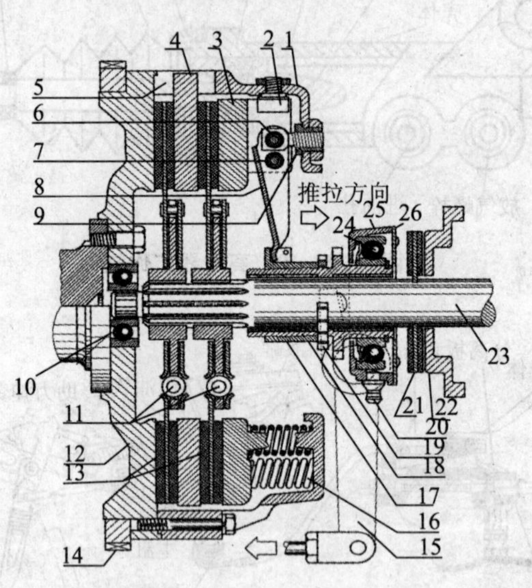

1—离合器盖；2—驱动块；3—压盘；4—中间压盘；5—导槽；6—孔眼螺栓和滚针轴承；
7—压盘销和滚针轴承；8—分离杆；9—孔眼螺栓螺纹套；10—导向轴承；11—扭转减震弹簧；
12—飞轮；13—从动盘；14—齿圈；15—分离叉杆；16—压簧；17—分离轴承可调整外套；
18—分离轴承内套；19—锁止螺母；20—黄油嘴；21—离合器制动摩擦片；22—变速器壳端面；
23—变速器第一轴；24—分离轴承；25—分离轴承套；26—分离轴承

图 1-2-13　双片拉式离合器

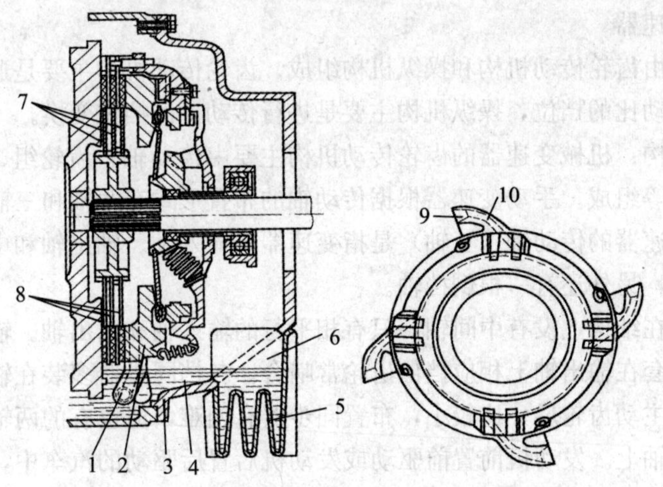

1—油勺；2—压盘；3—离合器底壳；4—润滑油；5—散热器；6—集油器；
7—从动盘钢片；8—孔系；9—集油孔；10—油道。

图 1-2-14　湿式离合器

2. 变速器的结构和作用

活塞式发动机的转矩变化范围非常小，但汽车行驶的道路条件非常复杂，另外，发动机始终向同一方向运转，而汽车在行驶中有时需要倒向行驶，在启动发动机及怠速时需要发动机向驱动轮的动力传递。因此，必须在传动系中设置变速器。按操纵方式不同可分为手动变速器和自动变速器。

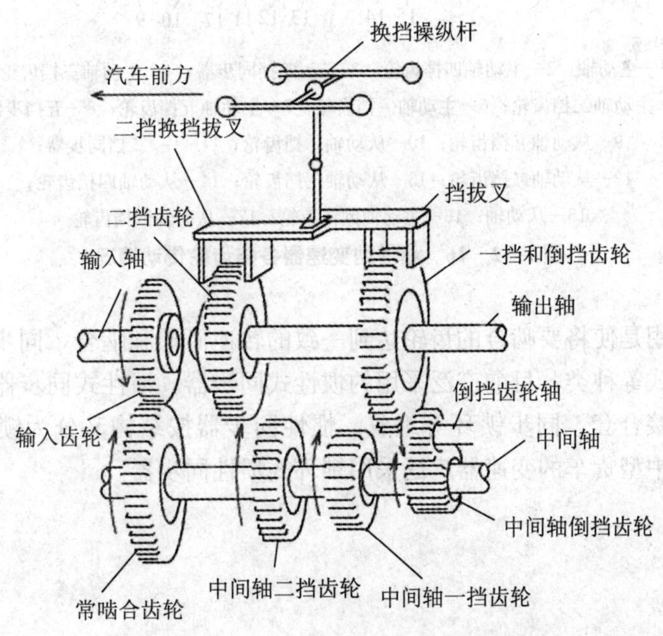

图 1-2-15　三轴变速器换挡示意

(1) 手动变速器

手动变速器由齿轮传动机构和操纵机构组成。齿轮传动机构主要是通过不同齿数的齿轮副组成不同传动比的挡位，操纵机构主要是进行传动比的挡位变换。

齿轮传动机构：机械变速器的齿轮传动机构主要由传动轴、齿轮组、同步器、支承轴承、变速器壳体等组成。手动变速器根据传动轴的布置形式有两轴和三轴变速器两种。

三轴机械变速器的传动轴（三轴）是指变速器的输入轴、轴出轴和中间轴，它们构成了变速器的主体，另外还有一根倒挡轴。

两轴变速器在结构上没有中间轴，只有相平行的输入轴和输出轴。输入轴上的各挡齿轮与通过轴承空套在输出轴上相应挡位齿轮常啮合。各挡同步器多装在输出轴上，主要是由于输入轴上的主动齿轮尺寸比较小，布置同步器有困难，但也有的两轴变速器的高挡位同步器装在输入轴上。发动机前置前驱动或发动机后置后驱动的汽车中，常采用此种结构变速器。如桑塔纳、捷达轿车都是采用的两轴变速器。

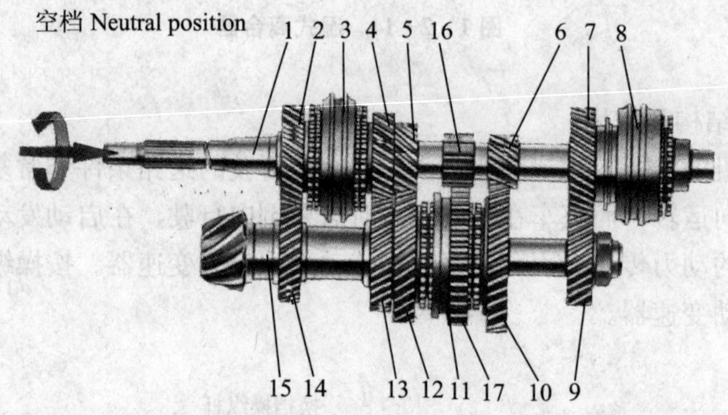

1—主动轴；2—主动轴四挡齿轮；3—三/四挡同步器；4—主动轴三挡齿轮；
5—主动轴二挡齿轮；6—主动轴一挡齿轮；7—主动轴五挡齿轮；8—五挡步器；
9—从动轴五挡齿轮；10—从动轴一挡齿轮；11—一/二挡同步器；
12—从动轴二挡齿轮；13—从动轴三挡齿轮；14—从动轴四挡齿轮；
15—从动轴；16—主动轴倒挡齿轮；17—从动轴倒挡齿轮

图 1-2-16 桑塔纳变速器各挡齿轮传动情况

同步器：作用是使将要啮合的齿轮达到一致的转速而顺利啮合，同步器有常压式，惯性式和自行增力式等种类，目前广泛采用的惯性式同步器。惯性式同步器依靠摩擦作用实现同步，主要由接合套、同步锁环等组成。惯性同步器按结构又分为锁环式和锁销式两种。轿车和轻、中型货车的变速器广泛采用锁环式惯性同步器。

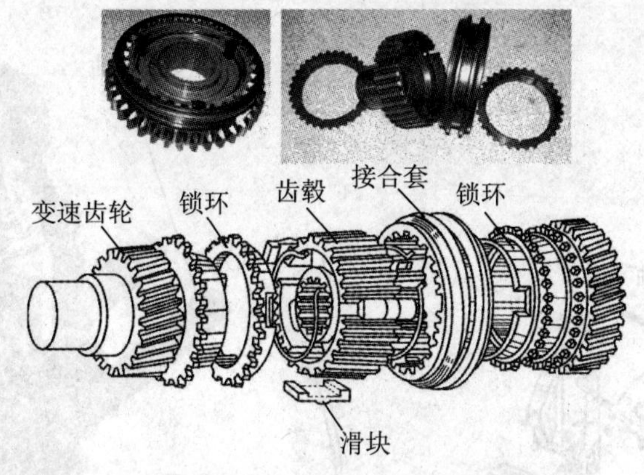

图 1－2－17　惯性锁环式同步器

操纵机构：使驾驶员根据道路情况能准确可靠地将变速器挂入或摘离所需的某个挡位。由变速杆、定位块、拨叉轴、拨叉及安全装置等组成，可分为三轴式和单轴式。

三轴式操纵机构有三根换挡拨叉轴，每个拨叉轴上有一个换挡拨叉。安全装置包括互锁装置、自锁装置和倒挡锁装置。互锁装置的作用是保证换挡拨叉轴到位并防止其他拨叉轴移动的锁止装置。常见的有两种结构：钢球式和转动钳口式；自锁装置的作用是防止变速器自动脱挡，并保证齿轮（或接合齿圈）以全齿宽啮合；倒挡锁装置用来防止驾驶员误挂倒挡。

单轴式操纵机构是所有的换挡拨叉都安装在同一根拨叉轴上。

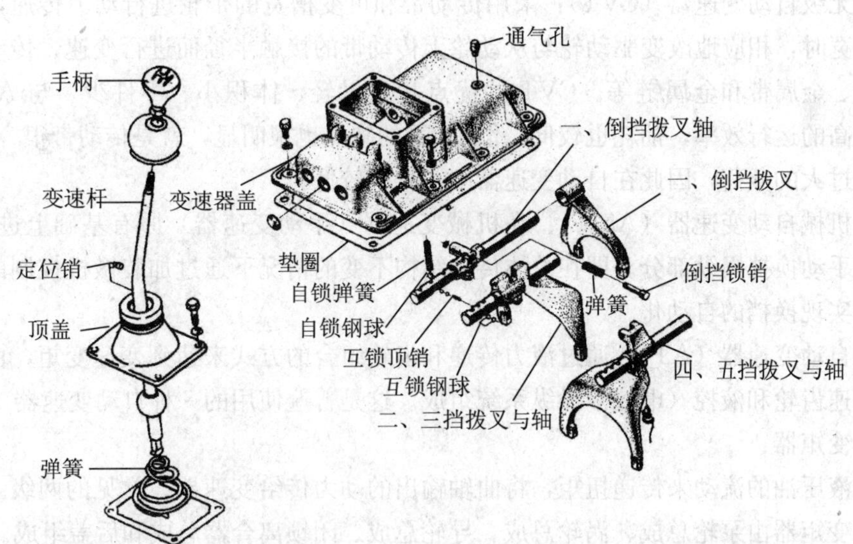

图 1－2－18　三轴式变速器操纵机构

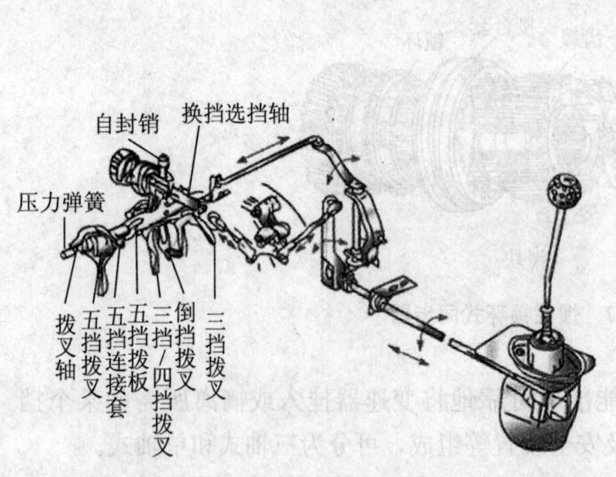

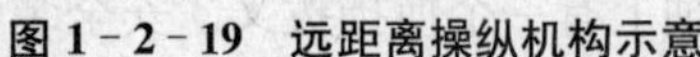
图 1-2-19 远距离操纵机构示意

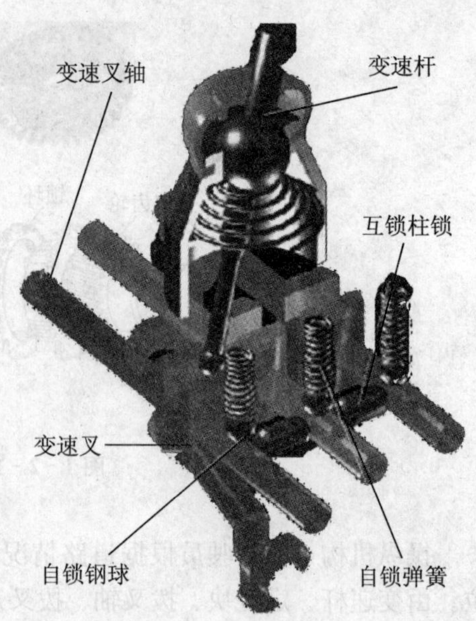

图 1-2-20 直接操纵式变速器操纵机构

(2) 自动变速器

自动变速器能够根据发动机负荷和车速等情况自动变换传动比，使汽车获得良好的动力性和经济性，并可以减少发动机排气污染。装有自动变速器的汽车易于操纵，可大大提高汽车行驶的安全性。自动变速器按齿轮变速系统的控制方式可分为三类。

机械无级自动变速器（CVT）：采用传动带和可变槽宽的带轮进行动力传递，即当带轮变化槽宽时，相应地改变驱动轮与从动轮上传动带的接触半径而进行变速，传动带一般有橡胶带、金属带和金属链等。CVT 的优点是重量轻、体积小、零件少。与 AT 比较，它具有较高的运行效率，油耗也较低。但 CVT 的缺点也很明显，就是传动带很容易损坏，不能承受过大的载荷，因此在自动变速器中占有率较低。

电控机械自动变速器（AMT）：在机械变速器（手动变速器）原有基础上进行改造，主要改变手动换挡操纵部分。即在总体传动结构不变的情况下通过加装微机控制的自动操纵系统来实现换挡的自动化。

液力自动变速器（AT）：通过液力传递和齿轮组合的方式来达到变速变矩，由液力变矩器、变速齿轮和液控（电控）操纵系统组成。这是普遍使用的一种自动变速器。

液力变矩器：

利用液压油的流动来传递扭矩，将曲轴输出的动力传给变速器。常见的两级三元件综合式液力变矩器由泵轮总成、涡轮总成、导轮总成、闭锁离合器总成和后盖组成。

泵轮与变矩器壳体连成一体随曲轴一同旋转，是液力变矩器的主动件。在泵轮环状壳体内径向排列着许多扭曲的叶片，叶片内缘则装有让变速器油液平滑流过的导环。变矩器壳体与曲轴后端的驱动盘（相当于飞轮）相连接。

涡轮与变速器输入轴联结，由液压驱动。涡轮同泵轮一样，涡轮内也排列着许多叶片，但涡轮叶片的扭曲方向与泵轮叶片的扭曲方向相反。涡轮叶片内缘也装有让变速器油

平滑流过的导环。

导轮位于泵轮和涡轮之间，通过单向离合器与变速器壳体连接。导轮也有许多扭曲的叶片组成（类似于普通电风扇的扇叶）。

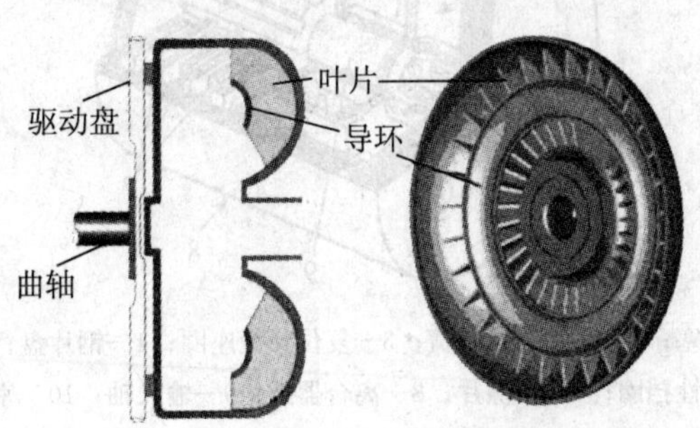

图 1－2－21　泵轮示意

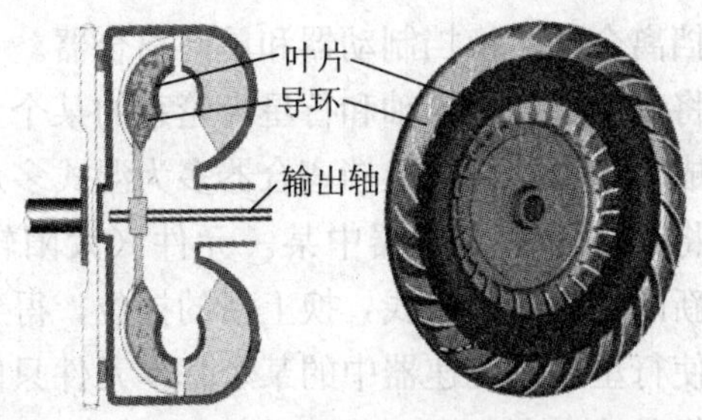

图 1－2－22　涡轮示意

齿轮变速机构：包括齿轮传动机构以及换挡执行机构。

液力自动变速器的变速齿轮一般采用行星齿轮式变速器，由太阳轮、齿圈、行星架（行星排的三个基本独立元件）和行星轮组成。常见的行星齿轮机构是辛普森式和拉威娜式齿轮传动机构。

辛普森式齿轮传动是两排行星齿轮组共用一个太阳轮，即太阳轮将两个行星齿轮组连在一起，让一个行星齿轮组的输出成为另一个行星齿轮组的输入，它是一个三速行星齿轮传动系统，能提供三个前进挡一个倒挡。拉威娜式齿轮传动机构的结构特点是：两排行星齿轮组共用一个齿圈和行星齿轮架。

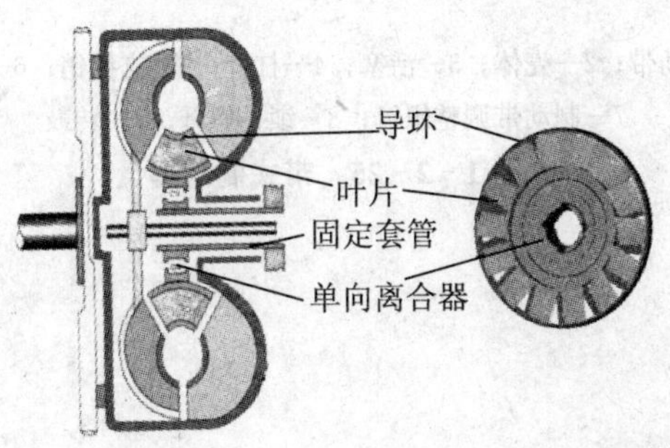

图 1－2－23　导轮在变矩器中的位置

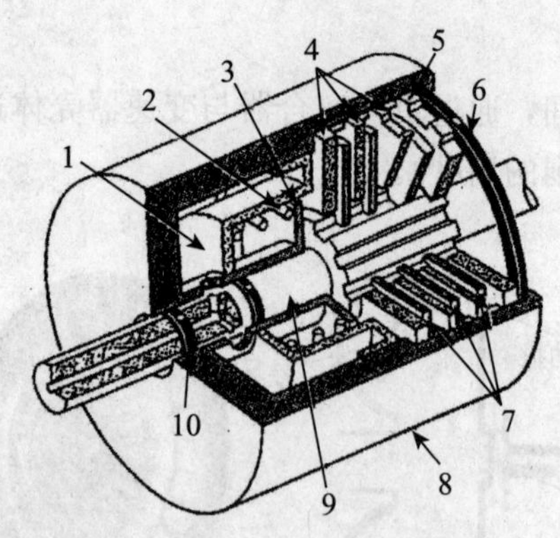

1—液压活塞；2—活塞复位弹簧；3—复位弹簧座圈；4—钢片盘；5—压盘；
6—弹性挡圈；7—摩擦片；8—离合器鼓；9—输入轴；10—密封圈

图 1-2-24　湿式多片离合器

能对齿轮变速器的基本元件进行锁止或连接的机构称为换挡执行机构。行星齿轮变速器的换挡执行机构包括换挡离合器、换挡制动器和单向离合器。

换挡离合器：作用是将变速器的输入轴和行星齿轮系的某个元件连接，或将某两个基本元件连接在一起，使之成为一个整体。换挡离合器多为湿式多片离合器。

换挡制动器：作用是将行星齿轮变速器中某一元件（太阳轮、行星轮架或齿圈）固定，使其不能转动，构成新的动力传递路线，换上新的挡位，得到新的传动比。

单向离合器：作用是使行星齿轮变速器中的某个基本元件只能向一个方向旋转，另一个方向锁止，提高换挡时机的准确性，能确保平顺、无冲击换挡。单向离合器有两种类型：滚柱式和楔块式，其结构与液力变矩器中的单向离合器相同。

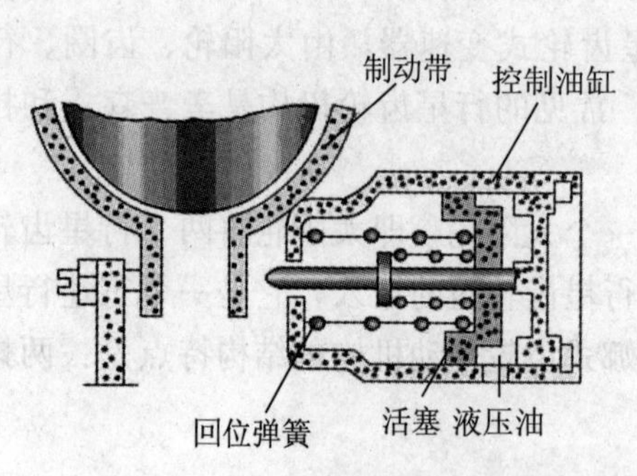

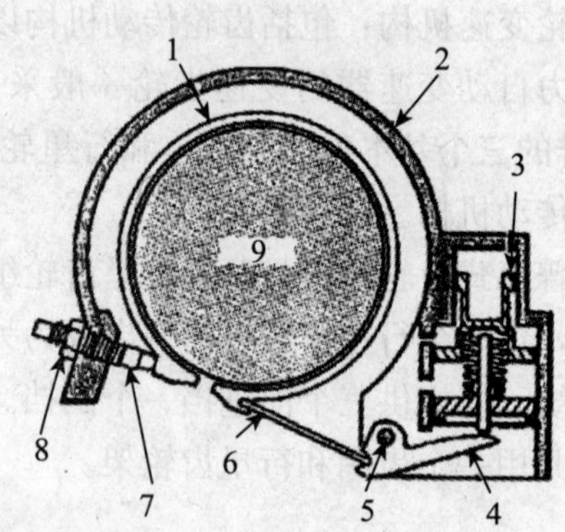

1—制动带；2—壳体；3—活塞；4—杠杆；5—支撑销；6—推杆；
7—制动带调整螺钉；8—锁止螺母；9—转鼓

图 1-2-25　带式制动器

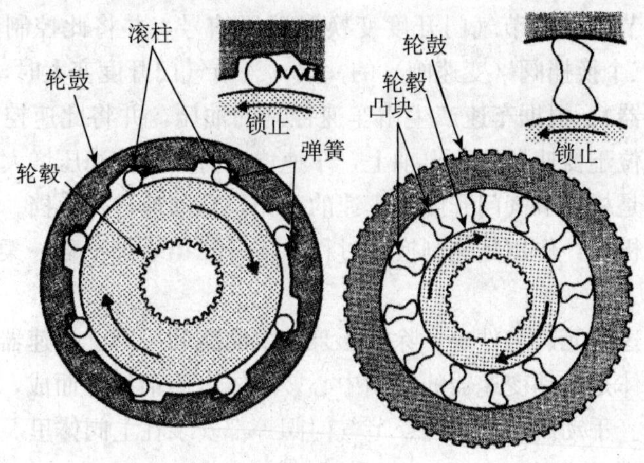

（a）滚柱式单向离合器　　（b）凸块式单向离合器

图 1-2-26　单向离合器结构

液压操控系统：包括换挡控制机构和换挡执行机构等。作用是使换挡执行元件在适当的时候工作；检测车速与负荷的变化，决定升挡或降挡的时机；保证变矩器用油和向各部提供润滑。

基本组成：液压自动操纵系统通常由动力源（液压泵）、换挡执行机构、换挡控制机构等几部分组成。换挡执行机构在前面已有介绍，换挡控制机构通常都集中在自动变速器阀体内。

液压泵：作用是向控制机构、执行机构提供压力以实现换挡；为液力变矩器提供冷却补偿油；为行星齿轮变速器提供润滑油。常见的液压泵有齿轮泵、转子泵和叶片泵。

主油路调压阀：将液压泵输出的压力精确调节到所需的压力后，输入到主油路，以满足汽车在不同工况、不同挡位时对油压的要求。

手动阀：由换挡杆操纵，作用是利用滑阀的移动，实现控制油路的转换，即根据换挡杆所置排挡位置将液压油转换到“P”、“R”、“N”、“D”、“2”或“L”的油路。

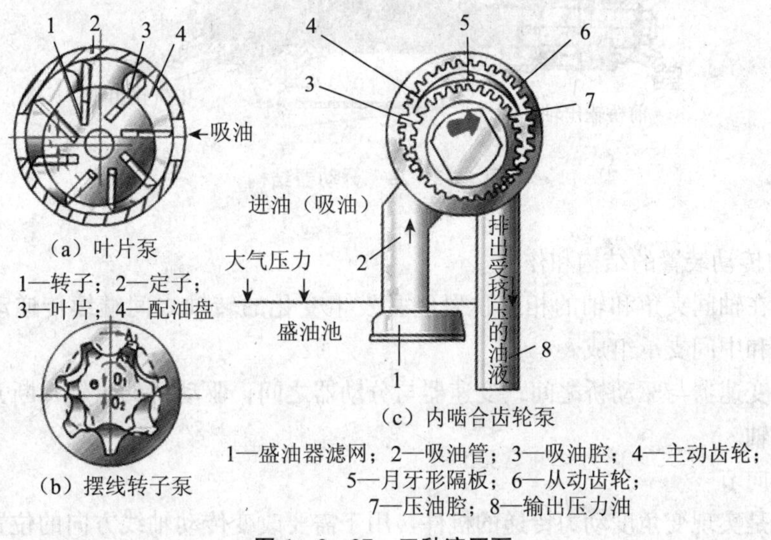

图 1-2-27　三种液压泵

节气门压力调节阀：将节气门开度变换成液压信号，并将此控制油压加在 1—2 挡、2—3 挡、3—4 挡三个换挡阀（变速阀）的一端，当节气门开度变大时，控制油压升高。

速度阀（调速器）：根据车速产生由车速控制的油压，并将此速控油压加在各换挡阀的另一端。调速器位于变速器的输出轴上，车速增大时，速控油压增大。

换挡阀：作用是根据节气门开度和车速的变化，自动地进行换挡。

换挡品质控制机构：作用是控制换挡过程，使升降挡更加平稳、柔和、无冲击，防止产生大的动载荷。

在上述介绍的这些元、组件中，除液压泵、主油路调压阀、调速器外，都集中装在一个控制阀体内。阀体是自动变速器的控制中心。阀体由铸铝加工而成，一般由上阀体、下阀体、隔板等组成。手动阀、换挡阀、节气门阀等都安装在上阀体里。

3. 分动器的结构和作用

作用是将变速器输出的动力分配到各驱动桥，并且进一步增大扭矩。分动器是一个齿轮传动系统，它单独固定在车架上，其输入轴与变速器的输出轴用万向传动装置连接，分动器的输出轴有若干根，分别经万向传动装置与各驱动桥相连。结构如图 1-2-28 所示。

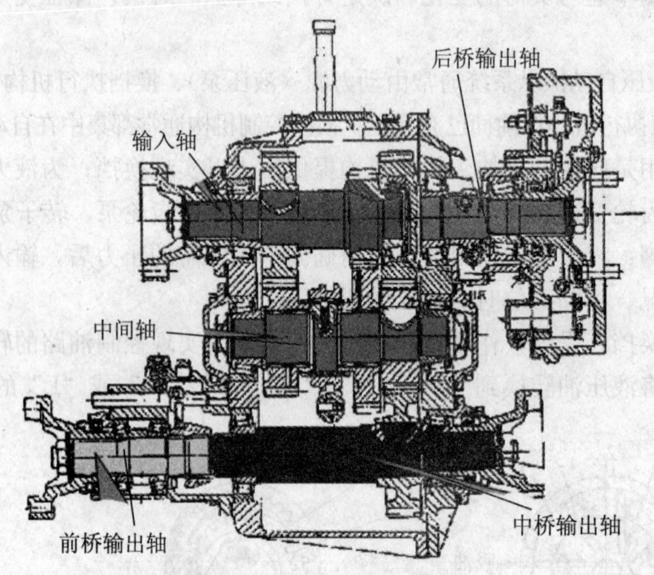

图 1-2-28 分动器结构

4. 万向传动装置的结构和作用

作用是在轴间夹角和轴的相互位置经常发生变化的转轴之间继续传递动力。由万向节、传动轴和中间支承组成。

应用在变速器与驱动桥之间；变速器与分动器之间；驱动桥的半轴；断开式驱动桥的半轴及转向轴。

(1) 万向节

万向节是实现变角度动力传递的机件，用于需要改变传动轴线方向的位置。按万向节

在扭转方向上是否有明显的弹性可分为刚性万向节和挠性万向节。汽车上应用较多的是刚性万向节，刚性万向节又可分为不等速万向节（常用的为十字轴式）、准等速万向节（如双联式、三销轴式等）和等速万向节（如球叉式、球笼式万向节）三种。

十字轴式刚性万向节结构简单、工作可靠、且允许所连接的两轴之间有较大交角，在汽车上应用最为普遍。

根据双万向节实现等速传动的原理而设计的万向节称为准等速万向节。双联式、三销轴式万向节都属于准等速万向节。

双联式万向节由两个十字轴式万向节相连，中间传动轴长度缩减至最小。优点是允许有较大的轴间夹角，轴承密封性好、效率高、制造工艺简单、加工方便、工作可靠等。多用于越野汽车。

三销轴式万向节允许相邻两轴间有较大的夹角，用于一些越野车的转向驱动桥。

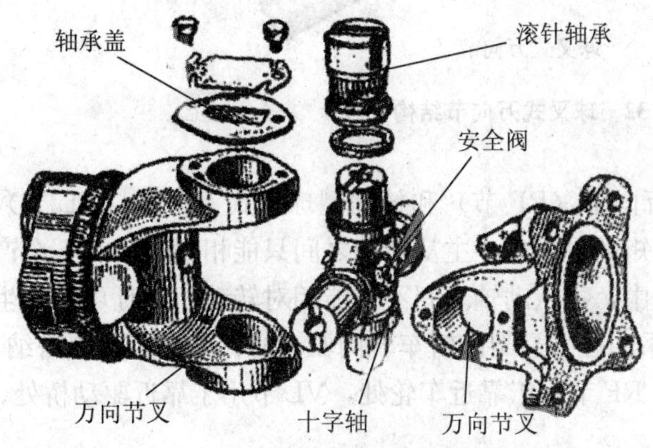

图 1-2-29　十字轴式万向节结构

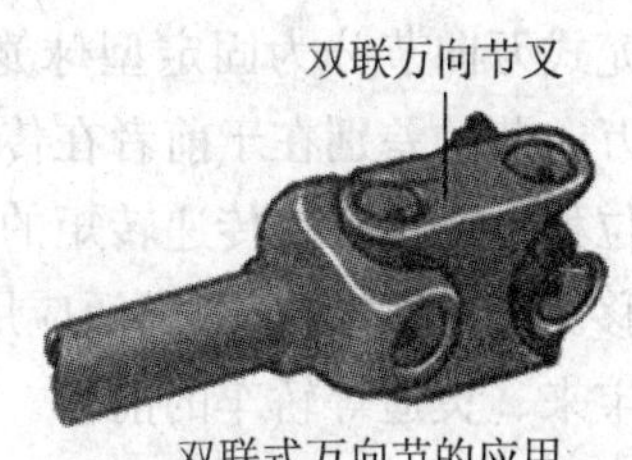

图 1-2-30　双联式万向节结构

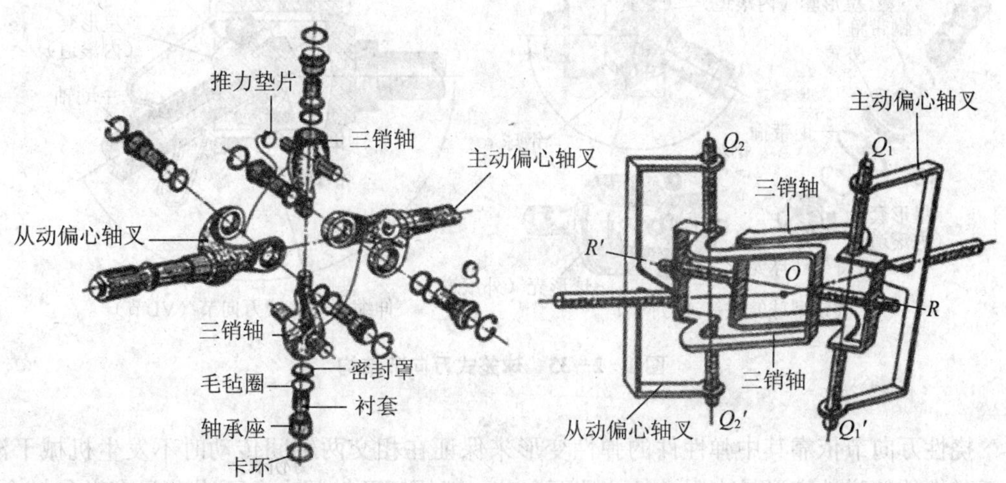

图 1-2-31　三销轴式万向节结构

等速万向节保证万向节在工作过程中，其传力点永远位于两轴交角的平分面上。

球叉式万向节等角速传动的特点是，钢球中心 P（即传力点）始终位于两轴交角的平分面内，且承载能力强，结构紧凑，拆装方便，两轴最大交角为 42°。

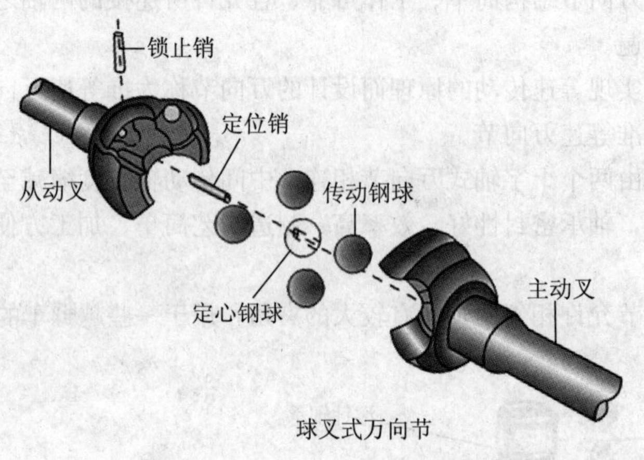

图 1-2-32　球叉式万向节结构

球笼式万向节分为固定型球笼式万向节（RF 节）和伸缩型球笼式万向节（VL 节），这两种万向节的差别在于前者在传递转矩的过程中，主从动轴之间只能相对转动、不会产生轴向位移。而后者在传递转矩的过程中，主从动轴之间不仅能相对转动，而且可以产生轴向位移。RF 节和 VL 节广泛应用于采用独立悬架的轿车转向驱动桥，如红旗、桑塔纳、捷达、宝来、奥迪等轿车的前桥。其中 RF 节用于靠近车轮处，VL 节用于靠近驱动桥处。

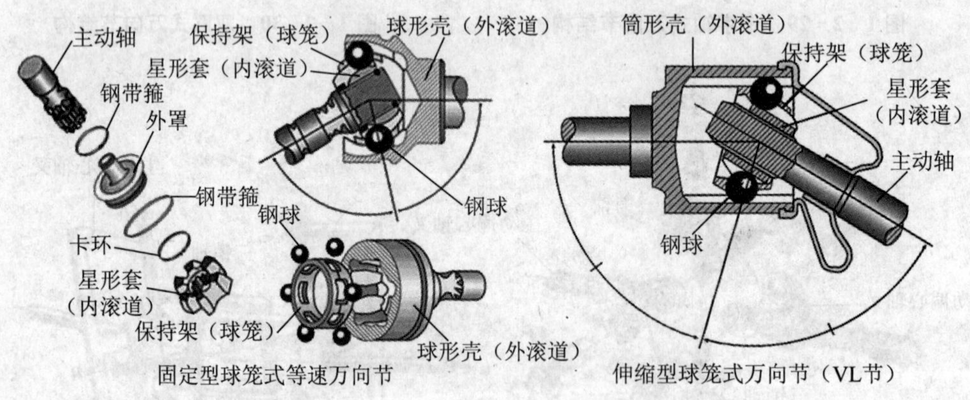

图 1-2-33　球笼式万向节结构

挠性万向节依靠其中弹性件的弹性变形来保证在相交两轴间传动时不发生机械干涉。由于弹性件的弹性变形量有限，故挠性万向节一般用于两轴间夹角不大和只有微量轴向位移的万向传动场合。

(2) 传动轴及中间支承

传动轴是空心、壁厚均匀的钢管在万向节之间，用来传递动力的轴。在工作时，若两

万向节之间的距离会发生变化，则须将传动轴做成两段，用滑动花键相连接。

在传动距离较长时，往往将传动轴分段，在各段之间增加中间支承。中间支承实际上是一个通过支承座和缓冲垫安装在车身（或车架）上的轴承，用来支承传动轴的一端。橡胶缓冲垫可以补偿车身（或车架）变形和发动机振动对于传动轴位置的影响。

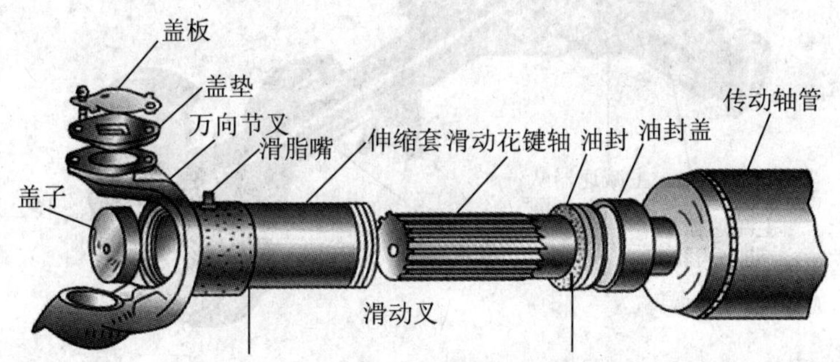

图 1－2－34　带伸缩套的传动轴

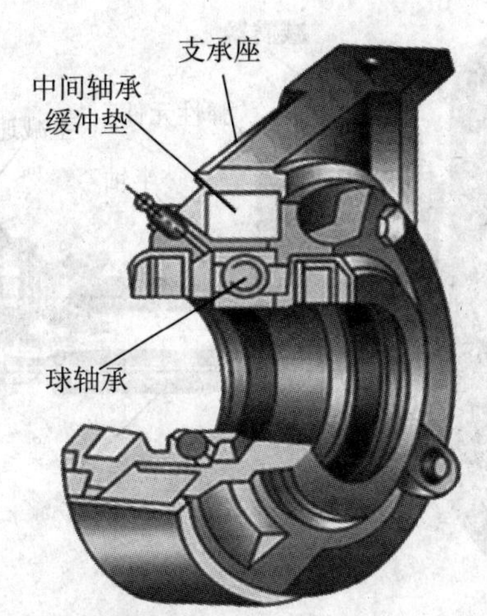

图 1－2－35　中间支承

5. 驱动桥的结构和作用

驱动桥将万向传动装置传来的发动机转矩通过主减速器，差速器，半轴等传到驱动车轮，实现降速、增大转矩；通过主减速器圆锥齿轮副改变转矩的传递方向；通过差速器实现两侧车轮差速作用，保证内外侧车轮以不同转速转向。由桥壳、主减速器、差速器和半轴组成。驱动桥一般可分为非断开式和断开式两种。

非断开式驱动桥也称整体式驱动桥，由驱动桥壳、主减速器、差速器和半轴组成。驱动桥壳由中间的主减速器壳和两边与之刚性连接的半轴套管组成，通过悬架与车身或车架相连。两侧车轮安装在此刚性桥壳上，半轴与车轮不可能在横向平面内做相对运动。输入驱动桥的动力首先传到主减速器主动小齿轮，经主减速器减速后转矩增大，再经差速器分配给左右两半轴，最后传至驱动车轮。

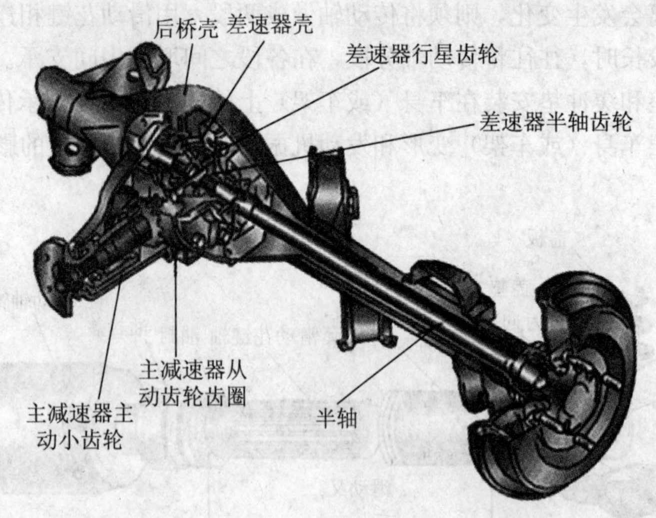

图 1-2-36　非断开式后轮驱动桥结构

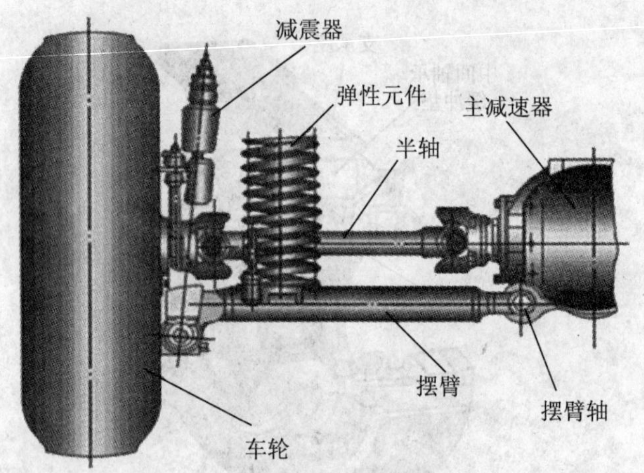

图 1-2-37　断开式后轮驱动桥结构

为了与独立悬架相适应，驱动桥壳需要分为用铰链连接的几段，更多的是只保留主减速器壳（或带有部分半轴套管）部分，主减速器壳固定在车架或车身上，这种驱动桥称为断开式驱动桥。为了适应驱动轮独立上下跳动的需要，差速器与车轮之间的半轴也要分段，各段之间用万向节连接。

（1）主减速器：降低转速、增加扭矩、改变扭矩的传递方向，当发动机纵置时还具有改变转矩旋转方向的作用。按参加减速传动的齿轮副数目可分为单级式主减速器和双级式主减速器。按主减速器传动比挡数可分为单速式和双速式。按齿轮副结构型式可分为圆柱齿轮式、圆锥齿轮式和准双曲面齿轮式。

单级主减速器：结构简单、质量小、体积小、传动效率高。在轿车及中型以下货车上得以普遍采用。主动锥齿轮与变速器输出轴制为一体，用双列圆锥滚子轴承和圆柱滚子轴承支承在变速器壳体内。环状的从动锥齿轮靠凸缘定位，并用螺钉与差速器壳连接。差速

器壳由一对圆锥滚子轴承支承在变速器壳体上。

双级主减速器：当汽车主减速器需要有较大的传动比时需采用双级主减速器。双级主减速器可采取整体式，第一级采用锥齿轮传动，第二级采用圆柱斜齿轮传动；也可采取单级加轮边式。

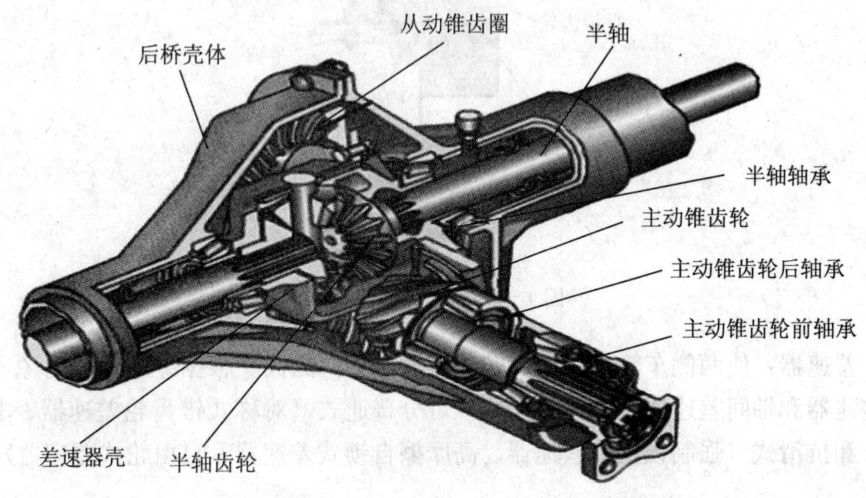

图 1-2-38　准双曲面锥齿轮式单级主减速器

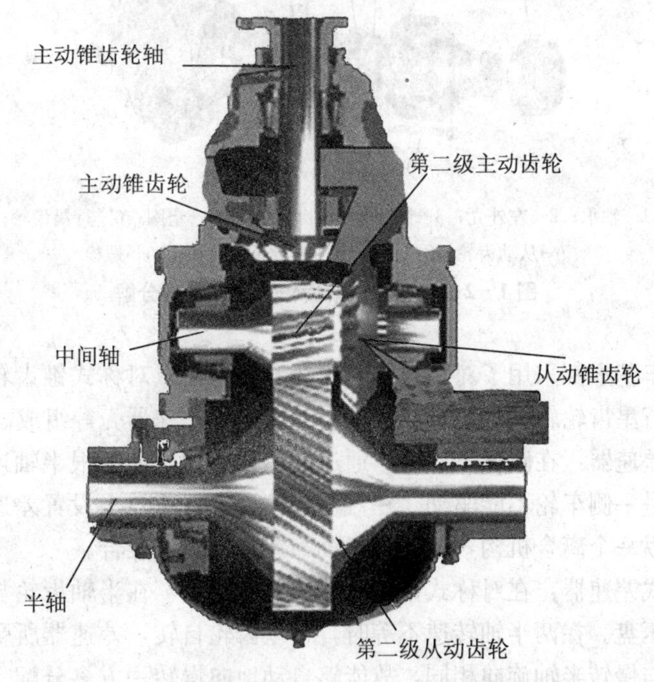

图 1-2-39　双级主减速器

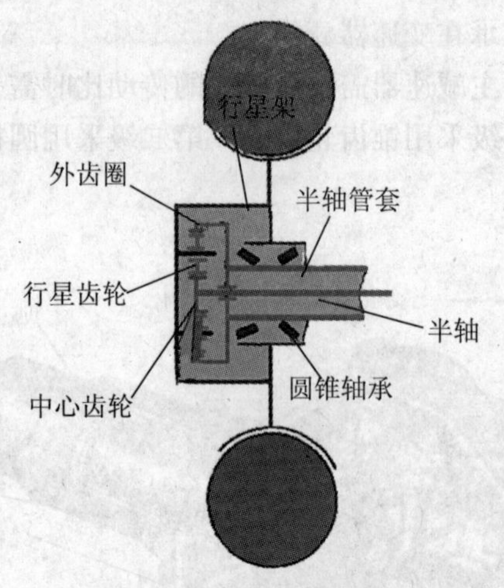

图 1-2-40　轮边减速器

（2）差速器：使两侧车轮不等速旋转，以适应不同路面。根据差速作用对象不同可分为轮间差速器和轴间差速器；根据工作特性可分普通式（对称式锥齿轮差速器、非对称式差速器）和抗滑式（强制锁止式差速器、高摩擦自锁式差速器、自由轮式差速器）。

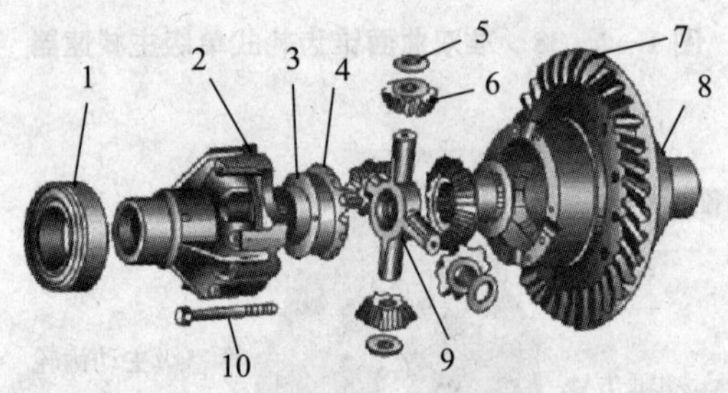

1—轴承；2—左外壳；3—垫片；4—半轴齿轮；5—垫圈；6—行星齿轮；7—从动齿轮；8—右外壳；9—行星齿轮轴；10—螺栓

图 1-2-41　对称锥齿轮差速器零件分解

目前国产汽车基本都采用了对称式锥齿轮普通差速器。对称式锥齿轮差速器由行星齿轮、半轴齿轮、行星齿轮轴（十字轴或一根直销轴）和差速器壳等组成。

强制锁住式差速器：在路况不好时，通过使用差速锁，使两根半轴连成一体，防止一侧车轮打滑而使另一侧车轮不能驱动。在对称式锥齿轮差速器上设置差速锁。可以用电磁阀控制的汽缸操纵一个离合机构，使一侧半轴与差速器壳相接合。

高摩擦自锁式差速器：在对称式锥齿轮差速器上改进，在半轴齿轮与差速器壳之间装有摩擦片、推力压盘。在两半轴转速不等时，行星齿轮自转，差速器所受摩擦力矩与快转半轴旋向相反，与慢转半轴旋向相同，故能够自动地向慢转一方多分配一些转矩。摩擦片式差速器结构简单，工作平稳，常用于轿车和轻型汽车上。

牙嵌式自由轮差速器工作可靠，使用寿命长，必要时能使汽车变成由单侧车轮驱动，明显提高汽车的通过能力。其缺点是左右车轮传递转矩时，时断时续，引起车轮传动装置

中载荷的不均匀性和加剧轮胎磨损。中、重型汽车常采用牙嵌式自由轮差速器。

托森（Torsen）差速器：是一种比较新型的差速机构，它利用蜗杆传动的不可逆性原理和齿面高摩擦条件，使差速器根据其内部差动转矩（差速器的内摩擦力矩）大小而自动锁死或松开，即在差速器内差动转矩较小时起差速作用，而过大时自动将差速器锁死，有效提高了汽车的通过性。托森差速器由于其结构及性能上的诸多优点，被广泛应用于全轮驱动轿车的中央轴间差速器及后驱动桥的轮间差速器。但由于在转速转矩差较大时有自动锁止作用，通常不用作转向驱动桥的轮间差速器。奥迪 80 和奥迪 90（Audi Quattro）全轮驱动轿车前、后轴间差速器采用了这种较新型的差速器。

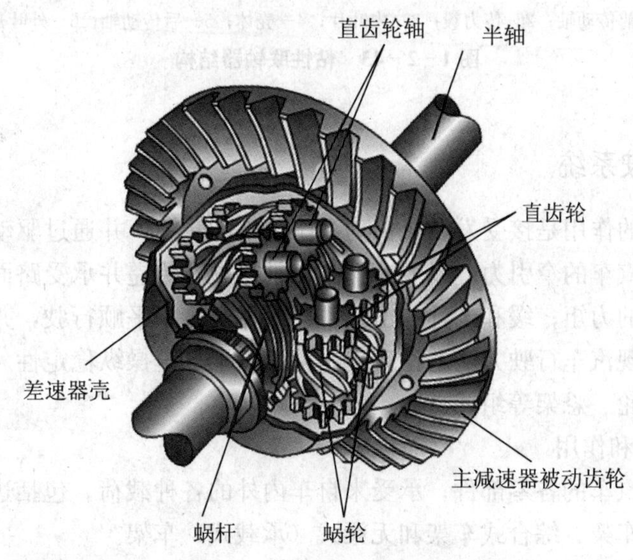

图 1－2－42 托森差速器

粘性联轴器（简称 VC）：传递转矩的工作介质是硅油，有些四轮驱动的轿车上被作为轴间差速器，如高尔夫—辛克罗（Golf Syncro）型轿车上的粘性联轴器。由于其转矩传递平稳，差速相应特性好，日本一些轿车厂还把它推广应用到驱动桥的轮间差速机构中。前后驱动桥内差速器的粘性联轴器也称限滑式差速器（LSD）。

（3）半轴：用来将差速器半轴齿轮的输出转矩传到驱动轮或轮边减速器上。在非断开式驱动桥内，半轴一般是实心的；在断开式驱动桥处，往往采用万向传动装置给驱动轮传递动力；在转向驱动桥内，半轴一般需要分为内半轴和外半轴两段，中间用等角速万向节相连接。在非断开式驱动桥内，半轴与驱动轮的轮毂在桥壳上的支承形式决定了半轴的受力状况。现代汽车多采用全浮式和半浮式两种半轴支承形式。全浮式半轴受扭矩，不受弯矩；半浮式半轴受扭矩，外端受弯矩。

（4）桥壳：用来安装主减速器、差速器、半轴、轮毂等部件的基础体。

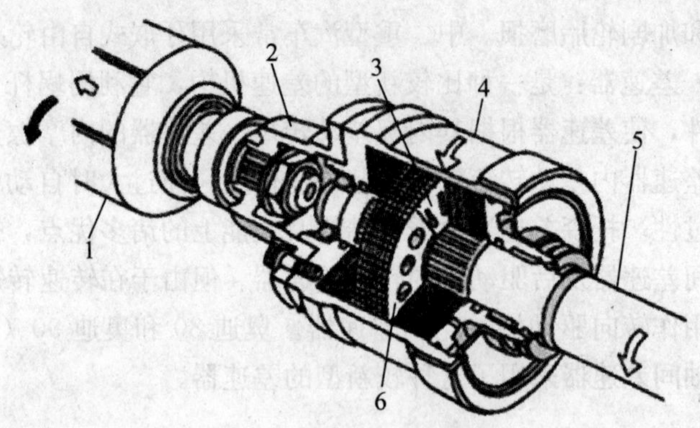

1—前传动轴；2—传力毂；3—内叶片；4—壳体；5—后传动轴；6—外叶片

图 1-2-43　粘性联轴器结构

二、汽车行驶系统

汽车行驶系统的作用是接受发动机传动系统传来的转矩，并通过驱动轮与路面间附着作用，产生路面对汽车的牵引力，以保证整车正常行驶；传递并承受路面作用于车轮上的各向反力及其形成的力矩；缓和各种冲击和震动，保证汽车平顺行驶，并且与汽车转向很好地配合工作，实现汽车行驶方向的正确控制，以保证汽车操纵稳定性。汽车行驶系主要由车架、车桥、车轮、悬架等组成。

1. 车架的结构和作用

车架支承连接汽车的各零部件；承受来自车内外的各种载荷。包括边梁式车架、中梁式（或称脊骨式）车架、综合式车架和无梁式（承载式）车架。

（1）边梁式车架：由两根位于两边的纵梁和若干道横梁通过铆接或焊接而连成的坚固的刚性构架；纵、横梁通常用低合金钢板冲压而成，其断面形状有槽形断面、箱形断面、"Z"字形断面和"工"字形断面等几种；在纵梁上钻有很多装置孔，用以安装脚踏板、车身、转向器和悬架总成及其支架；横梁不仅用来保证车架的扭转刚度和承受纵向载荷，而且还用来支承汽车上的主要部件。通常有 5～8 根横梁。其特点是承载能力和抗扭刚度很强，结构简单，工艺要求较低。车身重量大，整车重心偏高。

（2）中梁式（或称脊骨式）车架：只有一根位于中央贯穿前后的纵梁，亦称脊骨式车架。特点是能使车轮有较大的运动空间，重量轻，重心低，强度和刚度较大，但制造精度要求高，维修不便。

（3）综合式车架：由边梁式和中梁式车架联合构成的，车架的前段或后段是边梁式结构，用以安装发动机或后驱动桥；车架的另一段是中梁式结构，其悬伸出来的支架可以固定车身。传动轴从中梁的中间穿过，使之密封防尘。

（4）无梁式（承载式）车架：由钢或铝冲压、焊接而成，车身和车架合二为一，重量轻，可利用空间大，重心低，设计和工艺要求高，刚度不足。

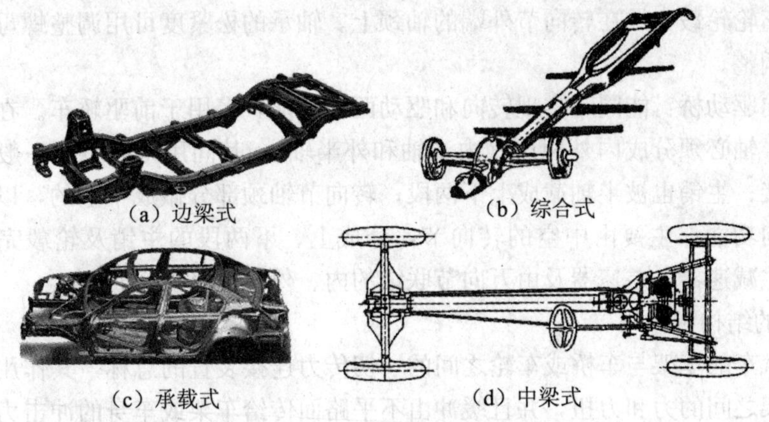

图 1－2－44　四种车架形式

2. 车桥的结构和作用

作用是传递车架与车轮之间的各个方向的作用力。根据悬架分为整体式—非独立悬架、断开式—独立悬架；根据车轮作用分为转向桥、驱动桥、转向驱动桥和支持桥。

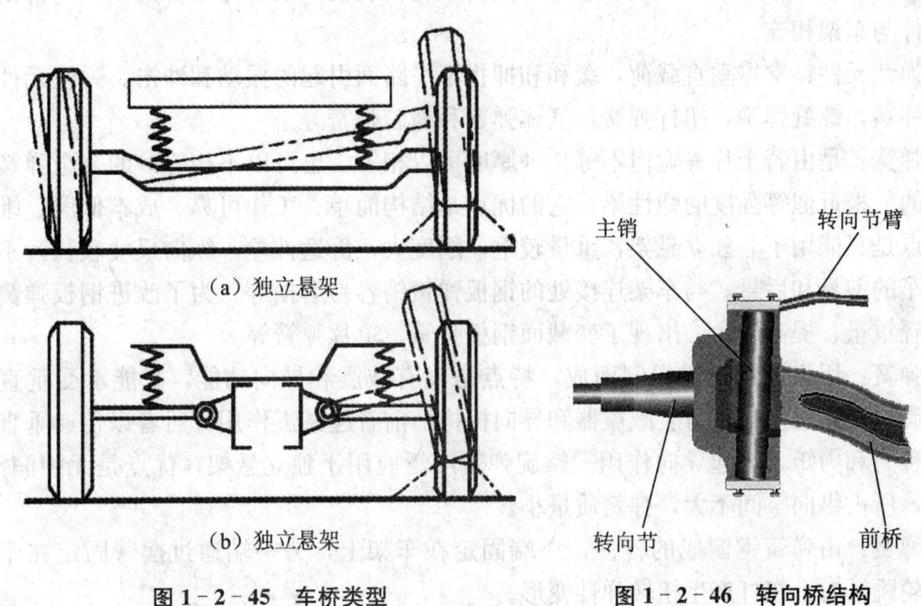

图 1－2－45　车桥类型　　**图 1－2－46　转向桥结构**

(1) 转向桥：利用转向节的摆动使车轮偏转一定的角度以实现汽车的转向，且承受一定的载荷。由前轴（桥）、转向节、主销和轮毂组成。

前轴：断面一般是“工”字形，两断采用近似方形断面，中部向下弯曲成凹形。两端各有一个加粗部分成拳形，其中有通孔，主销即插入此孔。

转向节：是车轮转向的铰链，它是一个叉形件。上下两叉有安装主销的两个同轴孔，转向节轴颈用来安装车轮。

主销：作用是铰接前轴及转向节，使转向节绕着主销摆动以实现车轮的转向。

轮毂：车轮轮毂支承在转向节外端的轴颈上。轴承的松紧度可用调整螺母（装于轴承外端）加以调整。

（2）转向驱动桥：能同时实现转向和驱动两种功能，多用于前驱轿车。在结构上与转向轮相连的半轴必须分成内外两段（内半轴和外半轴），其间用万向节（一般多用等角速万向节）连接；主销也被半轴截成上下两段；转向节轴颈部分做成中空的，以便外半轴穿过其中。转向功能：主要由中空的转向节，分成上、下两段的主销及轮毂完成；驱动功能：主要由主减速器，差速器及由万向节联结的内、外半轴等来完成。

3. 悬架的结构和作用

悬架是汽车的车架与车桥或车轮之间的一切传力连接装置的总称，其作用是传递作用在车轮和车架之间的力和力扭，并且缓冲由不平路面传给车架或车身的冲击力，并衰减由此引起的震动，以保证汽车能平顺地行驶。

典型的悬架结构由弹性元件、导向机构、减震器等组成，个别结构则还有缓冲块、横向稳定杆等。弹性元件又有钢板弹簧、空气弹簧、螺旋弹簧以及扭杆弹簧等形式，而现代轿车悬架多采用螺旋弹簧和扭杆弹簧，个别高级轿车则使用空气弹簧。

一般悬架可分为两大类：独立悬架：每一侧车轮单独通过悬架与车架相连，每个车轮能独立上下跳动而互不影响；非独立悬架：左右车轮安装在一根整体车桥两端，车桥则通过弹性元件与车架相连。

（1）弹性元件：支撑垂直载荷，缓和和抑止不平路面引起的振动和冲击。弹性元件主要有钢板弹簧，螺旋弹簧，扭杆弹簧，气体弹簧和橡胶弹簧等。

钢板弹簧：是由若干片等宽但不等长（厚度可以相等，也可以不相等）的合金弹簧片组合而成的一根近似等强度的弹性梁。它的优点是结构简单、工作可靠、成本低廉、维修方便；缺点是只能用于非独立悬架，重量较重，刚度大，舒适性差，纵向尺寸较长，不利于缩短汽车的前悬和后悬，与车架连接处的钢板弹簧销容易磨损等。为了改进钢板弹簧的性能，减轻重量，提高寿命，出现了变截面钢板弹簧、单片弹簧等。

螺旋弹簧：用弹簧钢棒料卷制而成，特点是没有减震和导向功能，只能承受垂直载荷。在螺旋弹簧悬架中必须另装减震器和导向机构，前者起减震作用，后者以传递垂直力意外的各种力和力矩，并起导向作用。螺旋弹簧广泛应用于独立悬架，优点是无须润滑，不忌泥污，所占纵向空间不大，弹簧质量小。

扭杆弹簧：由弹簧钢制成的杆件，一端固定在车架上，另一端通过摆臂固定在车轮上。当车轮跳动时，扭杆产生扭转弹性变形。

气体弹簧：利用气体的可压缩性实现弹簧作用，其刚度是可变的。有空气弹簧和油气弹簧两种。

橡胶弹簧：靠橡胶本身的弹性来起作用，可以承受压缩载荷与扭转载荷，优点是储能多，隔音好，多用做副簧和缓冲块。

（2）减震器：产生阻尼力的主要元件，其作用是迅速衰减汽车的震动，改善汽车的行驶平顺性，增强车轮和地面的附着力。另外，减震器能够降低车身部分的动载荷，延长汽车的使用寿命。目前在汽车上广泛使用的减震器主要是筒式液力减震器，其结构可分为双筒式，单筒充气式和双筒充气式三种。

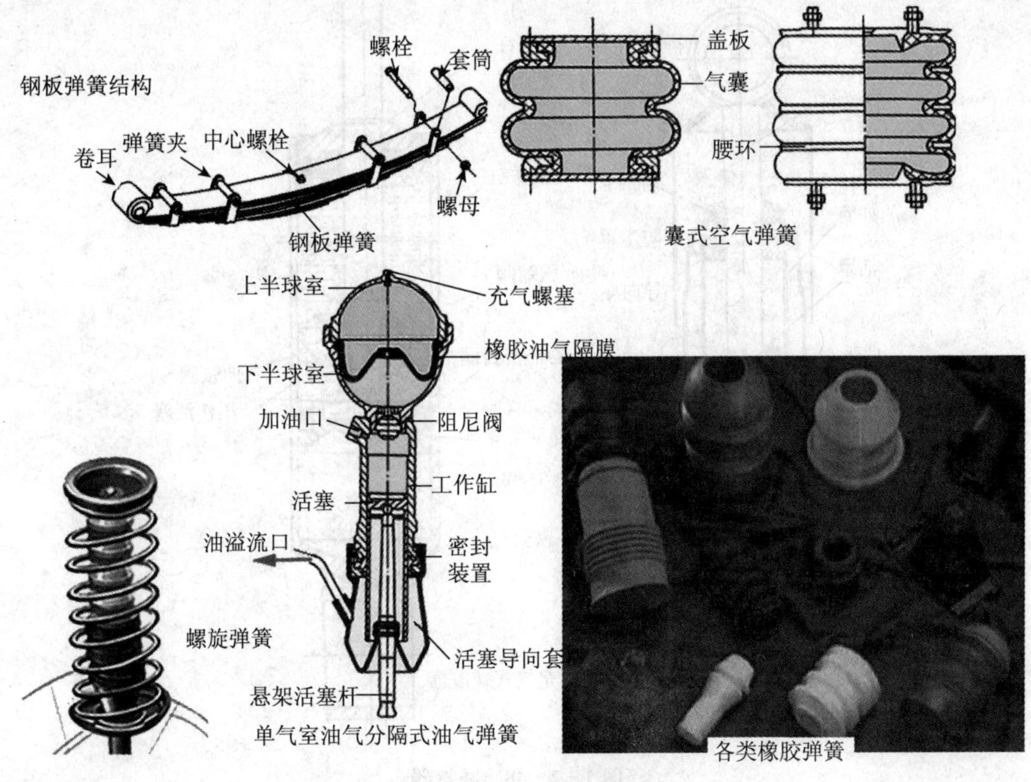

图 1－2－47 弹性元件

（3）导向机构：传递力和力矩，同时起导向作用。在汽车的行驶过程中，能够控制车轮的运动轨迹。通常导向机构由控制摆臂式杆件组成。比较常见的导向机构有钢板弹簧导向机构（钢板弹簧本身就具有导向的作用），单纵臂式导向机构，A 形架导向机构以及多连杆导向机构。钢板弹簧作为弹性元件时，可不另设导向机构，它本身兼起导向作用。有些轿车和客车，为防止车身在转向等情况下发生过大的横向倾斜，在悬架系统中加设横向稳定杆，目的是提高横向刚度，使汽车具有不足转向特性，改善汽车的操纵稳定性和行驶平顺性。这些简单的导向机构构成了不同形式的悬挂系统，例如麦弗逊式悬挂、横臂式独立悬挂、纵臂式独立悬挂、单斜臂式独立悬挂等。

（4）横向稳定器：辅助弹性元件，以防横向倾斜。

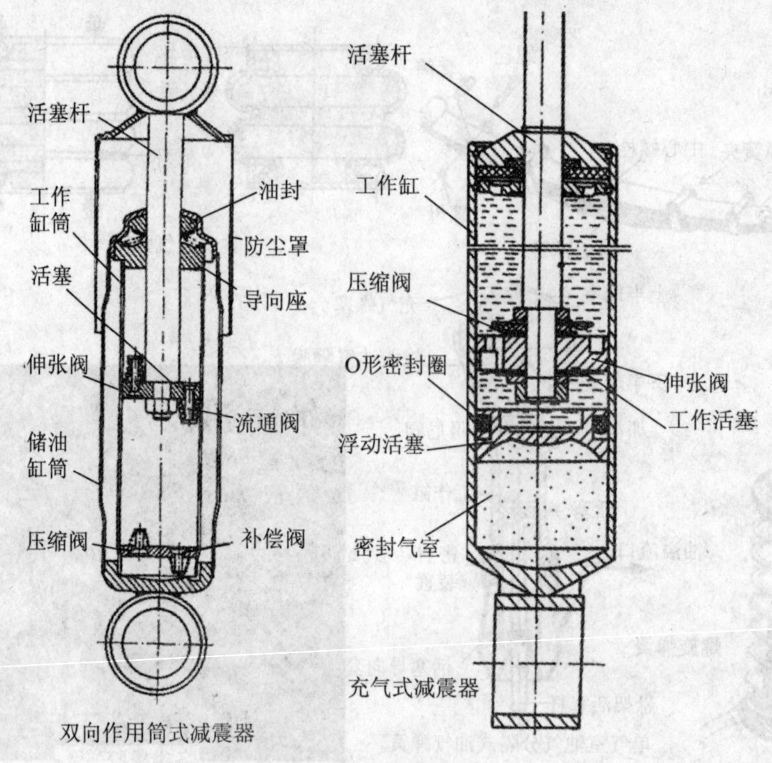

图 1-2-48 减震器

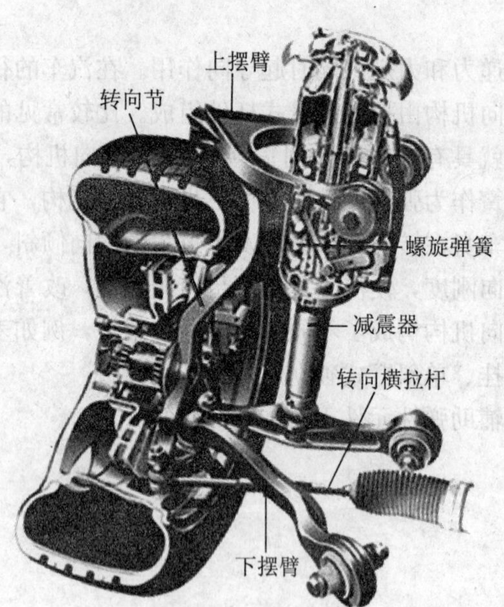

图 1-2-49 不等长双横臂独立悬架

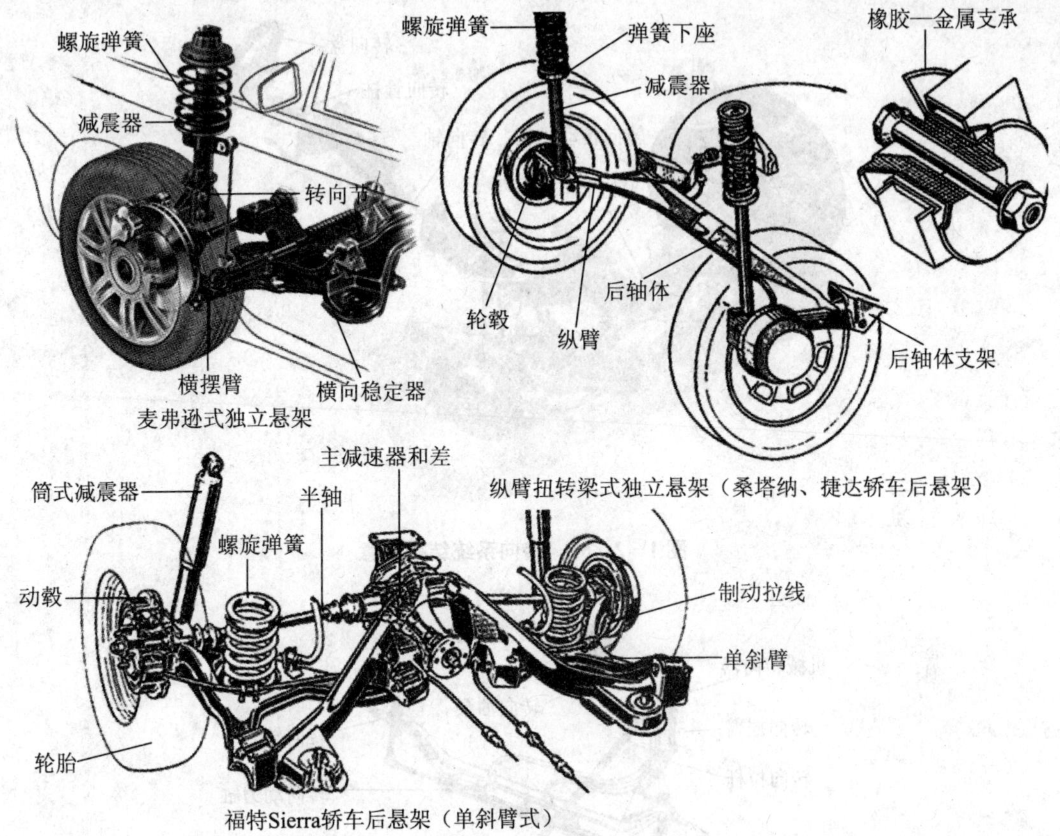

图 1－2－50　几种独立悬架

三、转向系统

用来改变或保持汽车行驶或倒退方向的一系列装置称为汽车转向系统（Steering System）。其功能是按照驾驶员的意愿控制汽车的行驶方向，按照动力来源可分为机械转向系统和动力转向系统。

机械转向系统以驾驶员的体力作为转向能源，其中所有传力件都是机械的。

动力转向系统是在机械转向系统的基础上加设一套转向加力装置而形成的。转向加力装置减轻了驾驶员操纵转向盘的作用力。转向能源来自驾驶员的体力和发动机（或电动机），其中发动机（或电动机）占主要部分，通过转向加力装置提供。

转向系统主要由转向操纵机构、转向器和转向传动机构组成。

转向操纵机构由方向盘、转向轴、转向管柱等组成，作用是将驾驶员转动转向盘的操纵力传给转向器。

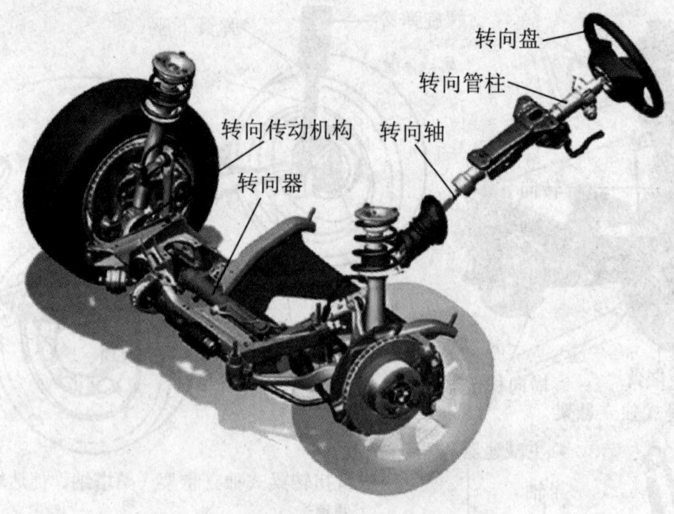

图 1-2-51　转向系统结构示意

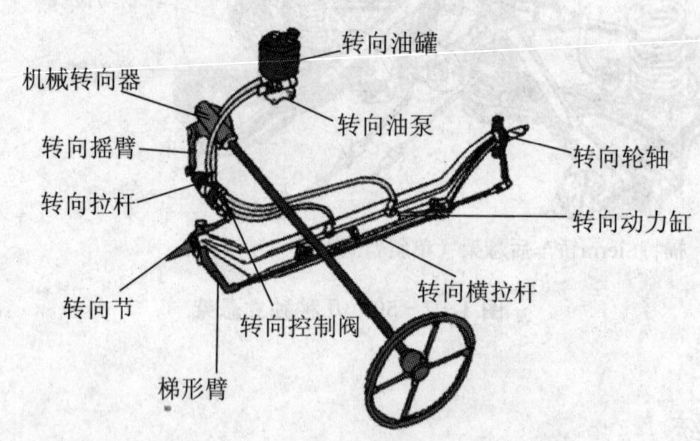

图 1-2-52　液压助力转向系

1. 转向器

转向器的作用是将驾驶员施于转向盘上的力，通过它传给转向传动机构，同时还可以增大传动比，使转向操纵轻便。目前较常用的有齿轮齿条式、循环球曲柄指销式、蜗杆曲柄指销式、循环球—齿条齿扇式、蜗杆滚轮式等。

（1）循环球式转向器：循环球式转向器是目前国内外应用最广泛的结构形式之一，一般有两级传动副，第一级是螺杆螺母传动副，第二级是齿条齿扇传动副。为了减少转向螺杆转向螺母之间的摩擦，二者的螺纹并不直接接触，其间装有多个钢球，以实现滚动摩擦。由转向螺杆、向螺母及齿条、循环钢球、导管、齿扇及轴、推力珠轴承（两个）、滚针轴承（三个）、调整装置和壳体等组成。其特点是正传动效率高，操纵轻便，使用寿命长。但逆效率也高，容易将路面冲击力传到转向盘上。

（2）齿轮齿条式转向器：转向齿轮为主动件，转向齿条为从动件。其特点是结构简单，工作可靠，便于布置；正、反传动效率很高，操纵手感好；传动比较小，不能扩大。应用于小轿车和轻型货车。

(3) 蜗杆曲柄指销式转向器：以转向蜗杆为主动件，其从动件是装在摇臂轴曲柄端部的指销。转向蜗杆转动时，与之啮合的指销即绕摇臂轴轴线沿圆弧运动，并带动摇臂轴转动。

(4) 液压动力转向器：在转向阻力较大时，可以减轻驾驶员的疲劳强度，改善转向系统的技术性能，在轿车上广泛使用。其优点是工作时无噪声，工作滞后时间短，且能吸收来自不平路面的冲击。缺点是能耗较高，尤其是低速转弯的时候，方向比较沉，发动机也比较费力。由于液压泵的压力很大，也比较容易损害助力系统。

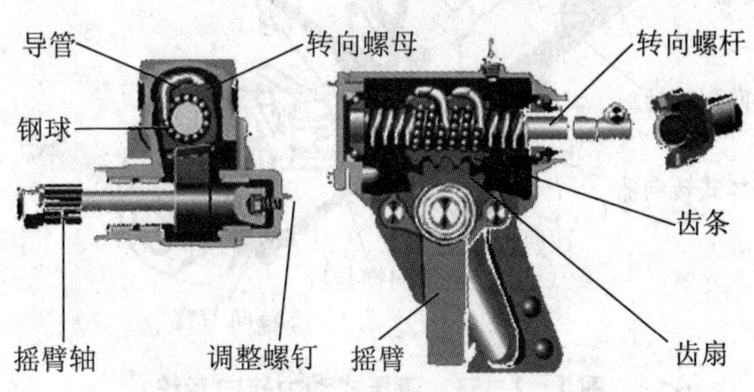

图 1－2－53 循环球式转向器结构

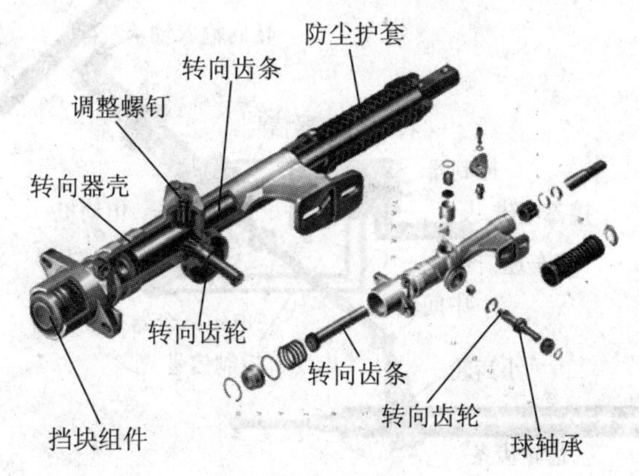

图 1－2－54 齿轮齿条式转向器结构

属于转向加力装置的部件是：转向液压泵、转向油管、转向油罐，以及位于整体式转向器内部的转向控制阀及转向动力缸等。当驾驶员转动转向盘时，通过机械转向器使转向横拉杆移动，并带动转向节臂，使转向轮偏转，从而改变汽车的行驶方向。与此同时，转向器输入轴还带动转向器内部的转向控制阀转动，使转向动力缸产生液压作用力，帮助驾驶员转向操作。由于有转向加力装置的作用，驾驶员只需比采用机械转向系统时小得多的转向力矩，就能使转向轮偏转。

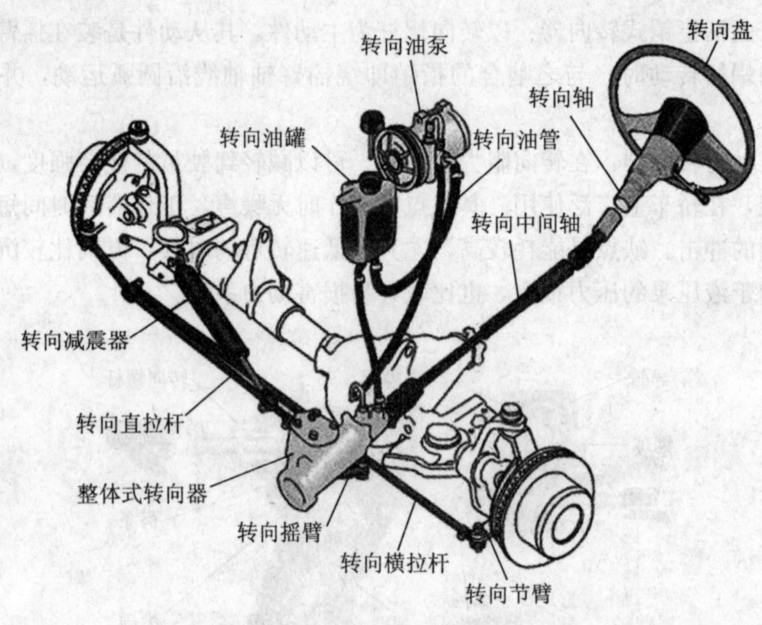

图 1－2－55　液压式动力转向系统

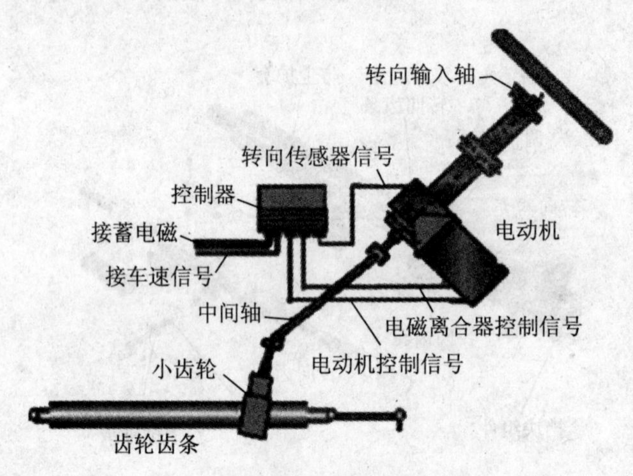

图 1－2－56　电动助力转向系统结构示意

（5）气压式的动力转向器：主要用在前轴最大轴载质量为 3～7 吨并采用气压制动的货车或轿车。

（6）电动助力转向：在机械转向机构的基础上，增加信号传感器、电子控制单元和转向助力机构。它是利用电动机作为助力源，根据车速和转向参数等因素，由电子控制单元完成助力控制。当操纵转向盘时，装在转向盘轴上的转矩传感器不断地测出转向轴上的转矩信号，该信号与车速信号同时输入到电子控制单元。电控单元根据这些输入信号，确定助力转矩的大小和方向，即选定电动机的电流和转动方向，调整转向辅助动力的大小。电动机的转矩由电磁离合器通过减速机构减速增矩后，加在汽车的转向机构上，使之得到一个与汽车工况相适应的转向作用力。优点是能耗低，灵敏，节省发动机功率，助力发挥比较理想。

2. 转向传动机构

转向传动机构的作用是将转向器输出的力和运动传到转向桥两侧的转向节，使两侧转向轮偏转，且使二转向轮偏转角按一定关系变化，以保证汽车转向时车轮与地面的相对滑动尽可能小。由转向摇臂、直（纵）拉杆、转向节臂、梯形机构、球头销、球座、压缩弹簧、调整螺塞等组成。

与非独立悬架配用的转向传动机构主要包括转向摇臂、转向直拉杆、转向节臂和转向梯形。在前桥仅为转向桥的情况下，由转向横拉杆和左、右梯形臂组成的转向梯形一般布置在前桥之后。在发动机位置较低或转向桥兼充驱动桥的情况下，为避免运动干涉，往往将转向梯形布置在前桥之前。

与独立悬架配用的转向传动机构，每个转向轮都需要相对于车架作独立运动，因而转向桥必须是断开式的。与此相应，转向传动机构中的转向梯形也必须是断开式的。

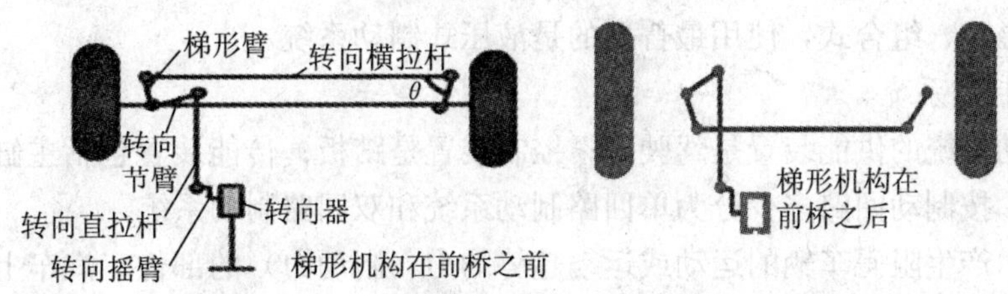

图 1－2－57　与非独立悬架配用的转向传动机构

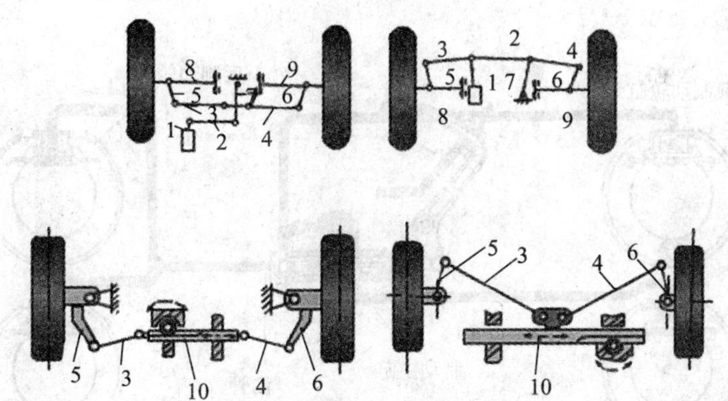

1—转向摇臂；2—转向直拉杆；3—左转向横拉杆；4—右转向横拉杆；5—左梯形臂；6—右梯形臂；7—摇杆；8—悬架左摆臂；9—悬架左摆臂；10—齿轮齿条式转向器

图 1－2－58　与非独立悬架配用的转向传动机构

四、制动系统

制动系统是汽车上用以使外界（主要是路面）在汽车某些部分（主要是车轮）施加一定的力，从而对其进行一定程度的强制制动的一系列专门装置。其作用是根据需要使汽车减速或停车，以保证行车的安全。制动系统一般由供能装置、控制装置、传能装置、制动器组成，按照功能可分为行车制动系、驻车制动系和辅助制动系。

行车制动系：是由驾驶员用脚来操纵的，故又称脚制动系。它的作用是使正在行驶中的汽车减速或在最短的距离内停车。

驻车制动系：是由驾驶员用手来操纵的，故又称手制动系。它的作用是使已经停在各种路面上的汽车驻留原地不动。按在汽车上安装位置的不同，驻车制动装置分中央驻车制动装置和车轮驻车制动装置两类。前者的制动器安装在传动轴上，称为中央制动器；后者和行车制动装置共用一套制动器，结构简单紧凑，已在轿车上得到普遍应用。

辅助制动系：经常在山区行驶的汽车以及某些特殊用途的汽车，为了提高行车的安全性和减轻行车制动系性能的衰退及制动器的磨损，用以在下坡时稳定车速。

制动系统按照能量来源可分为人力制动系、动力制动系、伺服制动系。以驾驶员的肌体作为唯一制动能源的制动系统称为人力制动系统；靠气压或液压（由发动机的动力转化而成）形式的势能进行制动的系统称为动力制动系统；兼用人力和发动机动力进行制动的制动系统称为伺服制动系统或助力制动系统。按照按制动能量传输分为机械式、液压式、气压式、电磁式、组合式，使用最普遍的是液压式制动系统。

1. 液压制动系统

液压制动系统的供能装置是驾驶者；控制装置是踏板；传能装置包括主缸、轮缸、油管和接头等。按制动回路多少分为单回路制动系统和双回路制动系统。

制动器：产生阻碍车辆的运动或运动趋势的力（制动力）的部件。汽车上常用的制动器都是利用固定元件与旋转元件工作表面的摩擦而产生制动力矩，称为摩擦制动器。它有鼓式制动器和盘式制动器两种结构形式。

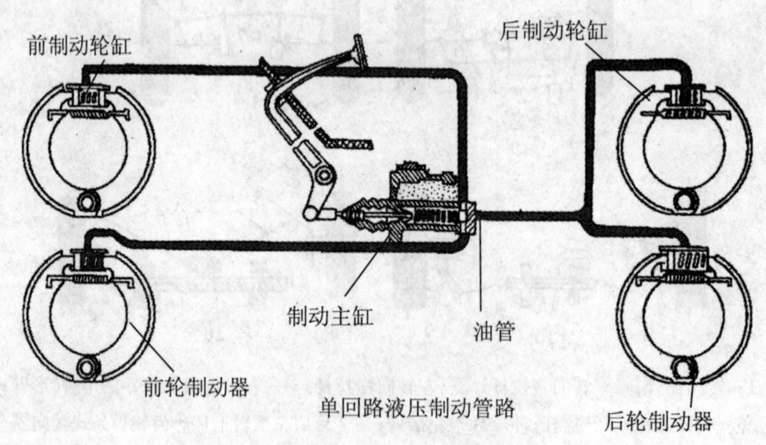

图 1-2-59　液压制动系统结构示意

(1) 制动主缸

制动主缸的作用是将自外界输入的机械能转换成液压能，从而液压能通过管路再输给制动轮缸。制动主缸分单腔式和双腔式两种，分别用于单、双回路液压制动系。

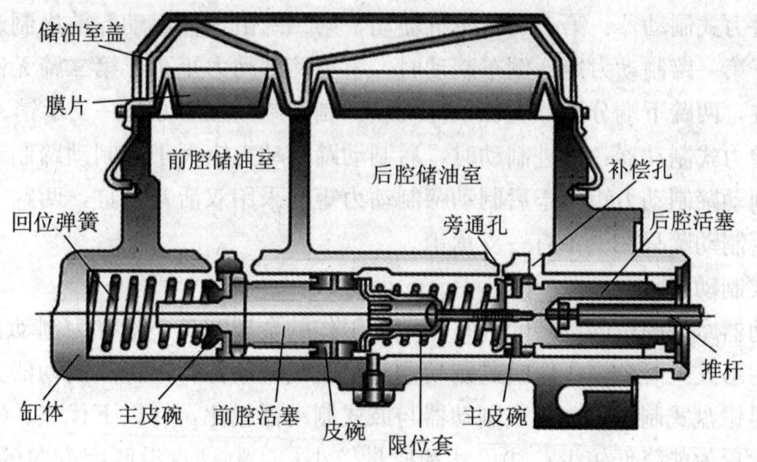

图 1-2-60　单缸制动主缸结构示意

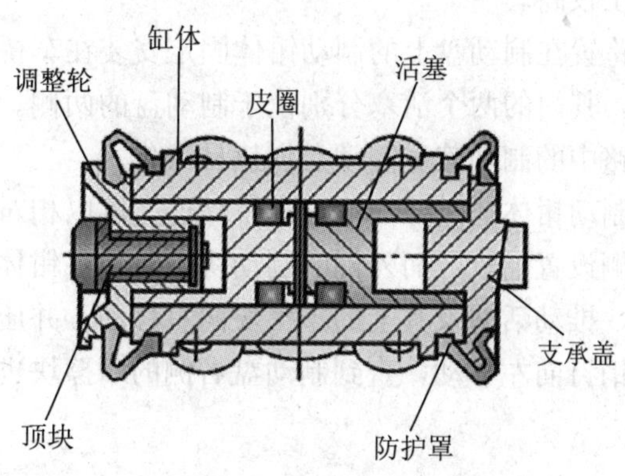

图 1-2-61　双活塞制动轮缸结构示意

(2) 制动轮缸

制动轮缸的作用是将液力转变为机械推力。常见型式有双活塞式、单活塞、阶梯式等。

(3) 鼓式制动器

由旋转部分（制动鼓）、固定部分（制动底板、制动蹄）、张开机构（轮缸）和定位调整（调整凸轮、偏心支承销）四部分组成。常见的鼓式制动器有如下几种：

领从蹄式制动器：在制动鼓正向旋转和反向旋转时都有一个领蹄和一个从蹄的制动器。两蹄上端共用一个双活塞分泵，下端分别用偏心销轴支撑。

双领蹄式或双从蹄式制动器：在制动鼓正向旋转时，两蹄均为领蹄（或从蹄）的制动器。两制动蹄各用一个单活塞轮缸促动，两套制动蹄、轮缸、支承销和调整凸轮等是中心对称布置的。

双向双领蹄式制动器：制动鼓正反方向旋转两蹄均为领蹄的制动器。采用双活塞式制动轮缸。两制动蹄两端都采用浮式支承，且支点的周向位置也是浮动的。制动底板上所有固定元件既按轴对称，又按中心对称布置。

单向自增力式制动器：第一蹄由轮缸促动，第二蹄由顶杆促动。前进制动时，第二蹄制动力矩大于第一蹄制动力矩。倒车制动时，第一蹄制动力矩小，第二蹄无制动力矩。采用单活塞轮缸，两蹄下端分别浮支在顶杆两端。制动蹄只在上方有一支承销。

双向自增力式制动器：前进制动时，后制动蹄制动力矩大于前制动蹄制动力矩。倒车制动时，前制动蹄制动力矩大于后制动蹄制动力矩。采用双活塞轮缸，两蹄下端分别浮支在顶杆两端，制动蹄只在上方有一支承销。

（4）盘式制动器

盘式制动器摩擦副中的旋转元件是以端面工作的金属圆盘，被称为制动盘。其固定元件有多种结构形式，可分为：钳盘式制动器和全盘式制动器，钳盘式制动器又分为定钳盘式制动器和浮钳盘式制动器。盘式制动器与鼓式制动器相比，有以下优点：①制动效能较稳定；②浸水后效能降低较少；③尺寸和质量较小；④制动盘沿厚度方向的热膨胀量小。对于钳盘式制动器而言，因为制动盘外露，还有散热良好的优点。缺点是制动效能低，导致液压制动管路中的油压较高。

定钳盘式制动器：跨置在制动盘上的制动钳体固定安装在车桥上，它不能旋转也不能沿制动盘轴线方向移动，其内的两个活塞分别位于制动盘的两侧。缺点是油缸多、结构复杂、制动钳尺寸大；油路中的制动液受制动盘加热易汽化。

浮钳盘式制动器：制动钳体通过导向销与车桥相连，可以相对于制动盘轴向移动。制动钳体只在制动盘的内侧设置油缸，而外侧的制动块则附装在钳体上。制动时，液压油通过进油口进入制动油缸，推动活塞及其上的摩擦块向右移动，并压到制动盘上，并使得油缸连同制动钳体整体沿销钉向左移动，直到制动盘右侧的摩擦块也压到制动盘上夹住制动盘并使其制动。

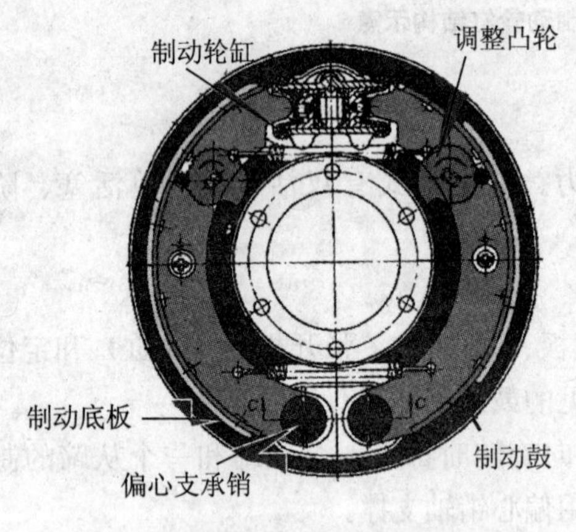

图 1-2-62　鼓式制动器结构示意

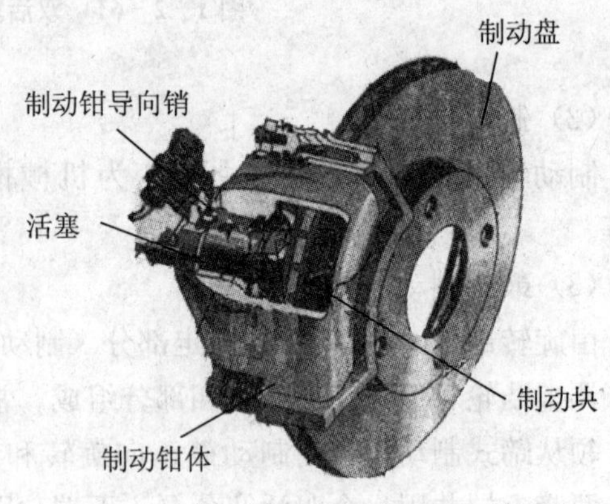

图 1-2-63　盘式制动器结构示意

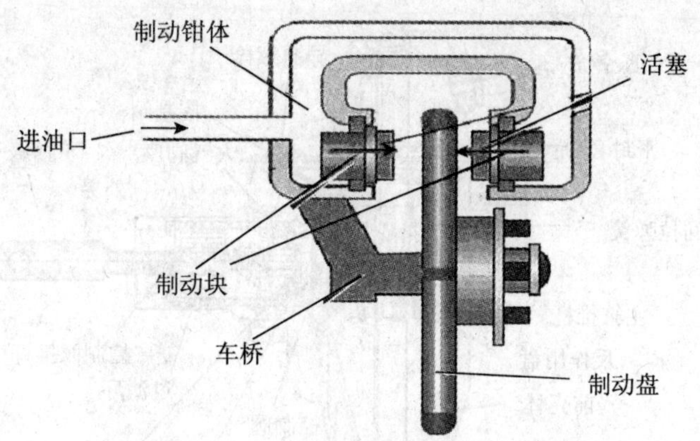

图 1－2－64　定钳盘式制动器结构示意

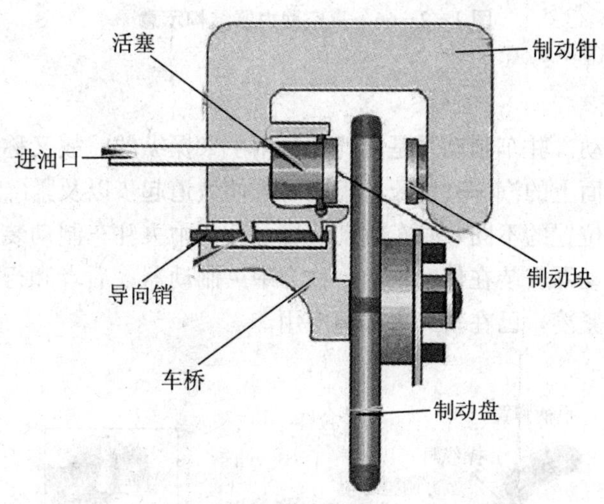

图 1－2－65　浮钳盘式制动器结构示意

全盘式制动器：在重型和超重型汽车上，要求有更大的制动力，为此采用了全盘式制动器；其固定元件和旋转元件都是圆盘形。

目前，盘式制动器已广泛应用于轿车，除了在一些高性能轿车上用于全部车轮以外，大都只用作前轮制动器，与后轮的鼓式制动器配合，以期汽车有较高的制动时的方向稳定性。在货车上，盘式制动器也有采用，但离普及还有相当距离。

(5) 真空助力器

目前，轿车上广泛装用真空助力器作为制动助力器，利用发动机喉管处的真空度来帮助驾驶员操纵制动踏板。

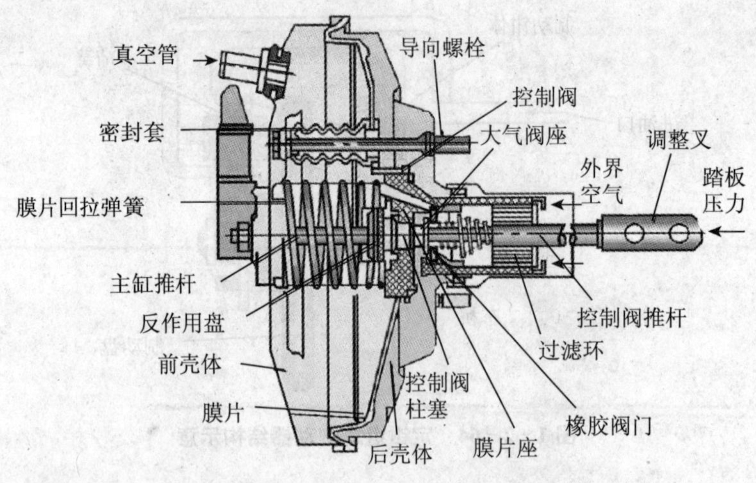

图 1-2-66 真空助力器结构示意

2. 机械制动系统

主要用于驻车制动。驻车制动系是由驾驶员用手来操纵的，故又称手制动系。其作用是使已经停在各种路面上的汽车驻留原地不动，方便坡道起步以及紧急情况下辅助制动。

按在汽车上安装位置的不同，驻车制动装置可分为中央驻车制动装置和车轮驻车制动装置两类。前者的制动器安装在传动轴上，称为中央制动器；后者和行车制动装置共用一套制动器，结构简单紧凑，已在轿车上普遍应用。

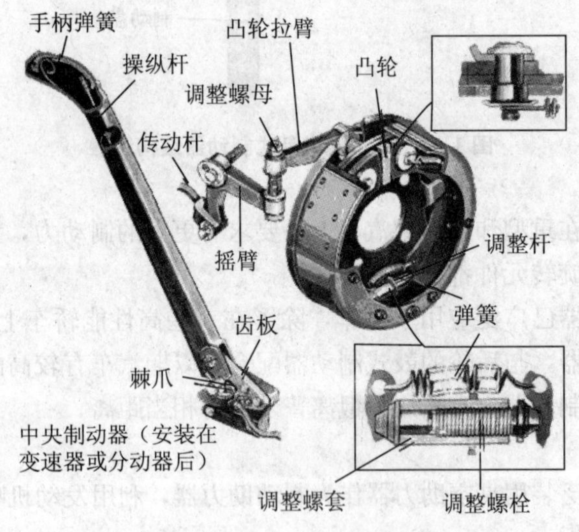

图 1-2-67 中央制动器组成

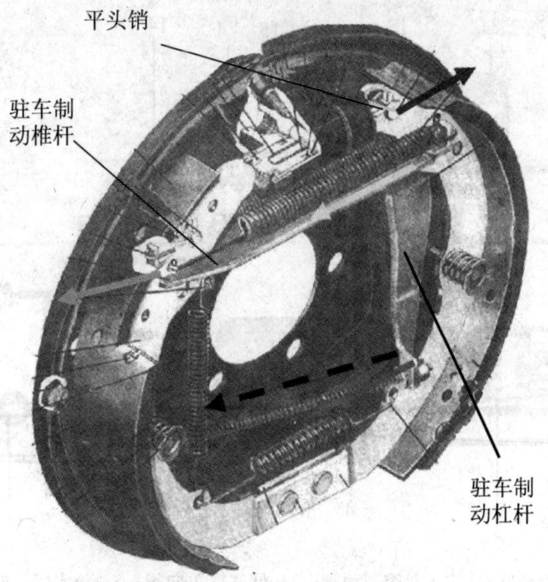

图 1－2－68　复合后轮驻车制动器

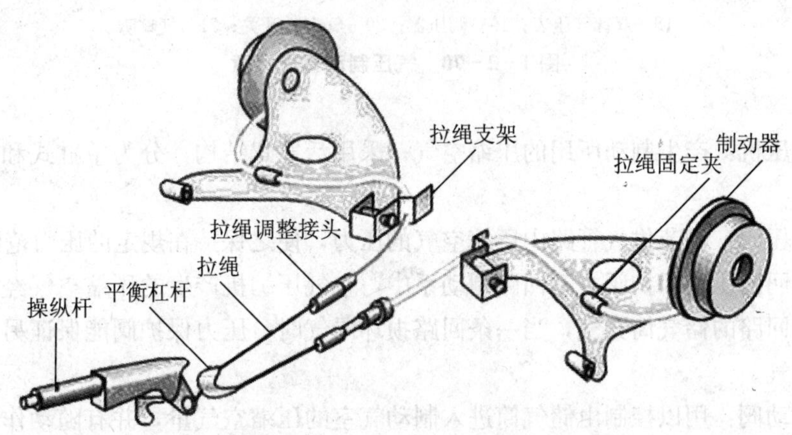

图 1－2－69　典型驻车制动器结构示意

3. 气压制动系统

以发动机的动力驱动空气压缩机作为制动器制动的唯一能源，驾驶员的体力仅作为控制能源的制动系统称为气压制动系统。一般装载质量在 8000kg 以上的载货汽车和大客车都使用这种制动装置。

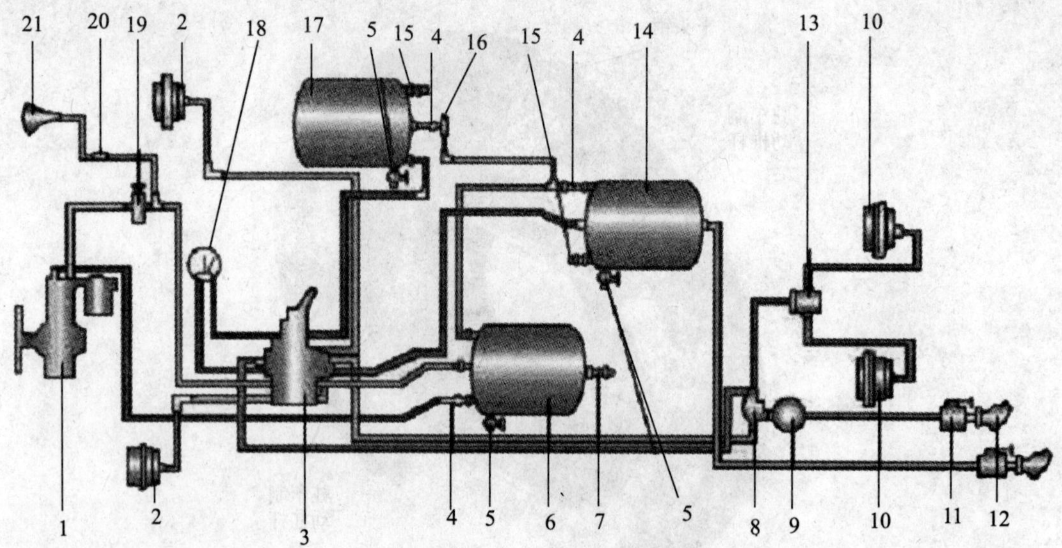

1—空气压缩机；2—前制动气室；3—双腔制动阀；4—储气罐单向阀；5—放水阀；6—湿储气罐；7—安全阀；
8—梭阀；9—挂车制动阀；10—后制动室；11—挂车分离开关；12—接头；13—快放阀；
14—主储气罐（供前制动器）；15—低压报警器；16—取气阀；17—主储气罐（供后制动器）；
18—双针气压表；19—调压器；20—气喇叭开关；21—气喇叭

图 1-2-70　气压制动系统示意

（1）空压机：产生制动所用的压缩空气；采用活塞式结构，分为单缸式和双缸式两种形式。

（2）调压阀：调节供气管路中压缩空气的压力，使之保持在规定的压力范围内。

（3）双回路压力保护阀：双回路制动系中，空气压缩机产生的压缩空气经双回路保护阀分别向各回路的储气筒充气，当一条回路损坏漏气时，压力保护阀能保证另一条完好的管路继续充气。

（4）制动阀：用以控制由储气筒进入制动气室的压缩空气量，并有随动作用。有串列双腔活塞式和并列双腔膜片式两种形式。

（5）继动阀：缩短由储气筒到制动气室充气路程。继动阀进气口接通储气筒，出气口接制动气室。当踩下制动踏板时，制动阀的输出气压作为继动阀的控制压力输入，在控制压力作用下，将进气阀推开，于是压缩空气便由储气筒直接通过进气口进入制动气室，而不用流经制动阀，这大大缩短了制动气室的充气管路，加速了气室的充气过程。因此继动阀又叫加速阀。继动阀用于长管路的末端，使储气筒的压缩空气快速充满制动气室，如在挂车或半挂车制动系统中。在载重汽车的制动系统里，继动阀起缩短反应时间和压力建立时间的作用。

（6）快放阀：解除制动时，可直接将制动气室的压缩空气排入空气。

（7）双通单向阀：在两管路对同一装置供气的情况下，为防止两管路气压不等，互相充气而影响用气装置的工作，常采用双通单向阀。

（8）制动气室：将输入的气压转换成机械能再输出，使制动器产生制动作用。可分为

单制动气室（活塞式、膜片式）和复合制动气式（多用活塞式）。

(9) 气压式车轮制动器：一般采用凸轮式机械张开装置，如图 1－2－71 所示。

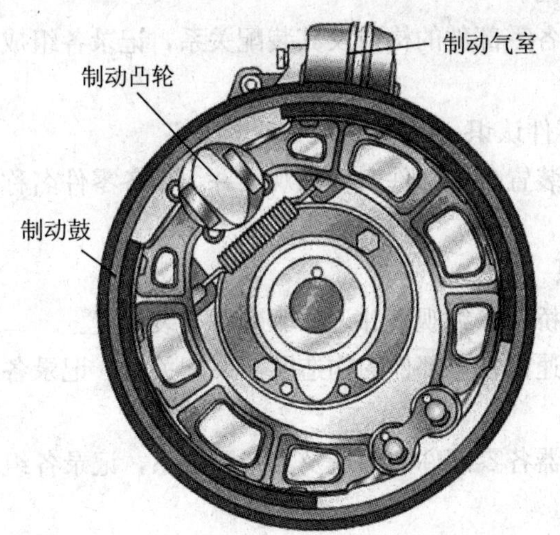

图 1－2－71　凸轮式制动器

【任务实施】

一、传动系统配件认识

1. 传动系统配件整体认识

就车查找传动系统的部件，观察各部件的联结关系，根据联结关系画出示意图。

2. 离合器零件认识

(1) 取下压盘总成及离合器从动盘；

(2) 取出分离轴承；

(3) 拆下分离轴承导向套和橡胶防尘套、回位弹簧拆下分离轴承导向套和橡胶防尘套、回位弹簧；

(4) 取出卡簧及衬套座，取出分离叉轴；

(5) 仔细观察离合器各零部件的构造及其装配关系，记录各组成零件名称及相互位置关系，画出示意图。

3. 手动变速器零件认识

(1) 就车查找手动变速器操纵装置，仔细观察并记录操纵装置零件名称及相互位置关系，画出示意图。

(2) 依次拆下变速器盖、第一轴、第二轴、中间轴和倒挡轴。

(3) 仔细观察手动变速器各零部件的构造及其装配关系，记录各组成零件名称及相互位置关系，画出示意图。

4. 自动变速器零件认识

(1) 仔细观察液力变矩器各零部件的构造及其装配关系，记录各组成零件名称及相互位置关系，画出示意图。

(2) 仔细观察齿轮变速机构各零部件的构造及其装配关系，记录各组成零件名称及相互位置关系，画出示意图。

(3) 仔细观察阀体各零部件的构造及其装配关系，记录各组成零件名称及相互位置关系，画出示意图。

5. 万向传动装置零件认识

就车查找万向传动装置各零部件，仔细观察并记录各零件名称及相互位置关系，画出示意图。

6. 驱动桥零件认识

(1) 就车查找驱动桥，仔细观察并记录驱动桥安装位置。

(2) 仔细观察主减速器各零部件的构造及其装配关系，记录各组成零件名称及相互位置关系，画出示意图。

(3) 仔细观察差速器各零部件的构造及其装配关系，记录各组成零件名称及相互位置关系，画出示意图。

二、行驶系统零部件认识

就车查找行驶系各零部件，仔细观察并记录各零件名称及相互位置关系，画出示意图。

三、转向系统零部件认识

(1) 就车查找转向系各零部件，仔细观察并记录各零件名称及相互位置关系，画出示意图。

(2) 仔细观察转向器各零件的构造及其装配关系，记录各组成零件名称及相互位置关系，画出示意图。

四、制动系统零部件认识

(1) 就车查找转向系统各零部件，仔细观察并记录各零件名称及相互位置关系，画出示意图。

(2) 仔细观察制动器各零部件的构造及其装配关系，记录各组成零件名称及相互位置关系，画出示意图。

【任务总结】

首先，查阅汽车备件手册，检查对传动系统，行驶系统，转向系统，制动系统组成零部件的就车认识情况；其次，检查汽车底盘主要配件认识任务完成情况。

检验内容	检验指标	检验总结
汽车底盘主要配件认识	核对汽车备件手册，检查传动系统，行驶系统，转向系统，制系统各组成零部件的名称识别是否正确	
检查任务完成情况	1. 能说明汽车底盘四大系统的组成部件和功用及相互位置关系 2. 以小组为单位，认识汽车底盘主要配件	

任务三 汽车车身主要配件认识

【任务描述】

通过对汽车车身结构的介绍，学习汽车车身的主要配件的作用、结构和位置。

【任务目标】

掌握汽车车身主要的组成部件、作用以及位置，能够识别相关配件名称。

【任务准备】

汽车车身的作用主要是保护驾驶员以及构成良好的空气力学环境。汽车车身结构主要包括车身壳体、车门、车窗、车身板制件、车身内外装饰件和车身附件、座椅，以及通风、暖气、冷气、空气调节装置等。在货车和专用汽车上还包括货箱和其他装备。

一、车身壳体

车身壳体是一切车身部件的安装基础，通常是指纵、横梁和支柱等主要承力元件以及与它们相连接的板件共同组成的刚性空间结构。客车车身多数具有明显的骨架，而轿车车身和货车驾驶室则没有明显的骨架。车身壳体通常还包括在其上敷设的隔音、隔热、防震、防腐、密封等材料及涂层。

1. 车身壳体的分类

汽车车身壳体按照受力形式可分为非承载式、半承载式和承载式三类。

非承载式车身：特点是车身通过焊接、铆接或螺钉与车架刚性连接，车架是承受各个总成载荷的主要构件，车身在一定程度上有助于加固车架，分担车架所承受的一部分载荷。这种形式的车身具有较大的抗弯曲和抗扭转的刚度，质量小，高度低，汽车重心低，装配简单，高速行驶稳定性较好。一般货车采用这种车身结构的比较多，也有少数高级轿车为了提高舒适性减轻震动和冲击采用这种车身。

半承载式车身：特点是车身通过焊接、铆接或螺钉与车架刚性连接，车架是承受各个总成载荷的主要构件，车身在一定程度上有助于加固车架，分担车架所承受的一部分载荷。例如发动机和悬架都安装在加固的车身底架上，车身与底架成为一体共同承受载荷。这种形式实质上是一种无车架的承载式车身结构。其优点是省去了车身底梁而使自重减轻，内高增加。

承载式车身：特点是汽车没有车架，车身作为发动机和底盘各总成的安装基体，车身兼有车架的作用并承受全部载荷。这种形式的车身具有较大的抗弯曲和抗扭转的刚度，质量小，高度低，汽车重心低，装配简单，高速行驶稳定性较好。但由于道路负载会通过悬架装置直接传给车身本体，因此噪声和震动较大。这种车身被大多数轿车和部分客车采用，充分利用壳体承载，减轻整车重量。

2. 车身壳体的结构

（1）典型轿车车身壳体结构：为了省去笨重的车架而使汽车轻量化，绝大多数轿车车身都采用承载式结构。其特点是车身没有明显的骨架，车身是由外部覆盖件和内部板件焊合而成的空间结构。现代轿车承载式车身壳体前部都有副车架，在副车架上安装发动机、传动系统、前悬架和前轮，组合成便于装配和维修的整体。副车架与承载式车身前部的下方用弹簧橡胶垫连接，以隔离震动和冲击，提高车身的舒适性。

（2）典型的驾驶室壳体结构：绝大多数货车驾驶室都是非承载式的结构，驾驶室没有明显的骨架，由外部覆盖件和内部板件焊合成壳体，通过 3 点或 4 点弹性悬置与车架连接。

（3）半承载式客车车身的壳体结构：在客车专用底盘上将车架用若干悬臂梁加宽并与车身侧壁刚性连接，使车身骨架也分担车架的一部分载荷，其中车架由两根前后直通的纵梁与若干横梁等组成。许多国产大、中型客车车身采用这种结构形式。

（4）承载式客车车身壳体结构：底架是薄钢板冲压或用型钢焊制的纵、横格栅，以取代笨重的车架。所有车身壳体构件（包括蒙皮）都参与承载，互相牵连和协调，充分发挥材料的潜力，使车身质量最小而强度和刚度最大。

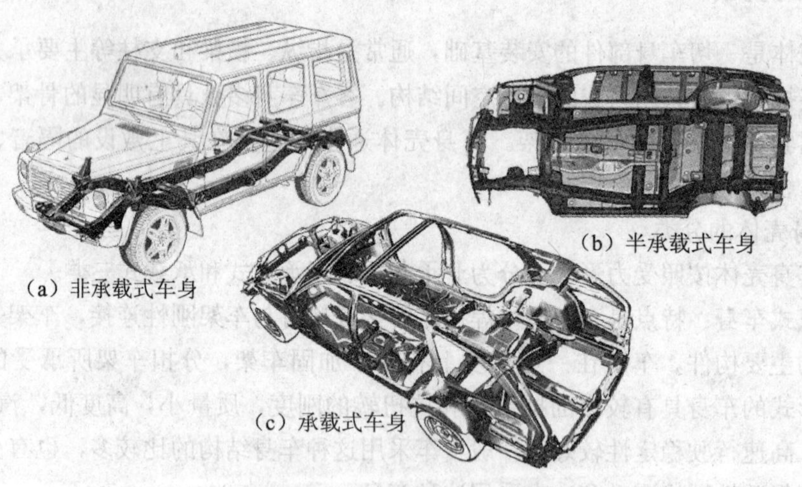
(a) 非承载式车身
(b) 半承载式车身
(c) 承载式车身

图 1-3-1　三种车身结构

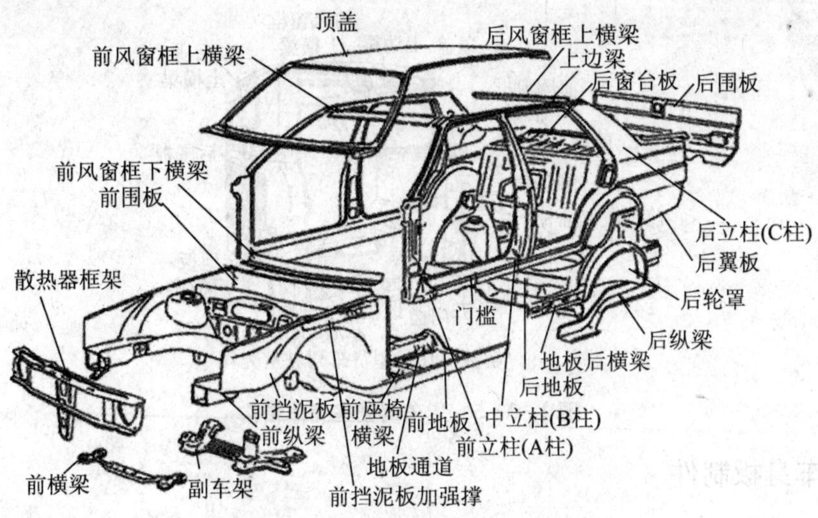

图 1-3-2　典型轿车车身壳体结构

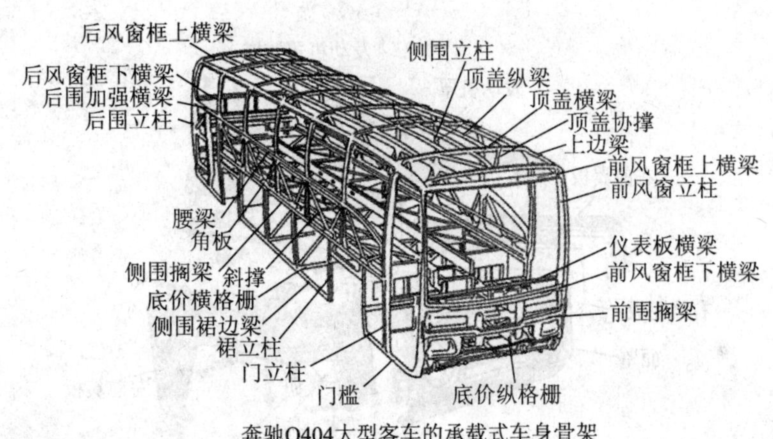

图 1-3-3　承载式客车车身结构

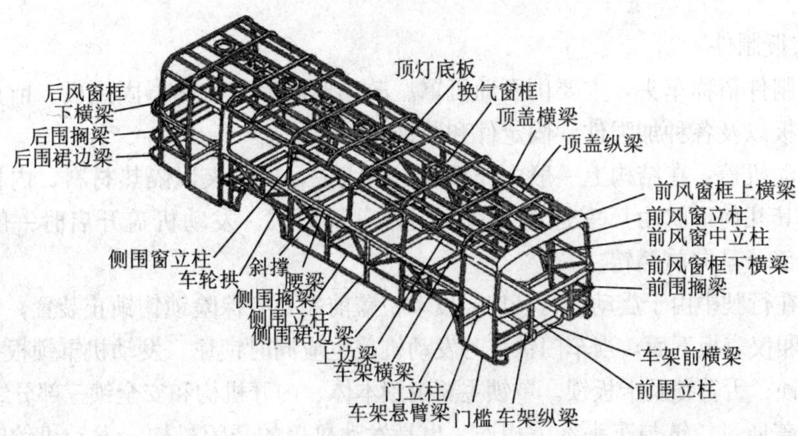

图 1-3-4　半承载式客车车身结构

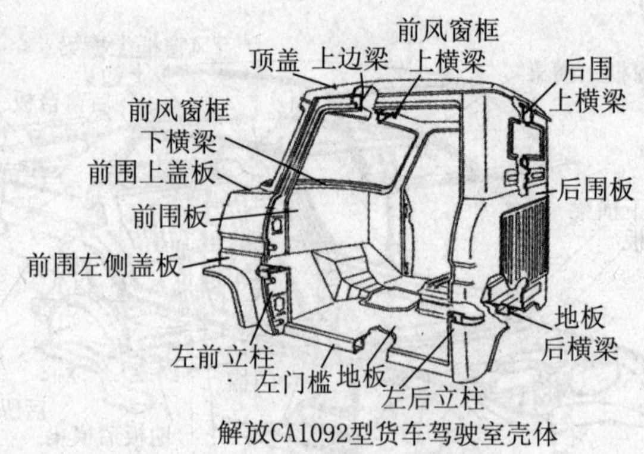

图 1-3-5　货车驾驶室壳体结构

二、车身板制件

汽车车身板制件包括车前板制件、行李箱盖、后舱背门、保险杠、挡风玻璃、天窗和车门总成等。

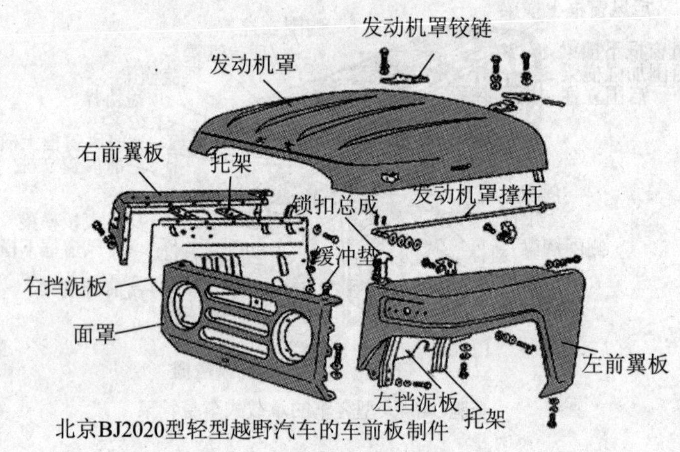

图 1-3-6　车前板制件

1. 车前板制件

车前板制件俗称车头，主要由发动机罩、散热器面罩及散热器固定板、前翼子板、保险杠、挡泥板以及各种加强件、固定件和装饰件等组成。

（1）发动机盖：在结构上一般由外板和内板组成，中间夹以隔热材料，内板起增强刚性的作用，其几何形状由厂家选取，基本上是骨架形式。发动机盖开启时一般是向后翻转，也有小部分是向前翻转。

为防止在行驶中由于震动自行开启，发动机盖前端要有保险锁钩锁止装置，锁止装置开关设置在车厢仪表板下面，当车门锁住时发动机盖也应同时锁住。发动机罩锁根据锁体结构可分为钩子锁、舌簧锁及卡板锁。罩锁主要由锁本体、内开机构和安全锁三部分组成。

发动机盖通过铰链与车头本体相连，也是发动机盖的开闭机构。发动机铰链可分为暗铰链和明铰链两种，其中暗铰链又可分为臂式铰链、合页式铰链和平衡式铰链等多种形

式。配合铰链的开启，发动机盖上还设有支撑杆。

(2) 前翼子板和挡泥板：翼子板是遮盖车轮的车身外板，因旧式车身该部件形状及位置似鸟翼而得名。按照安装位置又分为前翼子板和后翼子板，前翼子板安装在前轮处，后翼子板安装在后轮处。在绝大多数轿车上，前翼子板用螺钉与车身本体连接，其后端通过中间板和前围支柱连接，侧面在发动机盖缝线处和挡泥板相连，前部和散热器框延长部分相连，前翼子板一般由 0.6～0.8mm 高强度钢板拉延成型，表面形状由车身造型确定。

传统的汽车前翼子板一般都是钣金冲压件制成，由于车身这个区域的搭接关系复杂，往往跟前车门、侧围 A 柱、前舱盖、前大灯和前保险杠都要搭接，使得前翼子板周边与其他件的安装配合结构复杂；同时作为影响外观效果的重要区域，翼子板与周边这些件的间隙面差配合要求也非常高，因此要求翼子板具有较好的刚度，能长久保持零件形状；另外在车身前部的主要区域，为了保证发生碰撞时最大限度保护行人的安全，翼子板又不能过硬（强度要小）；另外还要考虑到在碰撞中发生变形等破坏，翼子板要易于单独拆装和维修。为了解决这些难题，近几年很多汽车制造商推出了使用复合塑料的翼子板，像 SMC 等高强度复合材料被广泛应用在翼子板的设计制造上。目前国外很多车型都采用了这种塑料翼子板，像雷诺、标致、路虎等都有车型使用。但由于塑料偏软，刚性差，很难保证周边的配合间隙和面差要求，有时为了提高其刚度不得不增加一个内部金属骨架来支撑，同时高性能的合成塑料成本比钢材贵出很多，另外使用这种高强度塑料制造翼子板需要引入特殊的大吨位压力机，也是一笔不小的投入。因此这种合成塑料的翼子板尚未被广泛使用。

(3) 保险杠：主要功能是吸收和缓和外界冲击力、有效保护车身，减轻被撞人和物的伤害程度；美化造型。保险杠的结构分为普通钢制型、吸能型和整体成型树脂型三类。有的汽车没有明显的保险杠制件，而以特殊的车头和车尾结构实现保险杠的功能。

现代汽车的保险杠几乎都是用树脂制作的，往往采用车身造型一体化的方式。保险杠支架直接与车身相连，外覆保险杠面罩。

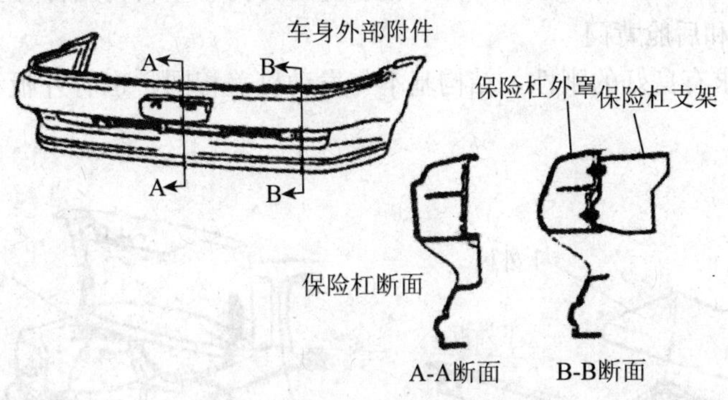

图 1-3-7　整体成型树脂保险杠

普通钢制保险杠：也称刚性保险杠，常以 2mm 钢板冲压成型，表面镀铬处理，通过支撑柱安装在车身保险杠支架上；也有将保险杠的两端埋入车身侧；还有的在钢支架外侧装上合成树脂材料制成的保险杠面罩。有的轿车在保险杠上贴上橡胶保护层，除橡胶保护层之外，还有在保险杠前段贴护板保护层的。

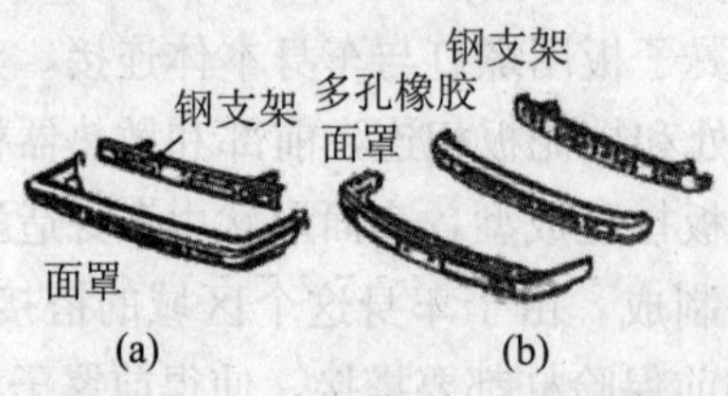

图 1-3-8　钢制保险杠树脂面罩

图 1-3-9　带橡胶保护层的保险杠

吸能保险杠分为筒状吸能单元式和直接吸收式两种形式。筒状吸能式根据阻尼器的不同又分为两种形式：一种利用在活塞及套筒中封入油和空气，利用油的阻尼吸收冲击，以空气弹簧的压缩作为减轻冲击的缓冲器；另一种是使用硅油作为阻尼器，并利用两端套管的面积差起缓冲复原的作用。直接吸收式保险杠是在靠车身一侧为强度比较高的钢制保险杠支撑板，将合成泡沫塑料或发泡橡胶等吸收冲击能量好的材料填充于支撑板和面罩之间，构成具有一定能量吸收功能的保险杠。另外，还有硬橡胶和加强筋组合的吸能系统。

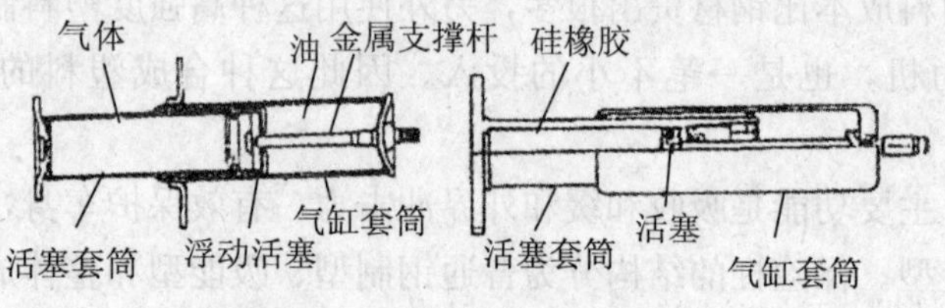

图 1-3-10　筒状吸能装置

（4）散热器面罩：保护散热器不受冲击，同时为散热器提供足够的通风、冷却面积，还有装饰作用，材料主要有钢板冲压件、铝合金压铸件、塑料树脂件等。

2. 行李箱盖和后舱背门

行李箱盖要求有良好的刚性，结构基本与发动机盖相同，也有外板和内板，内板有加强筋。

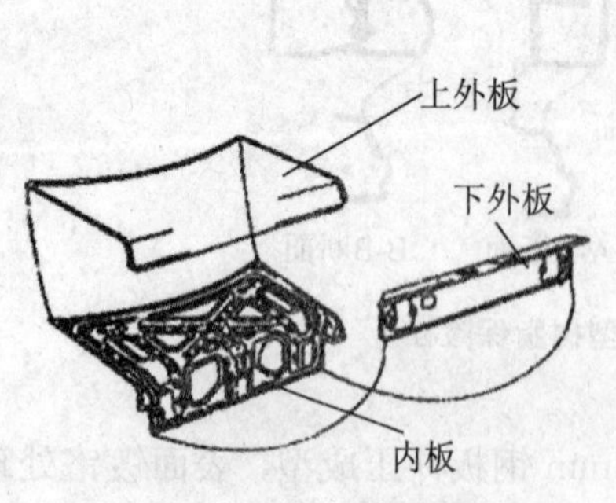

图 1-3-11　行李箱盖结构

图 1-3-12　臂式铰链

行李箱盖开启的支撑件一般用臂式或四连杆铰链，铰链装有平衡弹簧，使启闭箱盖省力，并可自动固定在打开位置，便于提取物品。支撑杆则用扭力杆式或空气弹簧减震支撑杆。

一些被称为“二厢半”的轿车，其行李箱向上延伸，包括后挡风玻璃在内，使开启面积增加，形成一个门，因此又称为背门，这样既保持一种三厢车形状又能够方便存放物品。如果采用后舱背门，背门内板侧要嵌装橡胶密封条，围绕一圈以防水防尘。后舱背门多使用臂式铰链，铰链安装在较高位置。背门支撑多采用空气弹簧减震支撑杆。

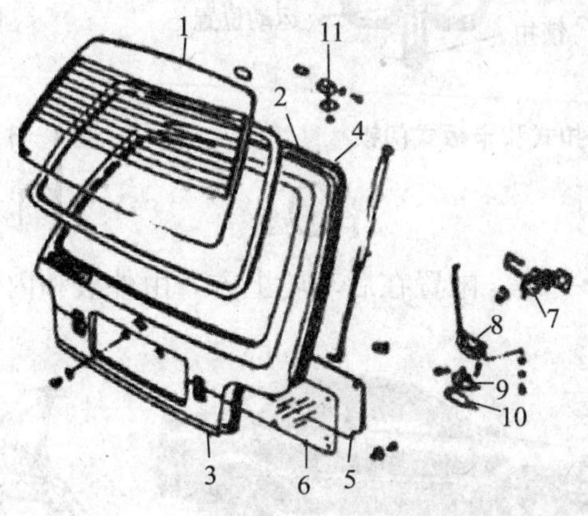

1—窗玻璃；2—窗玻璃封条；3—背门；4—橡胶密封条；5—装饰板；6—密封薄膜；7—锁芯；8—锁销；9—锁门眼；10—锁门眼垫片；11—锁链

图 1－3－13　背门及铰链机构

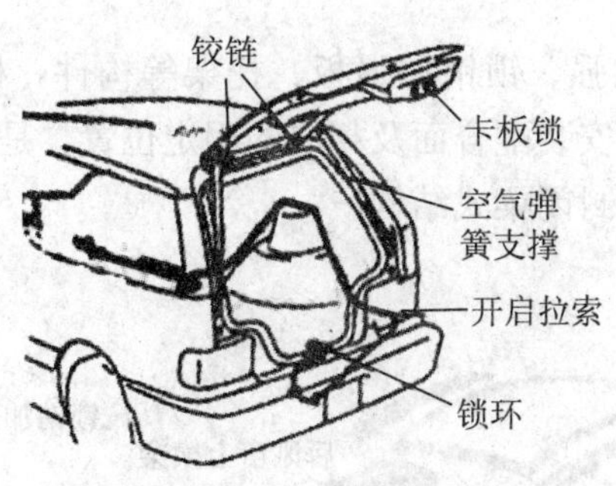

图 1－3－14　背门支撑

门锁通常采用钩扣式和卡板式两种结构形式。开启装置有拉索方式，也有电磁式自动锁。

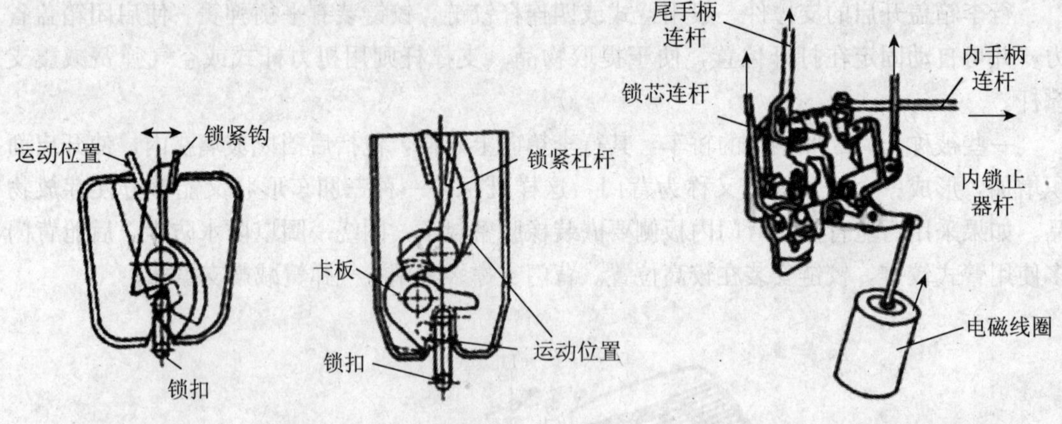

图 1-3-15　钩扣式和卡板式门锁　　图 1-3-16　电磁式自动锁

3. 后翼子板

汽车后翼子板与车身一体，配置在后车轮上方，由外板和内侧加强部件组成。

图 1-3-17　后翼子板

4. 后围板

后围板包括连接板、加强、锁销加强板、托架等构件，构成行李箱和车身的最后部分，为尾灯和后保险杠提供安装配合面及相应的固定位置，是车身骨架中承受横向载荷的主要零件之一，一般设计成封闭梁式结构。

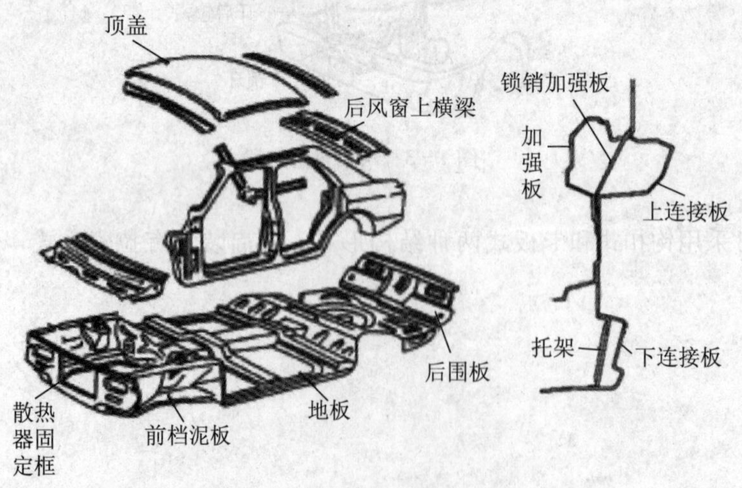

图 1-3-18　后围板及结构

5. 挡风玻璃

挡风玻璃的类型有：回火强化玻璃（只能用作侧、后窗）、层压安装玻璃（用作风挡玻璃）、着色玻璃（在风挡及侧窗上均有应用）、除霜玻璃（一般用于后车窗）、天线玻璃（前后窗）、抗裂玻璃（风挡）、模压玻璃（与边缘装饰条配套供应，不易拆装，需用专用工具）。

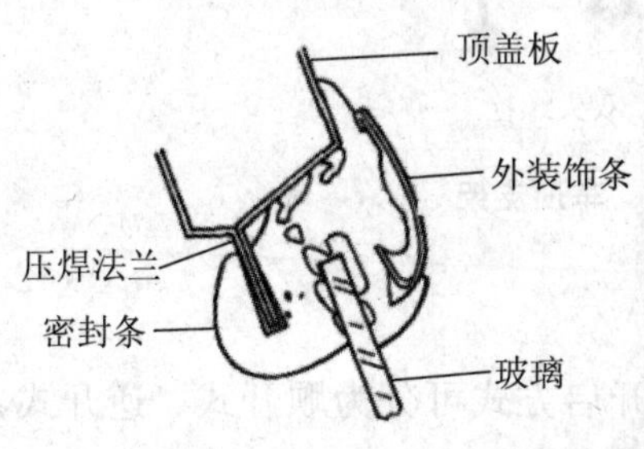

图 1－3－19　密封条式挡风玻璃结构

6. 天窗

汽车天窗安装于车顶，能够有效地使车内空气流通，增加新鲜空气的进入。同时汽车车窗可以开阔视野，也常用于移动摄影摄像的拍摄。汽车天窗可分为外滑式、内藏式、内藏外翻式、全景式和窗帘式等。

内藏式天窗：内藏式天窗的打开方式是通过天窗在顶盖下面与篷顶内饰衬之间滑动来实现。其优点是天窗开口大，外型简洁美观；缺点是如果车内部高度较小，内藏式会使汽车内部高度减少，感觉较压抑。目前大部分轿车多采用内藏的滑板式天窗。

外掀式天窗：天窗倾斜升高，打开一定角度，开口大小有限。优点是体积小、结构简单；缺点是汽车速度较快时，从天窗进入的风速很大，会造成不舒服的感觉。

全景天窗：相对于普通天窗而言。全景天窗面积较大，甚至是整块玻璃的车顶，坐在车中可以将上方的景象一览无余。全景天窗的优点是视野开阔，通风良好。缺点是成本较高，落尘需要清理，车身整体刚度下降，安全系数降低。

滑板式天窗由滑动天窗总成、车顶支架、滑动机构、驱动电机及锁止机构等组成。

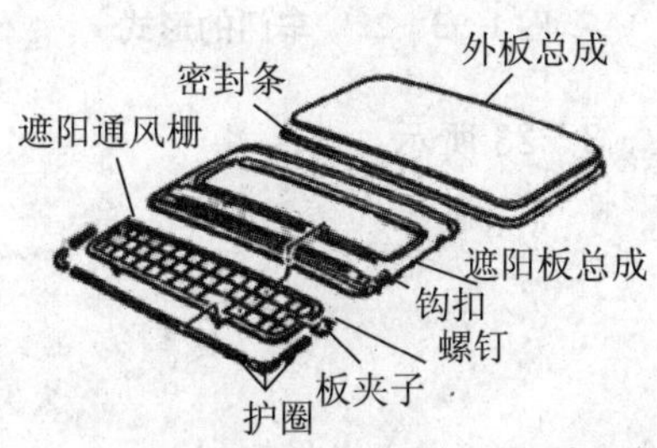

图 1－3－20　滑动天窗总成

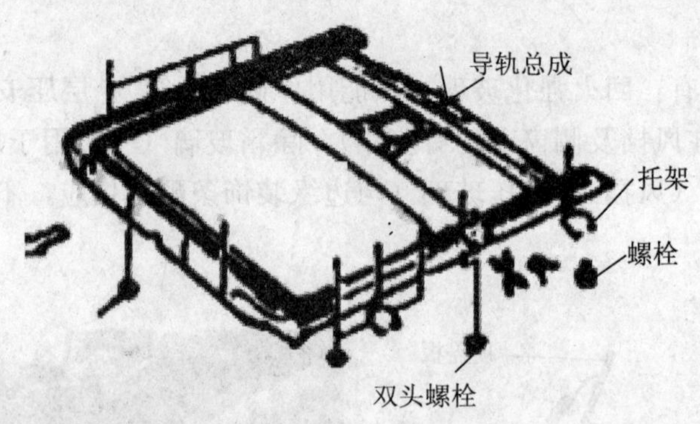

图 1-3-21 车顶支架

7. 车门、车窗及其附件和密封

车门是车身的重要组成部件之一。按其开启方式可分为顺开式、逆开式、水平滑移式、上掀式、折叠式和外摆式等。

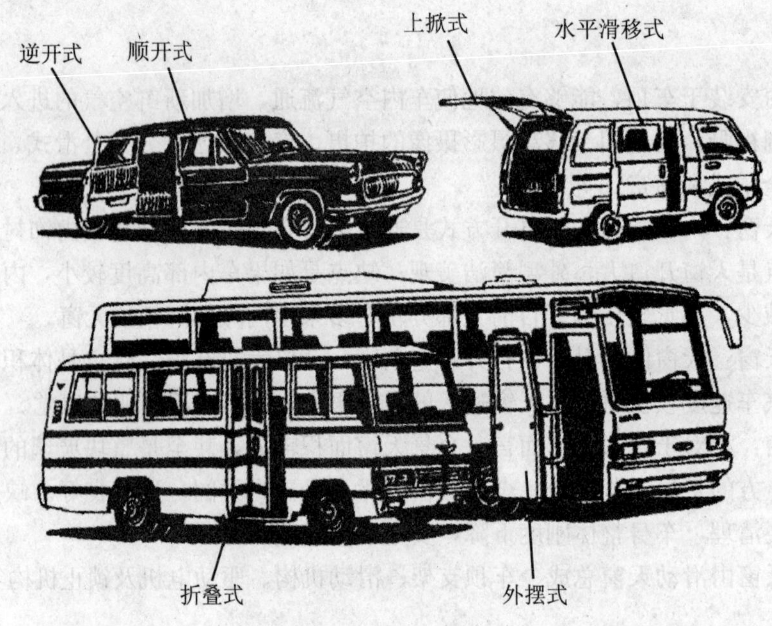

图 1-3-22 车门的形式

车门、车窗的构造如图 1-3-23 所示。

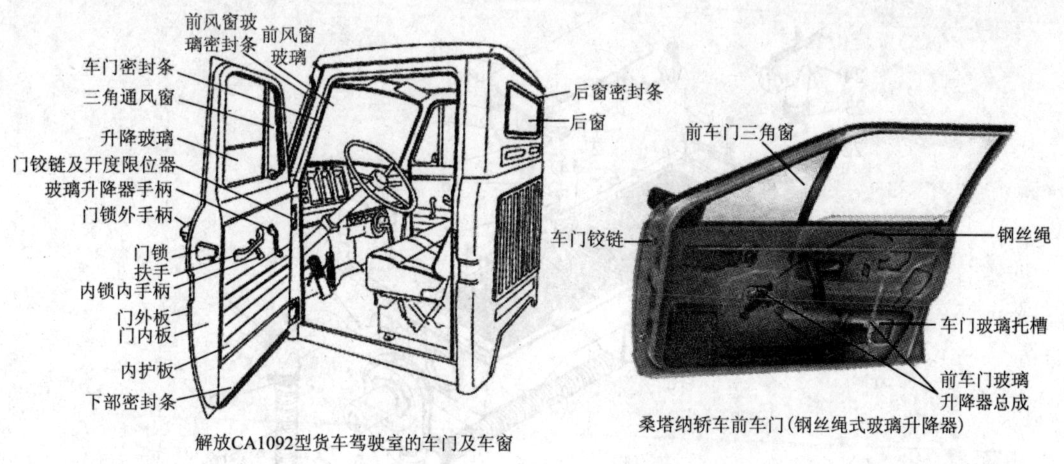

图 1-3-23　车门及车窗构造

三、车身附属装置

1. 通风、暖风、冷气联合装置

现代汽车都装有通风、暖气、冷气联合装置，或称四季空调系统。

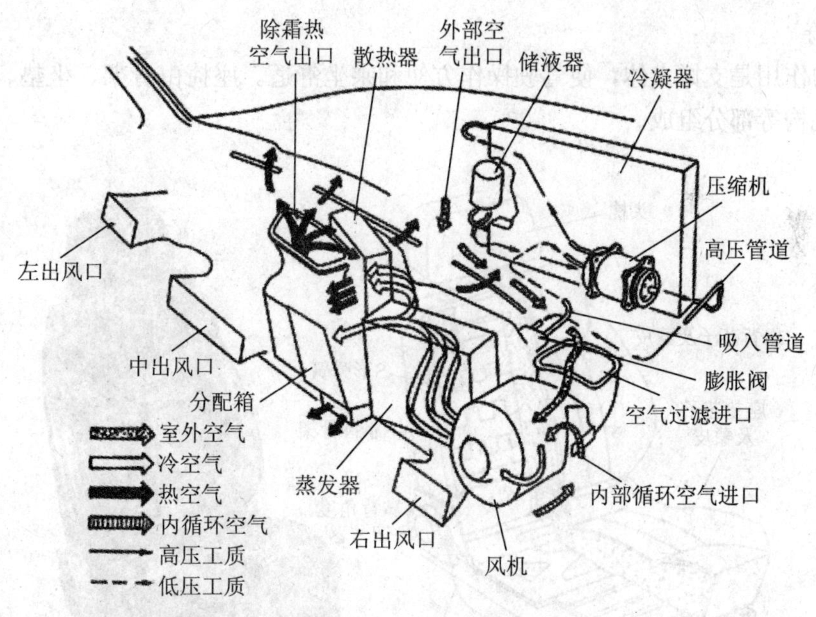

图 1-3-24　捷达轿车的四季空调系统

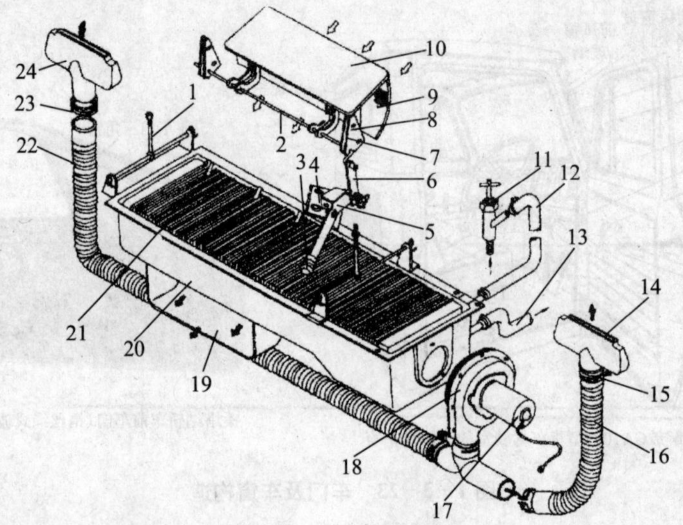

1—固定杆；2—通风孔盖铰链；3—手柄；4—支架；5—传动杆；6—拉杆；7—夹板衬垫；8—铰链平板；9—通风滤网；10—前围通风孔盖；11—热水开关；12—进水管；13—出水管；14—右除霜喷嘴；15、23—卡箍；16—右除霜软管；17—电动机；18—风机；19—暖气出口；20—散热器外罩；21—暖气散热器；22—左除霜软管；24—左除霜喷嘴

图 1-3-25　通风、暖气装置

2. 座椅

座椅的作用是支撑人体，使驾驶操作方便和乘坐舒适。座椅由骨架、坐垫、靠背、头枕和调节机构等部分组成。

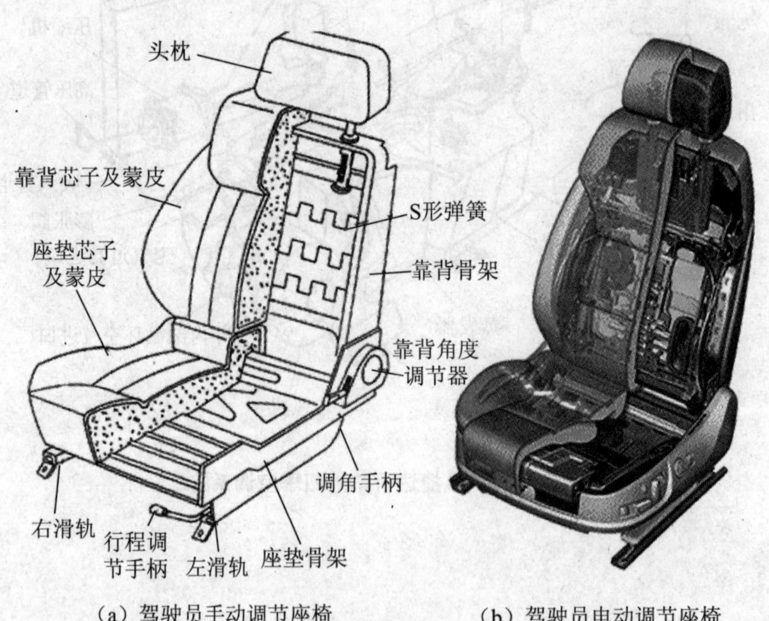

（a）驾驶员手动调节座椅　　（b）驾驶员电动调节座椅

图 1-3-26　座椅

3. 车内防护装置

汽车碰撞时，其速度迅速下降，而车内成员的身体由于惯性的作用仍以较大的速度向前冲，有可能撞到转向盘、仪表板、风窗玻璃上，引起伤亡。安全带和安全气囊是避免人体与上述构件相撞的两种常用的防护装置。

(1) 安全带：汽车上最常用的是三点式安全带。带子由结实的合成纤维织成，包括斜跨前胸的肩带和绕过人体胯部的腰带两部分。在座椅外侧和内侧的地板上各有一个固定点，第三个固定点位于座椅外侧支柱上方。

(2) 气囊系统：气囊系统通常称为辅助约束系统（简称 SRS），可与安全带一起对前排乘员提供有效的保护。对于未佩戴安全带的乘员，气囊系统的防护作用是有限的；而对于佩戴安全带的乘员，气囊系统可以有效地减轻头部的受伤。近年来，有些汽车为了提高其安全性，还设置了侧面气囊系统。

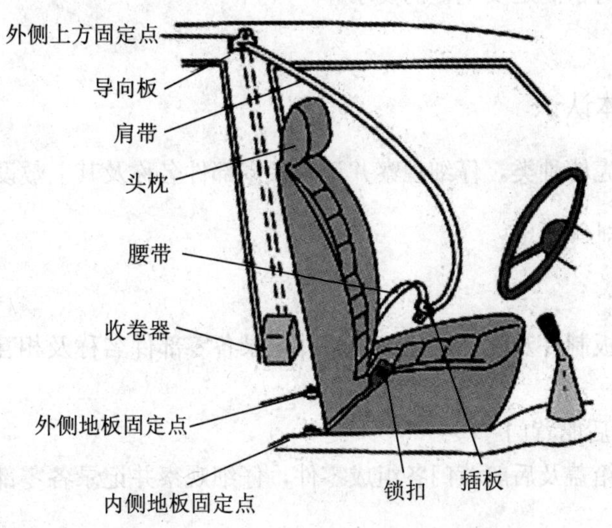

图 1-3-27　三点式安全带及头枕

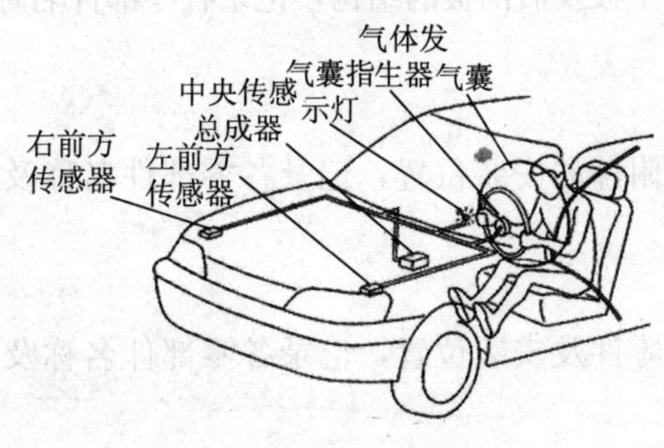

图 1-3-28　气囊系统

(3) 头枕：座椅的一部分，是汽车后部受撞击时限制人的头部向后甩动的安全装置，头枕可降低颈椎受伤的可能性。

(4) 安全玻璃：目前在汽车上广泛应用的安全玻璃有钢化玻璃和夹层玻璃两种。钢化玻璃受冲击损坏时，整块玻璃出现网状裂纹，脱落后分成许多无锐边的碎片。夹层玻璃受冲击损坏时，内、外层玻璃碎片仍粘附在中间层上。中间层韧性较好，在承受撞击时拱起从而吸收一部分冲击能量，起缓冲作用。大量事故调查表明，夹层玻璃的安全性优于钢化玻璃。

(5) 门锁与门铰链：汽车的门锁与门铰链应有足够的强度，能同时承受纵、横两个方向的冲击载荷而不致使车门开启，避免乘员被甩出车外而受重伤或死亡的危险。此外，在事故后，门锁应不失效，使车门仍能被打开。转子卡板式门锁能同时承受纵、横向载荷，被广泛采用。

(6) 室内其他构件：车身内部一切可能受人体撞击的构件都不应有尖角、突棱或小圆弧过渡的形状，而且车身室内广泛采用软材料包垫。室内软化不仅是为了满足舒适性的要求，更重要的还是为了满足安全性的要求。

【任务实施】

一、车身壳体认识

就车识别车身壳体种类，仔细观察并记录各零部件名称及其上敷设的材料和涂层。

二、车身板制件认识

1. 车前板制件

就车查找车前板制件及附件，仔细观察并记录各零部件名称及相互位置关系，画出示意图。

2. 行李箱盖和后舱背门

就车查找行李箱盖及后舱背门各组成零件，仔细观察并记录各零部件名称及相互位置关系，画出示意图。

3. 后翼子板和后围板

就车仔细观察行后翼子板及后围板的结构，记录各零部件名称及相互位置关系，画出示意图。

4. 挡风玻璃

仔细观察挡风玻璃及附件的安装位置，记录各零部件名称及相互位置关系，画出示意图。

5. 天窗

仔细观察天窗各组成零件及安装位置，记录各零部件名称及相互位置关系，画出示意图。

6. 车门、车窗及附件

仔细观察车门、车窗各组成零件及安装位置，记录各零部件名称及相互位置关系，画出示意图。

三、车身附属装置认识

1. 空调系统认识

就车查找空调系统各组成零件，仔细观察并记录各零件名称及相互位置关系，画出示意图。

2. 座椅

仔细观察座椅总成的组成部件及安装位置，记录各零件名称及相互位置关系，画出示意图。

3. 车内防护装置

就车查找车内防护装置，仔细观察并记录各零部件名称及相互位置关系，画出示意图。

【任务总结】

首先，查阅汽车备件手册，检查对车身壳体，车身板制件，车身附属装置各组成部件的就车认识情况；其次，检查汽车车身主要配件认识任务完成情况。

检验内容	检验指标	检验总结
汽车车身主要配件认识	核对汽车备件手册，检查对车身壳体，车身板制件，车身附属装置各组成零部件的名称识别是否正确	
检查任务完成情况	1. 能说明汽车车身组成零部件的名称、功用及相互位置关系 2. 以小组为单位，认识汽车车身主要配件	

任务四　汽车电气系统主要配件认识

【任务描述】

通过对汽车电气系统的介绍，学习汽车电气系统的主要配件的作用、结构和位置。

【任务目标】

掌握汽车电气系统主要的组成部件以及作用和位置，能够识别相关配件的名称。

【任务准备】

电器与电子设备是汽车的重要组成部分，其性能的好坏直接影响汽车的动力性、经济性、可靠性、安全性、排气净化及舒适性。例如：为使汽车发动机获得最高的经济性，需靠点火系统能在最适当的时间点火；为使发动机可靠启动，需采用电动启动机；为保证汽车工作可靠、行驶安全，则有赖于各种指示仪表、信号和照明装置等电器的正常工作。

一、汽车电气系统的组成

现代汽车所装用的电器与电子设备的数量很多，按用途大致归纳并划分为下列五部分：

1. 电源部分

电源包括蓄电池、发电机及其调节器。两者并联工作，发电机是主要电源，蓄电池是辅助电源。发电机配有调节器，其主要作用是在发电机转速增高时，自动调节发电机的输出电压使之保持稳定。

2. 用电设备

汽车上的用电设备数量很多，大致可分为以下几种：

启动装置：由蓄电池供电，将电能转变为机械能带动发动机转动。完成启动任务后，立即停止工作。

点火系统：是汽油机不可缺少的部分，其作用是按发动机工作顺序产生高压电并通过火花塞跳火，保证适时、准确地点燃汽缸内的可燃混合气。有传统点火系统及电子点火系统之分。目前国产汽车广泛使用的是电子点火系统。

照明设备：包括车内外各种照明灯以提供夜间安全行车所必要的灯光，前照灯最为重要。

信号装置：包括电喇叭、闪光器、蜂鸣器及各种信号灯，主要用来提供安全行车所必要的信号。

辅助电器：包括电动刮水器、风窗洗涤器、空调器、低温启动预热装置、收录机、点烟器、防盗装置、玻璃升降器、座椅调节器等。辅助电器有日益增多的趋势，主要向舒适、娱乐、保障安全方面发展。

3. 电子控制装置

指由微机控制的装置，如电子控制点火装置、电子控制汽油喷射装置，电子控制防抱死制动装置、电子控制自动变速器等，用来提高汽车的动力性、经济性、安全性，实现排气净化和操纵自动化。

4. 检测装置

为方便监控及维修检查，以上提到的各系统均装备有检测装置，包括各种监测仪表如电流表、电压表、机油压力表、温度表、燃油表、车速里程表、发动机转速表和各种报警灯。

5. 配电装置

配电装置包括中央接线盒、电路开关、熔丝装置、插接件和导线。

以下将分别对汽车电源系、启动系、点火系、照明、信号、仪表、报警系统以及辅助电气设备进行介绍。

二、电源系统

汽车电源系统的主要作用是向汽车各用电设备供电，满足汽车用电需要。汽车电源系主要由发电机以及与发电机相匹配的电压调节器、蓄电池、电流表等组成，如图 1-4-1 所示。

蓄电池是一个化学电源，靠内部的化学反应在充电时将电源的电能转变成化学能储存起来，在用电时将储存的化学能转变成电能供给用电设备；发电机由发动机带动发电；电流表用来指示蓄电池充电或放电电流的大小；调节器的作用是使发电机在转速变化时，能

保持发电机的输出电压恒定。有些汽车的电源系统还装有电源总开关或蓄电池及电器、充电指示灯及继电器、磁场继电器、电压表等。

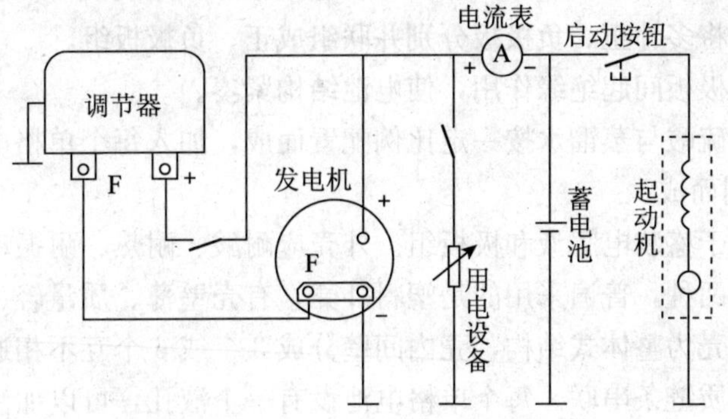

图 1-4-1　汽车电源系统组成

1. 蓄电池

汽车的蓄电池，俗称“电瓶”，由于其极板的主要成分是铅、电解液和稀硫酸，所以又称铅蓄电池。根据加工工艺的不同，汽车用蓄电池可分为普通型、干荷电型和免维护型。

(1) 蓄电池的作用

发电机启动时，给启动机、点火系统和电子燃油喷射系统供电，其启动电流可达200～600A。在发电机刚启动和怠速状态下，发电机电压低于蓄电池供电电压，这时，蓄电池向用电设备和发电机的励磁绕组供电。当用电设备同时接入过多致使发电机过载时，蓄电池协助发电机供电。当发电机处于中高速运转、发电机的端电压高于蓄电池的电动势时，蓄电池将一部分电能转化成化学能储存起来，即充电。蓄电池充当一个大电容器，吸收电路中的瞬时过电压，保护汽车上的电子设备。

(2) 蓄电池的结构

普通型蓄电池是在盛有稀硫酸的容器中插入两组铅制极板而构成的电能储能器，主要由极板组、隔板、电解液和外壳等组成。

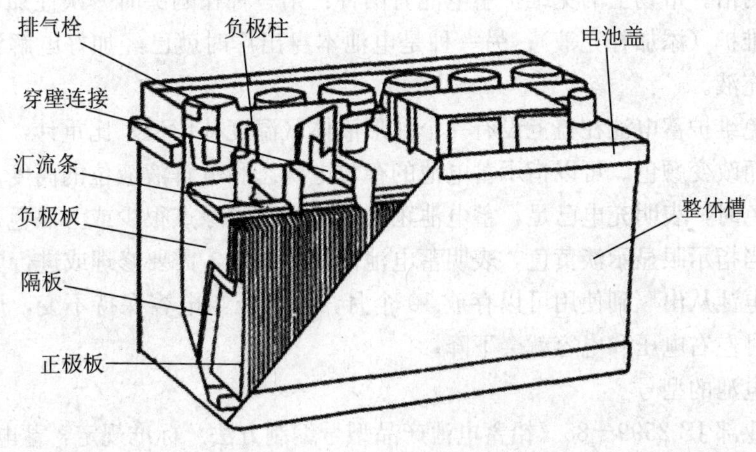

图 1-4-2　蓄电池的结构

极板：是蓄电池的核心部分，蓄电池充放电过程中，电能与化学能的相互转换依靠极板上的活性物质与电解液中的硫酸的化学反应来实现。极板分正、负极板两种，由栅架和活性物质组成。一片正极板和一片负极板浸入电解液中，可得到2V左右的电动势，为增大蓄电池容量，常将多片正、负极板分别并联组成正、负极板组。

隔板：在正负极板间起绝缘作用，使电池结构紧凑。

电解液：由纯硫酸与蒸馏水按一定比例配置而成，加入每个单格电池中。40%的硫酸加60%蒸馏水配制而成。

外壳：壳体用于盛装电解液和极板组。外壳应耐酸、耐热、耐振动冲击。外壳由橡胶外壳和聚丙烯塑料两种，普遍采用的是塑料外壳，有壳壁薄、质量轻、易于热封合、生产效率高等优点。外壳为整体式结构，壳内间壁分成3个或6个互不相通的单格。蓄电池单格电池之间均用铅质链条串联。每个单格电池设有一个液孔，可以加注电解液或检测电解液密度。孔盖上设有通气孔，便于排出蓄电池内部气体，防止外壳胀裂，发生事故。

蓄电池盖：由硬质橡胶或工程塑料压制而成。有单个电池一个电池盖的，也有各单格共用一个整体式电池盖的。

极桩：分为正极桩和负极桩。正极桩用“+”或涂上红颜色，负极桩用“-”表示，涂上蓝色或不涂颜色。蓄电池极桩用铅锑合金浇铸。一种极桩形状是圆锥形状，正极桩比负极桩粗些。另外一种极桩形状是孔形。

封口料：填充在蓄电池盖于外科之间缝隙里的易熔材料，作用是密封间隙，防止电解液溢出。工程塑料外壳与整体式盖之间可以直接加热融合，不必使用封口料。

注液口盖：防止电解液溢出。

干荷电蓄电池和普通蓄电池的区别是，极板组在干燥状态下能够长久保存在制造过程中所得到的电荷，在规定的保存期内（两年）使用，只要加入适当密度的电解液，静置20～30分钟后，调整电解液至规定密度，调整液面至规定高度，就可使用，不用充电。

免维护蓄电池又称MF蓄电池，现在越来越多的汽车使用这种蓄电池。免维护是指在汽车合理使用期间，不需要对蓄电池进行加注蒸馏水、检测电解液液面高度、检测电解液密度等维护作业。它还具有耐震、耐高温、体积小、自放电小的特点。使用寿命一般为普通蓄电池的两倍。市场上的免维护蓄电池有两种：第一种在购买时一次性加电解液以后使用中不需要维护（添加补充液）；另一种是电池本身出厂时就已经加好电解液并封死，用户不能加补充液。

大多数免维护蓄电池在盖上设有一个孔形液体（温度补偿型）比重计，会根据电解液比重的变化而改变颜色。可以指示蓄电池的存放电状态和电解液液位的高度。当比重计的指示眼呈绿色时，表明充电已足，蓄电池正常；当指示眼绿点很少或为黑色，表明蓄电池需要充电；当指示眼显示淡黄色，表明蓄电池内部有故障，需要修理或进行更换。

免维护电池从出厂到使用可以存放10个月，其电压与电容保持不变，质量差的在出厂后的3个月左右电压和电容就会下降。

(3) 蓄电池的型号

机械工业部JB 2599－85《铅蓄电池产品型号编制方法》标准规定，蓄电池的型号为：

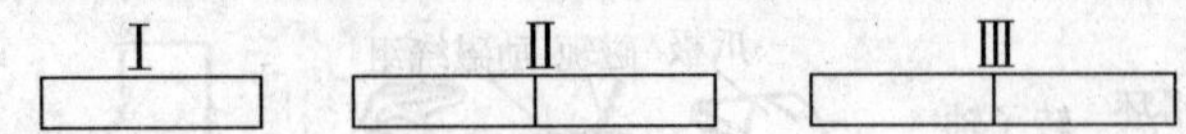

第Ⅰ部分表示串联的单格电池数，用阿拉伯数字表示，蓄电池的标准电压是该数字的2倍。

第Ⅱ部分表示电池类型和特征，用两个英文字母表示。第一个字母为“Q”表示启动型铅蓄电池；第二个字母表示电池结构特征，干荷蓄电池用“A”表示；薄型极板用“B”表示；免（无）维护蓄电池用“W”表示。

第Ⅲ部分表示额定容量，指20h率额定容量，用阿拉伯数字表示，单位为A·h，单位略去不写。在其后用一个字母表示特殊性能，如高启动率用“G”表示；塑料槽用“S”表示；用“D”表示低温启动性好。

例如：6－Q－105：6个单格电池组成，额定电压为12V，额定容量为105A·h的启动型蓄电池。

2. 交流发电机

汽车用的交流发电机是由一台三相同步交流发电机及一套硅二极管组成的整流器组成。图1-4-3所示为国产JF132系列交流发电机结构。

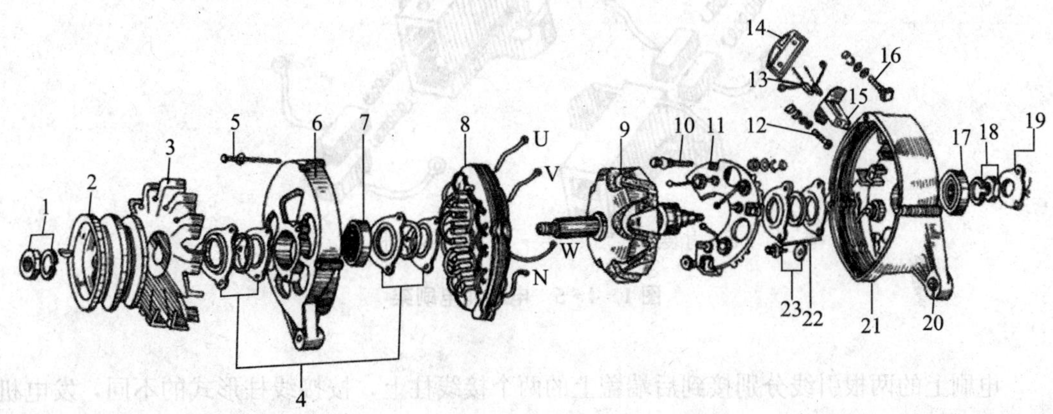

1—紧固螺母及弹簧垫片；2—带轮；3—风扇；4—前轴承油封及护圈；5—组装螺栓；6—前端盖；7—前轴承；8—定子；9—转子；10—“+”（电枢）接线柱；11—散热板；12—“—”（接地）接线柱；13—电刷及压簧；14—电刷架外盖；15—电刷架；16—“F”（磁场）接柱；17—后轴承；18—转轴固定螺母及弹簧垫圈；19—后轴承纸垫及护盖；20—安装臂钢套；21—后端盖；22—后端盖轴承油封及护圈；23—散热板固定螺栓

图1-4-3　国产JF系列交流发电机解体

（1）三相同步交流发电机：主要由转子总成、定子总成、前后端盖、电刷及电刷架、风扇与皮带轮等部件组成。

转子总成：作用是产生旋转磁场。由转子轴、励磁绕组、两块爪极、滑环等组成。

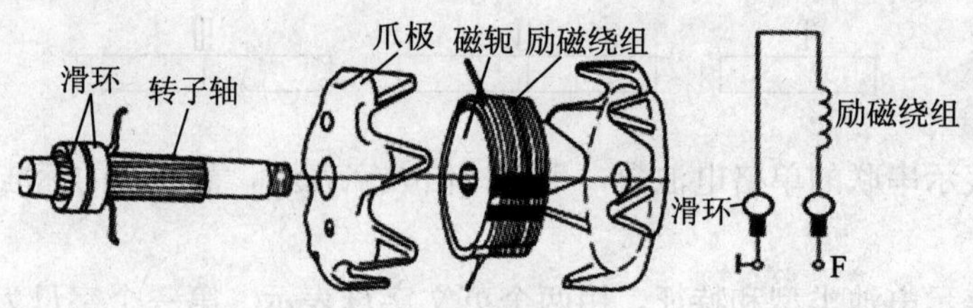

图 1-4-4 交流发电机转子

定子总成：作用是产生三相交流电动势，由定子铁心和定子绕组组成。定子绕组的接法有星形、三角形两种连接方式。

前后端盖：作用是支撑转子总成并封闭内部结构，方便安装与调整 V 带松紧度。

电刷与电刷架：电刷的作用是与滑环接触，将直流电引入励磁绕组。国产交流发电机的电刷架有两种结构，如图 1-4-5 所示，一种为外装式，即电刷的更换在发电机的外部进行。一种为内装式，即电刷的拆装和更换在发电机内部进行。

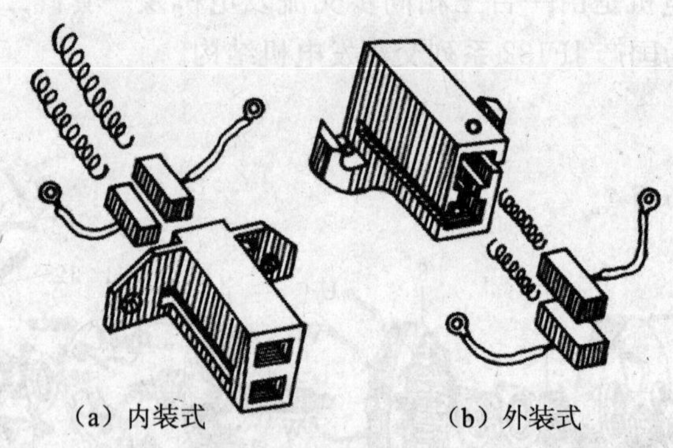

图 1-4-5 电刷和电刷架

电刷上的两根引线分别接到后端盖上的两个接线柱上，按接线柱形式的不同，发电机分为内搭铁和外搭铁两种形式。

风扇：在发电机工作时，对发电机的内部进行强制通风冷却。

皮带轮：利用皮带将发动机的转矩传递给发电机，用半圆键安装在前端盖外侧的转子轴上，再用弹簧垫圈和螺母锁紧。

(2) 硅整流器：作用是把定子绕组产生的三相交流电整变为直流电，一般由 6 只硅二极管接成三相桥式整流电路。整流器组件的外形分长方形（如 JFB 系列硅整流发电机）、马蹄形（如夏利轿车用硅整流发电机）、半圆形（如 CA1091 型车用 JF1522 型硅整流发电机）和圆形（如丰田汽车用硅整流发电机）等多种。

(3) 其他种类的交流发电机：有些交流发电机加设了小功率励磁二极管和中性点二极管。

八管交流发电机：交流发电机的整流器采用 8 支二极管，除 6 支整流二极管外又增加了 2 支中性点二极管。

九管交流发电机：交流发电机的整流器采用 9 支二极管，除 6 支整流二极管外又增加了 3 支励磁二极管，可用来提供励磁电流和控制充电指示灯。

十一管交流发电机：整流器同时具备以上两种功能。

无刷交流发电机：爪极式无刷交流发电机的结构与普通交流发电机大致相同。其励磁绕组是静止的，两端引线可直接引出，省去了电刷和滑环，而爪极在磁场的外围旋转。

交流发电机的型号：根据我国汽车行业标准 QC/T73－93《汽车电气设备产品型号编制方法》的规定，汽车交流发电机的型号组成如下：

①产品代号

按产品名称的顺序，适当选择其中 2～3 个单字，并以该单字汉语拼音的第一个大写字母组成，产品代号有 JF、JFZ、JFB 和 JFW 四种，分别表示交流发电机、整体式交流发电机、带泵交流发电机和无刷交流发电机。

②电压等级代号

用一位阿拉伯数字表示，1 表示 12V，2 表示 24V，6 表示 6V。

③电流等级代号

用一位阿拉伯数字表示。

④设计序号

按产品设计先后顺序，由 1～2 位阿拉伯数字组成。

⑤变形代号

交流发电机的型号中，以调整臂位置标记作为变形代号。从驱动端看，如果调整臂在中间则不加标记；在右边则用 Y 表示；在左边则用 Z 表示。例如：桑塔纳、奥迪 100 轿车用的 JFZ1913Z 型发电机则表示，此发电机为整体式的交流发电机，电压等级为 12V，电流等级 90A，第 13 次设计，调整臂在左边。

3. 电压调节器

电压调节器是发电机电压调节装置，其作用是在发电机转速发生变化时，自动调节发电机电压，使其保持恒定。现在汽车上使用的电子式调节器是利用晶体三极管的导通与截止，使励磁电路接通或切断来调节励磁电流。电子式按结构型式分晶体管式和集成电路式；按安装形式分外装式和内装式；按搭铁形式分内搭铁式和外搭铁式；按功能分单功能型和多功能型。

启动机一般由直流串励式电动机、传动机构、控制装置等三大部分组成。

三、启动系统

一般汽车启动系统由蓄电池、启动机、启动继电器、点火开关以及启动线路等组成。

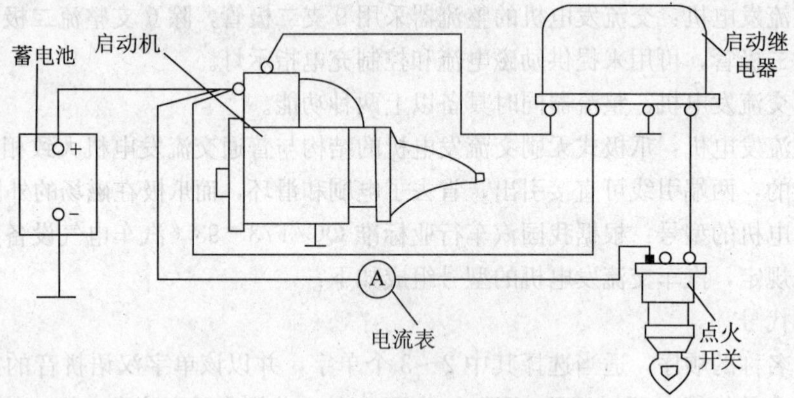

图 1-4-6　启动系统的组成

启动机由直流串励式电动机、传动机构、控制装置等三部分组成。

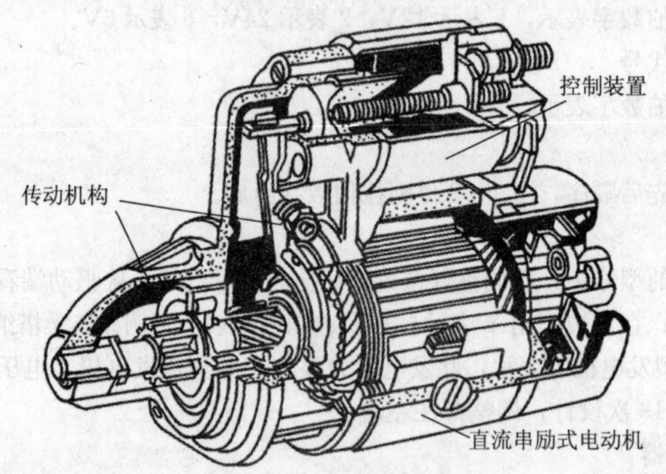

图 1-4-7　启动机的组成

1. 直流串励式电动机

直流串励式电动机的作用是将蓄电池提供的电能转换成机械能，产生机械转矩。主要由电枢、磁极、外壳、端盖、电刷与刷架等部件组成，结构如图 1-4-8 所示。

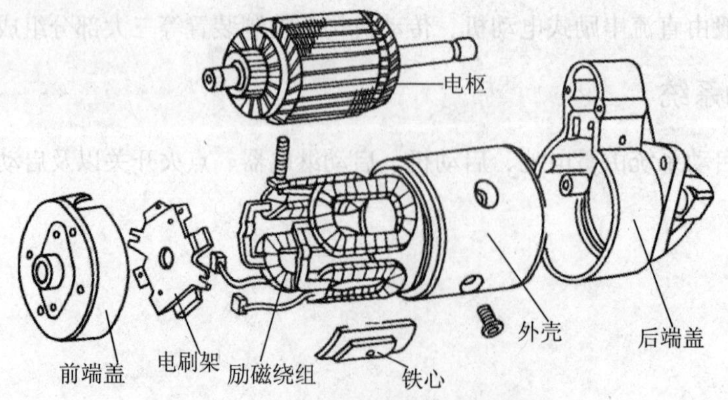

图 1-4-8　直流串励式电动机的组成

电枢：电枢又叫转子，作用是产生转矩。主要由电枢轴、铁心、电枢绕组、换向器等组成，结构如图 1－4－9 所示。

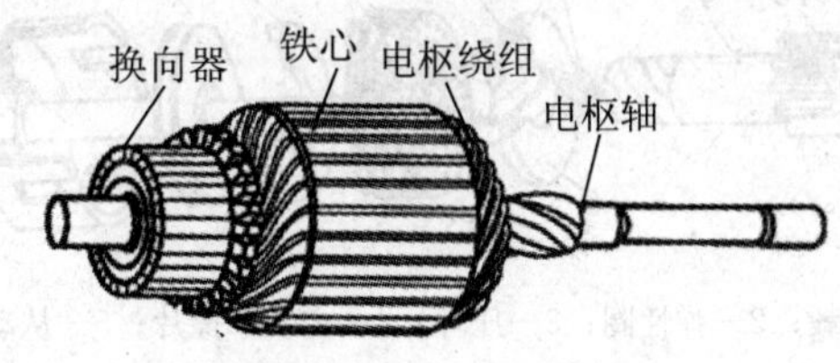

图 1－4－9　电枢总成

磁极和外壳：磁极和外壳又叫定子，是电动机的磁场部分。磁极一般有 4 个，每个磁极都由磁极铁心和励磁绕组两部分组成。铁心通过螺钉固定在外壳的内圈。

外壳：外壳由低碳钢板卷焊成圆筒状或由无缝钢管加工而成。内部安装有磁极，是电动机的磁路部分。外壳的两端有与前后端盖组装定位用的定位销或缺口。

端盖：有前端盖和后端盖。电刷架固定在前端盖中，又叫电刷端盖。后端盖用以安装启动机和容纳启动机的传动机构，又叫驱动端盖。

电刷：分为绝缘电刷和搭铁电刷。引线与励磁绕组末端焊接的是绝缘电刷，安装在绝缘电刷架中。引线直接压装在前端盖上的为搭铁电刷，安装在搭铁电刷架中。

电刷架：固定在前端盖上，绝缘电刷架与前端盖绝缘固定，搭铁电刷架直接铆在前端盖上。电刷架上装有弹力较强的电刷弹簧，使电刷与电枢换向器可靠接触。

2. 传动机构

传动机构由拨叉和单向离合器两部分组成。拨叉的作用是使单向离合器在电枢轴上做轴向移动，使离合器的驱动齿轮与飞轮齿圈啮合或分离。单向离合器将电动机产生的转矩传递给发动机的曲轴，并在发动机启动后自动打滑，防止电枢“飞散”。单向离合器的形式一般有滚柱式、摩擦片式和弹簧式三种。

（1）滚柱式离合器：

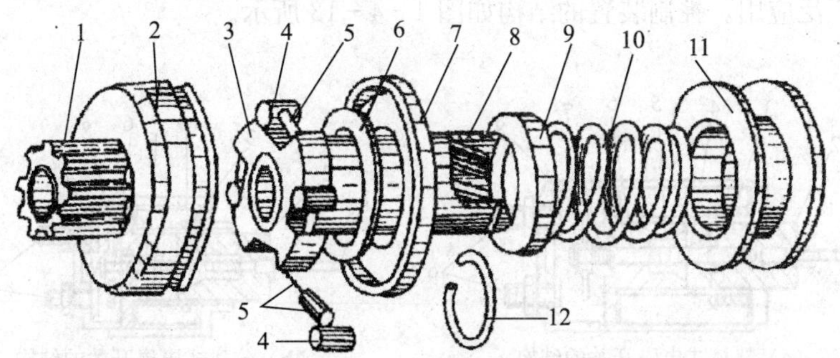

1—驱动齿轮；2—外壳；3—十字块；4—滚柱；5—压帽及弹簧；6—垫圈；7—护盖；8—花键套筒；9—弹簧座；10—啮合弹簧；11—移动衬套；12—卡簧

图 1－4－10　滚柱式离合器结构

（2）摩擦片式离合器：结构如图 1－4－11 所示。

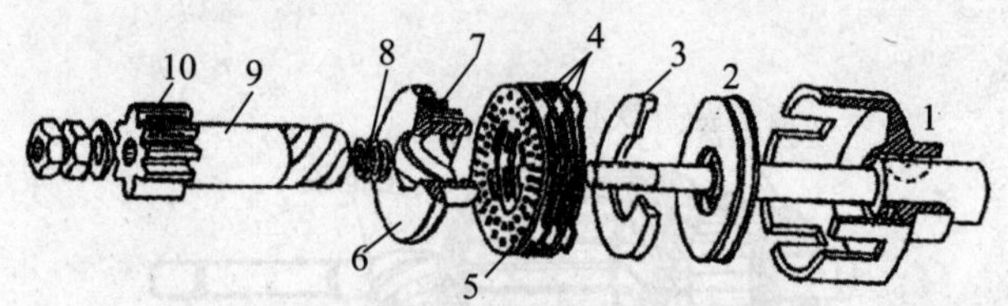

1—外接合毂；2—弹性圈；3—压环；4—主动摩擦片；5—从动摩擦片；
6—内接合毂；7—小弹簧；8—减震弹簧；9—齿轮柄；10—驱动齿轮

图 1－4－11　摩擦片式离合器结构

（3）弹簧式离合器：结构如图 1－4－12 所示。

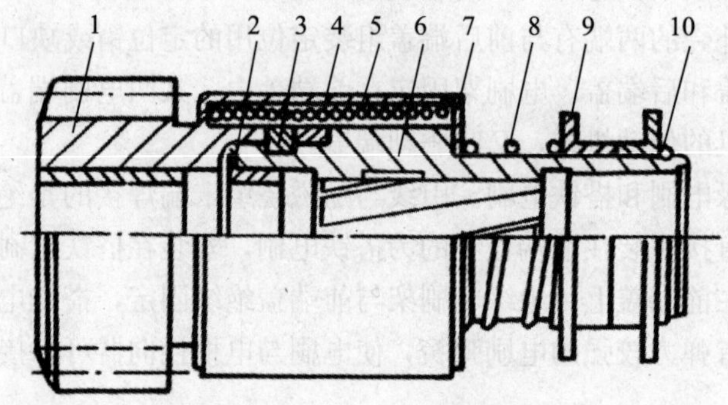

1—驱动齿轮；2—挡圈；3—月形圈；4—扭力弹簧；5—护圈；6—花键套筒；
7—垫圈；8—缓冲弹簧；9—拨叉坏；10—卡簧

图 1－4－12　弹簧式离合器结构

3. 控制装置

控制装置一般为电磁式，其结构简单，工作可靠，便于远距离控制，在现代汽车的启动机上得到广泛应用。控制装置的结构如图 1－4－13 所示。

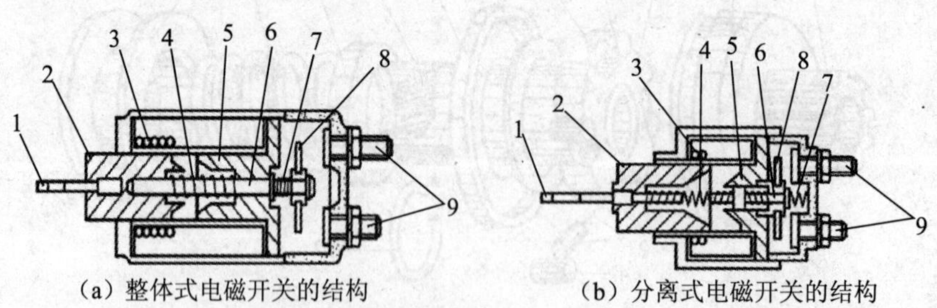

（a）整体式电磁开关的结构　　（b）分离式电磁开关的结构

1—连杆；2—活动铁心；3—吸引线圈和保持线圈；4—活动铁心的复位弹簧；
5—固定铁心；6—推杆；7—推杆的复位弹簧；8—接触盘；9—主接线柱

图 1－4－13　电磁控制装置的结构

四、点火系统

点火系统是汽油机不可缺少的部分，是按发动机工作顺序产生高压电并通过火花塞跳火，保证适时、准确地点燃汽缸内的可燃混合气。有传统点火系统及电子点火系统之分。目前国产汽车广泛使用的是无分电器式微机点火系统，采用计算机根据各传感器信号对点火提前角进行控制。一般由电源、传感器、ECU、点火器、点火线圈、火花塞组成。

1. 点火控制模块

点火控制（电脑）模块接受反映发动机工况和运行状态的传感器的信号及燃油喷射控制（电脑）模块的部分信号后，经点火控制（电脑）模块运算处理，向点火执行元件——点火器——发送点火时间的脉冲信号，控制点火正时和点火顺序，激发点火系统的高电压系统（点火线圈、火花塞），为各缸燃烧提供足够的点火电压、点火能量，满足发动机各工况和汽车运行的点火正时的需要。

2. 传感器

电子控制点火系统中所用到的主要传感器有曲轴转角/转速传感器、曲轴基准位置传感器（点火基准传感器）和爆震传感器；另外，还根据进气压力传感器或空气流量传感器、进气温度传感器、冷却液温度传感器、节气门位置传感器以及启动开关信号、空调开关信号、空挡开关信号等开关信号对各种工况下的点火提前角进行必要的修正。

（1）曲轴转角与转速传感器：电控点火系统中，发动机转速信号是微机用来读取或计算基本点火提前角最主要的依据之一，而曲轴转角信号则用来计算具体的点火时刻。通常采用的曲轴转角传感器有磁电式和霍尔式两种，安装在缸体后部、飞轮的上方。

（2）曲轴基准位置传感器（点火基准传感器）：该传感器可在曲轴转至某一特殊的位置，如一缸上止点或上止点前某一特定的角度时，输出一个脉冲信号，微机将这一脉冲信号作为计算点火提前角的曲轴位置基准点，并与曲轴转角信号一起计算曲轴任一时刻所处的具体位置。

（3）爆震传感器：用于检测发动机是否发生爆震，一般每台发动机安装 1～2 只。3 缸发动机安装在第 2 缸缸体中间；4 缸发动机安装在 2、3 缸缸体之间。主要可分为电感式和压电式两种。

（4）节气门（TP）位置开关：点火系统与燃油系统共用一个节气门位置开关，但点火系统只用到其中的怠速开关。

（5）冷却液温度传感器（ECT）：点火系统和燃油系统共用一个发动机冷却液温度传感器（ECT），这种冷却液温度传感器内有两个负温度系数电阻，每个系统用一个。它们向控制模块发送发动机冷却液温度信号，使点火制模块根据冷却液温度判断发动机是热态工作还是冷态工作，以便调整点火正时。

（6）排气温度传感器（用于装备废气再循环 EGR 系统的发动机）：测量废气再循环的排气温度，并将温度信号发送给点火控制模块，把废气再循环的工作状态反映给点火控制模块，以调整废气再循环的废气引入量。

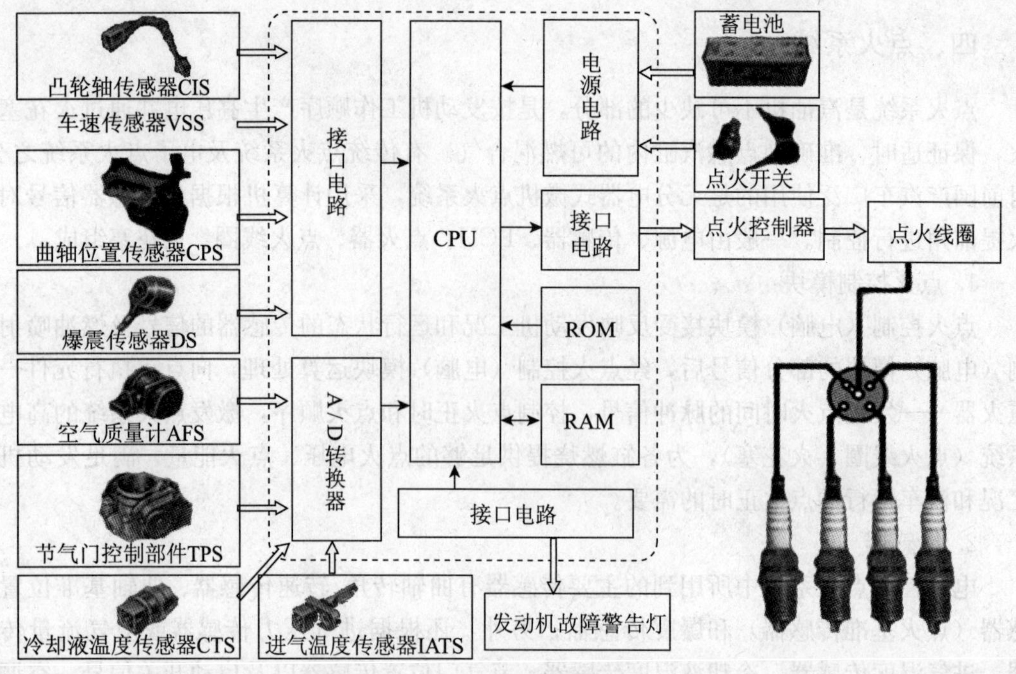

图 1-4-14 电控点火系统的组成

3. 执行元件

无分电器点火系统的执行元件有点火线圈和火花塞，根据点火方式的不同可分为双缸同时点火和各缸独立点火。

（1）独立式点火线圈：每个火花塞都单独配置一个点火线圈，其位置一般在火花塞的顶部，所产生的高压电直接送给火花塞，因而取消高压线，这样可避免高压线方面的故障，而且结构紧凑、安装方便，在现代汽车发动机上的应用日益广泛。

这种点火系统点火器与点火线圈制为一体。ECU 按点火顺序向点火器提供点火控制信号（IGT1 IGT2），点火器则按同样的顺序控制各点火线圈的工作，各点火器所产生的点火确认信号 IGF 统一送回 ECU，以实现对点火系统工作的监测。

独立式点火线圈也叫做笔式点火线圈，由点火器、初级线圈、次级线圈、磁蕊、旋塞盖组成。

（2）双火花塞式点火线圈：对同时到达上止点的两个汽缸实施同时点火，一个点火线圈控制两个缸的火花塞，其中一个缸为压缩上止点，其点火为有效火，另一个缸为排气上止点，其点火为无效火（废火）。

双缸同时点火的点火线圈由点火线接火、点火器、高压端头、次级线圈、壳体、初级线圈、铁心、插头组成。

图 1-4-15 独立式点火线圈

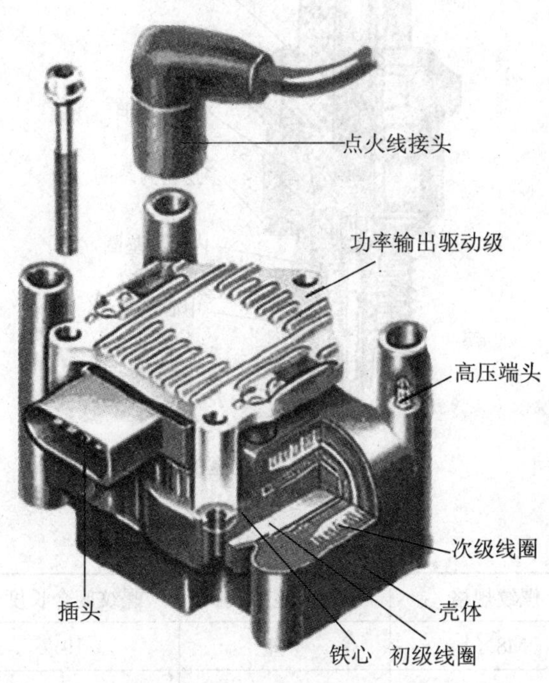

图 1-4-16 双火花塞点火线圈

(3) 火花塞：作用是把点火线圈送来的脉冲高压电放电，击穿火花塞两电极间的空气，产生电火花以此引燃汽缸内的混合气体。

火花塞产品型号根据国家标准 QC/T 430—2005 编制，采用英文字母或通用的符号及阿拉伯数字排列组成。

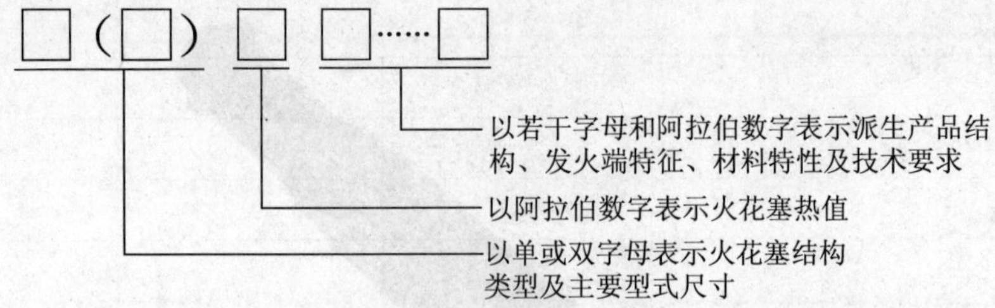

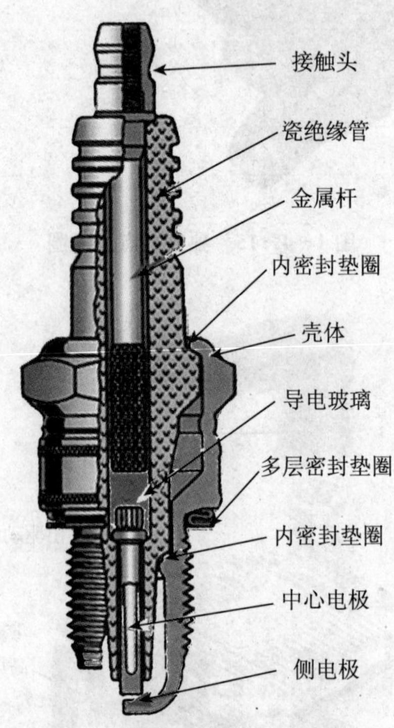

图 1-4-17　火花塞的构造

表 1-4-1　火花塞结构类型及主要尺寸

代表字母	螺纹规格	安装座形式	螺纹旋合长度	六角对边
J	M8×1	平座	19	16
W	M9×1	平座	19	16
A	M10×1	平座	12.7	16
B	M10×1	平座	19	16
CZ	M12×1.25	锥座	11.2	16
DZ	M12×1.25	锥座	17.5	16
C	M12×1.25	平座	12.7	17.5
D	M12×1.25	平座	19	17.5

续　表

代表字母	螺纹规格	安装座形式	螺纹旋合长度	六角对边
CH	M12×1.25	平座	26.5	17.5
DE	M12×1.25	平座	12.7	16
DF DK	M12×1.25	平座	19	16
DH	M12×1.25	平座	26.5	16
VH	M12×1.25	平座	26.5	14
E	M14×1.25	平座	12.7	20.8
F	M14×1.25	平座	19	20.8
FH	M14×1.25	平座	26.5	20.8
H	M14×1.25	平座	11	20.8
KE	M14×1.25	平座	12.7	16
K	M14×1.25	平座	19	16
KH	M14×1.25	平座	26.5	16
G	M14×1.25	平座	9.5	20.8
GL	M14×1.25	矮型平座	9.5	20.8
L	M14×1.25	矮型平座	9.5	19
Z	M14×1.25	平座	11	19
M	M14×1.25	矮型平座	11	19
N	M14×1.25	矮型锥座	7.8	19
P	M14×1.25	锥座	11.2	16
Q	M14×1.25	锥座	17.5	16
QH	M14×1.25	锥座	25	16
R	M18×1.5	平座	12	26
RF	M18×1.5	平座	19	26
RH	M18×1.5	平座	26.5	26
SE	M18×1.5	平座	12.7	20.8
S	M18×1.5	平座	19	20.8
SH	M18×1.5	平座	26.5	20.8
T	M18×1.5	锥座	10.9	20.8
TF	M18×1.5	锥座	17.5	20.8
TH	M18×1.5	锥座	25	20.8

表 1-4-2　　火花塞特征及其代表字母或数字

字母或数字	代表特征	字母或数字	代表特征
R	电阻型火花塞	N	铱金电极
B	半导体型火花塞	S	银电极
H	环状电极火花塞	V	V形槽中心电极
Y	沿面放电型火花塞	U	U形槽侧电极
F	半螺纹	X	点火间隙 1.1mm 及以上
E	绝缘体突出型点火位置 3mm	0	加强的中心电极
L	绝缘体突出型点火位置 4mm	1	细电极
K	绝缘体突出型点火位置 5mm	2	快热结构
Z	绝缘体突出型点火位置 7mm	3	瓷绝缘体涂硅胶
T	绝缘体突出型点火位置 3mm 以下	4	整体接线螺杆
D	双侧极	5	—
J	三侧极	6	—
Q	四侧极	7	—
C	Ni-Cu 复合电极	8	—
P	铂金电极	9	—
G	钇金电极	—	—

例 1：“A7—3”型火花塞即为螺纹旋合长度 12.7mm，壳体六角对边 16mm，热值代号 7，螺纹规格 M10×1，瓷绝缘体涂硅胶平座火花塞。

例 2：“DFIREC2”型火花塞即为螺纹旋合长度 19mm，壳体六角对边 16mm，热值代号 7，螺纹规格 M12×1.25，带电阻，Ni-Cu 复合中心电极，快热结构，绝缘体突出型点火位置为 3mm 平座火花塞。

例 3：“VH6RLPPX40”型火花塞即为螺纹旋合长度 26.5mm，壳体六角对边 14mm，热值代号 6，螺纹规格 M12×1.25，带电阻，中心电极和侧电极均为铂金，绝缘体突出型点火位置为 4一，点火间隙为 1.1mm，整体接线螺杆平座型火花塞。

五、照明、信号、仪表

为了保证汽车行驶安全和工作可靠，在汽车上装有各种照明装置和信号装置，用以照明道路、表示车辆宽度和车辆所处的位置、照明车厢内部、指示仪表以及夜间车辆检修等。此外，在转弯、制动、会车、停车、倒车等情况下，还应发出光亮或音响信号，以警示行人和其他车辆。

1. 照明装置

汽车上所采用的照明装置包括车外照明装置和车内照明装置两部分。

车外照明装置包括前照灯、雾灯、尾灯、牌照灯等。照明装置的数量、结构形式及安装位置因车型而异。很多现在汽车将示宽灯、前照灯和前雾灯组装在一起称为组合前灯；将后转向灯、制动灯、尾灯、后雾灯和倒车灯等组装在一起称为组合后灯。

车内照明装置包括顶灯、仪表灯、车门灯、阅读灯和工作灯。顶灯主要用于车内照明，灯光一般为白色。通常由灯光总开关和顶灯开关共同控制，有的车辆顶灯还具有门灯的作用，当车门关闭不严时灯亮，提醒驾驶员注意。这时，顶灯还受门柱开关控制。

2. 信号装置

汽车信号装置的作用是通过声、光信号向其他车辆的驾驶员和行人发出有关车辆运行状况或状态的信息，以引起有关人员注意，确保车辆行驶安全。

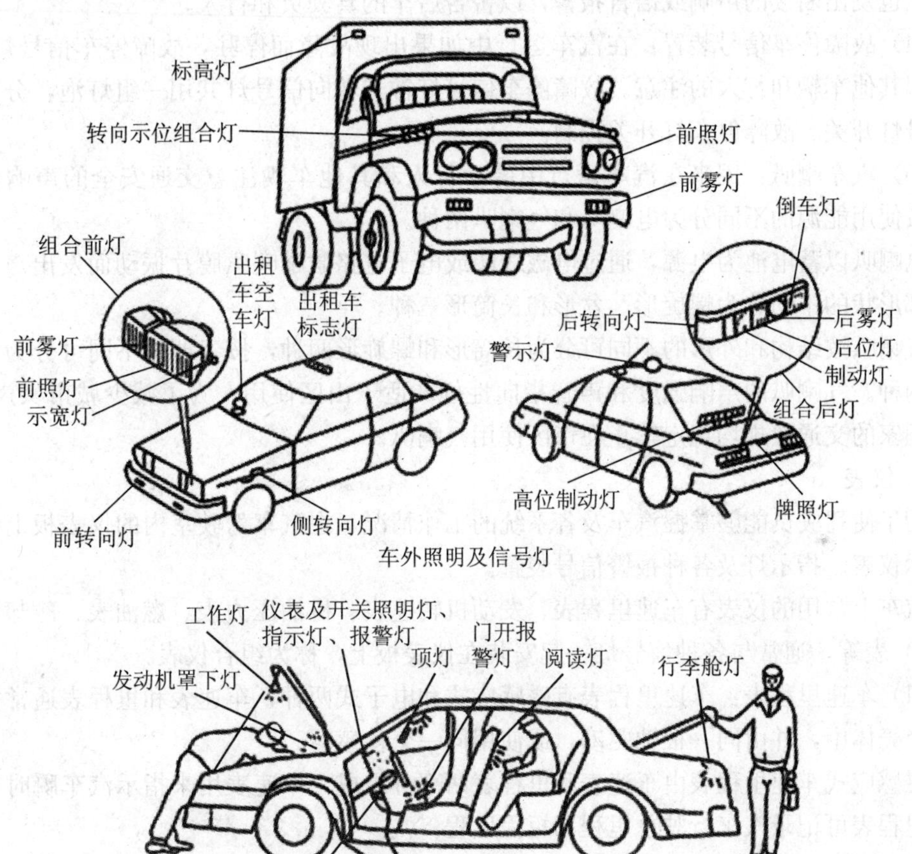

图 1－4－18　照明及信号装置在汽车上的安装位置示意

(1) 转向信号装置：由转向信号灯、转向信号闪光器和转向信号灯开关等组成。

转向信号灯简称转向灯，分装在车身前端和后端的左右两侧。由驾驶员在转向之前，开亮左侧或右侧的转向信号灯，以通知交通警察、行人和其他汽车驾驶员。为了在白天能引人注目，转向信号灯的亮度很强，在转向信号灯电路中装有转向信号闪光器，使转向信号灯光发生闪烁。闪烁式转向信号灯可以单独设置，也可以与前小灯合成一体，在后一种情况下，一般用双丝灯泡。也有的后转向信号灯和后灯合成一体。常用的转向信号闪光器有电热式、电容式和电子式等多种形式。

(2) 制动信号装置：由制动信号灯和制动信号灯开关组成。

制动信号灯安装在汽车的尾部，在驾驶员踩下制动踏板时立即点亮，发出强烈的红色光亮，即使在白天也十分明显，以提醒后车驾驶员注意。制动信号灯开关安装在汽车制动回路中，随制动系统结构形式的不同，有液压式和气压式两种。

(3) 倒车信号装置：由倒车信号灯、倒车信号灯开关和倒车报警器等组成。

倒车信号灯和倒车报警器由倒车灯开关控制。倒车信号灯点亮的同时，倒车报警器的电喇叭也发出断续的声响或语言报警，以警告后车的驾驶员和行人。

(4) 故障停车信号装置：在汽车运行中如果出现故障而停驻，故障停车信号灯点亮，以引起其他车辆和行人的注意。故障停车信号灯常与转向信号灯共用一组灯泡，分别由转向信号灯开关、故障停车灯开关控制。

(5) 汽车喇叭：用来在汽车运行中警示行人和其他车辆注意交通安全的声响信号装置。按使用能源的不同分为电喇叭和气喇叭两种。

电喇叭以蓄电池为电源，通过电磁线圈或电子电路激励喇叭膜片振动而发出声音。按其外部形状的不同分为螺旋形、盆形和长筒形三种。

气喇叭按结构和外形的不同可分为长筒形和螺旋形两种，按音调的不同可分为单音和双音两种。气喇叭的声响强度和声音指向性好，适于山区使用。为了减少城市噪声污染，各个国家的交通法规均规定禁止在市区使用气喇叭。

3. 仪表

为了使驾驶员能够掌握汽车及各系统的工作情况，在汽车驾驶室内的仪表板上装有各种指示仪表、指示灯及各种报警信号装置。

汽车上常用的仪表有车速里程表、发动机转速表、机油压力表、燃油表、冷却液温度（水温）表等，通常与各种信号灯一起安装在仪表板上，称为组合仪表。

(1) 车速里程表：车速里程表有磁感应式和电子式两种，车速表和里程表通常安装在同一个壳体中，并由同一根轴驱动，或使用同一个传感器。

磁感应式车速里程表由车速表和里程表两部分组成，车速表用来指示汽车瞬时行驶速度，里程表可记录汽车行驶总里程和短程里程。

电子式车速里程表由车速里程表传感器、信号处理电路、车速表和里程表组成。车速里程表传感器安装在组合仪表内，由变速器经软轴驱动，汽车行驶时产生正比于汽车行驶速度的信号。由具有一对或几对触点的舌簧开关和转子组成。

信号处理电路由单稳态触发电路、恒流电路、分频电路、功率放大电路以及电源稳压等电子电路组成。汽车运行时，将车速传感器输入的脉冲信号，整形和处理转变为电流信号，并加以放大，以驱动车速表指示车速；同时还将脉冲信号经分频和功率放大，转变为一定频率的脉冲信号，以驱动里程表步进电机的轴转动，记录汽车的行驶里程。

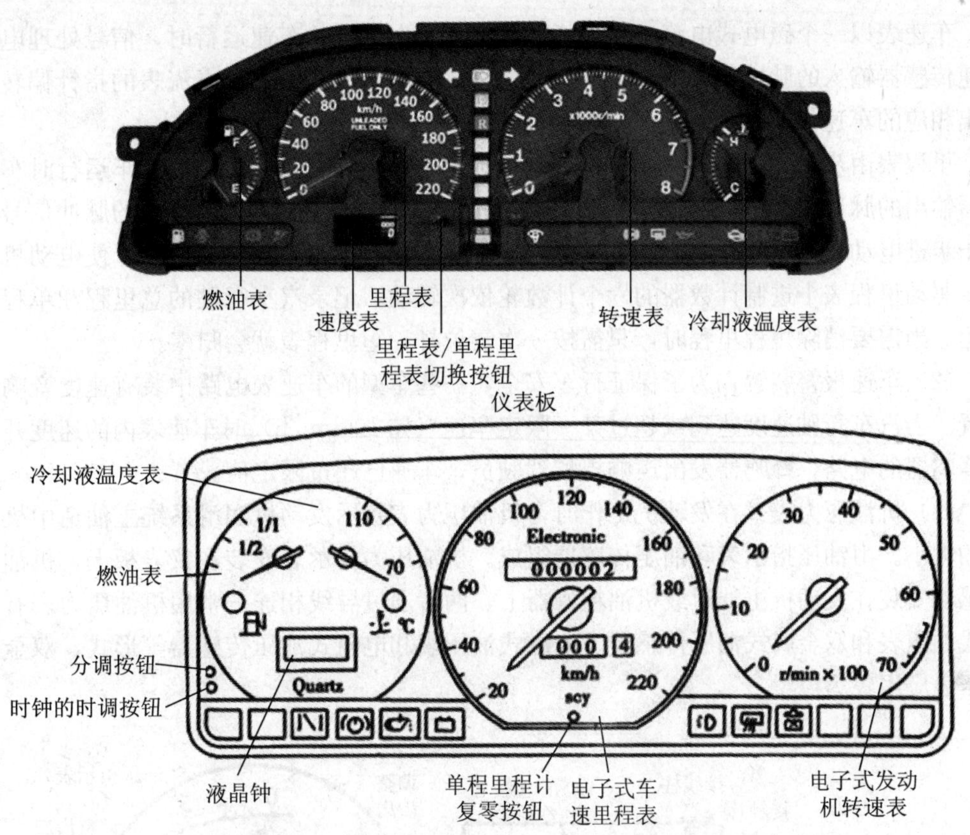

图 1－4－19　桑塔纳 2000 系列轿车组合仪表

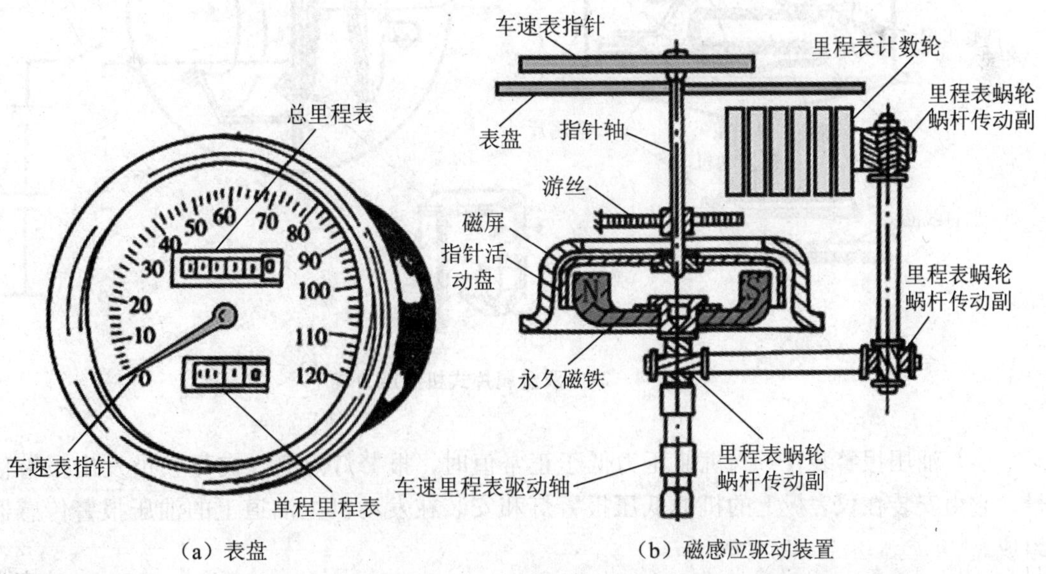

图 1－4－20　磁感应式车速里程表

车速表以一个磁电式电流表作为指示表。汽车以不同的车速运行时，信号处理电路将车速传感器输入的脉冲信号，转变为与车速成比例的电流信号，使电流表的指针偏转，指示出相应的车速。

里程表由步进式电动机、六位十进制计数器及内传动齿轮等组成。汽车运行时车速传感器输出的脉冲信号，经信号处理电路分频和功率放大，转变为一定频率的脉冲信号，作用于步进电动机的电磁线圈。步进电机将这一脉冲信号转变为角位移信号，使电动机轴转动，驱动里程表十进制计数器的六个计数轮依次转动，记录汽车行驶的总里程和单程行驶里程。当需要消除短程里程时，只需按一次复位杆，短里程表就会归零。

（2）车速报警装置：为了保证行车安全，一些车型的车速表电路中装有速度音响报警装置。当汽车行驶速度达到或超过某一限定车速（如 100km/h）时车速表内的速度开关接通蜂鸣器的电路，蜂鸣器发出声响提醒驾驶员，车速已超过限定值。

（3）机油压力表：在发动机工作时，机油压力表指示发动机润滑系统主油道中机油压力的大小。由油压指示表和油压传感器组成。机油压力指示表安装在仪表板上，机油压力传感器安装在发动机主油道或机油粗滤器上，两者通过导线相连。常用机油压力表有双金属式油压表和双金属式油压传感器、电磁式油压表和电阻式油压传感器等形式，双金属式油压表应用较为广泛。

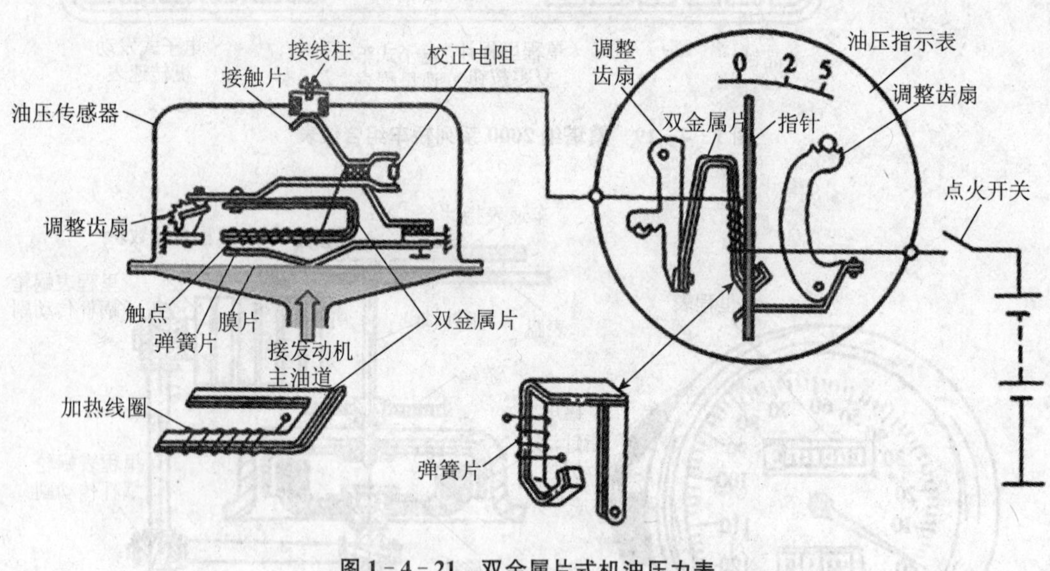

图 1-4-21　双金属片式机油压力表

（4）油压报警装置：当机油压力低于正常值时，报警灯点亮，向驾驶员发出报警信号。它由安装在仪表板上的机油低压报警灯和安装在发动机主油道上的油压报警传感器组成。

（5）燃油表：用来指示汽车燃油箱内的存油量。由燃油指示表、油面高度传感器及电源稳压器等组成。常用的燃油指示表有电热式、电磁式、电子集成式等形式。

电磁式燃油表内装有左、右两个线圈，转子与指针相连，位于两个线圈之间。

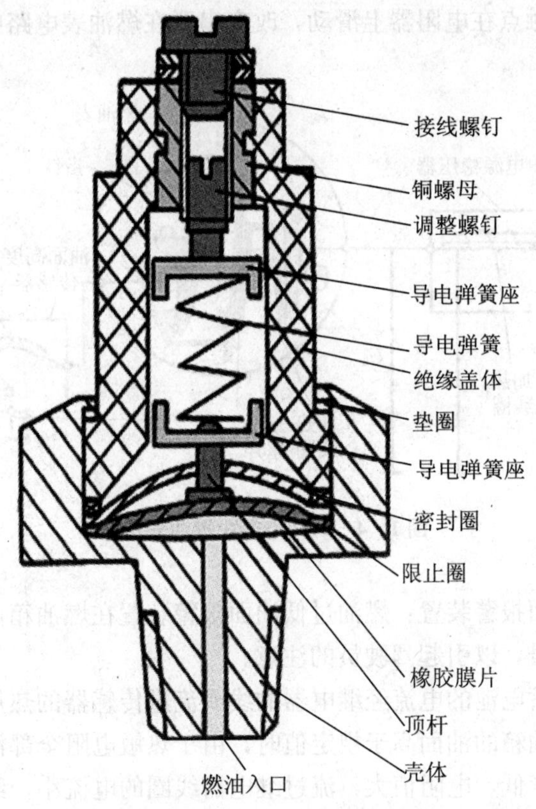

图 1－4－22　油压报警传感器

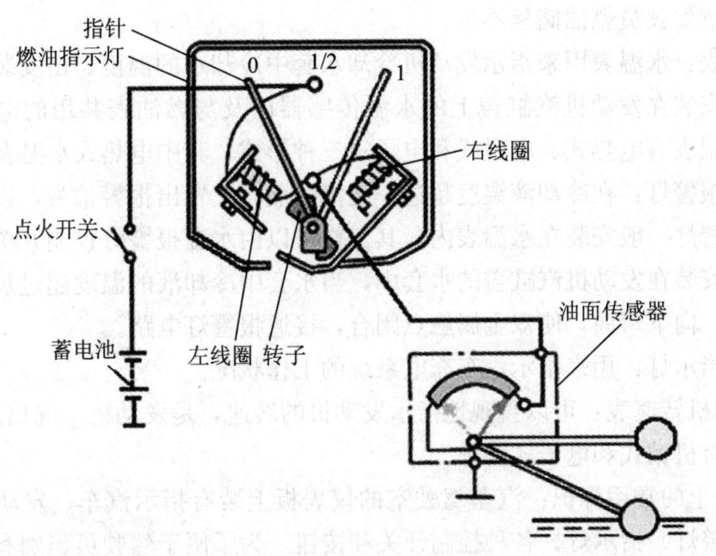

图 1－4－23　电磁式燃油表示意

油面高度传感器为可变电阻式，由可变电阻器与可变电阻器滑动臂相连的浮子组成，安装在燃油箱内。浮在油面上的浮子，随油面高度的变化而改变自身位置的同时，带着可

变电阻的滑动臂连同触点在电阻器上滑动，改变串联在燃油表电路中的电阻值。

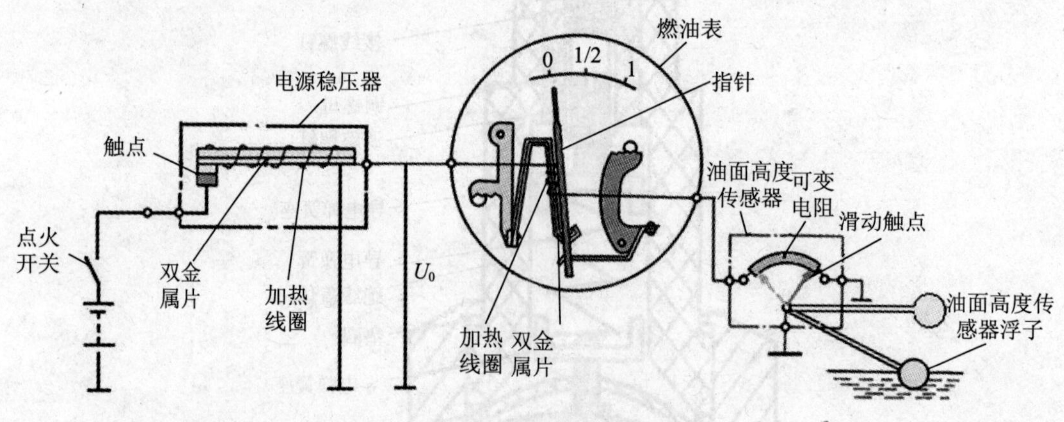

图 1－4－24　电热式燃油表示意

(6) 燃油过低油面报警装置：燃油过低油面报警装置在燃油箱内的燃油量少于某一规定值时，发出报警信号，以引起驾驶员的注意。

接通点火开关，蓄电池的电流经继电器的线圈流过传感器的热敏电阻，热敏电阻被加热，温度升高。当燃油箱的油面高于规定值时，由于热敏电阻全部浸泡在燃油中所产生的热量被燃油吸收，温度低、电阻值大，流过继电器线圈的电流小，继电器触点保持断开状态，报警灯不亮。当油面下降到低于规定值时，传感器的热敏电阻露出油面，由于散热慢，其温度升高，电阻值减小，使流过继电器线圈的电流增大，继电器的触点闭合，报警灯点亮，以提醒驾驶员燃油储量不足。

(7) 水温表：水温表用来指示发动机冷却水套中冷却水的温度。由安装在仪表板上的水温指示表、安装在发动机汽缸盖上的水温传感器以及与燃油表共用的电源稳压器等组成。常用的水温表有电热式、电磁式和电子式三种形式，其中电热式水温表应用较多。

(8) 水温报警灯：在冷却液温度超过一定值时点亮，发出报警信号，以引起驾驶员的注意。水温报警灯一般安装在水温表内，其工作可以由水温报警灯控制开关控制。水温报警灯控制开关安装在发动机汽缸盖的水套中，当水套中冷却液的温度超过规定值时，双金属片受热变形，向下弯曲，使双金属触点闭合，接通报警灯电路。

(9) 充电指示灯：用来指示汽车充电系统的工作状况。

(10) 发动机转速表：可以直观地指示发动机的转速，是发动机工况信息的指示装置。发动机转速表有机械式和电子式两种。

(11) 仪表上的常用标识：汽车驾驶室的仪表板上装有指示汽车、发动机运行工况的各种仪表、报警灯、指示灯、各种控制开关和按钮。为了便于驾驶员识别和控制，在各指示灯、开关的相应位置标有醒目的形象符号。

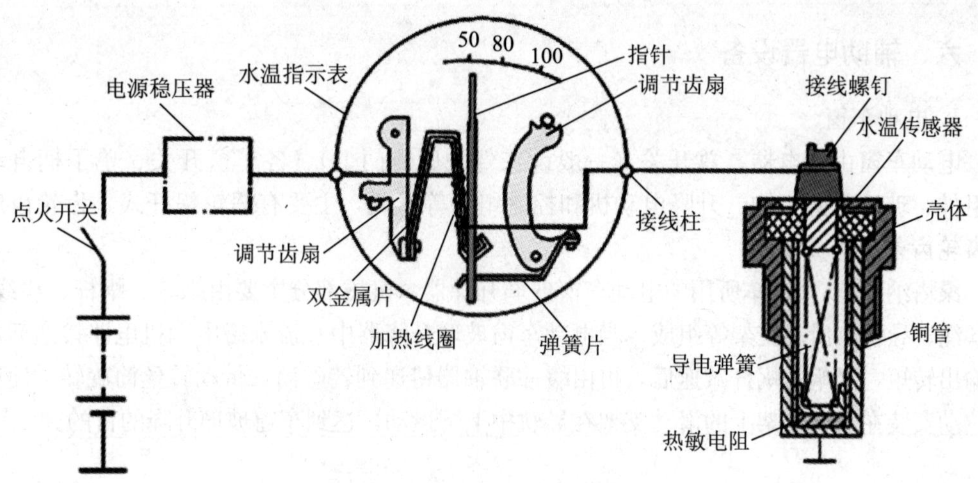

图 1－4－25 电热式水温表示意

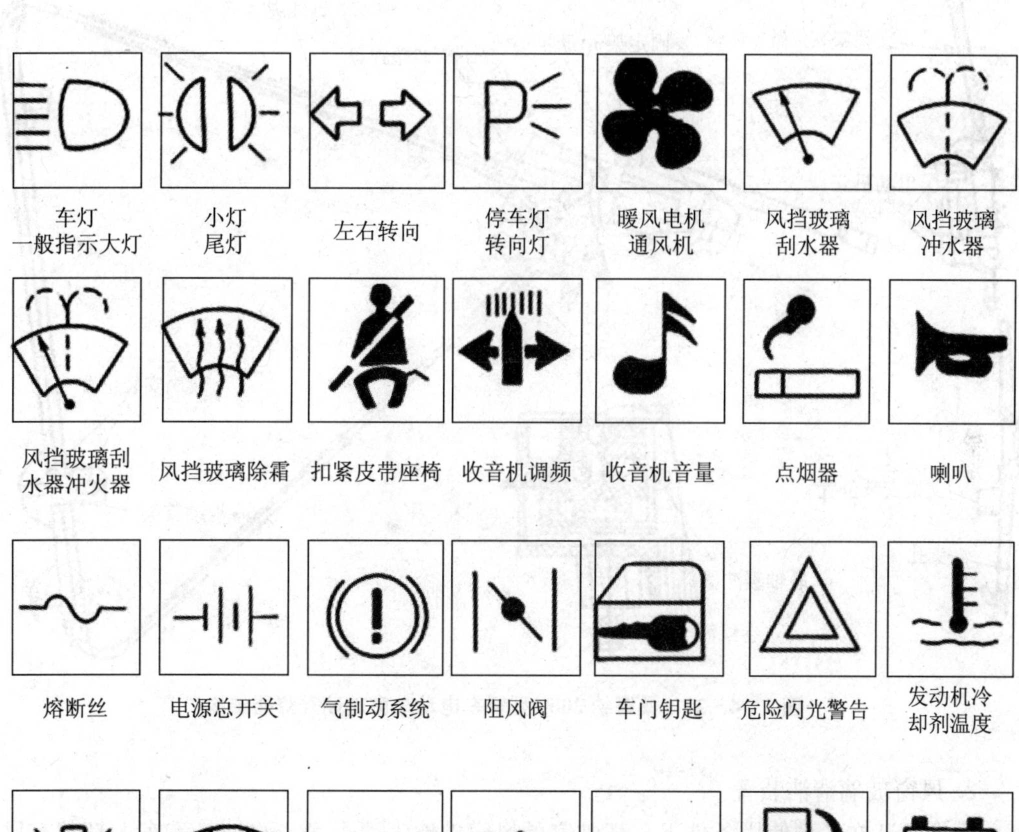

图 1－4－26 仪表上的常用标识

六、辅助电器设备

1. 电动车窗

电动车窗由继电器、总开关（一般设在驾驶席侧门上）、各车窗开关、单手柄自动控制组件、玻璃升降机构、升降电动机和控制组件等组成，主要有蜗轮蜗杆式、齿轮齿扇式和齿轮齿条式等类型。

桑塔纳 2000 型轿车所用的电动车窗玻璃升降器，机械部分主要由蜗轮、蜗杆、绕线轮、钢丝绳、导轨、滑动支架等组成。当电动车窗玻璃升降器中直流永磁电动机电路接通后，转轴输出转矩，经蜗轮蜗杆减速后，再由缓冲联轴器传递到转丝筒，带动转丝筒旋转，使钢丝绳拉动安装在玻璃支架上的滑动支架在导轨中上下运动，达到车窗玻璃升降的目的。

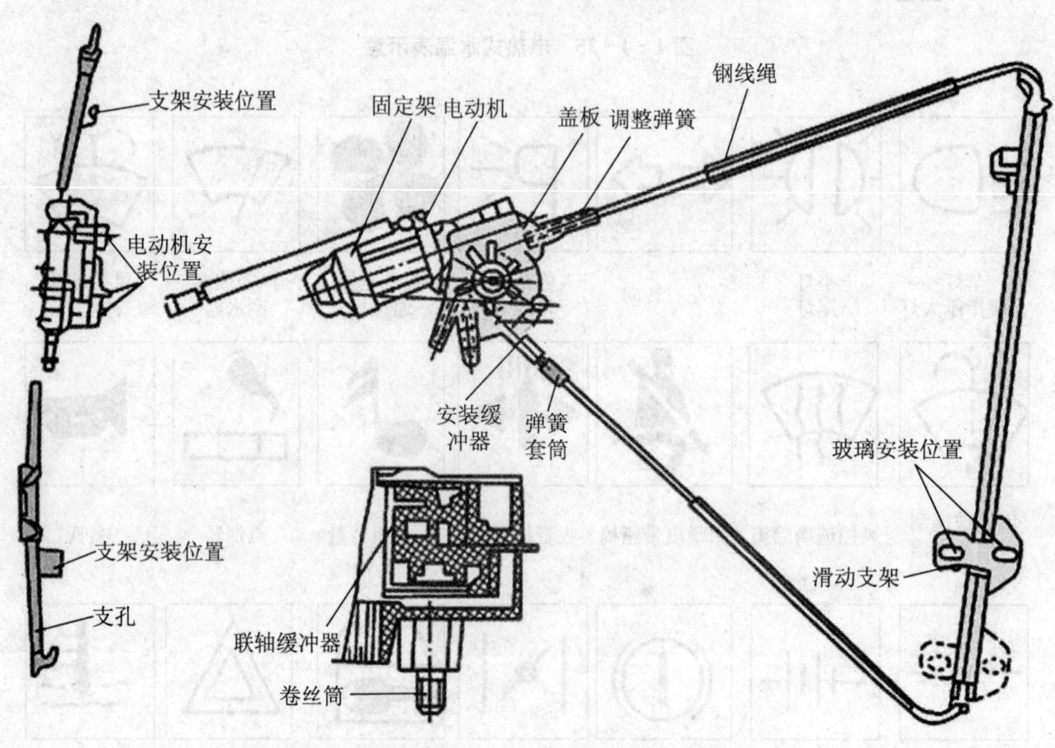

图 1-4-27　桑塔纳 2000 型轿车电动车窗玻璃升降器结构

2. 风窗玻璃清洁装置

为了保证在各种使用条件下，驾驶室的风窗玻璃表面干净、清洁，汽车上都装有风窗玻璃洗涤器和风窗玻璃刮水器，有些汽车还装有风窗玻璃除霜装置。

（1）风窗玻璃洗涤器：将清洁的水或洗涤液喷射到风窗玻璃上，在刮水器的作用下，清除风窗玻璃上的尘土和污物，使驾驶员有良好的视线。主要由洗涤器电动机、洗涤器水泵、储液罐、喷嘴和水管等组成。

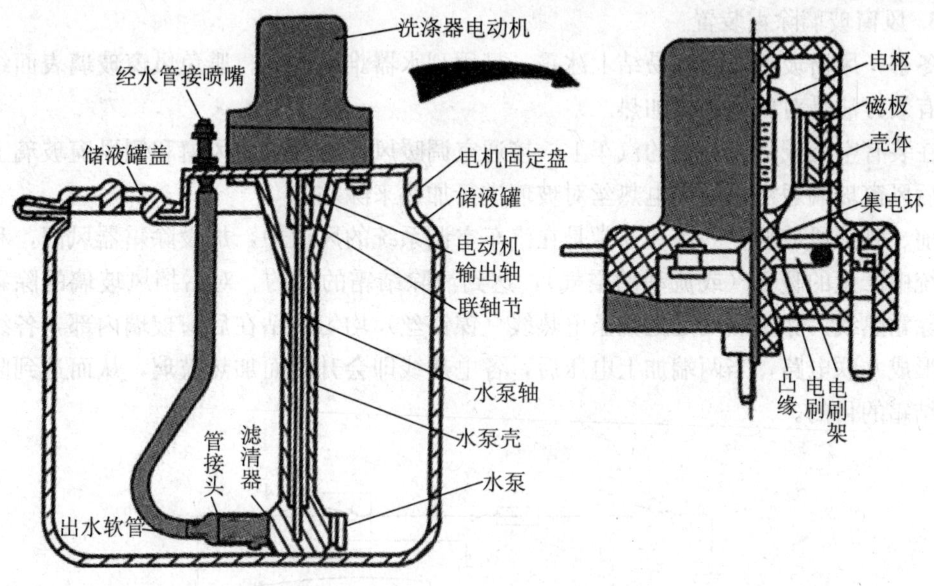

图 1-4-28　风窗洗涤器结构示意

(2) 电动风窗玻璃刮水器：通过联动机构使挡风玻璃表面上的刮水片来回摆动，从而清除挡风玻璃上的雨雪或污物。

轿车风窗刮水器和洗涤器的工作都由刮水器洗涤器组合开关控制，组合开关有 5 个挡位，分别是刮水器高速工作、刮水器低速工作、点动工作、间歇刮水、清洗玻璃。

当洗涤电动机电枢接通电流时，电枢绕组便在永久磁铁产生的磁场中受力旋转。电枢轴转动时，通过联轴节驱动水泵轴和泵转子一同旋转，泵转子便将储液罐内的洗涤液泵入出水软管，并经挡风玻璃前端的喷嘴喷向挡风玻璃。刮水器同步工作，刮水片同时摆动，从而将挡风玻璃上的脏污刮洗干净。

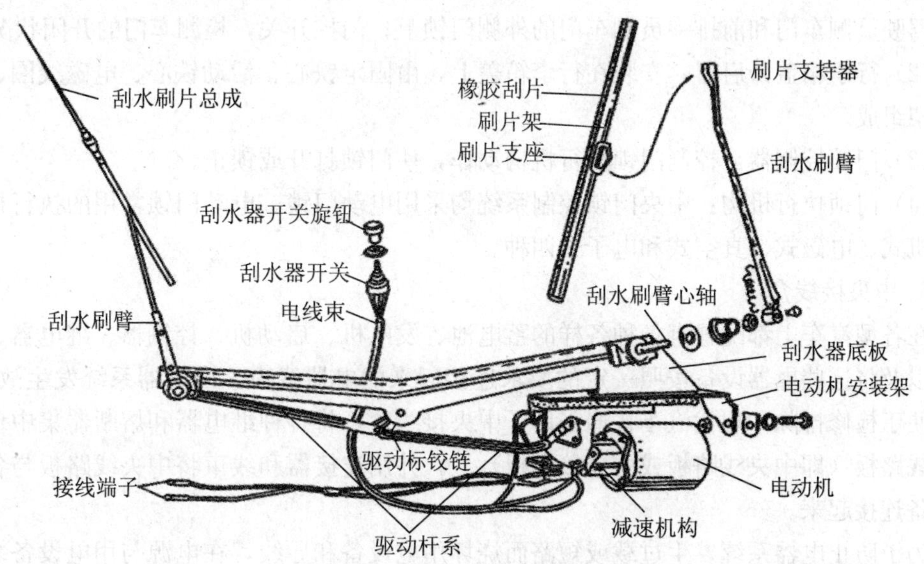

图 1-4-29　电动风窗刮水器

3. 风窗玻璃除霜装置

冬季，风窗玻璃表面容易结上冰霜，且用刮水器难以清除。避免风窗玻璃表面结冰结霜的有效方法是对玻璃进行加热。

在装有空调或暖风装置的汽车上，接通空调暖风可以清除前风窗和侧风窗玻璃上的冰霜，后风窗玻璃通常是利用电热丝对玻璃进行加热来除霜。

前、侧挡风玻璃上的霜层通常是在汽车空调系统的风道中，加设除霜器风门，利用空调系统中产生的暖气（或流动的空气），达到清除结霜的目的。对后挡风玻璃的除霜，常采用除霜热线。除霜热线是把数条电热线（镍铬丝）均匀地粘在后窗玻璃内部，各线两端相接形成并联电路，当两端加上电压后，各电热线即会升温而加热玻璃，从而达到防止或清除结霜的目的。

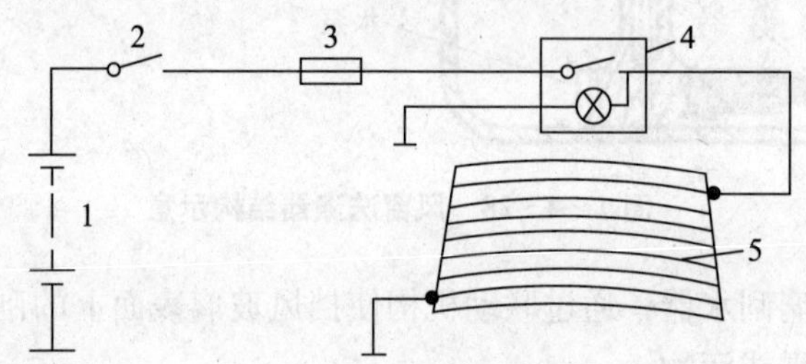

1—蓄电池；2—点火开关；3—熔断丝；4—除霜器开关及指示灯；5—导电膜

图 1-4-30　后窗除霜装置

4. 中央门锁控制系统

中央门锁控制系统由门锁开关、门锁控制器和门锁执行机构组成。

(1) 门锁开关：控制门锁控制器的工作状态，包括中央门锁控制开关，安装在驾驶员侧和前排乘员侧车门内侧扶手上，在车内控制全车车门的锁止与开启；钥匙控制开关，安装在驾驶员侧车门和前排乘员侧车门的外侧门锁上；门控开关，检测车门的开闭状况。

(2) 行李箱盖开启器：安装在行李箱盖上，由固定铁心、活动铁心、电磁线圈、顶杆和支架组成。

(3) 门锁控制器：控制门锁执行机构动作，使门锁打开或锁止。

(4) 门锁执行机构：中央门锁控制系统均采用电动门锁。电动门锁常用的执行机构有电动机式、电磁式、真空式和电子式四种。

5. 中央接线盒

在各型汽车上都配置有各种各样的蓄电池、发电机、启动机、控制器、继电器、熔断器，以及将这些电器设备按照一定的要求连接起来的电器线束。当电器系统发生故障时，为了便于检修排除，现代汽车普遍采用了中央接线盒，将各种继电器和熔断器集中设装在一块线路板（即中央线路板或中央接线板）上，并用连接器和线束将中央线路板与各种电器设备连接起来。

为了防止电器系统发生过载或短路而烧坏用电设备和导线，在电源与用电设备之间串联有保险装置。现代汽车广泛采用的保险装置有熔断器和易熔线两种。

熔断器：由熔断丝（或片）与壳体组成。熔断丝（或片）由铅锡合金制成，壳体由玻璃管或塑料片制成。

易熔线：一种能够长时间通过较大电流的合金导线。主要用于保护电源电路和电流较大的电路。

七、车身电控系统

随着新兴技术的不断发展，尤其是计算机技术、电子控制技术、人工智能及网络通信技术在汽车工业的广泛应用，为汽车的电子化发展创造了必要的条件。电子技术在汽车上的广泛应用，是当今汽车工业发展的重要标志之一。

纵观近几年汽车电子控制技术的发展，可以看出发生变化最大的是车身电器部分。包括汽车监测显示系统、车轮制动与防滑驱动控制系统、舒适与安全系统、行驶控制系统等。

1. 空气悬挂

主要由控制电脑、空气泵、储压罐、气动前后减震器和空气分配器等部件。主要用途是控制车身的水平运动，调节车身的水平高度以及调节减震器的软硬程度。

工作原理：装备空气式可调悬挂的车型前轮和后轮的附近都设有离地距离传感器，按离地距离传感器的输出信号，行车电脑会判断出车身高度变化，再控制空气压缩机和排气阀门，使弹簧自动压缩或伸长，从而降低或升高底盘离地间隙，以增加高速车身稳定性或复杂路况的通过性。

图 1-4-31　空气悬挂

2. 自动泊车入位

指一套只需将自动挡切换至 P 挡，其他操作都由汽车自动完成的系统。不同的自动泊车系统采用不同的方法来检测汽车周围的物体。有些在汽车前后保险杠四周装有感应器，既可以充当发送器，也可以充当接收器。感应器发送信号，当信号碰到车身周边的障碍物时会反射回来。然后，车上的计算机会利用其接收信号所需的时间来确定障碍物的位置。其他系统使用安装在保险杠上的摄像头或雷达来检测障碍物。汽车会检测到已停好的车辆、停车位的大小以及与路边的距离，然后将车子驶入停车位。

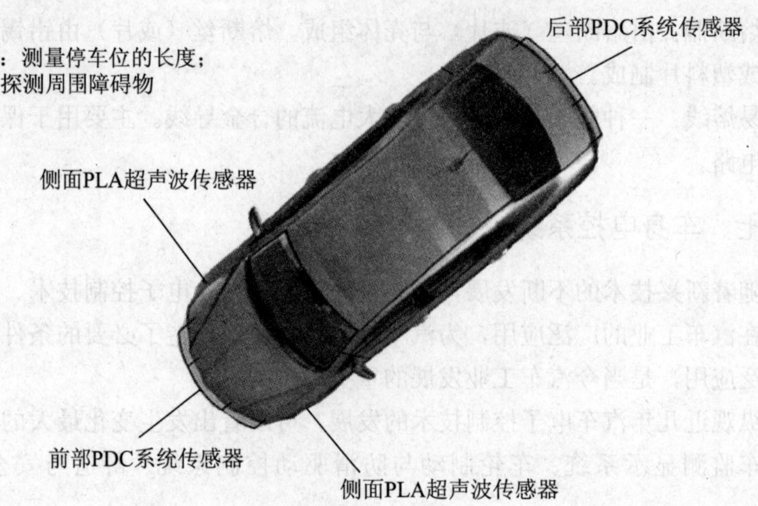

图 1－4－32　途观车自动泊车系统

3. 夜视辅助系统

夜视系统可帮助呈现夜间的道路情况，目的是在传统大灯光程照射到之前就能探测到障碍物。目前汽车夜视系统主要使用的是热成像技术，也被称为红外线成像技术。

夜视系统能收集一定范围内物体的温度信息，然后转变成可视的图像，把本来在夜间看不清的物体清楚的呈现在眼前，增加夜间行车的安全性。车载夜视系统给驾驶者带来了极大的安全感。实验表明，一般汽车只能照射 100m 左右，而夜视系统至少可看到 450m 以外的路况信息，耗电量只有前照灯的四分之一。另外，即使打开汽车前灯也不影响图像的显示，迎面驶来汽车的强光也不会使夜视系统致盲。此外，夜视系统是全天候的电子眼，在雨雪、浓雾天气公路上的物体及路旁的一切也都能尽收眼底，大大提高汽车行驶的安全性。

夜视系统由夜视系统控制单元、夜视系统摄像头、仪表板上的 8 英寸显示屏、左红外线灯、右红外线灯、夜视系统按钮。按下夜视系统按钮后，车前道路由两盏红外线灯照明。安装在风挡玻璃上的摄像头拍下图像，经过处理后提供给仪表盘显示屏。

4. 智能钥匙系统

一种非接触式的钥匙识别系统，采用无线射频识别技术，通过智能卡里的芯片感应自动开关门锁。一般装备有智能钥匙进入系统的车辆，其车门把手上有感应按钮，同时也有钥匙孔（确保智能卡损坏或没电时，仍可用普通方式开启车门）。当驾驶员进入车内时，车内的检测系统会马上识别本车智能卡，经过确认后车内的电脑才会进入工作状态，这时按动车内的启动按钮（或者是旋钮），就可以正常启动车辆。离开车辆时，门锁会自动锁上并进入防盗状态。智能钥匙系统除了方便之外，对车辆的防盗、安全性也有了很大帮助。

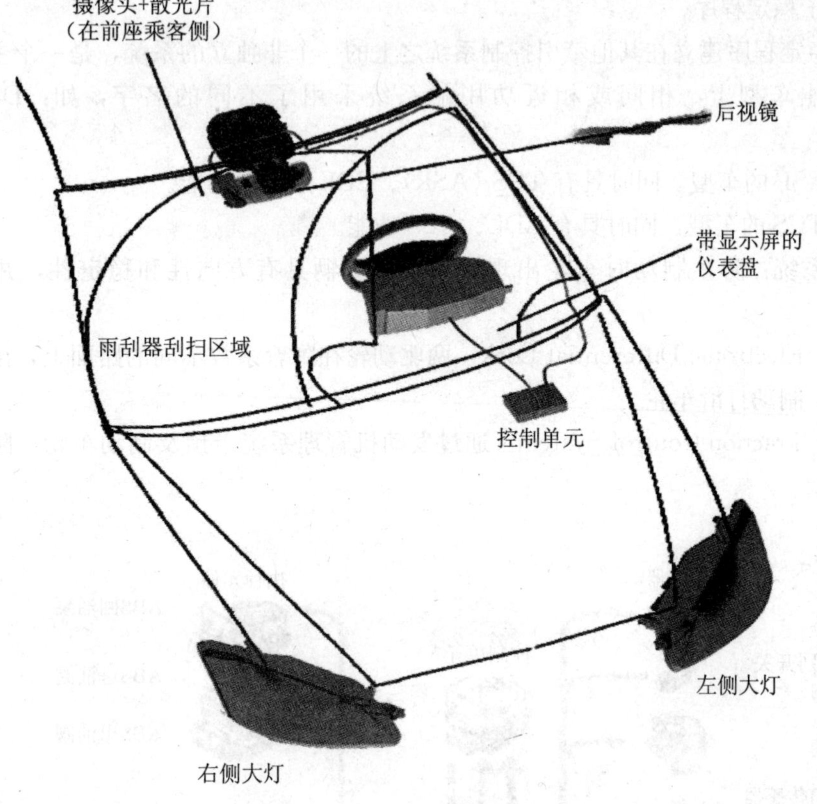

图 1-4-33 夜视系统位置示意

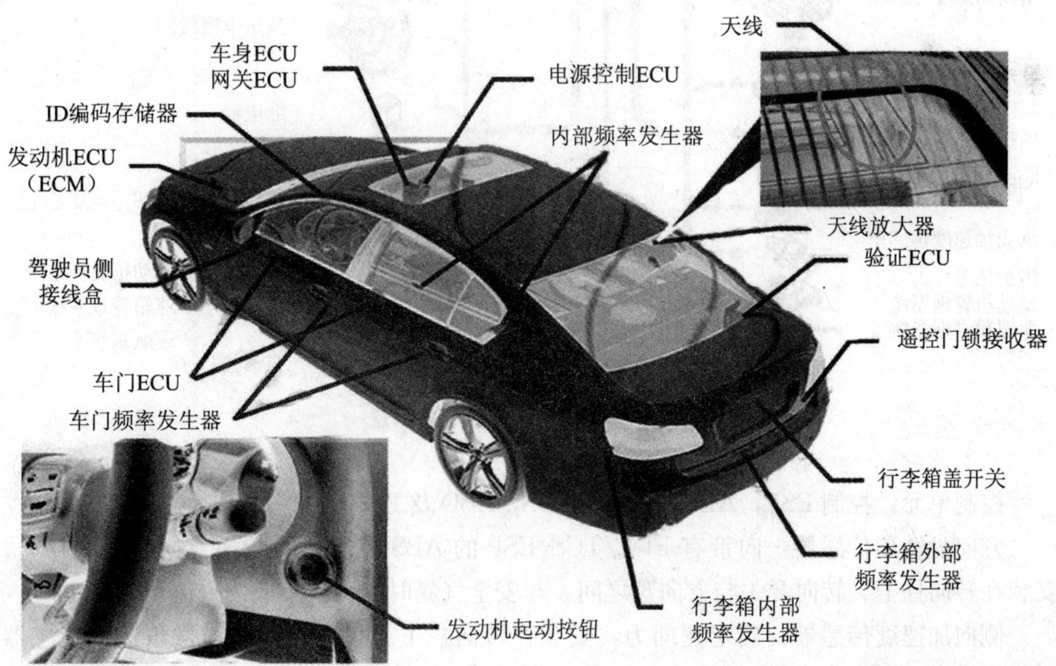

图 1-4-34 智能钥匙系统主要组成部件位置示意

5. 电子稳定程序

电子稳定程序建立在其他牵引控制系统之上的一个非独立的系统，是一个主动安全系统。在其他车型上，相同或相近功用的系统采用了不同的名字，如：DSC，VSC，VSA等。

装备ESP的车型，同时具有TCS（ASR）、EDL、ABS功能。

装备TCS的车型，同时具有EDL、ABS功能。

ABS系统：防止制动时车轮出现抱死，使车辆具有方向性和稳定性，并缩短制动距离。

EDL—Electronic Differential Lock：两驱动轮在附着系数不同的路面上，出现单侧车轮打滑时，制动打滑车轮。

TCS—Traction Control System：通过发动机管理系统干预及制动车轮，防止驱动轮打滑。

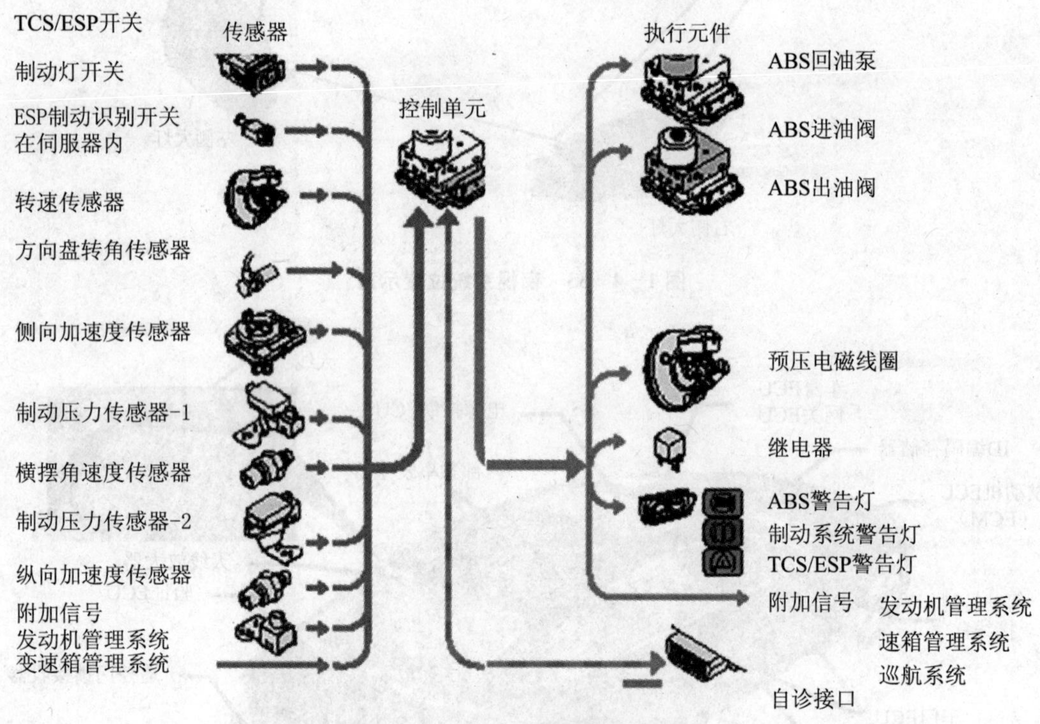

图1-4-35　ESP系统组成示意

控制单元：控制ESP，ABS，EDL，TCS，EBD及EBC。

方向盘转角传感器：向带有EDL/TCS/ESP的ABS控制单元传递方向盘转角信号。安装在转向柱上，转向开关与方向盘之间，与安全气囊时钟弹簧集成为一体。

侧向加速度传感器：确定侧向力，安装在转向柱下方偏右侧，与横摆角速度传感器一体。

横摆角速度传感器：感知作用在车辆上的扭矩，识别车辆围绕垂直于地面轴线方向的

旋转运动。安装在转向柱下方偏右侧，与侧向加速度传感器一体。

纵向加速度传感器：只在四驱车上安装此传感器。对于单轴驱动车辆，系统通过计算制动压力、车轮转速信号以及发动机管理系统信息，得出纵向加速度。

TCS/ESP 开关：按此开关可关闭 ESP/TCS 功能，并由仪表上的警告灯指示出来。再次按压此开关可重新激活 TCS/ESP 功能。此开关安装在仪表板上。

制动压力传感器：为最大限度地保证安全，有些系统采用了 2 个传感器。安装在主缸上。

制动伺服器：带有 ESP 功能伺服器不同于传统的制动助力器。在紧急情况下（急踩制动踏板），可实现快速升压，助力器在无制动踏板触动时，无助力，靠控制单元内的液压泵建立预压力。

液压单元：液压单元有两条对角线制动回路。和 ABS 控制单元比较，每条制动回路上多了 2 个控制电磁阀。回油泵可自动排气。

6. 电动式电控动力转向系统

EPS 是英文 Electric Power Steering 的缩写，电动助力转向系统是汽车转向系统的发展方向。该系统由电动助力机直接提供转向助力，省去了液压动力转向系统所必需的动力转向油泵、软管、液压油、传送带和装于发动机上的皮带轮，既节省能量，又保护环境。另外，还具有调整简单、装配灵活以及在多种状况下都能提供转向助力的特点。由机械转向器、电动机、离合器、控制装置、转矩传感器和车速传感器组成。EPS 系统使用的机械部件与普通动力转向系统使用的部件基本相同。操纵转向盘时扭矩传感器根据输入力的大小产生相应电压信号，由此检测出操纵力大小，同时根据车速传感器产生的脉冲信号又可测出车速，再由微电脑控制装置控制电动机电流，形成适当转向助力。

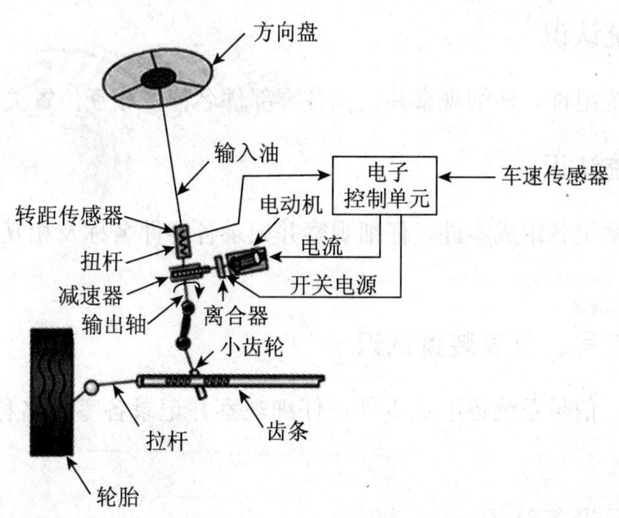

图 1-4-36　EPS 系统组成示意

7. 自适应巡航系统

自适应巡航也可称为主动巡航，自适应巡航类似于传统的巡航控制，包括雷达传感器、数字信号处理器和控制模块。司机设定车速，系统利用低功率雷达或红外线光束得到前车的确切位置，如果发现前车减速或监测到新目标，系统就会发送执行信号给发动机或制动系统来降低车速使车辆和前车保持安全的行驶距离。当前方道路无车时又会加速恢复到设定的车速，雷达系统会自动监测下一个目标。

基本的ACC系统包括：传感器单元，用于感知本车状态及行车环境等信息；ACC控制器：系统的核心单元，用于对行车信息进行处理，确定车辆的控制命令；执行机构：主要由制动踏板、加速踏板及车辆传动系控制执行器等组成，用于实现车辆加、减速；人机界面，用于驾驶员设定系统参数及系统状态的显示等。

8. 刹车辅助系统

刹车辅助系统包括电子制动辅助系统“EBA”和制动力辅助系统“BA”（也称为“BAS”），指能够通过判断驾驶者的刹车动作（力量及速度），在紧急制动时增加刹车力度，从而将制动距离缩短。

BAS为EBA电子紧急制动辅助装置的前身，主要由车速传感器（测速雷达）、轮速传感器、控制装置（电脑）和执行机构、制动踏板行程传感器和制动压力传感器组成。

EBA：由踏板处位移传感器、压力传感器、主缸压力传感器、转速传感器、制动灯信号和ECU等组成。

【任务实施】

一、电源系统认识

就车查找电源系统组件，仔细观察并记录各零部件名称及相互位置关系，画出示意图。

二、启动系统认识

就车查启动系统组件，仔细观察并记录各零部件名称及相互位置关系，画出示意图。

三、点火系统认识

就车查找点火系统各组成零件，仔细观察并记录各零件名称及相互位置关系，画出示意图。

四、照明、信号、仪表装置认识

就车查找照明、信号系统各组成零件，仔细观察并记录各零件名称及相互位置关系，画出示意图。

五、辅助电器设备认识

1. 电动车窗

就车查找电动车窗各组件，仔细观察并记录各零部件名称及相互位置关系，画出示意图。

2. 风窗玻璃清洁装置

就车查找风窗玻璃清洁装置各组件，仔细观察并记录各零部件名称及相互位置关系，画出示意图。

3. 风窗玻璃除霜装置

就车查找风窗玻璃除霜装置各组件，仔细观察并记录各零部件名称及相互位置关系，画出示意图。

4. 中央门锁控制系统

就车查找中央门锁控制系统各组件，仔细观察并记录各零部件名称及相互位置关系，画出示意图。

【任务总结】

首先，查阅汽车备件手册，检查对电源系统，启动系统，点火系统，照明、信号、仪表装置、辅助电器设备各组成零部件的就车认识情况；其次，检查汽车电气系统主要配件认识任务完成情况。

检验内容	检验指标	检验总结
汽车电气系统认识	核对汽车备件手册，检查对电源系统，启动系统，点火系统，照明、信号、仪表装置、辅助电器设备各组成零部件的名称识别是否正确	
检查任务完成情况	1. 能说明汽车电气系统各组成零部件和功用及相互位置关系 2. 以小组为单位，认识汽车电气系统	

模块二　汽车配件编号及编号规则

汽车配件的制造厂编号代表汽车配件的型号、品种和规格等，对于配件的采购和管理十分重要。我国进口（或引进车型）汽车品牌繁多，在工业发达国家，各汽车制造厂的零件编号并无统一规定，由各厂自行编制，其配件编号规则各不相同。汽车零部件遵循互换性原则，不仅能显著提高劳动生产率，而且能有效保证产品质量和降低成本。所以，互换性是汽车配件在制造中的重要生产原则与有效技术措施。随着汽车配件管理的智能化，大部分汽车配件检索的工具都是通过电子零件目录来进行查询的，这种查询的方式信息承载量大、查询简单、更新方便。

任务一　国产汽车配件的编号规则

【任务描述】

通过对国产汽车零部件编号规则和国产汽车标准件的编号规则的系统学习，熟练掌握汽车的编号规则，便于汽车销售企业更好地管理和推介汽车配件。

【任务目标】

1. 掌握汽车配件的分类。
2. 熟练掌握国产汽车零部件和标准件的编号规则。

【任务准备】

汽车维修企业和汽车配件经营企业，通常将汽车零部件、汽车标准件和汽车材料三种类型的产品统称为汽车配件，具体如表 2-1-1 所示。

表 2-1-1　　汽车配件的分类

分　类	组　成	说　明	代表零件
汽车零部件	零件	汽车的基本制造单元，不可拆卸	活塞、活塞销、气门、气门导管
	合件	两个以上的零件组装，起着单一零件作用的组合体	带盖的连杆、成对的轴瓦、带气门导管的缸盖
	组合件	由几个零件组装，但不能单独完成某一机构作用的组合体，也称为“半总成”件	离合器压板及盖、变速器盖

续　表

分　类	组　成	说　明	代表零件
汽车零部件	总成件	由若干零件、合件、组合件装成一体，能单独起着某一机构作用的组合体	发动机总成、离合器总成、变速器总成
	车身覆盖件	由板材冲压、焊接成形，并覆盖汽车车身的零件	散热器罩、叶子板
汽车标准件	按国家标准设计与制造，对同一种零件统一其形状、尺寸、公差、技术要求，能通用在各种仪器、设备上，并具有互换性的零件		螺栓、垫圈、键、销
汽车材料	汽车的运行材料		各种油料、溶液、汽车轮胎、蓄电池、标准轴承（非专用）

汽车零部件一般都编入各车型汽车配件目录，并标有统一规定的零部件编号。汽车材料大多是非汽车行业生产而由汽车使用的产品，一般不编入各车型汽车配件目录，所以也将其称为汽车的横向产品。熟悉汽车的编号规则，便于汽车销售企业更好地管理和推介汽车配件。

一、国产汽车零部件编号规则

在我国，汽车零部件编号按中国汽车工业协会于2002年03月12日发布，2004年08月01日开始实施的《汽车产品零部件编号规则》统一编制。

1. 汽车零部件编号表达式

汽车零部件编号由企业名称代号、组号、分组号、件号、结构区分号、变更经历代号（修理代号）组成。

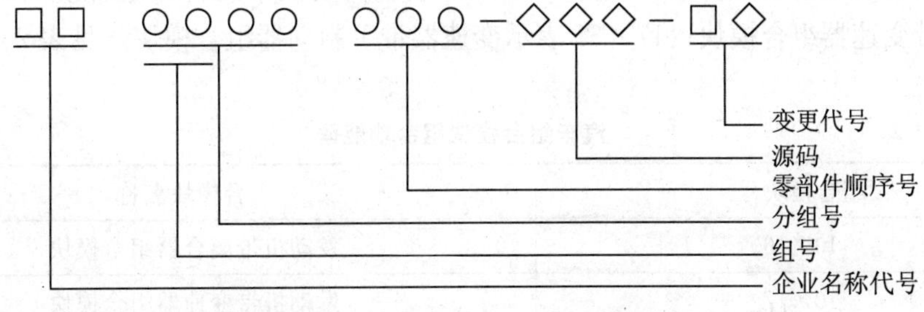

图2-1-1　汽车零部件编号方式之一

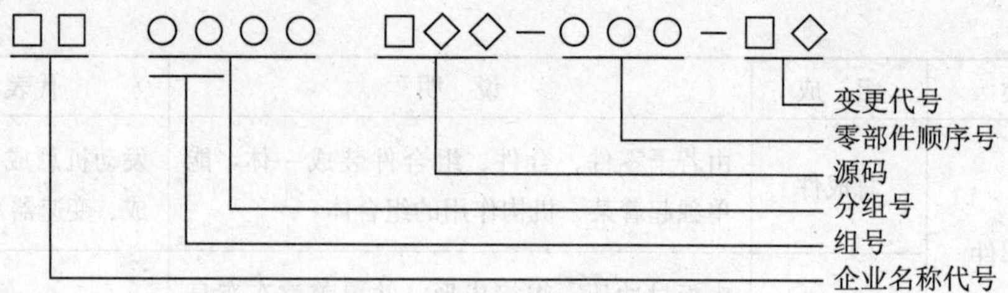

图 2-1-2　汽车零部件编号方式之二

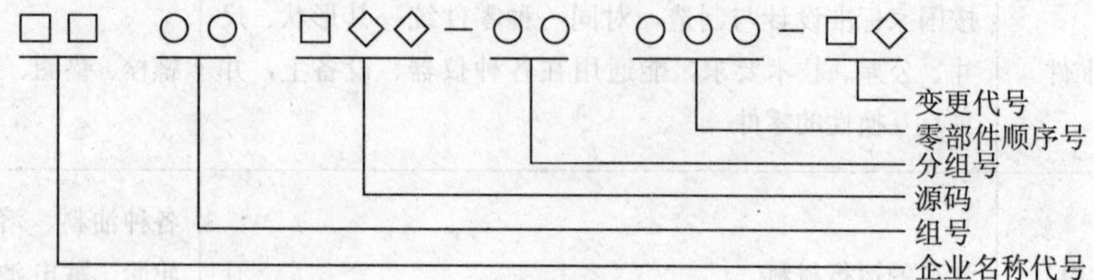

图 2-1-3　汽车零部件编号方式之三

注：□表示字母，○表示数字，◇表示字母和数字

2. 汽车组合模块编号

汽车组合模块编号表达式如图 2-1-4 所示。

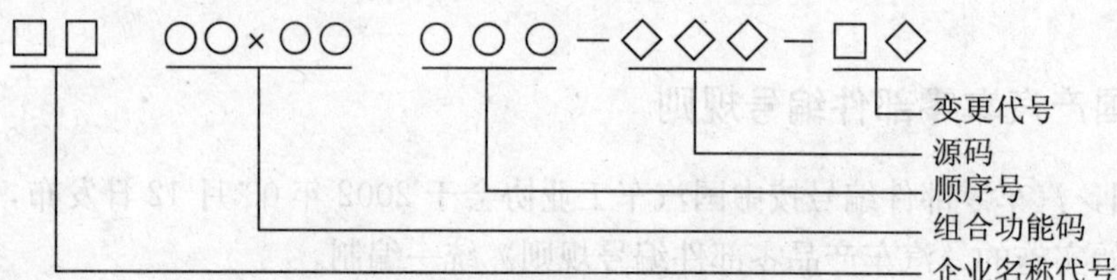

图 2-1-4　汽车组合模块编号表达式

汽车组合模块组合功能码由组号合成，前两位组号描述模块的主要功能特征，后两位组号描述模块的辅助功能特征。例如：10×16 表示发动机带离合器组合模块；10×17 表示发动机带变速器组合模块；17×35 表示变速器带手制动器组合模块。见表 2-1-2。

表 2-1-2　　汽车组合模块组合功能码

组合模块号	组合模块名称
10×16	发动机带离合器组合模块
10×17	发动机带变速器组合模块
17×35	变速器手制动器组合模块
18×35	分动器带手制动器组合模块
50×38	驾驶室带仪表盘组合模块

二、国产汽车零部件编号规则的说明

1. 标准的主题内容及适用范围

标准规定了各类汽车、半挂车的总成和装置及零件号编制的基本规则和方法。适用于各类汽车和半挂车的零件、总成和装置的编号。不适用于专用汽车和专用半挂车的专用装置部分的零件、总成和装置的编号及汽车标准件和轴承的编号。

2. 标准用术语

（1）企业名称代号

当汽车零部件图样使用涉及知识产权或产品研发过程中需要标注企业名称代号时，可在最前面标注经有关部门批准的企业名称代号。一般企业内部使用时，允许省略。企业名称代号由 2 或 3 位英文字母表示。

（2）组号

用 2 位数字表示汽车各功能系统分类代号，按顺序排列。

（3）分组号

用 4 位数字表示总成和总成装置图的分类代号。前 2 位数字代表隶属的组号，用来表示汽车各功能系统内分系统的分类代号。后 2 位数字代表它在该组内的顺序号。国产汽车产品零部件编号共有 58 个组号、638 个分组号。如发动机零部件的组号为 10，共有 22 个分组，即从 1000～1022。

（4）源码

源码用 3 位字母、数字或字母与数字混合表示，由企业自定。描述设计来源指设计管理部门或设计系列代码，由 3 位数字组成。描述车型中的构成指车型代号或车型系列代号，由 3 位字母与数字混合组成。描述产品系列指大总成系列代号，由 3 位字母组成。

（5）零部件顺序号

用 3 位数字表示功能系统内总成、分总成、子总成、单元体、零件等顺序代号，零部件顺序号表述应符合下列规则，总成的第三位应为零；零件第三位不得为零；3 位数字为 001～009，表示功能图、供应商图、装置图、原理图、布置图、系统图等，为了技术、制造和管理的需要而编制的产品号和管理号；对称零件其上、前、左件应先编号为奇数，下、后、右件后编号为偶数；共用图（包括表格图）的零部件顺序号一般应连续。

（6）变更代号（或修理件代号）

变更代号指用一个字母和一位数字表示零件、总成和总成装置图更改过程的代号，由企业自定。变更代号为 2 位，可由字母、数字或字母与数字混合组成。当零件或总成变化较大，但首次更改不影响互换的用 A1 表示，依次用 A2，A3，…当零件或总成首次更改影响互换时，则用 B1 表示；若再次更改影响互换，则依次用 C，D，…表示。

修理件代号指在标准尺寸的基础上尺寸加大或减小的修理件，按其尺寸加大或减小顺序进行编号。其代号用 2 个英文字母表示，前一个字母表示修理件尺寸组别，后一个字母为修理件代号，用“X”表示。如某一修理件有 3 组尺寸时，其代号为“BX”、“CX”、“DX”。当该组修理件标准尺寸进行更改影响互换时，应相应更改尺寸组别代号，其字母根据更改前所用的最后字母依次向后排列。如更改影响互换时，标准尺寸的更改经历代号为“E”，则相应修理件代号为“FX”、“GX”、“HX”。

（7）代替图零部件编号

对零件变化差别不大，或总成通过增加或减少某些零部件构成新的零件和总成后，不影响其分类和功能的情况下，其编号一般在原编号的基础上改变其源码。

3. 汽车零部件编号中组号和分组号的编制

国产汽车产品零部件编号共有64个组号、1026个分组号。

表2-1-3　　国产汽车零部件组号及分组号编制图

组　号	分组号	名　称	分组号	名　称
		发动机		
10	1000	发动机总成	1001	发动机悬置
	1002	汽缸体	1003	汽缸盖
	1004	活塞与连杆	1005	曲轴与飞轮
	1006	凸轮轴	1007	配气机构
	1008	进排气歧管	1009	油底壳及润滑组件
	1010	机油收集器	1011	机油泵
	1012	机油粗滤器	1013	机油散热器
	1014	曲轴箱通风装置	1015	发动机启动辅助装置
	1016	分电器传动装置	1017	机油细滤器
	1018	机油箱及油管	1019	减压器
	1020	减压器操纵机构	1021	正时齿轮机构
	1022	曲轴平衡装置	1023	发动机标牌
	1024	发动机吊钩	1025	皮带轮与张紧轮
	1026	发动机电控单元执行装置	1030	发动机工况诊断装备
11	1100	供给装置	1101	燃油箱
	1102	副燃油盖	1103	燃油箱盖
	1104	燃油管路及连接件	1105	燃油粗滤器
	1106	输油泵	1107	化油器
	1108	油门操纵机构	1109	空气滤清器
	1110	调速器	1111	燃油喷射泵
	1112	喷油器	1115	发动机断油机构
	1116	燃油电磁阀	1117	燃油细滤器
	1118	增压器	1119	中冷器
	1120	燃油压力脉动衰减器	1121	燃油分配器

续 表

组　号	分组号	名　称	分组号	名　称
11	1122	燃油喷射泵传动装置	1123	电控喷射燃油泵
	1124	电控喷射喷油器	1125	油水分离器
	1126	冒烟限制器	1127	自动提前器
	1128	高压燃油管路	1129	燃油喷射管路
	1130	燃油蒸发物排放控制系统	1131	燃油压力调节器
	1132	进气系统	1133	释压阀
	1134	怠速控制阀	1136	燃气供给系装置
	1140	储气瓶	1141	燃气管路
	1142	蒸发器	1143	过滤器
	1144	混合器	1145	燃气空燃比调节阀
	1146	燃气压力调节器	1147	气体流量阀
	1148	气体喷射器	1149	充气口总成
	1150	充气（出气）三通总成	1151	燃气减压阀
	1152	燃气安全装置	1153	燃料选择开关
	1154	空气预滤器	1156	供给系电控单元执行装置
12	排气系			
	1200	排气系装置	1201	消声器
	1202	谐振器	1203	消声器进排气管
	1204	消声器隔热板	1205	排气净化装置（催化转化）
	1206	二次空气供给系统	1207	排气再循环系统（EGR）
	1208	隔热板	1209	尾管
13	冷却系			
	1300	冷却系装置	1301	散热器
	1302	散热器悬置	1303	散热器软管与连接管
	1304	散热器盖	1305	放水开关
	1306	调温器	1307	水泵
	1308	风扇	1309	风扇护风罩
	1310	散热器百叶窗	1311	膨胀箱
	1312	水式热交换器	1313	风扇离合器
	1314	冷却系电控单元执行装置		
15	自动液力变速器			
	1500	自动液力变速器总成	1501	液力变矩器

续 表

组 号	分组号	名 称	分组号	名 称
15	1502	自动变速器总成	1503	冷却器
	1504	自动液力变速器操纵机构	1505	液力变速器电控单元执行装置
	1506	液力耦合器	1507	锁止离合器
	1508	单向离合器		
16	离合器			
	1600	离合器总成	1601	离合器
	1602	离合器操纵机构	1603	液力耦合器
	1604	离合器助力器	1605	储液罐
	1606	离合器取力器	1607	离合器操纵管路
	1608	离合器总泵	1609	离合器分泵
17	变速器			
	1700	变速器总成	1701	变速器
	1702	变速器换挡机构	1703	变速器换挡操纵装置
	1704	变速器油泵	1705	启动机构
	1706	变速器悬置	1707	AMT 电控单元执行装置
	1708	同步器	1709	油压调节器
	1710	油压开关总成	1711	润滑油滤清器
	1712	冷却器	1720	副变速器总成
	1721	副变速器	1722	副变速器操纵机构
18	分动器			
	1800	分动器总成	1801	分动器悬置
	1802	分动器	1803	分动器换挡机构
	1804	分动器操纵装置	1805	分动器选择开关
	1806	换挡汽缸总成	1807	分动器电控单元执行装置
20	超速器			
	2000	超速器总成	2001	超速器
	2002	超速器连轴器	2003	超速器结合器
	2004	超速器操纵机构		
21	电动汽车驱动系统			
	2100	电动汽车驱动装置	2101	电池组
	2102	主开关	2103	驱动电动机
	2104	驱动控制系统	2105	电缆及连接器

续　表

组　号	分组号	名　称	分组号	名　称
21	2106	断路器	2107	充电器
	2108	车辆控制器	2109	接线盒
	2110	变压器	2111	传感器
	2120	燃料电池	2121	耦合器
	2122	逆变器	2123	AC/DC 变换器
	2124	电池过热报警装置	2126	插头
	2127	冷却系装置	2128	电机过速报警装置
	2129	电机过热报警装置	2131	电机过电流报警装置
	2132	整流器	2133	漏电报警装置
	2134	接触器	2136	运行显示装置
	2137	电制动显示装置	2138	故障诊断装置
	2139	变流器	2141	锁止机构
	2142	电机控制器	2143	继电调整器与变向器
	2144	联轴节	2146	变速系统
	2147	传动系统	2148	制动系统
	2149	动力单元	2151	驱动单元
22	传动轴			
	2200	传动轴装置	2201	后桥传动轴
	2202	中间传动轴	2203	前桥传动轴
	2204	后桥第一中间传动轴	2205	中桥传动轴
	2206	中桥中间传动轴	2207	后桥第二中间传动轴
	2208	前桥第一中间传动轴	2209	前桥第二中间传动轴
	2210	后桥第三中间传动轴	2211	中桥第二中间传动轴
	2212	传动轴保护架	2241	传动轴中间支承
23	前桥			
	2300	前桥总成	2301	前桥壳及半轴套管
	2302	前桥主减速器	2303	前桥差速器及半轴
	2304	转向节	2305	前桥轮边减速器
	2306	前桥差速锁	2307	前桥差速锁操纵机构
	2308	变速驱动桥	2309	前桥变速操纵机构
	2310	前桥轴头离合器	2311	前桥限位带

续 表

组 号	分组号	名 称	分组号	名 称
			后桥	
24	2400	后桥总成	2401	后桥壳及半轴套管
	2402	后桥主减速器	2403	后桥差速器及半轴
	2404	转向节	2405	后桥轮边减速器
	2406	后桥差速器	2407	后桥差速锁操纵机构
	2408	变速驱动桥	2409	后桥变速操纵机构
			中桥	
25	2500	中桥总成	2501	中桥壳及半轴套管
	2502	中桥主减速器	2503	中桥差速器及半轴
	2505	中桥轮边减速器	2506	中桥差速锁
	2507	中桥差速锁操纵机构	2510	轴间差速器
	2511	轴间差速锁	2512	轴间差速锁操纵机构
	2513	中桥润滑油泵		
			支承连接装置	
27	2700	支承连接装置	2701	挂车台架
	2702	牵引装置	2703	连接机构
	2704	挂车转向装置	2705	转向装置的止位机构
	2706	挂车台架转向装置	2707	牵引连接装置
	2720	挂车支承装置总成	2721	挂车支承装置
	2722	挂车支承装置的轴及滚轮	2723	支承装置升降机构
	2724	支承装置升降驱动机构	2725	支承装置升降驱动机构操纵装置
	2728	挂车自动连接机构	2730	鞍式牵引座
	2731	铰接车转盘装置	2740	辅助支承装置总成
	2741	辅助支承装置		
			车架	
28	2800	车架总成	2801	车架
	2802	发动机挡泥板	2803	前保险杠
	2804	后保险杠	2805	牵引装置
	2806	前拖钩（拖拽装置）	2807	前牌照架
	2808	后牌照架	2809	防护栏
	2810	副车架总成		

续　表

组　号	分组号	名　称	分组号	名　称
29	汽车悬架			
	2900	汽车悬架装置	2901	前悬架总成
	2902	前钢板弹簧	2903	前副钢板弹簧
	2904	前悬架支柱及臂	2905	前减震器
	2906	前悬架横向稳定装置	2908	调平控制系统
	2909	前推力杆	2911	后悬架总成
	2912	后钢板弹簧	2913	后副钢板弹簧
	2914	后独立悬架控制臂	2915	后减震器
	2916	后悬架横向稳定装置	2917	侧向稳定后拉杆
	2918	平衡悬架	2919	后悬架反作用杆
	2920	限位器	2921	附加桥钢板弹簧
	2922	附加桥附加弹簧	2923	附加桥减震器
	2924	附加桥横向稳定器	2925	前横臂独立悬架系统
	2926	后横臂独立悬架系统	2930	前空气悬架
	2935	后空气悬架	2940	第二前悬架总成
	2941	第二前悬架钢板弹簧	2942	第二前悬架减震器
	2945	悬架电控单元执行装置	2950	空气悬架电控单元执行装置
	2955	液压悬架电控单元执行装置	2960	油气悬架
	2965	限位拉索		
30	前轴			
	3000	前轴总成	3001	前轴及转向节
	3003	转向拉杆	3010	第二前轴总成
	3011	第二前轴及转向节		
31	车轮及轮毂			
	3100	车轮及轮毂装置	3101	车轮
	3102	车轮罩	3103	前轮毂
	3104	后轮毂	3105	备轮架及升降机构
	3106	轮胎	3107	备轮举升缸总成
	3109	各轮举升手压泵	3112	连接法兰
	3113	轮辋	3117	附加轴轮毂
32	附加桥（附加轴）			
	3200	附加桥总成	3201	摆臂轴及摆臂

续 表

组 号	分组号	名 称	分组号	名 称
32	3202	附加桥举升机构	3203	举升机构管路系统
		后轴		
33	3300	后轴总成	3301	后轴及转向节
	3303	转向拉杆		
		转向系统		
34	3400	转向装置	3401	转向器
	3402	转向盘及调整机构	3403	转向器支架
	3404	转向轴及万向节	3405	转向操纵阀
	3406	动力转向管路	3407	动力转向油泵
	3408	动力转向油罐	3409	动力转向助力缸
	3411	整体动力转向器	3412	转向附件
	3413	紧急制动转向装置	3415	转向转换装置
	3417	助力转向控制滑阀	3418	电子助力转向执行装置
		制动系		
35	3500	制动系装置	3501	前制动器及制动鼓
	3502	后制动器及制动鼓	3504	制动踏板及传动装置
	3505	制动总泵	3506	制动管路
	3507	驻车制动器	3508	驻车制动操纵装置
	3509	空气压缩机	3510	气压或真空增力机构
	3511	油水分离器	3512	压力调节器
	3513	储气筒及支架	3514	气制动阀
	3515	保险装置	3516	快放阀
	3517	紧急制动阀	3518	加速阀（继动阀）
	3519	制动气室	3520	气制动分离开关
	3521	气制动管接头	3522	挂车制动阀
	3523	感载阀	3524	缓速器
	3525	制动压力调节阀	3526	手制动阀
	3527	辅助制动装置一	3529	防冻泵
	3530	弹簧制动气室	3533	双路阀
	3534	压力保护阀	3540	真空助力器带制动泵总成
	3541	真空泵	3548	发动机进气制动
	3549	发动机排气制动	3550	ABS 防抱死装置

续　表

组　号	分组号	名　称	分组号	名　称
35	3551	制动调整臂	3555	空气干燥器总成
	3556	制动截止阀	3561	制动软管及连接器
	3562	制动带	3565	车辆稳定性辅助装置
	3567	车辆稳定性辅助装置电控单元执行装置	3568	EBS 电控单元执行装置
36	电子装置			
	3600	整车电子装置系统	3601	车载电子诊断装置
	3602	自动驾驶装置	3603	防撞雷达装置
	3604	巡航装置	3605	防盗系统
	3606	IC 卡识读机	3607	电子报站器
	3610	发动机系统电控装置	3611	发动机系统电控用传感器
	3612	电子喷射电控单元及传感器	3613	化油器电控单元及传感器
	3614	供给系电控单元及传感器	3615	EGR 电控单元及传感器
	3616	冷却系电控单元及传感器	3621	自动液力变速器电控单元及传感器
	3623	AMT 电控单元及传感器	3624	分动器电控单元及传感器
	3629	空气悬架电控单元及传感器	3630	ABS 电控单元及传感器
	3631	缓速器电控单元及传感器	3634	转向系电控单元及传感器
	3635	EBS 电控单元及传感器	3636	车辆稳定性辅助装置电控单元及传感器
	3658	安全气囊电控单元及传感器	3665	集中润滑系统电控单元及传感器
	3682	卫生间电控单元及传感器		
37	电气设备			
	3700	电气设备	3701	发电机
	3702	发电机调节器	3703	蓄电池
	3704	点火开关	3705	点火线圈
	3706	分电器	3707	火花塞及高压线
	3708	启动机	3709	灯光总开关
	3710	变光开关	3719	遮光罩
	3721	电喇叭	3722	电路保护装置
	3723	接线器	3725	点烟器
	3728	磁电机	3730	挂车供电插座
	3735	各种继电器	3736	电源总开关
	3737	搭铁开关	3740	微电机

续 表

组　号	分组号	名　称	分组号	名　称
37	3741	刮水电机及开关	3742	中隔墙电机及开关
	3743	座位移动电机及开关	3744	暖风电机及开关
	3745	空调电机及开关	3746	门窗电机及开关
	3747	洗涤电机及开关	3748	后风窗除霜装置
	3749	散热器风扇电机及开关	3750	变换开关
	3751	接触器	3752	爆震限制器
	3753	行程电磁铁	3754	电磁开关
	3755	制动位液面装置	3757	气压警报开关
	3758	车门信号开关	3759	座椅加热器及控制开关
	3761	真空信号开关	3763	车辆限速装置
	3764	ABS 系统调节电动机	3765	电子节气门
	3766	闪光器	3767	燃油泵电动机
	3768	电子点火模块	3769	进气预热器
	3770	电预热塞	3774	组合开关
	3775	主副油箱转换阀	3776	倒车监视系统
	3777	分动器控制装置	3778	电子防盗装置
	3779	取力指示器及开关	3780	电压转换开关
	3781	空挡开关	3782	电动外后视镜开关
	3783	冷风电动机	3784	逆变器
	3785	防爆电子设备	3786	天线电动机
	3787	中央门锁	3788	火花塞
	3789	润滑泵电动机	3790	电子门锁
	3791	遥控门锁及遥控器	3792	翘板开关
38	仪器仪表			
	3800	仪器仪表装置	3801	仪表板
	3802	车速里程表、传感器及软轴	3803	远光指示灯
	3804	电钟	3806	燃油表
	3807	机油温度表	3808	水温表
	3809	气体温度表	3810	机油压力表
	3811	电流表	3812	电压表
	3813	转速表	3814	真空表
	3815	混合气点火器	3816	空气压力表

续　表

组　号	分组号	名　称	分组号	名　称
38	3818	警报器装置	3819	蜂鸣器
	3820	组合仪表	3822	燃气显示装置
	3824	稳压器总成	3825	水位报警器总成
	3826	气制动储气筒压力表	3827	发动机油压表
	3828	冷却液温度表	3832	变速器操纵信号显示装置
	3833	举升信号装置	3834	差速操纵信号显示装置
	3850	车辆行驶记录仪	3853	挂车自动连接信号显示装置
	3865	集中润滑系统显示装置	3871	预热温度开关及显示器总成
	3872	蓄电池欠压报警装置		
39	随车工具及组件			
	3900	随车工具及组件	3901	通用工具
	3903	说明牌	3904	铭牌
	3905	铲子	3907	牵引钢绳
	3908	防滑链	3909	备用桶
	3910	灭火器及附件	3911	油脂枪
	3912	轮胎气压表	3913	起重器
	3914	保温套	3915	活动扳手
	3916	特种工具	3917	轮胎充气手泵
	3918	拆卸工具	3919	工具箱
	3920	厚薄规及量规	3921	装饰标牌
	3922	备品包箱	3923	车辆识别代号标牌
	3924	发动机修理包	3926	三角警告牌
40	电线束			
	4000	汽车线束装置	4001	发动机线束
	4002	车身线束	4003	仪表板及控制台线束
	4004	座舱线束	4006	装货空间线束
	4010	车架线束	4011	前线束
	4012	中间线束	4013	后线束
	4014	空调线束	4016	线束固定器（线夹）
	4017	线束插接器	4018	灯具线束
41	汽车灯具			
	4100	汽车灯具装置	4101	前照灯

续 表

组 号	分组号	名 称	分组号	名 称
41	4102	前小灯	4103	仪表灯
	4104	内部照明灯及开关	4106	工作灯
	4107	尾灯	4108	牌照灯
	4109	停车灯	4111	转向灯及开关
	4112	投光灯	4113	倒车灯及开关
	4114	示廓灯	4116	雾灯及开关
	4117	侧标志灯（侧反射器）	4118	挂车标志灯
	4119	防空灯及开关	4121	组合前灯
	4122	壁灯	4123	顶灯
	4124	阅读灯	4126	踏步灯
	4127	行李箱照明灯	4128	应急报警闪光灯
	4129	警告灯	4131	门灯
	4133	组合后灯	4134	制动灯及开关
	4135	回复反射器	4136	闪光器
42	特种设备			
	4200	特种设备	4201	机械打气泵
	4202	一挡取力器（动力输出装置）	4203	增压泵及减速器
	4205	二挡取力器	4207	三挡取力器
	4209	发动机拆卸器	4210	特种设备气压操纵装置
	4211	取力器	4212	水下部件通气管
	4221	轮胎充气系储气筒	4222	轮胎充气系压力控制阀
	4223	轮胎阀体	4224	轮胎充气接头
	4225	轮胎充气管路	4240	车门自动开关机构
	4250	集中润滑系统	4260	集中气动助力伺服系统
45	绞盘			
	4500	绞盘总成	4501	绞盘
	4502	绞盘传动轴	4503	绞盘操纵装置
	4504	绞盘钢索、链条及钩	4505	绞盘鼓
	4506	绞盘驱动装置	4507	绞盘支架
	4508	液压泵、液压马达	4509	液压管路及连接器
50	车身			
	5000	车身总成	5001	车身固定装置

续 表

组　号	分组号	名　称	分组号	名　称
50	5002	车身翻转机构	5004	车身锁止机构
	5005	放物台	5006	车身外装饰
	5010	车身骨架	5012	伸缩棚装置
	5014	仪接棚及转盘机构		
51	车身地板			
	5100	车身地板总成	5101	车身地板零件
	5102	车身地板护面	5107	车身地板盖板
	5108	工具箱	5109	地毯
	5110	地板隔热层	5111	进风口罩
	5112	售票台	5120	驾驶区地板总成（前地板总成）
	5121	驾驶区地板	5122	纵梁
	5123	横梁	5124	压条
	5130	乘客区地板总成（后地板总成）	5131	通道地板
	5132	侧面地板	5133	后地板
	5134	纵梁	5135	横梁
	5136	压条	5140	前踏步总成
	5150	中间踏步总成	5160	后踏步总成
	5172	车身下防护装置	5173	车身下防护板
	5174	车身下导流板		
52	风窗			
	5200	风窗总成	5201	风窗框
	5202	风窗铰链	5203	风窗侧面玻璃
	5204	风窗升降装置	5205	刮水器
	5206	风窗玻璃及密封条	5207	风窗洗涤器
53	前围			
	5300	前围总成	5301	前围骨架及盖板
	5302	前围护面	5303	杂物箱
	5304	前围通风孔	5305	副仪表板
	5306	仪表板	5310	前围隔热层
	5315	高架箱		
54	侧围			
	5400	侧围总成	5401	侧围骨架及盖板

续 表

组 号	分组号	名 称	分组号	名 称
54	5402	侧围护面	5403	侧围窗
	5404	侧围升降机构	5405	中间支柱
	5406	三角窗	5409	内行李架
	5410	侧围隔热层	5411	行李舱门
	车身装饰件			
55	5500	车身装饰	5501	顶盖装饰件
	5502	喷水口装饰件	5503	安全带装饰件
	5504	车身底部装饰件	5506	牌照及照明装置装饰件
	5507	活动入口装饰件	5508	中间支柱装饰件
	5509	散热器护栅装饰件	5511	大灯、信号灯装置装饰件
	5512	轮罩装饰件	5513	排气口出口装饰件
	5514	散热器导流板装饰件	5516	变速杆装饰件
	5517	空调装饰件	5518	行李箱装饰件
	5519	驾驶台装饰件	5521	地板装饰件
	5522	车壁装饰件	5523	豪华座椅装饰件
	5524	行李架装饰件	5526	乘客扶手装饰件
	5527	卧铺装饰件	5528	车门搁物袋
	5529	座椅背搁物袋	5531	专用隔热、隔音装饰件
	5532	专用防尘、防雨密封装饰件		
	后圈			
56	5600	后围总成	5601	后围骨架及盖板
	5602	后围护面	5603	后围窗
	5604	行李箱盖	5605	行李箱盖铰链及支柱
	5606	行李箱盖锁及手柄	5608	行李箱护面
	5610	后围隔热层	5611	刮水器
	5612	洗涤器	5613	隔栅
	5614	导流板		
	顶盖			
57	5700	顶盖总成	5701	顶盖骨架及盖板
	5702	顶盖内护面	5703	顶盖通风窗
	5704	顶盖外护面	5709	行李架总成
	5710	顶盖隔热层	5711	顶盖升降机构
	5713	应急窗（安全窗）		

续　表

组　号	分组号	名　称	分组号	名　称
58	乘员安全约束装置			
	5800	乘员安全约束装置	5810	安全带总成
	5811	前安全带	5812	后安全带
	5813	中间安全带	5814	安全带收紧器
	5820	安全气囊总成	5821	前气囊袋
	5822	侧气囊袋	5823	气体发生器
	5824	安全气囊电控单元执行装置	5825	微处理器
	5826	安全气囊触发器	5830	儿童约束保护系统
	5831	儿童安全座椅	5832	儿童安全锁
	5833	儿童安全带	5834	童车和轮椅约束装置
59	客车舱体与舱门			
	5901	大行李舱体	5902	大行李舱门
	5903	蓄电池舱体	5904	蓄电池舱门
	5907	除霜器舱体	5908	除霜器舱门
	5909	空调舱体	5910	空调舱门
	5915	配电舱体	5916	配电舱门
	5918	小行李舱体	5919	小行李舱门
	5920	其他舱体与舱门		
60	车篷及侧围			
	6000	车篷总成	6001	车篷骨架及附件
	6002	车篷及侧围	6003	车篷后窗
	6004	车篷升降机构	6005	车篷座
61	前侧面车门			
	6100	前侧面车门总成	6101	车门骨架及盖板
	6102	车门护面	6103	车门窗
	6104	车门玻璃升降机构	6105	车门锁及手柄
	6106	车门铰链	6107	车门密封条
	6108	车门开关机构	6109	车门滑轨及限位机构
	6110	车门气路	6111	车门气泵
	6112	车门应急开启装置		
62	后侧面车门			
	6200	后侧车门总成	6201	车门骨架及盖板

续 表

组 号	分组号	名 称	分组号	名 称
62	6202	车门护面	6203	车门窗
	6204	车门玻璃升降机构	6205	车门锁及手柄
	6206	车门铰链	6207	车门密封条
	6208	车门开关机构	6209	车门滑轨及限位机构
	6210	车门气路	6211	车门气泵
	6212	车门应急开启装置		
63	后车门			
	6300	后车门总成	6301	车门骨架及盖板
	6302	车门护面	6303	车门窗
	6304	车门玻璃升降机构	6305	车门锁及手柄
	6306	车门铰链	6307	车门密封条
	6308	车门开关机构	6309	车门助力撑杆
	6310	后门窗刮水器	6311	后门窗洗涤器
	6312	后门窗除霜器		
64	驾驶员车门			
	6400	驾驶员车门总成	6401	车门骨架及盖板
	6402	车门护面	6403	车门窗
	6404	车门玻璃升降机构	6405	车门锁及手柄
	6406	车门铰链	6407	车门密封条
	6408	车门开关机构	6409	驾驶员车门（右）
66	安全门			
	6600	安全门总成	6601	安全门骨架及盖板
	6602	安全门护面	6605	安全门锁及手柄
	6606	安全门铰链	6607	安全门密封条
	6608	安全门开关机构		
67	中侧面车门			
	6700	中侧面车门总成	6701	车门骨架及盖板
	6702	车门护面	6703	车门窗
	6704	车门玻璃升降机构	6705	车门锁及手柄
	6706	车门铰链	6707	车门密封条
	6708	车门开关机构	6709	车门滑轨限位机构
	6710	车门气路	6711	车门气泵
	6712	车门应急开启装置		

续　表

组　号	分组号	名　称	分组号	名　称
68		驾驶员座		
	6800	驾驶员座总成	6801	驾驶员座骨架
	6802	驾驶员座骨架护面	6803	驾驶员座软垫
	6804	驾驶员座调整机构	6805	驾驶员座靠背
	6807	驾驶员座支架	6808	驾驶员座头枕
	6809	驾驶员座扶手		
69		前座		
	6900	前座总成	6901	前座骨架
	6902	前座骨架护面	6903	前座软垫
	6904	前座调整机构	6905	前座靠背
	6906	前座扶手	6907	前座支架
	6908	前座头枕	6930	前座中间座
70		后座		
	7000	后座总成	7001	后座骨架
	7002	后座骨架护面	7003	后座软垫
	7004	后座调整机构	7005	后座靠背
	7006	后座扶手	7007	后座支架
	7008	后座头枕		
71		乘客单人座		
	7100	乘客单人座总成	7101	乘客单人座骨架
	7102	乘客单人座骨架护面	7103	座位软垫
	7104	座位调整机构	7105	座位靠背
	7106	座位扶手	7107	座位支架
	7108	乘客单人座头枕	7109	座椅附件
72		乘客双人座		
	7200	乘客双人座总成	7201	乘客双人座骨架
	7202	乘客双人座骨架护面	7203	座位软垫
	7204	座位调整机构	7205	座位靠背
	7206	座位扶手	7207	座位支架
	7208	乘客双人座头枕	7209	座椅附件
73		乘客三人座		
	7300	乘客三人座总成	7301	乘客三人座骨架

续表

组号	分组号	名称	分组号	名称
73	7302	乘客三人座骨架护面	7303	座位软垫
	7304	座位调整机构	7305	座位靠背
	7306	座位扶手	7307	座位支架
	7308	乘客三人座头枕		
74	乘客多人座			
	7400	乘客多人座总成	7401	乘客多人座骨架
	7402	乘客多人座骨架护面	7403	座位软垫
	7404	座位调整机构	7405	座位靠背
	7406	座位扶手	7407	座位支架
	7408	乘客多人座头枕		
75	折合座			
	7500	折合座总成	7501	折合座骨架
	7502	折合座骨架护面	7503	座位软垫
	7504	座位调整机构	7505	座位靠背
	7506	座位扶手	7507	座位支架
76	卧铺			
	7600	卧铺总成	7601	卧铺骨架
	7602	卧铺软垫	7603	卧铺支架
	7604	卧铺骨架护面	7605	卧铺扶手
	7606	卧铺靠背	7607	卧铺调整机构
	7608	卧铺搁脚架	7609	卧铺梯
	7611	卧铺附件		
78	中间隔墙			
	7800	中间隔墙总成	7801	中间隔墙骨架及盖板
	7802	中间隔墙护面	7803	中间隔墙窗
	7804	中间隔墙玻璃升降机构	7805	中间隔墙门
79	车用信息通信与声像设备			
	7900	车用信息通信与声像装置	7901	收放机
	7902	无线电发报机	7903	天线
	7904	滤波器	7905	车载电话
	7906	防干扰装置	7908	录放机
	7909	扩音机	7910	车用视盘机
	7911	车用音响装置	7912	显示器总成
	7913	车用卫星定位导航装置	7914	车载计算机

续　表

组　号	分组号	名　称	分组号	名　称
79	7917	车内监控摄像系统	7921	电源附件
	7922	声像附件	7925	信息通信附件
	7930	交通信息显示系统		
81	空气调节系统			
	8100	空气调节装置	8101	暖风设备
	8102	除霜设备	8103	制冷压缩机
	8104	车身强制通风设备	8105	冷凝器
	8106	膨胀阀	8107	蒸发器（制冷器）
	8108	空调管路	8109	贮液干燥器
	8110	吸气节流阀		
86	8603	倾斜机构液压缸	8604	倾斜机构油泵
	8605	倾斜机构油泵管路	8606	倾斜机构操纵装置
	8607	分配机构	8608	举升机构油箱
	8610	举升机构传动轴	8611	油泵限位阀
	8613	举升节流单向阀	8614	下降限位阀
	8615	下降节流单向阀	8616	滤清器
	8617	车厢保险支架总成		

三、国产汽车标准件的编号规则

1. 不含专用隶属件的汽车标准件编号表达式

国产汽车标准件编号按照国家机械工业局 1999 年 11 月 5 日发布，2000 年 7 月 1 日开始实施的 QC/T326－1999《汽车标准件产品编号规则》进行编制。

汽车用标准件产品的完整编号由 9 个部分顺序组成。

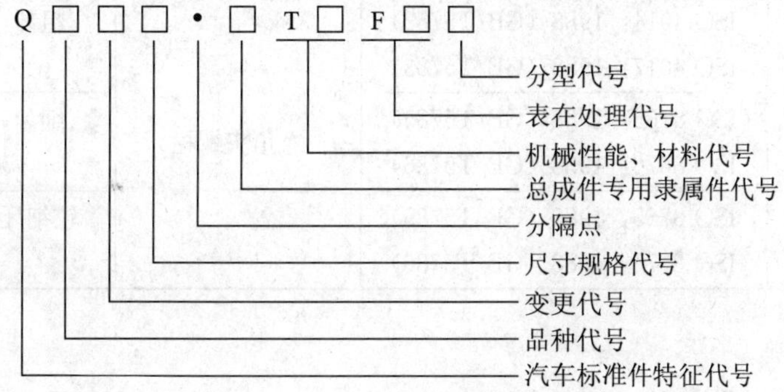

图 2－1－5　汽车标准件编号组成

下面以某种六角头螺栓的编码 Q150B0650T1F3Q 为例，对国产汽车标准件的编号规则进行说明。

Q	150	B	0650	T1	F3	Q
①	②	③	④	⑤	⑥	⑦

图 2-1-6 国产汽车不含专用隶属件的标准件编号组成

注：①汽车标准件特征代号；②品种代号；③变更代号；④尺寸规格代号（修理件代号）；⑤机械性能材料代号；⑥表面处理代号；⑦分型代号。

2. 标准术语说明

（1）汽车标准件特征代号

用“汽”字汉语拼音第一位大写字母“Q”表示。

（2）品种代号

由三位数字组成，首位表示产品大类；第二位表示分组号，第三位表示组内序号。结构功能相近的品种尽可能编入同一分组。

表 2-1-4 汽车标准件品种代号（大类）规则

代号	产品名称	代号	产品名称
1	螺柱、螺栓	6	螺塞、扩口式管接件、卡箍、夹片
2	螺钉	7	润滑脂嘴、密封件、连接叉、球头接头
3	螺母、螺母座	8	卡套式管接件
4	垫圈、挡圈、铆钉	9	其他
5	销、键		

表 2-1-5 部分汽车标准件产品品种代号

品种代号	采用标准	名 称	说 明
Q110	GB/T 902.1-1989	手工焊接螺柱	
Q150B	ISO 4014：1988（GB/T5782） ISO 4017：1988（GB/T5783）	六角头螺栓	粗牙，全螺纹段采用 ISO 4017
Q151B	ISO 8765：1988（GB/T5785） ISO 8676：1988（GB/T5786）		细牙，全螺纹段采用 ISO 8676
Q151C	ISO 8765：1988（GB/T5785） ISO 8676：1988（GB/T5786）		较细牙，全螺纹段采用 ISO 8676

（3）变更代号

由于产品标准修订，虽然产品结构型式基本相同，但尺寸、精度、性能或材料等标准内容变更以至影响产品的互换性时，应给出“变更代号”。同一品种中不同螺纹系列，同

一品种中不具有派生关系且不具有互换性的不同型式也采用变更代号加以区分。变更代号用一个英文大写字母表示，按 B 开始顺序使用（不使用字母“I”、“O”、“Q”和“Z”）。

（4）尺寸规格代号

尺寸规格代号直接以产品的主要尺寸参数表示，其位数为 2～3 位或 3～6 位不等。由一个主要尺寸参数即可表示产品规格的，直接以该参数值用 2～3 位数字表示。而当需由两个或三个主要尺寸参数表示产品规格的，直接以参数值按主次顺序相接的 36 位数字表示。其中第一参数值仅一位数的，于左边加“0”补足两位，其余参数直接写入，不补位。某些品种主要参数含有带小数规格时，该参数中的小数规格以增为 10 倍的整数表示。如表 2－1－6 中所标注的尺寸规格为 0650，它所表达的含义是此六角螺栓的螺纹规格为 M6，杆长为 50mm。

（5）机械性能材料代号

产品标准中已规定基本的机械性能、材料，不标注代号。产品标准还规定了可选用的其他机械性能、材料，当选用这些要求时，应标注相应代号。如表 2－1－6 中所标注的“T1”，它所表达的含义是此六角螺栓所采用的材料和机械性能等级为钢 8.8。

表 2－1－6　　汽车标准件机械性能及材料代号

代　号	机械性能或材料牌号及标准	适用产品
T	钢 10.9　GB/T 3098.1	螺柱、螺栓
T1	钢 8.8　GB/T 3098.1	螺柱、螺栓
T2	钢 8 粗牙　GB/T 3098.2、GB/T 3098.9　细牙　GB/T 3098.4	螺母
T3	钢 9　GB/T 3098.2、GB/T 3098.9	螺母
T4	黄铜 H62　GB/T 5232	铆钉、平垫圈
T5	纯铜 T3　GB/T 5231	铆钉、平垫圈
T6	2A01 GB/T 3196	铆钉
T7	1035 GB/T 3196	铆钉
T8	钢 B　GB/T 3098.7	自攻锁紧螺钉
T9	钢 22H　GB/T 3098.3	紧定螺钉
T10	钢 33H GB/T 3098.3	紧定螺钉
T11	钢 5　GB/T 3098.2	螺母
T12	钢 6　粗牙　GB/T 3098.2	螺母
T13	钢 10　粗牙　GB/T 3098.2	螺母
T14	钢 12　粗牙　GB/T 3098.2	螺母
T15	钢 05　粗牙　GB/T 3098.2	螺母
T16	钢 200HV　GB/T 848，GB/T 97.1	平垫圈

续 表

代　号	机械性能或材料牌号及标准	适用产品
T17	钢 10、15　GB/T 699	铆钉
T18	11　GB/T12619	抽芯铆钉
T19	30　GB/T 12619	抽芯铆钉
T20	钢 A　GB/T 3098.7	自攻锁紧螺钉
T21	钢 5.5　GB/T 3098.1	螺栓
T22	钢 5.8　GB/T 3098.1	螺栓
T23	钢 4.8 含碳量≤0.2%　GB/T 3098.1	焊接螺钉、焊接螺栓
T24	钢 5.8 含碳量≤0.2%　GB/T 3098.1	焊接螺钉、焊接螺栓
T25	钢 8.8 含碳量≤0.2%　GB/T 3098.1	焊接螺钉、焊接螺栓
T26	钢 04　粗牙　GB/T 3098.2	薄螺母
T27	钢 140HV　GB/T 848，GB/T 97.1	平垫圈
T28	钢 300HV　GB/T 848，GB/T 97.1	平垫圈
T29	10　GB/T 12619	抽芯铆钉
T30	不锈钢 A2.70　GB/T 3098.6	螺母、螺柱、螺栓（d≤20）★
T31	不锈钢 A2.50　GB/T 3098.6	螺栓（d>20）、螺钉 8
T60	软聚氯乙烯　GB/T 8815	卡扣
T61	硫化橡胶　HG/T2196	卡扣

★　用于自攻螺钉时，机械性能要求由供需双方协商

（6）表面处理代号

表面处理代号如表 2-1-7 所示。一个品种仅有一种要求以及推荐采用的基本要求，在其产品编号中予以省略。选用其他表面处理时应加注代号。

表 2-1-7　　汽车标准间表面处理代号

代　号	表面处理		适用产品类型
F	不处理，钢质件涂油防锈		全部
F2	防蚀磷化	QC/T 625	钢质件
F3	镀锌彩虹色钝化	QC/T 625	1. 外螺纹件：P<0.5，镀层厚度 3μm； P=0.5～0.8，镀层厚度 5μm； P>0.8，镀层厚度 8μm 2. 内螺纹件，镀层厚度 μm
F30	镀锌橄榄绿色钝化	QC/T 625	
F31	镀锌黑色钝化	QC/T625	
F32	镀锌漂白钝化	QC/T625	
F33	镀锌高耐蚀性钝化	QC/T 625	

续　表

代　号	表面处理		适用产品类型
F34	镀锌彩虹色钝化	QC/T 625	非螺纹件
F4	涂聚乙烯塑料		非螺纹件
F5	防护氧化	QC/T 625	铝质件
F6	锌铝铬涂层	QC/T 625	车轮螺母、外螺纹件及弹性垫圈组合件
F9	氧化	QC/T 625	钢质件
F10	镀锡	QC/T625	非螺纹件
F13	镀铬	QC/T625	车轮螺母、非螺纹件
F16	镀铅	QC/T625	螺纹件
F19	镀铜	QC/T625	全部

（7）分型代号

以一种结构型式为基础，通过改变局部结构型式或增加新的技术内容所派生出的具有新增或不同功能的品种，其品种代号应与基本品种一致，每种分别给出分型代号。分型代号以一个英文大写字母表示，由字母“A”开始在同一基本品种范围内顺序使用（不使用字母“I”、“O”、“Z”。必要且合理时，也可采用具有指定含义的字母）。

允许制成全螺纹的品种，视为一种分型，分型代号统上采用“Q”．采用预涂胶的产品，其分型号用有关标准规定的胶的分类代号表示。

分型代号在采用行业标准和国家标准时具体给定，同类产品的同类分型尽可能采用同一字母作为分型代号，不同类产品的分型在不致混淆的条件下，允许采用相同字母作为分型代号。

3. 编号示例

（1）只有一个主要尺寸参数的产品

例 1： 六角法兰面螺母、主要尺寸参数（螺纹规格）为 M6、性能等级为 9 级、表面处理为镀锌彩虹钝化的产品编号为：Q32006。

9 级和镀锌彩虹钝化为推荐该品种的基本要求已省略。Q320 为分配给该品种的品种代号。

例 2： 品种、性能等级、表面处理同本条示例 1。螺纹规格为 M12 的产品编号为：Q32012。

例 3： 品种、螺纹规格同本条示例 1，性能等级为 10 级，表面处理为防蚀磷化的产品编号为：Q32006T13F2。

例 4： 品种、螺纹规格、表面处理同本条示例 1，性能等级为 10 级的产品编号为：Q32OOCT13。

例 5： 孔用弹性挡圈、主要尺寸参数（适用孔年）为 12mm、表面处理为氧化的产品编号为：Q43012。

Q43012 为分配给该品种的品种代号。氧化处理为推荐该品种的基本要求已省略。材料及热处理仅一种要求，编号中不需标出。

例 6：品种、公称孔径同本条示例 5，表面处理为镀锌彩虹钝化的产品编号为：Q43012F3。

例 7：品种、表面处理同本条示例 5，适用孔径为 100 的产品编号为：Q430100。

例 8：扩口式直角管接头体、主要尺寸参数（适用管子外径）为 6mm 的产品编号为：Q65306。

Q653 为分配给该品种的品种代号。材料及表面处理仅一种要求，编号中不需标出。

(2) 有两个主要尺寸参数的产品

例 1：六角头螺栓、螺纹规格为 M6、杆长为 50mm、性能等级为 8.8 级、表面处理为镀锌彩虹钝化的产品编号为：Q150B0650。

Q150B 为分配给该品种并有过一次影响互换性的标准变更的品种代号。8.8 级和彩虹钝化为该品种的基本要求，已省略。

例 2：品种、性能等级、表面处理同本条示例 1，螺纹规格为 M4，杆长为 8mm 的产品编号为：Q150B048。

例 3：品种、规格、性能等级、表面处理同本条示例 1，指定制成全螺纹的产品编号为：Q150B065Q。

(3) 有三个主要尺寸参数和不宜以主要尺寸参数直接表示产品规格的产品

例：簧片螺母、适用自攻螺钉螺纹规格 ST4.8、螺母卡入宽度规格为 20mm、适用板厚为 0.8～1.5mm 的产品编号为：Q39748201。其中 48、20 分别表示螺纹规格及其卡入宽度、适用板厚不便直接表示，给定序号为“1”。

(4) 多个主要尺寸参数在规格代号中的排序

有两个及以上主要尺寸参数的产品，各参数在尺寸规格代号中按主次及习惯排序。

4. 含专用隶属件的汽车标准件编号表达式

含专用隶属件的汽车标准件编号方式与不含专用隶属件的汽车标准件编号方式基本相同，唯一的区别在于含专用隶属件的汽车标准件编号表达式中多了一位总成件专用隶属件代号，并用圆点将它与尺寸规格代号分隔开。下面以 C 型蜗杆传动式软管环箍、最大夹紧直径为 50mm 的齿带零件编号为 Q67550·1（见图 2-1-7）为例，对含专用隶属件的汽车标准件的编号规则进行说明。

Q67550 ·1
⑧⑨

图 2-1-7 国产汽车含专用隶属件的标准件编号

注：⑧分隔点；⑨总成件专用隶属件代号。

总成件专用隶属件代号，仅用于某总成件的零件，以该总成件的品种代号加注专用隶属件代号作为该零件的品种代号。隶属件代号以自“1”起的顺序数字表示。书写该零件的完整编号时，隶属件代号置于尺寸规格代号之后，以“·”分隔。

例 1：C 型蜗杆传动式软管环箍、最大夹紧直径为 50mm 的总成产品编号为：Q67550。

例 2：上例产品种齿带的品种代号为：Q675.1。最大夹紧直径 50mm 的齿带零件编号为：Q67550.1。

例 3：上例产品中蜗杆仅一种规格，其品种代号、零件编号均为：Q675.2。齿带、蜗杆均为该总成的专用隶属件。

【任务实施】

根据本任务讲解的编号规则，在汽车配件编号中可以分析出编号代表的内容：

(1) 扩口式直通管接头体、适用管子外径为 6mm 的产品编号为：Q655B06。Q655 为原分配给该品种的品种代号，此后产品标准曾进行修订，新标准有影响互换性的变更，品种代号改变为：Q655B。

(2) 方头锥型螺塞、主要尺寸参数（螺纹柳格）为 NPT1/4 的产品编号为：Q614B02。尺寸规格代号按 1/4 英寸时折合 1/8 英寸的 2 倍。

(3) 方头锥形螺塞、螺纹规格为 NPT1 $\frac{1}{2}$的产品编号为：Q614B14。十位为螺纹规格中的整英寸数，个位为螺纹规裉中不足 1 英寸部分，折合为 1/8 英寸的 4 倍。

(4) 开口挡圈、直径规格为 1.9mm 的产品编号为：Q43612。

(5) 品种同上例、直径规格为 6mm 和 12mm 的产品编号分别为：Q43660 和 Q436120。

(6) 品种、规格、性能等级、表面处理同本条示例 1，在螺纹部预涂“S”级锁固胶的产品编号为：Q150B0650S。“S”为对该品种派生的“S”级锁固胶产品给定的“分型号”。

(7) 十字槽盘头自攻螺钉、螺纹规格为 ST3.5。杆长 9.5mm、C 型末端的产品编号为：Q2713595。

(8) 品种、螺纹规格、末端型式同上例，杆长为 25mm 的产品编号为：Q2713525。

【任务总结】

汽车配件的制造厂编号代表汽车配件的型号、品种和规格等，对于配件的采购和管理十分重要。编号和规格一般印在配件的包装物上，也有的打印或铸造在配件的非工作表面。本任务介绍了汽车配件的分类，并详细介绍了国产汽车零部件和国产汽车标准件的编号规则，国产汽车的编号有统一标准，国外汽车大都没有统一标准，而由厂家自定。

检验内容	检验指标	检验总结
国产汽车配件编号规则检验	汽车零部件编号表达式 汽车组合模块编号 国产汽车标准件编号规则	
检查任务完成情况	1. 能掌握国产汽车零部件编号规则 2. 在实际操作中能够灵活运用	

任务二　进口汽车配件的编号规则

【任务描述】

通过对进口汽车一般配件号、标准配件号、组合件号、修理备用配件号和相应工具类的编号规则的系统学习，熟练掌握进口汽车的编号规则，便于汽车销售企业更好地管理和推介汽车配件。

【任务目标】

熟练掌握进口汽车配件的编号规则。

【任务准备】

我国进口（或引进车型）汽车品牌繁多，在工业发达国家，各汽车制造厂的零件编号并无统一规定，由各厂自行编制，其配件编号规则各不相同。

丰田—大发汽车配件的编号由13位数字或字母构成，分为三组。

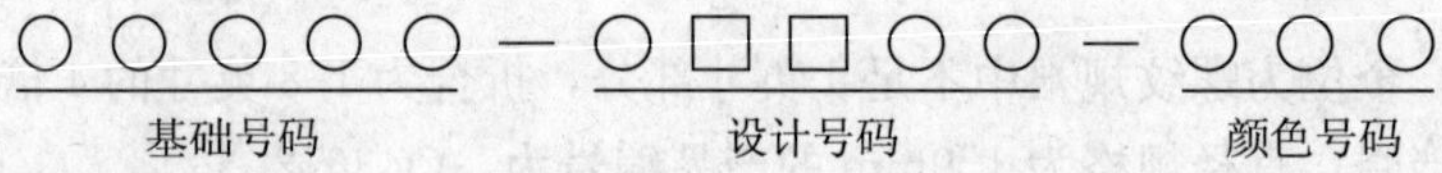

图2-2-1　丰田—大发汽车配件编号

第一组为基础号码。表示配件名称。

第二组为设计号码。表示每个配件的车型、规格尺寸及设计改进顺序。

第三组为颜色号码。当某一配件需作颜色区别时，在此用数字表示其颜色。

说明：示意图内○代表数字编码，□代表字母或数字编码。

丰田—大发汽车配件的编号规则有5类、8种，下面对5类配件编号规则分别予以介绍。

一、一般配件号的编号规则

一般配件是指除2~5类（标准配件、组合配件、修理备用配件、工具）以外，组成汽车的各项配件。它的13位数字或字母按两种规则赋予不同代码，但基础号码编码的规则基本是一样的，区别仅在于设计号码组。现分组说明它的编号规则。

1. 基础号码

配件编码的规则如图2-2-2所示。

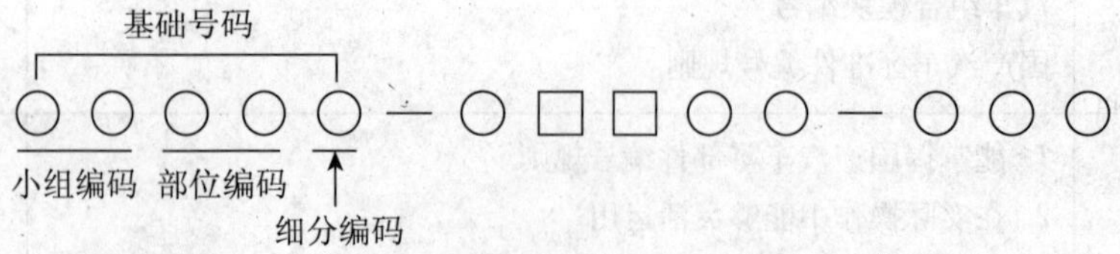

图2-2-2　丰田—大发汽车一般配件的小组编码

把全车的一般配件按功能划分为若干个组，并给每组指定两位数字的代码，称为小组编码。

表 2-2-1　　丰田—大发汽车一般配件的小组编码

第一位数	第二位数									
	0	1	2	3	4	5	6	7	8	9
0					修理包			专用配件	附件	工具
1		缸盖缸体	发动机安装件机油盘	曲轴连杆、活塞组配气机构		机油泵、机油滤清器	散热器水泵	进排气系，消声器，空滤器		点火系统
2		化油器	喷油泵	燃油泵及滤清器	增压器	废气再循环系统	发动机附件	发电机及调节器	启动机蓄电池继电器	真空泵
3		离合器	液力变矩器	变速器		自动变速器	分动器取力器	传动轴	绞盘自卸	
4		减速器差速器	后桥壳、半轴、车轮、制动鼓	前桥	动力转向制动装置	转向器	真空助力器、手制动	前后制动器总泵、分泵制动管路	前后悬架	液压助力器制动器
5		车架	车身保险杠	发动机罩、挡泥		仪表板	风挡玻璃	地板	地毯	
6		侧围	1/4 内饰板	车顶		后围		车门	门窗玻璃	车门锁
7		座椅	可调式座椅		内饰件、蓄电池箱	外饰件		油箱	节气门、风门拉线制动踏板	
8		灯具闪光器	线束	仪表、钟表	开关	刮水器洗涤器点烟器	收放机及天线	暖气	空调	
9	标准件	六角螺栓	螺栓	螺钉	螺母、垫圈	铆钉、销键	紧固件、密封件	轴承	轮胎内胎	功能零件

对小组编码相同的配件，再按品种给予两位数字代码，称为部位编码（第 3、第 4 位）。当用前两项编码仍然不能确定一项配件时，则再给配件指定一位数字代码，称为细分编码。如果有些配件还需要区分上下、左右、内外，以及加大或缩小尺寸，也在此位给予代码。但第五位的细分编码，仅用于总成件或分总成件，不用于单一配件。

2. 设计号码

由于大发工业公司与丰田汽车公司有紧密的合作关系，故有些配件是通用的。为此，设计号码组的编码规则分为大发专用配件及丰田通用配件两种。

(1) 大发专用配件设计号码的构成，是将设计号码组前两位数字定为87，第三位按车牌名代码给以数字或字母，车牌名的代码后两位是设计代码，按设计顺序编号。

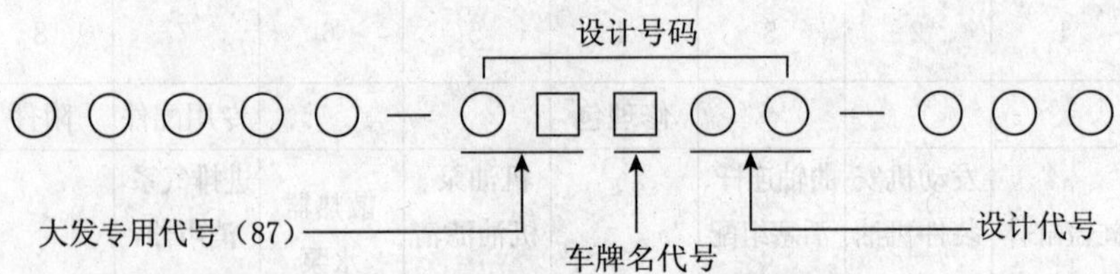

图 2-2-3 大发专用配件设计号码

表 2-2-2 大发车牌专用代码

数字或英文字母代码	车牌名
1 或 A	CHARMANT 查门特
2 或 B	CUORE 考瑞
3 或 C	DELTA 得尔塔
5 或 D	HUET 海捷特
6 或 E	ROCKY 柔克
7 或 F	CHARADE 夏利
8	二轮摩托 Motor Tri-cycle，Electric Tri-cycle

(2) 丰田通用配件设计号码的构成，是在设计号码组中，除前两位代码为87（大发专用配件）的以外，其他代码都是通用配件。按照丰田汽车公司的编号规则规定，当基础号码组前两位代码在11～29之间时，设计号码组中前两位数字或字母就是发动机型号代码，随后两位数字是设计代码，最后一位数字为主要件的设计更改代码。

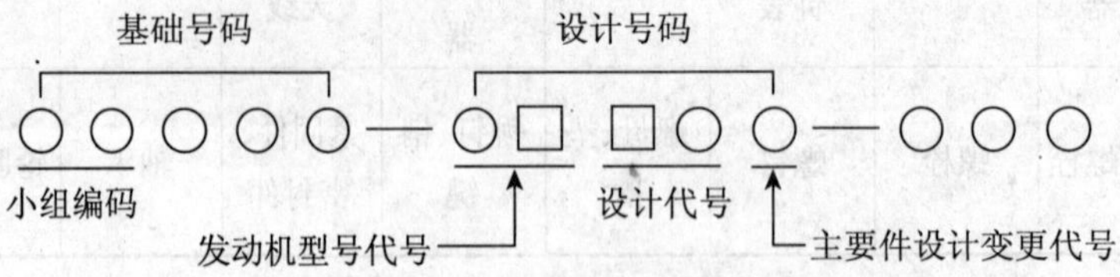

图 2-2-4 丰田通用配件设计号码

丰田汽车发动机型号编号规则如表 2-2-3 所示。

表 2-2-3　丰田发动机型号代码构成

第7位数 / 第6位数	种类区分								
	1	2	3	4	5	6	7	8	9
0	丰田轿车 1000 (IE、U)，700	光冠（CO-RONA）轿车 P1000	皇冠（CR-OWN）轿车 R1500	世纪 CE-NTURY（3R）1900	Y2600	陆地巡洋舰 F3900	IG2000	丰田	荒川车身（ARAKAWA）
1	丰田面包 1000（2E、2U），800	光冠（CORO-NA）面包（2P）1200	皇冠（C-ROW-N）面包（2R）1500，（12R）1600	M2000	3V3000	专用轿车（2F、3F）4230	1Y1600		关东汽车工业（KANIOJIDOS-HAKOGYO）
2	花冠轿车（COROLLA）（2K）1000	光冠Ⅱ型（CORONA）面包 K1100	4R1600	M2000	4V3400 5V2800	丰田 2000（燃气轮机）	2Y1800		歧阜车身（GIFBODY）
3	花冠面包（4K）1300（5K）1500	光冠Ⅱ型（CORONA）面包（3P）1350	7R1600	3M2000 5M2800	L2200 2L2400	1S1800	32000		极东开发（KYOKUTO）
4	CARINA CELICA（2A）1300	3K1200	8R1900 18R192000	5R2000	丰田货车	1C1800 2C2000	2S2000		中央公司（CENTRALJID-OSHAKOGYO）
5	CARINACELICA（面包）（3A）1500	丰田之花（TOYOTAOE）T1400	海拉克斯坚固（STOUT）（9R）1600，（22R）2400	4M2600	丰田通用型客车 B3000（11B）3000	旅行车、搬运车	D5900		丰田车身（TOYOTABODY）
6	鹰牌（TBRCEL）（4A）1600	海狮（HLACE）（2T）1600	黛娜（DYNA）巡游者（6R）100.（16R）1800	J2340	后置发动机客车（2B）3200	行李车 Q4500	2D6500		丰田纺织

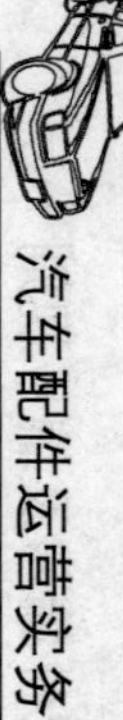

续 表

第7位数 \ 第6位数	种类区分								
	1	2	3	4	5	6	7	8	9
7		莱特斯（LITEACE）（2T—G）（12T）1600	黛娜 DYNA（18RC、10R）1900，（18RC、21R）2000	H3600	3B3400 13B3400	特种车 B5900	1W4000	大发	京都（KYOT-OCOROLLA）
8	13T	3T4T1800	20R200	2J2500		2H4000		雅马哈山叶	
9						陆地巡洋舰		日野	
A	花冠（TRUENO）	克雷西达（CRESIDA）（2T）	皇冠（CROWN）（18R）（19R）2000	5R2000	B3000				
B	CARINACELICA	花冠（COROLLA）	黛娜巡游者（16R）1800	M2000	L2200 2L2400				
C	STERLET		黛娜巡游者（12R）1600						
D	CARINACELICA		海拉克斯坚固（STOUT）						
E	COROLIA								

3. 颜色号码

颜色号码组由三位数字组成，其中第二位数字为颜色的代号。

表 2-2-4　　颜色代码

颜色代号	颜　色	颜色代号	颜　色
1	黑	6	棕
2	红	7	绿
3	灰	8	乳白
4	蓝	9	黄
5	米黄色		

二、标准配件号的编号规则

标准配件是指按国际标准化组织（ISO）确定规格的配件，品种包括螺栓、螺钉、螺母、垫圈、铆钉、销、V带、油封、滚动轴承、衬套等。

在基础号码组中，第一位定为9，这是标准件的专用代码；第二、第三位是名称和种类的数字代码；第四、第五位是再细分名称的数字代码。

在设计号码组中，第一位是材料或表面处理的数字代码；其后四位是尺寸的数字代码。各种标准件的尺寸编号方式不完全一样，如螺栓、螺钉、铆钉类，第二、第三两位数字是实物的直径尺寸（mm）；第四、第五两位数字，是实物的长度尺寸（mm）；V带，第二至五位数字，是实物圆周长度尺寸（mm）。

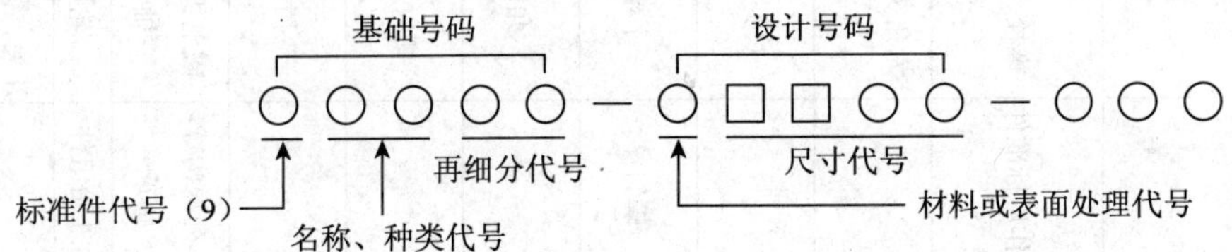

图 2-2-5　标准配件设计号码

其标准件名称与种类代码如表 2-2-5 所示。

表 2-2-5　　标准件名称、种类代码组成

第一位数	第二位数												
	标准	代码	种类	0	1	2	3	4	5	6	7	8	9
	汽车用	0		协作厂标准件	螺栓、螺钉	垫圈、销、铆钉、键	0形圈、塞、油封、轴承衬套	管接头、夹子、夹板金属油封	弹簧、挡圈、软垫垫片				
	一般通用	1	六角头螺栓		六角头螺栓（1）	六角头螺栓（2）	六角头螺栓（3）	六角头螺栓（4）	六角头螺栓（5）	六角头螺栓（6）			
		2	螺栓		双头螺栓				方头、沉头、带孔六角头	半圆头、半沉头			
		3		螺钉	一字槽螺钉	十字槽螺钉	六角、半圆头螺钉	十字槽头自攻螺钉	一字槽头自攻螺钉	十字槽头螺钉	一字槽头螺钉		
		4	螺母、垫圈		六角螺母	螺母	带铆接突缘螺母	螺母附件	弹簧垫圈	平垫圈	密封垫圈		
		5	铆钉、销、键、钉等		铆钉、钉	销		键					
		6	其他件		挡块		管接头	油嘴		防尘油封	0形圈	缓冲胶垫	
		7	滚动轴承	单列深沟球轴承	磁电机用球轴承	向心推力球轴承	双列调心球轴承	滚柱轴承	锥轴承（JLS型）	锥轴承（带母销型）	球面滚柱轴承		
		8	轮胎	内外胎组件	轮胎	内胎	垫带	无内胎轮胎					
		9	功能零件		开关、警报器、照明器具、电线、蓄电池等								

三、组合件（半总成配件）号的编号规则

由几个配件组成的配件，称组合配件或半总成配件。其代码的构成分两种，分别为大发专用配件和丰田通用配件。

这两种配件的编码规则中，基础号码组与工般配件编号规则相同；设计号码组则有不同。

（1）大发专用配件编码

大发专用配件编码示意图如图 2-2-6 所示。

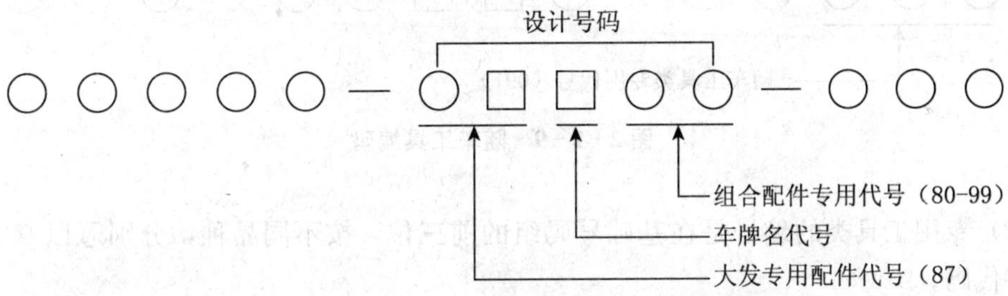

图 2-2-6　大发专用配件编码

（2）丰田通用配件编码

丰田通用配件编码示意图如图 2-2-7 所示。

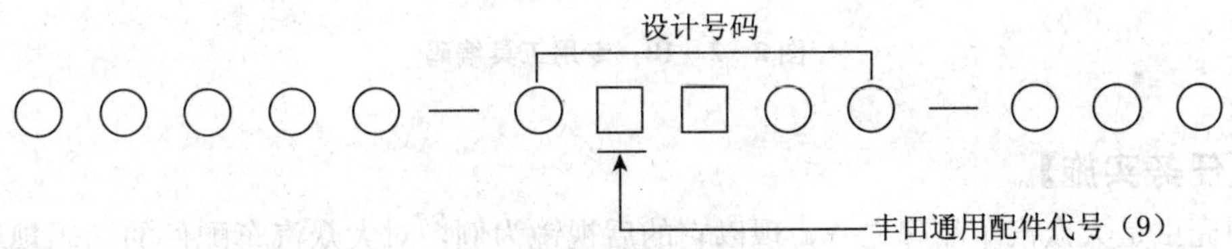

图 2-2-7　丰田通用配件编码

四、修理备用配件（修理包件）号的编号规则

由两个以上维修用主要配件综合在一个包装内，称修理备用配件（修理包件）。其编号规则除在基础号码组的前两位冠以“04”数字代号外，其余的编码均与一般配件类同。

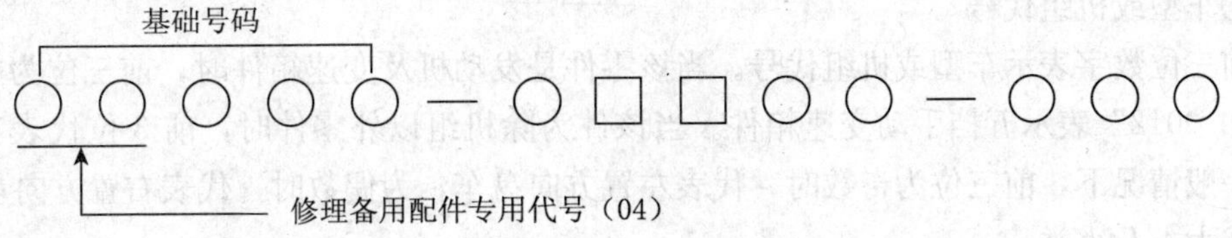

图 2-2-8　修理备用配件（修理包件）编码

五、工具类的编号规则

工具分为随车工具和专用工具两种。客户购买新车时，随车配备的各种工具称为随车工具，修理中使用的各种特制工具称为专用工具。它们的编号仅在基础号码组有区别。

（1）随车工具的编号是将基础号码组的前三位数字代码定为091，包括千斤顶、扳手、螺钉旋具等。如图2-2-9所示。

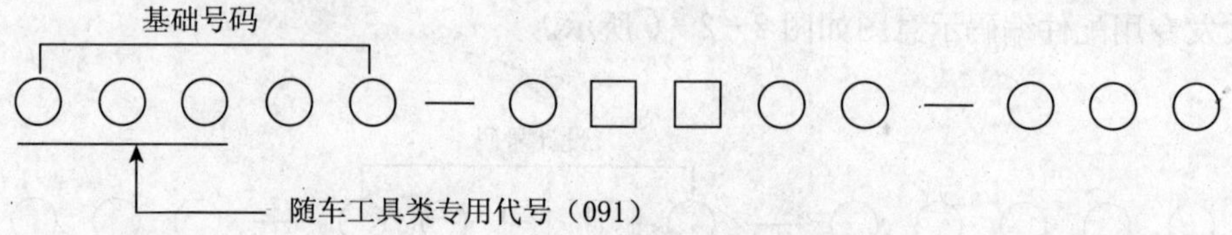

图2-2-9　随车工具编码

（2）专用工具类的编号是在基础号码组的前三位，按不同品种，分别冠以092～099的数字代码。

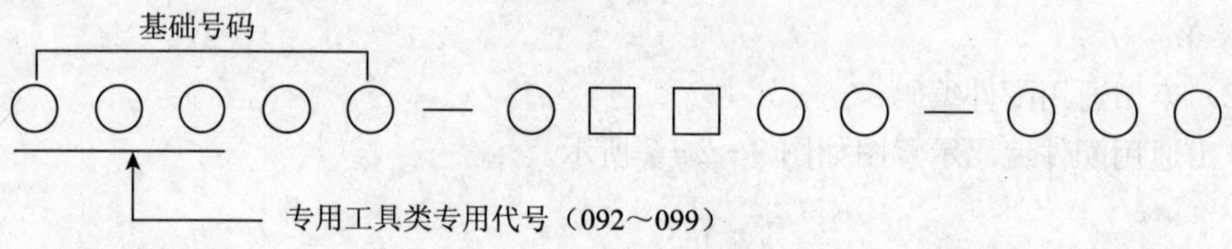

图2-2-10　专用工具编码

【任务实施】

甲壳虫是大众汽车品牌之一，现以它的后视镜为例，对大众汽车配件的编码规则加以说明。甲壳虫后视镜的编码为113857501AB01C。

113　857 501 AB01C

①　②　③　④　⑤

图2-2-11　甲壳虫后视镜编码示意

说明：

①车型或机组代号

前三位数字表示车型或机组代号。当该零件是发动机及变速箱件时，前三位为机组代号，如“012”表示五挡手动变速箱件。当该件为除机组以外零件时，前3位代表车型代号，一般情况下，前三位为奇数时，代表左置方向盘车，为偶数时，代表右置方向盘车。

②大类及小类

根据零件在汽车结构中的差异及性能的不同，德国大众配件号码系统将配件号分成十

大类（即10个主组），每大类（主组）又分为若干个小类（即子组），小类（子组）的数目和大小因结构不同而不同，小类（子组）只有跟大类（主组）组合在一起才有意义。它们的含义可通过查配件手册获知。如图2-2-11所示的“857”，8为大类，称为主组，表示车身、空调、暖风控制系统。57为小类，称为子组，表示后视镜。

③配件号

按照结构顺序排列的配件号由三位数（001～999）组成，如果配件不分左右，最后一位数字为单数。如果配件分左右件，一般单数为左边件，双数为右边件。图2-2-11中的“501”即为后视镜的配件号。

④设计变更号（技术更改号）

设计变更号由一个或两个字母组成，表示该件曾技术更改过。图2-2-11中的“AB”即为设计更改号。

⑤颜色代号

颜色代码用三位数字或三位字母的组合来表示，说明该件具有某种颜色特征。图2-2-11中的“01C”表明此后视镜的颜色为黑色带有光泽。

通过上述例子，可看出大众的配件编码规则简明、完整、精确、科学。德国大众配件号码一般由14位组成。是通过阿拉伯数字和英语字母进行组合的。每一个配件只对应一个号码，每组数字，每个字母都表示这个件的某种性质，人们只要找出这个号码，就可以从几万或几十万库存品种中找出所需的配件来。

【任务总结】

我国进口（或引进车型）汽车品牌繁多，在工业发达国家，各汽车制造厂的零件编号并无统一规定，由各厂自行编制，其配件编号规则各不相同。本任务着重以丰田汽车为例，介绍了一般配件号、标准配件号、组合件号、修理备用配件号和工具类的编号规则。

检验内容	检验指标	检验总结
进口汽车配件编号规则检验	一般汽车配件号的编号规则 标准汽车配件号的编号规则 组合件号的编号规则 修理备用配件号的编号规则 工具类的编号规则	
检查任务完成情况	1. 掌握进口汽车零部件编号规则 2. 在实训操作中能够灵活运用	

任务三　汽车配件的通用与互换

【任务描述】

随着汽车工业的发展，汽车保有量不断增加，车型的发展变化非常快，使得汽车配件种类更加繁杂，给汽车配件销售部门在汽车配件的采购、经营方面带来许多困难。有的单位因缺少某一汽车配件而使车辆不能使用，有的修理厂在修车过程中因购不到该车的维修配件原件而使修理中断，造成较大的经济损失。这都是不了解汽车配件互换性的缘故。尽管汽车配件种类繁多，却在一定范围内具有互换性，还有的稍加改进就可以互换、代用。作为汽车配件销售人员，有必要掌握一些配件互换性方面的知识，以便更好地服务于顾客。

【任务目标】

1. 掌握汽车配件互换性和代用的概念。
2. 掌握汽车配件通用互换时的注意事项。

【任务准备】

一、汽车配件互换性和汽车配件代用的概念

在汽车维护、修理过程中，经常需要更换零部件。对某一零件而言，它们当中的任何一个在装配时都可以互相调换，而不需补充加工和修配，就能达到所要求的质量，满足使用要求。零件所具有的这种性质，称为互换性。

汽车配件的代用可以理解为部分互换性。装有代用配件的汽车经常出现两种情况：一是装用代用品后，部分改变了原来汽车的某些技术性能；二是装用代用品时，需要补充加工和修配，然后才能使用。在使用性能上可能维持不变，或有少许变化。

二、汽车主要配件通用互换时的注意事项

某一零件具有互换性的条件是：零件的材料、结构形状、尺寸及尺寸精度和公差等级、表面粗糙度、形位公差、物理机械性能（热膨胀系数、强度、硬度等）及其他技术条件都相同。

同一系列车型的主要零部件，特别是易损件，具有互换性。如 6135Q 和 12V135Q 型两种汽车用柴油机，同属 135 系列，它们的活塞、活塞环、活塞销等许多零件可以互换。

另外，个别零件虽然材料、结构形状有所差异，但仍具有互换性。如解放 CA10B 汽车发动机活塞，就有正圆活塞和椭圆活塞两种，它们的结构形状虽有差别，但性能一样，装配时的配合间隙一样，可以互换（但必须成组互换）。此外，CA10B 汽车空气压缩机活塞的材料有铸铝和铸铁两种，它们也具有互换性，不过因铝合金比铸铁的热膨胀系数大，所以在装配时铝合金活塞要比铸铁活塞留有稍大的装配间隙（与汽缸壁的配合间隙）。

有些汽车配件的外形很相近．但却没有互换性。如同一车型上的配件，它们的配件编号可能不同。选购时一定要仔细分辨其细微差异或标记，以免混淆。

国产各类汽车零配件通用互换情况可查阅有关资料，如《汽车配件通用互换查询手册》。

表 2-3-1　　东风汽车活塞销的通用互换

原厂编号	车　型	发动机型号	计量单位	每车用量（只）	适用车型
10D-04021	东风 EQ1090E	EQ6100-1	只	6	东风 EQ109OF、EQ1090KS EQ1090KS1、EQ1090F1、EQ1130F 、EQ3090E、EQ3090F、EQ3090E5A、EQ5090XF、EQ4090LE、EQ1090E2、EQ1091E1A、EQ1090E2A、EQ1090F2、EQ1090H1、EQ1091E、EQ1091E1A、EQ1091F、EQ1092E、E1092F、EQ1118G、EQ1118G1、EQ1118G2、EQ1118G3、EQ1090EO、EQ1090FO、EQ3090EO、EQ1090E1AO、EQ1090E2AO
10.2D-04021	东风 EQ1090F2D	EQ6102	只	6	东风 EQ1118G2D、EQ3110F2DY
A3901793	东风 EQ1110F4D	6B59 6BT59	只	6	东风 EQ1110F4D3Y、EQ1112F4DK、EQ1080KS4D、EQ1118F4D1Y、EQ2080E4D、EQ2080E4DY、EQ3110F4D、EQ311D4DY、EQ4090F4DJ
10E-04021	东风 2100E	EQ6105-1	只	6	东风 EQ1140E

三、车身和汽车发动机附件的互换

汽车车身附件主要有：备胎架、保险杠、车门锁、车门铰链、各种密封件、玻璃升降器、风窗雨刮器、风窗洗涤器、遮阳板、后视镜、座椅、安全带、扶手、护板、内饰等。

汽车发动机附件主要有：散热器及节温器、机油冷却器、机油泵、机油滤清器、空气滤清器、排气消声器等。

汽车车身附件和发动机附件为典型的可通用互换配件。一般情况下同一厂家生产的同一系列车型该类配件基本可以通用。即使是不同厂家生产的同类型汽车，该类配件也具有较大的互换可能。如本田思域四门轿车的节温器可与雷克萨斯 IS 四门轿车的节温器进行通用互换。

【任务实施】

结合汽车主要配件通用互换的学习要点，以五十铃重型汽车为例，介绍其配件的通用互换。

一、油轴箱通风装备的通用互换

表 2－3－2

车型	CXZ 187L	CVR 146L	DVR 145L	DXZ 185L	TDJ 72 L	TD 72L	数量
图号	00－49	00－49	00－50	00－50			
配件名称及编号							
曲轴箱通风器	111740－1561	111740－1540	←	←	111740－0961	911740－2511	1
曲轴箱通风胶圈	109623－2990	←	909920－6470	←	←		1
曲轴箱通风软管	909914－9531	←	109360－4541	←	←	909912－9710	1

二、时规齿轮壳与飞轮壳的通用互换

表 2－3－3

车型	CXZ 187L	CVR 146L	DVR 145L	DXZ 185L	TDJ 72L	TD 72L	数量
图号	00－55	00－55	00－56	00－57			
配件名称及编号							
时规齿轮壳	111311－0260	←	←	←	←	111311－0140	1
高压泵齿轮	112524－0131	←	←	←	←	912524－0190	1
高压泵齿轮接合套	111329－0080	←	←	←	←		1
高压泵齿轮键	90805－55190	←	←	←	←		1
转速表驱动器	185860－0250	←					1
转速表驱动器胶圈	109623－1780	←					1
转速表驱动器接头	112539－0120	←					1
时规齿轮壳至缸体衬垫	111312－0070	←	←	←	←		1
时规齿轮壳盖	111312－0780	←	111321－0234	←	←	←	1
曲轴前油封	109625－3160	←	←	←	←	109625－0800	1
飞轮壳	111341－2311	111341－2700	←	←	111341－1523	111341－1150	1
曲轴后油封	109625－3960	←		109625－3170	←	109625－1050	1

三、发动机支架的通用互换

表 2－3－4

车型	CXZ 187L	CVR 146L	DVR 145L	DXZ 185L	TDJ 72L	TD 72L	数量
图号	00－60	00－60	00－60	00－60			
配件名称及编号							
发动机前支架	111711－1420	←	←	←	111771－0371	←	2

续　表

车型	CXZ 187L	CVR 146L	DVR 145L	DXZ 185L	TDJ 72L	TD 72L	数量
发动机前支架橡皮座	153215－0611	←	953215－1770	←	同 CVR 145L	←	2
前钢板托架（左）	153211－1200	←	153211－1340	←	153211－1130	953211－1840	1
前钢板托架（右）	153211－1190	←	153211－1330	←	153211－1120	953211－1830	1
发动机前横梁托架左	153221－1303	←				1	
右	153221－1293	←				1	
发动机后支架橡皮座	953220－1610	←	←	←	←	←	2
发动机后支架侧软垫	953225－2390	←	←	←	←	←	2
发动机后支架（左）	153221－1012	←					1
发动机后支架（右）	153221－1363	←					1
发动机后支架橡皮座衬套			953225－2810	←	←		2
发动机后支架			153221－1011	←	←	153221－0300	2
发动机前横梁	153221－1342		153223－0521	←	←	←	1

四、离合器操纵机构的通用互换

表 2－3－5

车型	CXZ 187L	CVR 146L	DVR 145L	DXZ 185L	TDJ 72L	TD 72L	数量
图号	00－70	00－70	00－70	00－70			
配件名称及编号							
支架总成	173997－7761	←	153251－0093	←	←		1
离合器踏板	131411－1451	←	13411－1330	←	←	131411－0900	1
离合器踏板轴	131415－0070	←	947321－0680	←	←		1
离合器储油箱	147530－1401	←					1
离合器橡胶软管	109360－7120	←					1
离合器踏板回位弹簧	109583－2033	←	109583－0750	←	←	909942－3210	1
主油缸支架			153317－0210	←	←		1
主油缸油管			147416－2590	←	147415－7910		1
主油缸耐油软管			109364－3380	←	109364－4000		1
助力器耐油软管			147416－3110	←	147411－5650		

【任务总结】

汽车零部件的互换性是指在同一规格的一批零件或部件中，任取其一，不须任何挑选或附加修配就能装在机器上，达到规定的性能要求。遵循互换性原则，不仅能显著提高劳动生产率，而且能有效保证产品质量和降低成本。所以，互换性是汽车配件在制造中的重要生产原则与有效技术措施。本任务介绍了汽车配件互换性和汽车配件代用的概念，同时强调了汽车主要配件通用互换时的注意事项。

检验内容	检验指标	检验总结
汽车配件的通用与互换的检验	汽车配件的通用与互换 汽车车身和汽车发动机附件的互换	
检查任务完成情况	1. 能掌握进口汽车零部件编号规则 2. 在实际操作中能够灵活运用	

任务四　汽车配件的检索

【任务描述】

在日常的汽车配件管理工作中，汽车配件的检索主要包括两方面的内容，一方面是查询并确认客户所需配件的零件编号、零件名称、型号等信息；另一方面是查询该配件的库存数量、价格、仓位等信息。

【任务目标】

1. 了解汽车配件检索的工具。
2. 掌握汽车配件检索的方法和步骤。
3. 掌握汽车配件的查询方法。

【任务准备】

一、汽车配件检索工具

通过查阅配件目录确认配件编号。汽车配件检索工具主要有书本配件手册、微缩胶片配件目录和电子配件目录（CD 光盘）三种形式。三者只是载体的形式不同，内容是一样的。

1. 书本配件手册

书本配件手册是人工查询汽车备件的工具，汽车制造厂根据每种车型编辑一本手册，内容包括该车型所有零件的名称、零件编号、单车用量及代用零件编号等详细信息，并附有多种查询方法，如按零件名称、零件编号、汽车总成分类及图形索引（爆炸图）等。配件手册使用方便，但查找效率低且资料无法及时更新；体积大，需要较大的存放空间；易污损，资料完整性难以保证。为此，现在越来越多是采用电子备件目录进行备件的查询。

2. 微缩胶片配件目录

微缩胶片是把配件手册微缩制成的，一张 A4 幅面的胶片 L 可以容纳 96 页 A4 幅面的

手册内容，信息量较大。微缩胶片配件目录中包括索引和正文两部分，正文部分由插图和零件一览表组成，正文按厂家的主组和分组的分类情况有机地组合，依次排列。索引部分是查询零件的向导，包含内容指南、标记和缩略语一览表、零件编号变更一览表、插图索引、图号索引、零件编号索引、零件名称索引、目录包含的车型和特征、VIN（或车架号）一览表等信息。

微缩胶片配件目录需要用称作“微缩胶片阅读机”的放大投影机来阅读，因而使用不方便，现在已经逐步被光盘所取代。

3. 电子配件目录（CD 光盘）

电子配件目录是帮助专业人员应用计算机管理系统正确查询或检索零部件的图号、名称、数量、件号及装配位置、立体形状、库存信息、价格等的技术资料。计算机光盘容量大，一张光盘可以容纳多个车型甚至一家公司全部车型的配件手册内容。光盘系统查询方式灵活多样，非常方便。随着汽修、汽配企业计算机管理的普及，光盘应用越来越广泛。光盘存储形式的电子目录具有信息承载量大、查询简单、更新方便、成本低的特点，因此在配件经销领域得到了广泛的应用。

目前各大厂商根据本身的需要开发了相应的配件服务系统，其结构和功能之间有较大的差异，但实际内容是一致的。使用电子配件目录系统后，配件就可以通过计算机很方便查询到，并且以装配图等多种方式显示出来，替代了传统查询手册的方式，更准确（因可定期和厂家修改技术资料和同步升级）、方便和快捷。目前配件的检索与显示已经做到了三维立体视图，立体插图中的插图号与电子配件目录中的备件号、备件名称、备注说明、每车件数、车型匹配，形成一一对应关系。被授权的经销商可与厂家建立良好的信息沟通渠道，通过联网或定期升级电子零件目录，及时掌握零件的变更信息，并实时地更新自己的备件信息库，实现资源共享，同步升级。

二、汽车配件检索方法和步骤

一般的汽车配件电子目录查询软件都提供了多种的查询检索途径，配件管理人员可根据具体情况选择不同的查询方法获取所需的信息。常用汽车配件的检索方法有按汽车零件名称（字母顺序）索引、按汽车总成分类、按零件图形（图号）索引、按零件编号（件号）等。

1. 按汽车零件名称（字母顺序）索引

在进口汽车配件手册中均附有按零件名称字母顺序编排的索引，如果知道所需零件的英文名称，即使缺乏专业知识的人员，采用此种方法也能较快地查找该零件的有关信息。

2. 按汽车总成分类索引

把汽车零件按总成分类列表，如发动机、传动系、电器设备、转向、制动、车身附件等，根据零件所属总成，查出对应的地址编号或模块编号，再根据编号查询出该零件的有关详细信息。不同的汽车公司、车系分法也有所不同，因此，汽车总成分类索引适用于对汽车零部件结构较熟悉的专业人员使用，知道某一个零件属于哪个总成部分，才能够快速查询和确认客户所需要的配件。

3. 按零件图形（图号）索引

把汽车整车分解成若干个模块，采用图表相结合的方式，用爆炸图（即立体装配关系展开图）能直观、清楚地显示出各个零件的形状、安装位置及其装配关系，并在对应的表中列出零件名称、零件编号、单车用量等详细信息。其特点是能直观、准确、方便迅速确定所需配件。

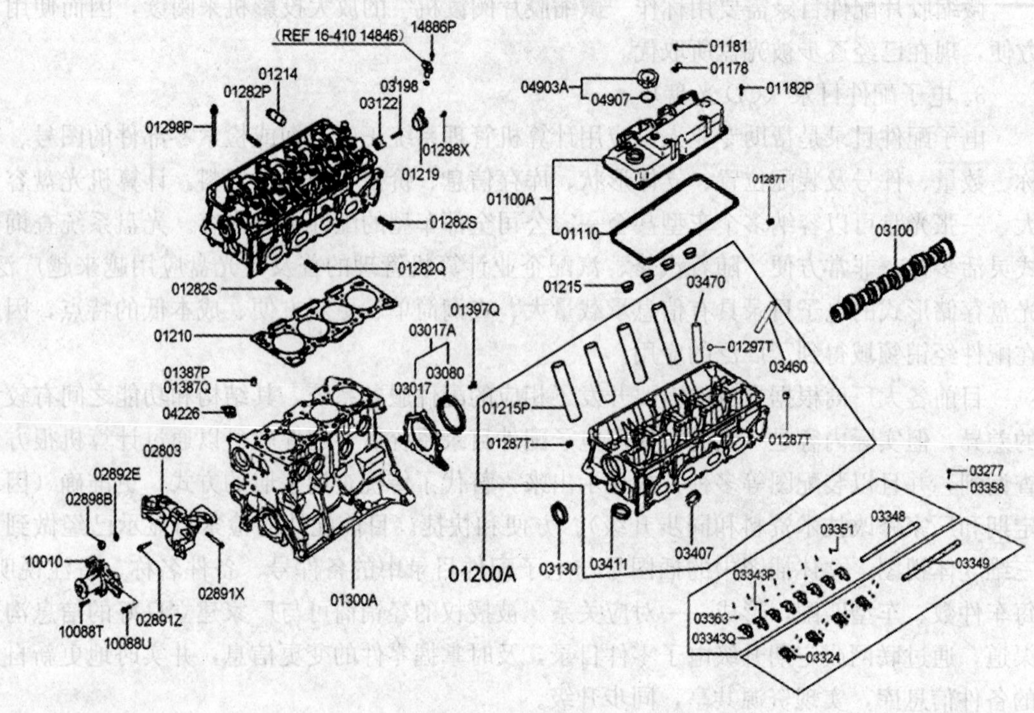

图 2-4-1　配件爆炸示意

三、按汽车零件编号（件号）索引

一般汽车零件上均有该零件的编号，如果所需备件编号已知，则采用本方法能准确、迅速地查询到该零件的有关信息。一个零件的名称可能因翻译、方言等叫法不同，但零件编号是唯一的。零件编号索引是根据零件编号大小顺序排列的，根据已知的零件编号，可以查出该零件的地址编码或所在页码，然后查询其详细信息。

除上述几种外还有根据汽车零件名称编码 PNC（PART NAME CODE）查询等方法，不同汽车制造厂家的配件目录系统提供多种配件查询方法供备件人员根据需要选择，以上列举的只是常见的几种方法。

四、汽车配件查询方法的具体应用

下面以丰田汽车电子零件目录查询系统的具体应用来说明几种常用的汽车配件查询方法。

1. 通过配件编号即件号直接查询零件

如输入零件编号 04465-33340，点击查询后即可得到关于此零件的相关信息。

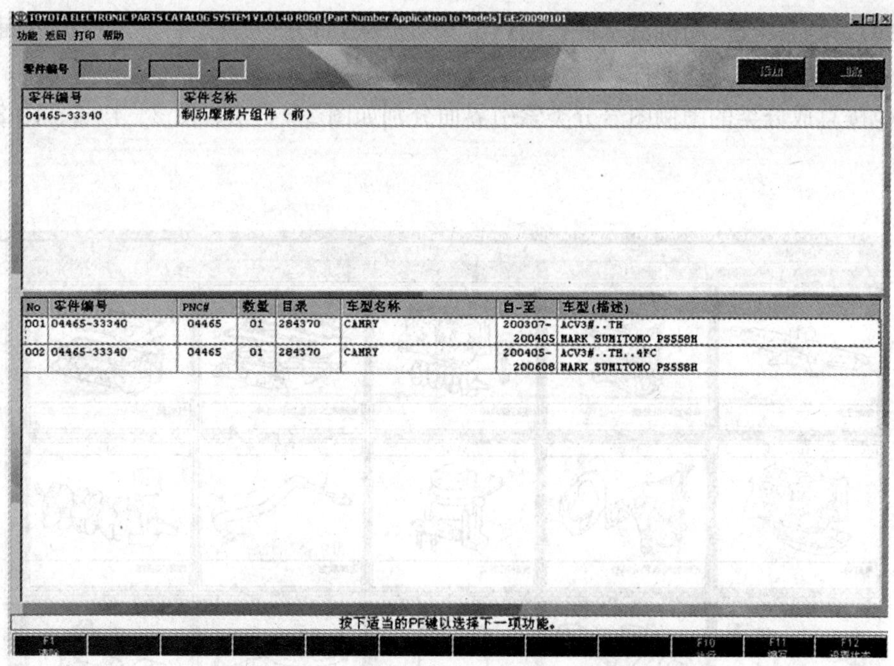

图 2－4－2　以配件编号进行零件查询的界面

2. 汽车总成分类（图例图号）索引查询

图 2－4－3 是按汽车总成分类索引查询的总界面。

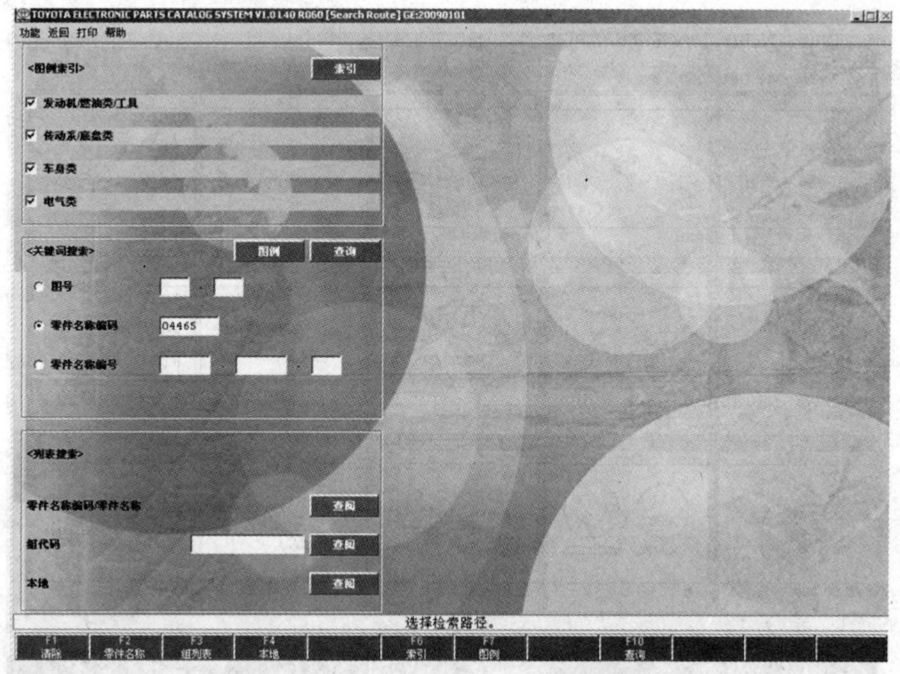

图 2－4－3　汽车总成分类索引查询界面

例如：我们要查发动机活塞件，则点击发动机/燃油类/工具条目，再根据界面所示的图例图号查询所要的具体配件。

其他按总成分类的图例图号分类索引界面分别如图 2－4－4、图 2－4－5、图 2－4－6 所示。

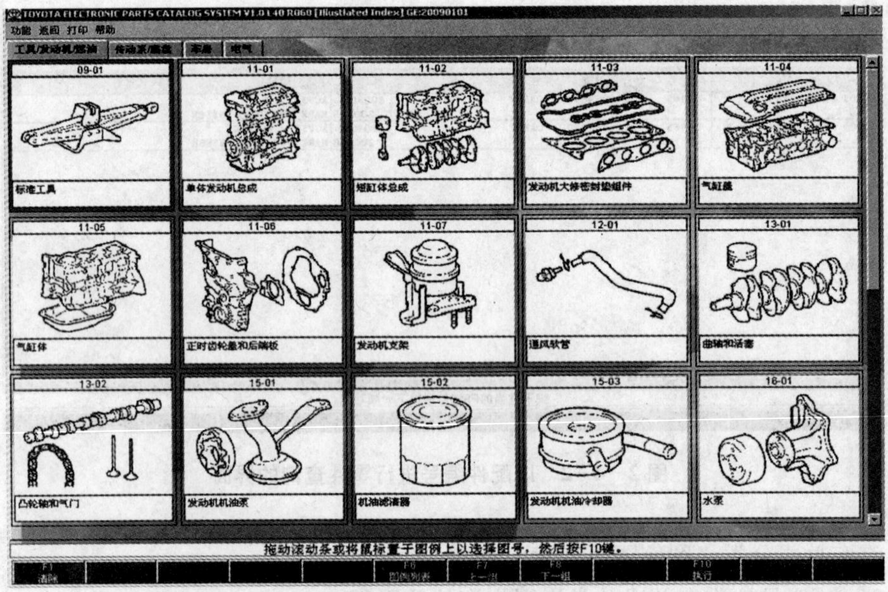

图 2－4－4　汽车总成分类（图例图号）索引——发动机/燃油类/工具查询界面

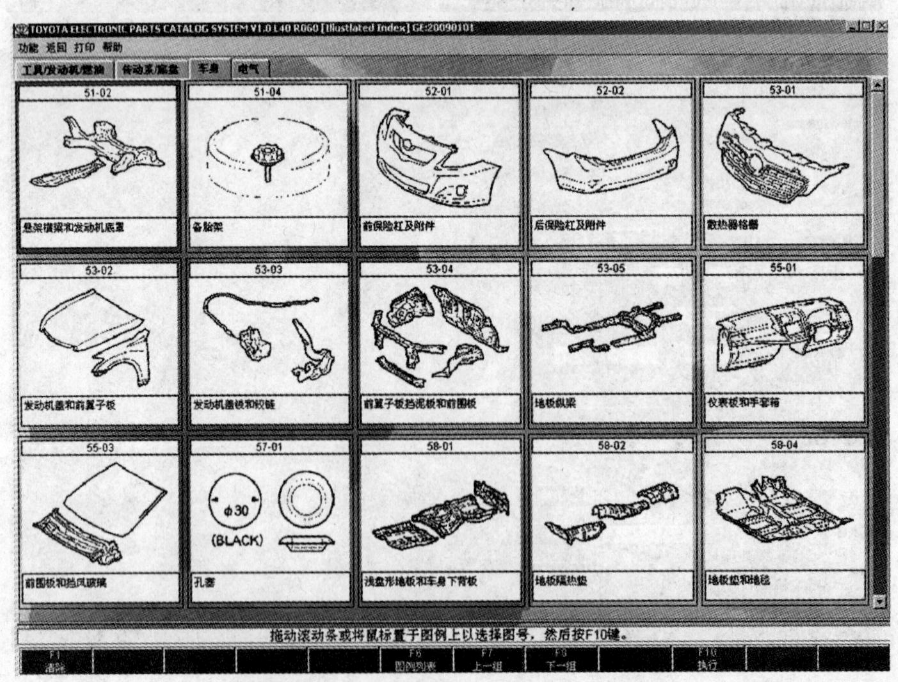

图 2－4－5　汽车总成分类（图例图号）索引——传动系/底盘类查询界面

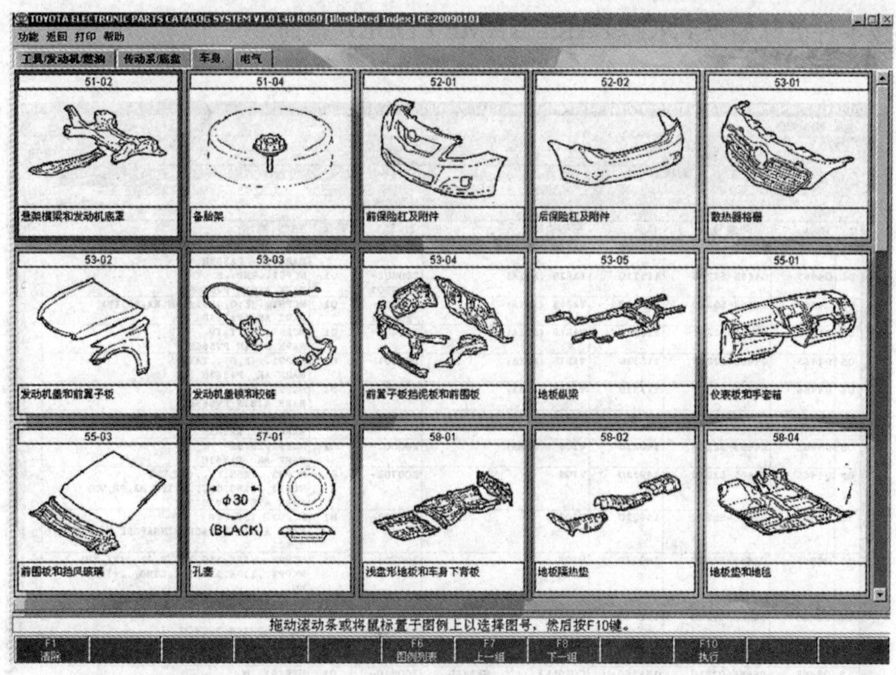

图 2-4-6　汽车总成分类（图例图号）索引——车身查询界面

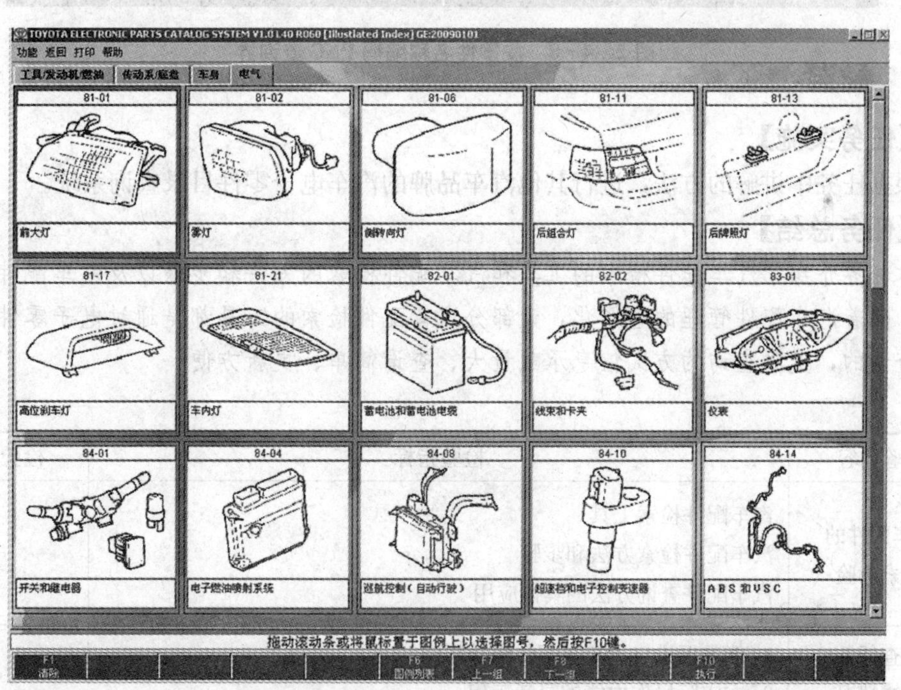

图 2-4-7　汽车总成分类（图例图号）索引——电气类查询界面

3. 按零件名称编码 PNC（PART NAME CODE）查询

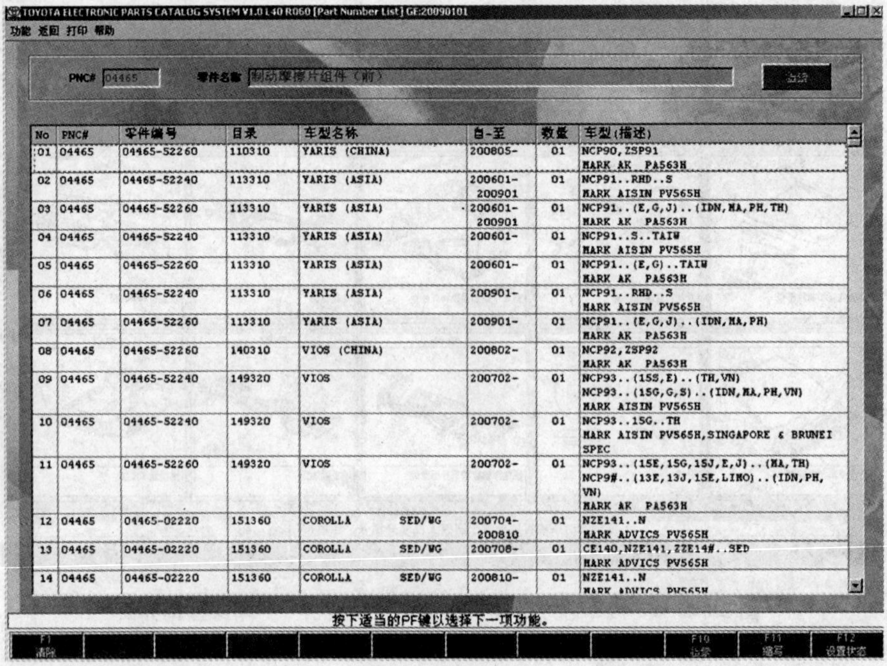

TOYOTA ELECTRONIC PARTS CATALOG SYSTEM V1.0 L40 R060 [Part Number List] GE:20090101

功能 返回 打印 帮助

PNC# 04465 零件名称 制动摩擦片组件（前）

No	PNC#	零件编号	目录	车型名称	自-至	数量	车型(描述)
01	04465	04465-52260	110310	YARIS (CHINA)	200805-	01	NCP90,ZSP91 MARK AK PA563H
02	04465	04465-52240	113310	YARIS (ASIA)	200601- 200901	01	NCP91..RHD..S MARK AISIN PV565H
03	04465	04465-52260	113310	YARIS (ASIA)	200601- 200901	01	NCP91..(E,G,J)..(IDN,MA,PH,TH) MARK AK PA563H
04	04465	04465-52240	113310	YARIS (ASIA)	200601-	01	NCP91..S..TAIW MARK AISIN PV565H
05	04465	04465-52260	113310	YARIS (ASIA)	200601-	01	NCP91..(E,G)..TAIW MARK AK PA563H
06	04465	04465-52240	113310	YARIS (ASIA)	200901-	01	NCP91..RHD..S MARK AISIN PV565H
07	04465	04465-52260	113310	YARIS (ASIA)	200901-	01	NCP91..(E,G,J)..(IDN,MA,PH) MARK AK PA563H
08	04465	04465-52260	140310	VIOS (CHINA)	200802-	01	NCP92,ZSP92 MARK AK PA563H
09	04465	04465-52240	149320	VIOS	200702-	01	NCP93..(15S,E)..(TH,VN) NCP93..(15G,G,S)..(IDN,MA,PH,VN) MARK AISIN PV565H
10	04465	04465-52240	149320	VIOS	200702-	01	NCP93..15G..TH MARK AISIN PV565H,SINGAPORE & BRUNEI SPEC
11	04465	04465-52260	149320	VIOS	200702-	01	NCP93..(15E,15G,15J,E,J)..(MA,TH) NCP9#..(13E,13J,15E,LIMO)..(IDN,PH,VN) MARK AK PA563H
12	04465	04465-02220	151360	COROLLA SED/WG	200704- 200810	01	NZE141..N MARK ADVICS PV565H
13	04465	04465-02220	151360	COROLLA SED/WG	200708-	01	CE140,NZE141,ZZE14#..SED MARK ADVICS PV565H
14	04465	04465-02220	151360	COROLLA SED/WG	200810-	01	NZE141..N MARK ADVICS PV565H

按下适当的PF键以选择下一项功能。

F1 清除　F10　F11　F12 设置状态

图 2-4-8　按零件名称编码 PNC 查询界

【任务实施】

根据任务中讲解的方法，进行其他汽车品牌的汽车电子零件目录查询系统。

【任务总结】

本任务介绍了汽车配件检索的工具和汽车配件检索的方法和步骤以及汽车配件查询的方法。随着汽车配件管理的智能化，大部分汽车配件检索的工具都是通过电子零件目录来进行查询的，这种查询的方式信息承载量大、查询简单、更新方便。

检验内容	检验指标	检验总结
汽车配件的检索检验	汽车配件检索工具 汽车配件检索方法和步骤 汽车配件查询方法的具体应用	
检查任务完成情况	1. 能掌握进口汽车零部件编号规则 2. 在实际操作中能够灵活运用	

模块三　汽车常用材料

车用汽油是一种由石油炼制成的液体燃料，由石油经过直馏馏分和二次加工馏分调和精制并加入必要添加剂而成。车用柴油是轻柴油，分为优级品、一级品和合格品三个质量等级。车辆齿轮油用于各种车辆的传动箱、变速箱、减速器和变速器等的润滑。车用润滑脂主要是由稠化剂、基础油、添加剂三部分组成。轮胎是汽车的重要部件之一，它直接与路面接触，和汽车悬架共同来缓和汽车行驶时所受到的冲击。汽车油漆一般都是烘烤油漆。在车厂里面，车架、车身焊接完成，手工修补车身后，接下来的工序就是上漆。液力传动油是用于汽车自动变速器中液力变矩器、液力祸合器的工作介质。滚动轴承是由内圈、外圈、滚动体和保持架组成。油封则是汽车中保持转动部件不可少的非金属配件，油封不仅可以防止泥沙、灰尘、水汽等侵入轴承，而且限制轴承中的润滑油漏出。

任务一　燃　油

【任务描述】

通过对车用汽油和柴油的类型和牌号的了解，学习其使用性能指标，然后进一步对车用汽油的选用和使用注意事项，车用柴油的选用及合理使用进行学习。

【任务目标】

1. 了解汽油和柴油的来源。
2. 掌握汽油的使用性能、牌号、选用方法和使用注意事项。
3. 掌握柴油的使用性能、牌号、规格及选用方法。
4. 了解车用润滑脂的基本组成、分类及其选用和使用方法。

【任务准备】

一、车用汽油

车用汽油是一种由石油炼制成的液体燃料。主要供汽车、摩托车使用。车用汽油由石油经过直馏馏分和二次加工馏分调和精制并加入必要添加剂而成。沸点范围为30℃～205℃。车用汽油应在任何工作条件下都能形成均匀的混合气，在任何负荷下都能正常燃烧，燃烧过程中不会生成积炭和结胶。

1. 车用汽油的分类

我国车用汽油有无铅和含铅两类。无铅的辛烷值有90、93和95RON（研究法）三种。含铅的辛烷值有90、93和97RON三种。其中90号的铅含量不超过0.35g/L，93和97的铅含量不超过0.45g/L。为防止油路发生气阻，又不致影响汽油气化，其蒸气压春夏不超过74kPa，秋冬不超过88kPa。为保证储存时的安定性，其中胶质在5mg/100ml以下，诱导期不少于480min，总硫含量0.15%（质量），通过试验合格，或硫醇性硫含量0.001%（质量），还加入一定量抗氧剂、金属钝化剂、染料等。用于喷射式汽车发动机的车用汽油，还加入清净性添加剂、燃油添加剂，以防止在喷嘴、进气阀、排气阀及汽缸内生成沉淀物，延长汽车配件的使用寿命。

2. 车用汽油的使用性能

车用汽油的使用性能主要包括：抗爆性、蒸发性、安定性、腐蚀性及清洁性。

(1) 抗爆性

抗爆性是指车用汽油抵御爆燃的发生，保证正常燃烧的能力。车用汽油和空气的混合气在汽油机燃烧室中由火花塞发火点燃后，火焰应均衡稳定地传播到整个燃烧室。若燃烧室内火焰前锋尚未引燃的混合气因过氧化物过浓而氧化急骤进行，以致自行着火，产生高温、高压、高速的压力波，冲击汽缸和活塞并发出金属敲击声，即为爆燃。爆燃是一种非正常燃烧现象，会使发动机功率下降，燃料消耗增多，严重的还会损伤机件。引起发动机爆燃的主要原因之一是汽油抗爆性不好。

(2) 蒸发性

蒸发性是指在一定温度、压力下汽油吸热从液态转变为气态的能力。蒸发性取决于汽油的饱和蒸气压和馏分组成。汽油馏分可分为轻、中、重三部分，以初馏点和10%、50%、90%馏出温度及终馏点控制组成，使之能适应汽车在不同条件下运行的要求。汽油机的低温启动性取决于汽油的饱和蒸气压和10%的馏出温度或70℃的馏出量。汽油机在低温季节走热过程中，如果汽油蒸发性太差，常会出现怠速不稳、加速迟缓、抖动甚至熄火等现象。走热需时的长短，取决于汽油的50%馏出温度，有的国家也用35%馏出温度来评价。馏出温度低，则走热需时短。但汽油的蒸发性过强，易在油路中引起气阻和化油器结霜现象。汽油的90%馏出温度和终馏温度过高，表明汽油不易完全气化，会引起各缸汽油分配不匀，燃烧不完全，燃烧室发生积炭等问题。为适应不同气候条件的需要，抗爆性相同的汽油有蒸发性等级不同或冬用和夏用两种产品供选择。

(3) 安定性

安定性是指汽油在一定的外界条件下抵抗氧化作用的能力。汽油在储存中会氧化生成胶质和腐蚀性氧化物。胶质沉积在汽车的燃料供给系统中会使供油量减少，发动机功率下降；胶质沉积在进气系统，会粘连进气门杆与导管，妨碍气门工作。胶质燃烧困难，其危害更甚于重馏分。含有裂化组分的汽油都要加入抗氧防胶剂和金属钝化剂，以改善汽油的安定性；有时还用汽油清净剂来抑制化油器和进气系统中的沉积物。

(4) 腐蚀性

汽油对储油器和机件应无腐蚀。但汽油中所含的有害元素，如硫、活性或非活性硫化物、水溶性酸或碱超过一定限制时，就会对金属长生直接或间接的腐蚀作用。

(5) 清洁性

汽油的清洁性用汽油中含有机械杂质和水分的多少表示。

3. 车用汽油的选用和使用注意事项

(1) 车用汽油的选用

汽油牌号的选择决定于发动机的压缩比和工作条件。压缩比高的发动机，应选用牌号较高的汽油，否则易产生“爆燃”，使发动机功率下降、损坏机件、耗油量增加；压缩比低的发动机可使用牌号较低的汽油，使用牌号高的汽油不经济。表 3-1-1 是根据发动机的压缩比来选用汽油牌号。一般发动机使用汽油的牌号应按原厂规定执行。如东风、解放汽油车规定使用 90 号无铅汽油。

高低牌号汽油的相互代用。用低牌号的汽油代替高牌号的汽油时，应适当减小（推迟）发动机的点火提前角，并且在行驶中不要超负荷运转，以免引起爆震。用高牌号的汽油代替低牌号的汽油时，为提高发动机的输出功率，降低油耗，应适当增大（提前）发动机的点火提前角，调小主量孔。

个别指标不合格的汽油，应掺和使用，应考虑地理条件、发动机的技术状况并及时维护保养。

表 3-1-1　　汽油牌号的选用

发动机压缩比	7.0 以下	7.0～8.0	8.0～8.5	8.5 以上
可选用汽油牌号	90 号	90 号	93 号	95、97 号

(2) 车用汽油的使用注意事项

车用汽油是易燃、易爆物品，车用汽油蒸气与空气混合后一接触火星就会着火，甚至爆炸。在储存、运输、装卸车用汽油中，应严格按规定防火、防爆和防静电。严禁车用汽油（或掺入灯用煤油中）作点灯或煤油炉燃料，以免发生火灾。

车用汽油与车用柴油不能混合使用。汽油发动机与柴油发动机燃烧做功机理不同，汽油机是把油气混合物压缩经火花塞点燃，膨胀做功；柴油机是将空气压缩在行程终了时喷入柴油，柴油在压缩终了的高温高压条件下自燃，膨胀做功。因此，汽油机使用的车用汽油必须是馏分轻（35℃～205℃），蒸发性好，自燃点高，抗爆性好（辛烷值高）的油品。而柴油发动机所用车用柴油比车用汽油馏程要重的多（200℃～365℃），蒸发性差，自燃点低，十六烷值高，但辛烷值低。若车用柴油混入汽油发动机，将产生蒸发困难，不能安全燃烧，造成排气冒黑烟，燃烧室结胶、积炭、爆震，严重时，会造成汽车不能启动，损坏汽油发动机。因此，绝不能让车用柴油混入车用汽油中使用。

车用汽油不能与溶剂汽油混合使用。有些驾驶员不了解车用汽油与溶剂汽油的不同，认为汽油可以混用。溶剂汽油虽然蒸发性好，馏分轻，但它不像车用汽油那样具有优良的抗爆性。它的辛烷值仅有 40～50，只能起溶解、稀释、洗涤和抽提某些物质的作用，不可掺入车用汽油中使用。否则，会使汽车产生严重爆震，即敲缸。

二、车用柴油

1. 柴油的分类和牌号

我国生产的柴油分轻柴油、重柴油。车用发动机所用的柴油是轻柴油，分为轻柴油和军用柴油两种。轻柴油分为优级品、一级品和合格品三个质量等级。每个等级根据柴油的柴油的凝点不同分为 10 号、5 号、0 号、－10 号、－20 号、－35 号和－50 号（GB/T 19147—2003）。

每种牌号柴油的凝点不应高于其牌号的数值。如－10 号柴油，它的凝点不能高于－10℃。车用柴油的质量标准见表 3－1－2。

表 3－1－2　　车用柴油的质量标准（GB/T 19147—2003）

项　目		质量指标							试验方法
		10 号	5 号	0 号	－10	－20	－35	－50	
氧化安定性，总不溶物，(mg/mL)	不大于	2.5	2.5	2.5	2.5	2.5	2.5	2.5	SH/T0175
硫含量（%）	不大于	0.05	0.05	0.05	0.05	0.05	0.05	0.05	GB/T380
10%蒸余物残炭（%）	不大于	0.3	0.3	0.3	0.3	0.3	0.3	0.3	GB/T268
灰分（%）	不大于	0.01	0.01	0.01	0.01	0.01	0.01	0.01	GB/T508
铜片腐蚀（50℃，3h），级	不大于	1	1	1	1	1	1	1	GB/T5096
水分（%）	不大于	痕迹	痕迹	痕迹	痕迹	痕迹	痕迹	痕迹	GB/T260
机械杂质		无	无	无	无	无	无	无	GB/T511
润滑性 磨痕直径（60℃），um	不大于	460	460	460	460	460	460	460	ISO 12156－1
运动粘度（20℃），mm^2/s	不大于	3.0～8.0				2.5～8.0	1.8～7.0		GB/T256
凝点，℃	不高于	10	5	0	－10	－20	－35	－50	GB/T510
冷滤点，℃	不高于	12	8	4	－5	－14	－29	－44	SH/T0248
闪点（闭口），℃	不低于	55	55	55	55	50	45	45	GB/T261
着火性（需满足下列要求之一）									GB/T386
十六烷值	不小于	49	49	49	49	46	45	45	GB/T11139
十六烷指数	不小于	46	46	46	46	46	43	43	SH/T0694
馏程									GB/T6536
50%回收温度，℃	不高于	300	300	300	300	300	300	300	
90%回收温度，℃	不高于	355	355	355	355	355	355	355	
95%回收温度，℃	不高于	365	365	365	365	365	365	365	
密度（20℃），kg/m^3		820～860					800～840		GB/T1884 GB/T1885

2. 柴油的使用性能

柴油机可燃混合气在燃烧室内采用压燃的着火方式，可燃混合气的形成与燃烧过程与汽油机不同，最突出的使用性能是低温流动性和燃烧性。

（1）低温流动性

柴油在低温条件下具有一定流动状态的性能，叫做柴油的低温流动性。要求柴油具有良好的低温流动性。

评定柴油低温流动性的指标有：凝点、浊点、冷滤点等。对于柴油的低温流动性各国采用的指标不同，美国用冷凝点，欧洲用冷滤点，我国用凝点和冷滤点。

凝点是指在规定的条件下，将盛于试管内的试油冷却并倾斜 45 度经过一分钟后油面不再移动时的最高温度。在露天特别是低温下工作的柴油机，柴油的低温流动性是十分重要的。但是柴油的凝点并不能说明柴油可能使用的最低温度。因为在高于凝点 5℃～10℃的浊点，已开始有蜡结晶析出，此时油品虽然还具有一定的流动性，可是在使用中有可能堵塞输油管和过滤网，引起供油中断。国外均采用浊点、倾点或冷滤点来表示柴油的低温流动性，同时规定指标是按地区和季节选用的，能较好地反映柴油低温使用情况。通常规定浊点温度比使用地区的最低气温高 6℃。

冷滤点是指在规定条件下，20ml 石油开始不能通过规定尺寸过滤网时的最高温度，与实际使用的界限温度有较好的对应关系，已被广泛采用。我国也拟结合我国气温条件，按地区和季节确定柴油的冷滤点或倾点作为柴油的低温流动性指标。

浊点是指轻质油品（包括柴油）在测定条件下的降温过程中，由透明变为浑浊时的温度。产生浑浊的原因是其中的正构烷烃在低温下开始形成微小晶粒，只是这些晶粒不能用肉眼观察到。

倾点是指油品在规定的试管中不断冷却，直至将试管平放 5 秒钟而试样无流动时的温度再加上 3℃所得到的温度值。

（2）雾化和蒸发性

为了保证柴油机的动力性和经济性，燃烧过程必须在活塞位于压缩行程上止点附近迅速完成，要求喷油持续时间极为短促，只有 150～300ms。曲轴转角，混合气形成时间只有汽油机的 1/20～1/30，在既定的燃烧室和喷油设备条件下，柴油的雾化和蒸发性决定了混合气形成的速度和质量。但是，柴油的雾化和蒸发性过强，不仅储存和运输中蒸发损失大，而且安全性差，所以，要求柴油具有较好的雾化和蒸发性。

（3）燃烧性

柴油的燃烧性是指其自燃能力。柴油的燃烧性用十六烷表示（燃料中正十六烷的体积百分数）。车用柴油的十六烷值越高，燃烧性越好。

（4）腐蚀性

柴油中含有硫及硫化物、水分及酸性物质即对零件产生腐蚀作用，而且促进柴油机沉积物的生成。

（5）清洁性

柴油机的燃料供给系的精密偶件通过柴油润滑，若柴油中混入坚硬的杂质，就会堵塞油路使柴油机产生磨料磨损。同时，水分的存在加剧了硫化物对金属零件的腐蚀作用。

(6) 安定性

柴油的安定性是指在高温及溶解氧的作用下，柴油发生变质的倾向。

3. 轻柴油的选择

轻柴油的选择就是按照风险率为10%的最低气温进行牌号的选择。如某地区。某月风险率为10%的最低气温值，表示该月中最低气温低于该值的概率为0.1，或者说该月中最低气温高于该值的概率为0.9。掌握本地区内风险率为10%的最低气温不仅是选择轻柴油牌号的依据，也是选择发动机油、车辆齿轮油和制动液的依据。

轻柴油牌号的选择一般应使最低使用温度等于或略高于轻柴油的冷滤点。使用前要进行沉淀和滤清。

10号轻柴油：适用于有预热设备的柴油机；

5号轻柴油：适用于风险率为10%的最低气温在8℃以上的地区使用；

0号轻柴油：适用于风险率为10%的最低气温在4℃以上的地区使用；

-10号轻柴油：适用于风险率为10%的最低气温在-5℃以上的地区使用；

-20号轻柴油：适用于风险率为10%的最低气温在-14℃以上的地区使用；

-35号轻柴油：适用于风险率为10%的最低气温在-29℃以上的地区使用；

-50号轻柴油：适用于风险率为10%的最低气温在-44℃以上的地区使用；

4. 车用柴油的合理使用

(1) 柴油加入油箱前，要充分沉淀（不少于48小时)。

(2) 不同牌号的车用柴油可以掺兑使用。

(3) 严寒的冬季车辆不能启动时，可以采用启动燃料帮助启动。如乙醚与航空煤油按体积1∶1配制，这种燃料很容易自行着火。但禁止采用向柴油中加入汽油进行启动的做法，因为汽油的自燃点高于柴油，不易于压缩自燃，加入后反而更难启动。

【任务实施】

一、车用汽油牌号的熟悉

通过相关表格及说明书的参阅，对车用汽油常用的几个牌号进行了解，并且记录下相应的数据，以便区分。

二、车用柴油基本知识的总体认识

1. 车用柴油基本类型认识

车用柴油主要有两大类，通过相关表格的参阅，对车用柴油常用牌号的使用性能进行了解，并且记录下相应的数据，以便区分不同牌号之间的关系。

2. 车用柴油常用牌号的认识

通过相关表格及说明书的参阅，对车用柴油常用的几个牌号进行了解，并且记录下相应的数据，以便区分。

【任务总结】

本任务首先以几种典型车用汽油和车用柴油的牌号为例，查阅相关表格，深刻理解每种牌号的意义，并进行质量检验；其次，检查对车用汽油和车用柴油的使用性能知识的熟练掌握完成情况。

检验内容	检验指标	检验总结
质量检验	识别典型车用汽油和车用柴油牌号，并记录，区分不同牌号物点 提示：牌号标准参照书中相关表格中	
检查任务完成情况	1. 能正确描述车用汽油和车用柴油的上样使用性能 2. 能正确并合理选用车用汽油和车用柴油	

任务二　润滑材料

【任务描述】

通过对车辆齿轮油的主要作用、使用性能及其基本类型进行了解，进一步学习车用齿轮油的选用。同时通过对车用润滑脂的基本组成、类型及使用特点的了解，学习怎样合理使用和选用车用润滑脂。

【任务目标】

1. 掌握车辆齿轮油主要作用及其使用性能。
2. 了解车用齿轮油的基本类型。
3. 掌握车用齿轮油的选择和使用。
4. 了解车用润滑脂的基本组成、分类及其使用特点。
5. 掌握车用润滑脂的选择和使用。

【任务准备】

一、车辆齿轮油

车辆齿轮油用于各种车辆的传动箱、变速箱、减速器和变速器等的润滑。车辆齿轮传动装置（特别是双曲线齿轮）在工作过程中承受的载荷较大，因而对车辆齿轮油的性能要求也较高。

1. 车辆齿轮油的主要作用

（1）减少齿轮及轴承的摩擦与膳损，加强摩擦表面的散热作用，防止机件发生腐蚀和锈蚀。

（2）有较好的热稳定性、氧安定性、防锈性、抗泡沫性、低温性能、储存稳定性。

（3）减少摩擦，提高机械设备的效率。

（4）减少磨损、擦伤以及金属的表面疲劳。

（5）使热量散失。

(6) 减少齿轮间的振动、冲击和噪声。

(7) 从金属接触区域去掉污染物质。

(8) 防止腐蚀。

2. 车辆齿轮油使用性能

(1) 润滑性和极压性

车辆齿轮油具有合适的运动粘度，保证形成油膜，实现液体润滑状态。粘度是齿轮油的重要使用性能之一，对油膜的形成影响很大。

车辆齿轮油的极压性：指齿轮油中的极压抗磨剂在高压、高速、高温的苛刻工作条件下，能在齿面上与金属发生化学反应生成反应膜，防止齿面发牛擦伤或烧结的性质，有时也叫承载能力或抗胶合性。车辆齿轮油的润滑性和极压性的评定，除了运动粘度之外，还要通过四球极压试验机或台架试验来评定。

(2) 低温操作性和粘温性

要求车辆齿轮油低温流动性好，而且要求高温时粘度不能太小，即有良好的粘温性。为了保证车辆齿轮油具有良好的低温操作性，除规定了倾点、成沟点和粘度指数等指标外，还特别采用了“表观粘度达 150Pa·S 时的温度”这一指标。

成沟点是指在规定的试验条件下，试油成沟的最高温度。把容器内的试验油样在规定温度下放置 18h，然后用金属片把油切成一条沟，10s 后观察油的流动情况。若 10s 内试油流回并完全覆盖试油容器底部，则报告试样不成沟；反之则报告试样成沟。“粘度达到 150Pa·s 时的最高温度”是车辆齿轮油 SAE 粘度分类的依据之一。

(3) 热氧化安定性

车辆齿轮油的热氧化安定性是指齿轮油在空气、水分、金属的催化作用和热作用下抵抗氧化变质的能力。提高齿轮油热氧化安定性的一个主要途径是加抗氧化添加剂。

(4) 抗腐性和防锈性

车辆齿轮油抗腐性：齿轮油在金属表面形成保护膜，以防止腐蚀性物质侵蚀金属的能力。

齿轮油的防锈性：齿轮油保护齿轮不受锈蚀，保证齿轮的使用性能和延长齿轮使用寿命的能力。齿轮油中应加入适当的极压抗磨剂、抗腐剂和防锈剂，使车辆齿轮油具有良好的抗腐性和防锈性。

(5) 抗泡沫性

齿轮油应有良好的抗泡性，保证在齿轮剧烈搅拌过程中产生的泡沫少并易于消失。为减少泡沫，一方面要破坏已产生的泡沫，另一方面要抑制泡沫的产生。前者用醇类达到目的，后者在齿轮油中添加抗泡剂达到目的。常用的抗泡剂是硅油。

车辆齿轮油还有使用性能：如清洁性、储存安定作用等。

3. 车辆齿轮油的分类

(1) 按质量水平分类

美国石油学会将汽车齿轮油分为五档（GL－1～GL－5)。GL－1～GL－3 的性能要求较低，用于一般负荷下的正、伞齿轮，以及变速箱和转向器等齿轮的润滑。GL－4 用于高速低扭矩和低速高扭矩条件下，汽车双曲线齿轮传动轴和手动变速箱的润滑。GL－5 的性

能水平最高，用于运转条件苛刻的高冲击负荷的双曲线齿轮传动轴和手动变速箱的润滑。

（2）按粘度分类

我国车辆齿轮油粘度分类采用美国汽车工程师学会（SAE）粘度分类法，分为70W、75W、80W、85W、90、140、250七个粘度级，其中“W”代表冬用，SAE70W、75W、80W、85W为冬用油；无“W”字则为非冬用油，90、140均为夏用油。XXW/XX为冬夏通用齿轮油。是根据100℃运动粘度划分。市场上主要用到的是SAE75W/90、SAE85W/90、85W/140，该类油是冬夏通用。

表3-2-1　车用齿轮油的粘度等级

SAE 粘度级别	150000厘泊时的 最高温度（℃）	100℃时的粘度（厘斯）	
最低值	最高值	最小	最大
70W	-55	4.1	—
75W	-40	4.1	—
80W	-26	7.0	—
85W	-12	11.0	—
90	—	13.5	<24.0
140	—	24.0	<41.0
250	—	41.0	—

4. 车辆齿轮油的选用

齿轮油的正确选用包括：根据齿轮类型和工作条件确定油品质量档次，根据最低使用环境温度和齿轮传动装置的运行最高温度来确定粘度等级（牌号）。

（1）质量档次的选择

汽车齿轮油质量档次的选择应依据主减速器齿轮类型及其工作条件，如果主减速器是双曲线齿轮且齿面负荷在2000MPa以上、滑移速度超过10m/s、油温可高达120℃～130℃以上的车辆必须选用含有大量极压剂的重负荷车辆齿轮油（GL-5），如北京切诺基、红旗和进口高级轿车用齿轮油；如果主减速器是双曲线齿轮，但负荷较小，不超过2000MPa，齿面滑移速度在1.5～8m/s的车，如：EQ1090、桑塔纳、夏利等应选中负荷齿轮油（GL-4）；有些结构化较紧凑的越野车和进口载货车如：红岩GQ-61、奔驰20206、斯太尔等，主减速器虽为螺旋伞齿轮传动，但工作条件也比较苛刻，它们也必须使用中负荷齿轮油（GL-4），不可使用极压抗磨性很低的普通车辆齿轮油。若后桥主减速器是一般螺旋伞齿轮，工作条件苛刻程度一般的车辆，如：CA30A、JN150等，选用普通车辆齿轮油（GL-3）即可。

车辆的手动变速器、分动器的齿轮都是圆柱直齿轮或斜齿轮，负荷一般低于

2000MPa，转速较快，容易形成流体（轻负荷）或弹性流体（重负荷）润滑油膜，同时各挡齿轮交替工作，工作条件比主减速器温和，选用含非活性抗磨剂的或少量极压抗磨剂的普通车辆齿轮油即能满足润滑要求。但为简化用油品种，方便管理，多数汽车制造厂推荐驱动桥和手动变速器用同一种齿轮油。转向机构齿轮传动部分一般和手动变速器使用一种润滑油。

(2) 粘度等级的选择

车辆齿轮油粘度等级的选择主要依据是使用环境温度。我国南方地区可选用 90 号或 140 号油，东北及西北寒区宜选用 80W/90 或 75W/90 号油，其余中部地区宜选用 85W/90 或 85W/140 号油。

①根据齿轮工作条件的苛刻程度选择使用等级。

齿轮工作条件的苛刻程度是由齿轮的类型及其工作时的负荷和表面滑移速度决定的。普通齿轮传动可选用普通车辆齿轮油，准双曲面齿轮传动必须选用准双曲面齿轮油。若汽车在山区或满载拖挂行驶，并经常处于高负荷状态下，工作苛刻、油温较高，也可以选用准双曲面齿轮油。

②依据季节气温选择粘度等级。

齿轮的低温粘度达 150000mPa. s 时的最高温度决定其适用的最低气温。因此齿轮油的粘度等级一般是根据不同地区或季节的气温情况来选择的。气温高时，选择粘度高的齿轮油；反之，选择粘度低的齿轮油。如长江流域及其他冬季气温不低于－10℃的地区，全年可用 90 号油。长江以北冬季气温不低于－26℃的严寒区，全年可用 80W/90 油。黑龙江、内蒙古、新疆等冬季气温在－26℃以下的严寒区，冬季使用 75W 号油，夏季换用 90 号油。其他地区全年可用 85W/90 油。

二、车用润滑脂

1. 基本组成

润滑脂主要由稠化剂、基础油、添加剂三部分组成。一般润滑脂中稠化剂含为 10％～20％，基础油含为 75％～90％，添加剂及填料的含量在 5％以下。

(1) 基础油

基础油是润滑脂分散体系中的分散介质，对润滑脂的性能有较大影响。一般润滑脂多采用中等粘度及高粘度的石油润滑油作为基础油，也有一些为适应在苛刻条件下工作的机械润滑及密封的需要，采用合成润滑油作为基础油，如酯类油、硅油、聚泣-烯烃油等。

(2) 稠化剂

稠化剂是润滑脂的重要组成部分，分散在基础油中并形成润滑脂的结构骨架，使基础油被吸附和固定在结构骨架中。润滑脂的抗水性及耐热性主要由稠化剂决定。用于制备润滑脂的稠化剂有两大类，皂基稠化剂（即脂肪酸金属盐）和非皂基稠化剂（烃类、无机类和有机类）。皂基稠化剂分为单皂基（如钙基脂）、混合皂基（如钙钠基脂）、复合皂基（如复合钙基脂）三种。90％的润滑脂是用皂基稠化剂制成的。

(3) 添加剂与填料

一类添加剂是润滑脂所特有的，叫胶溶剂，它使油皂结合更加稳定，如甘油与水等。

钙基润滑脂中一旦失去水，其结构就完全被破坏，不能成脂，如甘油在钠基润滑脂中可以调节脂的稠度。另一类添加剂和润滑油中的一样，如抗氧、抗磨和防锈剂等，但用量一般较润滑油中为多。如磷酸酯、ZDDP、Elco极压抗磨剂、复合剂、滴点提高剂等。有时，为了提高润滑脂抵抗流关和增强润滑的能力，常添加一些石墨、二硫化钼和炭黑等作为填料。

2. 车用润滑脂的使用特点

润滑脂与润滑油相比具有以下优点：

(1) 与具有可比粘度的润滑油相比，润滑脂具有更高的承载能力和更好的阻尼减震能力。

(2) 由于稠化剂结构体系的吸收作用，润滑脂具有较低的蒸发速度。因此在缺油脂润滑状态下，特别是在高温和长周期运行中，润滑脂具有更好的特性。

(3) 由于稠化剂结构的毛细管作用，与可比粘度的润滑油相比，润滑脂的基础油爬行倾向小。

(4) 润滑脂能形成具有一定密封作用的脂圈，可防止固体或流体污染物的侵入，有利于在潮湿和多尘环境中使用。

(5) 润滑脂能牢固地粘附在被润滑表面上，即使在倾斜甚至垂直表面上也不流失。在外力作用下，产生形变，能够像油一样流动；一旦去掉外力，又恢复到原始状态，停止流动。因此，润滑脂能在敞开的或密封不良的摩擦部件上工作。

(6) 用润滑脂可简化设备的设计与维护，可以省掉油润滑系统常常需要油泵、冷却器、滤油器等，从而节省设备费用。

(7) 由于润滑脂粘附性好，不易流失，所以在停机后再启动仍可保持满意的润滑状态。

(8) 用润滑脂通常只需要将少量润滑脂涂于被润滑表面，因而可大大节约油品的需求量。

正是由于润滑脂具有以上的优点，所以润滑脂和脂润滑越来越受到人们的重视。全世界的滚动轴承约有80%采用脂润滑，滑动轴承也有20%用脂润滑，就连一向用油润滑的齿轮箱，目前也有许多向着脂代油的方向发展。

润滑脂的缺点主要是冷却散热性能差，内摩擦阻力较大，供脂换脂不如油方便，因而其应用受到一定限制。

3. 车用润滑脂的使用性能指标

润滑脂的使用范围很广，工作条件差别大，不同的机械设备对润滑脂性能要求各不相同。润滑脂性能是润滑脂组成及其制备工艺的综合体现。根据汽车及工程机械用脂部位的具体情况，对润滑脂的基本要求是：适当的稠度，良好的高低温性能，良好的极压、抗磨性，良好的抗水和安定性等。

(1) 稠度

稠度是指在规定的剪力或剪速下，测定润滑脂结构体系变形程度以表达体系的结构性。是一个与润滑脂在所润滑部位上的保持能力和密封性能，以及与润滑脂的泵送和加注方式有关的重要性能指标。

某些润滑点之所以要使用润滑脂，就是因为其有一定的稠度，从而使其具有一定的抵抗流失的能力。不同稠度的润滑脂所适用的机械转速、负荷和环境温度等工作条件不同，稠度是润滑脂的一个重要指标。

（2）高温性能

温度对于润滑脂的流动性具有很大影响，温度升高，润滑脂变软，使得润滑脂附着性能降低而易于流失。在较高温度条件下还易使润滑脂的蒸发损失增大，氧化变质与凝缩分油现象严重。

润滑脂失效的主要原因，由于凝胶的萎缩和基础油的蒸发损失所致，即润滑脂失效过程的快慢与其使用温度有关。高温性能好的润滑脂可以在较高的使用温度下保持其附着性能，其变质失效过程也较缓慢。润滑脂的高温性能可用评定指标滴点、蒸发度和轴承漏矢量等。

（3）低温性能

汽车与工程机械起步时的温度与环境温度近乎一致．在寒冷地区使用时，要求润滑脂在低温条件仍能保持良好的润滑性能，它取决于润滑脂低温条件的相似粘度及低温转矩。同一种润滑油，由于温度不同，粘度不同，润滑脂的粘温特性比润滑油复杂，因为润滑脂结构体系的粘温特性还要随剪力的变化而改变。

（4）抗水性

润滑脂的抗水性是指润滑脂在大气湿度条件下的吸水性能，要求润滑脂在储存和使用中不具有吸收水分的能力。润滑脂吸收水分后，会使稠化剂溶解而致滴点降低，引起腐蚀，从而降低保护作用。有些润滑脂，如复合钙基脂，吸收大气中的水分还会导致变硬，逐步失去润滑能力。润滑脂的抗水性：取决于稠化剂的抗水性与乳化性。

（5）胶体安定性

润滑脂在储存和使用时避免胶体分解，防止液体润滑油析出的能力。润滑脂发生皂油分离的倾向性说明其胶体安定性不好，将直接导致润滑脂稠度改变。

（6）氧化安定性

在储存与使用时抵抗大气的作用而保持其性质不发生变化的能力。润滑脂的氧化与其组分，也即稠化剂、添加剂及基础油有关。

4. 车用润滑脂的分类

汽车常用润滑脂有钙基润滑脂、石墨钙基润滑脂、无水钙基润滑脂、复合钙基润滑脂、钠基润滑脂、钙钠基润滑脂、通用锂基润滑脂、汽车通用锂基润滑脂、合成锂基润滑脂等。

（1）钙基润滑脂

由天然脂肪或合成脂肪酸用氢氧化钙反应生成的钙皂稠化中等粘度石油润滑油制成。使用温度不能超过60℃，如超过这一温度，润滑脂会变软甚至结构破坏不能保证润滑。具有良好的抗水性，遇水不易乳化变质，适用于潮湿环境或与水接触的各种机械部件的润滑。具有较短的纤维结构，有良好的剪断安定性和触变安定性，因此具有良好的润滑性能和防护性能。

（2）石墨钙基润滑脂

石墨既是一种固体润滑剂又是一种填充剂，具有良好的耐压抗磨性能和抗水性。

（3）复合钙基润滑脂

用脂肪酸钙皂和低分子酸钙盐制成的复合钙皂稠化中等粘度石油润滑油或合成润滑油制成。耐温性好，润滑脂滴点高于 180℃，使用温度在 150℃左右。具有良好的抗水性，机械安定性和胶体安定性。具有较好的极压性，适用于较高温度和负荷较大的机械轴承润滑。复合钙基润滑脂表面易吸水硬化，影响它的使用性能。

（4）钠基润滑脂

由天然或合成脂肪酸钠皂稠化中等粘度石油润滑油制成。

具有较长纤维结构和良好的拉丝性，可以使用在振动较大、温度较高的滚动或滑动轴承上。尤其是适用于低速、高负荷机械的润滑。因其滴点较高，可在 80℃或高于此温度下较长时间工作。钠基润滑脂可以吸收水蒸气，延缓水蒸气向金属表面的渗透。

（5）钙钠基润滑脂

具有钙基和钠基润滑脂的特点。有钙基脂的抗水性，又有钠基脂的耐温性，滴点在 120℃左右，使用温度范围为 90℃～100℃。具有良好的机械安定性和泵输送性，用于不太潮湿条件下的滚动轴承上。

（6）汽车通用锂基润滑脂

汽车通用锂基润滑脂是用天然脂肪酸锂皂稠化低凝点润滑油加抗氧、缓蚀剂制成。结构稳定，具有优良的机械安定性和胶体安定性；良好的高低温性；良好的抗水、防锈性能；良好的抗氧化性能。适用于中型和重型汽车的轮毂轴承、底盘、电机、水泵和发电机等摩擦部位的润滑。在－30℃以上地区四季通用，使用温度范围为－30℃～120℃。

5. 车用润滑脂的选择和使用

（1）润滑脂的选择

①工作温度

润滑点的工作温度对润滑脂的润滑作用和使用寿命有很大的影响，一般认为润滑点工作温度超过润滑脂温度上限后，由于润滑脂基础油对蒸发损失、氧化变质和胶体萎缩分油现象加速，温度每升高 10℃～15℃，润滑脂的寿命降低 1/2。润滑点的工作温度还随周围环境介质温度变化而变化。此外，负荷、速度、长期连续运行、润滑脂装填太多等因素也对润滑点的工作温度有一定的影响。

②速度

润滑部件的运转速度越高，润滑脂所受的剪切应力就越大，稠化剂形成的润滑脂纤维骨架受到的破坏作用越大，脂的使用寿命就会越短。

③负荷

对于重负荷润滑点应选用基础油粘度高、稠化剂含量高、具有较高极压性和抗磨性的润滑脂。

④环境条件

环境条件是指润滑点的工作环境和周围介质，如空气湿度、尘埃和是否有腐蚀性介质等。在潮湿环境或与水接触的情况下，可选用抗水性好的润滑脂，如钙基、锂基。条件苛刻时，应选用加有防锈剂的润滑脂，而不宜选用抗水性差的钠基脂。处在有强烈化学介质的环境中的润滑点，应选用抗化学介质的合成润滑脂，如氟碳润滑脂等。

⑤其他

除了以上几点外，在选用润滑脂时，还要考虑使用时的经济性，综合分析使用此润滑脂是否可以延长润滑周期、加注次数、脂消耗量、轴承的失效率和维修费用等。

(2) 润滑脂使用注意事项

推荐使用锂基润滑脂。锂基脂外观是发亮的奶油状油膏，滴点高、使用温度范围广，并有良好的低温性、抗磨切性、抗水性、抗腐蚀性和热氧化安定性，是目前最常用的一种多效能的润滑脂。

保持清洁。加注润滑脂时应特别注意，涂脂前零部件必须经溶剂油洗净并吹干，然后重新加注润滑脂。在更换润滑脂时，要注意不同种类的润滑脂不能混用。新润滑脂和旧润滑脂也不能混合，即使是同类的润滑脂也不可新旧混合使用。因为旧润滑脂含有大量的有机酸和杂质，将会加速新润滑脂的氧化，所以在换润滑脂时，一定要把旧废润滑脂清洗干净，才能加入新润滑脂。

用量适当。轮毂轴承的润滑非常重要，而且润滑脂用量也最多。更换轮毂轴承润滑脂时，只要在轴承的滚珠（或滚柱）之间塞满润滑脂，而轮毂内腔采用“空毂润滑”，即在轮毂内腔薄薄地涂上一层润滑脂，起防锈作用即可。这样易于散热可降低润滑脂的工作温度，又可节约润滑脂用量。不应采用“满载润滑”，即把润滑脂装满轮毂内腔，这样做既不科学，又很浪费，甚至在汽车制动频繁和制动时间过长的情况下，可能会因轮毂过热而使润滑脂流到制动摩擦片表面，造成制动失灵，影响行车安全。

【任务实施】

一、车辆齿轮油的基本类型认识

车辆齿轮油是根据不同的分类方式进行分类。因此对每一种类型都进行详细的分析和了解，并作下相关记录，以便于区分不同类型之间的相互联系。

二、车用润滑脂的基本组成认识

车用润滑脂主要是由稠化剂、基础油、添加剂三部分组成，需要对每种组成部分进行简单分析和了解，并作相关记录。

三、车用润滑脂的基本类型认识

车用润滑脂的分类方式有很多种，先对每一种结构进行观察了解后，记录下相关的性能特点，然后区分每种类型之间的相互联系。

【任务总结】

首先，查阅车用齿轮油粘度等级，并实施相关质量检验。其次，对车用齿轮油，车用润滑脂基本类型认识及其使用性能掌握任务完成情况。

检验内容	检验指标	检验总结
质量检验	首先，对车用齿轮油和车用润滑脂粘度等级识别和区分。其次，对使用性能指标进行检验 提示：车用齿轮油的粘度等级参照书中表格	
检查任务完成情况	1. 能正确描述车用齿轮油和车用润滑脂的基本类型 2. 能合理选用车用齿轮油和车用润滑脂	

任务三　汽车轮胎

【任务描述】

通过对汽车轮胎的基本概念和轮胎的类型的了解，学习汽车轮胎的标记方法及相应的汽车轮胎的规格，并进一步学习轮胎的正确使用和维护。

【任务目标】

1. 了解和掌握汽车轮胎的分类及基本结构组成。
2. 掌握汽车轮胎的标记方法及规格。
3. 掌握轮胎的正确使用与维护。

【任务准备】

轮胎是汽车的重要部件之一，它直接与路面接触，承受着汽车的重量，和汽车悬架共同缓和汽车行驶时所受到的冲击，保证汽车良好的乘坐舒适性和行驶平顺性；保证车轮和路面有良好的附着性，提高汽车的牵引性、制动性和通过性。

1. 汽车轮胎的分类

（1）按车种分类，大致可分为轿车轮胎（PC）、轻型载货汽车轮胎（LT）、载货汽车及大轮胎（TB）、农用车轮胎（AG）、工程车轮胎（OTR）、工业用车轮胎（ID）、飞机轮胎（AC）和摩托车轮胎（MC）。

（2）按轮胎花纹分类，可分为普通花纹和越野花纹。普通花纹操纵安定性良好，转动抵抗小，噪声低，排水性能好，不容易横向滑移。越野花纹是专门为适应干、湿、崎岖山路和泥泞、沙路而设计的，这种轮胎能适应各种恶劣环境和气候。

（3）按轮胎结构分类，可分为斜交轮胎和子午线轮胎。斜交轮胎目前广泛被面包车使用。如北京 1041 汽车使用的 650－16－10，北旅面包车使用的 750－14－8 轮胎，都是斜交轮胎。子午线轮胎大多用于轿车，如上海市国兴轮胎有限公司生产的轿车使用 185/70R13 轮胎。

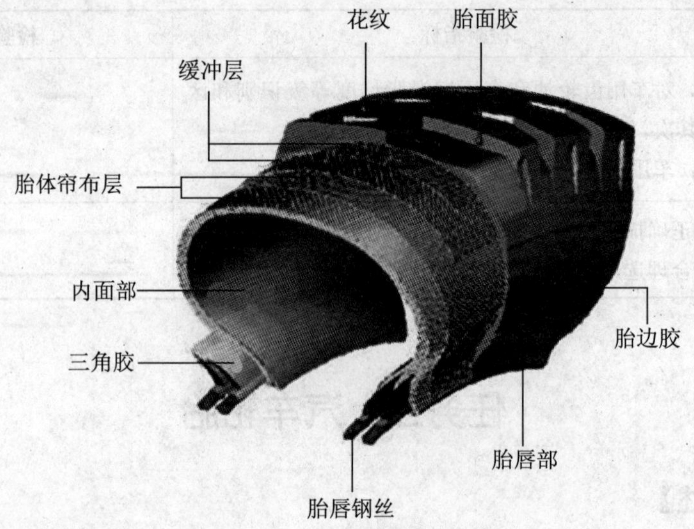

图 3-3-1　斜交轮胎的结构

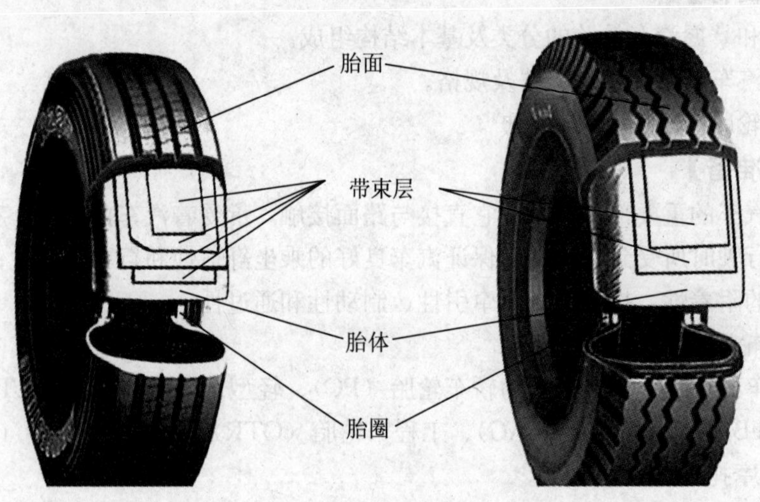

图 3-3-2　子午线轮胎的结构

2. 汽车轮胎上的标记

轮胎的标记直接镌刻在轮胎的侧壁上，用字母、数字或英文来表示。它将轮胎的有关资料集合起来，标志于轮胎上，无异于一份轮胎的使用说明书。下面以日本东洋轮胎为例，介绍轮胎上的标记。

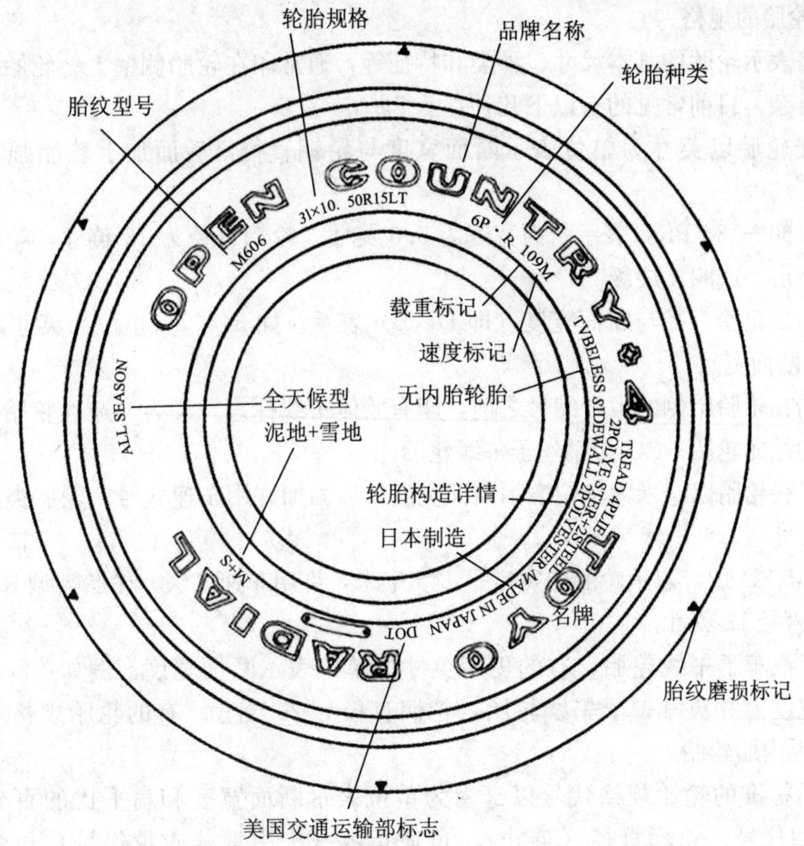

图 3－3－3　轮胎上的标记

注：31×10. 50R15LT——轮胎的规格。

“3l”是轮胎的直径（in）；“10. 50”是轮胎的宽度（in）。

“R”代表子午线轮胎；“15”是轮胎的内径（in）；“LT”是轻型载重。

6P · R——指该轮胎为 6 层级。

109M——“109”是载重代号，表示该轮胎可承受 1030kg；“M”是速度代号，表示该轮胎的最高时速不能超过 130km/h。

TVBELESS——指无内胎轮胎。

TREAD 4PLIESL 2POLYE STER＋2STEEL——指由二层帘布和二层钢丝层构成。

SIDEWALL 2POLYESTER——指胎侧由二层帘布层构成。

MADE IN JAPAN——指日本制造。

DOT——美国交通运输部标志。

M＋S——指轮胎的胎纹适用于泥地和雪地。

M606——指胎纹型号。

规格标记外圈上的“0PEN COVNTRY”是品牌名称。

“TOY0”是轮胎的名牌，也就是东洋轮胎。“ALL SEASON”指属于全天候型。最外圈有 6 个小“△”则是胎纹磨损标记。

每个轮胎生产厂家的轮胎标记略有不同，但基本内容是一样的。

3. 汽车轮胎的规格

轮胎规格表示轮胎的基本尺寸、种类和特征等，通常印在轮胎侧壁上。轮胎规格的表示方法比较复杂，目前常见的有以下几种：

(1) 斜交轮胎以英寸为单位表示断面宽度与轮辋直径，后面加上轮胎强度，即层级数。

例如：5.60—134 PR，表示断面宽度为5.6英寸，轮辋直径为13英寸，轮胎强度相当于4层帘布层，或叫4层级。

高压轮胎以轮胎直径与断面宽度（即D×B）表示。如34×7（单位为英寸，34为轮胎外径，7为断面宽）。

我国轮胎在轮胎胎侧的生产编号之前，印有胎体帘线标志。R为人造丝轮胎；G为钢丝轮胎；N为尼龙轮胎；ZG为钢丝子午线轮胎。

(2) 子午线轮胎以毫米为单位表示断面宽度，后面加许用车速代号、轮胎类型代号和轮辋直径（英寸）。

例如：145 SR 12，表示轮胎的宽度是145毫米，许用车速S级、轮胎类型R（子午线轮胎）、轮辋直径12英寸。

我国载货汽车子午线轮胎，有的仍用英寸为单位表示断面宽度。例如：9.00 R 20，表示：断面宽度为9英寸，子午线轮胎，轮惘直径为20英寸。有的轮胎规格后面加有“TL”，表示无内胎轮胎。

(3) 国际标准的轮胎规格代号以毫米为单位表示断面宽度和扁平比的百分数，后面加轮胎类型代号、轮辋直径（英寸）、负荷指数（许用承载质量代号）和许用车速代号。

例如：175/65 R 14 82 H中，175表示轮胎的宽度是175毫米，65表示轮胎断面的扁平比是65%，即断面高度是宽度的65%，子午线轮胎，轮辋直径14英寸，负荷指数82、许用车速H级。

在轮胎类型代号中，R为子午线轮胎，B为带束斜交轮胎，D为普通斜交轮胎。

4. 轮胎的正确使用与维护

(1) 保持正常的轮胎气压

轮胎气压过高或不足都会大大降低轮胎的寿命，因此要经常检查气压，在长途行车前也要检查气压。

检查气压应在汽车行驶前而不能在汽车行驶后，因为汽车行驶后胎内的空气受热膨胀，使气压上升10%～20%，这时测量的气压是不准确的。

热胎不能马上充气或放气，热胎的空气温度很高，胎内部的热量是均匀地逐渐升高的，这时如果往胎里充气（是凉气），就会使胎内部的某个部位温度突然降低，会损坏轮胎内部结构的性能；热胎放气，也会使轮胎因为突然收缩等因素而破坏轮胎的性能。

(2) 定期更换轮胎的安装位置

一般情况下，对于前轮，胎肩的磨损要大于胎心，这是因为前轮经常要转动以改变汽车的行驶方向；而对于后轮，胎心的磨损则要大于胎肩。另外，前轮驱动的车辆，其前轮轮胎

的磨损几乎是后轮轮胎的 2 倍；而后轮驱动的车辆，其后轮轮胎的磨损也比前轮轮胎的磨损大很多。为了使每条轮胎都能均衡地磨损，延长轮胎的使用寿命，当汽车行驶 5000～10000km 时，要进行一次轮胎换位。

（3）按规定载重量装载

每条轮胎都有它的最大载重量，这个载重指标是轮胎厂家严格按照规定设定的，因此必须严格按照规定的载重量使用。同时装载货物时，应使车辆所有的承受均匀的重量，否则会造成各个轮胎磨损不均衡，从而缩短轮胎的使用寿命。

（4）避免急加速、紧急制动和急转向

反复进行急加速、紧急制动等不正常的行驶，会引起胎冠的不均衡磨损，同时这也是造成胎冠剥离、纵向沟纹撕裂，轮胎爆裂的主要原因。急转向会造成轮胎的急剧变形，内部温度上升，帘布疲劳，使轮胎处于容易爆裂的危险状态。

（5）经常检查胎面磨损程度

若轮胎花纹深度接近规定的最低花纹深度时，则应更换轮胎。同时还要检查胎侧是否出现划痕、单则磨损、孔洞、割裂和断裂现象，如果出现上述现象，应及时更换轮胎。

【任务实施】

一、汽车轮胎基本结构认识

汽车轮胎的种类较多，因此为了更加熟悉地掌握汽车轮胎的基本结构，对每一种轮胎类型拆分观察，并且记录下每个结构的基本特点，观察其结构之间的相互连接关系，区分其相同点与不同点。

二、汽车轮胎标记认识

汽车轮胎不仅种类较多，同时其标记方法也很多，通常情况下直接镌刻在轮胎的侧壁上面。因此同样的对每一种轮胎上面的标记进行详细的观察，然后把相关资料记载下来，观察并区分出其共同点与不同点。

三、汽车轮胎规格认识

汽车轮胎规格表示轮胎的基本尺寸、种类和特征等，通常印在轮胎侧壁上，不用拆分结构就能观察清楚，因此可以就车查找并记录相关的资料信息，深刻认识和体会汽车轮胎规格的不同之处。

【任务总结】

首先，查阅汽车轮胎上标记，并实施维修质量检验；其次，检查汽车轮胎标记识别、规格识别任务完成情况。

检验内容	检验指标	检验总结
维修质量检验	首先，结合所学知识，查阅汽车轮胎外形结构，观察其基本特点；其次，查看轮胎标记完整性 提示：汽车轮胎规格标准，可参照书中汽车轮胎相关知识	
检查任务完成情况	1. 能描述汽车轮胎的结构特点 2. 能熟练识别汽车轮胎标记含义	

任务四　汽车油漆

【任务描述】

通过对汽车油漆的基本概念的了解，学习汽车用底漆、汽车腻子、汽车面漆等三种典型的汽车油漆的作用、分类及基本特点。并进一步对汽车油漆的日常维护进行学习。

【任务目标】

1. 了解汽车油漆的基本概念。

2. 了解汽车用底漆、汽车腻子及汽车面漆的作用、分类及特点。

3. 掌握汽车油漆的日常维护。

【任务准备】

汽车油漆一般都是烘烤油漆。在车厂里面，车架、车身焊接完成，手工修补车身后，下一道工序就是上漆。一般来说，首先是底漆。将白皮车身浸入漆槽，取出烘干底漆；然后送入无尘车间，用静电喷漆工艺喷上面漆，然后用 200℃左右的温度烘干。有的还会再上一层清漆。

一般面漆有几种：普通漆、金属漆、珠光漆。普通漆的主要成分为树脂、颜料和添加剂；金属漆加入了铝粉，完成以后看上去光亮；珠光漆加入了云母粒，是斑斓的效果。如果是金属漆加上清漆层，车漆就比较耀眼。

1. 汽车用底漆

（1）汽车用底漆的特点

汽车用底漆就是直接涂装在经过表面处理的本身部件表面上的第一道涂料，它是整个涂层的开始。根据汽车用底漆在汽车上的所用部位，要求底漆与底材有良好的附着力，与上面的中涂或面漆具有良好的配套性，还必须具备良好的防腐性、防锈性、耐油性、耐化学品性和耐水性。当然，汽车底漆所形成的漆膜还应具有合格的硬度、光泽、柔韧性和抗石击性等力学性能。

（2）汽车用底漆常用品种

随着汽车工业的快速发展，对汽车底漆的要求越来越高。20 世纪 50 年代，汽车还是喷涂硝基底漆或环氧树脂底漆，然后逐步发展到溶剂型浸涂底漆、水性浸涂底漆、阳极电

泳底漆、阴极电泳底漆。

汽车用溶剂型底漆主要选用硝基树脂，环氧树脂，醇酸树脂，氨基树脂，酚醛树脂等为基料，颜料一般选用氧化铁红，钛白，炭黑及其他颜料和填料，涂装方式有喷涂和浸涂两种。

电泳漆是在水性浸涂底漆的基础上发展起来的，在水中能理解为待电荷的水溶性成膜聚合物，并在直流电场的作用下泳向相反电极，在其表面上沉积析出，采用电泳涂层法要求被涂物一定是电导体，根据所采用的电泳涂装方式的不同，电泳底漆可分为阳极电泳底漆和阴极电泳底漆，电泳底漆使用的成膜聚合物是阴，阳离子型树脂，中和剂为无机碱，胺或有机酸，颜料一般选用钛白和炭黑等。阴极电泳底漆经过 20 多年的发展，已经能很好地满足底漆所要求的各项机械性能、与其他涂层的配套性尤其是现代的流水线涂装工艺，目前轿车用底漆几乎已全部使用阴极电泳底漆。

2. 汽车腻子

汽车腻子主要用于填补车身表面的接缝、焊缝以及碰剐后出现的凹坑和划痕等缺陷，通过涂刮腻子和精心打磨后，能形成光滑的表面，以便表面喷涂。当汽车车身出现损伤或变形时，在修复中虽经钣金工敲打、拉拔、撬顶、修平等处理，但外表面仍有凸起、凹陷、焊缝等痕迹，这些痕迹是底漆所不能填平的，必须通过汽车腻子的涂刮及打磨，才能形成平整光滑的表面，因此腻子是汽车修补涂装中不可缺少的重要材料。

腻子的种类很多，其基材为石膏粉，再加入各种黏结剂（如清漆、底漆或色漆）、稀释剂、增塑剂、固化剂和其他辅料配制而成，可以自制，也有成品供应。

根据黏结剂和稀释剂的不同，腻子具有固定性，一般分为硝基、氨基、环氧、醇酸和聚酯等品种，以便与不同的漆种配用。

3. 汽车面漆

汽车用面漆是汽车整个涂层中最后一层涂料，在整个涂层中发挥着主要的装饰和保护作用，决定了涂层的耐久性能和外观等。

汽车面漆是整个漆膜的最外一层，这就要求面漆具有比底层涂料更完善的性能。首先耐候性是面漆的一项重要指标，要求面漆在极端温变湿变、风雪雨雹的气候条件下不变色、不失光、不起泡和不开裂。要求漆膜外观丰满、无橘皮、流平好、鲜映性好。另外，面漆还应具有足够的硬度、抗石击性、耐化学品性、耐污性和防腐性等性能，使汽车外观在各种条件下保持不变。

常用的国产汽车面漆的品种有以下几类：

（1）醇酸磁漆

主要由醇酸树脂、颜料、助剂、溶剂等经研磨调配而成的油漆涂料，是目前国内生产量最大的一类涂料。具有价格便宜、施工简单、对施工环境要求不高、涂膜丰满坚硬、耐久性和耐候性较好、装饰性和保护性都比较好等优点。缺点是干燥较慢、涂膜不易达到较高的要求，不适于高装饰性的场合，一般用于农机、汽车、仪器仪表、工业设备的涂装。

（2）硝基磁漆

由硝化棉、醇酸树脂、颜料、增塑剂及有机溶剂等制成。优点是成膜快、施工周期短，可省去烘干设备并节约能耗。硝基磁漆漆膜硬度高，可抛光打蜡，使表面平整光洁，需要喷涂次数较多，热稳定性差，常温下易使漆膜出现失光、粉化、开裂等现象，而且这种漆及其溶剂易燃、易爆。

(3) 过氯乙烯磁漆

过氯乙烯磁漆干燥速度快，打磨性好，耐候性、耐水性、耐湿性、演盐雾性、耐化学腐蚀性和防霉性良好，工业上常作为三防涂料。

(4) 丙烯磁漆

其优点是色浅，有较好的透明度，耐晒性好，漆膜光泽好，硬度高，耐磨性、耐碱性、耐盐性、耐各种洗涤剂性能好，耐热性好，漆膜烘干不起皮，附着力好等。性能较优越，广泛应用于各类轿车上。

(5) 聚氨酯磁漆

由含羟基的醇酸树脂、耐候颜料、溶剂、助剂、固化剂等组成。漆膜色彩艳丽，丰满光亮，保光性好，硬度高、耐磨性、耐候性、耐水性及耐化学腐蚀性好。主要用于高档轿车的涂装。

4. 汽车油漆日常维护

(1) 车辆使用前后，要及时地清除车体上的灰尘，尽量减少车身静电对灰尘的吸附。

(2) 雨后及时冲洗。雨后车身上的雨渍会逐渐增大，如果不尽快用清水冲洗雨渍久而久之就会损害面漆。

(3) 洗车时，应待发动机冷却后进行，不要在烈日或高温下清洗车辆，以免洗洁剂被烘干而留下痕迹。要用专用洗涤剂和中性活水，不应使用碱性大的洗衣粉、肥皂水和洗涤灵，以防洗掉漆南面中的油脂，加速漆面老化。

(4) 擦洗车辆要用干净、柔软的擦布或海绵，防止混入金属粒和沙粒，勿用干布、干毛巾、干海绵擦车，以免留下划痕。擦拭时，应顺着水流的方向自上而下轻轻地擦拭，不应画圈和横向擦拭。

(5) 对一些特殊的腐蚀性极强的污物（如沥青、鸟粪、昆虫等），要及时清除。

【任务实施】

一、汽车用底漆的常用品种的认识

先观察汽车用底漆的常用品种的基本特点，然后记录下来，再观察它们之间的联系与区别。

二、汽车腻子的认识

腻子的种类较多，先观察常用汽车腻子的基本特点，然后记录下来，再观察它们之间的联系与区别。

三、汽车面漆的认识

汽车面漆的种类很多，依次对每一种面漆进行详细观察，然后记录下来，再观察它们之间的联系与区别。

【任务总结】

首先，查阅对汽车面漆基本定义的阐述，并实施对相关知识掌握情况的检验；其次，检查对汽车用底漆、汽车腻子、汽车面漆的基本知识熟练掌握情况。

检验内容	检验指标	检验总结
基本知识检验	简述汽车面漆基本定义，以及阐述汽车用底漆、汽车腻子、汽车面漆的相关基本知识	
检查任务完成情况	1. 能对汽车用底漆、汽车腻子、汽车面漆的基本知识熟练掌握及应用 2. 以小组为单位，对汽车用底漆、汽车 腻子、汽车面漆熟练应用	

任务五　常用油、液

【任务描述】

通过对常用油、液的基本类型及其定义、特点和性能进行了解，进一步学习常用油、液的正确选用和使用注意事项。

【任务目标】

1. 了解常用油、液的类型。
2. 了解的基本概念。
3. 掌握液力传动油和汽车制动液的性能要求。
4. 掌握常用油、液使用的注意事项。

【任务准备】

一、液力传动油

用作液力传动介质的油，称之为液力传动油，又称自动排挡油、方向机油、助力器油等，国外称为自动变速器油。液力传动油又称汽车自动变速器油，是用于汽车自动变速器中液力变矩器、液力耦合器的工作介质。

1. 液力传动油的特点

(1) 适宜的粘度和良好的粘温性能，保证液力传动装置在－40℃～170℃温度范围内正常工作。

(2) 良好的抗磨性，保证不同材质的液力传动部件在操作条件下不易被磨损。

(3) 较好的热稳定性和抗氧化安定性，以适应在 70℃～140℃（甚至更高）的工作条件下长期循环使用。

(4) 良好的低温流动性，凝点低，以适应机械时开时停及冬季运转的工作条件。

(5) 良好的抗泡性，使油品在受机械不断搅拌的工作条件下产生的泡沫易于消失。以免降低变扭器效率，使换挡失灵。

2. 液力传动油的性能要求

(1) 粘度：典型的液力传动油，使用温度范围约为－25℃～170℃，要求油品具有高的粘度指数和低的凝固点，一般规格规定粘度指数在170以上，倾点为－40℃，合成油的粘度指数为190℃，倾点为－50℃。

(2) 热氧化安定性：汽车在行驶中液力传动油温度随汽车行驶条件的不同而不同。油温升高氧化而生成的油泥、漆膜等会使液压系统的工作不正常，润滑性能恶化，金属发生腐蚀。

(3) 剪切安定性：液力传动油在液力变矩器中传递动力时，会受到强烈的剪切力，使油中粘度指数改进剂之类的高分子化合物断裂，使油的粘度降低，油压下降，最后导致离合器打滑。

(4) 抗泡性能：在液力传动油中有泡沫混入后，会引起油压降低，导致离合器打滑、烧结等事故发生。

(5) 摩擦特性：自动传动液要求有相匹配的静摩擦系数和动摩擦系数，以适应离合器换挡时对摩擦系数的不同要求。

3. 液力传动油常用牌号分类、性能和用途

我国液力传动油现行标准是中国石化总公司企业标准，将液力传动油分为6号和8号两种。6号和8号液力传动油都是用轻质矿物油或合成油为基础油，加入抗氧化剂、防锈剂、抗磨剂和油性剂等调制而成。

6号液力传动油比8号油具有更好的抗磨性，但粘温性稍差，主要用于内燃机车、重负荷卡车、履带车、越野车等大型车辆夜里变扭器和液力耦合器。还可用于工程机械的液力传动系统。

8号液力传动油具有良好的粘温性、抗磨性和较低的摩擦系数，适用于轿车和轻型货车的自动变速系统。主要用于各种小轿车、轻型卡车的液力自动传动系统。

4. 液力传动油的使用注意事项

(1) 要经常检查油平面。油平面应在自动变速器量油尺上下两刻线之间，不足时应及时补充。如发现油面下降过快，则可能是出现漏油，应及时予以检查排除。

(2) 应按车辆使用说明书的规定期限，及时更换液力传动油和过滤器或清洗滤网，同时拆洗自动变速器油底壳，并更换密封垫。通常车辆每行驶30000km应更换一次液力传动油。

(3) 应注意保持正常的工作油温，油温过高会加速油的氧化变质，引起故障。

二、汽车制动液

汽车制动液，又称机动车辆制动液、机动车制动液、刹车油或刹车液，是用于汽车液压制动系统中传递压力，使车轮制动器实现制动作用的一种功能性液体。

1. 汽车制动液的性能要求

(1) 粘温性好，凝固点低，低温流动性好。

(2) 沸点高，高温下不产生气阻。

(3) 使用过程中品质变化小，不引起金属件和橡胶件的腐蚀和变质。

2. 分类

制动液分为醇型、矿油型和合成型三种类型。其中以合成型应用最为普遍。制动液在使用一定的时间后，会出现沸点降低、污染及不同程度的氧化变质。所以应根据气候、环境条件、季节变化及工况及时检查其质量性能，及时更换。在普通驾驶环境下，制动液在使用两年或5000km后就应更换。

(1) 醇型

醇型制动液是由低碳醇类和蓖麻油配制而成。在寒冷地区，用蓖麻油34%、丙三醇(甘油) 13%、乙醇53%配制成的制动液，在−35℃左右仍能保证正常制动。虽然醇型的价格低廉，但由于其高低温性能均差，沸点低，易产生气阻，容易引发交通事故。我国自1990年5月起就已淘汰。

(2) 矿油型

矿油型制动液是用精制的轻柴油馏分加入稠化剂和其他添加剂制成。此类制动液温度适应性较醇型好，工作温度范围为−70℃～150℃。使用性能良好，由于其对天然橡胶有溶胀作用，所以在使用本制动液以前应将制动系统的所有皮碗、软管更换成耐油橡胶制品，以免受到腐蚀而使制动失灵。我国的矿油型制动液分“7号”和“9号”两种，“7号”用于严寒地区，“9号”用于气温不低于−25℃的地区。各种制动液不可混存和混用，否则会出现分层而失去作用。

(3) 合成型

合成型制动液为人工合成的制动液，由聚醚、水溶性聚酯和硅油等为主体，加入润滑剂和添加剂组成。其使用性能良好，工作温度可高达200℃以上。对橡胶和金属的腐蚀作用很小，适合于高速、大功率、重负荷和制动频繁的汽车使用，是目前使用最多最广的一种制动液。

合成型制动液又分为醇醚型、酯型和硅油型三大类型，但使用最多的是醇醚型和酯型。

①醇醚型常见于DOT3。醇醚型的化学成分为低聚乙二醇或丙二醇。低聚乙二醇或丙二醇具有较强的亲水性，在使用或储存的过程中其含水量会逐渐增高。由于刹车油的沸点会随着水分含量的增高而降低，所以其制动性能会随之下降。当需要用力踩刹车才能制动时，很可能的原因就是刹车油的水分含量过高。刹车油一般每两年一换。

②酯型常见于DOT4。酯型是在醇醚型的基础上添加大量的硼酸酯。硼酸酯是由低聚乙二醇或丙二醇通过和硼酸的酯化反应而成。硼酸酯的沸点比低聚乙二醇或丙二醇高，所以其制动性能更好。硼酸酯还具有较强的抗湿能力，能分解所吸收的水分，从而减缓了由于吸水而导致的沸点下降。酯型性能比醇醚型更好，价格也更高。

③硅油型常见于DOT5。硅油型的化学成分为聚二甲基硅氧烷。沸点在这三类中是最高的，价格也最贵。聚二甲基硅氧烷具有很强的疏水性，几乎完全不吸水，进入其管道内的水分不能与其混溶，而以水相存在。相对于刹车油而言，水的沸点极低，所以不混溶的水分会导致制动性能的急剧下降。硅油型的应用范围较窄。

3. 汽车制动液的选用和注意事项

（1）制动液的选用

①优先选用进口名牌制动液。市场上销售的制动液多为进口品牌，而且质量可靠，使用方便。可以根据汽车使用说明书的规定选用制动液。普通汽车可使用DOT3型号的制动液，高级车辆可选用DOT4型号的制动液。

②合理选用国产制动液。使用国产制动液时，合成制动液适用于高速重负荷和制动频繁的轿车和货车；醇型制动液可用在车速较低，负荷不大的（如跃进NJ130、北京BJ130）的老式车上；矿油型制动液可在各种汽车上使用，但制动系需换耐油橡胶件。7号矿物油制动液在严寒地区可冬夏两用。具体选择什么样的国产制动液，可参看汽车使用说明书的要求。

（2）制动液使用注意事项

①各种制动液绝对不能混用，否则会因分层而失去制动作用。

②加注或更换制动液时要注意清洁，制动液须经过过滤，不允许细微杂质混入制动系统。

③存放制动液的容器应当密封，防止水分混入和吸收水汽使沸点降低；更换下来和装在未密封容器内的制动液不能继续使用。

④应定期更换制动液，由于醇醚类制动液有一定的吸水性，因此在一般情况下，制动液应在使用一、二年时进行更换，以防止动液吸湿后影响制动性能。更换制动液应在每年雨季过后进行。

⑤在山区下坡连续使用液压制动，或在高温地区长期频繁制动时，制动蹄片温度可达350℃～400℃，使制动液温度随之升高达150℃～170℃，已超过一般合成制动液的潮湿沸点。因此，要注意检查制动液温度，以防因气阻发生交通事故。

⑥防止矿物油混入使用醇型和合成型制动液的制动系统。使用矿物油制动液，制动系应换用耐油橡胶件；使用醇型制动液前，应检查是否有沉淀，如有沉淀应过滤后再使用。

三、发动机冷却液

冷却液的全称为防冻冷却液，意为有防冻功能的冷却液，防冻液可以防止寒冷季节停车时冷却液结冰而胀裂散热器和冻坏发动机汽缸体。

1. 发动机冷却液的组成和类型

冷却液由水、防冻剂、添加剂三部分组成，按防冻剂成分不同可分为酒精型、甘油型、乙二醇型等类型的冷却液。

（1）酒精型冷却液：用乙醇（俗称酒精）作防冻剂，价格便宜，流动性好，配制工艺简单，但沸点较低、易蒸发损失、冰点易升高、易燃等，现已逐渐被淘汰。

（2）甘油型冷却液：沸点高、挥发性小、不易着火、无毒、腐蚀性小，但降低冰点效果不佳、成本高、价格昂贵，用户难以接受，只有少数北欧国家仍在使用。

（3）乙二醇型冷却液：用乙二醇作防冻剂，并添加少量抗泡沫、防腐蚀等综合添加剂配制而成。由于乙二醇易溶于水，可以任意配成各种冰点的冷却液，其最低冰点可达－68℃，这种冷却液具有沸点高、泡沫倾向低、粘温性能好、防腐和防垢等特点，是一种较为理想的冷却液，目前使用广泛。

2. 冷却液的作用

冷却液在发动机冷却系统中循环流动，将发动机工作中产生的多余热能带走，使发动机以正常工作温度运转。当冷却液不足时，会使发动机水温过高，而导致发动机机件的损坏。一旦发现冷却液不足，应该及时添加。

(1) 冬季防冻

为了防止汽车在冬季停车后，冷却液结冰而造成水箱、发动机缸体胀裂，要求冷却液的冰点应低于该地区最低温度10℃左右，以备天气突变。

(2) 防腐蚀

冷却系统中散热器、水泵、缸体及缸盖、分水管等部件是由钢、铸铁、黄铜、紫铜、铝、焊锡等金属组成，由于不同的金属的电极电位不同，在电解质的作用下容易发生电化学腐蚀；同时冷却液中的二元醇类物质分解后形成的酸性产物、燃料燃烧后形成的酸性废气也可能渗透到冷却系统中，促进冷却系统腐蚀。冷却系统腐蚀会使散热器水箱的下水室、喷油嘴隔套、冷却管道、接头以及水箱排管发生故障，同时腐蚀产物堵塞管道，引起发动机过热甚至瘫痪；若腐蚀穿孔，冷却液渗入燃烧室或曲轴箱会产生严重的破坏，因为当冷却液或水与体贴油混合时，产生油污和胶质，削弱润滑，使得阀、液压阀推杆和活塞环黏结。因而冷却液中都加入一定量的防腐蚀添加剂，防止冷却系统产生腐蚀。

(3) 防水垢

冷却液在循环中应尽可能少地减少水垢的产生，以免堵塞循环管道，影响冷却系的散热功能。

图3-5-1　发动机冷却液箱

(4) 高沸点

符合国家标准的冷却液，沸点通常都是超过105℃，比起水的沸点100℃，冷却液能耐受更高的温度而不沸腾，在一定程度上满足了高负荷发动机的散热冷却需要。

3. 使用冷却液的注意事项

正确使用冷却液，可起到防腐蚀、防穴蚀渗漏、防散热器开锅，防水垢和防冻结等作用，能够使冷却系统始终处于最佳的工作状态，保证发动机的正常工作温度。如果使用中不注意，将严重影响发动机正常工作性能和寿命。

要坚持常年使用冷却液，对于传统发动机，能够保证发动机正常工作的冷却液温度值为80℃～90℃，但对于电控发动机，由于其高转速、高压缩比和高功率的工作特点，其机械负荷及热负荷较大，摩擦热较高，因而对冷却液正常工作温度的要求已提高到95℃～105℃。这与人们形成的传统发动机冷却水“正常水温”观点不同，需要人们转变认识观念。而且要注意冷却液使用的连续性，那种只想在冬季使用的观点是错误的，只知道冷却液的防冻功能，而忽视了冷却液的防腐、防沸、防垢等作用。选用冷却液时，其冰点要低于环境最低温度10℃左右。

【任务实施】

一、液力传动油牌号认识

液力传动油主要有6号和8号两种常用牌号，对两种牌号的液力传动油进行观察，了解使用性能的基础上，记录下基本性能特点，并且区分它们的不同之处。

二、汽车制动液基本类型的认识

汽车制动液主要有三种基本类型，对每一种汽车制动液的进行观察，了解其基本的使用性能特点，同时记录下其相关的一些特点，理清它们之间的关系。

三、发动机冷却液的组成部分及基本类型认识

1. 发动机冷却液的组成部分认识

发动机冷却液主要由水、防冻剂、添加剂三部分组成。对这三个部分进行观察和了解。

2. 发动机冷却液的基本类型认识

发动机冷却液有三种基本类型。分别对三种发动机冷却液进行观察，观察它们之间的特点，并且记录下来，以便区分。

【任务总结】

首先，查阅盛载三种汽车常用油、液的容器外形结构，并实施对相应容器上的说明结合书中知识进行检验；其次，检查对三种常用油、液的基本知识掌握任务完成情况。

检验内容	检验指标	检验总结
基本知识掌握检验	首先，观察容器外表面；其次，启开典型常用油、液的外盖，观察其流体特点	
检查任务完成情况	1. 能正确描述三种常用油、液的作用及基本特点 2. 以小组为单位，辨别三种汽车常用油	

任务六 滚动轴承和油封

【任务描述】

通过对滚动轴承整体结构和组成的全面了解，对油封的基本概念的了解，学习滚动轴承具有的特点、基本代号、标记方法等，学习与其相关的油封的基本知识。

【任务目标】

1. 了解滚动轴承的结构、特点、组成。
2. 掌握滚动轴承的基本代号、标记方法和类型选择。
3. 理解油封的基本概念。
4. 掌握合理使用油封的注意事项。

【任务准备】

一、滚动轴承

（一）滚动轴承的结构

滚动轴承由内圈、外圈、滚动体和保持架组成，如图 3-6-1 所示。

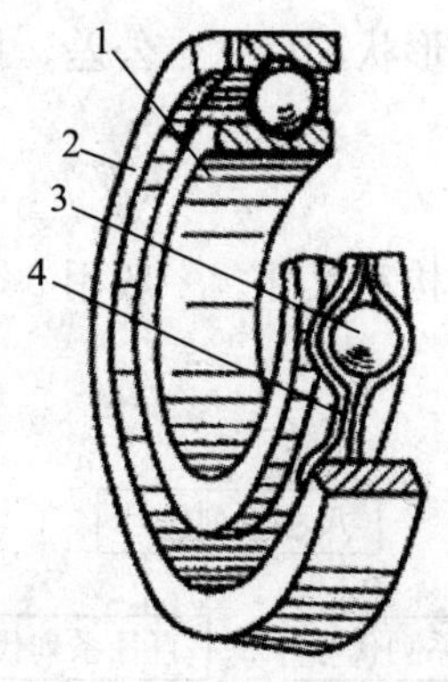

1—内圈（装在轴颈上，随轴转动）；2—外圈（装在轴承座孔内，一般不转动）；
3—滚动体（滚动轴承的核心元件）；4—保持架（将滚动体均匀隔开，避免摩擦）

图 3-6-1 滚动轴承基本结构示意

（二）滚动轴承的基本类型和代号

1. 基本类型

按滚动轴承结构类型分类

（1）轴承按其所能承受的载荷方向分为向心轴承和推力轴承。向心轴承主要用于承受径向载荷的滚动轴承。推力轴承主要用于承受轴向载荷的滚动轴承。

（2）轴承按其滚动体的种类分为球轴承和滚子轴承。球轴承滚动体为球。滚子轴承滚动体为滚子。滚子轴承按滚子种类分为圆柱滚子轴承、滚针轴承、圆锥滚子轴承和调心滚子轴承。圆柱滚子轴承是滚动体为圆柱滚子的轴承，圆柱滚子的长度与直径之比小于或等于3；滚针轴承是滚动体为滚针的轴承，滚针的长度与直径之比大于3，但直径小于或等于5mm；圆锥滚子轴承是滚动体为圆锥滚子的轴承；调心滚子轴承是滚动体为球面滚子的轴承。

（3）轴承按其工作时能否调心分为调心轴承和非调心轴承。

调心轴承的滚道是球面形的，能适应两滚道轴心线间的角偏差及角运动的轴承。非调心轴承（刚性轴承）是能阻抗滚道间轴心线角偏移的轴承。

（4）轴承按滚动体的列数分为单列轴承、双列轴承和多列轴承。单列轴承是具有一列滚动体的轴承。双列轴承是具有两列滚动体的轴承。多列轴承是具有多于两列滚动体的轴承，如三列、四列轴承。

（5）轴承按其部件能否分离分为可分离轴承和不可分离轴承。可分离轴承是具有可分离部件的轴承。不可分离轴承是轴承在最终配套后，套圈均不能任意自由分离的轴承。

2. 代号

滚动轴承是标准件，按照GB/T272－1993规定，一般用途的滚动轴承代号由基本代号、前置代号和后置代号组成，代号一般印在轴承的端面上，其排列顺序为：

前置代号	基本代号	后置代号

（1）前置、后置代号

前置、后置代号是轴承在结构形状、尺寸、公差、技术要求等有改变时，在基本代号左、右添加的补充代号。

（2）基本代号

基本代号表示轴承的类型、结构和尺寸。一般用5个数字或字母加4个数字表示，如图3-6-2所示。

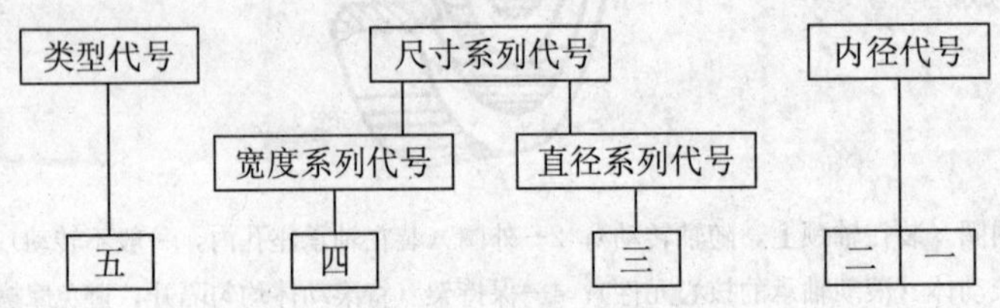

图3-6-2　滚动轴承基本代号

①内径代号

右边第一、二位数字代表内径尺寸，表示方法见图3-6-3。

内径代号	00	01	02	03	04
轴承内径 d/mm	10	12	15	17	数字×5

图3-6-3　轴承内径代号

②尺寸系列代号

包括直径系列代号和宽（高）度系列代号。

直径系列代号右起第三位数字表示轴承的直径系列代号。直径系列是指同一内径的轴承，配有不同外径的尺寸系列，常用代号为0、1、2、3、4，尺寸依次递增。

宽（高）度系列代号右起第四位数字表示宽（高）度系列代号。宽（高）度系列是指内径、外径都相同的轴承，对向心轴承，配有不同宽度的尺寸系列，常用代号为8、0、1、2、3，尺寸依次递增；对推力轴承，配有不同高度的尺寸系列，代号为7、9、1、2，尺寸依次递增。

当宽度系列为“0”时，对多数轴承在代号中可不标出宽度系列，但对于调心滚动轴承和圆锥滚子轴承，则不可省略。

③类型代号

右起第四位数字表示轴承的类型。各类轴承的代号如下：

1——调心球轴承

2——调心滚子轴承

3——圆锥滚子轴承

4——推力球轴承

5——双向推力球轴承

6——深沟球轴承

7——角接触球轴承

8——推力滚子轴承

N——圆柱滚子轴承

NA——滚针轴承

讨论：说明62203、30210轴承代号的意义。

提示 62203

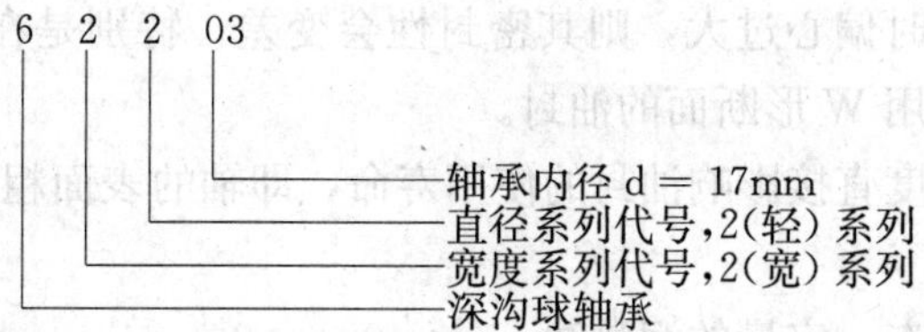

3. 滚动轴承的类型选择

选择滚动轴承的类型时，应根据各类轴承的特点，并考虑下列因素进行。

(1) 载荷的性质

当载荷小而平稳时，可选用球轴承；载荷大或有冲击时，宜选用滚子轴承。当轴承只受径向载荷时，应选用径向接触轴承；当仅承受轴向载荷时，则应选用轴向接触轴承；同时承受径向和轴向载荷时，选用角接触轴承，轴向力越大，应选择接触角越大的轴承。

(2) 轴承的转速

转速高时，宜选用球轴承；转速低时可用滚子轴承。

(3) 装拆方便

为了便于安装和拆卸，可选用内、外圈可分离的圆锥滚子轴承等。

(4) 经济性

一般来说，球轴承比滚子轴承便宜，公差等级低的轴承比公差等级高的便宜，有特殊结构的轴承比普通结构的轴承贵。

对于一般机械轴承型号的选择，可根据轴颈直径选取轴承内径，轴承外廓系列，则根据空间位置参考同类型机械选取。

二、油封

1. 概述

油封俗称护油圈，是汽车保持转动部件不可少的非金属配件。常用的骨架式油封一般由金属骨架环、钢丝弹簧圈及橡胶密封层部分组成。油封的作用，一方面防止泥沙、灰尘、水气等侵入轴承中；另一方面限制轴承中的润滑油漏出。

对油封的要求是尺寸（内径、外径和厚度）应符合规定；有适当的弹性，能将轴适当地卡住，起到密封作用；要耐热、耐磨、强度好、耐介质（油或水等），使用寿命长。

2. 使用油封的注意事项

合理使用油封，应注意以下几点：

(1) 由于设计和结构上的原因，高转速的轴应使用高速油封，低转速的轴应使用低速油封，不能将低速油封用于高速轴上，反之也不行。

(2) 在使用温度较高的情况下，应选用聚丙烯酯或硅、氟、硅氟橡胶，并应设法降低油箱中的油温。在使用温度过低的情况下，应选用耐寒橡胶。

(3) 一般的油封承受压力能力差，压力过大时油封会变形。在压力过大的使用条件下应采用耐压支承圈或加强的耐压油封。

(4) 油封和轴配合时偏心过大，则其密封性会变差，特别是在轴转速高时尤为严重。如果偏心过大时，可以用 W 形断面的油封。

(5) 轴的表面粗糙度直接影响油封的使用寿命，即轴的表面粗糙度低，油封使用寿命就会越长。

(6) 油封的唇口应有一定量的润滑油。

(7) 特别注意防止尘土侵入油封。

【任务实施】

一、滚动轴承基本结构认识

滚动轴承的基本结构包括内圈、外圈、滚动体和保持架四部分，先将滚动轴承结构进行拆分，摆放整齐，并且记录下每一个组成部分的名称及其特点，观察各部分形状、位置以及相互连接关系。

二、滚动轴承基本类型认识及代号识别

1. 滚动轴承基本类型认识

滚动轴承根据不同的分类方法进行分类，其基本类型也较多，先将每一种类型的滚动轴承进行结构拆分，并且摆放在相应的位置。其次记录下滚动轴承不同类型的名称，观察其各部件形状、位置以及相互连接关系。

2. 滚动轴承代号识别

通过相关表格及说明书认识各种滚动轴承类型的基本代号，并作相关的记录，以便于使用的时候进行快速的区分。

三、油封基本组成部分认识

先将油封的结构进行拆分，先卸下金属骨架环，再卸下钢丝弹簧圈，最后取下橡胶密封层。记录下油封不同组件的名称，观察它们之间的基本联系。

【任务总结】

首先，查阅滚动轴承结构部件完整性，并实施区分和检验不同结构类型的结构特点和其完整性；其次，检查对典型滚动轴承代号识别任务完成情况。

检验内容	检验指标	检验总结
结构区分和检验	对已备好的典型滚动轴承的基本类型结构进行识别，区分出它们之间的不同之处	
检查任务完成情况	1. 能正确辨认出，并描述各种轴承类型的特点 2. 能熟练对典型滚动轴承的代号进行识别	

任务七 其他常用材料

【任务描述】

通过对工程塑料及其他非金属材料的基本概念进行了解，学习塑料的基本组成、主要特性，了解常用工程塑料及常用非金属材料的组成部分，进一步学习塑料及其他非金属材料在汽车上的应用。

【任务目标】

1. 了解塑料的基本组成、主要特性。
2. 了解常用工程塑料的基本组成。
3. 掌握塑料在汽车上的应用。
4. 掌握几个常用非金属材料的基本概念及其性能要求。

【任务准备】

一、工程塑料

1. 塑料的组成

塑料是一种由合成树脂及添加剂组成的高分子材料，通常可在加热、加压条件下被注塑或固化成形，故称为塑料。汽车用工程塑料，主要用于制造某些机器零件或构件，具有强度、韧度和耐磨性较好，价廉、耐腐蚀、降噪声、美观、质轻等特点。

（1）合成树脂

合成树脂是塑料的最主要成分，其在塑料中的含量一般在40%～100%。塑料的基本性能主要决定于树脂的性能，但添加剂也起着重要作用。有些塑料基本上是由合成树脂组成，不含或少含添加剂，如有机玻璃、聚苯乙烯等。树脂与塑料是两个不同概念。树脂是一种未加工的原始聚合物，它不仅用于制造塑料，而且还是涂料、胶粘剂以及合成纤维的原料。塑料除了极少一部分含100%的树脂外，绝大多数的塑料还需要加入其他物质，如填充剂、增塑剂、稳定剂、着色剂、润滑剂、抗氧剂等添加剂。

（2）添加剂

塑料除了极少一部分含100%的树脂外，绝大多数的塑料，除了树脂外，还需要加入其他物质。如填充剂、增塑剂、稳定剂、着色剂、润滑剂、抗氧剂等添加剂。

①填充剂

填充剂又叫填料，它可以提高塑料的强度和耐热性能，并降低成本。例如酚醛树脂中加入木粉后可大大降低成本，使酚醛塑料成为最廉价的塑料之一，同时还能显著提高机械强度。填料可分为有机填料和无机填料两类，前者如木粉、碎布、纸张和各种织物纤维等，后者如玻璃纤维、硅藻土、石棉、炭黑等。

②增塑剂

增塑剂可增加塑料的可塑性和柔软性，降低脆性，使塑料易于加工成型。增塑剂一般能与树脂混溶，无毒、无臭，对光、热稳定的高沸点有机化合物，最常用的是邻苯二甲酸酯类。例如生产聚氯乙烯塑料时，若加入较多的增塑剂便可得到软质聚氯乙烯塑料，若不加或少加增塑剂（用量＜10%），则得硬质聚氯乙烯塑料。

③稳定剂

为了防止合成树脂在加工和使用过程中受光和热的作用分解和破坏，延长使用寿命，要在塑料中加入稳定剂。常用的有硬脂酸盐、环氧树脂等。

④着色剂

着色剂可使塑料具有各种鲜艳、美观的颜色。常用有机染料和无机颜料作为着色剂。

⑤润滑剂

润滑剂的作用是防止塑料在成型时不粘在金属模具上，同时可使塑料的表面光滑美观。常用的润滑剂有硬脂酸及钙镁盐等。

⑥抗氧剂

其作用是防止塑料在加热成型或在高温使用过程中受热氧化，而使塑料变黄，发裂等。

除了上述助剂外，塑料中还可加入阻燃剂、发泡剂、抗静电剂等，以满足不同的使用要求。

2. 塑料的主要特性

大多数塑料质轻，化学性稳定，不会锈蚀；耐冲击性好；具有较好的透明性和耐磨耗性；绝缘性好，导热性低；一般成型性、着色性好，加工成本低；大部分塑料耐热性差，热膨胀率大，易燃烧；尺寸稳定性差，容易变形；多数塑料耐低温性差，低温下变脆；容易老化，某些塑料易溶于溶剂。

3. 常用工程塑料

工程塑料主要指综合性能（包括力学性能、耐热性、耐寒性、耐蚀性和绝缘性能等）良好的各种塑料。是制造工程结构用零部件、工业容器和设备等的一类新型结构材料。常用的工程塑料分为热塑性工程塑料和热固性工程塑料两类。

（1）热塑性工程塑料

热塑性塑料（Thermo plastics）：指加热后会熔化，可流动至模具冷却后成型，再加热后又会熔化的塑料；即可运用加热及冷却，使其产生可逆变化（液态←→固态），属于物理变化。通用的热塑性塑料其连续的使用温度在100℃以下，聚乙烯、聚氯乙烯、聚丙烯、聚苯乙烯并称为四大通用塑料。

（2）热固性塑料

热固性塑料是指在受热或其他条件下能固化或具有不溶（熔）特性的塑料，如酚醛塑料、环氧塑料等。

4. 塑料在汽车上的应用

汽车用塑料按用途可分为内饰件用塑料、工程塑料和外装件用料。

（1）汽车内饰用塑料

内饰用塑料品种主要有：聚氨酯（PU）、聚氯乙烯（PVC）、聚丙烯（PP）和ABS等。它们用于制作坐垫、仪表板、扶手、头枕、门内衬板、顶棚衬里、地毯、控制箱、转向盘等内饰塑料制品。

（2）汽车用工程塑料

汽车上常用的工程塑料有聚丙烯（PP）、聚乙烯（PE）、聚苯烯、ABS、聚酰胺、聚甲醛、聚碳酸酯、酚醛树脂等。

（3）汽车的外装件及结构件

汽车的外装件及结构件包括传动轴、车架、发动机罩等，要求具备高强度，因而多采用纤维增强塑料复合材料制造。纤维增强塑料是一种纤维和塑料复合而成的材料。汽车上常用的是玻璃纤维和热固性树脂的复合材料，用来制造汽车顶棚、空气导流板、前端部、前灯壳、发动机罩、挡泥板、后端盖，以及带有凸起、凹陷、不等厚形状的汽车覆盖件等。

二、其他非金属材料

其他非金属材料包括橡胶、玻璃、陶瓷、合成纤维、胶粘剂、摩擦材料、涂装材料等各种材料，它们在汽车上的应用呈逐年增长的趋势。

1. 橡胶

橡胶是指在使用温度范围内处于高弹性状态的高分子材料。

橡胶最显著的特点是具有高的弹性和回弹性。同时，橡胶还有一定的强度，优异的抗疲劳性，以及良好的耐磨、绝缘、隔声、防水、缓冲、吸振等性能。常用作弹性材料、密封材料、减震防震材料和传动材料。

橡胶由生胶、橡胶添加剂组成。生胶按原料来源可分为天然橡胶和合成橡胶（未经硫化处理）。橡胶添加剂是为了改善橡胶制品的各种性能而加入的物质，主要有硫化剂、硫化促进剂、增塑剂、填充剂和防老剂。

常用橡胶材料包括天然橡胶和合成橡胶。天然橡胶是从橡胶树的胶乳制取的，具有很好的弹性，弹性伸长率可高达1000%，在0℃～100℃其回弹率可达85%以上。经硫化处理后抗拉强度提高，耐磨性、耐蚀性、介电性、耐低温性及加工工艺性都很好。耐油、耐溶剂及耐臭氧老化性差，不耐高温，使用温度为－70℃～100℃。用于制造轮胎、胶带、胶管及胶鞋等。

合成橡胶包括丁苯橡胶、顺丁橡胶、丁腈橡胶、氯丁橡胶、硅橡胶和氟橡胶等。

(1) 丁苯橡胶（SBR）由丁二烯和苯乙烯共聚而成，约占合成橡胶的80%。

耐磨性、耐热性和抗老化性都很好，其耐磨性超过了天然橡胶。根据苯乙烯的百分含量，主要有丁苯-10、丁苯-30、丁苯-50等，苯乙烯的含量越多，橡胶的硬度、耐磨性、耐蚀性越高，但弹性和耐寒性越低。丁苯橡胶强度较低，成型性较差。通常可以以任何比例与天然橡胶混合使用。用于制造轮胎、胶管及胶鞋等。

(2) 顺丁橡胶（BR）是由丁二烯聚合而成。弹性是目前各种橡胶中最好的品种。耐磨性比天然橡胶高30%左右，耐寒性也好。但加工性不好、抗撕裂性差。主要用于制作轮胎、三角带、耐热胶管、减震器刹车皮碗等。

(3) 丁腈橡胶（NBR）是丁二烯和丙烯腈的共聚物，是特种橡胶中产量最大的品种。耐油性好、高的耐磨性、耐热性、耐水性、气密性和抗老化性。但电绝缘性、耐寒性、耐酸性差。用于各种耐油制品，如耐油胶管、储油槽、油封等。

(4) 氯丁橡胶（CR）由氯丁二烯单体聚合而成，可作通用橡胶又可作为特殊橡胶使用。断裂强度高、延伸率大、弹性好、耐油、耐酸、耐热、不燃烧、不透气，有“万能橡胶”之称，但耐寒性差、密度大、成本高。用于制作高速运转的三角皮带、地下矿井的运输带、在400℃以下使用的耐热运输带。石油化工中输送腐蚀物质和输油的胶管及各种垫圈。作金属、皮革、木材、纺织品的胶粘剂，以及海底电缆的绝缘层。

(5) 硅橡胶由二甲基硅氧烷与有机硅单体共聚而成，属于特种橡胶。稳定性高，耐高温和低温，可在－100℃～350℃范围内保持良好弹性。有良好的绝缘性和抗老化性，无毒、无味有较好的透气性。但其强度较低和耐磨性较低，不耐酸、碱，价格贵。用于制造各种耐高、低温的橡胶制品，如耐热密封垫圈，耐高温电线的绝缘层等。

(6) 氟橡胶主链上和侧链上即有碳原子也有氟原子的聚合物。由于含有键能很高的碳氟键，因此氟橡胶具有很高的化学稳定性，在酸、碱、强氧化剂中的耐蚀能力居各类橡胶之首。强度硬度较高，耐高温，耐油、耐老化性能也很好。但耐寒性、加工性较差，价格较贵。是军工和尖端技术中的高级密封件、高真空密封件和化工设备中的里衬等不可少的重要橡胶材料。

用于汽车的橡胶部件很多，并在汽车系统中发挥不同的作用。除了汽车轮胎之外，胶

带用于运动传输，密封件用于支撑径向或往复运动部件，垫片和O形圈用于密封油或燃油，胶管用于输送液体或气体等。用途不同，对所用橡胶的种类、性能等的要求也不同，要根据材料的耐燃、耐油、耐热以及低温柔性和密封能力等来选择使用。有时，同一装置也可能选用不同材料，主要取决于应用温度、燃油和油品的种类以及汽车的设计要求。

2. 摩擦材料

摩擦材料是一种由粘结剂、骨架材料、摩擦性能调节剂和其他配合剂组成的复合材料。汽车用摩擦材料主要用于制造制动摩擦片和离合器片。这些摩擦材料主要采用石棉基摩擦材料，随着对环保和安全的要求越来越高，逐渐出现了半金属型摩擦材料、复合纤维型摩擦材料、陶瓷纤维型摩擦材料。

(1) 汽车用摩擦材料的性能要求

由于摩擦材料在汽车上主要用于制造制动系和传动系的零件，要求有足够高的而且稳定的摩擦系数、较好的耐磨性等一些性能。对于汽车用摩擦材料，主要有以下几方面的性能要求：

①足够高而稳定的摩擦系数

摩擦系数是摩擦材料的一个最为主要的技术指标，通常不是一个常数，而是受温度、压力、速度或者表面状态、摩擦环境等影响而变化。理想的摩擦系数，应该是对这些因素的影响变化较少的摩擦系数。

②良好的耐磨性

这是衡量摩擦材料使用寿命的一个重要指标，而且对偶的磨损也较少。

③较好的物理、力学性能

较好物理、力学性能，除满足摩擦材料在加工过程中的要求之外，还要满足使用中的强度要求，以保持良好的使用性能，对汽车离合器摩擦片还要有较好的抗回转破坏程度，同时随温度变化要少，通常包含的指标是冲击韧度、抗压强度、抗剪强度、导热系数、耐热性等。

④不产生过重的噪声

汽车制动噪声的产生，因素很复杂，一般就摩擦材料而言，低模量、低摩擦系数，则不易产生太大的噪声。

(2) 汽车摩擦材料的组成

汽车摩擦材料主要由骨架材料、粘结剂和填充材料组成。

①粘结剂，包括酚醛树脂、橡胶、橡胶和酚醛树脂共混三种。摩擦材料所用的有机粘结剂为酚醛类树脂和合成橡胶，以酚醛类树脂为主。当处于一定加热温度下时先呈软化而后进入粘流态，产生流动并均匀分布在材料中形成材料的基体，最后通过树脂固化作用的橡胶硫化作用，把纤维和填料粘结在一起，形成质地致密的、有相当强度并能满足摩擦材料使用性能要求的摩擦片制品。

②骨架材料，是构成摩擦材料的基材，赋予摩擦制品足够的机械强度，使其能承受摩擦片在生产过程中的磨削和铆接加工的负荷力以及使用过程中由于制动和传动而产生的冲击力、剪切力、压力。

③填料由摩擦性能调节剂和配合剂组成。

增摩填料：莫氏硬度通常为3～9。硬度高的增摩效果明显。5.5硬度以上的填料（如氧化铝、锆英石等）属硬质填料，要控制其用量、粒度。

减磨填料：一般为低硬度物质，低于莫氏硬度2的矿物，如石墨、二硫化钼、滑石粉、云母等。既能降低摩擦系数又能减少对偶材料的磨损，从而提高摩擦材料的使用寿命。

3. 陶瓷材料

陶瓷材料耐高温、耐腐蚀、耐磨损、绝缘性好，在现代工业中广泛应用。尤其是耐高温性能，是其他才料不可比拟的。超耐热合金最高使用温度为1100℃，而陶瓷材料可以达到1600℃。陶瓷可分为传统陶瓷和特种陶瓷两大类。其基本工艺包括原料的制备、坯料的成型和制品的烧成或烧结三大步骤。

(1) 陶瓷的组成相及其结构

陶瓷材料的力学性能和物理、化学性能是由它的化学组成和结构状况决定的。陶瓷的组织结构非常复杂，一般由晶体相、玻璃相和气相组成。各种相的组成、结构、数量、几何形状及分布状况等都会影响陶瓷的性能。

(2) 陶瓷的性能

①硬而脆：一般具有很高的弹性模量和硬度。实际抗拉强度较低，抗压强度大于抗拉强度，冲击韧性值很低，是脆性材料。

②耐高温：陶瓷材料熔点高，在高温下不氧化、抗蠕变能力强，适用于作高温材料。导热率很低，热胀系数较小，抗热震能力低。

③耐腐蚀：结构稳定，不易老化，抗酸碱盐的侵蚀，化学稳定性较高。

④绝缘性好：一般有良好的电绝缘性，少数陶瓷有半导体性能。

(3) 常用陶瓷

①普通陶瓷（传统陶瓷）

用天然原料烧结而成的陶瓷。种类多、产量大、质地坚硬，耐1200℃高温，具有良好的耐蚀性、电绝缘性和加工成型性，成本低，但强度较低。适用于日用陶瓷、电器、化工、建筑等工业部门。

②特种陶瓷（现代陶瓷）

采用人工合成的原料烧结成的陶瓷，具有特殊的性能，如耐高温陶瓷、高强度陶瓷、高耐磨陶瓷、耐蚀陶瓷、压电陶瓷、介电陶瓷、光学陶瓷、磁性陶瓷、生物陶瓷、半导体陶瓷等。

(4) 陶瓷在汽车上的应用

对减轻车辆自身质量、提高发动机热效率、降低油耗、减少排气污染、提高易损件寿命、完善汽车智能性功能具有积极意义。

①陶瓷在汽车传感器上的应用

对汽车用传感器的要求是能长久适用于汽车高温、低温、振动、加速、潮湿、噪声、废气等环境，并应当具有小型轻量，重复使用性好，输出范围广等特点。陶瓷耐热、耐蚀、耐磨及其优良的电磁、光学性能，完全能够满足上述要求。

②陶瓷在汽车发动机上的应用

新型陶瓷用碳化硅和氮化硅等无机非金属烧结而成。与以往使用的氧化铝陶瓷相比，

强度是其 3 倍以上，能耐 1000℃以上高温，新材料推进了汽车新用途的开发。例如：要将柴油机的燃耗费降低 30%以上，新型陶瓷是不可缺少的材料。汽油机燃烧能量中的 78%左右是在热能和热传递中损失的，柴油机热效率为 33%，与汽油机相比已十分优越，然而仍有 60%以上的热能量损失。为减少这部分损失，用隔热性能好的陶瓷材料围住燃烧室进行隔热，进而用废气涡轮增压器和动力涡轮来回收排气能量，可把热效率提高到 48%。

由于新型陶瓷的使用，柴油机瞬间快速启动将变得可能。采用新型陶瓷的涡轮增压器，比超耐热合金具有更优越的耐热性，而比重却只有金属涡轮的三分之一左右。因此，新型陶瓷涡轮可以弥补金属涡轮动态响应低的不足。其他正在进行研究的有：采用新型陶瓷的活塞销和活塞环等运动部件。由于重量的减轻，发动机效率可望得到提高。

③陶瓷在汽车制动器上的应用

陶瓷制动器是在碳纤维制动器的基础上制造而成的。一块碳纤维制动碟最初由碳纤维和树脂构成，被机器压制成形，之后经过加热、碳化、加热、冷却等几道工序制成陶瓷制动器，陶瓷制动器的碳硅化合物表面的硬度接近钻石，碟片内的碳纤维结构使它坚固耐冲击，耐腐蚀，让碟片极为耐磨。目前此类技术除了在 F1 赛车中应用，在超级民用跑车中也有涉及，例如奔驰 CL55 AMG。

④陶瓷在汽车减震器上的应用

高级轿车的减震装置是综合利用敏感陶瓷正压电效应、逆压电效应和电致伸缩效应研制成功的智能减震器。由于采用高灵敏度陶瓷元件，这种减震器具有识别路面且能做自我调节的功能，可以将轿车因粗糙路面引起的振动降到最低限度。

⑤陶瓷在汽车喷涂技术上的应用

近年来，在航天技术中广泛应用的陶瓷薄膜喷涂技术开始应用于汽车上。这种技术的优点是隔热效果好、能承受高温和高压、工艺成熟、质量稳定。为达到低散热的目标，可对发动机燃烧室部件进行陶瓷喷涂，如活塞顶喷的氧化锆，缸套喷的氧化锆。经过处理的发动机可以降低散热损失、减轻发动机自身质量、减小发动机尺寸、减少燃油消耗量。

4. 复合材料

复合材料是由两种或两种以上的物理和化学性质不同的物质，经一定方法合成而得到的一种新的多相固体材料。它不仅具有各组成材料的优点，还具有比单一材料更优良的综合性能。在发达的工业国家，复合材料的发展正在以每年 20%～40%的速度增长，超过任何一个技术领域的发展速度。

（1）复合材料的分类

复合材料的分类至今尚不统一，目前主要采用以下几种分类方法：

①按材料的用途，可分为结构复合材料和功能复合材料两大类。

②按增强材料的物理形态，可分为纤维增强复合材料、粒子增强复合材料及层叠复合材料。

③按基体类型，可分为非金属基体及金属基体。

（2）复合材料的性能

①比强度和比模量高

比强度和比模量是材料的强度或模量与密度之比。复合材料的比强度和比模量都很大，强度高重量轻。如碳纤维增强的环氧树脂复合材料的比强度比钢高 7 倍。这对于高速运转的零件，要求自重轻的运输机械具有重大的意义。

②抗疲劳性能好

大多数金属材料的疲劳极限是其抗拉强度的 40%～50%，而碳纤维增强的复合材料可达 70%～80%。

③减震性能好

机器结构的自振频率与材料的比模量的平方成正比。复合材料的比模量高，结构的自振频率高，避免与环境产生共振。

④破损安全性好

复合材料中每平方厘米截面上有几千到几万根增强纤维，当其中一部分纤维断裂时，应力会重新分布到未破坏的纤维上，使零件不会造成突然断裂。

(3) 复合材料在汽车上的应用

主要用于汽车工业中制造汽车外壳，发动机壳体，轿车车身等。

【任务实施】

一、工程塑料的基本知识的认识

1. 塑料的基本组成认识

对塑料的基本组成部分合成树脂及添加剂进行相关的了解，由于添加剂的种类繁多，因此还需对每一种添加剂作详细的了解，记录下每种添加剂的特点。观察它们的不同之处。

2. 常用工程塑料的认识

对常用的两种工程塑料进行观察，并且记录其基本特点，以便区分。

二、其他非金属材料的认识

非金属材料的种类很多，在任务准备中详细地做了描述，对每一种非金属材料的类型作简单的了解，记录下它们各自的特点，然后再观察它们之前的相互联系。

【任务总结】

首先，查阅对塑料基本组成，基本特性知识掌握情况，同时检验对塑料在汽车上的应用的了解情况。其次，检查对其他非金属材料在汽车上的应用相关知识熟练掌握任务完成情况。

检验内容	检验指标	检验总结
检验基本知识掌握情况	首先，说出塑料基本组成、基本特性；其次，以汽车实体为例，说出其他常用材料在汽车上的应用	
检查任务完成情况	1. 能正确描述塑料的组成，及各组成部分的基本特点 2. 能熟练对塑料及其他非金属材料在汽车上的应用在实体结构上进行识别	

模块四　汽车配件采购

配件采购需求分析对于企业控制成本有十分重要的意义，主要任务是确定生产经营的配件需求量及配件仓储量，方便制订配件采购计划。汽车配件市场调查是对用户及潜在用户的购买力、购买对象、购买习惯、未来购买动向和同行业的情况等进行的调研分析。汽车配件采购需要对货源供应商进行价格和费用、产品质量、交付情况、服务水平等方面的比较，从源头上远离劣质货源。零配件质量鉴别应根据不同汽车配件的技术尺寸、材料工艺要求分别进行。

任务一　需求分析

【任务描述】

分析企业的汽车配件需求量，控制合理的配件库存，在满足企业生产经营需要的同时尽可能地降低汽车配件的资金占用，提高企业资金利用率。

【任务目标】

1. 了解需求分析的重要性。
2. 理解配件采购需求分析的原则。
3. 掌握企业配件需求分析的方法及操作注意事项。

【任务准备】

市场需求分析，主要是估计市场规模的大小及产品的潜在需求量。合理的配件需求分析能够满足客户的需求，促进汽车配件消费需求的增长，稳定客户群，减少客户流失；能够最大限度地优化库存，降低库存对企业资金的占用，以获得良好的收益。汽车配件占用汽车服务企业相当大部分的流动资金。因此，市场需求分析对提高企业的资金使用效率与效益有重要的现实意义。

配件采购需求分析的主要任务是确定企业生产经营的配件需求量及配件仓储量，并以此为基础制订配件采购计划。采购计划制订的是否合理，对资金周转和经济效益起着决定性的作用。采购计划做得好，可以加快资金周转、提高经济效益、减少库存积压，否则会增加库存成本、降低经济效益。

一、配件需求分析的目标

需求分析就是用最合理的库存最大限度地满足客户需求。具体来说就是以最经济的成本，取得合理的配件库存结构，保证向客户提供最高的配件满足率。需求分析应不断完善和优化库存结构，保持经济合理的配件储备。保证向客户提供满意的配件服务，赢得客户的信赖，争取最大的市场份额，获得最大的利润，保证企业的长久发展。

汽车配件销售的随机性很大，客户何时需要什么配件很难预测，一辆汽车的零件总数超过几十万个，不可能所有的零件都有库存。降低库存资金占有量与提高配件供货率是一对矛盾，作为汽车配件经销商，关键在于如何处理好“用最经济合理的成本，取得最大的经济效益”与“提供最高的配件供货率，不丧失每一个销售机会”的矛盾。

配件供应率和存储成本是衡量需求分析和存货管理水平的标志。库存成本包括订购成本（采购费、验收入库费）和储存成本（占用资金利息、仓库管理费、罚金）。订货时间过早，存货必然增加，使存储成本上升；订货时间过晚，存量可能枯竭，缺货成本上升。订货数量过多，资金必然被挤占，并将增加存储耗费；订货量过少，配件将会短缺，并要增加订购耗费。由上分析可知，库存是对资源和资金的占用，然而为了防止或缓解供需矛盾，库存又必须存在，提高库存管理水平，制订正确的存货决策，关键是寻找能保证企业发展需要的物资供应最合理的库存即需求分析。

良好的需求分析能够平衡库存与费用之间的矛盾。要提高配件供货率，必须增加库存量，但库存什么配件、库存多少（库存深度）？通常根据以往的销售记录和近期的市场反馈信息来确定库存配件品种的变化、库存量的大小；订购要适时、适量，从而保证企业的生产、维修和销售顺利进行。

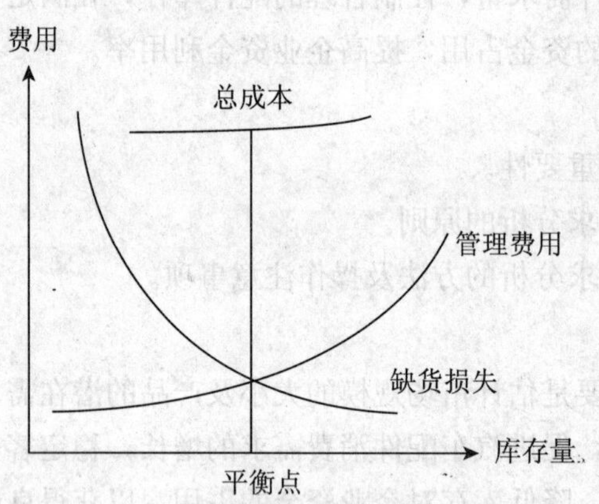

图 4-1-1　库存与费用关系曲线

二、需求分析要考虑的因素

配件需求信息首先来自销售报表，分析零件的销售历史、销售趋势以及仓库的库存状态。需求分析还应考虑如下因素：

(1) 企业经营影响区域内的品牌车辆的市场占有情况。

(2) 企业营销计划，销售部门的销售能力、销售特点和销售趋势。

(3) 企业售后维修客户的实际保有量、客户流失率、车型分布、使用年限和行驶公里数、维修技术特点。

(4) 新的维修技术对配件的要求。

(5) 企业的配件库存情况、库存结构以及已经签订合同的货源情况。

(6) 配件是否常用件、易损件，是否具有季节性特点，企业是否有促销活动。

(7) 配件是否有替换件。

(8) 注意在配件管理系统上查询缺件配件，正常订单的缺件是潜在库存，订货时要加以考虑，避免重复订货。

(9) 配件的供货周期及交货时间、交货品种、交货数量误差。

(10) 节假日对配件需求和配件供货的影响。

三、需求分析的原则

需求分析必须遵循配件采购勤进快销、以销定进的原则。

勤进快销可以加快资金周转，避免商品积压，提高经济效益。勤进快销要做到采购次数多，采购批量小，进货时间间隔短。根据采购成本、仓储保管成本最小的原则确定采购时间和采购次数批量。

以销定进是按照营销状况确定订货的原则，需要考虑日平均营销量、最小安全库存量等因素。定货量是一个动态的数据，根据营销状况的变化，确定进货量，使供货及时、库存合理。

【任务实施】

配件采购企业的配件需求分析关键在于确定订货数量和确定库存量。

需求分析一方面提高了零件供应率，另一方面减少了库存、提高了收益。具体做法就是“精简库存”。实现精简库存的关键在于依据零件的特性和流通等级确定好库存哪些配件和每种配件库存多少，从而确定订货的品种和数量。

一、汽车配件流通等级的确定

1. 汽车配件流通等级的确定方法

汽车配件的流动具有明显的偏向性，最大的销量往往只集中在较少的品种当中，如丰田汽车的零件编号约有 30 万件，接到零件订货项目的 90%集中在 3 万个零件中。基于这种情况我们对汽车配件按其不同的销售流通量进行分级，并以此分级作为订货量的确定依据。

配件的流通等级是指汽车配件在流通过程中的周转速度，反映了汽车配件在流通过程中周转速度的快慢程度，一般分为快流件、中流件和慢流件三级。三个级别的等级确定不同公司可能有不同分法。如雪铁龙公司把连续三个月经常使用的消耗性零件及周转性较高的产品称为快流件（也称 A 类件）；把连续六个月内发生，但又属于周转性次高的产品称为中流件（B类件），把一年内偶发性的产品或由于各种原因不利于周转销售的配件称为慢流件（C 类件）。有些企业把易磨损和易失效的零件或材料作为快流件，如离合器片、制动器片、空气滤清器、橡胶密封件、机油滤清器、机油、轴承、油封、消声器、排气管、密封条、前后灯具、雨刮器、火花塞等。

相关统计结果表明，占零件总数10%的快流件的销售额占销售总额的70%，占零件总数20%的中流件的销售收入占销售总额的20%，而占零件总数70%的慢流件的销售收入仅占总销售额的10%。可见，企业库存零配件的30%，就可以保证获得90%的生产经营需要。所以，应该库存快流件和中流件，其中快流件不能缺货，需要有安全库存。

实际工作中可运用ABC管理法对配件进行分级管理，ABC管理法又称重点管理法或分类管理法，它是一种错综复杂、名目繁多的事物中找出主要矛盾，抓住重点，兼顾一般的管理方法。汽车配件管理采用ABC管理法，也就是我们要对销量大但品种较少的快流件（A类件）进行重点管理；对销量一般但品种相对较多的中流件（B类件）采取次要的管理；对销量很小但品种很多的慢流件（C类件）可兼顾管理，对于C类件中对车辆使用性能影响较大的配件，进行高效的数据统计分析和预测确定少量库存。对其中影响车辆使用性能较小的配件可以不设库存，而建立可靠快捷的供货渠道，保证在出现用户需求时能够及时组织货源满足需求。

2. 影响配件流通级别的因素

零件的流通级别不是一成不变的，快流件可能会变成中流件，甚至变成慢流件；中流件和慢流件在一定时期内可能变成快流件。影响和决定零件流通级别的因素主要有以下几点：

（1）车辆投放市场的使用周期。一般车辆使用寿命为10～15年，前2～3年零件更换少，中间4～5年是更换高峰期，最后1～2年更换又逐渐减少。

（2）制造、设计上的问题。材料选择不当、设计不合理，如刹车踏板本身为慢流件，但是日本丰田的设计制造缺陷使其在特定条件下成为快流件。

（3）季节性。夏季来临时，冷却和空调制冷系统配件应多储备；冬季来临前，点火、启动系统配件要准备充足。

（4）特定的使用环境。如山区和丘陵地区，由于道路条件的影响，车辆的底盘和悬架等零部件故障概率增高，相关零件的流通级别应提高。

二、配件需求品种的分析

需求配件品种的确定取决于库存的项目数，即确定库存的最大项目数，可通过考察零件需求的历史记录，发现零件需求的某些规律，确定需要库存的零件范围。要确定库存的零件范围，首先得了解配件各生命周期的特点。任何零件都会有增长、平稳、衰退的生命周期。针对零件生命周期不同阶段的特点，进行配件需求库存分析确定。不同状态的零件项目应采取不同的原则：处在需求增长期的配件，应采取需一买一的原则；处在需求平稳期的配件，应采取卖一买一的原则；处在需求衰退期的配件，应采取只卖不买的原则，这样才能在保证最大零件供应率的同时，降低库存金额。

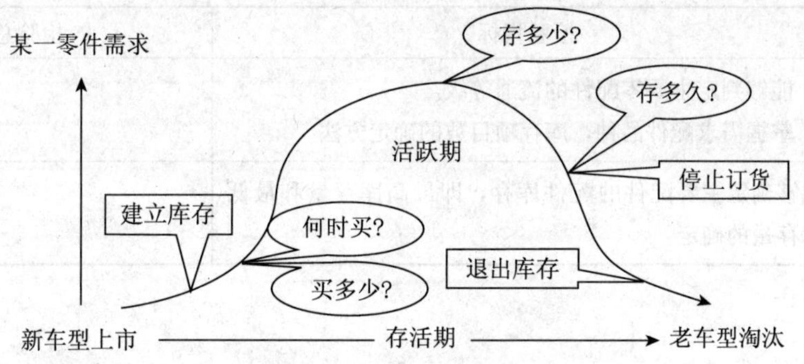

图 4－1－2　配件需求的确定

三、配件库存的确定

配件库存是指在一定条件下，为保证生产（或销售）顺利进行所必需的、最经济合理的配件储备数量的标准。配件库存的确定是需求分析的主要内容。多储，会造成“备而无用”，积压浪费；少储，会造成“用而无备”，供不应求，影响生产（或销售）。需求分析就是要确定理想的配件储备数量。

需求分析中确定的配件库存一般有经常库存和保险库存两种。经常库存是指前后两批配件到货间隔期内，保证生产（销售）正常进行所需的配件储备数量。

经常库存＝到货间隔时间×平均每天需要量

保险库存＝保险储备天数×平均每天需要量

一个单位配件标准库存，由经常库存和保险库存两部分组成，经常库存是一个变化的量。配件储备有上限和下限，上限叫最高库存，即经常库存与保险库存之和；下限叫最低库存，即保险库存。用公式表示是：

最高库存＝经常库存＋保险库存

最低库存＝保险库存

具体制定时，一般都是根据统计资料，计算得出统计期（如年度）内配件总耗用量，除以该统计期内的营运车数（或保修作业车数、次数等），计算出平均每天需要量，再据此计算标准库存。

【任务总结】

配件采购需求分析对于企业控制成本有十分重要的意义，其主要任务是确定生产经营的配件需求量及配件仓储量，以便以此为基础制订配件采购计划。对于不同的零配件应根据不同的流通等级确定其需求量和储备量，既要保证满足企业生产经营需求，又要合理地控制好配件的库存量。

检验内容	检验指标	检验总结
检查知识掌握情况	1. 能够判定主要零配件的流通等级 2. 掌握需求配件品种，库存项目数的确定方法	
检查任务完成情况	能够确定主要配件的配件库存，即最高库存量和最低库存量的确定	

任务二　市场调查

【任务描述】

汽车配件市场调查是应用科学的调查方式方法，搜集、整理、分析汽车配件市场资料，对汽车配件市场的状况进行反映或描述，以认识汽车配件市场发展变化规律的过程。通过市场调查对配件采购计划进行优化调整和修改。

【任务目标】

1. 了解市场调查的作用及其重要性。
2. 理解市场调查的主要内容和方法。
3. 能够进行市场调查的抽样调查。
4. 掌握市场调查问卷的设计制作。

【任务准备】

汽车配件市场调查是应用各种科学的调查方式方法，搜集、整理、分析汽车配件市场资料，对汽车配件市场的状况进行反映或描述，以认识汽车配件市场发展变化规律的过程。具体来说，汽车配件市场调查是汽车配件生产企业、经销商对用户及潜在用户的购买力、购买对象、购买习惯、未来购买动向和同行业的情况等进行的调研分析，弄清涉及企业生存和发展的市场运行特征、规律和动向，以及汽车配件在市场产、供、销方面的状况及其相关的影响因素。

市场调查的目的是通过调查、比较、分析，寻找价格合适、质量可靠、供货及时、售后服务好的供货单位及产品。

一、市场调查的作用

1. 有利于配件需求分析和配件采购计划的合理化

市场需求是变化的，汽车配件采购与仓储也需要随着市场需求的变化而变化。通过汽车配件市场调查，可以为汽车服务企业提供科学数据从而对制订的汽车配件采购与仓储计划进行优化调整。

2. 有利于企业配件仓库设计及当期库存的建立

无论是汽车备件销售公司、汽车综合维修公司，还是汽车服务4S店，其汽车备件仓库设计的基础都是汽车配件市场调查与预测的结果。企业必须以市场调查为基础建立配件

库存，才能满足企业生产需求。

3. 有利于提高企业经济效益和竞争力

汽车配件占用企业相当大部分的流动资金，市场调查有利于优化企业的配件库存，因此对提高企业的资金使用效率与效益有重要的现实意义。市场调查使企业能够最大限度地了解和满足客户的需求，有利于稳定客户群，增加客户量，提高企业竞争力。

二、汽车配件市场调查的基本内容

汽车配件市场调查的基本内容包括：市场环境调查、竞争情况调查、市场需求调查和企业自身营销组合要素调查等。

1. 汽车配件市场环境调查

汽车配件市场调查的环境主要包括政策法律环境、经济环境、地区汽车发展环境等。

政府有关汽车及其配件产业方面的方针、政策和各种法令、条例等都将影响汽车配件企业的经营活动，如发放国家购车节能补贴、提高机动车排放年检标准等。

地区经济发展形势会影响汽车的需求，从而影响配件种类的需求。如城市限制汽车保有量等。

2. 竞争情况的调查市场

竞争情况的调查对于汽车配件企业制订市场营销策略有着重要的影响。因此，汽车配件企业在制订各种重要的市场营销决策之前，必须认真调查和研究竞争对手的经营状况，并时刻注意竞争者的各种动向。具体的调查内容包括对竞争对手的优势、劣势、营销策略、销售情况、货源与销售方向、进销价格等的调查。

3. 市场需求调查

市场需求调查主要是为了分析配件市场需求趋势了解配件消费需求量、需求结构和需求时间。

(1) 需求量调查。对于汽车配件销售企业来讲，市场需求量调查，不仅要了解企业所在地区的需求总量、已满足的需求量、潜在需求量，还必须了解企业的销售量在该地区销售量中所占的比例，即市场占有率。市场占有率在一定程度上反映了企业在该地区的竞争能力，同时也反映了企业进一步扩大区域市场容量的可能性。

(2) 需求结构调查。需求结构调查主要对不同类型汽车配件的需求量，以及各品种、规格的配件需求量（如各种规格的机油滤清器、火花塞、活塞环等的需求量）进行详细的调查。另外，还必须了解引起配件需求量变化的原因，调查用户汽车车型品牌购买意向。

(3) 汽车配件需求时间调查。用户对于汽车配件的需求有一定的时间性特点，不同的季节会给汽车配件需求带来不同的影响。例如，夏季天气炎热，汽车空调系统使用频繁，因而市场对空调系统的有关配件需求量较大；城市车展当月，车辆美容配件需求量增加；国家法定长假期间车辆维护保养配件增加等。企业必须对配件的需求时间进行认真调查，了解用户购买配件的具体时间及配件种类，使企业能根据用户需求的时间性特点安排配件采购。

4. 配件采购企业自身营销调查

(1) 配件采购企业所销售配件的市场占有率及市场潜量。包括顾客对本企业所销售配件的质量、价格、交货期以及工作人员的服务水平及其他配套服务等的评价和要求，还有市场布局与结构、合作伙伴等。

(2) 企业自身配件价格变化的影响因素。包括汽车配件市场供求情况的变化趋势；汽车市场供求及价格的变动趋势；汽车厂商各种不同的价格策略和定价方法对汽车配件价格的影响及价格变动后顾客的反应。

(3) 企业自身的营销发展战略。包括汽车配件市场营销方式的采用情况、发展趋势及其原因；销售代理商的数量、素质及其销售代理的情况，顾客对销售代理商的评价等。

(4) 汽车配件企业内部的经营管理水平、员工素质及物资设备、经营场所等情况。

三、配件市场调查的方法

配件市场调查的方法包括间接调查法和直接调查法。

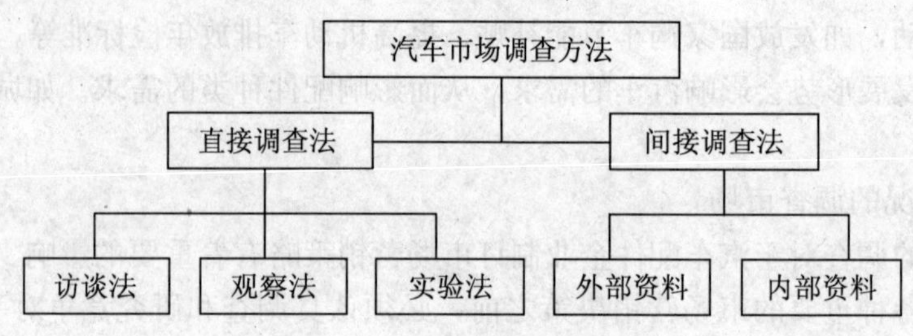

图 4-2-1 市场调查的方法

1. 间接调查——文案调查法

间接调查法是指通过搜集各种动态统计资料、公开信息、文献档案等二手资料，从中摘取与市场调查相关的情报，在办公室内进行统计分析的调查方法。

间接调查法的主要优点表现为：获取信息所需的时间和费用较少；不受时间和空间的限制；间接调查收集的资料，不受调查人员和被调查者的主观因素干扰，反映的信息比较客观、真实。其缺点表现为：间接调查所获取的信息时效性差；间接调查的信息很难与调查活动要求一致，需要进一步的加工处理；间接调查的资料分析处理的难度相对较大。

间接调查的资料来源主要是企业内部资料及外部资料。内部资料来源于企业的会计数据、各管理部门提供的相关资料（如进货统计、销售报告、库存动态记录等），以及其他各类记录。外部资料主要来源于政府机构、行业协会、信息咨询机构、图书文献等的统计资料。由于间接调查所获得的是二手资料，所反映的信息时效性不强，而且还需要进行一定的加工处理，因此在企业的实际调查过程中，一般只把它作为一种辅助的调查方法。

2. 直接调查法

在汽车配件市场调查中常用的是直接调查法。直接调查法是指通过实地调查收集资料、获取信息的一种方法。直接调查法所获取的都是第一手资料，时效性强，能反映真实的市场情况。直接调查法的基本方法有访谈法、观察法、实验法三种。其中访谈法被广泛运用。

（1）访谈法

访谈法是通过直接或间接问答的方式来收集信息的方法，是汽车配件市场调查最常用的方法。通过这种方法，调查人员可以灵活地提出各种设计好的问题，通过被调查人员对问题的回答来收集信息，针对性强。访谈法的具体操作方式分为：问卷调查、面谈调查、电话访谈调查。

问卷调查是目前汽车企业中广泛采用的调查方法，即根据调查目的设计好各类调查问卷，然后采取抽样的方式确定调查样本，通过调查员对样本的访问，完成事先设计的调查项目，最后由统计分析得出调查结果的一种方式。

面谈调查是调查人员与被调查人员进行面对面的谈话，从而获得信息的一种方法。

电话访谈调查是调查人员通过电话交谈来了解顾客意见的一种方法。

（2）观察法

观察调查法是调查者在现场对被调查者的情况直接观察、记录，以取得市场信息资料的一种调查方法。在观察时，调查人员既可以亲临现场，也可以利用照相机、摄像机等设备对现场情况作间接的观察，以获取真实信息。

运用观察法收集资料的优点在于，调查人员与被调查者不发生直接接触，这种情况下，被调查者的活动不受外在因素的影响，处于自然的活动状态，行为真实，因而获取的资料更能反映实际。观察法的缺点是，不容易观察到被调查者的内心世界，不易了解内在的心理。有时需要长时间的观察才能得出结果。

观察法在汽车配件市场调查中，运用得比较广泛，例如车型保有量的观察、汽车营销展厅的现场观察等。

（3）实验法

实验法是指在汽车市场调查中，将调查范围缩小到一个比较小的规模上，进行试验后取得一定结果，然后再推断出总体可能的结果，通过实验对比来取得市场信息资料的调查方法。具体做法是：从影响调查对象的若干因素中先选出一个或几个因素作为实验因素，在其他因素处于不变的条件下，了解实验因素变化对调查对象的影响。实验完成后，还需分析这种实验性的方法或产品是否值得大规模的推行。这种调查方法的优点是比较科学，具有客观性；缺点是实验的时间可能较长，成本高。

关于汽车配件市场调查的具体方法，在实际的调查过程中，应该根据调查的目标、调查的内容等因素来选择最适合的调查方法，这里着重介绍访谈法。

【任务实施】

一、汽车配件市场调查的步骤

汽车配件市场调查一般可以分为调查准备阶段、调查实施阶段和分析总结阶段，主要步骤如图 4-2-2 所示。

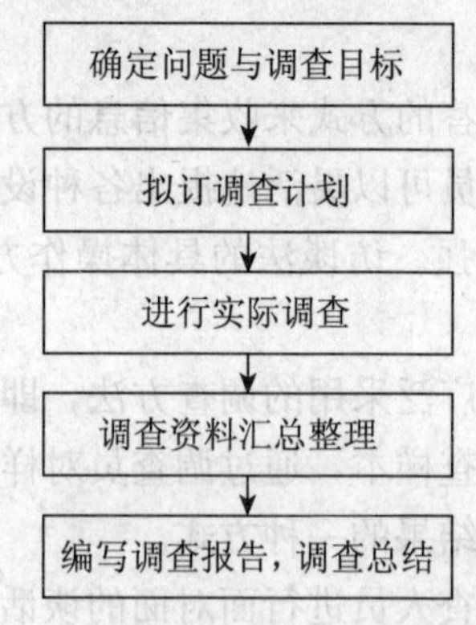

图 4-2-2 汽车配件市场调查步骤

1. 调查准备阶段

调查工作的前期准备阶段，需要做的工作有：

（1）确定问题与调查目标

企业配件市场调查一般是为了解决生产经营中的配件需求、库存及市场占有率等问题。对于配件采购市场调查来说其主要目的就是确定企业销售的配件市场占有率、采购的配件种类和数量、采购的货源市场等问题。配件市场调查的首要任务就是确定调查的问题，并根据问题来确定调查的目标。

（2）拟订调查计划

拟订调查计划就是确定调查方案。工作内容包括确定调查项目、确定信息来源、选择调查方式、估算费用、填制调查项目建议书和安排调查进度、编写调查计划书等。

确定调查项目即根据已确定的调查问题具体设置调查项目。与调查目标有关的因素很多，不可能也不必要把这些因素都设置为调查项目。要对诸多因素的重要程度进行比较，以决定取舍；在不影响调查结果的前提下，选择主要的因素设置调查项目。对于配件采购市场调查来说主要的因素就是采购配件种类、数量；客户需求；企业市场份额等。

确定信息资料来源指确定获取文字资料的渠道与获取实地调查资料的调查人员范围等。

汽车配件市场调查对象一般有汽车生产商、汽车交易市场、汽车 4S 店、汽车租赁市场、二手汽车市场、汽车行业协会、公安车辆管理所、汽车购置税征收机构等，以及汽车媒体和国家统计公布的数据。

编写调查计划书，在进行正式调查之前，把主要步骤和内容编成调查计划，以保证整个市场调查的有序进行。对于问卷调查来说要确定调查对象范围、设计调查问卷结构、设置调查问卷问题、决定问卷发放和回收形式等。

2. 调查实施阶段

这一阶段包括收集、整理和分析信息资料等工作。调查中的数据收集阶段是花费时间最多且又最容易失误的阶段。因此，调查人员在计划实施过程中，要尽量按计划进行，使获取的数据尽可能反映事实。这就要求调查人员应具备一定的素质，在整个信息搜集过程中能排除干扰，获得理想的信息资料。

配件市场调查的具体实施方式有：

(1) 定点专访——专访公安局车辆管理所、车辆购置税务机关，合理使用不涉及公民私人信息以及社会实体的车辆档案信息。

(2) 抽样调查——向社会公众进行调查，了解公众对汽车配件需求的信息。

(3) 小组座谈——邀请车主、汽车维修员工、汽车配件经营商户等方面的代表进行座谈，了解其对汽车配件需求、使用等方面的信息。

(4) 文字资料收集整理——汽车服务企业销售服务数据统计，企业以往销售会计资料等。

由于从问卷和其他调查工具获取的原始资料是杂乱无章的，所以无法直接使用。调查实施阶段后期需要对原始资料进行整理，按照调查目标的要求进行统计分析，以发现有助于营销管理决策的信息。

3. 分析总结阶段

这阶段主要做调查资料的汇总整理。调查资料的汇总整理首先应对资料进行校核，剔除不必要和排除不可靠的资料，以保证资料的可靠性和准确性。校核后的资料要按内容进行分类和编码，编制各个类别的统计表。在此基础上，运用多维分析法、回归分析法和相关分析法等统计方法对资料作必要的分析。

具体任务工作如下：

(1) 鉴别资料——对市场调查所得的信息进行鉴别，以获得有用的信息。

(2) 整理资料——对有用的信息进行分类整理，并列制填写各种图表。

(3) 统计分析——对经过分类整理的有用信息进行数理统计分析，以获得具有统计学意义的调查数据。

(4) 定性研究——根据调查获得的调查数据进行定性研究，为调查报告的撰写作准备。

4. 市场调查报告撰写阶段

汽车配件市场调查报告是调查工作的最终成果。调查报告的撰写要客观完整、重点突出、紧扣主题、简明扼要、层次分明。汽车配件市场调查报告包括以下内容：

(1) 前言：调查目的、调查资料来源及调查经过、调查方法和技术的概述，以及必要的谢词等。

(2) 正文：对调查任务的说明，用于对调查结果进行阐述的各种分析图表和数据，以及对策建议等。

(3) 附件：调查项目负责人及主要参加者的名单、专业特长及分工，数据处理方法及所用软件等，引用的公开发表的政府机关文件、报告、协会发表的各种数据等。

二、市场调查问卷的设计

调查问卷的设计，是市场调查的一项关键工作。如果一份调查表设计的内容恰当，它既能使被调查达到预定的调查目的，又能使被调查者乐意合作，它就会像一张网，把需要的信息收拢起来。调查表往往需要认真仔细地拟定、测试和调整，然后才可大规模使用。

1. 问卷设计的程序

(1) 透彻了解调查计划的主题;

(2) 决定调查表的具体内容和所需要的资料;

(3) 逐一列出各种资料的来源;

(4) 将自己放在被调查人的地位，考虑这些问题能否得到确切的资料，哪些能使被调查人方便回答，哪些难以回答;

(5) 按照逻辑思维，排列提问次序;

(6) 决定提问的方式，哪些用多项选择法；哪些用自由回答法；哪些需要作解释和说明;

(7) 写出问题，要注意一个问题只能包含一项内容;

(8) 每个问题都要考虑给解答人以方便，如果用对照表法，就要研究用哪些询问项目，如果用多项选择法，就要考虑应列出哪几条答案;

(9) 每个问题都要考虑能否对调查结果进行恰当的分类;

(10) 审查提出的各个问题，消除含义不清、倾向性语言和其他疑点;

(11) 考虑提出问题的语气是否自然、温和、有礼貌和有趣味性;

(12) 考虑将得到的资料是否对解决问题有帮助，如何进行分析和交叉分析;

(13) 以少数应答人为例，对调查表进行小规模的预测;

(14) 审查预试的结果，既要着眼于所收集的资料是否易于列表，又要着眼于资料的质量，看是否有不足之处需要改进;

(15) 重新设计调查表并打印出来。

2. 问卷的格式

问卷的格式一般可作如下安排。

(1) 问卷说明（开场白)。问卷说明意在向被调查者说明调查的意图、填表须知、交表时间、地点及酬谢方式等。问卷说明应言简意赅，强调调查工作的重要性，消除被调查者的疑虑，并使之引起共鸣，产生兴趣。

(2) 调查的问题。这是调查问卷中最主要的部分。主要是以提问的形式呈现给被调查者，提问的具体内容视调查目的和任务而定。

(3) 被调查者的情况。具体如年龄、性别、职业、住址、受教育程度、婚姻状况、家庭人口等，以备各类研究之用。

(4) 编号。主要是为了便于统计之用。

(5) 调查者情况。在问卷的最后，附上调查人员的姓名、访问日期等，以核实调查人员的情况。

3. 问卷设计的注意事项

(1) 问卷中问句的表达要简明易懂、意思明确，不是模棱两可，避免用“一般”、“通常”等词语。如问“你通常读什么样的杂志”，这个“通常”很容易使人摸不清怎样去理解，是指场合还是指时间。

(2) 调查问句要有亲切感，并要考虑到答卷人的自尊。

(3) 调查问句要保持客观性，避免有引导的含义，应让被调查者自己去选择答案。

(4) 调查问卷要简短，以免引起填表人的厌烦。全部时间最好能在15分钟之内答完，否则会使被调查人因时间过长而敷衍答卷，影响问卷调查的效果。

(5) 问卷中各问题之间的间隔要适当，以便答卷人看卷时有舒适感；印刷要清晰；问卷的页数超过一页时要装订好，避免缺页。

(6) 问卷中问题的安排应先易后难，不要第一个问题就把人难倒。核心问题应放在问卷的前半部分。

(7) 调查问句要有时间性。时间过久的问题，不易回忆且不准确。例如，“您今年以来看了几次我们的广告?”这一问题不易回忆，不是难倒被调查者，就是促使对方胡乱回答。

【任务总结】

汽车配件市场调查是对用户及潜在用户的购买力、购买对象、购买习惯、未来购买动向和同行业的情况等进行的调研分析。调查的内容涉及市场环境、竞争对手、市场需求和自身营销组合要素等。目前广泛采用的市场调查方法为直接调查法中的问卷调查，在问卷调查过程中调查问卷的质量的好坏对市场调查的成功与否至关重要。

检验内容	检验指标	检验总结
检查知识掌握情况	1. 掌握配件市场调查的方法 2. 了解配件市场调查的步骤；了解每个步骤的作用和主要任务	
检查任务完成情况	1. 能够设计配件市场需求的调查问卷 2. 能够完成问卷问题的设计和调查结果统计	

任务三　货源鉴别及选择

【任务描述】

汽车配件市场中生产配件的企业良莠不齐，同样的配件即便是同一型号的零件也有很多不同的厂家在生产和销售。对配件供货商进行区别和筛选对于企业的经营十分重要。劣质的零件可能直接导致企业经济损失和客源的丢失。

【任务目标】

1. 了解配件货源选择的依据。

2. 了解货源产品检验的分类。

3. 掌握货源鉴别的方法。

【任务准备】

在利益驱使下，汽车配件市场难免有假冒配件、劣质配件存在。劣质的汽车配件与正宗的配件虽然在外观上相差不大，但在内在质量和性能上差距悬殊，车辆使用假冒伪劣配件后会给车主造成极大的损失，轻者造成经济损失；重则危及行车安全，甚至造成交通事故。

一、货源选择

选择优质的货源可以从源头上杜绝劣质零配件进入本企业。通常情况下信誉高、质量好的配件供应企业其配件货源质量也相对较高，所以企业在配件采购初期就要对供应商进行仔细筛选，选取优质的供应商，这样货源质量能够得到有效的保证。

货源选择主要依据价格和费用、产品质量、交付情况、服务水平等方面来判定。

(1) 价格和费用。价格和费用的高低是选择供方的一个重要标准，企业生产经营直接目的就是追求经济效益。配件市场中存在固定价格、浮动价格和议价。在选择供应单位时要考虑价格因素，同时还要考虑运输费用问题。价格和费用低能降低成本，增加企业利润。进行货源选择时要做到货比三家，价比三家择优选购。

(2) 产品质量。有些货源提供的配件价格和费用虽低，但供应的配件质量较次。如交货迟缓、供应质量低劣，势必会严重影响企业车辆服务质量和企业信誉。由于配件质量达不到要求而影响修车质量，给用户带来损失，所以要选择质量可靠的货源产品或配件质量要求满足规定的货源产品。

(3) 交付标准。交付是供应单位按合同所要求的交货期限和交货条件的情况，一般用合同兑现率来表示。交货及时、信誉好的供货单位，自然是选择的重点对象。

(4) 服务标准。配件在生产、运输、使用过程中都可能出现质量问题。即便是优质的配件货源商在进行交易过程中仍难免出现质量瑕疵、供货延时等配件合同纠纷，选择信誉好，售后服务优的货源有利于企业处理配件质量索赔问题。考虑供货单位可能提供的服务，如服务态度、方便用户措施和服务项目等。

二、配件货源质量的鉴别

汽车配件货源质量的鉴别很重要，直接影响服务质量和客户的满意度及维修水平。企业配件采购过程中即便是从货源采购也可能出现配件质量问题，所以在选择供应商之后，日常采购过程中还需要对货源进行有效的鉴别，以区分纯正配件和假冒伪劣配件，杜绝劣质配件进入企业。

1. 货源鉴别的常用工具

汽车配件质量的优劣，关系到消费者的利益和销售企业的商业信誉及维修企业维修水平的发挥，但配件产品涉及范围广，要对全部配件做出正确和科学的质量结论，所需的全部测试手段是中、小型汽配企业难以做到的。

企业可以根据实际情况，添置必备的技术资料，如所经营主要车型的图纸、汽车零配件目录、汽车电子零配件目录和质量保证书、使用维护说明书及各类汽车技术标准等，这些资料都是检验工作的依据。购置一些通用检测仪表和通用量具，如游标卡尺、千分尺、百分表、千分表、量块、平板、粗糙度比较快、硬度计、汽车万用表等，以具有一定的检测能力。

2. 汽车配件质量的鉴别方法

采购汽车配件要注意多“看”，看文件资料，看零件表面（或材料）的加工精度、热

处理颜色等。首先要查看汽车配件的产品说明书及零件目录，产品说明书是生产厂家进一步向用户宣传产品，为用户做某些提示，帮助用户正确使用产品的资料。通过产品说明，可增强用户对产品的信任感。一般来说，每个配件都应配一份产品说明书（有的厂家配用户须知）。电子零件目录是帮助专业人员用计算机管理系统正确查询或检索零部件的图号、名称、数量及装配位置、立体形状、价格等的技术资料。书本零件目录是人工检索汽车配件的工具。

【任务实施】

一、普通配件货源鉴别

假冒配件是仿造原厂正品的配件，在标识、包装等细节上也尽可能地仿冒，因此很容易混淆视听。由于仿冒品低价低质的本质，在感官上不可能做得与正品一样，因此我们辨认的第一步就是通过这些方面来进行辨认。在货源鉴别过程中最好能够准备好纯正件用以对比观察。

（1）看包装。从包装上识别假冒伪劣零配件并不容易，因为高明的造假者往往以假乱真，而且产品种类层出不穷。但是，如果仔细观察，还是可以对低劣假冒配件加以分辨。一般来说，原厂配件包装比较规范，统一标准规格，印字字迹清晰正规，包装盒上字迹清晰，套印色彩鲜明，标有产品名称、规格型号、数量、注册商标、厂名、厂址以及电话号码等，有合格证和检验员章，有的厂家还在配件上打出自己的标记。一些重要部件和总成类，如化油器、分电器、发电机等，出厂时一般带有说明书、合格证，以指导用户安装、使用以及维修，若无这些多为假冒伪劣产品。

（2）看外表。合格的零配件表面，印字或铸字及标记清晰正规，既有一定的精度又有铮亮的光洁度，越是重要的零配件，精度越高，包装防锈防腐越严格。选购时若发现零件有锈蚀斑点，橡胶件龟裂、失去弹性，或轴颈表面有明显车刀纹路。还要注意零配件几何尺寸有无变形。有些零件因制造、运输、存放不当而变形。

（3）看材料。正宗产品的材料是按设计要求采用优质材料，而伪劣产品多用廉价低劣材料。汽车配件在存放中，由于材料本身材质、储存环境、储存时间等原因，容易引起干裂、氧化、变色、老化等现象。如果经销商售卖的零件上有锈蚀斑点，橡胶件出现龟裂、老化现象，接合处有脱焊、脱胶现象，这样的配件多半有问题，要谨慎购买。

（4）看油漆。不法商人将废旧配件经简单加工，如拆、装、拼、凑、刷漆等处理，再冒充合格品出售，拨开表面油漆后则能发现旧漆。

（5）看工艺。低劣产品外观有时虽然不错，但由于制作工艺差或故意漏工艺工序，其机械性能下降，容易出现裂纹、砂孔、夹渣、毛刺或碰伤（如图 4－3－1 所示）。如汽缸垫挤压变形，使用时容易引起密封不严而烧蚀，导致漏油、漏气和漏水等现象。

（6）看表面热处理。不同的表面热处理有不同的工艺痕迹、不同的功用和不同的机械性能。汽车配件的表面处理是配件生产的后道工艺，商品的后道工艺尤其是表面处理对技术和设备要求较高。制造假冒伪劣产品的货源，采取低投入掠夺式的短期经营行为，很少在产品的后道工艺上投入技术和资金。

图 4-3-1　零件表面有粗糙夹渣

(7) 看非工作面的表面伤痕。从汽车配件非使用面的伤痕，可以分辨是正规厂生产的产品，还是非正规厂生产的产品。表面伤痕是在中间工艺环节由于产品相互碰撞留下的。优质的产品是靠先进科学的管理和工艺技术制造出来的。生产一个零件要经过几十道甚至上百道工序，而每道工序都要配备工艺装备，其中包括工序运输设备和工序安放的工位器具。高质量的产品由很高的工艺装备系数作保障，所以正规厂的产品是不可能在中间工艺过程中互相碰撞的。以此推断，凡在产品不接触面留下伤痕的产品，肯定是小厂、小作坊生产的劣质品。

(8) 看“松动”。由两个或两个以上零件组合成的配件，零件之间通过压装、胶接或焊接而成，不允许有松动现象。

(9) 看装配记号。为保证配件的装配关系符合技术要求，一些正规零件表面刻有装配记号，比如正时齿轮记号、活塞顶部标记、液压阀箭头标记等装配标记，用来保证机件正确安装，若无记号或记号模糊则无法辨认，将给装配带来很大困难，甚至装错。

(10) 看缺漏。正规的总成部件必须齐全完好，才能保证顺利装车和正常运行。一些总成件上的小零件漏装，可能是“水货”，容易给装车造成困难。甚至可能因个别小配件短缺，造成整个总成部件报废。

(11) 看防护层。一般来说，为了便于保管，防止零件磕碰，大多数汽车零部件出厂前都涂有防护层。如活塞销、轴瓦用石蜡保护；活塞环、缸套表面涂防锈油，并用包装纸包裹；气门、活塞等浸防锈油后用塑料袋封装或者用包装纸包裹。而假冒伪劣配件生产厂家由于生产工艺相对粗糙，通常不太注意一些细节上的处理，选购时若发现密封套破损、包装纸丢失，防锈油或石蜡流失，那么这些商品即便不是假冒伪劣产品，也是损坏产品，应慎买为妙。

(12) 看证件。一些重要部件，特别是总成类，比如化油器、分电器、发电机等，出厂时一般带有说明书、合格证，以指导用户安装、使用和维护。

(13) 看规格。大多数汽车配件都有规定的型号和技术参数。如选购电器设备时，应注意检查与被换零件的电压 12V 或 24V，功率、接口是否一致。规格型号是否符合使用要

求。选购汽车配件时要查明其主要技术参数，特殊技术要求应符合使用要求。虽然有些外观相差无几，但稍不注意就安装不上，或留下人为的故障隐患。

（14）看商标。要认真查看商标上面的厂名、厂址、等级和防伪标记是否真实。另外在商品制作上，正规的厂商在零配件表面有硬印和化学印记，注明了零件的编号、型号、出厂日期，一般采用自动打印，字母排列整齐，字迹清楚，小厂和小作坊一般是做不到的。

二、进口零配件货源的鉴别

由于众多进口汽车的车牌、车型繁杂，而某一具体车型的实际保有量又不多，所以，除正常渠道进口的配件外，各种赝品、“水货”也大量涌现，鱼目混珠，转卖伪劣汽车配件以牟取暴利的现象屡见不鲜。企业在配件采购过程中应了解并熟悉国外汽配市场中的配套件、纯正件、专厂件的商标、包装、标记及相应的检测方法和数据，以保护好自身和消费者的正当权益。

到货后，一般应“由外到里，由大包装到小包装，由外包装到内包装，由包装到产品标签，由标签到封签，由零件编号到实物，由产品外观质量到内在质量”逐步进行详细检查验收，具体操作如下。

（1）看外部包装。一般原装进口配件的外部包装多为7层胶合板或选材较好、做工精细、封装牢固的木板箱，纸箱则质地细密、紧挺不易弯曲变形、封签完好；外表印有用英文注明的产品名称、零件编号、数量、产品商标、生产国别、公司名称，有的则在外包装箱上贴有反映上述数据的产品标签。

（2）看内部包装。国外产品的内部包装（指每个配件的单个小包装盒），一般都用印有该公司商标图案的专用包装盒。

（3）看产品标签。日本的日产、日野、三菱、五十铃等汽车公司的正品件都有“纯正部品”的标签，一般印有本公司商标及中英文的公司名称、英文或日文配件名称编号，而配套件、专厂件的配件的标签无“纯正部品”字样，但一般有用英文标明适用的发动机型或车型、配件名称、数量及规格、公司名称、生产国别，同时，标签形状不限于长方形或正方形。

（4）看包装封签。进口配件目前大多用印有本公司商标或检验合格字样的专用封签封口。如德国ZF公司的齿轮、同步器等配件的小包装盒的封签，日本大同金属公司的曲轴轴承的小包装盒的封签，日产公司的纯正件的小包装盒的封签，五十铃公司纯正件的小包装封签等。也有一些公司的配件小包装盒直接用标签作为小包装盒的封签，一举两得。

（5）看内包装纸。德国奔驰汽车公司生产的金属配件一般用带防锈油的网状包装布进行包裹，而日本的日产、三菱、日野、五十铃等汽车公司的纯正件的内包装纸均印有本公司标志，并用一面带有防潮塑料薄膜的专用包装纸包裹配件。

（6）看外观质量。从日本、德国等地进口的纯正件、配套件及专厂件，做工精细，铸铁或铸铝零件表面光滑，精密无毛刺，油漆均匀光亮。而假冒产品则铸造件粗糙、喷漆不均匀、无光泽、真假两个配件在一起对比有明显差别。

（7）看产品标记。原装进口汽车配件，一般都在配件上铸有或刻有本公司的商标和名称标记。

（8）看配件编号。配件编号也是签订合同和配件验收的重要内容。各大专业生产厂都有本厂生产的配件与汽车厂配件编号的对应关系资料，配件编号一般都刻印或铸造在配件上（如德国奔驰纯正件）或标明在产品的标牌上，而假冒配件一般无刻印或铸造的配件编号。在配件验收时，应根据合同要求的配件编号或对应资料进行认真核对。

【任务总结】

汽车配件市场中受利益驱使总有些不法商家生产和销售着不合格甚至假冒伪劣的汽车配件。在进行配件采购作业时一定做好对于货源的鉴别工作，避免因购入劣质货源使企业蒙受损失。

检验内容	检验指标	检验总结
检查知识掌握情况	1. 掌握货源选择的方法 2. 了解货源质量的鉴别方法	
检查任务完成情况	1. 掌握普通配件货源鉴别方法 2. 能够简单鉴别进口零配件货源的质量	

任务四　配件质量鉴别

【任务描述】

配件采购过程中即便是选择优质的货源也可能出现所采购的零配件质量不合格的情况，这就使得配件质量的鉴别变得十分重要。劣质的配件往往给企业带来巨大的客户流失、经济损失和声誉损失。如因为制动踏板的质量问题导致丰田公司全球召回数千万辆汽车，造成巨大的经济损失。

【任务目标】

1. 了解汽车配件量鉴别的重要性。
2. 掌握基本的配件质量鉴别方法。

【任务准备】

一、配件质量的重要性

汽车服务和营销企业采购配件过程中要注意配件质量的鉴别，优质的零配件是企业向客户提供优质产品和服务的保证。

在选购配件过程中，不仅要注意防止“以次充好”的配件，还要特别注意“以旧充新”的翻新件。某些经维护换下的总成，可能通过更换简单的零件，外表重新油漆，充当新的配件出售。但只要仔细观察，就可以发现可疑处，如有拆卸敲打的痕迹，未油漆处有油污等。同时，还可通过检查有无原厂说明书、产品合格证、生产厂名、厂址等来辨别

真伪。

在选购配件时，特别是进口车的配件，还要注意区别不同年代生产的配件规格差异。为了满足市场的需求和适应技术的发展，汽车制造商每年都会改进某些零部件，生产新车型。新、老车型的同一种零件外形虽然相似，但只要编号改了，其参数就有变化。在选购配件之前，一定要弄清楚车辆型号、生产年份，同时也要掌握选购配件的性能和参数。为了鉴别判断配件质量的优劣，大体上可检查以下几个方面，即检查包装，检查配件外观，必要时进行力所能及的检验。

二、配件货源产品的分类检验

为了提高工作效率和达到择优进货的目的，可以把不同货源的产品分成几种不同的检验类型：

(1) 主机厂和名牌质量信得过产品基本免检。车辆主机厂和名牌配件厂的货源质量较高，一般能够保证所供配件的质量，为了提高工作效率可以对这些货源免除质量检验，只进行配件数量、型号、规格的查验。另外为了避免遇到仿冒产品，应做到对这些厂家的产品十分了解，大宗进货时应进行抽样检查。条件允许情况下，最好定期抽检。

(2) 对长期合作的货源采取关键参数检验鉴别方法。多年多批进货，经长期使用发现存在某些质量问题的产品，可采用抽检几项关键参数项目的方法，以检查其质量稳定性。

(3) 对新货源新配件应按规定全面检验。以前未采购过新货源的配件，采用按标准规定的抽检数，在技术项目上尽可能做到全检，以求对其质量得出一个全面的结论，作为今后进货的参考。

(4) 对此前用户个别换货、少量或批量退货的货源，应尽可能采取全检，并对不合格部位重点检验的办法。若依旧发现配件质量问题，应及时进行合同索赔，并调整采购货源，不再采购该货源的配件产品。

(5) 对一些配件质量差、商业信誉低的货源，应尽可能的不采购其配件产品。如确需进货，配件质量检验时一定要严格把关，严格检验配件的各个参数。

三、汽车配件质量鉴别的方法

在零配件质量鉴别中可以采用简单技术手段，利用简单的计量工具，标准的产品样件，从产品的表面硬度是否合格、几何尺寸是否变形、总成部件是否缺件、转动部件是否灵活、装配标记是否清晰、胶接零件是否松动、配合表面有无磨损等方面通过测量、敲击、对比等方式确定产品质量。

1. 检视法

(1) 表面硬度是否达标。配件表面硬度都有规定的要求，在征得厂家同意后，可用钢锯条的断茬去试划（注意试划时不要划伤工作面）。划时打滑无划痕的，说明硬度高划后稍有浅痕的说明硬度较高；划后有明显划痕的说明硬度低。

(2) 结合部位是否平整。零配件在搬运、存放过程中，由于振动、磕碰，常会在结合部位产生毛刺、压痕、破损，影响零件使用，选购和检验时要特别注意。

(3) 几何尺寸有无变形。有些零件因制造、运输、存放不当，易产生变形。检查时，可将轴类零件沿玻璃板滚动一圈，看零件与玻璃板贴合处有无漏光来判断是否弯曲。选购离合器从动盘钢片或摩擦片时，可将钢片、摩擦片举在眼前，观察其是否翘曲。选购油封时用手来回搓几下应乌黑发亮，没毛刺飞边，带骨架的油封端面应呈正圆形，能与平板玻璃贴合无翘曲；无骨架油封外缘应端正、无毛刺，用手搓乌黑发亮，用手握使其变形，松手后应能恢复原状。选购各类衬垫时，也应注意检查其几何尺寸及形状。

(4) 总成部件有无缺件。正规的总成部件必须齐全完好才能保证安装和运行。总成件上小零件的缺失，将影响总成的正常工作，甚至导致总成无法运转。

(5) 转动部件是否灵活。在检验机油泵等转动部件时，用手转动泵轴，应感到灵活、有吸力、无卡滞。检验滚动轴承时，一手支撑轴承内环，另一手打转外环，外环应能快速自如转动，无沙哑声、然后逐渐停转。若转动零件发卡、转动不灵，说明内部锈蚀或产生变形。

(6) 装配记号是否清晰。为保证配合件的装配关系符合要求，有些零件刻有装配记号，如正时齿轮。如果记号缺漏或记号模糊，将给装配带来困难，甚至无法完成正确装配，影响零件使用。

(7) 接合零件有无松动。由两个或两个以上的零件组合成的配件，零件之间是通过压装、胶接或焊接的，它们之间不允许有松动现象。如油泵柱塞与调节臂是通过压装组合的，离合器从动毂与钢片是铆接结合的，摩擦片与钢片是铆接或胶接的，纸质滤清器滤芯骨架与滤纸是胶接而成的，电器设备是焊接而成的。检验时，若发现松动应予以调换。

(8) 配合表面有无磨损。若配合零件表面有磨损痕迹，或涂漆配件拨开表面油漆后发现旧漆，则多为旧件、翻新件，当表面磨损、烧蚀，橡胶材料变质时，在目测看不清楚的情况下可借助放大镜观察。

2. 敲击法

判定大壳体和盘形铸件零件是否有裂纹、用铆钉连接的零件有无松动以及轴承合金与钢片的结合是否良好时，可用小锤轻轻敲击并听其声音。如发出清脆的金属声音，说明零件状况良好；如果发出的声音沙哑，可以判定零件有裂纹、松动或结合不良。浸油锤击是一种探测零件隐蔽裂纹最简便的方法。检查时，先将零件浸入煤油或柴油中片刻，取出后将表面擦干，撒上一层白粉（滑石粉或石灰），然后用小锤轻轻敲击零件的非工作面，如果零件有裂纹，通过振动会使浸入裂纹的油渍溅出，裂纹处的白粉呈现黄色油迹，便可看出裂纹所在。

3. 比较法

用标准零件与被检零件做比较，从中鉴别被检零件的技术状况。如气门弹簧、离合器弹簧、制动主缸弹簧和轮缸弹簧等，可以用被检弹簧与同型号的标准弹簧比较长短，即可判断被检弹簧是否符合要求。

4. 试装法

这是检查配套件或技术配对件是否匹配、质量是否合格、是否拿错配套件的最好方法，如销售某销轴，就可用销轴套试装一下，从而杜绝拿错易混配套配件。

汽车配件产品的验收方法多种多样，各种手段需要综合运用，根据不同的配件采用不

同的验收方法，并综合运用。

5. 测量法

借助测量工具，用正确的方法测量配件几何尺寸，然后依据不同零件的尺寸标准，判断零件质量是否合格。类似的零件检查项目还有很多，具体操作参照国家、行业和车辆生产企业的检查要求及标准实行。

【任务实施】

目前市场上汽车的车型多，配件品种规格繁杂，仅一种车型的配件品种就有数千种，掌握一些简单的检测方法，有利于识别配件的优劣。具体的识别方法有：认真核对商标、包装和文件资料；检查配件的表面处理工艺质量；检测配件质量及配合情况。

一、轴类配件的质量鉴别

1. 曲轴的质量鉴别

曲轴的质量鉴别的检测项目如下（标准值参考相应的维修手册）：

（1）检查外观质量曲轴各表面，曲拐不允许有裂纹、孔眼、起鳞和黑点等缺陷。油孔口应倒角和抛光。

（2）检查油道用细铁丝，检查主轴颈和连杆轴颈连接的润滑油道是否畅通，不允许有杂质、铁屑等。

（3）不同发动机使用不同材质的曲轴，在选购时鉴别其材质的方法有两种。一是用锤子轻敲曲轴的曲柄，若其发出的声音清晰悦耳且回音较长，则为钢质曲轴；如果声音沉闷短促，则是球墨铸铁曲轴。二是用钻床或扁铲取下微量金属屑，金属屑如果呈卷曲状，则为钢质曲轴；金属屑如果呈粒状，则为球墨铸铁曲轴。

（4）测量主轴颈、连杆轴颈、皮带轮轴颈、正时齿轮轴颈、法兰盘内孔、后油封轴颈等的直径，应符合规定。

（5）测量主轴颈、连杆轴颈的圆度及圆柱度，应符合规定。

（6）检查主轴颈、连杆轴颈表面粗糙度。

（7）检查连杆轴颈轴线对主轴颈轴线的平行度，连杆轴颈轴线对主轴颈轴线的平行度应不大于0.015mm；正时齿轮轴颈对曲轴轴线的径向圆跳动应不大于0.025mm；轴向定位轴颈端面对轴线的圆跳动应不大于0.05mm；法兰盘端面对轴线圆跳动应不大于0.06mm；中间主轴颈对轴线圆跳动应不大于0.05mm；后油封轴颈对轴线圆跳动应不大于0.05mm；法兰盘直径对轴线圆跳动应不大于0.035mm；法兰盘内孔对轴线圆跳动应不大于0.06mm。

（8）检查曲柄质量，测量曲柄半径、曲柄夹角、轴向定位主轴颈宽度、正时齿轮键槽宽度、主轴颈和连杆轴颈圆角半径等，应符合技术要求。

（9）检查正时齿轮键槽位置，检查曲轴上正时齿轮键槽位置，应符合要求。

（10）进行曲轴静平衡试验，应符合要求。有条件的情况下最好再进行动平衡试验和磁力探伤。

2. 连杆总成质量鉴别

在选购连杆总成时的质量鉴别的检测项目如下（标准值参考相应的维修手册）：

(1) 检查外观质量；(2) 检查连杆侧面的安装方向标记；(3) 检查尺寸精度 (4) 检查连杆质量；(5) 检查连杆表面粗糙度；(6) 检查连杆硬度。

3. 活塞质量鉴别

活塞质量鉴别的检测项目如下（标准值参考相应的维修手册）：

(1) 检查外观质量；(2) 检查活塞硬度；(3) 检查质量差；(4) 检查活塞的尺寸及形位误差；(5) 活塞维修配件的尺寸；(6) 活塞销孔偏置的标记。

4. 活塞环质量鉴别与选购

活塞环质量鉴别的检测项目如下，（标准值参考相应的维修手册）：

(1) 检查外观；(2) 检查尺寸；(3) 检查标识；(4) 测试弹性；(5) 检查硬度；(6) 检查外圆漏光。

5. 汽缸套的质量鉴别

在选购汽缸套时检测项目如下（标准值参考相应的维修手册）：

(1) 外观质量检查，内、外圆表面不允许有碰伤、裂纹、锈蚀、夹渣和疏松等缺陷。

(2) 水压试验干式汽缸套筒须在 392KPa 压力下，湿式汽缸套筒须在 490KPa 压力下，经 5 分钟水压试验不得有渗漏、浸润现象。

(3) 测量汽缸套筒的长度、外圆直径、不留镗量的内孔直径、留镗量的内孔直径、下止口外圆直径等，应符合规定值。

(4) 形位精度检查。

6. 凸轮轴的质量鉴别

在选购凸轮轴时其检测项目如下（标准值参考相应的维修手册）：

(1) 检查凸轮表面和轴颈表面应光洁，不应有明显波纹。工作表面不允许有烧伤、凹陷、锈蚀、磕碰伤痕等。非加工表面不允许有氧化皮、夹层裂纹、毛刺及疤痕。任何部分都不允许有裂纹和开裂等缺陷。钢制凸轮轴的凸轮、轴颈、偏心轮等工作表面均应进行高频淬火处理。

(2) 汽油机凸轮轴的一端有一偏心轮，用以驱动汽油泵；在中间部位有一斜齿轮，用以驱动分电器和机油泵。而柴油机凸轮轴没有这些零部件。

(3) 检查硬度凸轮、轴颈及偏心轮、齿轮的硬度应符合规定。有条件的情况应进行磁力探伤确定硬度。

(4) 测量轴颈直径，安装正时齿轮的轴颈、齿轮外圆直径、键槽宽度等，均应符合规定。

(5) 检查凸轮位置及升程各凸轮对称中心线对键槽的相对位置偏差应不大于 45°。检查凸轮升程应符合规定。

(6) 检查凸轮轴的加工几何精度。

7. 气门的质量鉴别

在选购气门时，其质量鉴别的检测项目如下（标准值参考相应的维修手册）：

(1) 检查外观质量；(2) 检查硬度；(3) 检查尺寸；(4) 检查粗糙度；(5) 检查工作

锥面精度；（6）其他检查。

8. 气门导管的质量鉴别

选购气门导管时的质量鉴别的检测项目如下（标准值参考相应的维修手册）：

（1）检查外观质量；（2）检查导管内孔轴线的直线度；（3）检查加工质量；（4）检查表面硬度。

9. 传动轴及万向节的质量鉴别

选购传动轴及万向节时的质量鉴别的检测项目如下（标准值参考相应的维修手册）：

（1）检查外观质量，不允许有裂纹、凹陷、焊缝不完整等缺陷。

（2）检查花键轴头、万向节叉、滑动叉、万向节、凸缘等的配合情况。配合应灵活无卡滞或松旷现象。

（3）检查传动轴上的平衡块应完整牢靠，必要时做动平衡检查。

（4）检查防尘套有无破裂与老化现象；检查黄油嘴是否完整无缺；检查主要参数是否和机型相匹配等。

二、盘类配件的质量鉴别

汽车配件中的齿轮、制动盘与片、制动鼓等零件都属于盘类零件。

1. 离合器从动盘总成的质量鉴别

离合器从动盘作为耗损件，在质量鉴别时应检查：

（1）检查外观质量；（2）检查摩擦衬片；（3）检查花键；（4）检验材质；（5）检测几何尺寸及形位误差。

2. 离合器摩擦片的质量鉴别

离合器摩擦片要求耐磨，并在受热时保持性能稳定。选购时其检查方法如下：

（1）检查材质，目前的摩擦片有石棉纤维和石棉与黄铜丝为材料制成的两种，选用时应与机型匹配。

（2）加工质量检查，检查厚薄和内外圆直径的误差是否在规定范围内。

（3）外观质量，表面应平整，不允许翘曲或有裂纹。

3. 正时齿轮的质量鉴别

在选购正时齿轮时的质量鉴别的检测项目如下（标准值参考相应的维修手册）：

（1）检查外观质量；（2）测量齿轮精度；（3）检查齿轮上正时标记与键槽中心夹角；（4）检查形位精度；（5）检查硬度。

4. 变速齿轮的质量鉴别

变速器齿轮承担动力传递功能，对车辆正常行驶十分重要，其质量鉴别的检测项目如下：

（1）检查外观质量表面光洁，不允许有裂纹、锋边、毛刺；齿的表面不允许有锈蚀、黑皮、凹坑和碰伤等缺陷；

（2）检验材质和硬度齿面硬度、花键孔硬度等，应符合规定；

（3）检查加工质量；

（4）选购齿轮应和机型相符合，齿轮是成对更换的，应注意齿形结构一致。其他齿轮参照规格选购。

5. 惯性同步器的质量鉴别

变速器齿轮承担速比变换功能，其质量的好坏对车辆换挡有直接影响，在质量鉴别时应注意：

(1) 检查锥环上的螺旋槽不得有毛刺和碰伤，加工表面不允许有锈蚀。

(2) 两个锥环应保持同心，铆接部分无松动；锁销两端不突出锥环的表面；锁销台肩和锥环端面不允许有间隙；沿锁销轴线方向移动齿套，不得有卡滞和过紧现象。

(3) 不得有疏松和气孔，锥面螺旋槽两侧表面不允许碰伤，槽通畅，不允许有毛刺阻塞。

6. 制动摩擦片的质量鉴别

制动摩擦片有用石棉纤维和金属丝按比例混合；石棉纤维、橡胶胶料和酚醛树脂按比例混合和石棉纤维加金属短丝等不同材料与工艺制成的三种。选购时应注意以下几点。

(1) 对制动摩擦片的质量要求主要是力学性能须符合标准，厚度、宽度、长度及弧度必须符合图纸规定。

(2) 选用制动摩擦片时应先看包装，主要看内外包装的完整和文字标识，字迹清楚、标贴印刷精致，纸盒硬挺没有破损。

(3) 检查实物外观。

(4) 检查制动摩擦片上摩擦系数标志。

7. 汽缸垫的质量鉴别

汽缸垫为发动机密封件，确保发动机燃烧室的密封性。

(1) 检查外观，表面无刮痕、凹陷、折皱及锈渍；(2) 检查加工质量，表面应平整，包边贴合牢固。

三、壳体类配件的质量鉴别

1. 汽缸体的质量鉴别

汽缸体是发动机的主要基础件，容易产生变形。汽缸体变形主要是指汽缸体有关要素的平面度、平行度、垂直度和同轴度超过规定。在选购汽缸体时，一定要对汽缸体的变形进行检验，选购汽缸体的质量鉴别的检测项目如下（标准值参考相应的维修手册）：

(1) 检查外观质量；(2) 检查加工质量；(3) 水压试检利用水压试验检验汽缸体内外部裂纹，不允许有渗漏。

2. 汽缸盖的质量鉴别

在选购汽缸盖时，其质量鉴别的检测项目如下（标准值参考相应的维修手册）：

(1) 检查汽缸盖的硬度；(2) 检查外观质量；(3) 测定燃烧室的容积；(4) 水压试验或气压试验；(5) 检查进、排气门质量；(6) 检查接合面的粗糙度；(7) 检查接合平面的平面度。

3. 飞轮壳质量鉴别

在选购飞轮壳时的质量鉴别的检测项目如下（标准值参考相应的维修手册）：

(1) 检查外观质量。

(2) 检查几何尺寸及加工精度，检查主动轴孔直径、启动机孔直径、两定位孔直径、

两定位孔中心距、主动轴孔与启动机孔中心距、分离叉轴套直径等应符合规定。

(3) 检查主动轴孔轴线对前端面孔径轴线圆跳动、前后两端面平行度、两分离叉轴套孔同轴度等。飞轮壳变形将使变速器一、二轴的轴线与汽缸体主轴承孔中心产生同轴度误差，造成离合器分离不彻底、发响、发抖和变速器直接脱挡等故障。因此，不允许飞轮壳变形。

4. 变速器壳质量鉴别

在选购变速器壳时，鉴别其质量的方法如下：

(1) 检查外观质量。

(2) 检查几何尺寸及加工精度，检查加工表面的粗糙度，一、二轴轴承孔的直径及圆度，一、二轴轴承孔对其他轴轴孔孔距应符合规定。检查螺纹孔的加工质量。

(3) 检查变速器壳的变形，主要检查上平面的平面度，一、二轴轴承孔公共轴线对其他轴线的平行度，一、二轴轴承孔轴线对壳体前后端面的垂直度等应符合规定。

四、总成类配件的质量鉴别

1. 汽油滤清器的质量鉴别

(1) 外观质量检查，陶瓷滤芯不得有裂纹、伤痕、掉渣等影响滤清性能或使用寿命的缺陷；纸质和尼龙布滤芯不得有开裂、划伤等影响滤清性能的缺陷。除滤芯外所有零部件均不得有空洞、疏松、砂眼、伤痕、缩孔和变形等影响产品质量或外观的缺陷。金属零件表面均需进行镀锌表面处理。

(2) 密封性能检验，通入压力为98KPa的压缩空气历时1分钟不得有渗漏。

(3) 检查生产标识。

2. 汽油泵的质量鉴别

选购汽油泵时，其质量鉴别的检测项目如下（标准值参考相应的维修手册)：

(1) 外观及装配质量检查。

(2) 汽油泵的内部线圈电阻检验，用电表测量汽油泵的内部线圈电阻，应符合生产厂家规定。

(3) 汽油泵的压力检查，用油压表测量汽油泵的工作油压，应符合生产厂家规定。如捷达汽车用汽油泵就要求在发动机怠速时压力不小于250KPa，且无漏油现象。

3. 柴油机喷油泵的质量鉴别

(1) 外观及装配质量；(2) 标识检查；(3) 喷油泵工作参数检查；(4) 调速器检查。

4. 喷油器的质量鉴别与选购

(1) 检查外部包装是否完好，各部连接是否牢靠，各组成零件的材质和热处理必须符合要求，几何尺寸必须在允许范围内。

(2) 在喷油器校验仪上检查燃油喷射质量，雾化良好，不允许有明显的飞散油粒、连续的油流或有个别的浓稠处；在喷射前后，针阀的喷孔处均不允许有滴漏，但允许有润湿；开始喷射的压力差应不大于规定值0.98MPa

5. 机油滤清器的质量鉴别

(1) 检查外包装；(2) 检查外观质量；(3) 检查装配质量；(4) 检查密封性。

6. 节温器总成的质量鉴别

常见的节温器有双阀折叠式和蜡式两种。在选购节温器时，应注意检查以下几点：(1) 检查外观质量；(2) 检查装配质量；(3) 检查灵敏度。

7. 减震器的质量鉴别

在选购减震器时，应注意以下几点：

(1) 检查有无锈蚀和脱漆现象，检查外部零部件是否完整，有无变形和筒体凹陷，防尘、密封、限位缓冲等橡胶制件有无老化、损伤缺陷。

(2) 在做技术性能试验时应符合标准规定：工作行程 100mm±1mm，工作频率 1.67Hz，温度 20℃±2℃条件下，示功图应丰满圆滑，无空程、畸形、忽大忽小等异常现象。其复原阻力的误差应不大于规定的±15%，压缩阻力的误差不大于规定的 20%。减震器在做技术性能试验中，各部均不允许有渗漏油液现象。

8. 蓄电池质量鉴别

蓄电池是车辆的主要电源之一，在采购蓄电池时应注意检查：(1) 蓄电池外观检查：看蓄电池的外包装是否破损或有拆开的痕迹，然后打开包装看蓄电池的外观，看外观表面是否有磨花、擦划的痕迹，再看电池正负极金属接线端部件是否有锈迹；(2) 与蓄电池质量相关参数如电动势、蓄电池内阻等项目检验。

9. 交流发电机及调节器的质量鉴别

选购车用交流发电机时，应检查以下内容：

(1) 交流发电机外表面应清洁、无油污和碰伤等现象。交流发电机由钢铁材料制造的零部件外露部分，应具有防腐蚀保护层。交流发电机外形及安装尺寸应符合规定。交流发电机旋转如为逆时针方向，必须在电机上的显著位置标示旋转方向的箭头。交流发电机输出引线如制成双线制，必须有表示极性的明显标志。

(2) 使用性能检验。

(3) 车用交流发电机调节器质量鉴别与选购车用交流发电机调节器有单级电磁振动式、双级电磁振动式和晶体管式三种。

10. 火花塞的质量鉴别

火花塞在恶劣的条件下工作，其技术状况和特性对点火性能和发动机功率有直接的影响，选购和更换火花塞时要注意尽量使用生产厂家指定的型号。火花塞质量鉴别应检查以下几点：

(1) 绝缘强度检查。

(2) 火花塞能承受剧烈的温度变化；有足够的机械强度；火花塞的电极应采用难熔、耐蚀的材料制成，在受到多种活性气体和物质，如臭氧、氧、一氧化碳、氧化硫、氧化铅等腐蚀时能保证足够的使用寿命；工作时，火花塞绝缘体裙部的温度应保持在 500℃～600℃的最佳自净温度。

(3) 密封性能检查。

【任务总结】

采购配件过程中要注意配件质量的鉴别，优质的零配件使企业向客户提供优质产品和

服务的保证。在选购配件过程中，不仅要注意防止“以次充好”的配件，还要特别注意“以旧充新”的翻新件。

在零配件质量鉴别中利用工量具，标准的产品样件，从产品的表面硬度是否合格、几何尺寸是否变形、总成部件是否缺件、转动部件是否灵活、装配标记是否清晰、胶接零件是否松动、配合表面有无磨损等方面通过测量、敲击、对比等方式确定产品质量。具体作业过程中应根据不同汽车配件的技术尺寸、材料工艺要求分别对其进行质量检验。

检验内容	检验指标	检验总结
检查知识掌握情况	1. 了解配件质量的重要性，了解不同货源的配件分类检验 2. 掌握检视法、敲击法、测量法等汽车配件质量常用鉴别方法	
检查任务完成情况	1. 能够完成主要轴类配件的质量鉴别 2. 能够完成主要盘类配件的质量鉴别 3. 能够完成主要壳体类配件的质量鉴别 4. 能够完成总成类配件的质量鉴别	

任务五　采购实施

【任务描述】

企业所需零件在选择优质货源，确保配件质量之后就要进行采购程序。合理的采购形式和采购合同能够最大限度地降低企业采购成本、避免企业经济损失。

【任务目标】

1. 了解汽车配件采购原则。
2. 掌握采购渠道和形式的选择方法。
3. 理解配件采购合同的内容和条款。

【任务准备】

一、汽车配件采购的原则

汽车配件采购应遵循如下原则：

(1) 坚持数量、质量、规格、型号、价格综合考虑的购进原则，合理组织货源，保证配件满足用户的需要。

(2) 坚持依质论价、优质优价，合理确定配件采购价格的原则；坚持按需采购，以销定购的原则；坚持“钱出去，货进来，钱货两清”的原则。

(3) 采购的配件必须加强质量的监督和检查，防止假冒伪劣配件进入企业，流入市场。在配件采购中，不能只重数量而忽视质量，只强调工厂“三包”而忽视产品质量的检查，对不符合质量标准的配件坚决不采购。

(4) 采购的配件必须有产品合格证及商标。实行生产认证制的产品，购进时必须附有生产许可证、产品技术标准和使用说明。

(5) 采购的配件必须有完整的内、外包装，外包装必须有厂名、厂址、产品名称、规格型号、数量、出厂日期等标志。

(6) 要求供货单位按合同规定按时发货，以防应季不到或过季到货，造成配件缺货或积压。

(7) 对价值高的配件和需求量相对较小的配件必须落实好客户方可采购，如发动机、车架等。

二、采购渠道的选择

汽车配件经营企业的采购，大都从汽车配件生产厂家采购，应选择以优质名牌配件为主的采购渠道。为适应不同层次消费者的需求，也可进一些非名牌厂家的产品。采购时可按A类厂、B类厂、C类厂顺序选择采购渠道。

A类厂是主机配套厂。这些厂知名度高，产品质量优，大多是名牌产品。这类厂应是采购的重点渠道。合同签订形式可采取先订全年需要量的意向协议，以便于厂家安排生产，具体按每季度、每月签订供需合同，双方严格执行。

B类厂生产规模和知名度不如A类厂，但配件质量有保证，配件价格比较适中。一般可以只签订较短期的供需合同。

C类厂是一般生产厂家，配件质量尚可，价格较前两类厂家低。这类厂的配件可作为采购中的补充。可以采取电话、电邮的办法订货，如需签订供需合同，以短期合同为宜。

必须注意的是，绝对不能向没有进行工商注册、生产“三无”及假冒伪劣产品的厂家订货和采购。

三、供货方式的选择

(1) 对于需求量大、产品定型、任务稳定的主要配件，应当选择定点供应直达供货的方式。

(2) 对需求量大，但销量不稳定或一次性需要的配件，应当采用与生产厂签订合同直达供货的方式，以减少中转环节，加速配件周转。

(3) 对需求量在订货限额或发货限额以下的配件，宜采取由配件供销企业的门市部直接供货的方式，以减少库存积压。

(4) 对需求量少、货源近的配件，可由产需双方建立供需关系，由生产厂家按协议供货。

四、采购方式的选择

汽车服务企业在组织采购时，要根据企业的类型、各类汽车配件的采购渠道，以及汽车配件的不同特点，合理安排组织采购。汽车配件零售企业的采购方式一般有：

1. 现货与期货

现货购买灵活性大，能适应需要的变化情况，有利于加速资金周转。但对需求量较大而且消耗规律明显的配件，宜采用期货形式，签订期货合同。

2. 一家采购与多家采购

一家采购指对某种配件的购买集中于一个供应单位，有利于采购配件质量稳定，规格对路，费用低，但无法与他家比较，机动性小。多家采购是将同一订购配件分别从两个以上的供应单位订购，通过比较可以有较大的选择余地。

3. 向生产厂购买与向供销企业购买

这是对同一种配件既有生产厂自产自销又有供销企业经营的情况所作的选择。一般情况下，向生产厂购买时价格较为便宜，产需直接挂钩可满足特殊要求。供销企业因网点分布广，有利于就近及时供应，尤其是外地采购和小量零星用料从配件门市部购买更为合适。

4. 成立联合采购体，降低零配件采购成本

联合采购就是几个配件零售企业联合派出人员，统一向汽车配件生产单位或到外地组织采购，然后给这几个配件零售企业分销，这样能够相互协作，节省人力，凑零为整，拆零分销，有利于组织运输。

5. 电子采购

电子采购也称网上采购。具有费用低、效率高、速度快、业务操作简单、对外联系范围宽广等特点，是当前最具发展潜力的企业管理工具之一。

6. 招标采购

招标采购是在众多的供应商中选择最佳供应商的有效办法，适合大量、大规模采购。体现了公平、公开和公正的原则，可能以更低的价格采购到所需的配件，更充分地获取市场利益。

7. 即时制采购

即时制采购是在恰当的时间、恰当的地点，以恰当的数量、恰当的质量采购恰当的配件，如按季节采购配件。

【任务实施】

汽车配件的采购实施最终要归结到配件采购合同的签订。

一、签订采购合同应遵循的原则

常见的关于汽车配件的合同有买卖合同、运输合同、保险合同等。其中最主要的是汽车配件买卖合同即采购合同。在与配件供货商进行交易行为时，应当与供货商签订书面采购合同，采购合同是供需双方的法律依据，应是当事人双方真实意思的体现，因此，签订合同必须贯彻“平等互利、协商一致、等价有偿、诚实信用”的原则。合同依法成立后，当事人之间法律地位是平等的，权利和义务也是对等的。任何一方不得以大压小、以强凌弱、以上压下。经济合同必须建立在真实、自愿、平等互利、等价有偿。国家法律不允许签订有损于对方合法权益的“不平等条约”或“霸王条款”。一切违背平等互利、协商一致、等价有偿原则的，都应确认为全部无效或部分无效的经济合同。

二、汽车配件采购合同的关键条款

合同是约束双方的权利与义务的法律文书，合同的内容要简明、文字要清晰、字意要确切。有关配件的品种、型号、规格、单价、数量、交货时间、交货地点、交货方式、质量要求、验收条件、付款方式、双方职责、权利都要明确规定。签订进口配件合同时，更要注意这方面的问题，特别是配件的型号、规格、生产年份、零件编码等不能有一字差别。近几年生产的进口车，可利用标志码来寻找配件号。此外，在价格上也要标明何种价，如离岸价、到岸价等，否则会导致不必要的损失。

为避免在执行合同时出现争议，在采购合同中必须写明一些关键性的条款。具体有以下几条：

（1）汽车配件的品名、品牌、规格、型号也称为“标的”，是合同当事人双方的权利义务共同指向的对象。

（2）在确定汽车配件的数量时应考虑汽车配件常见的包装规范，一般以个、件、付、千克等计算；质量是合同的主要内容，一般是型号、等级等。

（3）汽车配件的价格、合同价款价格是指汽车配件的单件（位）价格，合同价款是指合同涉及汽车配件的总金额。

（4）履行期限是指当事人各方依照合同规定全面完成自己合同的时间。履行地点是指当事人依照合同规定完成自己的合同义务所处的场所。履行方式是指当事人完成合同义务的方法。

（5）违约责任是指合同当事人因过错而不履行或不完全履行合同时应承受的经济制裁，如偿付违约金、赔偿金等。此外，根据法律规定，以及当事人一方要求必须规定的条款，也是买卖合同的主要条款。

三、签订配件采购合同时应注意的问题

配件采购合同依法成立之后，即具有法律效力。当事人必须对合同中的权利和义务负责，必须承担由此引起的一切法律后果。因此在签订经济合同时一定要慎重、认真，不可马虎、草率从事。签订合同时应注意以下几个方面的问题：

1. 尽可能了解对方

为了慎重签订经济合同，使合同稳妥可靠，应该尽可能了解对方，知己知彼。了解对方，虽然不是签订经济合同的法定程序，但是，根据实践经验来看是非常必要的。在签订合同以前，应该了解对方以下问题：第一，了解对方是否具有签订经济合同的主体资格；第二，合同主体是否具有权利能力和行为能力，是否具备履行合同的条件；第三，法定代表人签订合同是否具有合法的身份证明，代理人签订合同是否具有委托证明；第四，代签合同单位是否具有委托单位的委托证明等。只有了解对方，才能心中有数，合同才能稳妥可靠。

2. 遵守国家法律法规的要求

3. 合同的主要条款必须齐备

经济合同必须具备明确、具体、齐备的条款。文字表达必须清楚、准确，切不可用含混不清、模棱两可和一语双关的词汇。语言简练、标点使用正确。产生笔误不得擅自涂改。

4. 明确双方违约责任

合同的违约责任，是合同内容的核心，是合同法律效力的具体表现。当事人双方必须根据法律规定或双方约定明确各自的违约责任。合同的违约责任规定得不明确或没有违约责任，合同就失去了约束力，不利于加强双方责任心，不利于严肃地、全面地履行合同；在发生合同纠纷时，缺少解决纠纷的依据。因此，当事人应该自觉地接受法律监督，明确规定各自的违约责任。

5. 合同的变更与解除

经济合同依法成立后，即具有法律效力，任何一方不得擅自变更或解除。但是，在一定条件下，当事人在订立经济合同后，可通过协商或自然地变更或解除合同。

四、配件采购合同一般格式

配件采购合同格式如下：

购货合同

于____年____月____日，______________有限公司（以下简称甲方），________有限公司（以下简称乙方），鉴于甲方同意出售，乙方同意购买__________（以下简称合同货物），其合同货物的质量、性能、数量经双方确认，并签署本合同，其条款如下：

（1）合同货物：__________________________

（2）数量：____________________________

（3）原产地：__________________________

（4）价格：____________________________

（5）装船：第一次装船应于接到信用证后____天至____天内予以办理。从第一次装船，递增至终了，应在____个月内完成。

（6）优惠期限：为了履行合同，若最后一次装船时发生延迟，甲方提出凭证，乙方可向甲方提供________天的优惠期限。

（7）保险：由乙方办理。

（8）包装：用新牛皮纸袋装，每袋为____千克；或用木箱装，每箱为____千克。予以免费包装。

（9）付款条件：签订合同后____天（公历日）内乙方通过开证行开出以甲方为受益人、经确认的、全部金额100％的、不可撤销的、可分割的、可转让的、允许分期装船的信用证，见票即付并出示下列证件：

①全套甲方商业发票；

②全套清洁、不记名、背书提单；

③质量、重量检验证明。

（10）装船通知：乙方至少在装货船到达装货港的____天前，将装货船到达的时间用电传通知甲方。

（11）保证金。

①通知银行收到乙方开具的不可撤销信用证时，甲方必须开具信用证____％金额的保

证金。

②合同货物装船和交货后，保证金将原数退回给甲方。若出于任何原因（本合同规定的第 12 条除外），发生无法交货（全部或部分），按数量比例将保证金予以没收作为违约金支付给乙方。

③若由于乙方违约或乙方不按照本合同第 9 条规定的时间内（第 12 条规定除外），开具以甲方为受益人的信用证，必须按保证金相同的金额付给甲方。

④开具的信用证必须满足合同所规定的条款内容。信用证所列条件应准确、公道，甲方能予以承兑。通知银行收到信用证后，应给开证银行提供保证金。

(12) 不可抗力：甲方或乙方均不承担由于不可抗力的任何原因所造成的无法交货或违约，不可抗力的任何原因包括战争、封锁、冲突、叛乱、罢工、雇主停工、内乱、骚动、政府对进出口的限制、暴动、严重火灾或水灾或为人们所不能控制的自然因素。交货或装船时间可能出现延迟，乙方或甲方应提出证明予以说明实情。

(13) 仲裁：因执行本合同所发生的一切争执和分歧，双方应通过友好协商方式解决。若经协商不能达成协议时，则提交仲裁解决。仲裁地点在____由仲裁委员会仲裁，按其法规裁决。仲裁委员会的裁决，对双方均有约束力。仲裁费用应由败诉方承担。除进行仲裁的那部分外，在仲裁进行的同时，双方应继续执行合同的其余部分。对仲裁结果不服者可到法院诉讼解决。

(14) 货币贬值：若美元货币发生法定贬值，甲方保留按贬值比率对合同价格予以调整的核定权力。

(15) 有效期限：本合同签字后，在____天内乙方不能开出以甲方为受益人的信用证，本合同将自动失效。但乙方仍然对第 (11) 条中第②、第③项规定的内容负责，支付予以补偿。

本合同一式两份，经双方认真审阅并遵守其规定的全部条款，在公证人出席下双方签字。

甲方：______________________

乙方：______________________

公证人：____________________

【任务总结】

配件采购应遵循依质论价、优质优价合理确定配件采购价格的原则；坚持按需采购，以销定购的原则；坚持“钱出去，货进来，钱货两清”的原则等基本原则。

检验内容	检验指标	检验总结
检查知识掌握情况	1. 理解汽车配件采购的原则 2. 了解不同采购渠道、供货方式、采购方式的选择顺序和依据	
检查任务完成情况	1. 掌握配件采购合同签订所遵循的原则 2. 理解合同条款，完成简单配件采购合同的拟订	

模块五　汽车配件配送及物流

汽车配件的运输方式主要有公路运输、铁路运输、水路运输、航空运输等。选择运输方式的主要依据是各种运输方式的可运量、发送速度、费用支出、服务质量等指标。配件接运与配件验收入库的紧密衔接是仓库业务工作的首要环节。接运工作的疏忽，往往会将配件在产地或运输途中发生的损坏、差错带入仓库，从而增加验收、保管的困难，使到货不能及时投入使用，影响对客户的供应保障。配件在运输过程中，有时会发生错发、混装、漏装、丢失、损坏、受潮、污损等差错事故。应及时向责任单位提出索赔。现代物流是集运输、仓储、保管、搬运、包装、产品流通及物流信息于一体的综合性活动，是沟通原料供应商、生产厂商、批发商、零件商、物流公司及最终用户的桥梁。

任务一　配件的运输方式

【任务描述】

通过对汽车配件的四种主要运输方式的介绍和描述，了解汽车配件有哪几种运输方式及其含义和优缺点，以便在实际操作过程中选择合适的方式进行汽车配件配送。

【任务目标】

1. 领会公路运输的含义及其优缺点，掌握在何种情况下选择公路运输进行汽车配件运输。

2. 领会铁路运输的含义及其优缺点，掌握在何种情况下选择铁路运输进行汽车配件运输。

3. 领会水路运输的含义及其优缺点，掌握在何种情况下选择水路运输进行汽车配件运输。

4. 领会航空运输的含义及其优缺点，掌握在何种情况下选择航空运输进行汽车配件运输。

【任务准备】

一、汽车配件的主要运输方式

配件的运输方式主要有公路运输、铁路运输、水路运输、航空运输等。这些运输方式各有其优缺点和适用条件。选择运输方式的主要依据是各种运输方式的可运量、发送速度、费用支出、服务质量等项指标。

1. 公路运输

公路运输，即汽车运输，其特点是机动灵活，运输面广，只要公路所及，都能到达，运行迅速，且车型多样化，可提供不同的选择。在运量不大、运距不长时，运费比铁路低，是短途运输的主要形式。配件部门在当地提货发货时，一般采用汽车运输的方式。

2. 铁路运输

铁路运输的特点是载运量大，费用比较低廉，运行一般不受气候条件限制，适用于大宗配件的长距离运输，但受铁路部门车皮的影响较大。铁路运输是我国现阶段可完成配件运输任务的主要力量，通过铁路沟通了全国各地区、各城市、各工业部门和各企业间的联系，承担了近四分之三的配件周转量。但铁路运输的服务范围受现有铁路线的制约，一般需要与汽车等短途运输工具配合。铁路运输有着一套细致复杂的组织工作，配件的运输要受到列车运行图和列车编组计划的影响，因此可能增加配件的在途时间。

3. 水路运输

水路运输包括内河运输和海运。水路运输具有运量大、运价低的优点。我国海岸线长，有许多优良海港，有适合于运输的许多内河水系。充分利用水运，不仅可以减少运输费用，而且能减轻铁路运输的负担，促进陆运和水运的合理分工，是发挥运输潜力的重要途径。但水路运输受航道限制大，速度慢，易受季节和气候变化的影响，运输的连续性差，需要相应的陆上运输设备和储存设备配套，这些缺点在一定程度上影响了水路运输的开发和利用。如果需运送的汽车配件体积较大，重量过重，在不紧急的情况下且有水路的情况下，可以使用。

4. 航空运输

航空运输是速度最快、运费最高的一种运输方式，航空运输还具有不受地形限制的特点。由于空运费用高，所以一般只用于运距长、时间要求紧迫的急需配件的运输，而且一般需要汽车等短途运输工具与之配合。航空运输目前只是作为一种辅助运输手段，一般在建有机场的少数地区和城市应急使用。

二、运输方式的选择

各种运输方式都有其自身特点和可供服务的内容及范围，应根据运输的具体情况进行多方面的考虑，以选择最适宜的方式，达到配件运输迅速、安全、经济、合理的目的。

在选择运输方式时，一般应考虑下列因素：

(1) 供需双方的地理位置、交通条件和气候季节条件。

(2) 运送配件的特征，如包装、外形尺寸及其物理化学特性（如易碎性等）。

(3) 配件的价值，如贵重、量小、件轻的配件一般可空运；价低、笨重或运送数量大时，则适于铁路运输或水路运输。

(4) 配件需求上的特点。对急需的配件，应采用运输速度快的运输方式；对批量大、批次多、要求供货连续性强的配件，则应选择不易受气候季节影响，运送时间准确、及时的运输方式。

配件运输方式的选择是一件较为复杂的工作，没有固定的模式。在实际工作中，一般

是在考虑安全的前提下，从运输速度和运价两方面衡量，在运输时间能够满足要求的情况下，采用费用支出较低的运输方式。目前我国各地区、各城市之间的配件运输，大多采用铁路运输的方式，而在同一城市各企业之间则大多采用汽车运输的方式。

【任务实施】

根据运输配件的实际情况和要求进行分析，结合汽车配件运输的四种方式的特点，最终确定选择哪一种方式进行运输。

表 5-1-1

特点 / 运输方式	运输方式选择的考虑因素	运量大	快捷、运输速度快	费用低	气候条件影响小	运输量小	运输面广	距离不长	最终选择方式
公路运输	如：要求运输的配件时间紧急、量小		√		√		√	√	
铁路运输		√		√	√		√		
水路运输		√		√					
航空运输			√			√			√

【任务总结】

本任务主要介绍了汽车配件的四种运输方式，使学生能够根据实际情况从运输速度、运输费用、使用范围和条件等方面进行比较，从而选择合适的运输方式。

检验内容	检验指标	检验总结
运输方式的选择	一般是在考虑安全的前提下，从运输速度和运价两方面衡量，在运输时间能够满足要求的情况下，往往采用费用支出较低的运输方式。在当前，我国各地区、各城市之间的配件运输，大多采用运输的方式，而在同一城市各企业之间则大多采用汽车运输的方式	
检查任务完成情况	能描述汽车配件主要的四种运输方式的优缺点	

任务二　配件接运与配件发运

【任务描述】

通过对汽车配件接运和配件发运的定义和相关描述，使学生了解汽车配件从提取到入库和出库到配送的过程，如何正确地进行接运和发运。

【任务目标】

1. 了解配件接运的含义及方式，能够顺利完成配件的接运。

2. 了解配件发运的含义及方式，能够顺利完成配件的发运。

【任务准备】

一、配件接运

配件接运与配件验收入库的紧密衔接是仓库业务工作的首要环节。接运工作的疏忽，往往会将配件在产地或运输途中发生的损坏、差错带入仓库，增加验收、保管的困难，甚至造成久拖不决的悬案，使到货不能及时投入使用，影响对客户的供应保障。因此接运工作必须认真负责，仔细检查，严格点交，手续齐备，责任分明。配件接运是仓库根据到货通知，向承运部门或供货单位提取配件入库的工作。

配件接运根据不同情况，可分为专用线整车接运、车站（码头）提货、到供货单位提货等几种形式。

1. 专用线整车接运

专用线整车接运是指在建有铁路专用线的仓库内，当整车到货后，在专用线上进行卸车。

（1）卸车前的检查。卸车前的检查工作十分重要，通过检查可以防止误卸和划清配件运输事故上的责任。检查结果应及时与车站（或铁路派驻人员）取得联系，并作出文字记录。

检查的主要内容有：

①核对车号。

②检查车门、车窗有无异状，施封是否脱落、破损或印纹不清、不符。

③配件名称、箱件数与配件运单的填写是否相符。

④对盖有篷布的敞车，应检查覆盖状况是否严密完好，尤其是应查看有无雨水渗透的痕迹和破包、散捆等情况。

（2）卸车中的注意事项。

①应按车号、品名、规格分别堆码，做到层次分明，便于清点，并标明车号及卸车日期。

②注意外包装批示标志，正确挂钩、铲兜、轻起、轻放，防止包装损坏和配件损坏。

③妥善苫盖，防止受潮和污损。

④对品名不符、包装破损、受潮或损坏的配件，应另行堆放，写明标志，并会同承运部门进行检查，编制记录。

⑤力求与保管人员共同监卸，争取做到卸车和配件件数一次点清。

⑥卸后货垛之间留有通道，并与电杆、消防栓等保持一定距离；与专用铁轨外部距离保持 1.5 米以上。

⑦正确使用卸装工具和安全防护用具，确保人身和配件安全。

（3）卸车后的清理。卸车后应检查车内是否卸净，然后关好车门、车窗，通知车主取车。作好卸车记录，连同有关证件和资料尽快向保管人员办理内部交接手续。及时取回捆绑器材和苫布。

2. 车站、码头提货

到车站、码头提货是配件仓库进货的主要方式。接到车站、码头的到货通知书，仓库提货人应了解所到配件的件数、重量和特性，并做好运输装卸器具和人力的准备。到库后一般卸在库房装卸平台上，以便就近入库，或者直接入库卸货。

到车站提货，应向车站出示“领货凭证”（铁路运单副票），如“领货凭证”提货时尚未收到，亦可凭单位证明或单位提货专用章在货票存查联上加盖，将货提回。到码头的提货手续与到车站提货稍有不同，即提货人事先在提货单上签名并加盖公章或附单位提货证明，到码头货运室取回货物运单，即可到指定库房提货。

提货时，应仔细核对配件运号、名称、收货单位和件数是否与运单相符，仔细检查包装等外观质量，如发现包装破损、短件、受潮、油污、锈蚀、损坏等情况，应会同承运部门一起查清，并开具文字记录，方能将货提回。

货到库后，运输人员应及时将运单连同提回的配件向保管员点交清楚，然后由保管员在仓库到货登记簿上签字，以示负责。

3. 到供货单位提货

仓库与供货单位同在一地时大多采用自提方式进货，订货合同规定自提的配件，应由仓库自备运输工具直接到供货单位提取。自提时付款手续一般与提货同时办理，所以应严格检查外观质量、点清数量。若情况允许，保管员最好随同前往，以便将提货与入库验收（数量和外观质量部分）结合进行。

二、配件发运

配件发运，是配件仓库根据业务部门的配件支拨单注明的发运方式或领物单位的委托，将配件通过交通运输部门承运到使用单位的一项经常性的业务。

仓库委托运输部门承运（简称托运）配件目前大多采取铁路运输方式。

1. 出库的要求

（1）凭单发货。仓库保管员要凭业务部门的供应单据发货。如果供应单据有误，填写不合规定或手续不完备时，保管员可以拒绝发货。

（2）先进先出。保管员要坚持“先进先出、出陈储新”的原则，以免造成配件积压时间过长而变质报废。因为汽车更新换代的周期很短，配件制造工艺也不断更新，如积压时间过长，很可能因为产品老、旧而淘汰报废。

（3）及时准确。一般大批量发货不超过两天；少量货物，随到随发。凡注明发快件的要在装箱单上注明“快件”字样。发出配件的车型、品种、规格、数量、产地、单价等，都要符合单据内容。因此，出库前的复核一定要仔细，过磅称重一定要准确，以免因超重发生事故。

（4）包装完好。配件从仓库到用户要经过数次装卸、运输。因此，一定要保证包装完好，避免在途中造成损失。

（5）待运配件。配件在未离库前的待运阶段，要注意安全管理。如忌潮的配件要加垫，怕晒的配件要放在避光通风处。总之，配件在离开仓库之前，保管员要保证其安全。

2. 整车发运

凡一批配件按照它的重量或体积需要单独使用30吨以上的一辆或一辆以上的货车装运，或者虽然不能装满一车，但由于配件的性质、形状或运送条件等原因，必须单独使用货车装运时，都应以整车方式发运。整车发运可以使零担整装分卸，但必须在同一线路，且不得超过三站。

仓库有铁路专用线的，整车装载由仓库负责。

整车发运应根据批准的铁路运输计划进行，并填写好货物运单送交车站。货物运单是发货人和铁路部门共同完成配件运输任务而填制的，具有运输契约性质的凭证。必须按规定逐项填写，字迹清晰，尤其是到站和收货人必须准确无误。

车皮经由车站到达仓库后，应检查车种和载重量是否符合，车况是否完好，然后组织装车。

装车时应注意：

（1）将重件大件装底层，轻件、易碎品装上层；大箱大件装车边，小箱小件装中间。轻拿轻放，箭头标记向上，码垛稳固。装入车内的配件应当均匀地放置于车辆底板上，不能偏于一端或一侧。对于整装分卸的配件，应根据分卸到站的先后，分装卸载，并做好明显标记，防止误卸、漏卸。使用棚车，车门应不致因装货而影响开闭，为此，所装配件应与车门保持 30 厘米以上的距离。

（2）使用敞车时，不得利用侧板作渡板来装卸笨重配件。使用起重机作业要做到稳、准、轻，不要砸坏车皮侧板和车底板。箱装配件之间应装载紧密，层层压缝，特别是两端应捆绑牢固，防止车辆行驶中配件跌落。敞车中不要附装小包装的配件，以防丢失。装车完毕后盖以篷布，以防途中淋雨、雪而受潮。

（3）用平车装运，应根据配件的性质、重量、形状、大小和重心位置，采用适当的加固材料和加固方法，防止配件发生纵、横向的位移。

（4）遵守车皮载货量、容积的规定，不得超载。因配件的包装或防护物的重量关系，以及使用机械装载不易计算件数的配件，装车后减吨确有困难，允许适当增减。但必须服从铁路部门的规定：

30 吨车皮，可增载 2%，为 30.6 吨；

40 吨车皮，可增载 2 吨，再加 2%，为 42.8 吨；

50 吨车皮，可增载 3 吨，再加 2%，为 54 吨；

55 吨车皮，可增载 1 吨，为 56 吨；

60 吨车皮，可增载 2%，为 61.2 吨。如平车装运特殊货物，允许增载 10%，为 66 吨。

如违犯以上规定，发生行车事故，责任在装车单位。因此，装车时切忌超过载重量规定，以防发生事故。但也要注意尽量装足吨位，以提高车辆利用率，减少运费开支。因为整车配件运输以使用车辆标记载重量即最大容许载重量为计费重量（代用车皮除外），所以装足吨位是很重要的。

（5）装车完毕后，棚车应关好门窗，作好铅封，并通知车站挂车。

（6）为使收货单位做好接车准备，应及时用函、电告知对方，必要时应派人押运。

（7）运输人员应于整车装运的当日或次日向车站索取货票并办理财务结算手续。

以上是仓库有铁路专用线、整车装运由仓库负责的工作程序。

配件仓库无铁路专用线时，其整车发运工作，由仓库按照铁路整车运输规定，向车站办理整车托运手续，在车站指定进货日期和装货地点后，及时把配件送到车站货场，并确

定配件的件数和重量，向车站点交，然后由车站组织装车和发运。

3. 零担发运

一批配件的重量或体积不够整车的，按零担发运，零担发运是配件仓库主要的发货方式。零担发运的配件量小、批多、流向分散、包装不一，工作较为复杂。

仓库零担发运工作的程序是：

(1) 接到业务主管部门的配件支拨单后，及时按发货工作的要求，备货到指定地点，并拴挂或粘贴铁路运输货签（一般在两端各拴挂或粘贴一张），必要时在包装上还要写明到站和收货单位。

(2) 按规定填写配件运单，报送车站，待批发货。

(3) 接到车站发货通知后，对送站配件进行认真的核对。

①收货人、到站、件数、重量与配件运单填写是否一致。

②包装是否符合铁路运输要求。

(4) 配件送到车站指定的地点后，向铁路货运员交货（交货中再次进行核对），然后取回收费收据，回库后交财务部门结算。

(5) 按规定格式填写“零担配件发运登记簿”，以备查考。

4. 包裹发运

配件铁路发运，除整车和零担方式外，还有包裹发运。包裹是指按铁路客运业务办理的某些需要急运的配件，这些配件随客车发运。包裹发运速度快，但运费比整车、零担都高，因此除少量紧急用货外，一般较少采用。

通过邮电部门办理的邮件发运与铁路包裹相似。

【任务实施】

根据配件接运和配件发运的定义，按照仓库的现有情况，根据实际的接运方式和发运方式，按照铁路专用线整车接运、车站、码头提货、到供货单位提货、整车发运、零担发运、包裹发运等具体的工作流程和规定进行接运和发运。

表 5-2-1

工作流程	铁路专用线整车接运	车站、码头提货	到供货单位提货	注意事项
配件接运	1. 卸车前的检查 2. 卸车中的注意事项 3. 卸车后的清理	1. 到车站提货出示领货凭证 2. 到码头提货领取货物清单，到指定仓库取货	自备运输工具，点清数量，检查质量，直接提货，交清货款	仔细检查，严格点交，手续齐备，责任分明
工作流程	整车接运	零担发运	包裹发运	注意事项
配件接运	填写货物运单送交车站，按时装好车	填单、报送、核对		装车注意事项：注意安全、装足吨位

【任务总结】

本任务通过对配件接运和配件发运的几种方式的介绍和在此过程中需要注意的事项，要求学生能够根据实际情况进行整车接运、车站、码头提货，以及进行相应的发运操作。

检验内容	检验指标	检验总结
配件接运和发运的方式	1. 配件接运的三种方式及其注意事项 2. 配件发运的四种方式及其注意事项	
检查任务完成情况	能实际操作配件接运和发运的每一种方式	

任务三　配件运输保险与索赔

【任务描述】

配件在运输过程中，有时会发生错发、混装、漏装、丢失、损坏、受潮、污损等差错事故，通过对配件运输保险与索赔方面的介绍，使学生了解配件运输前怎样进行投保和在运输后有差错事故时进行索赔。

【任务目标】

能够分析汽车配件在运输过程中遇到差错事故，能够处理相关索赔事宜

【任务准备】

一、配件运输投保

配件在运输过程中，有时会发生错发、混装、漏装、丢失、损坏、受潮、污损等差错事故。差错事故的发生，一般是由于发货单位或承运单位工作责任心不强所致。除了不可抗拒的自然灾害或配件本身性质引起的损失外，所有差错均应向责任单位提出索赔。

当一个汽车配件运输商需要对配件进行保险投保时，首先要跟保险公司或保险代理商联系，通常是填制一张投保单，经相关公司接受后就开始生效。保险公司出立保险单以投保人的填报内容为准。填报时要明确以下内容：

（1）被保险人名称：要按照保险利益的实际有关人填写。

（2）标记：应该和提单上所载的标记符号相一致，特别要同刷在货物外包装上的实际标记符号一致，以免发生赔案时，引起检验、核赔，确定责任的混乱。

（3）包装数量：要将包装的性质如箱、包、件、捆以及数量都写清楚。

（4）货物名称：要具体填写，一般不要笼统地写配件等。

（5）保险金额：需要指出的是保险合同是补偿性合同，被保险人不能从保险赔偿获得

超过实际损失的赔付，因此溢额投保（如过高的加成，明显偏离市场价格的投保金额等）是不能得到全部赔付的。

(6) 承保险别：必须注明，如有特别要求也在这一栏填写。

(7) 赔款地点：除特别声明外，一般在保险目的地支付赔款。

(8) 投保日期：应在开航前或运输工具开行前。

货物保险投保注意事项：

(1) 投保申报情况必须属实；

(2) 投保险别、币制与其他条件必须和信用证上所列保险条件的要求相一致；

(3) 投保险别和条件要和买卖合同上所列保险条件相符合；

(4) 投保后发现投保项目有错漏，要及时向保险公司申请批改，如保险目的地变动、船名错误以及保险金额增减等。

货物保险索赔注意事项：

当被保险人保险的货物遭受损失后，向保险公司的索赔问题就产生了。被保险人应按照保单的规定向保险公司办理索赔手续，同时还应以收货人的身份向承运人办妥必要的手续，以维护自己的索赔权利。

(1) 损失通知：当被保险人获悉或发现保险货物遭损，应马上通知保险人，以便保险人检验损失，提出施救意见，确定保险责任，查核发货人或承运人责任。延迟通知，会耽误保险人进行有关工作，引起异议，影响索赔。

(2) 向承运人等有关方提出索赔：被保险人或其代理人在提货时发现货物明显受损或整件短少，除向保险公司报损外，还应立即向承运人、受托人等索取货损货差证明。当这些损失涉及承运人、受托人或其他有关方面如码头、装卸公司的责任，应立即以书面形式向他们提出索赔，并保留追偿权利，必要时还要申请延长索赔。

(3) 采取合理的施救。整理措施：保险货物受损后，作为货方的被保险人应该对受损货物采取措施，防止损失扩大。特别是对受损货物，被保险人仍须协助保险人进行转售、修理和改变用途等工作。因为相对于保险人而言，被保险人对于货物的性能、用途更加熟悉，因此，原则上残货应由发货方处理。

二、运输差错的处理

铁路部门为了正确、及时地处理配件运输差错事故，便于查明原因，分清责任，而建立了差错事故记录和赔偿制度。

1. 差错事故记录分两种

(1) 货运记录

货运记录是表明承运单位负有责任，收货单位以索赔的基本文件。配件在运输过程中发生以下情况，均填写货运记录：

①配件名称、件数与运单记载不符。

②配件被盗、丢失或损坏。

③配件污损、受潮、生锈、霉变或其他货损货差等。

记录必须在收货人卸车或提货前通过认真检查发现问题，经承运单位复查确认后，由承运单位填写交收货单位。

（2）普通记录

普通记录是承运单位开具的一般性证明文件，不具备索赔效力，仅作为收货单位向有关部门交涉处理的依据，遇有下列情况并发生货损货差时，填写普通记录。

①铁路专用线自装自卸的配件。

②棚车铅封印纹不清、不符或没按规定施封。

③施封的车门窗关闭不严或损坏。

④篷布苫盖不严，漏雨或其他异状。

⑤责任判明为供货单位的其他差错事故等。

上述情况发生，责任一般在发货单位，收货单位可持普通记录向发货单位交涉处理，必要时向发货单位提出索赔。

2. 索赔办法

收货单位持铁路部门开具的货运记录向车站安全室索取“赔偿要求书”，填好后连同货运记录、运单、货物发票副本（无副本可依样复制加盖财务公章）、货物验收记录或清单一并交车站安全室，并取得“赔偿要求书收据”。受理车站对索赔单位提出的赔偿要求，应在 60 天内处理完毕。赔偿金额一般按配件实际损失情况计算。

收货单位向铁路部门提出赔偿要求的时限，是从货运记录编制之次日起，不超过 180 天。超过此时限，即视为放弃索赔权利，铁路部门不再受理。

【任务实施】

根据下列案例，试分析汽车配件运输如何选择投保的险种和进行理赔。

1. 国内公路货物运输定额保险案

案情介绍

2006 年 6 月 15 日，沈阳某运输公司投保了《国内公路货物运输定额保险》（注保期一年）。被保险人沈阳某运输公司，2007 年 6 月 30 日从沈阳经公路至哈尔滨运输汽车配件，7 月 1 日到达哈尔滨，在卸货时发现一件汽车配件受损（林肯车脚踏板）。在双方签订的保单项下，被保险人向保险人报案并索赔。由于是异地出险，故委托当地保险公司哈尔滨分公司查勘定损，沈阳某保险公司根据当地保险公司出具的现场查勘报告，确认所运输的汽车零件受损情况属实。

理赔焦点

本案焦点在于在出险情况属实并已确认的情况下，保险公司对汽车零部件受损的保险责任及赔偿金额如何确定，分三个步骤：

第一，保险公司对系统内被保险人的保险信息进行确认，被保险人某公司投保的是国内公路货物运输定额保险，并且保的是主险，保险金额 30 万元，费率 10‰，保险费 3000 元。

第二，根据国内公路货物运输定额保险条款——保险责任第三项明确规定“在装货、卸货或转载时，因遭受不属于包装质量不善或装卸人员违反操作规程所造成的损失”在确定本案运输和卸货符合规定的基础上，确定汽车零部件受损属于保险责任。

第三，保险公司只需确定汽车零部件受损的损失，并弄清国内公路货物运输定额保险条款即可。根据保单及当地保险公司出具的《国内货物运输保险查勘报告》，确定出险时间在保单保险期限内，出险地点在本案保单约定内，出险原因为碰撞，依据保险合同，本案属于保险责任。因此，保险公司根据被保险人沈阳某公司提供的损失清单、发票等，进行了损失认定和赔偿金额的确定。

理赔结论

沈阳某保险公司经审核当地保险公司出具的现场查勘报告、照片，2007 年 7 月 25 日验证受损的汽车零部件为新件，后经向上一级保险公司报价，确认本案受损金额为人民币 6500 元。

赔款＝(标的损失－残值)×赔付比例－免赔额

＝(6500.00－0.00)×100％－325.00

＝6175.00（元）

最终沈阳某保险公司向沈阳某运输公司赔付 6175 元。

本案点评

国内公路货物运输定额保险主险没有基本险和综合险之分，保险责任简单明了，是保险公司在总结保户的需求以及开办类似条款运行情况的基础上，推出的单程定额和定期两种收费方式。

单程定额保额为一万、五万两种，分别按照载重量和运行公里数列出六档费率，定期保额为一万，期限为十五天、一个月、三个月、六个月和一年五种，每种又根据载重量列出四档费率。

对于保险公司来说，在国内公路货物运输保险中，是一个不错的险种，对于保户来说，也是一个便于选择投保的险种。本案选择的是一次性收费方式，在保险期限内，在保险责任范围内，赔款不到累计限额时，可不限次数运输，适用于经常运输，且不方便每次起运前通知保险公司的企业。

注：国内公路货物运输期限定额保险——该项保险主要为从事公路货物运输的承运人设计。保险期间为十五天、一个月、三个月、六个月和一年五种，在约定的保险期间内，装载于保险单列明的运输车辆上的货物因自然灾害或碰撞、倾覆遭受的损失，保险人负责赔偿。保险费为定额，被保险人需一次性交纳保险费。

2. 汽车零件受损赔偿案

案情介绍

某公司由大连经公路向沈阳运送汽车零部件，起运日期为 2006 年 11 月 30 日，2006 年 11 月 30 日到达沈阳，在卸货时发现货物受损，随后某公司向某保险公司报案。

接到被保险人出险报案后，保险公司查勘员立即与被保险人联系并赴现场对受损货物进行检验。经查，车厢里共 24 片挡风玻璃中 2 片破碎，无法使用。

理赔焦点

本案焦点在于，保险公司对在卸货时发现货物受损造成保险标的损失的保险责任及赔偿金额如何确定。

第一，确定被保险人的保险信息。

投保人：某公司

被保险人：某有限公司

险别：陆上运输货物保险一切险注

保险公司：某保险公司

保险标的：汽车零部件

保险金额：人民币 800000.00 元

起运地：大连

目的地：沈阳

车牌号：黑 B∗∗∗∗∗∗

起运日期：2006 年 11 月 30 日

被保险人某公司投保的是陆上运输货物保险一切险，保险金额 80 万元。

第二，根据陆上运输货物保险一切险条款——保险责任“除包括陆运险的责任外，本保险还负责被保险货物在运输途中由于外来原因所致的全部或部分损失”，确定本案在卸货时发现货物受损属于保险责任。对本案，保险公司只需确定本案在卸货时发现货物受损的损失，并弄清陆上运输货物保险一切险保险条款和双方签订的国内货物运输预约保险协议书中的约定即可。因此，保险公司根据被保险人沈阳某公司提供的货价证明、运单等，进行了损失认定和赔偿金额的确定。

理赔结论

保险公司根据被保险人提供的事故报告，并依保险单货物运输保险协议保单中《陆上运输货物保险》条款第一条“保险责任”第二款陆运一切险之规定，根据被保险人提供的货价证明、运单，损失金额计算如下：

报废零件为 2549.62 元；运费为 37.78 元；保险费为 1.42 元；合计：2588.82 元。最终保险人某保险公司向被保险人赔付了 2588.82 元。

本案点评

对于被保险人来说无论是陆运、海运还是空运，地震洪水、海啸雷电，碰撞出轨、搁浅触礁等自然灾害和意外事故风险时刻存在，货损的阴影威胁着企业的正常经营。越来越多的经营者认识到，日益完善的货物运输保险是企业转移货运风险的首选。对于本案被保险人选择投保的货运险险种——陆上运输货物保险一切险，可以说是非常正确的。

对于保险公司来说，要针对企业的具体需求，推出丰富的险种，多样的组合，广泛承保货物在运输过程中可能遭受的损失，让被保险人的货物更安全，令被保险人的利益更有保障。

3. 货物运输途中雨淋的保险责任

案情介绍

被保险人某企业，由上海经水路至营口后经陆路运沈阳一集装箱汽车配件，起运日期为 2007 年 1 月 17 日，2 月 2 日由辽 D324∗∗号货车将集装箱 CLHU4514∗∗∗送到辽宁某物流有限公司，在卸货时发现集装箱顶花板上有大量结冰，有 80 件零件表面已经出现锈斑现象。经现场查勘，检查集装箱时，发现集装箱顶部有一漏洞，箱内 80 件汽车零部件进水生锈，汽车配件上有结冰，需要清理。被保险人提供了运输途中下雨的天气记录并向保险人要求索赔。

理赔焦点

(1) 确认保险信息

被保险人某企业投保的是国内水路、陆路货物运输保险，其中保的是综合险，保险金额500万元，费率0.45‰，保险费2250元。

(2) 确定保险责任

根据国内水路、陆路货物运输保险条款——综合险保险责任第四项“符合安全运输规定而遭受雨淋所致的损失”，确定本案箱内80件汽车零部件进水生锈，是由雨淋所致的损失，属于保险责任。

(3) 确定保险损失金额

保险公司在确定箱内80件汽车零部件进水生锈的损失，并弄清国内水路、陆路货物运输保险条款和双方签订的国内货物运输预约保险协议书中的约定即可。因此，保险公司根据被保险人某有限公司提供的损失清单、发票等，聘请保险公估公司的专门人员，进行了损失认定和赔偿金额的确定。

理赔结论

保险公司根据事故损失的确认结果，向被保险人某企业支付赔款220566.17元。

本案点评

从本案，可明显看出，在投保国内水路、陆路货物运输保险时，一定要认真了解保险条款的保险责任和责任免除，投保时选择基本险注还是选择综合险注，出险赔偿结果是不同的。

以本案为例，如被保险人投保时选择了基本险，那么本案因雨淋所致的损失，保险公司就会拒赔，因为在基本险的保险责任范围内就没有因雨淋所致损失这一规定，而只有在综合险里有这一规定。因此，被保险人一定要详细了解要投保险种条款的内容，不要仅仅因为价格的高低，来选择险种，而要根据所保货物的特点及保险责任规定的范围来选择险种。

注1：国内水路、陆路货物运输保险基本险责任——①因火灾、爆炸、雷电、冰雹、暴风、暴雨、洪水、地震、海啸、地陷、崖崩、滑坡、泥石流所造成的损失；②由于运输工具发生碰撞、搁浅、触礁、倾覆、沉没、出轨或隧道、码头坍塌所造成的损失；③在装货、卸货或转载时，因遭受不属于包装质量不善或装卸人员违反操作规程所造成的损失；④按国家规定或一般惯例应分摊的共同海损的费用；⑤在发生上述灾害、事故时，因纷乱而造成货物的散失及因施救或保护货物所支付的直接合理的费用。

注2：国内水路、陆路货物运输保险综合险——保险责任除包括基本险责任外，保险人还负责赔偿：①因受震动、碰撞、挤压而造成破碎、弯曲、凹瘪、折断、开裂或包装破裂致使货物散失的损失；②液体货物因受震动、碰撞或挤压致使所用容器（包括封口）损坏而渗漏的损失，或用液体保藏的货物因液体渗漏而造成保藏货物腐烂变质的损失；③遭受盗窃或整件提货不着的损失；④符合安全运输规定而遭受雨淋所致的损失。

【任务总结】

本任务主要是介绍了汽车配件在运输过程中可能会遇到自然灾害和意外事故风险，学会投保和后期相关的索赔，会根据相应的损失责任，找到相关责任部门进行索赔。

检验内容	检验指标	检验总结
投保与索赔	1. 根据货物的实际运输情况选择合适的险种进行投保 2. 遇到差错事故能够处理索赔	
检查任务完成情况	能为汽车配件运输投保，保证利益的最大化，如遇差错事故，能积极协助，妥善处理索赔事宜	

任务四　物流网络系统的设计

【任务描述】

设计物流网络系统，首先要明白建物流网络系统的意义，其次我们应该从哪几个方面来考虑，如：收集网络数据；建立数据库与备选方案；计算年运行费用等。

【任务目标】

设计一个物流网络系统

【任务准备】

一、基本概念

1. 现代物流

现代物流是集运输、仓储、保管、搬运、包装、产品流通及物流信息于一体的综合性活动，是沟通原料供应商、生产厂商、批发商、零售商、物流公司及最终用户的桥梁。世界汽车制造业十分重视物流与供应链管理，千方百计降低成本、拓宽利润空间。在欧美及日本，以第三方物流供应商或领头物流供应商身份加入汽车物流与供应链已成为主流。

2. 物流

物流包含了从供应商到企业的原料配送、企业内部的物料转移，以及把产品送到客户手里的所有活动。

3. 供应链

所谓供应链，是指由提供产品与服务给客户的产业上、下游厂商所形成的系统。

4. 物流网络系统的设计

设计物流网络要经过下述步骤：收集网络数据；建立数据库与备选方案；计算年运行费用；比较相关方案；拟订详细计划。

二、物流网络系统的设计

1. 收集网络数据

(1) 收集设施点的信息

从物流中心收集信息的时候，关键是要收集所有当前设施点的有关信息。研究这些信息是为了决定关、停、并还是继续扩展这些设施。这些信息包括：

①空间利用程度。确定物流中心的空间利用程度，有助于分析存货能力，同时也能决定设施中还可接受多少存货。

②布局和设备。列出每处的布局和设备情况，有助于确定启用新设施和扩展旧设施的投资需求。

③仓库管理程序。了解挑拣、收集和运送程序；了解各仓库的作业方式；了解物流中心的补货是怎样实现的（拉式或是推式）。

④员工层次。调查各层次员工的基本情况，收集不同层次员工的工资和福利情况等。

⑤接收量和运送量。了解进出车辆及装卸区的数量，对于提高设施通过能力非常重要。

⑥建筑物建造特征。收集平面面积、净高、柱围、照明等情况。

⑦进出交通情况。考察其与主要交通要道的连接情况，以确定是否对运费有所影响。

⑧年度操作费用。收集租赁费用、税金、保险费、维护费、能源消费以及其他费用的情况。

⑨库存。收集有关库存周转量、补给率、安全存量水平和ABC分析法的信息。

（2）运输系统的信息收集

①运费等级和折扣。收集所采用的运费等级和费率，以及按承运人或地区的不同可获得的折扣。

②运输操作程序。了解承运人如何选择特定的运输方式。

③送货需求。客户的送货需求（要求送达的天数、批量等）。

④补货重量和体积。从每一个补货点收集典型信息，并计算出一般货物的重量和体积。

2. 建立数据库与备选方案

收集信息结束后，就可以建立数据库。数据库应当包括货物运送目的地、运送重量、所订购的产品和订购的数量。然后就是数据的证实，准备一个总结报告（包括销售量、销售件数、所运重量）进行清理核对，以保证数据库中的所有数据真实无误。一旦数据被证明真实无误，就可以按不同的方法进行分析。

数据收集分析之后的下一步就是提出各种备选方案。各种备选方案的数据来自实地调查、数据库分析和客户服务调查。提出备选方案首先要考虑的就是物流中心的选址。影响选址的主要因素是：供应者和市场、运输、政府公共事业、劳动力。

应该注意的是，除了物流中心的选址，网络系统的运作方法以及供应商货物的集运、周转率、是否由供应商直接交货等因素也要考虑。

一旦备选方案被决定以后，就必须马上收集有关运费费率、仓储成本和劳动力成本的数据，计算年运行费用。

3. 计算年运行费用

（1）计算年运行费用应考虑的因素

①集中管理费用和订单处理费用；

②周转和安全库存费用；

③客户订货方式；

④仓库之间的转移费用；

⑤仓储和交货成本。

（2）确定年运行费用的步骤

①运行备选网络方案。一旦模型建立，相关的备选网络方案就要在现在的运输量与设计运输量的情况下运行。

②建立表格记录各备选网络试运行的费用，对运行结果进行评估。

③建立表格列明所有费用和服务因素，总结年度总费用和服务因素。

④进行敏感度分析。敏感度分析以所建模型的一些易波动数据为基础，分析这些易波动数据对整个模型的影响。

⑤确定与每个备选方案有关的所有投资费用。如新增仓库的费用、扩建的费用或增加仓库设施所需的改建费用等。

4. 相关方案的比较

分析比较时，需先确定备选方案的投资，如建造新仓库和添置设备的费用、建筑物整改的费用。此外，还须考虑人员安置、生产停顿时间、存货重新安置、电脑系统重置、税收、设备重置和现有土地及建筑物的出售等因素。以上评估的结果应当与基准投资收益相比较。

完成以上步骤，就要作出备选方案的敏感度分析，以确定方案的稳定性。然后再对客户服务因素及实施难度进行定性分析，以综合比较备选方案。得出结论后，就要制定实施各主要步骤的时间进度表，并且拟订详细计划。

5. 拟订详细计划

详细计划应当包括：

（1）目的。通常列在计划的介绍部分。

（2）建议。一般以实施时间表的形式列出。

（3）程序。所采取的方法和步骤。

（4）当前网络。阐述当前网络的工作方式、存在的问题以及系统的限制。

（5）备选方案。提出并解释不同的备选方案，包括备选方案的评判标准。

（6）模型计算的结果。

（7）备选方案评估的结论。

（8）支撑数据。包括一些备份的数据，将它们放在报告的附件中。

【任务实施】

参考分析以下案例，我们如何建立一个物流网络系统？

物流案例分析：丰田汽车备件物流配送系统

一、“天大”的秘密

早在20世纪80年代，日本丰田汽车公司就把大批生产线发展到国外。由于澳大利亚政府从1987年起就降低关税，至2005年，澳大利亚对进口汽车及其零部件至多收取10%关税，所以，澳大利亚已成为丰田汽车公司产品的主要销售和出口地。

在过去的10年多时间里，日本丰田汽车公司一直在澳大利亚发展全方位的汽车零部件配送系统和物流链管理服务。如果现在有一辆汽车在澳大利亚的草原或者荒漠中抛锚，无论是丰田还是其他什么牌号，只要把求助信息发到丰田汽车备件公司所属配送中心，不需等候多久，附近的丰田汽车零部件销售商就会以最快的速度把急需且正宗的汽车零部件送到出事地点，如果必要的话，随行的专业技术人员会帮助把汽车修好，收费合理，绝不乘机“斩一刀”。迄今丰田汽车备件公司在澳大利亚的物流服务已经成为日本其他汽车厂商在全球各个角落发展经营交易的典范。

丰田汽车公司把零部件物流服务看成是“售后”市场的主体，其意义与制造、销售汽车同样重要，因为公司知道“好事不出门，坏事传千里”，对于广大消费者来讲，最容易损害某种牌子汽车信誉的莫过于到处买不到这种汽车的关键零部件。现在出售一辆新汽车的利润并不高，因此汽车产品能否吸引广大消费者已经成为汽车厂商加快促销、减少库存、降低成本、增加效益最关键的一招。

精于市场动态调查的丰田汽车公司早就发现了一个“天大的秘密”：消费者一旦享受到某种牌子汽车的汽车厂商提供的最佳售后服务，就会对自己购置的该牌子的汽车赞不绝口，在客观上为汽车厂商大做义务广告，于是买这种牌子汽车的消费者就会接踵而来。丰田汽车公司还发现，大约有86%的消费者在购置某牌号汽车的第一年内会回头向该牌号的汽车厂商购买汽车零部件，但是5年以后回头购买该牌号汽车零部件的消费者骤降到20%。

二、改革陈旧的汽车零部件经营观念

从20世纪90年代初起，为了把大部分消费者变成“回头客”，丰田汽车公司及时变换经营理念，调整机制，给企业和产品重新定位，于是下决心改革陈旧的汽车零部件的经营方式，开始在澳大利亚市场开拓和重新组合丰田汽车零部件销售服务渠道。万事开头难，丰田汽车零部件销售服务方式的改革道路走得又悠长又艰辛。

氛围类似参加一场“跨栏越障赛跑”体育比赛，为了在激烈的市场竞争中不输给其他竞争对手，丰田汽车公司必须顺利跨越的第一个“栏架”就是从上到下每一位公司职员都必须坚决而又彻底地改变陈旧落伍的有关汽车零部件交易的经营观念。

首先丰田汽车公司让大多数高级管理人员确信，汽车售后服务，汽车零部件销售和快速递送，以及汽车备件物流链管理都是公司的利润中心之一，而绝不是成本或者费用的发生地或者累赘，是低人一等的差使。汽车产品的销售，或者新型汽车产品的销售果然需要竞争，但是新汽车需要的零部件不多。各种牌号汽车厂商之间最激烈的竞争往往不是在汽车本身，而是在售后服务及其可以互相替代使用的零部件销售额上。只要消费者“回头”到丰田汽车零部件特许专卖商店的人数在逐年减少，丰田汽车公司的整体销售额就会下跌，成本相应会上升，公司经济效益必然下滑。这是丰田汽车公司任何一位员工都不愿意接受的现象。

接着丰田汽车公司全面调查零部件销售情况后发现，汽车售后服务管理人员缺乏敬业精神，销售渠道不畅、方式单一，不贴近市场等。按照所谓传统的销售方式，凡是需要汽车备件者必须预订，汽车零部件大多是预先堆放在某地一个预配中心的仓库里。于是产生的后果是，汽车的零部件在仓库里堆积如山，而消费者或者客户却为一时买不到丰田汽车某项备件而干着急，这时候往往其他牌号的备件供应商就会乘虚而入。正因为当初丰田汽车公司缺乏汽车零部件的整体物流链管理和周详的服务规划，许多业务发展机会和大批潜在的丰田汽车消费者从丰田汽车公司面前一晃而过。

丰田痛定思痛后，统一思想，立即行动。首先开发丰田汽车零部件销售新系统，以更低的成本，更高的服务水准和质量，向广大消费者推销汽车零部件和昼夜提供售后服务。此外，丰田公司经常主动拜访客户，有偿聘用独立咨询专家为丰田汽车产品质量和售后服务毫不留情地提供评论，不仅要表扬，更需要批评和提出建议。由此组成的丰田汽车质量标准售后服务水平评估和今后的发展设计蓝图，就具备广泛的社会基础和最现实的市场规范。

三、汽车零部件中心

澳大利亚幅员辽阔，地形复杂，丰田汽车公司根据汽车用户的数量和销售商的经营情况，把澳大利亚分成六大丰田汽车零部件配送中心和六大物流链管理区。当然这绝不是一成不变的，将随时根据市场需求，及时进行调整，其唯一动力就是千方百计满足客户的要求和尽可能逐步提高公司的经济效益。丰田汽车公司自己在忙着“改革”的同时，还不忘盯着与自己竞争的“劲敌”：美国的福特汽车公司和通用汽车公司。丰田发现，这两家汽车公司几乎一成不变，在澳大利亚仍然各自只有一个汽车备件中心，并继续由该中心分别承担向澳大利亚全国提供售后服务的责任；在具体操作上是由这两家汽车公司委托或者依靠分布在澳大利亚各地的汽配供应商向福特汽车和通用汽车用户履行汽车零部件配送的义务，效率之低可想而知。但是丰田没有放慢脚步，更没有停顿，而是放手大干。现在丰田汽车公司在澳大利亚规模最大的两个零部件配送中心建立在悉尼和墨尔本，两者加起来的总面积是300000平方英尺。两个汽车零部件的配送设施主要负责澳大利亚东北海岸人口稠密地区旅行车的需要。设立在澳大利亚布里斯班的昆士兰市和汤斯维尔市，还有设立在澳大利亚中部地区的达尔文市的丰田汽车零部件物流链管理中心和配送站主要负责澳大利亚的矿产、天然气等工业用车和商业用车的重型车辆备件，当然必须兼顾满足用户提出和急需的其他汽车售后服务项目。丰田汽车公司在澳大利亚各地设立汽车零部件配送中心和售后服务点，即使在人烟稀少的荒漠地区和原始山林地区，在700到3000英里距离内必有丰田汽车零部件特许专卖点，专门为客户提供紧急援助。

人们一定听到过“人到山前自有路，有路就有丰田车”这句富有特色的广告词。一向善于从细微处捕捉商机的日本人及时将这句话转换成与市场需求和广大消费者同频共振的“广告电波”，传遍大江南北。这就是近年来丰田牌汽车在澳大利亚市场的销售量不断上升，远超其他竞争者的真正秘密所在。

四、建立在悉尼的丰田汽车公司零部件中心

丰田汽车公司规模最大的零部件中心位于悉尼，该中心同时又是建立公司仓储管理系统的测试场。首先，公司起草出一份悉尼汽车备件一条龙经营的重组改革计划，该计划包括缩短汽车备件和各种零部件产品从设计到成品最后到消费者之间的时间，减少成本，向管理要经济效益，通过一系列的改革措施，没过几年，汽车备件的库存减少10%，销售商收益增加0.5%，仓库收益增加7%，而车辆紧急修理和车辆路边抛锚救助时间与以往同比缩短20%。汽车零部件的物流链服务不仅促进售后服务的大幅度改善，而且又鼓励丰田

汽车公司上层及时作出决策，采取各种切实措施降低包装，物流链各个环节之间的联结点以及保养检修的成本。因为任何一家大型企业和其他企业的竞争焦点最后还是集中在经营成本上。此外在物流零部件的供应链上普遍采用电子贸易方式，提高工作效率，减员增效。并要求全体职工对于澳大利亚丰田公司零部件物流供应链的改革和发展计划畅所欲言，接着公司用13个月充分考虑，详尽修改，形成决议后，公司上下全体员工力行贯彻。

在IBM（国际商用机器公司）的帮助下，以AS/400和射频技术为基础的丰田澳大利亚汽车零部件物流链网络新系统终于建立起来。该系统时刻全面跟踪物流链上每一个配送站操作的每一项业务，包括接受汽车零部件的订货指令、盘存开列零部件库存目录、进货目录、发货指令等。丰田汽车公司生产和其他汽车公司的各种型号汽车有关的成千上百万种零部件信息和造型图片在物流链电子信息网络系统上应有尽有，每一种零部件均有精确的库存方位编号，库存数量，非常精确，搜索方便灵活，凡是零部件订货、进货、出货，全部使用手操射频扫描仪进行无纸化管理，网上随手可取，自动化程度高，管理人员数量降低到最低点。物流链网络新系统昼夜不间断工作，收到任何车辆故障和有关不测事件的求助信息，紧急车辆路边抢修服务必须在2小时内赶到出事地点，实施抢修。

为了进一步提高物流链配送服务的精确性，提高其成品库存部位的管理效率和计划制订的速度，丰田汽车悉尼零部件物流链中心把自己的库容巨大的网络系统各种数据信息全部转换到CAD软件上。这项技术明显改善员工在日常业务工作中的技术培训的质量，促使管理人员更好地分析库存零部件的库存动态，提出建设性的应变计划，坚决避免备件脱空的事故发生。这一切进步已经超过丰田公司原来的设想。库存量下降25%，而向消费者和客户提供的服务量提高4%左右，仓库营业额提高20%，车辆路边紧急求助量下降50%。今天的丰田悉尼零部件中心与澳大利亚全国98%的汽配商店都有配送业务和批发业务联系。

五、交叉“进坞”服务网

配送中心指出，如果消费者或者客户要求的各种汽车备件中有2%的零部件无法从配送中心的备件目录中找到，或者无法及时送到他们手中，那么消费者或者客户就会对丰田公司不满意，就会坦率地不愿听取在另外98%的汽车零部件物流链服务上做得如何出色。尽管悉尼丰田零部件配送中心的工作效率和速度比谁都快，但是遇到客户提出不常用的“冷门”订货单还是会有的。在网络新系统建立之前，为了帮助客户从一个一个配送中心或者汽配供应商那里寻找“冷门”备件，一般至少要5天时间。现在通过物流链的网络向各个中心和汽配供应商发出指令，通常在一天内就能收到回音，最多不到两天就能解决问题。备件从丰田墨尔本零部件配送中心运送到悉尼一天就能到达。使用射频扫描仪迅速打开集装箱卸货，把急需的备件立即装到送货卡车上。由此节约下来的时间必然令客户满意，因为客户可以比通常修车时间至少提前三天收到汽车备件。丰田汽车零部件配送中心称之为“交叉进坞”服务方式，因为备件配送中心与船坞一样有大小之分，大船进大坞，小船进小坞，各有各的作用，配送中心也同样如此，凡是有冷门货备件的，不管是谁，都可以出来供应备件，通过网络信息的传递，补充大型备件中心的不足。丰田汽车的交叉“进坞”服务网主要为稀罕、“冷门备件”，这些备件的业务量小，但是影响大，为了把老掉牙的丰田车修好，客户往往不惜千金也要得到这种备件，一旦得到满足，“老爷”汽车又能发动起来上路，他们就会高喊，“丰田车，了不起”！

交叉“进坞”服务网大幅度降低汽车备件从配送中心通过供应商最后抵达消费者的时间，极大提高配送中心之间的合作，不仅没有增加成本，反而提高丰田汽车配送中心的服务质量。

丰田澳大利亚汽车零部件公司的规模还在扩大，迄今在日本的名古屋，美国加利福尼亚的安大略，布鲁塞尔和新加坡分别建立专门经营零部件批复零售业务的四个采购中心，它们的汽车配件来自于世界各地，其中65%来自日本，大约7%是从美国进口的，其他从当地供应商进货。中心总部设立在新加坡。每一天的业务交往，如订货单、送货单、提货指令、包装指令、封箱指令一律都是电子信息网络进行传送。大多数汽车备件是用集装箱船根据指令分别运送到澳大利亚的悉尼，布里斯班或者墨尔本港口。丰田汽车备件公司雇用澳大利亚的TOLL物流多式联运公司经办一系列的汽车备件运送业务。正常的备件定购是要预定的，紧急定购则是随到随办，通过空运，快件递送，尽量减少配送环节，简化手续，把备件直接送到客户手中。

由于澳大利亚出口关税只有本来并不高的进口税的一半，丰田澳大利亚汽车零部件公司很有可能在不久的将来发展成为亚太地区的汽车备件最大供应公司和汽车备件物流服务的领头羊，到那时，前面那两句广告词应该再加一句：“买备件先找丰田物流”。

【任务总结】

本任务主要是了解建立一个物流网络系统可以从哪几方面着手，能够自己设计一个物流网络系统。

检验内容	检验指标	检验总结
物流网络系统	设计物流网络系统需要考虑的因素：信息收集、物流仓库选址、建立数据库、计算运营费用、备选方案	
检查任务完成情况	以小组为单位，建立一个物流网络系统	

模块六　汽车配件仓储

汽车配件验收为配件的仓储保管工作打下良好的基础，能为生产企业起到监督和促进作用，同时验收记录也是索赔、退货、换货的主要依据。仓库管理能实现进出货管理、库存管理、订单管理、拣选、复核、配件与货位基本信息管理、补货策略、库内移动组合等功能。

配件盘点能将一段时间以来积累的作业误差，及其他原因引起的账物不符暴露出来，发现账物不符，而且差异超过容许误差时，应立即追查产生差异原因。仓管员应认真做好配件入库、出库的数据登记，并做到有效的库存管理。

任务一　配件验收

【任务描述】

通过对汽车配件验收的介绍，来学习汽车配件验收的主要内容以及验收方法，并能在实践中正确运用。

【任务目标】

熟练掌握汽车配件验收的内容，灵活运用验收方法。

【任务准备】

一、配件验收

汽车配件采购员在确定了进货渠道及货源，并签订了进货合同之后，必须在约定的时间、地点，对配件的名称、规格、型号、数量、质量检验无误后，填写零配件验收表，方可接收。即：

（1）配件到货后，由管理员、保管员共同进行验收。

（2）详细核对需要计划，包括合同或协议、装箱单、合格证。

（3）验收时要全数验收。对数量大、供应单位关系稳固、证件齐全、包装完好的产品可以抽验，或以包装为单位验收。

（4）质量验收是全部验收的关键，必须认真核对规格、尺寸、精度。检验要求较高的由技术组负责。并做好详细记录，验收完毕对不合格品要及时处理，另行堆放。

表 6-1-1　　　　　　　　　　零配件验收表

年　　月　　日　　　　　　　　　　　　　　　　　　编号

采购单号		零件名称									料号			
供应商						数量								
检验项目	标准	抽样结果记录												及格
		1	2	3	4	5	6	7	8	9	10	11	12	
结果	及格		审核						检验者					
	不及格													

二、配件验收的内容

1. 对配件品种的检验

按合同规定的要求，对配件的名称、规格、型号等认真查验。如果发现产品品种不符合合同规定的要求，应妥善保管，并在规定的时间内向供方提出异议。

2. 对配件数量的检验

对照进货发票，先点收大件，再检查包装及其标识是否与发票相符。整箱配件，一般先点件数，后抽查细数；零星散装配件需点验细数；贵重配件应逐一点数；对原包装配件有异议的，应开箱开包点验细数。验收时应注意查验配件分批交货数量和配件的总货量。无论是自提还是供方送货，均应在交货时当面点清。供方代办托运的应按托运单上所列数量点清，超过国家规定合理损耗范围的应向有关单位索赔。如果实际交货数量与合同规定交货的数量之间的差额不超过有关部门的规定，双方互不退补；超过规定范围的要按照国家规定计算多交或少交的数量。双方对验收有争议的，应在规定的期限内提出异议，超过规定期限的，视为履行合同无误。

3. 对配件质量的检验

（1）采用国家规定质量标准的，按国家规定的质量标准验收；采用双方协商标准的，按照封存的样品或样品详细记录下来的标准验收。接收方对配件的质量有异议的应在规定的期限内提出，否则视为验收无误。当双方在检验或试验中对质量发生争议时，按照《中华人民共和国标准化管理条例》规定，由标准化部门的质量监督机构执行仲裁检验。

（2）在数量庞大、品种规格极其繁杂的汽车配件的生产、销售中，发现不合格品、数

量短少或损坏等，有时是难以避免的。如果在提货时发现上述问题，应当场联系解决。如果货到后发现，验收人员应分析原因，判明责任，做好记录。一般问题填写“运输损益单”“汽车配件销售查询单”查询，问题严重或牵涉数量较多、金额较大时，可要求对方派人来查看处理。

（3）汽车配件从产地到销地，要经过发货单位、收货单位（或中转单位）和承运单位三方共同协作来完成，所以必须划清三方面的责任范围，责任划分的一般原则是：①汽车配件在铁路、公路交通运输部门承运前发生的损失和由于发货单位工作差错，处理不当发生的损失，由发货单位负责。②从接收中转汽车配件起，到交付铁路、公路交通运输部门运转时止，所发生的损失和由于中转单位工作处理不善造成的损失。由中转单位负责。③汽车配件到达收货地，并与铁路公路交通运输部门办好交接手续后，发生的损失和由于收货单位工作的问题发生的损失，由收货单位负责。④自承运汽车配件起（承运前保管的车站、港口从接收汽车配件时起）至汽车配件交付收货单位或依照规定移交其他单位时止发生的损失，由承运单位负责。但由于自然灾害，汽车配件本身性质和发、收、中转单位的责任造成的损失，承运单位不负责任。

三、配件验收的方法

1. 看商标

仔细查看商标上面的厂名、厂址、等级和防伪标记是否真实；零配件表面是否有硬印和化学印记，是否注明零配件的编号、型号、出厂日期，是否采用自动打印，字母是否排列整齐，字迹是否清楚。

2. 看包装

汽车零配件互换性很强，精度很高，为了能较长时间存放、不变质、不锈蚀，需在产品出厂前用低度酸性油脂涂抹。正规的生产厂家，对包装盒的要求也十分严格，要求无酸性物质，不产生化学反应，有的采用硬型透明塑料抽真空包装。考究的包装能提高产品的附加值和身价，箱、盒大都采用防伪标记，常用的有激光、条码、暗印等。

3. 看文件资料

要查看汽车配件的产品说明书，产品说明书是生产厂进一步向用户宣传产品，为用户做某次提示，帮助用户正确使用产品的资料。通过产品说明书可增强用户对产品的信任感。一般来说，每个配件都应配一份产品说明书。如果交易量相当大，还必须查询技术鉴定资料。进口配件还要查询海关进口报关资料。国家规定，进口商品应配有中文说明，一些假冒进口配件一般没有中文说明，且包装上的外文，有的文法不通，甚至写错单词，一看便能分辨真伪。

4. 鉴别金属机械配件，可以查看表面处理

所谓表面处理，即电镀工艺、油漆工艺、电焊工艺、高频热处理工艺。汽车配件的表面处理是配件生产的后道工艺，商品的后道工艺尤其是表面处理涉及很多现代科学技术。国际和国内的名牌大厂在利用先进工艺上投入的资金是很大的，特别对后道工艺更为重视，投入资金少则几百万元，多则上千万元。一些制造假冒伪劣产品的小工厂和手工作坊有一个共同特点，就是采取低投入掠夺式的短期经营行为，很少在产品的后道工艺上投入

技术和资金，而且也没有这样的资金投入能力。看表面处理具体有以下几个方面：

（1）镀锌技术和电镀工艺。汽车配件的表面处理，镀锌工艺占的比重较大。一般铸铁件、锻铸件、铸钢件、冷热板材冲压件等大都采用表面镀锌。质量不过关的镀锌，表面一致性很差；镀锌工艺过关的，表面一致性好，而且批量之间一致性也没有变化，有持续稳定性。电镀的其他方面，如镀黑、镀黄等，大工厂在镀前处理的除锈酸洗工艺比较严格，清酸比较彻底，这些工艺要看其是否有泛底现象。镀钼、镀铬、镀镍可看其镀层、镀量和镀面是否均匀，以此来分辨真伪优劣。

（2）油漆工艺。现在一般都采用电浸漆、静电喷漆，有的还采用真空手段和高等级静电漆房喷漆。采用先进工艺生产的零部件表面，与采用陈旧落后工艺生产出的零部件表面有很大差异。目测时可以看出，前者表面细腻、有光泽、色质鲜明；而后者则色泽暗淡、无光亮，表面有气泡和“拖鼻涕”现象，用手抚摸有砂粒感觉，相比之下，真假非常分明。

（3）电焊工艺。在汽车配件中，减震器、钢圈、前后桥、大梁、车身等均有电焊焊接工序。汽车厂的专业化程度很高的配套厂，它们的电焊工艺技术大都采用自动化焊接，能定量、定温、定速，有的还使用低温焊接法等先进工艺产品焊缝整齐、厚度均匀，表面无波纹形、直线性好，即使是点焊，焊点、焊距也很规则。

（4）高频热处理工艺。汽车配件产品经过精加工以后才进行高频淬火处理，因此淬火后各种颜色都原封不动地留在产品上。如汽车万向节内、外球笼经淬火后，就有明显的黑色、青色、黄色和白色，其中白色面是受摩擦面，也是硬度最高的面。目测时，凡是全黑色和无色的，肯定不是高频淬火。工厂要配备一套高频淬火成套设备，其中包括硬度、金相分析测试仪器和仪表的配套，难度高，投入资金多，还要具备供、输、变电设备条件，供电电源在3万伏以上。小工厂、手工作坊是不具备这些设备条件的。

5. 看非使用面的表面伤痕

从汽车配件非使用面的伤痕，也可以分辨是正规厂生产的产品，还是非正规厂生产的产品。

表面伤痕是在中间工艺环节由于产品相互碰撞留下的。优质的产品是靠先进科学的管理和工艺技术制造出来的。生产一个零件要经过几十道甚至上百道工序，而每道工序都要配备工艺装备，其中包括工序运输设备和工序安放的工位器具。高质量的产品有很高的工艺装备系数作保障，所以高水平工厂的产品是不可能在中间工艺过程中互相碰撞的。以此推断，凡在产品不接触面留下伤痕的产品，肯定是小工厂、小作坊生产的劣质品。

【任务实施】

一、配件到货验收包括清点配件数量、核对单证和检查配件质量

清点配件数量主要是核对配件的到货数量与到货清单上的数量是否一致，如果不一致必须认真做好登记，及时和供货商沟通，查明原因解决问题。核对单证包括核对计划单、订单与到货清单、发票等计量单位、数量、金额是否准确无误，发现问题必须及时查明原

因并解决。检验配件质量主要是检验是否有损坏的零件，如果有损坏必须立即填写《不合格品记录表》和《供方评价记录表》，对检验发现有损坏的配件单独放置在“不合格区”；立即与供货商（包括承运商、供应商）取得联系，对该批零件进行索赔。

二、配件清点的同时，应做好相关记录工作

在配件外包装上标注入库日期，以便在发货时做到“先进先出”；对于安全件，认真填写《安全数据表》和《安全件清单》。

表 6-1-2　　供方评价记录表

编号＿＿＿＿＿＿

供货单位	产品编码	产品名称	规格	生产厂家

评估内容

评估项目	评估结果	评估人
对供方的能力或质量体系进行现场评价或评估		
对产品样品进行质量评价结果		
对产品持续供应情况进行评估结果		
对比其他用户的使用经验结果		

最终评定：

评定人：

审批人意见：

填表说明：此表用于记录对供方评价的各项内容，必须确保真实、客观。所有签名必须由相应负责人亲笔手写签名，否则一律拒绝受理。

表 6-1-3　　不合格品记录表

配件编码	配件名称	数量	入库时间	保质期	损坏程度	损坏原因分析	鉴定人	鉴定日期	处理意见	配件主管

填表说明：

1. 本表用于不合格品记录；
2. 发现库存不合格品必须及时组织鉴定，并认真填写此表；
3. 损坏程度、损坏原因分析由鉴定人根据鉴定结果填写；
4. 处理意见由配件主管填写；
5. 所有相关人员必须手写签名，电脑打印签名无效，一旦发现追究相关人员责任。

表 6-1-4　　安全件清单

安全件清单										
序号	仓位编码	配件编码	配件名称	安全标识	保质期限	到期日期	入库日期	库存数量	入库批号	备注
1										
2										
3										
4										
5										
6										
7										
8										
9										
10										
11										
12										

续　表

安全件清单										
序号	仓位编码	配件编码	配件名称	安全标识	保质期限	到期日期	入库日期	库存数量	入库批号	备注
13										
14										
15										

制表：　　　　　　　　　　　　　　　　　　　　　　　　　　审核：

填写说明：

1. 本表用于记载库存安全件信息，便于安全件追踪；

2. 本表中“安全标识”一栏内容应与粘贴于实物上的安全标识编号一致；

3. 同一配件有不同入库时间的，必须分别在实物“安全标识”上标注“入库批号”，并在本表对应栏目记载；

4. 制表、审核相关人员必须手写签名，电脑打印签名无效，一旦发现追究相关人员责任。

表 6-1-5　　　　　　　　　　　　　安全数据表

序号	仓位码	名称	用途	化学成分	危险类别	使用条件	储存要求	处理要求

制表：　　　　　　　　　　　　审核：　　　　　　　　　　　　日期：

填表说明：

1. 本表用于记载库存危险品安全数据；

2. 本表必须依据库存危险品属性认真翔实填写，库存危险品更新或品种变化时应及时更新或补充；

3. 仓库所有工作人员必须熟知本表记录的各项内容；

4. 制表、审核相关人员必须手写签名，电脑打印签名无效，一旦发现追究相关人员责任。

【任务总结】

熟悉汽车零配件验收的主要内容及常用验收方法；在实践中正确运用。

检验内容	检验指标	检验总结
验收内容及方法	汽车配件采购员在确定了进货渠道及货源，签订了进货合同后，必须在约定的时间、地点，对配件的品种、数量、质量进行检验，合格后方可接收	
检查任务完成情况	能描述汽车零配件验收的内容及方法	

任务二 配件入库

【任务描述】

通过对汽车零配件入库的介绍，来学习汽车配件入库的过程，规范配件入库的管理行为，建立良好的库存管理秩序。

【任务目标】

1. 认知配件入库概念。
2. 清楚配件入库中时应当履行的手续及工作内容。
3. 了解配件仓管员的主要职责。

【任务准备】

一、配件入库

配件入库是指仓储部门按照存货方的要求合理组织人力、物力等资源，按照入库作业程序，认真履行入库作业各环节的职责，及时完成入库任务的工作过程。

入库作业指从接到入库通知单后，经过接运提货、装卸搬运、检查验收、办理入库手续等一系列作业环节构成的工作过程。

配件清点验收无误立刻办理配件入库手续，在配件入库时必须做到：

(1) 入库操作时务必认真核对供货商名称、配件编码、配件名称、计量单位、入库数量和金额，确保与到货清单、采购发票等完全一致。

(2) 办理配件入库时，必须认真核对配件对应的仓位，对于没有仓位的配件应及时合理设置仓位。

(3) 外采购零件入库时，其配件编码确定为以该零件原厂编码加后缀的形式确定；对于没有原厂编码的配件，用该配件名称的汉语拼音码代替，同时必须注明该配件的使用车型、年款等配件属性。

(4) 将零件按仓位正确摆放在货架上，同时在对应的《进销存卡》上进行登记。

(5) 打印《配件采购入库单》后，再次核对实物、发票（或到货清单）、存放仓位等是否一致。

(6) 完成入库操作后，应将计划单、配件订单、到货清单、《配件采购入库单》装订在一起妥善保存，作为财务报销凭证。

所有配件到货必须立即办理验收入库，未办理入库前一律不允许出库。配件入库后，及时做好配件损坏情况、订货缺件情况和配件价格变化情况统计、核对，并通报配件仓管员、配件主管。配件部必须及时更新订货看板，及时将到货信息有效通知到订货部门、订货人员，确保及时通知用户或待料班组。入库过程中对于厂家更新编码的零件，必须在电脑系统中、配件进销存卡上明确注明替代关系等信息，为日后准确发货创造条件。

表 6-2-1　　配件采购入库单

<table>
<tr><td colspan="10">配件采购入库单</td></tr>
<tr><td>单位名称</td><td colspan="3"></td><td colspan="2">入库时间</td><td colspan="4"></td></tr>
<tr><td>入库单号</td><td colspan="3"></td><td colspan="2">供应商</td><td colspan="4"></td></tr>
<tr><td>对应单据号</td><td colspan="9"></td></tr>
<tr><td colspan="10">配件明细</td></tr>
<tr><td>配件编码</td><td>配件名称</td><td>单位</td><td>数量</td><td>含税单价</td><td>税率</td><td>价税合计</td><td>仓库</td><td>库区</td><td>库位</td></tr>
<tr><td></td><td></td><td></td><td></td><td></td><td></td><td></td><td></td><td></td><td></td></tr>
<tr><td></td><td></td><td></td><td></td><td></td><td></td><td></td><td></td><td></td><td></td></tr>
<tr><td></td><td></td><td></td><td></td><td></td><td></td><td></td><td></td><td></td><td></td></tr>
<tr><td></td><td></td><td></td><td></td><td></td><td></td><td></td><td></td><td></td><td></td></tr>
<tr><td></td><td></td><td></td><td></td><td></td><td></td><td></td><td></td><td></td><td></td></tr>
<tr><td></td><td></td><td></td><td></td><td></td><td></td><td></td><td></td><td></td><td></td></tr>
<tr><td>价税合计</td><td></td><td colspan="2">入库成本合计</td><td colspan="2"></td><td>采购部门</td><td colspan="3"></td></tr>
<tr><td>业务员</td><td></td><td colspan="2">负责人</td><td colspan="2"></td><td>制单员</td><td colspan="3"></td></tr>
<tr><td>备注</td><td colspan="6"></td><td colspan="3">审核人</td></tr>
</table>

填表说明：使用时应严格按系统操作方法操作，打印后相关人员必须手写签名，电脑打印签名无效，一旦发现追究相关人员责任。

二、配件仓管员职责

（1）仓管员负责保管到厂的全部进货明细单；临时管理进货发票及运单。

（2）入库前库房保管员要整理库房，为新到商品的摆放提供空间。

（3）采购员从货场提取货物后，仓管员协同调度员、采购员进行验货，清点数量，检查质量，完成配件的验收。

（4）采购员核实进货清单，同时对于送货上门、临时采购的要协同仓管员填写实收货物清单，核实无误后双方签字；对于有质量问题的货物，仓管员有权拒收。

（5）仓管员凭进货清单打印入库单，数量以实收为准（如有价格变动应及时调整）。如票据未到的，应在备查簿中作好登记以备查询。

（6）仓管员统计本批货物的缺件、坏件、劣质件以及价高件，并反馈给部门经理。采购进行异常处理。

（7）仓管员负责配件上架，并根据核对好的入库单据，认真填写卡片账，做到账实相符。填写卡片账工作，应在当天完成。

【任务实施】

以小组为单位完成汽车发动机入库作业，同时能用语言准确、流畅地解说自己在进行发动机入库作业时的工作方法和工作内容。实施内容包括：完成工作的速度；工作的差错率；解说的准确、流畅。

【任务总结】

清楚配件入库时应当履行的手续及配件仓管员的主要职责；在小组扮演中正确运用。

检验内容	检验指标	检验总结
入库时的工作内容及仓管员职责	仓管员应认真查阅货物资料，必要时向存货人询问，掌握入库货物的品种、规格、数量、包装状态、单件体积、到库确切时间、货物存期、货物的理化特点、保管的要求等，并以此为据，精确和妥善进行库场安排、准备	
检查任务完成情况	能描述汽车零件入库时的工作内容及仓管员的主要职责	

任务三　仓库管理

【任务描述】

通过学习，保证库存配件的准确，节约仓位，便于操作。同时注意配件的保管应科学、合理、安全。

【任务目标】

1. 准确理解仓库管理的概念。
2. 正确应对仓库管理过程中出现的问题。

【任务准备】

一、仓库管理的概念

仓库管理也叫仓储管理，是指对仓储配件的收发、结存等活动的有效控制，其目的是为企业保证仓储配件的完好无损，确保经营活动的正常进行，并在此基础上对各类配件的活动状况进行分类记录，以明确的图表方式表达仓储配件在数量、品质方面的状况。

1. 仓储是一项物流活动

仓储首先是一项物流活动，或者说物流活动是仓储的本质属性。仓储不是生产、不是交易，而是为生产与交易服务的物流活动中的一个环节。应该与其他物流活动相联系、相配合。

2. 仓储的基本功能

仓储的基本功能包括物品的进出、库存和配送，物品的出入库及在库管理相结合、共同构成现代仓储的基本功能。

3. 仓储的目的

仓储的目的是为了满足供应链上下游的需求。谁委托、谁提出需求，谁就是客户；客户可能是上游的生产者，可能是下游的零售业者，也可能是企业内部，仓储不能仅仅满足直接“客户”的需求，也应满足“间接”客户即客户的客户需求；仓储应该融入到供应链上下游之中，根据供应链的整体需求确立仓储的角色定位与服务功能。

4. 仓储的条件

仓储的条件是特定的有形或无形的场所与现代技术。“特定”指的是各个企业的供应链是特定的，仓储的场所也是特定的；有形的场所是指仓库、货场或储罐等，现代经济背景下，仓储也可以在虚拟的空间进行，也需要许多现代技术的支持，离开了现代仓储设施设备及信息化技术，就没有现代仓储。

5. 仓储的方法与水平

仓储的方法与水平体现在有效的计划、执行和控制等方面。计划、执行和控制是现代管理的基本内涵，科学、合理、精细的仓储当然离不开有效的计划、执行和控制。

二、仓储原则

(1) 存储规定：防火、防水、防压；定点、定位、定容、定量；先进先出。

(2) 对因有批次规定、色别规定等特殊原因而不能混放的同一配件应分开摆放。

(3) 配件储存要尽量做到“上小下大，上轻下重，不超安全高度”。必要时加垫板、纸皮或置于容器内，予以保护存放。

(4) 任何配件不得堆放在仓库通道上，以免影响配件的收发。

三、仓库管理需要注意的问题

(1) 库存配件要进行定位管理，即将不同的配件分类、分区管理的原则来存放，并用货架放置。仓库至少分为三个区域：第一，大量存储区，即以整箱或栈板方式储存；第二，小量存储区，即将拆零配件放置在陈列架上；第三，退货区，即将准备退换的配件放置在专门的货架上。

(2) 区位确定后应制作一张配置图，贴在仓库入口处，以便于存取。小量储存区应尽量固定位置，整箱储存区则可弹性运用。若储存空间太小，也可以不固定位置而弹性运用。

(3) 储存配件不可直接与地面接触。一是为了避免潮湿；二是为了堆放整齐。

(4) 要注意仓储区的温度湿度，保持通风良好，干燥、不潮湿。

(5) 库内要设有防水、防火、防盗等设施，以保证配件安全。

(6) 配件储存货架应设置存货卡，配件进出要注意“先进后出”的原则。也可采取色彩管理法，如每周或每月不同颜色的标签，以明显识别进货的日期。

(7) 仓库管理人员要与订货人员及时进行沟通，以便到货的存放。还要适时提出存货不足的预警通知，以防缺货。

(8) 仓储存取货原则上应随到随存、随需随取，但考虑到效率与安全，有必要制订作业时间规定。

(9) 仓库要注意门禁管理，不得随便入内。

【任务实施】

一、仓库管理细则

(1) 分区分类：根据配件的型号，合理规划配件的摆放区域。

(2) 五五摆放：根据配件的性质，形状，以五为计量基数做到“五五成行，五五成方，五五成串，五五成包，五五成层”。使其摆放整齐，便于过目成数，便于盘点与发放。

(3) 四号定位：按库号、架号、层号、位号对配件实行统一架位号，并与配件的编号一一对应，以便迅速查账和及时准确发货。

(4) 建签立卡：对已定位和编制架位号的配件建立架位签和卡片账。架位签标明到货日期、进货厂家、进出数量、结存数量以及标志记录。

(5) 凡出入库的配件，应当天进行货卡登记，结出库存数，以便实货相符。

(6) 库存配件要采取措施进行维护保养，做好防锈，防水，防尘等工作，防止和减少自然损耗。有包装的尽量不要拆除包装。

(7) 因质量问题退换回的配件，要另建账单独管理，保证库存配件的准确、完好。

二、有效仓库管理

进行有效的仓库管理需要考虑下面几个方面：

(1) 是否能够分配好人力资源进行有效动作是高效仓储管理的重要评判标准之一。

(2) 仓库布局设计和设备的改进作为物流流程整个系统的枢纽，仓库的设计布局是否合理影响着整个库内作业效率。

(3) 开展额外的增值服务。

仓库内的中枢指挥中心

【任务总结】

首先，复习仓库管理应遵循的原则及注意事项；其次，在小组扮演中正确运用。

检验内容	检验指标	检验总结
仓库管理的功能	仓库管理除了能够实现包括进出货管理、库存管理、订单管理、拣选、复核、配件与货位基本信息管理、补货策略、库内移动组合等“墙内”的系统功能之外，还要考虑仓库管理客户管理与员工管理系统之间的衔接	
检查任务完成情况	能描述仓库管理的原则及注意事项	

任务四 配件出库

【任务描述】

通过学习，区别配件出库的不同情况及处理程序，从而规范配件出库管理行为，明确配件出库管理制度。

【任务目标】

1. 了解配件报价的相关事宜。
2. 熟悉配件出库的不同情况及处理事宜。
3. 熟悉配件借用及调拨的处理事宜。

【任务准备】

一、配件报价

（1）配件部应主动了解厂家配件供应情况，动态掌握配件销售价格变化情况，及时更新配件价格表。

（2）常用配件价格应在接待区域醒目位置予以公布。

（3）配件部报价人员必须对所报出的价格负责；受理前台接待人员、车间维修人员及客户询价时，必须严格按统一规定的价格表报价，不得随意报价。

（4）配件报价单只作为报价工具，不得作为出库依据。

二、配件出库

（1）配件领料分为客户付费维修领料、厂家索赔维修领料、保险理赔维修领料等三种情况。配件出库前必须确认领料单证的有效性。

①客户付费维修领料时，配件出库应按确认的内容打印配件出库单。

②厂家索赔维修领料时，配件出库应按索赔员签字确认的内容打印配件出库单；使用厂家无偿提供的用于招回维修的配件时，应在该配件专项进销存账目中办理出库，不得与仓库账混淆。

③保险理赔维修领料时，单台维修车辆配件总需求小于或等于某规定价值的，由前台主管确认，超出规定价值的由售后服务经理确认。配件出库应按上述责任人签字确认的内容打印出库单。

（2）在配件对外销售时，配件销售员《打印配件销售单》，顾客凭《配件销售单》到前台结算付款。配件出库应按经结算员确认收到款项的《配件销售单》打印出库单进行发料。

①打印出库单前，必须认真核对，确认相关仓位码、配件编码、名称、适用车型等信息与需求配件完全一致，杜绝出库配件名实不符。

②对于应该交旧领新的配件，仓库管理员在确认旧件已回收后，根据出库单上的内容进行发货。

③发货时必须先通过系统打印出库单，再由发货人和领料人共同验货、清点，确认名实相符、数量正确、质量合格后在出库单上签字确认。不允许先发出配件，事后补办领料手续。

(3) 出库物资必须准确计量。包装量大于单次使用需求量的材料，应按实际需求量拆零出库，并做到拆零计量准确、成本核算到单台维修车辆；不得按包装量整批出库。

(4) 仓库管理员发货时，应根据入库日期按照“先进先出”原则进行操作。

(5) 配件出库后因误领、误发等原因需要退回仓库的，经验收确认没有损坏的，可办理领用退库，并应及时录入系统，打印退库单，由领料退库人、收货签字确认后，单证交结算员做结算相关处理。

(6) 仓管员每收发一项配件都必须及时准确录入系统，及时在进销存卡上准确记录收发时间和数量；进销存卡必须对应仓位、配件名称、配件编码，不可乱放乱记。

三、配件借用及调拨

(1) 本单位维修车间因外出救援或判断疑难故障而借用零件时，借件人应填写《零件借用申请表》，经服务经理签字确认后方可借用，并确保当日、整洁、完好地归还。

(2) 仓管员应主动跟进，及时收回借出的配件，配件主管必须在每天下班前，检查所借出的配件是否收回。

(3) 借件当天配件丢失的，由借件人全额赔偿；借件次日以后发现丢失的由配件主管和仓管员共同全额赔偿。

(4) 单位内部各不同品牌经营单位之间调拨配件时，需要填写《零件内部调拨申请单》，经售后服务部审批后，以该配件的销售价（最终用户价）的九折进行调拨；单位内同品牌经营单位间调拨配件，由双方直接联系，不必通过售后服务部审批。

(5) 仓库处理单位内部调拨配件，必须录入系统，调出单位按出库录入，调入单位按入库录入。必须在办理调拨出库的一周内将出库单上交给财务会计，由会计与对方单位核对无误后办理开票手续。

(6) 单位外同品牌特约网点之间借用配件时，必须经过服务经理审批。

(7) 借出配件，仓库根据售后服务部批示处理单位外配件借用时，必须填写《网点间零件借用表》，经借用单位加盖法人公章后生效。《网点间零件借用表》必须妥善保管，配件主管必须定期检查，跟进，直至完好归还。

(8) 借入配件，仓库必须及时以借用入库方式录入系统，归还该零件时以借用退库方式在系统中作出库处理，打印的退库单必须于当日上缴本单位财务，并确保与借用入库时上缴的借件凭证对应。

(9) 借入、借出配件，必须严格履行报批手续，规范装订、妥善保管凭证，设置备查账及时有效跟进督促归还，否则，由此造成的损失，由配件主管、仓管员共同全额赔偿。

表6-4-1　　零件借用申请表

年　月　日

施工单号		车型		车牌号	
车主		联系电话		用件地点	

零件借用原因：

序号	零件编码	零件名称	单位	数量	成本价	备注
1						
2						

车间主管意见：

日期：

售后服务经理审批：

日期：

借出时间		借出状态		归还时间		归还状态	
仓管员：		仓管员：		仓管员：		仓管员：	
借件人：		借件人：		借件人：		借件人：	

填写说明：

1. 本表用于车间向配件仓库借用零件的审批和记录。

2. 当车辆维修过程中出现确因技术手段不足，经车间主管确认必须通过借用零件作故障判断时，或外出救援必须携带相关配件现场排除故障时，使用本表申请借用配件。

3. 本表由借件人填写，必须如实填写施工单号、维修车辆车牌号、零件名称、零件借用原因、用件地点（在车间内使用或外出救援使用）等信息，仓管员确认配件名称和编码的正确性，经车间主管签署意见后，报售后服务经理审批。

4. 借出零件、归还零件时，借件人和仓库工作人员必须当面确认零件完好状态和时间，并在本表最下端对应栏目中填写、签名。

5. 本表由仓管员保管，本表如有丢失，由仓管员承担全部责任。

表6-4-2　　零件内部调拨申请单

编号：　　年　月　第　次

调入单位：		调出单位：		
施工单号：		车 型：	车架号：	
车主：		车 牌：	联系电话：	

续 表

零件资料						
序号	零件编码	零件名称	数 量	单位	调拨单价	金额
1						
2						
3						
4						
5						
6						
7						
8						

合计金额：

申请人		零件主管		服务经理	
日期		日期		日期	

调出单位意见：

配件主管：

日期：

售后服务部审批：

签名：

日期：

填写说明：

1.《零件内部调拨申请单》是各经营单位在单位公司内部调拨零件时填写的配件内部调拨审批单据。

2.《零件内部调拨申请单》必须写清楚调入单位和调出单位名称。同时写清楚需要该配件的维修车辆的工单号、车牌号码、车型、车架号码。

3.《零件内部调拨申请单》必须有本单位财务主管签名。

4. 调出单位意见由调出方配件主管查询库存情况后填写是否同意调拨并签字确认。

5. 所有签名必须由相应负责人亲笔手写签名，否则一律拒绝受理。

表 6-4-3　　网点间零件借用表

年　月　日

借用单位全称		地址				电话	
		联系人				手机	
序号	零件编码	零件名称	单位	数量	销售价	预计归还时间	
1							
2							

续　表

本单位确认向____________________借到以上零件，在预计归还时间内保证完好归还所借零件。逾期未归还，我单位愿按所列销售价支付费用，承担违约责任。

本《网点间零件借用表》可作为有效借据，具有法律效力。

代表人：　　　　　（单位盖章）

日　期：

售后服务经理意见：

签名：　　　　日期：

售后服务部审批：

签名：　　　　日期：

借出时间		借出状态		归还时间		归还状态	
仓管员：		仓管员：		仓管员：		仓管员：	
借件人：		借件人：		借件人：		借件人：	

填写说明：

1. 单位外同品牌特约网点向本单位借用配件时填写此表，并由借件单位领导签名，加盖该单位法人公章（网点业务类图章无效）。

2. 本表由借件单位清晰填写，加盖公章后交售后服务经理签署意见，报售后服务部。

3. 本表“借用单位全称”栏应填写借件单位的注册名称；“本单位确认向__________借到以上零件”中横线上应填写本单位注册名称（填写网点简称或代码等无效）。

4. 借出零件、归还零件时，借件人和仓库工作人员必须当面确认零件完好状态和时间，并在本表最下端对应栏目中填写、签名。

5. 本表由仓管员保管，本表如有丢失，由仓管员承担全部责任。

【任务实施】

配件出库程序

（1）调度员定期催收备料单。

（2）调度员依据备料单（日常、急件）查询库存。

（3）调度员根据库存情况进行调配。

（4）调度员根据结算方式开具四联、五联出库单：

现金结算：开具四联出库单。一联交库管员提货并留存下账；一联交提货人；一联调度员留存作账目处理；一联交收款员收款后，连同款项转财务。

挂账方式：开具一式五联出库单。一联交库管员提货并留存下账；一联交提货人；一联调度员留存作账目处理；一联交财务做账务处理；一联用于结账。

（5）调度员整理缺料单递交计划员。

（6）发往外地货物，配送员在发货后要通知收货人，将运单事后转交收货人。

（7）挂账单位回款：

转账回款：调度员持结账联填写报销单经挂账单位签字确认后转财务；

现金回款：收款员收款后填写日报表交财务；

银行汇款：调度员及时与财务联系，确认后索要相关单据销账。

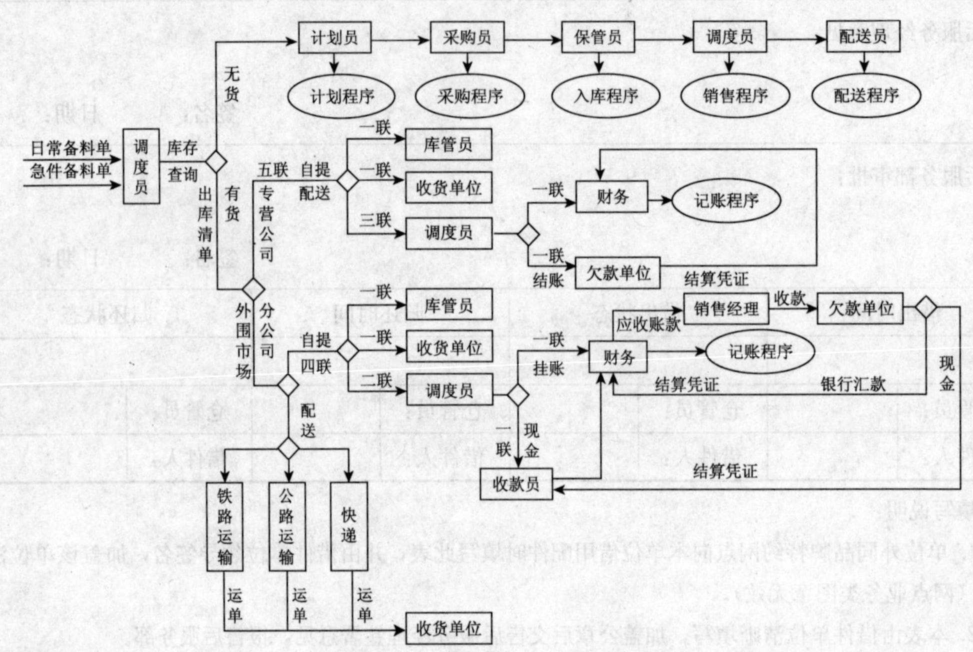

图 6－4－1　配件管理出库程序

【任务总结】

复习配件报价的相关事宜、配件出库的不同情况及处理事宜、配件借用及调拨的处理事宜；在小组扮演中正确运用。

检验内容	检验指标	检验总结
配件出库程序	仓管员应认真掌握出库配件的品种、规格、数量等，并以此为据，精确和妥善进行数据登记	
检查任务完成情况	1. 能描述汽车零配件出库时的程序 2. 能准确填写相关表格	

任务五　盘　点

【任务描述】

通过学习，掌握盘点的相关事项并能制订详细的盘点计划方案。

【任务目标】

1. 明确盘点的概念。
2. 理解盘点的原则。
3. 熟练掌握盘点的内容。

【任务准备】

一、盘点的概念

所谓盘点，是指定期或临时对库存商品的实际数量进行清查、清点的作业，即为了掌握货物的流动情况（入库、在库、出库的状况），对仓库现有物品的实际数量与保管账上记录的数量相核对，以便准确地掌握库存数量。

二、盘点的目的

企业在营运过程中存在各种损耗，有的损耗是可以看见和控制的，但有的损耗是难以统计和计算的，如偷盗、账面错误等。因此需要通过盘点来得知店铺的盈亏状况。通过盘点，一来可以控制存货，指导日常经营业务；二来能够及时掌握损益情况，以便真实地把握经营绩效，并尽早采取防漏措施。

三、盘点的原则

企业在进行配件盘点时，应该按照以下原则进行：

(1) 真实：要求盘点所有的点数、资料必须是真实的，不允许作弊或弄虚作假，掩盖漏洞和失误。

(2) 准确：盘点的过程要求是准确无误，无论是资料的输入、陈列的核查、盘点的点数，都必须准确。

(3) 完整：所有盘点过程的流程，包括区域的规划、盘点的原始资料、盘点点数等都必须完整，不要遗漏区域、遗漏配件。

(4) 清楚：盘点过程多属于流水作业，不同的人员负责不同的工作，所以所有资料必须清楚，人员的书写必须清楚，货物的整理必须清楚，才能使盘点顺利进行。

四、盘点的内容

(1) 货物数量通过点数计数查明商品在库的实际数量，核对库存账面资料与实际库存数量是否一致。

(2) 货物质量检查在库商品质量有无变化，有无超过有效期和保质期，有无长期积压等现象，必要时还必须对商品进行技术检验。

（3）保管条件检查保管条件是否与各种商品的保管要求相符合。如堆码是否合理稳固，库内温度是否符合要求，各类计量器具是否准确等。

（4）库存安全状况检查各种安全措施和消防、器材是否符合安全要求，建筑物和设备是否处于安全状态。

五、盘点的注意事项

盘点采用实盘实点方式时，禁止目测数量、估计数量；盘点时注意物料的摆放，盘点后需要对物料进行整理，保持原来的或合理的摆放顺序；所负责区域内物料需要全部盘点完毕并按要求做相应记录；盘点过程中注意保管好“盘点表”，避免遗失，造成严重后果。

【任务实施】

一、盘点计划

1. 盘点计划书

（1）月底盘点由仓库和财务部自发根据工作情况组织进行，年终盘点需要征得总经理的同意。

（2）开始准备盘点一周前需要制作好“盘点计划书”，计划中需要对盘点具体时间、仓库停止作业时间、账务冻结时间、初盘时间、复盘时间、人员安排及分工、相关部门配合及注意事项做详细计划。

2. 时间安排

（1）初盘时间：确定初步的盘点结果数据；初盘时间在规定时限内完成。

（2）复盘时间：验证初盘结果数据的准确性；复盘时间根据情况安排在初盘后第二天进行。

（3）查核时间：验证初盘、复盘数据的正确性；查核时间安排在初盘、复盘过程中或复盘完成后由仓库内部指定人员操作。

（4）稽核时间：稽核初盘、复盘的盘点数据，发现问题，指正错误；稽核时间根据稽核人员的安排而定，在初盘、复盘的过程中或结束后都可以进行，一般在复盘结束后进行。

（5）盘点开始时间和盘点计划共用时间根据当月销售情况、工作任务情况来确定，总体原则是保证盘点质量和不严重影响仓库正常工作任务。

3. 人员安排

（1）人员分工

①初盘人：负责盘点过程中物料的确认和点数、正确记录盘点表，将盘点数据记录在“盘点数量”一栏。

②复查人：初盘完成后，由复盘人负责对初盘人负责区域内的物料进行复盘，将正确结果记录在“复盘数量”一栏。

③查核人：复盘完成后由查核人负责对异常数量进行查核，将查核数量记录在“查核数量”一栏中。

④稽核人：在盘点过程中或盘点结束后，由总经理和财务部、行政部指派的稽核人和仓库经理负责对盘点过程予以监督、盘点物料数量或稽核已盘点的物料数量。

⑤数据录入员：负责盘点查核后的盘点数据录入电子档的“盘点表”中。

⑥根据以上人员分工，仓库需要对盘点区域进行分析，从而进行人员责任安排。

(2) 相关部门配合事项

①盘点前一周发“仓库盘点计划”通知相关部门，并抄送总经理，说明相关盘点事宜；仓库盘点期间禁止物料出入库。

②盘点三天前要求采购部尽量要求供应商将货物提前送至仓库收货，以提前完成收货及入库任务，避免影响正常发货。

(3) 盘点工作准备

①盘点一周前开始追回借料，在盘点前一天将借料全部追回，未追回的要求其补相关单据；因时间关系未追回也未补单据的，借料数量作为库存盘点，并在盘点表上注明，借料单作为依据。

②盘点前需要将所有能入库归位的物料全部归位入库登账，不能归位入库或未登账的进行特殊标示注明不参加本次盘点。

③将仓库所有物料进行整理整顿标示，所有物料外箱上都要求有相应物料标示。同一储位物料不能放过远的距离，且同一货架的物料不能放在另一货架上。

④盘点前仓库账务需要全部处理完毕。

⑤在盘点计划时间只有一天的情况下，需要组织人员先对库存物料进行初盘。

二、盘点会议及培训

(1) 仓库盘点前需要组织参加盘点人员进行盘点作业培训，包括盘点作业流程培训、上次盘点错误经验、盘点中需要的注意事项等。

(2) 盘点前根据需要进行“模拟盘点”，“模拟盘点”的主要目的是让所有参加盘点的人员了解和掌握盘点的操作流程和细节，避免出现错误。在盘点过程中需要本着“细心、负责、诚实”的原则进行盘点。盘点过程中严禁弄虚作假，虚报数据，盘点粗心大意导致漏盘、少盘、多盘，书写数据潦草、错误，丢失盘点表，随意换岗。

三、盘点作业流程

1. 初盘前盘点

因时间安排原因，盘点时间紧张的情况下，可安排合适人员先对库存物料进行初盘前盘点。初盘前盘点作业流程：

(1) 准备好相关作业文具及“盘点卡”。

(2) 按货架的先后顺序依次对货架上的箱装（袋装，以下统称箱装）物料进行点数。

(3) 如发现箱装物料对应的零件盒内物料不够盘点前的发料时，可根据经验拿出一定数量放在零件盒内（够盘点前发货即可）；一般拿出后保证箱装物料为“整十”或“整五”数最好。

(4) 点数完成后在盘点卡上记录并确认签名。

(5) 将完成的“盘点卡”贴在或订在外箱上。

(6) 最后对已盘点物料进行封箱操作。

(7) 将盘点完成的箱装物料放在对应的物料零件盒附近。

2. 初盘

初盘作业流程如下：

(1) 初盘人准备相关文具及资料（夹板、笔、盘点表）。

(2) 根据“盘点计划”的安排对所负责区域内进行盘点。

(3) 按零件盒的储位先后顺序对盒装物料进行盘点。

(4) 盒内物料点数完成确定无误后，在“盘点表”中找出对应的物料行，并在表中“零件盒盘点数量”一栏记录盘点数量。

(5) 盘点箱装物料，按照箱子摆放的顺序进行盘点。

(6) 如果安排有“初盘前盘点”，此时只需要根据物料外箱“盘点卡”上的标示确定正确的信息和盘点表上的信息进行对应，并在“盘点表”上对应的“箱装盘点数量”一栏填上数量即可，同时需要在“盘点卡”上进行盘点标记表示已经记录了盘点数量。

(7) 如果未安排“初盘前盘点”或发现异常情况（如外箱未封箱、外箱破裂或其他异常时）需要对箱内物料进行点数；点数完成确定无误后根据外箱“盘点卡”上信息在对应盘点表的“箱装盘点数量”一栏填上数量即可。

(8) 初盘完成后根据记录的盘点异常差异数据对物料再盘点一次，以保证初盘数据的正确性。

(9) 在盘点过程中发现异常问题不能正确判定或不能正确解决时可以找“查核人”处理。

(10) 初盘完成后，初盘人在“初盘盘点表”上签名确认，签字后将初盘盘点表复印一份交给仓库经理存档，并将原件给到指定的复盘人进行复盘。

3. 复盘

复盘作业流程如下：

(1) 复盘人对“初盘盘点表”进行分析，快速作出盘点对策，按照先盘点差异大后盘点差异小、再抽查无差异物料的方法进行复盘工作；复盘可安排在初盘结束后进行，且可根据情况在复盘结束后再安排一次复盘。

(2) 复盘时根据初盘的作业流程对异常数据物料进行再一次点数盘点，如确定初盘盘点数量正确时，则“盘点表”的“复盘数量”不用填写数量；如确定初盘盘点数量错误时，则在“盘点表”的“复盘数量”填写正确数量。

(3) 初盘所有差异数据都需要经过复盘盘点。

(4) 复盘完成后，与初盘数据有差异的需要找初盘人予以当面核对，核对完成后，将正确的数量填写在“盘点表”的“复盘数量”栏，如以前已经填写，则予以修改。

(5) 复盘人与初盘人核对数量后，需要将初盘人盘点错误的次数记录在“盘点表”的“初盘错误次数”中。

(6) 复盘人完成所有流程后，在“盘点表”上签字并将“盘点表”给到相应“查核人”。

4. 查核

查核作业流程如下：

(1) 查核人对复盘后的盘点表数据进行分析，以确定查核重点、方向、范围等，按照先盘点数据差异大后盘点数据差异小的方法进行查核工作；查核可安排在初盘或复盘过程中或结束之后。

(2) 查核人根据初盘、复盘的盘点方法对物料异常进行查核，将正确的查核数据填写在“盘点表”上的“查核数量”栏中。

(3) 确定最终的物料盘点差异后需要进一步找出错误原因并写在“盘点表”的相应位置。

(4) 查核人完成查核工作后在“盘点表”上签字并将“盘点表”交给仓库经理，由仓库经理安排“盘点数据录入员”进行数据录入工作。

5. 稽核

稽核作业流程如下：

(1) 稽核作业分仓库稽核和财务行政稽核，操作流程基本相同。

(2) 稽核人员用仓库事先作好的电子档的盘点表根据随机抽查或重点抽查的原则筛选制作出一份“稽核盘点表”。

(3) 稽核根据需要在仓库进行初盘、复盘、查核的过程中或结束之后进行稽核。

(4) 稽核人员可先自行抽查盘点，合理安排时间，在自行盘点完成后，要求仓库安排人员（一般为查核人）配合进行库存数据核对工作；每一项核对完成无误后在“稽核盘点表”的“稽核数量”栏填写正确数据。

(5) 稽核人员和仓库人员核对完成库存数据的确认工作以后，在“稽核盘点表”的相应位置上签名，并复印一份给到仓库查核人员，有查核人负责查核；查核人确认完成后和稽核人一起在“稽核盘点表”上签名；如配合稽核人员抽查的是查核人，则查核人可以不再复查，将稽核数据作为最终盘点数据，但数据差异需要继续寻找原因。

【任务总结】

复习配件盘点的概念、目的、原则、主要内容及主要事项；在小组扮演中正确运用。

检验内容	检验指标	检验总结
盘点的意义	盘点会将一段时间以来积累的作业误差，及其他原因引起的账物不符暴露出来，发现账物不符，而且差异超过容许误差时，应立即追查产生差异原因。查清原因后，为了通过盘点使账面数与实物数保持一致，需要对盘点盈亏和报废品一并进行调整。除了数量上的盈亏，有些商品还将会通过盘点进行价格的调整	
检查任务完成情况	1. 能描述汽车零配件盘点的概念及目的 2. 熟悉配件盘点应遵循的原则 3. 清楚配件盘点的主要内容及注意事项	

任务六 库存控制

【任务描述】

通过学习，理解库存控制的意义。

【任务目标】

1. 掌握库存控制的概念。
2. 熟练运用库存控制系统。

【任务准备】

库存控制，是对各种物品、产成品以及其他资源进行管理和控制，使其储备保持在经济合理的水平上。库存控制是使用控制库存的方法，得到更高赢利的商业手段。库存控制在满足顾客服务要求的前提下通过对企业的库存水平进行控制，力求尽可能降低库存水平、提高效率，以提高企业的市场竞争力。

一、库存控制的概念

库存控制要考虑多方面因素，销量、到货周期、采购周期、需求等。库存控制需要利用信息化手段，每次进货都记录下来。实物库存控制只是库存控制的一种表现形式，主要是针对仓库的物料进行盘点、数据处理、保管、发放等，通过执行防腐、温湿度控制等手段，达到使保管的配件库存保持最佳状态的目的。库存控制为了达到公司的财务运营目标，特别是现金流运作，通过优化整个需求与供应链管理流程，合理设置企业资源计划（ERP）控制策略，并辅之以相应的信息处理手段、工具，从而实现在保证及时交货的前提下，尽可能降低库存水平，减少库存积压与报废、贬值的风险。

二、库存控制系统

库存量过大会产生诸多问题：增加仓库面积和库存保管费用，从而提高了产品成本；占用大量的流动资金，造成资金呆滞；造成配件的有形损耗和无形损耗；造成企业资源的大量闲置，影响其合理配置和优化；掩盖了企业经营全过程的各种矛盾和问题，不利于企业提高管理水平。库存量过小也会带来相应的问题：造成服务水平的下降，影响销售利润和企业信誉；造成配件供应不足，影响经营过程的正常进行；使订货间隔期缩短，订货次数增加，使订货成本提高。因此库存控制系统必须解决三个问题：隔多长时间检查一次库存量？何时提出补充订货？每次订多少？按照对以上三个问题的解决方式的不同，可以分成三种典型的库存控制系统。

1. 定量库存控制系统

所谓定量库存控制系统就是订货点和订货量都是固定量的库存控制系统。当库存控制系统的现有库存量降到订货点（*RL*）及以下时，库存控制系统就向供应厂家发出订货，每次订货量均为一个固定的量 *Q*。经过一段时间，称为提前期（*LT*），所发出的订货到达，库存量增加 *Q*。订货提前期是从发出订货至到货的时间间隔，其中包括订货准备时间、发出订单、供方接受订货、供方生产、产品发运、提货、验收和入库等过程。显然，提前期一般为随机变量。要发现

现有库存量是否到达订货点 RL，必须随时检查库存量。固定量系统需要随时检查库存量，并随时发出订货。这样，增加了管理工作量，使得库存量得到严密的控制。因此，固定量系统适用于重要配件的库存控制。为了减少管理工作量，可采用双仓系统。所谓双仓系统是将同一种配件分放两仓（或两个容器），其中一仓使用完之后，库存控制系统就发出订货。在发出订货后，就开始使用另一仓的配件，直至到货，再将配件按两仓存放。

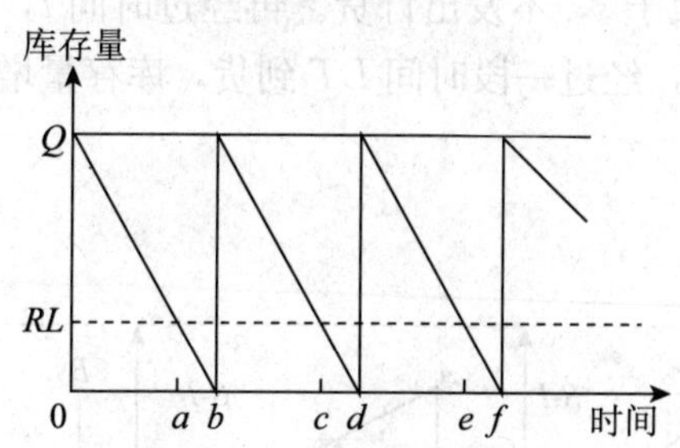

图 6-6-1　定量库存控制系统

2. 定期库存控制系统

定量库存控制系统需要随时监视库存变化，对于配件种类多且订货费用较高的情况，是很不经济的。固定间隔期系统可以弥补固定量系统的不足。定期库存控制系统就是每经过一个相同的时间间隔，发出一次订货，订货量为将现有库存补充到一个最高水平 S。当经过固定间隔时间 T 之后，发出订货，这时库存量降到 L_1，订货量为 $S-L_1$；经过一段时间（$1t$）到货，库存量增加 $S-L_1$；再经过固定间隔期 T 之后，又发出订货，这时库存量降到 L_2，订货量为 $S-L_2$，经过一段时间（$1t$）到货，库存量增加 $S-L_2$，图 6-6-2 所示为 $L_1=L_2=L$。固定间隔期系统不需要随时检查库存量，到了固定的间隔期，各种不同的配件可以同时订货。这样简化了管理，也节省了订货费。不同配件的最高水平 S 可以不同。固定间隔期系统的缺点是不论库存水平 L 降得多还是少，都要按期发出订货，当 L 很高时，订货量是很少的。为了克服这个缺点，就出现了最大最小系统。

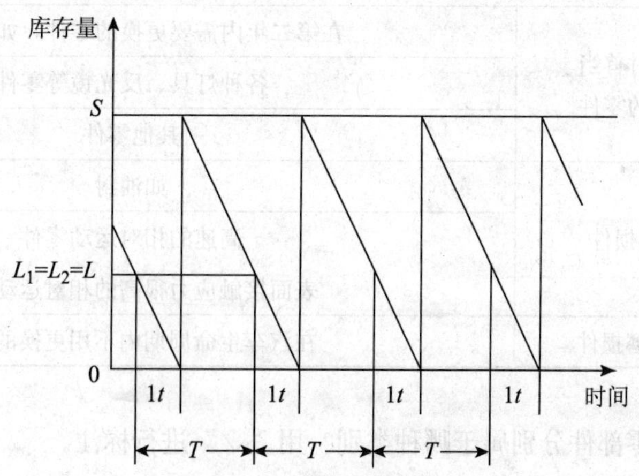

图 6-6-2　定期库存控制系统

3. 最大最小库存控制系统

最大最小库存控制系统仍然是一种固定间隔期系统，只不过它需要确定一个订货点 s。当经过时间间隔 t 时，如果库存量降到 s 及以下，则发出订货；否则，再经过时间 t 时再考虑是否发出订货。如图 6-6-3 所示。当经过间隔时间 t 之后，库存量降到 I_1，I_1 小于 s，发出订货，订货量为 $S-I_1$，经过一段时间 LT 到货，库存量增加 $S-I_1$。再经过时间 t 之后，库存量降到 I_2，I_2 大于 s，不发出订货。再经过时间 t，库存量降到 I_3，I_3 小于 s，发出订货，订货量为 $S-I_3$，经过一段时间 LT 到货，库存量增加 $S-I_3$，如此循环。

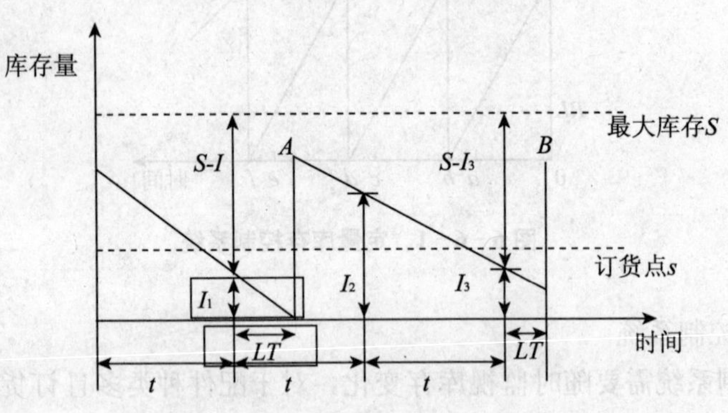

图 6-6-3　最大最小库存控制系统

【任务实施】

零件流通级别分类：

表 6-6-1

推荐级别	零件使用和更换情况	
A	需要定期更换的零件，在一年内更换的零件，如三格	
B	需要定期更换的零件，在两年内更换的零件，如：制动蹄	
C	碰撞时首当其冲的零件	在第二年内需要更换的零件，如保险杠
D		各种灯具、反光镜等零件
E		其他零件
F	易磨损件	如油封
G		高速的相对运动零件
H		表面接触应力很高的相对运动零件
I	不易磨损件	在汽车生命周期内不用更换的零件

指出以下所列零部件分别属于哪种类别？用“√”进行标注。

表 6-6-2

零部件	A（快）	B（中等）	C（慢）
发动机体			
挡风玻璃刮水器			
整体车身			
更换变速箱			
垫圈和垫片			
发动机油			
前大灯			
更换翼子板			
方向盘			
车门外面板			
车内照明灯泡			
收音机天线			
发动机控制模板			
燃油加注口盖			

【任务总结】

首先，复习库存控制的概念及三种常见库存控制系统；其次，在小组扮演中正确运用。

检验内容	检验指标	检验总结
建立库存控制系统的必要性	库存量过大会增加仓库面积和库存保管费用，占用大量的流动资金，造成配件的有形损耗和无形损耗，影响其合理配置和优化，掩盖企业经营全过程的各种矛盾和问题。库存量过小会造成服务水平的下降，配件供应不足，订货间隔期缩短，订货次数增加，订货成本提高。因此库存控制系统必须解决三个问题：隔多长时间检查一次库存量？何时提出补充订货？每次订多少	
检查任务完成情况	1. 了解库存控制的概念 2. 熟练运用三种常见库存控制系统	

模块七 汽车配件销售

客户接待是一项销售活动的起点，它对整个销售活动能够继续下去起着至关重要的作用。销售人员应清楚并巧妙地将产品的特性介绍给客户，并引发客户的注意，激发客户的兴趣，为购买提供有利条件。合同的签订是将一份销售成果以法律的形式加以确定和确认，使签约的双方都依法履行相应的义务和享受相应的权利。汽车产品的售后服务是现代汽车产品市场营销不可或缺的组成部分，成为现代市场竞争的新焦点，一定程度上决定着市场占有率。客户信息关系管理主要是利用网络等先进工具对客户信息进行科学的分类管理和分析，以便对客户提供针对性的服务。汽车配件销售人员作为企业与客户接洽的主要人员，必须掌握一定的知识与技能才能更好地为企业效力，更好地为客户服务。

任务一 客户接待

【任务描述】

客户接待是一项销售活动的起点，对整个销售活动能够继续下去起着至关重要的作用。在客户接待的过程中作为销售人员要掌握一定的接待礼仪和技巧，使得整个接待活动完满的结束。本任务讲述客户接待的一般礼仪与过程。

【任务目标】

1. 了解配件销售人员的基本礼仪。
2. 掌握接待临时客户和预约客户的礼仪。
3. 熟悉国内外汽车配件和进口汽车配件的编码规则。
4. 熟练掌握汽车配件查询的各种方法。

【任务准备】

一、基本的社交礼仪

作为一名汽车配件销售人员，必须掌握一定的礼仪知识，良好的礼仪是个人品德、气质、修养、智慧、知识、能力等内在素质的外在反映，销售人员的总体形象得体，会给客户一种积极、精力充沛、诚恳友善的印象，它将给销售的后续工作带来积极的作用。

销售人员的仪容仪表如下：

（1）面貌相容

虽说一个人的容貌与生俱来的，但后天的修饰对于每一个人来说是必不可少，特别是

从事销售的人员，让人舒适的容貌可以使人更容易亲近。

对于男性来说，以健康、整洁为前提，保持乐观的情绪，饱满的精神，力求整洁大方。

对于女性来说，化妆必不可少，但应着轻柔、优雅的淡妆，切记浓妆艳抹。化妆应展现出典雅又不失清新的职业女性格调，表现出成熟、干练而又亲切的职业形象。

总之，修饰仪容要讲究协调，要与自身的气质、外貌、身份相适应。

(2) 表情

古人云："人身之有面，犹室之有门，人未入室，先见大门；人相对，先见其面。"由此可见，表情对于一个人来说是相当重要的。表情是人内心的情感在面部、声音或肢体的表现，销售人员的表情应做到自然亲切。微笑是保持面部表情亲切自然的永恒法宝，是人际关系中最好的润滑剂，可以拉近销售人员与顾客之间的关系。

(3) 服饰礼仪

俗话说：人靠衣装，适当的衣着是仪表的关键，销售人员的着装既要与自身的条件相符，又要符合销售人员的身份，以便于适应不同的场合，以便于销售活动的顺利进行。衣着主要强调合体、合时，做到自然、整洁、庄重和谐调即可。

(4) 修饰礼仪

适当的修饰是很必要的，有利于衬托出男性的阳刚之美，有利于让女性的美更显得精致。但饰品的搭配不宜过多，一般为一至两件，超过三件则会显得庸俗。且饰品只是起点缀作用，要时刻注意与着装相搭配，相协调。

(5) 谈吐

众所周知，交谈不仅是一门技术还是一门艺术，它要求交谈时不仅态度要诚恳热情，措辞要准确得体，语言要文雅谦恭，不含糊其辞、信口开河，要善于倾听，注意把握"说三分，听七分"的原则。

基本要求：

①发音准确，条理清晰，注意语音、语速及停顿。

②说话要有理有据，不强词夺理，切记不可与顾客争辩。

③交谈时要双眼适当的注意对方，不可东张西望，可适当用手势，但幅度不宜过大。

④要适度地赞美对方，赞美要明确目的、选准时机、注意场合。时刻注意使用礼貌用语。

小常识：交际用语

初次见面应说：幸会 请人解说应说：请问

看望别人应说：拜访 赞人见解应说：高见

等候别人应说：恭候 归还原物应说：奉还

请人勿送应说：留步 请人原谅应说：包涵

对方来信应说：惠书 欢迎顾客应说：光顾

麻烦别人应说：打扰 对老年人应称：高寿

请人帮忙应说：烦请 好久不见应说：久违

求给方便应说：借光 客人来到应说：光临

托人办事应说：拜托 中途先走应说：失陪

请人指教应说：请教 与人分别应说：告辞

他人指点应称：赐教 赠送作品应用：雅正

(6) 举止

良好的行为举止可以给客户带来良好的印象，做到举止得当，举止文明。在行为举止方面，销售人员应注意养成良好的习惯，可从以下方面着手：

①看见顾客时要点头微笑示意。

②在顾客未坐定之前，销售人员不能先坐下。

③接或递东西要双手。

④落座要端正，身体略往前倾。

⑤举止得体，彬彬有礼。

二、接待临时访客的礼仪

(1) 看到访客时立刻起立接待，向客户微笑打招呼。

(2) 请教客户的姓名及来意。接待人员要礼貌地确认客户的姓名、拜访对象及拜访事宜。

(3) 联系受访对象。迅速地与受访对象取得联系，告之访客姓名及拜访目的。

①客人要找的负责人不在时，要明确告诉对方负责人到何处去了，以及何时回本单位。请客人留下电话、地址，明确是由客人再次来单位，还是我方负责人到对方单位去。

②客人到来时，我方负责人由于种种原因不能马上接见，要向客人说明等待理由与等待时间，若客人愿意等待，应该向客人提供饮料、杂志。

(4) 依指示行事。询问受访对象指示，或带往会客室，或带往办公室，如没时间接见，请留下信息再联络。接待客户的礼仪要注意引导访客至会客室就座，奉茶或咖啡，然后告诉访客受访对象立刻或几分钟以后到来。如果受访者抽不出时间，要告诉访客非常不巧，受访人正有事处理抽不出时间，并请访客留下名片、资料，代为转达，要用双手接下资料后，礼貌地送客。

(5) 接待人员带领客人到达目的地，应该有正确的引导方法和引导姿势。

①在走廊的引导方法。接待人员在客人二三步之前，配合步调，让客人走在内侧。

②在楼梯的引导方法。当引导客人上楼时，应该让客人走在前面，接待人员走在后面，若是下楼时，应该由接待人员走在前面，客人在后面，上下楼梯时，接待人员应该注意客人的安全。

③在电梯的引导方法。引导客人乘坐电梯时，接待人员先进入电梯，等客人进入后关闭电梯门到达时，接待人员按“开”的钮，让客人先走出电梯。

④客厅里的引导方法。当客人走入客厅，接待人员用手指示，请客人坐下，看到客人坐下后，才能行点头礼后离开。如客人错坐下座，应请客人改坐上座（一般靠近门的一方为下座）。

三、接待预约客户的礼仪

1. 接待前的准备工作

(1) 准备材料

接待客户前，销售人员要充分调查和了解客户的整体情况，从而使接待活动顺利进行，圆满结束。销售人员主要可以从以下几个方面来了解客户。

①客户的年龄、专长、学历等基本信息。

②客户的职业、收入及经济状况。

③客户的经济、社会地位。

④客户的性格、爱好及生活习惯。

⑤客户的家庭状况及交际范围。

⑥客户感兴趣和关心的问题。

⑦客户打算购买的配件的相关信息。

(2) 语言准备

语言的交流关系着整个接待活动的命脉，如何运用语言是一个非常复杂的问题，接待人员要注意讲求语言的艺术性和技巧性，要做好充分的语言准备。特别是开场白。可从以下方面注意：

①切忌急于转向正题。

②用语随和又不失庄重。

③注意激发对方非谈不可的欲望。

2. 接待过程

(1) 准时在约定地点等候客户

销售人员要准时在约定地点等候客户的到来，以体现对客户的尊重和重视。

(2) 准备好茶水或饮料

接待客户是销售人员要注意提前准备好茶水或饮料，且在整个接待过程中应注意适时地更换。

(3) 准备交谈的文件

接待人员要提前准备好预约客户将要交谈的内容的相关文件，比如客户将要购买配件的相关信息。

(4) 礼貌的送客

客户接待的最后环节是送客环节，它关系着客户对整个接待过程是否满意，接待人员对此环节切不可掉以轻心，要礼貌送走客户。

【任务实施】

客户马先生的迈腾汽车需要更换一个汽车前大灯，但他认为修理厂报出的价格过高，于是决定自己到汽配经销店去对比一下。马先生来到汽配城，随意走进一家汽配经销店，配件营销员小张接待了马先生。小张看到马先生后立即上前迎接并面带微笑地说：“先生，您有什么需要帮助的吗?”马先生顿时有被重视的感觉，然后回答说：“我想要一个尼桑阳光的前大灯。”小张立刻为马先生介绍了关于尼桑阳光的前大灯，整个过程不忘与马先生互动，认真了解马先生的需求，帮助马先生挑选了适合自己需求的前大灯。且迅速熟练的查询了有关库存，在第一时间为马先生提供了优质的服务。

一、接待顾客

作为配件销售员看到有顾客进来，应主动与客户打招呼，面带微笑地说："您好，欢迎光临！"这种打招呼方式会让顾客感到企业对自己的重视和尊重，拉近与销售员的距离，减轻顾客内心的陌生感。

待顾客有所回应后，可进一步发问："您有需要我帮忙的吗？"这种提问有助于探寻顾客的需求，明确顾客的类型，从而确定自己的销售方式。不同顾客有不同的目的，有的顾客是无目的地闲逛，只是对市场做一个初步的考察；有的顾客目的性很强，是专门为买某种配件而来；还有的顾客是为了买某种配件而进行询价。不管哪一类顾客，这种提问方式都不会伤害其感情，都有助于销售人员开展进一步的商品介绍。

当销售人员了解了顾客的真正需求后，应积极进行满意服务，礼貌待客。若所需商品需要通过查询才能知道结果，应对顾客说："请稍等，我为您查询一下！"然后将顾客引入休息区。如果所需商品已经售完，要及时向顾客解释，说："对不起，这种配件刚卖完，如果您能等，请留下姓名、地址、电话，来货后我们通知您！"或者说："对不起，这种配件刚卖完，但是我们店还有可与之互换的配件，您有兴趣吗？"这种接待方式易于被顾客接受，而且有助于产品的推销。

当为顾客办好一切手续后，应对顾客说："对不起，让您久等了！这是您所需的配件，请您查验一下。"待顾客对所需商品验收合格后，需让顾客再次核对钱款，避免出现经济纠纷。

当顾客要离开配件营销商店时，无论顾客是否购买了产品，营销人员都应将顾客送出店外，并热情主动地说："请走好，欢迎您再来！"对于购买产品的顾客，还应加上一句"谢谢您购买我们的产品，以后请多提宝贵意见！"讲感谢话语时，要注视对方，目光应真挚热情。这种表达方式可以让顾客充分体会到"宾客至上"的理念，使其产生强烈的好感，从而激发其再次购买的欲望，而对于未购买产品的顾客更要注意语气和语言，可以再补充一句："欢迎您再来！"这种表达方式很可能使其成为自己的潜在客户。

二、汽车配件的查询

如何根据客户的描述去查询和确认所需要的配件呢？一般的汽车电子配件目录查询软件都提供了多种查询检索途径，配件管理人员可根据具体情况选择不同的查询方法以获得所需的信息。常用汽车配件的检索方法有按汽车配件名称（字母顺序）索引、按汽车总成分类索引、按汽车配件图形（图号）索引、按汽车配件编号（件号）索引等，分述如下：

1. 按汽车配件名称（字母顺序）索引

在进口汽车配件手册中均有按配件名称字母顺序编排的索引，如果知道所需配件的英文名称，即使缺乏专业知识的人员，采用此种方法也能较快地查找出该配件的有关信息。

2. 按汽车总成分类索引

把汽车零件按总成分类列表，如发动机、传动系、电器设备、转向、制动、车身附件等，根据零件所属总成，查出对应的地址编号或模块编号，再根据编号查询出该零件的有关详细信息。不同的汽车公司车系分法也有所不同，因此，汽车总成分类索引适用于对汽车零部件结构比较熟悉的专业人员使用，只有了解某个零件属于哪个总成部分，才能够快速查询和确认客户所需要的配件。

3. 按汽车配件图形（图号）索引

把汽车整车分解成若干个模块，采用图表相结合的方式，用配件拆解图（即立体装配关系展开图）能清楚地显示出各个零件的形状、安装位置及其装配关系，并在对应的表中列出零件名称、零件编号、单车用量等详细信息。按图形（图号）索引查询的特点能直观、准确、方便、迅速地确定所需配件。

4. 按汽车配件编号（件号）索引

一般汽车零件上均有该零件的编号，如果所需配件编号已知，则采购本方法能准确、迅速地查询到有关信息。一个零件的名称可能因翻译、方言等而叫法不同，但零件编号是唯一的。零件编号索引是按零件编号大小顺序排列的，根据已知的零件编号，可以查出该零件的地址编码或所在页码，然后查询其详细信息。

除上述几种常见索引外，还有根据汽车零件名称编码 PNC（PART NAME CODE）查询等多种方法，可根据具体情况加以选择。

三、汽车配件查询方法的具体应用

下面以丰田汽车电子配件目录查询系统的具体应用来说明几种常用的汽车配件查询方法。

1. 通过配件编号即件号直接查询零件

如输入配件编号 04465—33340，点击查询后即可得到关于此零件的相关信息。

2. 汽车总成分类（图例图号）索引查询

按汽车总成分类索引查询的总界面。

3. 按零件名称编码 PNC（PART NAME CODE）查询

此环节中小张应熟练掌握各种查询方法，且将各种方法灵活运用。在最短的时间内为马先生查询出关于尼桑阳光的前大灯的所有信息，以便减少顾客马先生等待的时间。

【任务总结】

客户接待讲求一定的礼仪和技巧，虽说客户是万变的，但掌握一定的礼仪和规则，可以以不变应万变。在接待客户前一定要做足相关的准备工作。

在接待客户时要注意每一步的流程和注意事项，在与客户的交谈中要注意使用礼貌用语，是客户感受到尊重和重视。在向客户交谈中一定要注意语言的艺术，要注意站在顾客的角度考虑，充分了解顾客的需求，并且要注意尽量减少顾客等待的时间，力求在第一时间为顾客提供最优质的服务。

检验内容	检验指标	检验总结
客户接待	1. 热情礼貌，尊重顾客 2. 了解顾客需求，提供优质服务 3. 及时满足顾客需求，减少等待时间	
检查任务完成情况	1. 掌握接待客户的基本礼仪和技巧 2. 熟悉国内外汽车配件和进口汽车配件的编码规则 3. 熟练掌握汽车配件查询的各种方法	

任务二　产品介绍

【任务描述】

产品是能够为购买者带来有形与无形利益，满足消费者需求的物体及服务的统称，是销售人员销售的实体，销售人员应清楚并巧妙地将产品的种种特性介绍给客户，并引发客户的注意，激发客户的兴趣，使之为购买提供一个有利条件。产品介绍是销售过程中不可缺少的一个步骤。

【任务目标】

1. 了解汽车配件的概念来源与类别。
2. 掌握汽车配件的推销的几种模式。

【任务准备】

一、汽车配件的概念来源与类别

汽车配件产品是指汽车生产和使用过程中所需的汽车零部件和耗材。主要包括新车出厂后的汽车维修和保养过程中用来更换的新配件或修复件，更换或添加汽车上需要的各种油和液，以及用于提高汽车使用的安全性、舒适性和美观性的产品。

市场上常见的汽车配件来源包括：原厂汽车配件、配套厂外销汽车配件、许可生产件、拆车件、翻新件、其他汽车配件等。

原厂汽车配件是指使用整车生产厂家的原厂商标，在质量和服务方面均有很强的保证，但在价格方面会比较高。

配套厂外销汽车配件在质量与性能方面与原厂零部件区别不大，但在价格上比原厂配件低。拆车件和翻新件只集中在高档车的贵重部件上，由于没有权威部门的鉴定，在质量上没有保证，价格也参差不齐。其他汽车配件一般价格比较低廉，质量有好有坏。

汽车配件的分类方法有很多种，可以按照不同系统进行区分，如分为发动机系统、传动系统、转向系统、冷却系统、制动系统、悬挂系统、电气系统、随车附件、汽车精品、美容保养类等方面，也可以根据用途分为维修零件、汽车精品、油类和化学品四种类型。

二、汽车配件产品的推销模式

汽车配件销售是一个较为特殊的销售行业，是建立在长期稳定、相互信任合作的基础上的业务往来，做的是品牌、信誉。汽车配件销售的对象一般可以是汽车维修企业、汽车配件商、单位车队、一般车主等。不同的客户对车辆及配件的认识和了解都有不同，其需求也不同。因此在配件销售中销售人员要因人而异，对客户的需求和心理进行分析，以便更好地了解顾客的需求，根据顾客的需求为顾客介绍合适的配件产品，对顾客提供一对一的服务。

汽车配件产品的推销方法就是根据汽配推介活动的特点以及对消费者购买行为各阶段心理演变应采取的策略，总结出的一些程序化标准推介模式。

1. 迪伯达（DIPADA）模式

迪伯达模式分为六个步骤：准确地发现顾客的需求与愿望（Definition）——把要推销的汽车配件与顾客的需要及顾客的愿望结合起来（Incorporation）——所推销的汽车配件符合需求（Proof）——顾客接受所推销的汽车配件（Acceptance）——顾客的购买欲望（Desire）——使顾客做出购买成交的决定（Action）。汽配销售人员在向顾客推介汽车精品时，可采用此模式。

（1）发现顾客要求

顾客的需求和愿望需要汽配销售人员通过观察和交谈来发现。

销售人员通过了解顾客的具体需求，以便与自己销售的配件结合起来，从而把握好向顾客推荐商品的方向。例如，销售人员通过观察和交谈，发现顾客非常关注倒车的安全，那么，可判断顾客的需求为倒车雷达。

（2）顾客需求与销售配件结合

了解顾客需求后，接下来要做的事情就是把顾客的需求与自己所销售的倒车雷达“结合”起来。“结合”方法有五种，但要根据具体情况有针对性地实施。

（3）证实符合要求

应用“结合法”让顾客了解所销售的雷达的信息后，接下来销售员就要通过收集和应用证据来证实他所销售的汽车配件符合顾客需求。

（4）促进顾客接受

当销售员利用证据证明所推介的雷达符合顾客的需求之后，下一步要做的事情就是促进顾客接受所推介的雷达，其方法有以下几种：

①询问促进法。即销售员在介绍汽车雷达、证实它符合顾客需求的过程中，不断询问顾客是否认同或理解自己的讲解及演示，借以促进顾客接受。

②诱导促进法。指销售员向顾客提出一系列问题并请求顾客作出回答，以诱使顾客逐步接受所推销的汽车雷达的方法。所提问题是以前一个问题为基础，而顾客对每一问题的回答又是肯定的，于是由浅入深引导顾客进行的思维与逻辑推理从而接受所推销的汽车雷达。

（5）刺激购买欲望

激起消费者购买欲望是汽车雷达推介过程中的一个关键性阶段，主要方法有示范法和诱导法。

①示范法。即通过示范检验顾客对其推介的汽车雷达的认识程度，消除顾客情感上的消极心态、对立情绪，使顾客完全接受所推销的汽车雷达。

②诱导法。通过诱导顾客从汽车头枕的优点去想象汽车雷达的使用价值和拥有后的喜悦感，并通过提供充分的证据、例证，阐述利益，用理智去唤起消费者的购买欲望。

(6) 促成顾客购买行为

销售人员最终促使顾客做出购买汽车头枕决定的方法有如下几种：

①成交法。即销售员看准时机，主动、明确、直接地要求顾客购买汽车雷达的成交法。

②优惠成交法。指销售员通过向顾客提供进一步的优惠条件而促使成交的方法，如打折或赠送礼品等。

③异议成交法。指利用处理完顾客异议尤其是重要异议的机会成交。

④最后机会成交法。指销售员向顾客提示最后成交机会而促使顾客立即实施购买的一种成交促进方法。如提醒顾客打折促销活动马上就要截止等形式，督促顾客下定决心购买。

2. 埃德伯（IDEPA）模式

埃德伯模式分为五个阶段：把销售的汽车配件与顾客的愿望结合起来（Incorporation）——示范阶段（Demonstration）——淘汰不合格的汽车配件（Elimination）——证实顾客的选择是正确的（Proof）——促使顾客接受汽车配件（Acceptance）。汽配销售人员在向顾客推介汽车维修零件时，可采用此模式。

由于汽车维修零件种类繁多，顾客需求意向明显，所以在推介此类配件时，可直接将所销售的汽车配件与顾客的愿望结合起来。销售人员应按照顾客的需求标准，尽量提供更多货源让顾客选择，不要怕麻烦。

向顾客示范汽车维修零件时，销售员最好多示范几种相应的汽车配件，如刚出厂的新汽车配件、即将成为畅销货的汽车配件、进销差价的汽车配件等，并在示范中了解顾客具体的购买要求。

埃德伯模式第三阶段，需要把销售员示范的较多同种类汽车零件中不合适的汽车配件筛掉。淘汰不合格汽车配件是在了解顾客进货档次、数量的基础上进行的。

淘汰相应的汽车零件后，证实与赞扬顾客的挑选正确这一环节不可缺少。主要采用案例的方式证明。如某个零件在某个市场销售得很好，顾客的满意度很高，产品的退换货率很低。

促进顾客成交的方式与迪伯达模式中促使顾客下定决心的方式类似，这里不再赘述。

3. 费比（FABE）模式

费比模式的销售步骤是：把汽车配件的特征详细地介绍给顾客（Feature）——充分分析汽车配件优点（Advantage）——尽数汽车配件给顾客带来的利益（Benefit）——以“证据”说服顾客（Evidence）。汽配销售人员在向顾客推介汽车化学品时，可采用此模式。

例如，某顾客要购买机油。销售员在见到顾客后，首先要以准确的语言把汽车机油的特征详细地介绍给顾客，内容包括机油的性能、成分、作用及价格等。再为顾客分析不同品牌、不同型号机油的优点。然后告知顾客能够带来哪些利益。最后利用各种证据说服顾客购买所推介的机油。

【任务实施】

王先生到汽车4S店购买汽车玻璃水，汽车配件销售小刘接待了王先生，他按照“询问意向，产品推介，产品介绍”的过程进行推荐。下面针对任务中王先生想要购买的汽车玻璃水进行产品推介。

1. 询问意向

在得知王先生欲购买汽车玻璃水后，汽配销售小刘应询问王先生：“请问想要什么牌子的玻璃水?”如王先生目的性不强二次询问：“那您想购买什么价位的呢?”

2. 产品推荐

随后，小刘可根据顾客给出的价格范围提供一些产品参考。例如，顾客说：“我想选一种质优价廉的玻璃水，价格控制在30元之内。”根据店内配件商品的情况，向顾客做出产品推介。

3. 产品介绍

推介之后，顾客若认为价格过高，或有异议，销售员可依据费比模式向王先生做进一步的推介。

(1) 玻璃水特征

向顾客介绍购买玻璃水的性能及判断指标

(2) 向顾客介绍所推荐玻璃水的优点

向顾客详细地介绍所推荐品牌玻璃水在价格、使用性能、使用方法上的优势，使顾客全面了解。

(3) 阐述利益

如性价比却高，此种品牌与同等价位其他玻璃水在价格、性能以及使用方法上的比较，如介绍劣质玻璃水很容易对汽车零部件造成腐蚀。从而影响驾驶性能以及能见度。

(4) 用“证据”说服顾客

向顾客介绍鉴别是否为优质玻璃水可以从四个方面来衡量。第一，闻味。有各种刺鼻难闻的气味的一定是劣质货，真货没有太大的气味。第二，凭手感。第三，看颜色。无论何种品牌的产品，都要保持一定的透明度，浑浊的产品不是好产品。第四，看包装标示。让顾客根据介绍的四个方面，衡量一下所推荐的玻璃水是否优质。

【任务总结】

配件产品的介绍是销售人员与顾客直接面对面交流的一个重要环节，能否抓住顾客的心，使其迅速做出购买决定，很大程度上取决于这一个环节。在产品的介绍中一定要注意讲求方法，除了常用的推介法外，销售人员可适当地附加一些别的介绍法，可以现场演示讲解，并且在介绍的过程中要注意与顾客的互动，不能单项灌输，要注意调动顾客的积极性。并且要注意自己的礼仪、言谈举止等，在此环节中还要求销售人员极其熟悉自己的产品，了解掌握所销售配件的结构、功能、特性等专业知识。

检验内容	检验指标	检验总结
推销模式	1. 迪伯达（DIPADA）模式 2. 埃德伯（IDEPA）模式 3. 费比（FABE）模式	
检查任务完成情况	1. 礼貌询问意向并向其推荐产品 2. 用不同的推销模式向顾客介绍产品	

任务三　合同签订

【任务描述】

通过对合同相关知识的学习，了解合同及合同法的概念，掌握合同的订立、履行、违约等相关知识，使得合同顺利有效地签订，从而完成汽车配件的销售。

【任务目标】

1. 了解合同及合同法的概念。
2. 掌握合同订立、履行、违约等相关知识。
3. 合同签订的流程。
4. 能够拟定汽车配件销售合同。

【任务准备】

一、合同及合同法的概念

1. 合同的概念及特征

(1) 合同的概念

《中华人民共和国合同法》(以下简称《合同法》) 第 2 条规定："本法所称合同是平等主体的自然人、法人、其他组织之间设立、变更、终止民事权利义务关系的协议。婚姻、收养、监护等有关身份关系的协议，适用其他法律的规定。"简而言之，可把合同定义为"平等主体的自然人、法人、其他组织之间设立、变更和终止民事权利义务关系的法律行为。"

合同是双方当事人之间为实现某特定目的而确定、变更、终止双方债权关系的协议。合同具有以下几个特征：

①订立合同的双方当事人法律地位平等。首先要求主体在平等的基础上充分协商，自愿订立合同。合同的内容要反映当事人的真实意愿，不是一方强迫另一方订立合同；其次是合同当事人无论是法人、其他组织还是公民，无论其所有制和隶属关系如何，在订立合同时双方的法律地位都是平等的；再次是法律地位平等，要求合同当事人双方平等地享受权利和承担义务。

②合同是当事人之间意思表示一致的结果。

③订立合同是一种法律行为。合同的内容必须是合法的，否则合同无效。

④合同具有法律效力。双方必须履行合同所规定的义务。合同的法律效力主要体现在两个方面：其一，合同一经成立，就受到国家法律保护，当事人必须履行；其二，对于依法成立的合同，当事人任何一方不得擅自变更或解除，否则就要承担违约责任。

（2）合同的特性

合同是平等主体之间的描述法律行为；是多方当事人的法律行为；是一种旨在发生债权债务关系的合意。

2. 合同法的概念及其基本原则

（1）合同法的概念

合同法是指为调整平等主体的自然人、法人、其他组织之间设立、变更、终止民事权利义务关系的法律规范的总称。它是调整平等主体之间交易的法律，是规范市场交易的基本法律。合同是指平等主体的双方或多方当事人（自然人或法人）关于建立、变更、终止民事法律关系的协议。此类合同是产生债权的一种最为普遍和重要的根据，故又称债权合同。《合同法》所规定的经济合同，属于债权合同的范围。合同有时也泛指发生一定权利、义务的协议，又称契约。

（2）特征

①合同是双方的法律行为。即需要两个或两个以上的当事人互为意思表示（意思表示就是将能够发生民事法律效果的意思表现于外部的行为）。

②双方当事人意思表示须达成协议，即意思表示要一致。

③合同系以发生、变更、终止民事法律关系为目的。

④合同是当事人在符合法律规范要求条件下而达成的协议，故应为合法行为。

合同一经成立即具有法律效力，在双方当事人之间就发生了权利、义务关系；或者使原有的民事法律关系发生变更或消灭。当事人一方或双方未按合同履行义务，就要依照合同或法律承担违约责任。

（3）合同的法律性质

①法律性质

合同是一种民事法律行为；是两方或多方当事人意思表示一致的民事法律行为；是以设立、变更、终止民事权利义务关系为目的的民事法律行为。

②合同法的基本原则

A. 合同当事人法律地位平等的原则。

B. 合同自由原则。《合同法》第 4 条规定："当事人依法享有自愿订立合同的权利，任何单位和个人不和非法干预。"

C. 合同公平原则。

D. 诚实信用原则。

E. 合同合法原则。《合同法》第 7 条规定："当事人订立、履行合同，应当遵守法律、行政法规，尊重社会公德，不得扰乱社会经济秩序，损害社会公共利益。"

二、合同订立、履行、索赔处理等相关知识

一份销售合同的订立标志着一项销售任务的确定，而销售任务的成功完成在于按销售

合同的约定履行相应的义务，若未按合同约定履行义务将承担相应的责任，违约责任是一份合同不可或缺的部分。

1. 合同的订立

（1）合同的内容

根据《合同法》第 12 条规定，合同的内容由当事人约定，一般包括以下条款：

①当事人的名称或姓名和住所；

②标的；

③数量；

④质量；

⑤价款或者报酬；

⑥履行期限、履行地点和履行方式；

⑦违约责任；

⑧解决争议的方法。

（2）合同订立的一般程序

①要约。是指一方当事人向他方作出的订立合同的意思表明。要约是一方当事人以缔结合同为目的，向对方当事人所作出的意思表明。它是订立合同的必经阶段，一旦发出，除以法律规定或经受要约人同意外，不得任意变更或撤销。

A. 要约要取得法律效力必须具备以下条件：

a. 要约必须是由具有订约能力的特定人作出的意思表明。

b. 要约必须向要约人希望与之订立合同的相对人发出。

c. 要约必须有缔结合同的目的。

d. 要约的内容必须具体明确。

e. 要约必须到达受要约人。

B. 要约生效的时间。《合同法》第 16 条规定："要约到达受要约人时生效。"

C. 要约的撤回。要约的撤回是指在要约发生效力之前，要约人使其失去法律效力的意思表明。我国《合同法》第 17 条规定："要约可以撤回。撤回要约的通知应当在要约到达受要约人之前或者与要约同时到达受要约人。"

D. 要约的撤销。要约的撤销是指要约到达受要约人并发生效力之后，要约人使要约的效力归于消灭的意思表明。《合同法》第 19 条规定："如果要约中确定了承诺期限或者以其他形式表明邀约不可撤销的，或者受要约人有理由认为邀约时不可撤销的，并且已经为履行合同做出了准备，则不可撤销要约。"

E. 要约的失效。有下列情形可认定为要约失效：

a. 受要约人拒绝要约的通知到达要约人。

b. 要约人依法撤销要约。

c. 承诺期限届满，受要约人未做出承诺。

d. 受要约人对要约的内容做出实质性的改变。

②承诺。《合同法》第 21 条规定："承诺是指受要约人同意要约的意思表示。"

A. 承诺构成的条件：

a. 承诺须由受要约人向要约人作出。

b. 承诺须在规定的期限内到达要约人。

c. 承诺的内容必须与要约的内容一致。

B. 承诺的方式。根据《合同法》第22条规定，承诺原则上应采取通知方式，但根据交易习惯或者要约表明可以通过行为作出承诺的除外。通知的方式主要包括对话、信件、电报、电传等明确地表达承诺人承诺的方式。

C. 承诺的撤回。《合同法》第27条规定："承诺可以撤回。撤回承诺的通知应当在承诺通知到达要约人之前或者与承诺通知同时到达要约人。"

2. 合同的履行

合同的履行是指当事人应按照约定全面履行自己的义务，当事人应当遵循诚实信用原则，根据合同的性质、目的和交易习惯履行通知、协助、保密等义务。

合同履行的原则包括实际履行原则；全面履行原则；协作履行原则。

三、购销合同的争议与索赔处理

1. 购销合同争议

购销业务中处理好争议索赔是一项重要工作。索赔一般有三种情况：购销双方之间的贸易索赔、向承运人的运输索赔、向保险人的保险索赔。

采购业务中处理好争议索赔，需要划清责任。违反采购合同的责任划分包括两个方面。

(1) 供方责任

①商品的品种、规格、数量、质量和包装等不符合合同规定，或未按合同规定日期交付，应偿付违约金、赔偿金。

②商品错发到货地点或接货单位，除按合同规定负责运到规定地点或接货单位外，还要承担因此而多付的运输费。若造成逾期交货，则偿付逾期交货违约金。

(2) 需方责任

①中途退货应偿付违约金、赔偿金。

②未按合同规定日期付款或提货，应偿付违约金。

③错填或临时变更到货地点，应承担因此而多支出的费用。

2. 索赔与理赔

索赔和理赔是一项维护当事人权益和信誉的重要工作，也是涉及面广、业务技术性强的细致工作。因此提出索赔和处理索赔时，必须注意下列问题。

(1) 索赔期限

索赔期限是指争取索赔的当事人向违约方提出索赔要求的违约期限。关于索赔期限，应根据不同商品的具体情况做出不同的规定。如果逾期提出索赔，对方可以不予理赔。

(2) 索赔的依据

提出索赔时，必须出具因对方违约而造成需方损失的依据。当争议条款为商品的质量条款或数量条款时，该证明要与合同中检验条款相一致，同时出示检验的出证机构名称。

(3) 索赔金额

关于处理索赔的办法和索赔的金额，除个别情况外，通常在合同中只做笼统规定，而不做具体规定。因为违约的情况较为复杂，当事人在订立合同时往往难以预计。有关当事人应根据合同规定和违约事实，本着平等互利和实事求是的原则，合理确定损害赔偿金额或其他处理办法，如退货、换货、补货、整修、延期付款、延期交货等。

当商品因质量和合同规定不符合造成采购方蒙受经济损失时，如果违约金能够补偿损失，则不再另行支付赔偿金；如违约金不足以抵补损失，还应根据所蒙受的经济损失额，支付赔偿金以弥补其差额部分。

3. 购销合同的变更，终止和解除

(1) 合同的变更和终止

①合同的变更

当事人协商一致，可以变更合同。当事人对合同变更内容约定不明确的，推定为未变更。

②应当先履行债务的当事人，有确切证据证明对方有下列情形之一的，可以终止履行：

A. 经营状况严重恶化。

B. 转移财产，抽逃资金，以逃避债务。

C. 丧失商业信誉。

D. 有丧失或者可能丧失履行债务能力的其他情形。

当事人没有确切证据中止履行的，应当承担违约责任。当事人依据上述理由中止履行的，应当及时通知对方。对方提供适当担保时，应该恢复履行。中止履行后对方在合理期限内未恢复履行能力并且提供担保的，中止履行的一方可以解除合同。

(2) 合同解除

有下列情形之一的，当事人可以解除合同。

①不可抗力原因致使不能实现合同的。

②在履行期限届满之前，当事人一方明确表示或者以自己的行为表明不履行主要债务。

③当事人一方延迟履行债务，经催告后在合理期限内尚未履行。

④当事人一方延迟履行债务或其他违约行为致使不能实现合同的。

合同解除后，尚未履行的，终止履行；已经履行的，根据履行情况和合同性质，当事人可以要求恢复原状，采取其他补救措施，并有权要求赔偿损失。

合同权利义务的终止，不影响合同中结算和清理条款的效力。

4. 仲裁与仲裁裁决的执行

经济仲裁是指经济合同的当事人双方发生争议时，如果通过协商能解决，当事人一方或双方自愿将有关争议提交给双方所同意的第三者，依照专门的裁决规则进行裁决。裁决的结果对双方都有约束力，双方必须依照裁决结果解决争议问题。

当采购方与供应商发生纠纷需要仲裁时，可按照一般的仲裁程序到相应的受理机构提出仲裁申请。仲裁机构受理后，经调查取证，先行调解，如调解不成，进行庭审，开庭裁决。

（1）仲裁的受理机构

根据我国有关法律规定：凡是我国法人之间的经济合同纠纷案件，统一由国家工商行政管理局设立的经济合同仲裁管辖；凡是有涉外因素的经济纠纷或海事纠纷事件，即争议的一方或双方是外国法人或自然人的案件，以及中国企业、公司或其他经济组织之间有关外贸合同和交易中所发生的争议案件，由民间性（非政府）的社会团体——中国国际贸易促进基金会附设的对外经济贸易仲裁委员会和海事委员会仲裁管辖。

（2）仲裁的程序

提出仲裁申请——立案受理——调查取证——先行调解——开庭裁决

①提出仲裁申请。仲裁申请人必须是与本案有直接利害关系的当事人。所写申请书应当写明以下事项：申诉人名称、地址，法人代表姓名、职务；被诉人名称、地址，法人代表姓名、职务；申请的理由和要求；依据、证人姓名和住址。

②立案受理。仲裁机关收到仲裁申请后，经过审查，符合仲裁条例规定的，应当在七日内立案；不符合规定的，应在七日内通知申诉人不予受理，并说明理由。

③调查取证。仲裁员必须认真阅读申请书、答辩书，进行分析研究，确定调查方案及搜集证据的具体方法、步骤和手段。

为调查取证，仲裁机关可向有关单位申请查阅与案件有关的档案、资料和原始凭证。有关单位应当如实地提供材料，协助进行调查，必要时应出具证明。仲裁机关在必要时可组织现场勘察或者对物证进行鉴定。

④先行调解。仲裁庭经过调查取证，在查明事实、分清责任的基础上，应当先行调解，促使当事人双方互谅互让、自愿达成和解协议。调解达成协议，必须双方自愿，不得强迫。协议内容不得违反法律、行政法规和政策，不得损害公共利益和他人的利益。达成协议后，仲裁庭应当制作调解书。调解书需写明当事人的名称、地址，代表人或者代理人姓名、职务，纠纷的主要事实，责任协议内容和费用的承担。调解书由当事人签字，仲裁员、书记员署名，并加盖仲裁机关的印章。调解书送达后即发生法律效力，双方当事人必须自动履行。调解未达成协议或者调解送达前一方或双方后悔，仲裁庭应当进行仲裁。

⑤开庭裁决。仲裁庭决定仲裁后，应当在开庭前，将开庭审理的时间、地点以书面形式通知当事人。在庭审过程中，当事人可以充分行使自己的诉讼权利，即申诉、答辩、反诉和变更诉讼的权利，委托律师代办诉讼的权利、申请保全的权利、申请回避的权利。仲裁庭认真听取当事人陈述的辩论，出示有关证据，然后以申诉人、被诉人的顺序征询双方最后意见，可再行调解。调解不成的，由仲裁庭评议后裁决，并宣布裁决结果。闭庭后十日内将裁决书送达当事人。

（3）仲裁裁决的执行

仲裁裁决的执行，是指人民法院经当事人申请，采取强制措施将仲裁裁决书中的内容付诸实现的行为和程序。

（4）执行仲裁裁决的条件

①必须有当事人的申请。一方当事人不履行仲裁裁决时，另一方当事人（权利人）须向人民法院提出执行申请，人民法院才能启动执行程序。是否向人民法院申请执行，是当

事人的权利。人民法院没有主动采取执行措施对仲裁裁决予以执行的权利。

②当事人必须在法定期限内提出申请。仲裁当事人在提出执行申请时，应遵守法定期限，及时行使自己的权利，超过法定期限再提出申请执行时人民法院不予受理。关于申请执行的期限，根据《中华人民共和国仲裁法》（以下简称《仲裁法》）规定，当事人可以依照《民事诉讼法》的有关规定办理，即申请执行的期限，双方或一方当事人是公民的为一年，双方是法人或者其他组织的为六个月。此期限从法律文书规定履行期间的最后两日起计算；法律文书规定分期履行的，从规定每次履行期间的最后一日起计算。

③当事人必须向有管辖权的人民法院提出申请。当事人申请执行仲裁裁决，必须向有管辖权的人民法院提出。如何确定人民法院的管辖权，根据《仲裁法》的规定，应试用《民事诉讼法》的有关规定。

④执行仲裁裁决的程序：

A. 申请执行。义务方当事人在规定的期限内不履行仲裁裁决时，权利方当事人在符合前述的情况下，有权请求人民法院强制执行。当事人申请执行时应当向人民法院递交申请书，在申请书中说明对方当事人的基本情况以及申请执行的事项和理由，并向法院提交作为执行依据的生效的仲裁裁决书或仲裁调解书。

B. 执行。当事人向有管辖权的人民法院应当根据《民事诉讼法》规定的执行程序予以执行。人民法院的执行工作由执行员进行。

四、合同签订的流程

1. 准备企业统一的订单和合同条款

销售的成果最终都需要依靠严密的合同来确认和保证，合同是以法律的形式对销售结果的记录的确认。在签订合同时若出现疏漏，不但易使交易失败，而且有可能能给企业带来重大的损失。因此，在签订合同时，销售人员应尽量使用统一的企业订单、合同条款，避免出现额外的麻烦。

2. 创造适宜的合同签订环境

在签订合同时，周围环境起着重要的作用，它会影响签订合同的氛围，无形中影响客户的心情，甚至影响交易结果。一般来说，选择的环境应考虑以下几个因素：

（1）在安排签约环境时，要注意迎合顾客心理，在条件允许的情况下，销售人员选择的地点应遵循照顾顾客的原则，适当选择能让顾客放松，消除防御心理的场所。

（2）签约环境要能保证单独洽谈。在协商成交的重大事宜时，最好只有销售人员和顾客参与，一方第三者的介入会扰乱销售的正常秩序。当环境不利时，销售人员可以寻找资料或以共同进餐为由换个地方约见客户。

（3）签约环境应安静舒适。安静舒适的环境可以使人心情舒畅、精神愉快，有利于顾客接受销售人员的劝说和要求。

3. 签订合同时认真审核

在与客户签订合同时，销售人员不可掉以轻心，一定要认真审核合同内容是否与约定内容一致，特别是注意日期、数字和关键性的概念。在签订合同前，应与对方就全部的谈判内容、交易条件进行最终确认。签字时，再将合同内容与谈判结果一一对照，确认无误

后方可签字。

五、合同签订后的注意事项

为了使交易更加圆满，培养客户的忠诚度，在正式达成交易签订合同后，销售人员应还要做好以下几项工作：

1. 共同庆贺

合同的签订可谓销售任务的大功告成。此时一定要注意共同庆贺，强调合同的顺利签订是双方共同努力的结果，满足了双方的需要，达到了共赢。同时要答谢客户，赞美客户的才干。

2. 留住交情

合同顺利签订后，销售人员千万不要让客户感觉到态度开始冷淡，应对客户保持一如既往的热情，让客户有充分的安全感，在道别时应与客户握手道谢，期待下次合作。一些充满情谊的举动会使客户对销售人员及企业留下美好的印象。

3. 寻求引见

与你成交的客户一般和他有着类似需求的其他潜在客户有着某种联系，明智的销售员在交易成功后。往往不会忘记请客户给自己介绍其他与之有联系并可能具有类似需求的客户，并请其为之引见或约见。

【任务实施】

北京环湖汽车有限公司与北京五亚汽车配件有限公司就别克凯越汽车 9015257 型号的火花塞达成购买协议，现签订购销合同如下：

甲方：北京环湖汽车有限公司　　合同编号：20120428

乙方：北京五亚汽车配件有限公司　　签订地点：北京

签订时间：2012 年 04 月 28 日

一、标的数量、价格及提货时间。

标的名称	牌号商标	规格型号	计量单位	数量	单价	金额	交货时间
火花塞	凯越	9015257	个	50	60	3000	2012 年 7 月 2 日

二、质量标准：按国家质量标准和买受人要求的条件执行。

三、供方对质量负责的条件及期限：按照国家《质量法》，负责产品质量，质量期为一年。

四、交货方式，地点：按乙方提供的标的物清单发货验收。

五、运输方式及费用负担：由甲方承担。

六、违约责任：违约方赔偿另一方的全部经济损失。

七、标的物所有权自：全部货款到账时转移，但乙方未履行支付价款义务的，标的物属于甲方所有。

八、合同争议的解决方式：本合同履行过程中发生争议，由双方当事人协商解决，协商不成的依法向北京市人民法院起诉。

九、本合同自双方签字盖章之日起生效。

甲方　　　　　　　　　　　　　　　　　　乙方

出卖人：北京环湖汽车有限公司　　　　　　收买人：北京五亚汽车配件有限公司

法定代表人：王凡　　　　　　　　　　　　法定代表人：李刚

单位地址：北京市朝阳区东坝乡512号　　　单位地址：北京市顺义区机场路21号

开户银行：北京农村商业银行　　　　　　　开户银行：北京农村商业银行

账号：××××××××××××××××　账号：××××××××××××××××

电话：××××××××　　　　　　　　　电话：××××××××

处理任务引入中的争议索赔：

合同订立后，由于甲公司经营管理问题，未能按照合同约定的时间交付货物。违反供销合同的责任在于供方。在本案例中，双方当事人没有约定管辖协议，那么，乙公司可以向哪个法院提起诉讼？

根据前边所学的知识，当采购方与供应商发生纠纷需要仲裁时，可按照一般的仲裁程序到相应的受理机构提出仲裁申请，仲裁机构受理后，经调查取证，先行调解，如调解不成，进行庭审，开庭裁决。

在本合同中，双方当事人约定了管辖协议，应按照合同中争议解决方法来执行。

【任务总结】

合同的签订与否关系着一份销售任务的确定与否，合同的签订是将一份销售成果以法律的形式加以确定和确认。它使签约的双方都依法履行相应的义务和享受相应的权利。它既保证签约双方的合法权益，也保证了社会主义市场经济的秩序。不可掉以轻心，一定要依照合理程序保证合同顺利合法的签订。

检验内容	检验指标	检验总结
合同的订立	1. 了解合同基本条款 2. 掌握合同订立、履行、违约等相关知识 3. 掌握合同订立的一般流程	
检查任务完成情况	1. 熟练向客户解读合同条款和相关法律知识 2. 熟练处理合同责任纠纷	

任务四　配件交付

【任务描述】

汽车配件交付是客户购买配件最关键的步骤之一，包括支付结算、票据管理等。通过本章节的学习同学们能够了解配件收银管理内容，并能正确开具发票等相关票据。

【任务目标】

1. 了解汽车配件收银管理的内容。

2. 能够进行财务结算并正确开具发票。

3. 掌握汽车配件销售的几种常见交付的方式。

【任务准备】

一、支付结算概述

1. 支付结算的概念

支付结算是指单位、个人在社会经济活动中使用票据、信用卡、汇兑、托收承付等结算方式进行货币给付及其资金清算的行为。支付结算的目的是实现资金从当事人一方向当事人另一方的转移。支付结算的任务是根据经济往来组织支付结算，准确、及时、安全办理支付结算。

在配件销售的整个环节中货款的结算是一重要任务，它需要正确的手续或方式实现货款的转移。单位日常活动中的结算可以分为现金结算和非现金结算两大类。非现金结算即支付结算，分为票据结算和非票据结算。以汇票、本票、支票三种票据为支付工具的叫票据结算，以汇兑、托收承付、电子支付、信用卡等票据以外的结算凭证进行的结算叫非票据结算。

2. 汇票

(1) 汇票的概念

汇票就是出票人或者承兑人对付款人或者受托付款人发出的一个支付指令，要求后者在接到到期汇票时，无条件地向持票人支付票据上记载的款项，付款人付款后所有的汇票关系就此消灭，如果不能付款，持票人可以行使追索权，直到票据权利实现为止。

(2) 汇票的出票

出票是指出票人依照票据法的要求记载汇票所必须记载的事项，签署自己的姓名、加盖单位公章（或者与银行约定的财务章），然后交付收款人的票据行为。出票人必须在汇票上表明“汇票”的字样、汇票上必须有无条件支付的委托、确定的金额、付款人的名称、收款人的名称、出票日期、出票人签章等。

(3) 银行汇票的概念

银行汇票是出票银行签发的，由其在见票时按照实际结算金额无条件支付给收款人或者持票人的票据。银行汇票的当事人有两个，即出票银行和收款人，银行汇票的出票银行就是银行汇票的付款人。银行汇票可分为银行现金汇票和银行转账汇票。载有“现金”字样的是银行现金汇票，未做记载或载有“转账”字样的是银行转账汇票，转账汇票一般用于结算，不用于现金支取，需要支付现金的，付款银行按照现金管理规定审查后才予以支付。

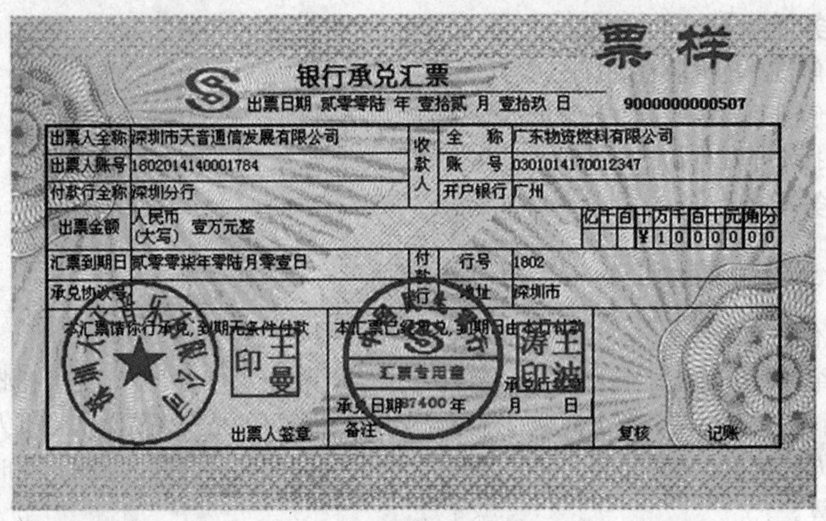
票样

银行承兑汇票

出票日期 贰零零陆 年 壹拾贰 月 壹拾玖 日　9000000000507

出票人全称	深圳市天音通信发展有限公司	收款人	全　称	广东物资燃料有限公司
出票人账号	1802014140001784		账　号	0301014170012347
付款行全称	深圳分行		开户银行	广州
出票金额	人民币（大写）壹万元整		亿千百十万千百十元角分	¥1000000
汇票到期日	贰零零柒年零陆月零壹日	付款行	行号	1802
承兑协议号			地址	深圳市

本汇票请你行承兑，到期无条件付款

王曼印

出票人签章

本汇票已经承兑，到期日由本行付款

汇票专用章

王涛印

承兑日期　年　月　日

备注

复核　记账

图 7-4-1 银行汇票样本

(4) 银行汇票的结算特点

①适用范围广。银行汇票是目前异地结算中较为广泛采用的一种结算方式。这种结算方式不仅适用于在银行开户的单位、个体工商户和个人，而且适用于未在银行开立账户的个体工商户和个人。凡是各单位、个体工商户和个人需要在异地进行商品交易、劳务供应和其他经济活动及债权债务的结算，都可以使用银行汇票。并且银行汇票既可以用于转账结算，也可以支取现金。

②票随人走，钱货两清。实行银行汇票结算，购货单位交款，银行开票，票随人走；购货单位购货给票，销售单位验票发货，一手交票，一手交钱；银行见票付款，这样可以减少结算环节，缩短结算资金在途时间，方便购销活动。

③信用度高，安全可靠。银行汇票是银行在收到汇款人款项后签发的支付凭证，因而具有较高的信誉，银行保证支付，收款人持有票据，可以安全及时地到银行支取款项。而且，银行内部有一套严密的处理程序和防范措施，只要汇款人和银行认真按照汇票结算的规定办理，汇款就能保证安全。一旦汇票丢失，如果确属现金汇票，汇款人可以向银行办理挂失，填明收款单位和个人，银行可以协助防止款项被他人冒领。

④使用灵活，适应性强。实行银行汇票结算，持票人可以将汇票背书转让给销货单位，也可以通过银行办理分次支取或转让，另外还可以使用信汇、电汇或重新办理汇票转汇款项，因而有利于购货单位在市场上灵活地采购物资。

⑤结算准确，余款自动退回。一般来讲，购货单位很难准确确定具体购货金额，因而出现汇多用少的情况是不可避免的。在有些情况下，多余款项往往长时间得不到清算从而给购货单位带来不便和损失。而使用银行汇票结算则不会出现这种情况，单位持银行汇票购货，凡在汇票的汇款金额之内的，可根据实际采购金额办理支付，多余款项将由银行自动退回。这样可以有效地防止交易尾欠的发生。

3. 银行本票

(1) 银行本票是申请人将款项交存银行，由银行签发以办理转账结算或支取现金的票

据。适用于单位和个人在同一票据交换区域各种款项结算。我国开展银行本票业务的时间不长，银行本票还是一种较新的票据结算方式，银行本票对于企事业单位和个人在同城范围内办理转账结算具有明显的优点，对于促进我国经济发展将起到重要的作用。

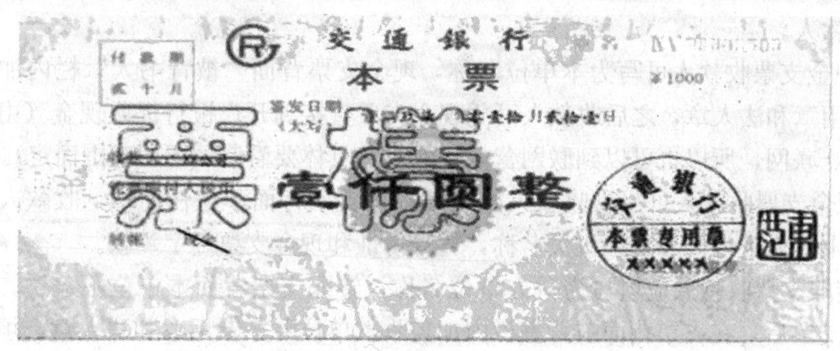

图 7－4－2　银行本票样本

（2）银行本票的账务处理方法是：收款单位按照规定受理银行本票后，应将银行本票连同进账单送交银行办理转账，根据盖章退回的进账单第一联和有关原始凭证编制收款凭证；付款单位在填送“银行本票申请书”并将款项交存银行，收到银行签发的银行本票后，根据申请书存根联编制付款凭证。企业因银行本票超过付款期限或其他原因要求退款时，在交回本票和填制的进账单经银行审核盖章后，根据进账单第一联编制收款凭证。

（3）采用银行本票结算方式，应注意下列问题。

①银行本票分为不定额本票和定额本票两种。定额银行本票面额为 1 千元、5 千元、1 万元和 5 万元。银行本票可以用于转账，注明“现金”字样的银行本票可以用于支取现金。

②银行本票的提示付款期为 2 个月，超过提示付款期限，经出具证明后，仍可请求出票银行付款。

③银行本票见票即付，资金转账速度是所有票据中最快最及时的。可以背书转让，不予挂失，对银行本票应视同现金，妥善保管。

④银行本票的绝对记载事项包括六个：“银行本票”的字样；无条件支付的承诺；确定的金额；收款人姓名；出票日期；出票人签章。

4. 支票

支票是出票人签发的、委托办理支票存款业务的银行在见票时无条件支付确定的金额给收款人或者持票人的票据。单位和个人在同一票据交换区域的各种款项结算，均可以使用支票，且无金额限制，支票在其票据交换区可以背书转让，但用于支取现金的支票不能背书转让。

常见的支票分为现金支票、转账支票和普通支票。在支票上印有“现金”字样的为现金支票，现金支票只能用于支取现金（限同城内）；在支票上印有“转账”字样的为转账支票，转账支票只能用于转账；支票上未印“现金”或“转账”字样的为普通支票，普通支票既可以用于支取现金也可用于转账。在普通支票左上角画两条平行线的，为划线支票，划线支票只能用于转账，不可支取现金。

（1）支票填写的注意事项

①出票日期：数字必须大写。

②收款人。

A. 现金支票收款人可写为本单位名称，现金支票背面“被背书人”栏内加盖本单位的财务专用章和法人章，之后收款人可凭现金支票直接到开户银行提取现金（由于有的银行各营业点联网，所以也可以到联网营业点取款，具体要看联网覆盖范围而定）。

B. 现金支票收款人可写为收款人姓名，现金支票背面不盖任何章，收款人在现金支票背面填上身份证号码和发证机关名称，凭身份证和现金支票签字领款。

C. 转账支票收款人应填写为对方单位名称。转账支票背面本单位不盖章。收款单位取得转账支票后，在支票背面被背书栏内加盖收款单位财务专用章和法人章，填写好银行进账单后连同该支票交给收款单位的开户银行委托银行收款。

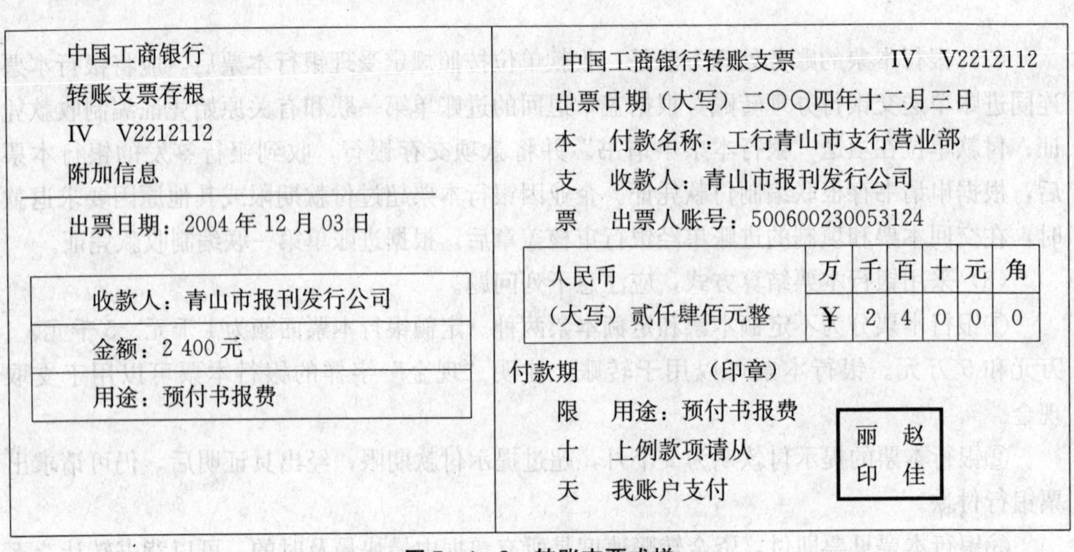

中国工商银行
转账支票存根
IV　V2212112
附加信息

出票日期：2004 年 12 月 03 日

收款人：青山市报刊发行公司
金额：2 400 元
用途：预付书报费

中国工商银行转账支票　　IV　V2212112
出票日期（大写）二〇〇四年十二月三日
本支票　付款名称：工行青山市支行营业部
收款人：青山市报刊发行公司
出票人账号：500600230053124

人民币（大写）贰仟肆佰元整	万	千	百	十	元	角
	¥	2	4	0	0	0

付款期限十天（印章）
用途：预付书报费
上例款项请从
我账户支付

丽赵
印佳

图 7-4-3　转账支票式样

③付款行名称、出票人账号：即为本单位开户银行名称及银行账户。例如，工行高新支行九莲分理处　1202027409900088888

④人民币（大写）数字大写写法：零、壹、贰、参、肆、伍、陆、柒、捌、玖、亿、万、仟、佰、拾。

⑤人民币小写：最高金额的前一位空白格用“¥”字头打头，数字填写要求完整清楚。

⑥用途：现金支票有一定限制，一般填写“备用金”、“差旅费”、“工资”、“劳务费”等。转账支票没有具体规定，可填写如“货款”、“代理费”等。

⑦盖章。支票正面盖财务专用章和法人章，缺一不可，印泥为红色，印章必须清晰，印章模糊只能将本张支票作废，换一张重新填写重新盖章。

(2) 支票常识

①支票正面不能有涂改痕迹，否则本支票作废。

②受票人如果发现支票填写不全，可以补记，但不能涂改。

③支票的有效期为 10 天，日期首尾算一天。节假日顺延。

④支票见票即付，但支票持票人委托其开户银行向付款人提示付款的，进账时间为经过同城票据交换系统将票款划回的时间。支票的提示付款期限为自出票日起 10 日内，中国人民银行另有规定的除外。超过提示付款期的，持票人开户银行不予受理，付款人不予付款。不准签发空白支票。签发支票，不能超过银行存款的余额，超过的即为“空头支票”，银行将予以退票，并处以票面金额 5%且不低于 1000 元的罚款。支票见票即付，不记名（丢了支票尤其是现金支票可能就是票面金额数目的钱丢了，银行不承担责任。现金支票一般要素填写齐全，假如支票未被冒领，在开户银行挂失；转账支票假如支票要素填写齐全，在开户银行挂失；假如要素填写不齐，到票据交换中心挂失）。

⑤出票单位现金支票背面印章模糊，可把模糊印章打叉，重新再盖一次。

⑥收款单位转账支票背面印章模糊（《票据法》规定不能以重新盖章方法来补救），收款单位可带转账支票及银行进账单到出票单位的开户银行去办理收款手续（无手续费），俗称“倒打”，这样就不用到出票单位重新开支票。

(3) 转账支票使用的注意事项

收到付款单位交来的转账支票后，首先应对支票进行审查，以免受收进假支票或无效支票。对支票的审查应包括如下内容：

①支票填写是否清晰，是否用墨汁或碳素墨水填写。

②支票的各项内容是否填写齐全，是否在签发单位盖章处加盖单位印鉴，大小写金额和收款人有无涂改，其他内容如有改动是否加盖了预留银行印鉴。

③支票收款单位是否为本单位。

④支票大小写金额填写是否正确，两者是否相符。

⑤支票是否在付款期内。

⑥背书转让的支票其背书是否正确，是否连续。

转账支票审核完毕，在支票背面被背书栏内加盖本单位财务专用章和法人章（预留银行印鉴），并填写一式两联进账单，连同支票一并送交其开户银行。开户银行审核无误后即可在进账单第一联上加盖“转讫”章退回收款单位。收款单位根据银行盖章退回的进账单第一联编制记账凭证。

二、发票

发票是指一切单位和个人在购销商品、提供劳务或接受劳务、服务以及从事其他经营活动，所提供给对方的收付款的书面证明，是财务收支的法定凭证，是会计核算的原始依据，也是审计机关、税务机关执法检查的重要依据。

普通发票是指增值税专用发票以外纳税人使用的其他发票。

增值税专用发票是由国家税务总局监制设计印制，只限于增值税一般纳税人领购使用，既作为纳税人反映经济活动中的重要会计凭证又是兼记销货方纳税义务和购货方进项税额的合法证明；是增值税计算和管理中重要的决定性的合法专用发票。纳税人要从事正常的生产经营活动，一方面要向收款方索取发票，同时也要向付款方开具发票。特别是增值税制实行凭票抵扣税款制度，发票不仅是商事凭证，也是税款缴纳和抵扣的凭证。

1. 普通发票

普通发票有手填发票和机打发票。

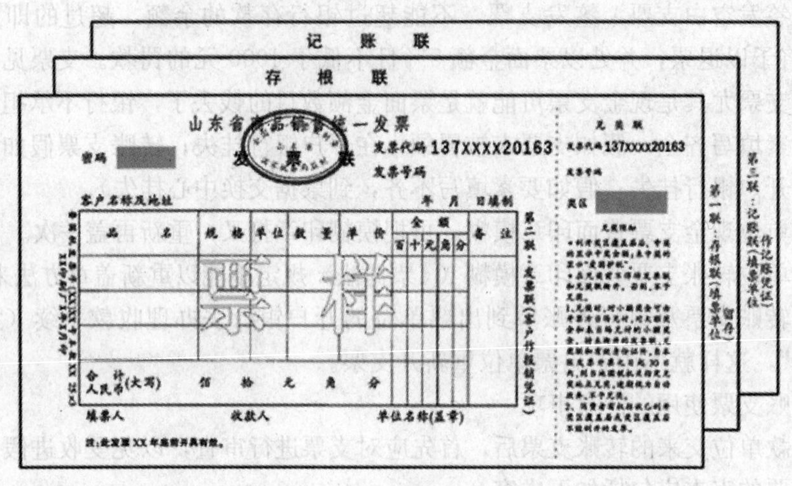

图 7-4-4　普通发票样本

手填发票的注意事项如下：

普通发票是购销商品、提供或接受服务以及从事其他经营活动中收付款的凭证，使用范围比较广泛。普通发票只开具交易数量、价格等内容，不开具税金。基本联次为三联：第一联为存根联，开具方留存备查；第二联为发票联，收执方作为付款原始凭证，填开后的发票联要加盖财务印章或发票专用章；第三联为记账联，开票方作为记账原始凭证。

销售商品、提供劳务以及从事其他经营活动的单位和个人，对外发生经营业务收取款项，收款方应向付款方开具发票。

(1) 开具发票的相关规定

①在销售商品、提供服务以及从事其他经营活动对外收取款项时，应向付款方开具发票。特殊情况下，由付款方向收款方开具发票。

②开具发票应当按照规定的时限、顺序、逐栏、全部联次一次性如实开具，并加盖单位财务印章或发票专用章。未经税务机关批准，不得拆本使用发票。

③填开发票的单位和个人必须在发生经营业务确认营业收入时开具发票，未发生经营业务一律不准开具发票。发票只能在工商行政管理部门发放时的营业执照上核准的经营业务范围内填开，不得自行扩大专业发票使用范围。填开发票时，不得按照付款方的要求变更品名和金额。

④开具发票应当使用中文。民族自治地方可以同时使用当地通用的一种民族文字，外商投资企业和外国企业可以同时使用一种外国文字。

⑤使用计算机开具发票，须经国税机关批准，并使用国税机关统一监制的机外发票，并要求开具后的存根联按顺序号装订成册。

⑥发票限于领购的单位和个人在本市、县范围内使用，跨出市县范围的，应当使用经营地的发票。

⑦开具发票单位和个人的税务登记内容发生变化时，应相应办理发票和发票领购簿的变更手续；注销税务登记前，应当缴销发票领购簿和发票。

⑧所有单位和从事生产、经营的个人，在购买商品、接受服务，以及从事其他经营活动支付款项时，向收款方取得发票，不得要求变更品名和金额。

⑨对不符合规定的发票，不得作为报销凭证，任何单位和个人有权拒收。

⑩发票应在有效期内使用，过期应当作废。发票限于领购单位和个人自已填写，不准买卖、转借、转让、代开。向消费者个人零售小额商品，也可以不开发票，如果消费者索要发票则不得拒开。

⑪用票单位或个人在整本发票使用前，要认真检查有无缺页、错号、发票联有无发票监制章或印刷不清楚等现象，如发现问题应报税务机关处理，不得使用。整本发票开始使用后，应做到按号顺序填写，填写项目齐全，内容真实，字迹清楚，填开的发票不得涂改、挖补、撕毁。如发生错开，应将发票各联完整保留，书写或加盖“作废”字样。

⑫开具发票后，发生销货退回的，在收回原发票并注明“作废”字样，或取得对方有效证明后，可以填写红字发票。发生销售折让的，在收回原发票并注明“作废”字样后，重新开具销售发票。

(2) 普通发票使用登记、缴销和保管的规定

①为了便于加强发票使用的管理，开具发票的单位和个人，应建立发票使用登记制度，设置发票登记簿，并定期向主管税务机关报告发票使用情况。

②开具发票的单位和个人，发生转业、改组、分设、合并、联营、迁移、破产、歇业以及改变主管税务机关的情况，在办理变更或注销税务登记的同时，要办理发票和发票领购簿的变更、缴销手续。对原领购未用的发票要进行清理，报主管税务机关缴销或更换，不得自行处理。

③开具发票的单位和个人，都应建立健全发票保管制度，设专人负责，专柜存放，防止丢失损毁。要定期进行盘点，保证账实相符。对已填用的发票存根要和空白发票一样妥善保管，不得擅自销毁。已经开具的发票存根联和发票登记簿，应保存五年。保存期满，报经税务机关查验后方可销毁。

④实行“验旧换新”制度的用票单位和个人，其发票的缴销与领用是相衔接的，即领购新发票时，要向税务机关缴销已经填用完毕的发票存根。

⑤用票单位或个人丢失发票，应于丢失当日书面报告主管税务机关，并在报刊和电视等传播媒介上公开公告声明作废。

(3) 机打发票的注意事项

①纳税人使用电子计算机开具发票的，应经主管税务机关批准。税务机关有统一开票

软件的，纳税人应使用统一开票软件开具发票；没有统一软件，纳税人可自行开发开票软件。

②纳税人使用自行开发的计算机开票软件，应报主管税务机关批准后使用。纳税人在提出使用申请时，应将开票软件的程序及说明数据报告主管税务机关备案，并使用税务机关统一监制的计算机发票。

③使用自行开发的计算机开票软件，应当按照主管税务机关的规定，定期报送发票开票信息。

④对使用未经税务机关批准的计算机开票软件或擅自改动统一开票软件的，由税务机关责令限期改正，可以并处 1 万元以下罚款。

2. 增值税专用发票

实行增值税专用发票是增值税改革中很关键的一步，它与普通发票不同，不仅具有商事凭证的作用，由于实行凭发票注明税款扣税，购货方要向销货方支付增值税，具有完税凭证的作用。更重要的是，增值税专用发票将一个产品的最初生产到最终的消费之间各环节联系起来，保持了税负的完整，体现了增值税的作用。从计税原理上说，增值税是对商品生产、流通、劳务服务中多个环节新增价值或商品的附加值征收的一种流转税。

现用的增值税专用发票一般有四联。

第一联：蓝色，存根联，销货方留存备查；

第二联：棕色，发票联，购货单位作付款的记账凭证；

第三联：绿色，抵扣联，税款抵扣联，购货方作扣税凭证；

第四联：黑色，记账联，销货方做销售的记账凭证。

河北增值税专用发票

1300053140　　　№ 02995606

开票日期：2005年12月19日

购货单位　名称：[illegible]
纳税人识别号：142701602922440
地址、电话：[illegible]
开户行及帐号：[illegible]

密码区：
>9+90>63676/+819*1386
*+344<>>*76<941>/6/-0
-4>1/>6<>+1*8**8051>2
-1/85>0>>23<>//*8>>8*
加密版本：01
1300053140
02995606

货物或应税劳务名称	规格型号	单位	数量	单价	金额	税率	税额
工业纸板	810x1100	吨	3.5	2442.0023932	8547.01	17%	1452.99
合计					¥8547.01		¥1452.99

价税合计（大写）　⊗壹万圆整　　（小写）¥10000.00

销货单位　名称：衡水华业工业有限公司
纳税人识别号：131102723355122
地址、电话：衡水市中心街103号 0318-2020313
开户行及帐号：建行衡水铁路支行13000718808050002540[illegible]

备注

收款人：　　复核：　　李婕

第二联：发票联　购货方记帐凭证

图 7-4-5　增值税发票票样

增值税专用发票与日常营业过程中所使用的普通发票相比，有以下特点：

(1) 发票使用的主体不同。增值税专用发票一般只能由增值税一般纳税人领购使用，小规模纳税人需要使用的，只能经税务机关批准后由当地的税务机关代开；普通发票则可以由从事经营活动并已办理税务登记的各种纳税人领购使用，未办理税务登记的纳税人也可以向税务机关申请领购使用普通发票。

(2) 发票的内容不同。增值税专用发票除了具备购买单位、销售单位、商品或者服务的名称、商品或者劳务的数量和计量单位、单价和价款、开票单位、收款人、开票日期等普通发票所具备的内容外，还包括纳税人税务登记号、不含增值税金额、适用税率、应纳增值税额等内容；普通发票中则没有关于增值税方面的内容。

(3) 发票的联次不同。增值税专用发票有四个基本联次，第一联为存根联（用于保留备查），第二联为发票联（用于购买方记账），第三联为抵扣联（用作购买方的扣税凭证），第四联为记账联（用于销售方记账）；普通发票则只有三联，第一联为存根联，第二联为发票联，第三联为记账联。

(4) 发票的作用不同。增值税专用发票不仅是购销双方收付款的凭证，而且可以用作购买方扣除增值税的凭证。而普通发票只能作为财务凭证。

三、现金结算的控制

汽配销售的门市部、营业部门、专柜、超级市场等现金收入行业，由于现金经手频繁，若缺乏严谨的现金控制管理方法，极易造成舞弊情形。

1. 企业对现金交易的控制方式

(1) 经手现金的企业人员，必须有承保。承保方式包括保证人、物保、企业重要人物的保证等，需填写保证书，企业还要加以“对保”，以确认事实。保证在职期间不出现损害企业利益的行为，这是企业最基本的一道防御措施。

(2) 现场产生的商业交易行为及时记录。如果每笔收入都有记录，自然容易核对，而且事经两人以上，作弊的机会便会减少。

(3) 营业部门的销售所得，定时存入指定银行。对于多网点的门市销售的现金控管工作，要求各店主管每日上午 10 时以前将前一日现金所得存入银行，并将前一日销售的发票总额，以及存入银行的存款金额上报总部，并于当日上午 10 时以前将前一日现金所得存入银行；出纳人员在上午 11 时到银行或借助计算机网络查询财务收支情况，已确定各部门所有的现金是否汇入企业户头，如有异常情况，要在当日尽快解决。

(4) 营业部门内的现金支出，以“零用金”专户支用。管理重点是“一切收款，全部银存；所有支出，统一付款；现金收入，不得移用支出；库存现金，只有零用基金”。

(5)“管财”与“管账”工作要加以区别。

(6) 邮购业务应设专人拆信。拆阅后，应根据信内汇票、支票，填写回扣清单交与出纳，再由会计根据此汇款清单及送款簿存根入账。

(7) 设立查账制度。设立突击检查制度，检查零用基金、现金以及现金交易的流程与做法是否违规。

2. 现金结算管理办法

(1) 出纳员必须按照国家政策法规和财务制度严格管理好单位资金，严格遵守人民银行有关制度规定进行货币资金的收付。

(2) 出纳员必须根据会计审核签注的凭证办理现金收付。

(3) 出纳收入现金，必须按照现金收入凭证编号顺序开给对方收据，并加盖财务收款章及出纳员章。

(4) 现金收入应全部及时送存银行，以保证现金安全。

(5) 付出现金，必须对付款凭证进行认真审核，凭证内容要清楚，审批手续要完备，现金付出后，应在原始单据上加盖"现金付讫"戳记，并在当天入账。

(6) 现金收付必须当面点清，并在原始凭证上加盖"收讫"、"付讫"戳记及出纳员收款章，防止重复报销。

(7) 任何人不准挪用单位现金或将现金移出单位，不得以任何理由用白条（未经批准的临时支款条）抵作库存现金，一经发现，必须严肃处理。

(8) 出纳员办理现金收付，要认真负责，保证安全。现金收付凭证应按顺序连续编号，并与电脑记账程序中的现金日记账核对，按照现金日记账的发生额和余额，与实际库存现金核对，保证账款相符。如果库存现金发生差错，应立即查明原因，认真处理，报告主管领导并严格按账务处理程序进行处理。

四、配件的交接方式

商品的交接方式是指购销双方根据协议或成交合同，对销售方式交货时间、地点、运输和包装条件等的一种具体规定。汽配销售的交接方式主要有提货、送货和发货三种。

1. 提货方式

由购货单位到供货单位仓库或指定地点提取商品，必须事先在购销双方所签订的协议或购销合同中加以确定。其优点是能及时取得凭证，现场验收货物，避免由于产品不合格退货所造成的往返运输。这种方法所发生的提运商品费用一般由购买单位负担。

目前，在同一城市各企业之间大多采用汽车运输方式进行提货。

汽车运输主要使用发货单和货物委托书。发货单是据以计算运费的依据，同时也是承运人与发货人之间的合同。货物委托书是发货人与承运人之间的运输合同，是承运货物的依据，表明承运人按统一规定的条款和条件运送发货人提供的货物。

2. 送货方式

送货方式与提货方式相对应。即由购货单位根据购销合同或协议规定，将商品运到购买单位所指定的地点或仓库点验交货的一种商品交接方式。具体手续是：销货单位将验收单、商品合格证以及发货单证等随运送货物一并交购货单位，并将商品负责到送达地验收为止。送货制能使销售单位主动发货，减少流转环节，加速商品周转，保证加工和市场供应。一般采用汽车运输的方式进行送货。

3. 发货方式

由销货单位根据协议或交易合同规定，将商品委托运输部门运到购货单位所在地或指定地点的车站、码头，由购买单位提取的一种商品交接方式。适用于购销双方距离较远，自提或送货不便的商品交易。目前，在我国各地区、各城市之间的配件运输大多采用铁路运输的方式进行发货。

（1）发货单位配件发运

配件发运是配件仓库根据业务部门配件支拨单注明的发运方式或领物单位的委托，将配件通过交通运输部门承运到使用单位的一项经常性的业务。

发货单位商品发运后，将运单及发货单、商品检验合格证、发票等邮寄购货单位。购货单位凭运单及有关证明到车站、码头取货验收。

（2）购货单位配件接运

购货单位接到车站、码头的到货通知书，到车站提货时，应向车站出示“领货凭证”（铁路运单副票），如“领货凭证”提货时尚未收到，也可凭单位原证明或单位提货专用章在货票存查联上加盖，将货提回。到码头的提货手续与到车站提货稍有不同，即提货人事先在提货单上签名并加盖公章或附单位提货证明，到码头货运室取回货物运单，即可到指定库房提货。

提货时，应认真核对配件运号、名称、收货单位和件数是否与运单相符，仔细检查包装等外观质量，如发现包装破损、短件、受潮、油污、锈蚀、损坏等情况，应会同承运部门一起查清，并开具文字记录，方能将货提回。

铁路运输中，主要使用发货单和铁路收据。发货单是据以计算运费的依据，也是发货人与承运人之间的合同。铁路收据是在铁路接收货物、称重、添加标志、装载货物后，交给发货人的凭证。

【任务实施】

客户王小姐来到北京某汽车配件商店采购日本丰田汽车零配件。库管员小刘根据配件取货单把客户购买的配件交由售货员小王和客户验证。小王在客户确定要货后，开具了销售凭单，交由客户。客户采用现金结算的方式交款，并提出由配件商店三日之内送货到家。收银员认真核对钱款，对交易金额进行了详细记录，并当日将钱款送入银行入账。

本任务要求学生能根据汽配收银管理知识进行结算、开具发票，并能根据汽配交接方式及时将配件交到客户手中。

一、该配件商店和客户货款结算的方法

本次配件销售交易中，客户采用现金结算的方式交款，收银员认真核对钱款，对交易金额进行了详细的记录，并当日将钱送入银行入账。本次交易开具的发票如图 7－4－6 所示。

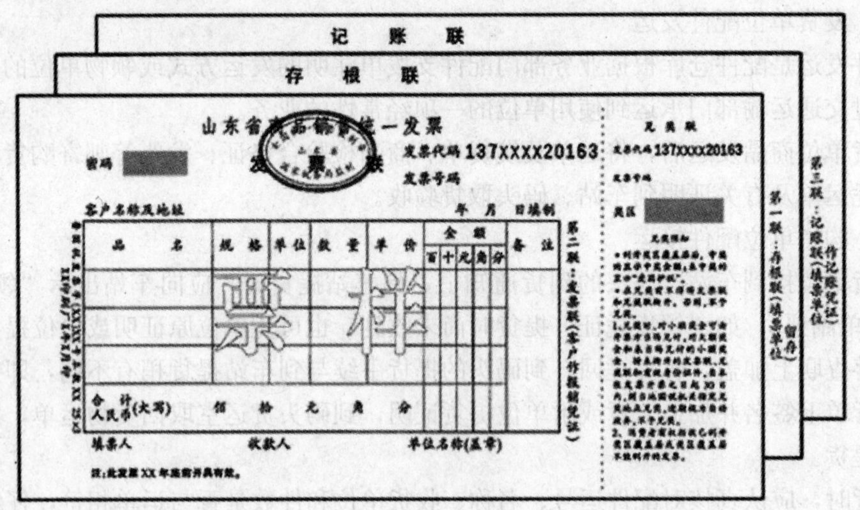

图 7-4-6　商品销售发票票样

发票填写时注意按照规定的时限，顺序、一次性如实填写开具，并加盖单位财务印章。

二、交接方式的选择

本次任务中，客户提出由配件商店三日之内送货到家。在交接方式的选择中属于送货制。送货制能使销售单位主动发货，减少流转环节，加速商品周转，保证加工和市场供应。由于是在同一城市，小王采用了汽车运输的方式。

采用汽车运输的好处是机动灵活，运输面广，只要公路所及都能到达，运行迅速。它是短途运输的主要形式。

【任务总结】

汽车配件交付是客户购买配件最关键的步骤之一，通过本章节的学习，要了解汽车配件收银管理的内容，进行财务结算并正确开具发票，同时要掌握汽车配件销售的几种常见交付的方式。

检验内容	检验指标	检验总结
配件交付	1. 支付结算 2. 票据管理 3. 交接方式的选择	
检查任务完成情况	1. 熟悉基本的支付结算方式 2. 正确地进行票据管理 3. 合理选择交接方式	

任务五 售后服务

【任务描述】

汽车产品的售后服务是现代汽车产品市场营销不可或缺的组成部分，也越来越受到消费者的重视，当前随着各个厂家在生产、技术、产品质量、成本价格等要素上的竞争实力的接近和趋同，消费者在购买产品时越来越注重售后服务质量，它成为现代市场竞争的新焦点，并在一定程度上决定了市场占有率。

【任务目标】

1. 掌握汽车特约服务站质保处理规定。
2. 掌握索赔处理的程序。
3. 能够进行质保索赔处理。
4. 掌握售后服务信息回馈内容。

【任务准备】

一、售后服务流程说明

售后服务泛指销售部门为客户提供的所有技术性服务工作及销售部门自身的服务管理工作。其中的技术性服务，涵盖了售前、售中和售后各阶段，但最重要的还是针对车辆售出后的维护、质量保修、配件供应等一系列技术性工作。

售后服务是周而复始的过程，从推销手段来看，售后服务本身同时也是一种促销手段。在追踪跟进的阶段，推销人员要采取各种形式的配合步骤，通过售后服务来提高企业的信誉，扩大产品的市场占有率，提高推销工作的效率和效益。售后服务一般有三种情况：一是售出的商品质量有问题，客户要求退、换、修；二是顾客对商品如何使用不了解，要求提供咨询和使用指导；三是客户对商场的服务质量不满意，前来投诉。

汽车配件涉及的售后服务根据经销渠道分为汽配商店和汽车特约服务站。汽配商店经销的配件有两种类型。一是原厂配件，此配件销售之后出现的产品质量问题直接由厂家负责。二是副厂配件，这些配件都有质量保证期，销售出去出现质量问题，一般执行商场“退、换、修”制度。汽车特约服务站，是汽车生产厂家与客户直接交流沟通的渠道，通过这个渠道，客户有任何疑问都可以去咨询，帮助客户正确使用产品与汽车后期保养。工作人员要认真、正确地对待客户的投诉和建议，秉持“客户是上帝”的原则去完成每一次工作，做到让客户满意而归。

二、索赔期的相关规定

目前，关于汽车消费权利规定最周全的《家用汽车产品修理、更换、退货责任规定》（简称汽车产品“三包”制度）仍然处于“草案”状态，但是，国内汽车生产商都各自规定了产品质量问题索赔期，一般为1～2年。其中发动机、变速器等汽车“大件”的质量纠纷比较少。按照一些汽车制造厂商的规定，车辆上的灯泡、制动摩擦片、“三滤”及轮胎等易损坏的质量担保期都很短，而且在正常损耗范围内不予索赔。因此，用户在易损件出现问题时应及时到特约服务站进行检查，以免超过索赔期限。如果易损件是使用中的正常损耗，特约服务站不予索赔。

用户自行付费且在特约服务站更换的零部件或总成，保修索赔范围内出现质量故障，这类索赔情况属于配件索赔。配件索赔必须在索赔申请表后附带购件发票的复印件。换件修复后还需要在更换配件的付费发票备注栏内，如实写明当时车辆已经行驶的公里数。

不同车型的品质担保期不同，不同零部件的质量担保期也不同，具体情况使用者可参照使用说明书或向特约服务站咨询。

配件保修索赔期规定为：

（1）在整车保修索赔期内由特约服务站免费更换安装的配件，其保修索赔期为整车保修索赔期的剩余部分，即随整车保修索赔期结束而结束。

（2）有用户付费并由特约服务站更换和安装的配件，从车辆修竣客户验收合格日和公里数算起，其保修索赔期为 12 个月或 4 万公里（两条件以先达到为准）。在此期间，因为保修而免费更换的同一配件的保修索赔期为其付费配件保修索赔期的剩余部分，即随付费配件的保修索赔期结束而结束。

三、相关费用的承担规定

1. 顾客自己承担维修费用

（1）属于日常维修保养的项目。

（2）由于缺乏日常维修或人为造成的损坏。

（3）超出了里程数或保修期。

2. 经销商承担维修费用

（1）重复维修。

（2）由于售后服务部员工损坏了零件造成的必须维修。

3. 汽车公司承担维修费用

（1）由于材料或工艺缺陷造成的损坏。

（2）在新车保修期和里程数范围内的新车保修。

四、索赔旧件的管理

1. 索赔旧件的目的及范围

为规范三包索赔旧件包装及发运工作，保障三包件能够及时、完备、规范地送达汽车厂以便负责追溯及后续的故障原因分析、质量改进等工作得以顺利进行，依据《建站协议》及相关管理规定，各服务站对其下属分站（必须为相关汽车市场服务部批准认可的）负有管理及连带承担责任。

2. 索赔旧件的相关定义

三包索赔旧件指依照随车发放给用户的《保用服务手册》及汽车公司相关保用服务管理规定，在三包期内因质量问题而更换下来的汽车厂配套用原厂配件。

经汽车厂故障件检验小组检测非本汽车厂配套用件的、故障件实际损坏情况与 TDS

索赔单中故障描述不一致的，一律视为非正常三包索赔旧件，不予认可。

旧件的日常管理：日清日结（即时悬挂标签、入库）

旧件的库存原则：

（1）三包内分基地专区存放。

（2）三包内、外分区域专区存放。

（3）分类（车身件、底盘件、发动机件、电器件）存放。

旧件的包装：

（1）分类（车身件、底盘件、发动机件、电器件）存放。

（2）包装时注意互相有损害可能的旧件不要装在同一包装箱内。

（3）外包装时要有专用的编织袋。

（4）编织袋上要按公司规定悬挂标签（注明基地、件数、旧件清单存放处等）。

旧件的发运：

（1）按公司时间要求和发运方式发运。

（2）分基地发运。

（3）发运时注意保价。

3. 索赔旧件处理规定

（1）被更换下来的索赔旧件的所有权归汽车制造厂所有，各特约服务站必须在规定时间内按指定的方式将其运回汽车制造厂索赔管理部。

（2）更换下来的索赔件应挂上“索赔旧件悬挂标签”，保证粘贴牢固并按规定填写好该标签。零件故障处须详细填写，相关故障代码和故障数据也须填写完整。索赔旧件悬挂卷标由汽车制造厂索赔管理部统一印制，特约服务站可以向索赔管理部申领。

（3）故障件的缺陷、破损部位一定要用红色或黑色不易脱落的颜料或记号笔做出明显标记。

（4）应尽可能保持索赔旧件拆卸后的原始故障状态，一些规定不可分解的零件不可擅自分解；否则将视做该零件的故障为拆卸不当所致，不予索赔。

（5）旧机油、变速箱油、刹车油、转向机用油、润滑油脂、冷却液等不便运输的索赔旧件无特殊要求不必运回，按当地有关部门规定自行处理（应注意环保）。

（6）在规定时间内将索赔旧件运回。运回前，索赔员需要填写索赔件运回清单，注明各索赔旧件的装箱编号。索赔旧件必须统一装箱，箱子外部按规定贴上索赔旧件回运装箱单，并把箱子封装牢固。

（7）汽车制造厂索赔管理部检验回运的索赔旧件后，对存在问题的索赔申请将返回或取消。

（8）被取消索赔申请的旧件，各特约服务站有权索回，但须承担相应的运输费用。

4. 索赔旧件悬挂标签的填写与悬挂要求

（1）应在悬挂标签上如实填写所有内容，保证字迹清晰、不易褪色。

（2）如果遇到特殊索赔，在悬挂标签备注栏内一定要填写授权号。

（3）所有标签应由索赔员填写并加盖专用章。

（4）保证一物一签，物和签要对应。

(5) 悬挂标签须固定牢固。若无法悬挂，则用透明胶布将标签牢固粘贴在索赔件上，并保证标签正面朝外。

5. 索赔件的清洁和装运要求

(1) 发动机、变速器、转向机、制动液罐等内部的油液全部放干净，外表保持清洁。

(2) 更换下来的索赔旧件必须统一装箱，即相同索赔件集中装于同一包装箱内，每个包装箱外牢固贴上该箱索赔件的索赔旧件回运装箱单，注明装箱号与索赔件的零件号、零件名称和零件数量，并在规定的时间内由物流公司返运到汽车制造厂索赔管理部。

(3) 各个装箱清单上的索赔件种类和数量之和必须与索赔件回运清单上汇总的完全一致。

(4) 索赔件回运清单一式三联。经物流公司承运人签收后，第一联由特约服务站保存，第二联由物流公司保存，第三联由物流公司承运人交索赔管理部。

五、保修索赔的前提条件

(1) 必须是在规定的保修索赔期内。

(2) 配件必须在指定的服务站购买，并由该服务站装车。

(3) 用户必须遵守《保修保养手册》的规定，正确驾驶、保养、存放车辆。

(4) 所有保修服务工作必须由汽车制造厂设在各地的特约服务站实施。

(5) 客户需要出具购买发票。

(6) 配件在质量保修期间的更换或维修不能延长该配件的质量保修期。

六、保修索赔范围

(1) 在保修索赔期内，车辆正常使用情况下整车或配件发生质量故障、修复故障所花费的材料费、工时费属于保修索赔范围。

(2) 在保修索赔期内，车辆发生故障无法行驶，需要特约服务站外出抢修，特约服务站在抢修中的交通、住宿等费用属于保修索赔范围。

(3) 汽车制造厂为每一辆车提供两次在汽车特约服务站进行免费保养，两次免费保养的费用属于保修索赔范围。

七、不属于保修索赔的范围

(1) 汽车制造厂特许经销商处购买的每一辆汽车都随车配有一本《保修保养手册》。该《保修保养手册》须盖有售出该车的特许经销商的印章，购车客户签名后方可生效。不具有该《保修保养手册》，手册上印章不完全或发现擅自涂改《保修保养手册》情况的，汽车特约服务站有权拒绝客户的保修索赔申请。

(2) 车辆正常例行保养和车辆正常使用中的损耗件不属于保修索赔范围，如润滑油、机油和各类滤清器；火花塞；刹车片、离合器片；清洁剂和上光剂等；灯泡；轮胎；雨刮片。

(3) 因不正常保养造成的车辆故障不属于保修索赔期范围。汽车制造厂的每一位用户应该根据《保修保养手册》上规定的保养规范，按时到汽车特约服务站对车辆进行保养。

如果车辆因缺少保养或未按规定的保养项目进行保养而造成的车辆故障，不属于保修索赔范围。如未按规定更换变速器油，而造成变速器故障，特约服务站有权拒绝用户的索赔申请。同时汽车特约服务站有义务在为用户每次做完保养后记录保养情况（记录在用户的《保修保养手册》规定的位置，盖章），并提醒使用者下次保养时间和内容。

（4）车辆不是在汽车制造厂授权服务站维修，或者车辆安装了未经汽车制造厂售后服务部门许可的配件不属于保修索赔范围。

（5）用户私自拆卸更换里程表，或更改里程表读数的车辆（不包括汽车特约服务站对车辆故障诊断维修的正常操作）不属于保修索赔范围。

（6）因为环境、自然灾害、意外事件造成的车辆故障不属于保修索赔范围。如酸雨、树枝、沥青、地震、冰雹、水灾、火灾、车祸等。

（7）因用户使用不当，滥用车辆（如用做赛车）或未经汽车制造厂售后服务部门许可改装车辆而引起的车辆故障不属于保修索赔范围。

（8）间接损失不属于保修索赔范围。因车辆故障引起的经济、时间损失（如租赁其他车辆或在外过夜等）不属于保修索赔范围。

（9）由于特约服务站操作不当造成的损坏不在保修索赔范围。但特约服务站应当承担责任并进行修复。

（10）在保修索赔期内，使用者车辆出现故障后未经汽车制造厂（或汽车特约服务站）同意继续使用而造成进一步损坏，汽车制造厂只对原有故障损失（须证实属产品质量问题）负责，其余损失责任由用户承担。

车辆发生严重事故时，用户应保护现场，并保管好损坏零件，但不能自行拆卸故障车。经汽车制造厂和有关方面（如保险公司等）鉴定事故原因后，如属产品质量问题，汽车制造厂将按规定支付全部保修及车辆托运费用。如未保护现场或丢失损坏零件以致无法判明事故原因，汽车制造厂不承担保修索赔费用。

八、索赔处理程序

汽车制造厂家对其所属汽车特约服务站的配件索赔管理规定有下列几种情况。

（1）因配件价格错误产生的索赔与配件分部销售人员联系。

（2）配件索赔一般应有配件分部配件索赔申请单、照片、运输商提供的货损证明等，才能办理配件索赔。

（3）配件索赔件在未得到要求发回或销毁前，一律放在配件仓库索赔区的货架上，并应有明显的索赔件标签。

汽车特约服务站在接受用户的保修索赔要求时，遵照以下工作流程进行。

（1）用户到特约服务站报修。

（2）业务员根据用户报修情况、车辆状况及车辆维护记录，预审用户的报修内容是否符合保修索赔条件（特别要检查里程表的工作状态），如不符合请用户自行付费修理。

（3）初步符合保修索赔条件的车辆送至保修工位，索赔员协同维修技师确认故障点及引起故障的原因，并制定相应的维修方案和审核是否符合保修索赔条件。如不符合保修索赔条件通知业务员，请用户自行付费修理。

(4) 索赔员在确认用户车辆符合保修索赔条件后，根据情况登记车辆相关数据，为用户分类提交索赔申请。特殊索赔需事先经汽车制造厂索赔管理部审批通过，然后及时给予用户车辆保修赔偿。

(5) 保修结束后，在索赔件上挂上“索赔旧件悬挂标签”，送入索赔旧件仓库统一保管。

(6) 索赔员每天要统计当天的索赔申请，填写索赔申请表。

(7) 每月一次在规定时间内向汽车制造厂索赔管理部提交索赔申请表。

(8) 索赔员每月一次在规定时间内，按规定包装索赔件（见索配件处理规定）由第三方物流负责运回汽车制造厂索赔管理部。

(9) 经汽车制造厂索赔管理部初步审核不符合条件的索赔申请将予以返回，索赔员根据返回原因立即修改，下次提交索赔申请时一起提交，以待再次审核。

(10) 汽车制造厂索赔管理部对符合条件的索赔申请审核完成后，将索赔申请结算单返给各特约服务站，特约服务站根据结算单金额向汽车制造厂索赔管理部进行结算。

九、质量信息报告

故障报告是配件厂方获得使用质量信息的最重要来源，在技术上比索赔申请报告更能准确地反映情况，并且信息反馈速度快。通过维修站获取质量反馈信息是最为简便、快捷的方法。通过分析和总结反馈信息，有助于供货厂家对产品设计做出更改或是在售后服务领域内采用新的故障解决方法。

所有的质量问题均应填写故障报告，并在规定时间内与供货厂家联系。如××汽车厂要求故障报告直接寄往××汽车厂售后服务科，每星期至少一次，以尽量避免时间上的浪费。准确、及时的故障报告信息，同时也是向各维修站发放“技术信息”的信息来源和基础。

1. 重大故障报告

各特约服务站在日常工作中如遇重大车辆故障，必须及时、准确、详尽地填写重大故障报告单，立即传真至汽车制造厂索赔管理部，以便汽车制造厂各部门能及时做出反应。重大故障包括：影响车辆正常行驶的，如动力系统、转向系统、制动系统的故障；影响乘客安全的，如主、被动安全系统故障，轮胎问题、车门锁止故障等；影响环保的故障，如排放超标、油液污染等。

2. 常见故障报告和常见故障避除意见

各特约服务站应坚持每月底对当月进厂维护的所有车辆产生的各种故障进行汇总，统计出发生频率最高的十项故障点或故障零件，并对其故障原因进行分析，提出相应的故障避除意见。各站需在每月初向汽车制造厂索赔管理部提交上月的常见故障反馈报告和常见故障避除意见。

3. 用户质量信息反馈表

各特约服务站在用户进站维修、电话跟踪等与用户交流过程中，应积极听取用户对汽车制造厂的意见，并做相应记录。意见包括某处使用不便、某处结构不合理、某零件使用寿命过短、可以添加某些设备、某处不够美观等。各站需以季度为周期，在每季度末提交用户情况反馈表。

为了尽快找出损坏的原因，填写故障报告时，作为证明应将损坏件保存起来。

在质量担保期内，如果车辆的零部件确实出现质量问题，厂家特约服务站一般都会给予索赔，所以，用户一旦在索赔问题上与特约服务站出现分歧时，应该冷静地协商解决。汽车制造厂商有热线服务电话，用户可以拨打电话如实地说明情况，一般都会得到满意的答复。

如果通过上述途径问题仍得不到解决，用户也可以到当地消费者协会投诉，请消费者协会出面进行协调。若消费者协会不能使纠纷双方达成调解协议，用户可向当地人民法院提起诉讼。

【任务实施】

王先生在东风汽车 4S 店购买了一辆东风标致 307 轿车，使用一年后车辆空调失效，王先生到东风 4S 店进行维修，但他并不清楚是否可以索赔更换。

作为汽配工作人员，对于客户提出的维修要求，怎样能够做到很好的售后服务？本任务要求学生对汽车特约服务站的保修索赔工作和配件售后服务进行了解和掌握。下面就来学习与此类工作相关的知识。

一、索赔手续的办理

根据索赔的程序，汽车特约服务站索赔员在检修车辆后发现是汽车空调压缩机损坏，车辆无碰撞无改装，经审核符合保修索赔条件，根据情况登记车辆相关数据，索赔员为用户提交索赔申请。配件索赔申请单见表 7－5－1。

表 7－5－1　　　　配件索赔申请单

车辆识别号：	维修日期：	服务站信息：	
修理委托书号：	购车日期：	购车公里数：	行驶公里数：
顾客姓名：	顾客电话：		顾客车牌照号：
申请单编号：	出厂编号：	发动机号：	
		变速箱号：	
索赔类型：	附带文件：1.	2.	3.
顾客投诉内容			
故障原因分析			故障代码
申请授权项目			维修操作代码
申请授权原因			
申请授权零件	零件号	零件名称	零件价格
索赔员（签字）：		服务站经理（签字）：	

续 表

<table>
<tr><td colspan="4">以下由售后管理部填写</td></tr>
<tr><td colspan="4">责任厂家（厂家代码及名称）：</td></tr>
<tr><td colspan="2">区域经理签字：　　（1500 元以内）</td><td colspan="2">区域首席签字：　　（3000 元以内）</td></tr>
<tr><td colspan="4">400 客服中心审核：</td></tr>
<tr><td colspan="2">售后管理部部长签字：　　（8000 元以内）</td><td colspan="2">副总经理签字：　　（1 万元以内）</td></tr>
<tr><td colspan="4">销售公司总经理签字：　　（1 万元以上）</td></tr>
<tr><td>备注</td><td colspan="3"></td></tr>
</table>

注意事项：①表内各项请务必填写清楚，以免影响申请审批速度。②相关文件代号项，填写与索赔类型相关的文件编号。③回复带有授权人签名和印章的申请表方为有效。④本文件必须用传真方式传送。

二、质量信息反馈

配件厂家为了获得配件使用质量信息，对产品设计做出更改或是在售后服务领域内采用新的故障解决方法，建立了完善的质量反馈信息系统。通过维修站获取是最为简便、快捷的方法。

所以，服务站每次接待用户时，通过用户进行维修的面谈沟通、电话跟踪等交流方式，积极听取用户对汽车制造厂的意见，并做相应记录。在每季度末提交用户情况反馈表，以便及时、准确地做好售后服务工作。

【任务总结】

汽车产品的售后服务是现代汽车产品市场营销不可或缺的组成部分，也越来越受到消费者的重视。当前随着各个厂家在生产、技术、产品质量、成本价格等要素上的竞争实力的接近和趋同，消费者在购买产品时越来越注重售后服务质量，售后服务的作用越来越突出。它成为现代市场竞争的新焦点，也在一定程度上决定了市场占有率。

检验内容	检验指标	检验总结
信后服务	1. 了解客户需求，分情况进行处理 2. 按照规定索赔程序，对索赔范围内的进行索赔，并编写质量信息报告	
检查任务完成情况	1. 掌握索赔处理的程序和相关规定，并能进行索赔处理 2. 理解信息反馈的目的，并能编写质量信息反馈表	

任务六　客户关系管理

【任务描述】

近年来，客户关系管理成为销售的重要部分，通过对客户的科学而有效的分析和管

理，销售人员可以了解客户的整体状况及其发展动态，以便对市场需求作出明确的判断，并采取相应的对策，真正体现以客户为中心的经营理念，提高企业的销售业绩。

【任务目标】

1. 了解客户关系管理的概念。
2. 了解企业实施客户关系管理的系统。
3. 掌握客户分析的内容。

【任务准备】

一、客户关系管理的概念及其内容

1. 客户关系管理的概念

客户关系管理（customer relationship management，CRM）是指通过培养企业的最终客户、分销商和合作伙伴对本企业及其产品更积极的偏爱和偏好，留住他们并以此提升企业业绩的一种营销策略。

客户管理系统（CRM）是指采用先进的数据库和其他信息技术来获取客户数据，分析客户行为和偏好特点，积累和共享客户知识，有针对性地为客户提供产品和服务，发展和管理客户关系，培养客户长期忠诚度，以实现客户价值最大化和企业收益最大化之间的平衡。

2. 客户关系管理的内容

首先应对客户进行识别和管理，支持企业在合适的时间和合适的场合，通过合适的方式，将合适价格的合适产品和服务提供给合适的客户。

（1）客户的识别

对于要实行客户资信管理的企业来说，一个有效的信用信息渠道是建立起一套专门的、规范化的信用信息搜集制度和方法，并作为企业的一项管理职能，分别落实到相应的管理和业务部门中去。从成功地实行了信用管理的企业经验看，在客户专门的信用信息的搜集上有两个有效方法。

①需要有专门的信用管理部门或人员专门负责客户信用信息的管理工作，他们的一个重要任务就是有针对性地搜集客户的信用信息。其手段包括直接接触、调查走访客户、专门为客户建立信用档案（记录）、从第三方获取信用资料等多种形式。一般来说，由专业人员实施的信息搜集工作可以保证较高的信息客观性和质量。

②信用管理部门应设计专门的信用信息搜集表格，并将搜集职责交到各个相关的业务部门或业务人员手中，由其在与客户的业务交往过程中及时地反馈上来，其中两个主要的部门是销售部和财务部。

关于是否要在企业中建立一个专门的客户信用信息搜集渠道，在实践中一些企业管理者有不同的看法。诚然，不同的企业特点会有不同的具体信息搜集方法，但就笔者的调查分析来看，企业建立一套专门的客户信用信息搜集系统，有以下几点好处：

A. 突出信息搜集的目的性

由于这一渠道设计是专门从企业的客户资信管理乃至信用管理目标出发的，因此在信用信息搜集的方式、程序、职责上都能得到落实，并能够获得所需要用的内容。否则，尽管拿到一大堆其他部门的客户资料，但往往得不到真正有用的信息，甚至，一些对信用分析至关重要的信息并没有搜集上来。

B. 保证信息搜集的客观性

在搜集客户信用信息时，保持足够的客观性是非常重要的。在这一点上依赖于其他部门的管理信息很难达到要求。首先，从信息结构上看，偏重于客户的交易信息而忽视信用信息，将使管理者关注的重点导向销售而不是信用。其次，其他一些渠道带有强烈的目标或利益色彩，而使信息失去客观性。典型的情况就是有的一线业务人员只汇报有利于获得赊销审批的信息，而将不利信息扣下。通过专业信用信息渠道，可以大大降低在客户信息搜集上的主观倾向，较为全面、客观地搜集客户信息。

C. 保持信用信息的连续性

判断客户的资信状况需要长期的、连续的信息积累。当企业缺乏专门渠道时，所获得的客户信用信息往往是临时性的、零散的。只有在专职、专业的情况下，客户信用信息才能源源不断地汇集起来。

（2）搜集企业经营活动信息

企业在与客户交往的过程中，搜集、积累了大量与客户有关的业务信息，在这些信息中，可以获得大量有价值的客户信用信息。通常，这些有用的信用信息可以从如下几项业务信息源获得。

①营销信息

企业在市场调研和客户开发过程中会获得一定数量的客户信息，可以加以利用。

②销售信息

销售部门保持的每个客户业务档案、交易记录、收款记录等，间接或直接地反映了客户的资信状况，尤其是“品牌信用”和“交易信用”。

③质量或服务

由企业的质量或技术服务部门持有的业务信息中，有一部分可以加以利用，例如客户的意见投诉表，对于一些经常以质量纠纷为由拖欠货款的客户来说，及时关注其投诉情况对于发现其拖欠的企图是很有帮助的。

④财务信息

由财务部门持有的与客户交易往来的账务信息是了解客户信用状况的重要信息来源，如客户付款记录、对账单、应收账款账龄记录表等。

⑤管理信息

有些企业专门建立了客户信息档案或数据库，其中许多信息可以加以利用。

（3）客户信息分析

客户信息分析是指以社会用户的特定需求为依托，以定性和定量研究方法为手段，通过对销售对象信息的收集、整理、鉴别、评价、分析、综合等系列化的加工过程，形成新的、增值的信息产品，最终为不同层次的科学决策服务的一项具有科研性质的智能活动。

可以从以下几个要素来进行理解：

①从成因来看，信息分析的产生是由于存在社会需求。

②从方法来看，信息分析广泛采用情报学。

③从过程来看，信息分析都需要经过一系列相对程序化的环节。

④从成果来看，信息分析是形成新的增值的信息产品。

⑤从目的来看，信息分析是为不同层次的科学决策服务的。

信息分析是对各种相关信息的深度加工，是一种深层次或高层次的信息服务，是一项具有研究性质的智能活动。

从内容上划分为以下几种。

A. 跟踪型信息分析

跟踪型信息分析是基础性工作，无论哪种领域的信息分析研究，没有基础数据和资料都难以工作。它又可分为两种：技术跟踪型和政策跟踪型，常规的方法是信息收集和加工，建立文献型、事实型和数值型数据库作为常备工具，加上一定的定性分析。这种类型的信息分析可以掌握各个领域的发展趋势，及时了解新动向、新发展，从而做到发现问题、提出问题。

B. 比较型信息分析

比较是确定事物间相同点和不同点的方法，在对各个事物的内部矛盾的各个方面进行比较后，就可以把握事物间的内在联系，认识事物的本质。比较型信息分析是决策研究中广泛采用的方法，只有通过比较，才能认识不同事物间的差异，从而提出问题、确定目标、拟订方案并作出选择。比较可以是定性的，也可以是定量的，或者是定性、定量相结合的，许多技术经济分析的定量方法常常被采用。

C. 预测型信息分析

所谓预测，就是利用已经掌握的情况、知识和手段，预先推知和判断事物的未来或未知状况。预测的要素包括：a. 人——预测者；b. 情况和知识——预测依据；c. 手段——预测方法；d. 事物未来和未知状况——预测对象；e. 预先推知和判断——预测结果。根据不同的划分标准，预测可以分成许多不同的类型，如按预测对象和内容可以分为经济预测、社会预测、科学预测、技术预测、军事预测等。

社会的现代化管理就是体现在以预测为基础的战略管理上，预测型信息分析涉及的范围非常广泛，大到为国家宏观战略决策进行长期预测，小到为企业经营活动提供咨询的短期市场预测。预测型信息分析工作的方法大致上可以分为定性预测和定量预测两大类。例如经济预测中不同产业部门的产值、利润、就业人数、出口贸易都可以用做定量分析的数据来源，采用回归分析、时间序列分析、投入产出分析等方法进行预测；而对于那些政策性强、时间跨度大、定量数据缺乏的预测问题，则更多地需要依靠专家的直觉和经验。

D. 评价型信息分析

评价一般需要经过以下几个步骤：a. 前提条件的探讨；b. 评价对象的分析；c. 评价项目的选定；d. 评价函数的确定；e. 评价值的计算；f. 综合评价。评价的方法多种多样，如层次分析法、模糊综合评价法等。进行评价时要注意选择合适的变量和评价指标，同时评价往往涉及对比，因此评价对象的可比性值得考虑。评价是决策的前提，决策是评价的继续。评价只有与决策联系起来才有意义。

从客户信息分析的整个工作流程来看，客户信息分析具有整理、评价、预测和反馈四项基本功能。具体来说，整理功能体现在对信息进行收集、组织，使之由无序变为有序；

评价功能体现在对信息价值进行评定，以达去粗（取精）、去伪（存真）、辨新、权重、评价、荐优之目的；预测功能体现在通过对已知信息内容的分析获取未知或未来信息；反馈功能体现在根据实际效果对评价和预测结论进行审议、修改和补充。客户信息分析的基本功能决定了其在汽车配件销售中发挥重要作用。

二、客户关系管理

1. 老板

（1）全盘掌握企业、子公司、办事处的业务动态，掌舵不再盲目。

（2）及时了解公司阶段性市场销售额，分析利润额，调整销售指标。

（3）随时分析公司投入产出情况，进行高效营销战略方向的调整。

（4）全面掌握各个部门分工协作情况，及时给予部门工作协调指导。

（5）了解业务投资回报率，保证企业发展开源节流、基业长青。

（6）落实企业规章制度及管理规范，全方位提升企业的管理执行力。

2. 销售总监、主管、经理

（1）及时掌握业务一线跟进状态与工作情况，调整工作方法。

（2）精准管理销售部门的销售指标、工作计划和销售进度。

（3）及时辅导、协助业务员有效跟单，提升销售团队的战斗力。

（4）统计分析业务销售业绩，及时调整销售管理方法。

（5）规范并优化企业最佳销售管理流程，建造学习力、竞争力强的销售团队。

（6）精细化管理、预测销售过程，业务团队协作快速高效。

3. 业务员

（1）工作任务由繁化简，工作计划与效率可控、可提升。

（2）销售跟单有方向有指引，销售能力与成单率可提高。

（3）日常复杂工作能够有贴心小助理，及时自动提醒。

（4）工作氛围与学习能力有提升，部门协作快速高效。

（5）业务跟单不撞单、不抢单，工作积极、热情、有激情。

（6）及时了解客户动态，客户关系处理妥当又方便。

4. 客服专员

（1）售后服务日常工作能够轻松而简便地完成。

（2）快速、及时响应客户的服务请求或者投诉建议。

（3）处理客户问题将变得快速而高效，避免职责不清，各岗位相互扯皮。

（4）服务质量有保证，客户服务满意度高。

（5）服务一线解决大部分问题，服务成本得到有效控制。

（6）服务过程既规范又能特殊化，服务流程个性化。

三、市场行为的管理

市场行为的管理主要包括：营销管理、销售管理、响应管理、电子商务和竞争对手的管理。

1. 营销管理

营销管理的目标是通过对市场营销活动的有效性进行规划、执行、监测和分析，使活动开始前有详细计划，活动过程中有规范操作和控制，活动后有分析和评估，从而使销售和服务有序进行。主要内容包括：营销策划与进程控制；营销计划培训；营销活动的协调与支持；营销信息收集、整理及分享；营销过程中的偶发事件及应急处理；安排重大营销活动；媒体关系及公共关系等。

2. 销售管理

主要内容包括：营销策划与进程落实；营销人员管理、考核、奖惩；销售信息，如客户、业务描述、联系人、时间、销售阶段、业务额、可能结束时间等的收集与管理；产品特性、功能、种类管理；采购、仓储与配送管理；产生各销售业务的阶段报告，并给出业务所处阶段、还需要的时间、成功的可能性、历史销售状况评价等信息；对地域渠道资源（省市、邮编、地区、行业、相关客户、联系人等）进行维护；终端管理，客户联谊活动，销售商渠道资源管理，物流管理，销售费用管理等。

3. 响应管理

主要内容包括：呼入呼出电话处理；互联网回呼；呼叫中心运行管理；客户投诉管理；客户求助管理；客户交流；报表统计分析；管理分析工具；通过传真、电话、电子邮件、打印机等自动进行资料发送；呼入呼出调度管理。

4. 电子商务

主要功能包括：个性化界面、服务；网站内容管理；店面；订单和业务处理；销售空间拓展；客户自助服务；网站运行情况的分析和报告等。

5. 竞争对手管理

传统的竞争对手管理的目的是收集竞争对手的信息，使自己在与竞争对手的竞争中占据有利地位，或者直接利用竞争对手的信息使竞争对手陷入困境。

客户关系管理中的竞争对手管理应该是通过吸取竞争对手的先进经验和操作方法，结合企业自身实际，创造出适合客户需要的独特性服务方法，提高客户价值；同时通过掌握竞争对手的发展趋势，使企业在战略决策中有个参照系，规避市场风险；通过分析直接相关的竞争对手的信息，根据企业发展的需要，寻求合作的机会。竞争对手的客户化作为一种战略联盟的形式，已被证明是一种有生命力的选择。竞争对手管理是企业客户服务激励机制的管理，是企业客户服务激励机制的重要依据，对企业提升客户服务水平大有裨益。向竞争对手学习，将竞争对手客户化是企业营销管理的一项新课题。

四、企业实施客户关系管理系统的基本模式

企业实施客户关系管理系统可以使用不同的模式，下面介绍几个主要模式。

1. 客户信息的合并、共享与业务流

通过客户信息的合并和共享、经营活动的自动化和系统对经营的流程重组，来节省人力、时间等成本，提高工作效率以及提高对客户的服务质量。从而使销售和营销等手段程序化，减少不必要的失误和消耗。这个层次上的客户管理关系可细分为客户信息的合并、共享和业务流形成两个方面。这是客户管理关系的基本层面，是面向企业内部的，这部分

与 ERP（企业资源计划）有一定的联系和交叉。

2. 建立基于中国铁通（CTI）技术的呼叫中心、电子商务网站、自助服务网站

企业可通过建立基于 CTI 技术的呼叫中心、电子商务网站、自助服务网站等客户门户来实施 CRM。其中呼叫中心已经有 30 多年的发展史，是电话时代主要的客户服务工具，互联网为呼叫中心带来了新的发展机会。而完全以互联网为基础的电子商务和自助服务网站，则为企业与客户的接触提供了全新的渠道。

(1) 企业对基于 CTI 技术的呼叫中心有高度、严格的期望和要求。要求包括：呼叫中心能提供每周 7 天、每天 24 小时的全天候服务；能为客户提供包括传统的语音、IP 电话、电子邮件、传真、文字交谈、视频等在内的多种通信方式选择；能提高其业务代表和管理人员的工作效率；能维护客户忠诚度，让客户感受到价值；企业能通过呼叫中心收集市场情报、客户资料，增加销售潜力，带来经济效益。

三星电子中国公司为了进一步提高客户服务质量，采用三星鹏泰的 TeleWeb 呼叫中心系统，大大优化了三星的客户服务流程和服务质量。实施前，此服务中心只为三星的三个系列产品作简单的技术支持，而实施后却能为三星的所有 23 种产品进行非常专业的技术支持。实施前，三星电子对客户的技术支持主要是客户打来电话，接线员会要求相应的技术人员接听回答，大多数情况下由于单个技术人员的经验有限，特别是新产品的问题，技术人员不得不前往现场解决问题；而实施后，专业接线员利用呼叫中心的信息库在电话中就能很好地解决。这样既节省了服务时间，提高了服务质量，又节省了服务费用。

对于客户服务方面，客户服务中心不但要解决客户服务接入，更重要的是解决好受理客户服务需求以后的公司运作流程，并管理好客户服务的每一个环节，从庞大的客户服务知识库中，挖掘出对公司的决策支持具有重要参考价值的信息，最终形成一个符合公司需要的客户关系管理系统。

(2) 基于互联网的电子商务和自助服务网站比呼叫中心更进一步，通过提供顾客网上的自助购物和自助服务，为企业节约了大量的销售和支持费用。对于具有大量客户的大型企业来说，服务费用的支出是相当惊人的。自助服务网站的建立，方便了顾客随时查询，同时节省了大量的服务费用。Cisco 通过将客户服务业务搬到互联网上，通过互联网的在线支持服务占全部支持服务的 70%，大大节约了售后服务成本，使每年节省的客户服务费用达到 3.6 亿美元，用户满意度也提高了 25%。

(3) 实现客户智能。

①客户智能的第一层含义

通过一定的技术手段对呼叫中心或在线门户提供实时支持，搜集客户数据，识别、区分客户，针对不同客户采取不同的策略，实现一对一营销或个性化服务，从而提高客户的满意度、忠诚度、信任度和利润贡献度。

②客户智能的第二层含义

对大量的客户数据进行收集和分析，从而把握客户的需求，了解市场规律，使企业有可能开发出具有市场竞争力的新产品和服务。

五、客户分析

1. 客户档案的建立

客户资料管理的内容丰富，归纳起来主要有以下几项：

(1) 基本资料。客户的基本资料包括：客户的名称、地址、电话、兴趣、爱好、家庭状况、学历、年龄、能力、与本企业交易时间状况、资产等。

(2) 客户特征。主要包括：服务区域、销售能力、发展潜力、经营观念、经营方向、经营政策、企业规模、经营特点等。

(3) 业务状况。主要包括：销售实绩、经营管理者和业务员的素质、与本企业的业务关系及合作态度等。

(4) 交易现状。目前的交易状况。

2. 管理客户档案的原则

(1) 客户资料的准确和完整。

(2) 客户资料的动态管理。建立客户档案后要不断加以调整，及时补充新的资料，使客户资料的管理保持动态性。

(3) 突出重点。在众多的客户中找出重点客户，以便为企业创造更大价值。

(4) 灵活运用。客户资料的主要目的是加以运用，运用时要讲求方式灵活运用，使之价值最大化。

(5) 专人负责。许多客户资料是不宜流出企业外部的，只能供内部使用，所以应确定具体的规定和方法，有专人负责管理，严格控制客户资料的利用和借阅。

【任务实施】

客户关系管理是一项复杂且重要的任务，它的有效管理可以给企业带来不可预估的效益，一个完整的客户管理一般要经过制作客户资料卡、划分客户等级、客户回访等环节。北京企华现代4S店现有客户5万人，现根据客户关系管理相关内容，进行客户分类，追踪服务等，以营造良好的客户关系，增强企业竞争力。

一、制作客户资料卡

表7-6-1　　　　北京企华现代4S店客户个人资料卡

姓名		性别		民族	
年龄		学历		婚否	
职业		工作单位		通信地址	
性格		联系电话		电子邮箱	
购买配件		购买日期		付款方式	

表 7-6-2　　北京企华现代 4S 店客户组织资料卡

组织名称		企业性质	
经营规模		企业地址	
信用等级		联系电话	
购买配件种类			
购买配件数量及付款方式			
备注			

二、北京企华现代 4S 店客户分类

用 ABC 分析法，将客户分成三类：

A 类：也叫重点客户，是指与企业有长期交往，交易额较大，关系比较牢固的客户。且资信情况好，经营情况好，有较强的经济实力。

B 类：也叫次要客户，是指与企业有一般的交易交往，具有一定的交易额，为企业业绩作出相应的贡献，且资信情况好，但经济实力一般，但大多具有很大的潜力，应当给予相当的关注，使其将来发展成为重要客户。

C 类：也叫普通客户，是指与企业有联系但业务成交量较少的客户，该类客户的许多信息比较缺乏，尚待开发。

三、跟踪回访客户

客户的跟踪和回访是客户关系管理的重要内容，是保持客户联络，维持客户关系的重要方法，客户的跟踪回访有助于销售人员及时了解和掌握客户的信息动态，帮助客户解决难题，为客户提供周到的服务。使客户与企业建立长期的合作关系。

表 7-6-3　　北京企华现代 4S 店客户回访登记表

客户名称		客户类别	
地址		联系电话	
回访日期		具体时间	
对企业服务的评价			
对所购配件的评价			
对本企业配件的希望的意见			
备注			

四、提高重点客户忠诚度的方法

重点客户与企业的交易额一般较大，对企业非常重要，企业必须密切关注重点客户的

动态，积极与重点客户保持较好的往来，做好重点客户的工作，努力提高重点客户的忠诚度，企业可以从以下几个方面入手：

(1) 优先向重点客户供货。重点客户对产品的需求量非常大，企业要优先向重点客户供货，以免引起客户的不满使企业失去很大的销售量。

(2) 向重点客户开展关系营销。关系营销要求销售人员充分调动大客户中的一切与销售相关的因素，使关系营销快速有效地进行。

(3) 及时向客户供应新的产品。企业不仅需要优先向重点客户供货，而且在企业有新产品时也需要优先及时向重点客户供应。

(4) 关注大客户的动态。所谓知己知彼，百战不殆，作为企业要时刻关注客户的动态，了解客户的需求，并及时给予帮助和支持，加强企业与客户的感情。

(5) 组织重点客户与企业之间的业务洽谈会。组织洽谈会有利于企业及时准确地了解客户的需求，及时听取客户的意见，以便更好地服务客户。

(6) 与重点客户联合设计促销方案。

(7) 及时，准确地与重点客户相互传递信息。销售状况是万变的，只有及时沟通才能相互了解，才能有利于企业和客户及时改进策略。

(8) 为重点客户制定奖励政策。

【任务总结】

客户信息关系管理主要是利用网络等先进工具对客户信息进行科学的分类管理和分析，以便对客户提供针对性的服务。是企业了解市场动态，维持长期客户，进行跟踪回访服务，获得长期客户忠诚度等的一种营销策略。

检验内容	检验指标	检验总结
客户关系管理基本模式	1. 客户信息的合并、共享与业务流 2. 建立基于CTI技术的呼叫中心、电子商务网站、自助服务网站 3. 实现客户智能	
检查任务完成情况	1. 建立客户档案卡片 2. 对客户资料进行分类管理 3. 跟踪回访客户 4. 提高客户忠诚度	

任务七 配件销售人员的基本素质

【任务描述】

汽车配件销售人员的首要任务是销售。作为一个优秀的汽车配件销售人员，应当具备真诚和自信的态度，态度是决定一个人做事能否成功的基本要求，业务代表是企业的形象，企业素质的体现，是连接企业与社会，与消费者，与经销商的枢纽，因此，业务代表的态度直接影响着企业的产品销量。

【任务目标】

1. 了解汽车配件销售人员的基本素质。

2. 掌握配件销售人员的基本专业技能。

【任务准备】

一、汽车配件销售人员的职业道德

职业道德是指在一定职业活动中应当遵循的、具有自身职业特征的道德准则和规范。汽车配件销售人员在从事汽车配件的供应、运输和经营时，必须遵循汽车配件经营行业及相关行业的职业道德规范。

1. 热爱本职，精通业务

企业的销售人员要热爱自己的本职工作，要具有积极性，主动性和创造性，这样才能更好地销售产品。销售人员只有精通业务，才能提高销售业绩。

2. 诚实信用，公平交易

诚信是一切行为的基础，在销售中尤其关键。销售人员要对客户诚实，客观介绍自己的产品，不可欺瞒。更要遵循公平交易的原则。

3. 文明经营，尊重消费者权利

文明经营就是要做到主动、热情、服务周到。要尊重消费者的权利，要从消费者的角度出发，不欺骗消费者。

4. 遵纪守法

为保障社会主义市场经济秩序，要求所有销售人员遵纪守法，维护自身的权利，不侵犯他人的合法权益。

二、汽车配件人员业务知识和业务能力

(1) 熟悉配件结构原理、主要性能、保养检测知识，了解各种配件的型号、用途特点和价格。

(2) 熟悉市场行情、价格、费用、政策规定以及市场经营的基本知识。

(3) 熟悉客户心理，判断用户购买动机，为客户提供良好服务。

三、汽车配件销售人员的行为规范

(1) 遵守国家法律法规，不违法经营。

(2) 遵守公平竞争，坚决反对不正当竞争。

(3) 讲求商业信誉，抵制假冒伪劣产品。

(4) 对待客户真诚守信。

(5) 维护企业与客户正当利益。

(6) 有强烈的市场开拓精神，能吃苦耐劳。

(7) 工作认真负责。

四、汽车配件销售人员应具备的基本功

1. 开单制票

开单制票是汽车配件销售人员最基本的要求，票据作为一种会计凭证，讲求一定的规格，并具有相当的严密性。必须按照单据的格式一一填写，字迹清晰无误。

2. 管理售货卡

售货卡是销售员的台账，从售货卡上我们可以了解配件销售的动态，为企业编制进销计划提供依据，也可以从售货卡上了解市场的初步变化，以便及时采取应对政策。销售员在售货时要迅速准确地抽出卡片，尽量减少客户等待的时间，并且要做到登记、统计、结账转账准确无误，并要保管完整。

3. 为汽车配件通用互换原则提供咨询

目前汽车更新换代快，汽车配件的种类繁多，致使汽车配件的采购困难重重。但配件在一定范围内具有互换性，或很多配件稍作改进就可以相互取代。作为汽车配件销售员，有必要掌握一定的配件互换方面的知识，以便于更好地服务客户，提高客户的满意度。

4. 正确使用常用的工具

要求汽车配件销售人员熟练正确地使用常用的工具，包括：游标卡尺、千分尺、万用表、示波器等。

5. 熟练快速地计算货款

销售人员计算货款不仅要准确而且要快速。准确是一切的基础，在准确的基础上要加快计算速度，以减少客户等待的时间。

6. 书写信函

书写信函是必不可少的技能，有助于加强与客户之间的沟通与交流。对于回函，要做到有信必回，及时回复。

7. 掌握计算机知识

作为一名销售员，掌握一定的计算机知识是必备可少的，一些基础软件的灵活运用有助于销售员提高工作效率。

五、提高服务水平

配件销售人员在掌握基本的社交礼仪和基本的专业技能的基础上，还要加强各方面的学习，以便提高服务水平，更好地服务客户。

1. 熟练介绍配件信息

销售员要能够熟练地向客户介绍配件的产地、适用车型、基本功能、价格等方面的信息。使客户在最短的时间内掌握最精确的资料。对客户要做到有问必答、回答要准确、条理清晰、内容精练。且语言要诚恳，要给客户以信任的感受，这样有利于销售活动的顺利进行。

2. 因人而异，提供不同的服务

随着市场的不断完善，竞争也越来越激烈，汽车配件的性能和价格基本上趋于一致，在这种市场情况下，服务策略显得尤为重要，它将会直接影响到市场占有率，要灵活运用各种服务策略，因人而异，提供各种不同的服务，以满足客户的不同需求。

3. 了解、尊重民族风俗

我国是一个多民族国家，有着不同的民族风俗，作为一名合格的销售人员必须了解不同的顾客不同的风俗习惯，以便于更好地服务客户。

【任务实施】

小张是北京本田飞腾4S店的汽车配件销售人员，为了考核配件销售人员服务质量及业务水平，公司制定了相应的配套方案，其中汽车配件销售人员自身素质的考核由自己填写，根据考核表填写的情况可自查自身服务质量及相应的素质技能，以便更好地提升自己为客户服务。

表7-7-1　销售人员服务质量及业务水平考核表

项　目	分　数	改进计划
专业技能		
1. 正确开列单据	1	
2. 管理售货卡	2	
3. 书写信函	3	
4. 能正确使用量器具	4	
5. 能熟练快速地计算贷款	5	
个人素养		
1. 文明用语	1	
2. 微笑服务	2	
3. 细致耐心	3	
4. 服务周到	4	
职业道德		
1. 热爱本职工作	1	
2. 公平交易，诚实无欺	2	
3. 团结协作	3	
4. 遵纪守法	4	
行为规范		
1. 考勤	1	
2. 衣着	2	
3. 谈吐	3	

【任务总结】

汽车配件销售人员作为企业与客户接洽的主要人员，必须掌握一定的知识与技能才能更好地为企业效力，更好地为客户服务。汽车配件销售人员要求在形象举止方面大方得体，还要具备一定的专业知识技能。做到热爱本职工作，公平交易，互惠互利，团结协作，遵纪守法，并主动钻研业务技能，以提高服务质量。

检验内容	检验指标	检验总结
优质服务	1. 熟练介绍配件信息 2. 因人而异，提供不同服务 3. 了解尊重民族风俗	
检查任务完成情况	1. 开单制票 2. 管理售货卡 3. 为所销售的主要汽车配件通用互换原则提供咨询 4. 正确使用常用工具 5. 熟练快速地计算货款 6. 书写信函 7. 掌握一定的计算机知识	

模块八　配件经营分析

财务管理工作是企业财务运转的核心组成部分，对于企业财物安全有着重要的意义。财务管理人员，重要的是细心、严谨。汽车销售企业的财务报告是反映企业财务状况和经营成果的书面报告，把经过完整登记的、核对无误的账簿记录及其他有关资料集中起来归类整理，使之更集中、更概括、更有条理地反映出企业的经营状况和经营成果。详尽细致的财务报告不仅使企业更加客观全面地了解自身的财务状况、帮助职能部门做出决策，也是每一个企业应尽的社会义务和责任。

任务一　财务管理

【任务描述】

汽车经营的财务管理主要体现在汽车销售企业的资金管理当中，如何运用好财务知识来有效管理、监控汽车销售企业的财务运作是销售环节中必不可少的要素，财务管理工作同时也直接关系到汽车销售企业的正常运转。本任务通过了解汽车销售企业基本的财务管理方式来学习汽车经营中常用的财务知识。

【任务目标】

1. 了解汽车销售企业财务管理的结构、流程。
2. 了解财务管理工作内容、形式。
3. 了解汽车销售企业店财务人员岗位设置。

【任务准备】

一、汽车销售企业财务管理对象

汽车销售企业财务管理的对象是指在汽车销售企业的生产过程中，需要通过企业财务会计反映和监督的具体内容，即汽车销售企业会计核算和监督的内容。因此，汽车销售企业财务管理的对象可概括为汽车维修的生产成本和经营管理费用。生产成本包括汽车销售企业的生产成本和辅助费用；经营管理费用包括销售费用、管理费用、财务费用等期间费用。

（1）生产成本。生产成本是指汽车维修过程中直接消耗的人工、材料、配件费用及其他费用。

（2）辅助费用。辅助费用是指汽车销售企业间接发生的除直接成本之外的人工、材料费用及其他费用，包括以下几个方面：

①非直接生产人员的办公费、差旅费、工资奖金、津贴补贴、职工福利费、保险费、计算制图费、试验检查费、劳动保护费等。

②生产厂房维修费、取暖费、水电费、运输费、停工损失费、机具设备的租赁费、固定资产折旧费与修理费、物料消耗费、低值易耗品费以及其他费用，还包括辅助性机修车间费用。

（3）销售费用。企业在维修汽车的过程中，发生的各种经营费用支出。如维修订单及维修完成交付使用过程中应由企业负担的运输费、装卸费、包装费、保险费、展览费、广告费，以及为销售本企业配件材料而发生的各种费用等。

（4）管理费用。汽车销售企业的行政管理部门为组织和管理生产经营活动发生的各种费用。如企业行政管理部门人员的工资、差旅费、固定资产折旧、业务招待费、坏账损失等。

（5）财务费用。企业为筹集生产经营所需资金发生的一些费用，如利息净支出、汇兑净损失、金融机构的手续费等。

二、汽车销售企业财务管理的职能

1. 基本职能

汽车维修财务核算是发挥其他职能的基础。没有汽车维修财务核算，汽车维修财务的预测、决策、计划、控制、分析和考核等职能都无法进行。

2. 派生职能

财务预测、决策、计划、控制、分析及考评职能。汽车销售企业财务管理的各种职能是一个相互联系、相互配合、相互补充的有机整体。财务预测是财务决策的前提和依据；财务决策是财务预测的延伸和结果，又是制订财务计划的依据；财务计划是财务决策所确定财务目标的具体化；财务控制是对财务计划的实施进行监督，是实现财务决策既定目标的保证；财务核算是对财务决策目标是否实现的检验；通过运用财务核算资料和财务计划资料对比进行财务分析，才能对财务决策的正确性做出判断；把财务决策目标进行层层分解，落实责任，才能调动各部门和职工完成财务决策目标的积极性，是实现财务决策目标的重要手段。

三、汽车销售企业财务管理的内容

汽车销售企业对资金运动的管理称为汽车销售企业财务管理，汽车销售企业财务管理的原则是以生产经营管理为中心，增产节约、增收节支、提高企业经济效益。其内容主要包括建立机构，健全管理制度；筹集资金，保证生产；控制耗费，提高经济效益；依法纳税，合理分配利润；维护财政纪律，实行财务监督。汽车销售企业必须设立企业财务管理机构，并遵循国家有关企业财务管理制度，建立健全汽车销售企业财务管理制度，制订汽车销售企业财务人员的岗位职责，包括财务总监、会计、出纳等岗位。

1. 店内整车销售的财务管理

（1）整车销售的财务管理

整车销售的财务管理主要是资金管理，销售情况的统计，库存的核对以及厂家的账务核对。在资金运用的过程中应注意资金的周转率，在途时间的长短，与厂家按类型和型号订购的车辆，企业融资能力的强弱等。整车采购资金主要有两个方面：一方面是自有的资金，另一方面是三方协议贷款资金。在实际工作中，主要是以三方协议贷款资金的控制和管理为重点。三方协议贷款资金是指由经销商、厂家、银行三方所签订的贷款协议。经销商通过银行贷款资金和自有资金从厂家购车后进行销售。其中，经销商通常将汽车合格证质押给银行，待经销商还清银行贷款资金后，银行再将其质押的汽车合格证返还给经销商。

(2) 三方协议贷款资金的财务管理运用

三方协议贷款资金的财务管理在运用时应注意以下几点：

①严格管理进入银行质押的汽车合格证，确保银行存放的汽车合格证与汽车销售企业库存信息动态保持一致。这里的库存信息是财务的统计台账。

②根据客户订车时间来计算所需的资金并换取合格证。

③每天统计汽车的销售情况并根据库存情况来补充车辆（按类别和型号）。

④客户确认订单后，经销商应与银行预约换取合格证，避免时间的拖延给客户带来诸多不便。

⑤确保流程顺利、操作规范，使资金的周转效率高，从而存货周转率高。

⑥合格证换发的过程中应登记好库存台账，将销售核算做好并与库管台账进行仔细核对。

(3) 汽车销售企业进货财务管理

汽车销售企业在进货过程中通常会遇到三种情况：货品比发票先到、货品和发票同时到、货品比发票晚到。为了及时地进行资产登记与合格证的管理，在实际工作中应采取备查台账的形式。

①整车的销售利润主要由销售差价以及厂家按返利制度根据销售量情况的返利。这部分的利润应进行每月的预提或摊销而进入每月利润。

②广告费是汽车销售企业中金额较大的一笔支出，为了扩大该汽车在该地区的销售影响。一般情况下，厂家承担大多数广告和宣传活动费用的一半。所以，当支付完广告费后，财务人员应向广告商索取各半等额的两份发票，一份是以汽车销售企业的名义，一份是以厂家的名义。另外还有一种放大资金的方法，即采用承兑汇票。这种方法同样也应注意承兑汇票到期日，及时地进行补缺口、办理新的承兑汇票，以达到高效利用资金的目的。

2. 二级经销商的销售财务管理

二级经销商一般是地区性的汽车销售企业的下级经销商，主要分布在二级城市，货源主要来自于汽车销售企业，所以在管理上受汽车销售企业的管理和控制。在实际工作中二级经销商的汽车销售企业可以采取付给部分订金或买断的方式进行销售和管理。其中采取部分订金的方式进行经营的，库存明细上应单独列示，约定有销售返利的，月末还应进行销售返利核算。为了掌握二级经销商店内的销售情况以及其他销售情况，应将这两部分分别核算，月底再进行统一分析。

3. 汽车售后服务的财务管理

在实际工作中，汽车售后服务内容主要包括：售后维修业务、配件销售业务、汽车装饰业务。

（1）汽车售后维修业务的核算管理

对于汽车售后维修业务的核算，主要内容有配件款和人工费。一般情况下，人工费和配件款的核算需借助详细的维修结算清单。维修结算清单是客户结算和开具发票的依据，单上的数据通过事先设置好的成本和毛利，由计算机自动计算后得出。另外，整车的销售和汽车的售后维修、配件销售、保险业务等都有一定比例的业务提成。这些提成既可记入每项业务成本，也可在销售费用中体现出来进行成本核算。配件返利和整车销售情况类似，厂家可以根据销售量的情况按返利制度进行返利，这部分利润应每月进行预提或摊入每月利润。

（2）配件及保险的核算管理

配件的使用主要由维修人员根据维修的需要填写领用清单，然后从配件部领出，并按照相应的成本结转。月底根据领料单和库存配件核对结果进行统计。如果领料单和库存配件核对结果无误，则依据维修结算清单就可统计出配件维修所产生的毛利。

（3）保险销售业务利润的核算

保险业务收入是配件销售业务利润中重要的一部分，同时也是汽车销售企业中一项较大的业务，涉及整车的销售和售后的维修。

在整车销售的过程中，汽车销售企业一般情况下会替客户购买保险，保险公司则会向企业给付一定的代收手续费和返利。汽车销售企业在核算时，应该将其单独列账进行核算，月底时财务管理人员应将代收手续费和返利转入到利润的部分。

在售后维修的过程中，售后维修部应根据核赔定损清单进行相关部位维修，核算时应和一般的维修相同对待，可能其核赔定损清单上的金额比维修所需的费用多，这时应先将差额挂在应付账款上，一段时间以后再根据保险清查的情况将其转入到利润部分中。对于费用的控制和核算应进行以月为周期的环比以及以年为周期的同比，对每项所占总费用比例进行比较并仔细分析引起相关变化的原因。

四、相关岗位职务描述

1. 出纳

（1）素质要求

①中专及以上学历，财务或相关专业；

②2 年以上汽车行业出纳经验；

③具备出纳上岗资格。

（2）具体岗位要求

①严格按照国家有关现金管理和银行结算及外汇管理制度，办理现金收付和银行结算业务。收付款后，要在收付凭证及原始凭证上加盖“收讫”、“付讫”戳记。

②登记现金及银行存款日记账。在收付款凭证无误的情况下及时登记现金日记账，每天结出余额与实存现金核对，按币种和账号分开设置并登记“现金日记账”、“银行存款日记账”，并结出余额，记账后的收付款凭证及时转给会计。

③严格执行库存现金现额，超过部分必须及时送存银行，不坐支现金，不以白条抵押

现金。

④建立健全现金出纳各种账目，严格审核现金收付凭证。

⑤严格支票管理制度，编制支票使用手续，认真办理支票领用注销手续，使用支票须总经理批示后，方可生效。

⑥要积极配合银行做好对账、报账工作，定期填报银行存款余额调节表。

⑦要保守保险柜密码的秘密，保管好钥匙。

⑧配合会计做好各种账务处理。

2. 会计

（1）素质要求

①大专及以上学历，财会及相关专业；

②2 年以上汽车行业财务会计经验；

③具备会计上岗资格。

（2）具体岗位要求

①按照国家会计制度规定及公司的财务管理制度和管理办法，组织实施会计的记账、付账。做到手续完备，数字准确，账目清楚，按期报账。制作、审核各种会计报表，年度决算报告及财务情况说明书。

②做好固定资产、存货等的等级管理、清查、盘点和对账，进行资产、负债、权益、损益、成本类各科目及往来的核算。

③按照经济核算原则，定期检查，分析公司财务、成本和利润的执行情况，挖掘增收节支潜力，考核资金使用效果，及时向总经理及财务经理提出合理化建议。

④妥善保管会计凭证、会计账簿、会计报表和其他会计资料。

⑤协调与销售、服务、市场和行政部门的关系。

3. 财务经理

（1）素质要求

①大专及以上学历，财务或相关专业；

②3 年以上汽车行业财务管理经验；

③具有良好的计划、组织、控制与沟通能力。

（2）具体的岗位职责

①领导财务部办理会计事项，进行会计核算，实行会计监督，正确分配企业收益，组织领导本单位的财务管理、成本管理、预算管理等方面的工作，建立健全财务核算制度，利用财务会计资料进行经济活动分析。

②执行国家和地方税收政策及程序。

③建立健全公司内部核算组织，组织会计人员培训，监督会计人员依法行使职权。

④监督公司遵守国家财经法令、纪律及董事会议决定。

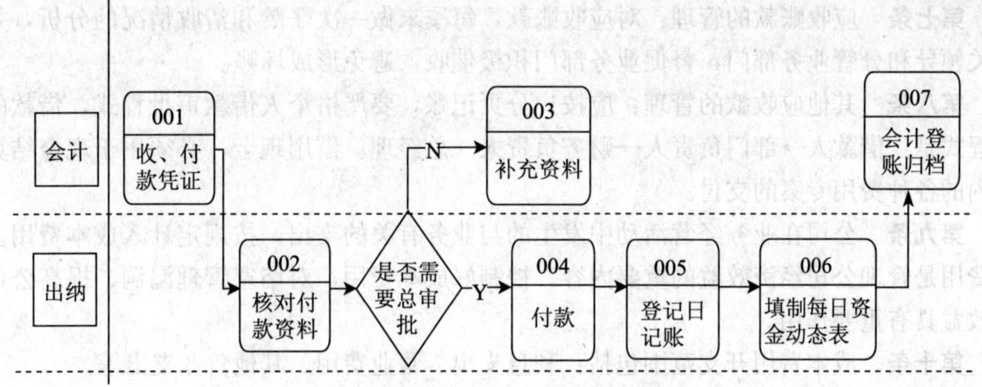

图 8-1-1　会计、出纳收付款流程

五、汽车销售企业相关财务管理制度

现代汽车销售企业主要包含了《财务管理制度》、《货币资金管理制度》、《资产管理制度》等相关管理规定来规范和约束企业的财务行为，确保企业正常运作与财务安全。

汽车销售企业财务管理制度

第一条　为加强财务管理，规范财务工作，促进公司经营业务的发展，提高公司经济效益，根据国家有关财务管理法规制度和公司章程有关规定，结合公司实际情况，特制定本制度。

第二条　公司会计核算遵循权责发生制原则。

第三条　财务管理的基本任务和方法

（一）筹集资金和有效使用资金，监督资金正常运行，维护资金安全，努力提高公司经济效益。

（二）做好财务管理基础工作，建立健全财务管理制度，认真做好财务收支的计划、控制、核算、分析和考核工作。

（三）加强财务核算的管理，以提高会计资讯的及时性和准确性。

（四）监督企业财产的购建、保管和使用，配合综合管理部定期进行财产清查。

（五）按期编制各类会计报表和财务说明书，做好分析、考核工作。

第四条　财务管理是公司经营管理的一个重要方面，公司财务管理中心对财务管理工作负有组织、实施、检查的责任，财会人员要认真执行《会计法》，坚决按财务制度办事，并严守公司秘密。

第五条　现金的管理：严格执行中国人民银行颁布的《现金管理暂行条例》，根据公司实际需要，合理核实现金的库存限额，超出限额部分要及时送存银行。

第六条　银行存款的管理：加强对银行账户及其他账户的保密工作，非因业务需要不准外泄，银行账户印签实行分管、并用制，不得一人统一保管使用。严禁在任何空白合同上加盖银行账户印签。

第七条 应收账款的管理：对应收账款，每季末做一次账龄和清收情况的分析，并报有关领导和分管业务部门，督促业务部门积极催收，避免形成坏账。

第八条 其他应收款的管理：应按户分页记账，要严格个人借款审批程式，借款的审批程式是：借款人→部门负责人→财务负责人→总经理。借用现金，必须用于现金结算范围内的各种费用专案的支付。

第九条 公司在业务经营活动中发生的与业务有关的支出，按规定计入成本费用。成本费用是管理公司经济效益的重要内容。控制好成本费用，对堵塞管理漏洞、提高公司经济效益具有重要作用。

第十条 成本费用开支范围包括：利息支出、营业费用、其他营业支出等。

（一）利息支出：指支付以负债形式筹集的资金成本支出。

（二）营业费用包括：职工工资、职工福利费、医药费、维修管理费、通信费、交通费、招待费、差旅费、车辆使用费、报刊费、会议费、办公费 、管理费。

（三）管理费用包括：物业管理费、水电费、职工工作餐费、取暖降温费、全勤奖励费等费用。

第十一条 加强原始凭证管理，做到制度化、规范化。原始凭证是企业发生的每项经营活动不可缺少的书面证明，是会计记录的主要依据。

第十二条 企业应根据审核无误的原始凭证编制记账凭证。记账凭证的内容必须具备：填制凭证的日期、凭证编号、经济业务摘要、会计科目、金额、所附原始凭证张数、填制凭证人员，复核人员、会计主管人员签名或盖章。收款和付款记账凭证还应当由出纳人员签名或盖章。

第十三条 健全会计核算，按照国家统一会计制度的规定和会计业务的需要设置会计账簿。会计核算应以实际发生的经济业务为依据，按照规定的会计处理方法进行，保证会计指标的口径一致，相互可比和会计处理方法前后相一致。

第十四条 做好会计审核工作，经办财会人员应认真审核每项业务的合法性、真实性、手续完整性和资料的准确性。编制会计凭证、报表时应经专人复核，重大事项应由财务负责人复核。

第十五条 会计人员根据不同的账务内容采用定期对会计账簿记录的有关数位与库存实物、货币资金、有价证券、往来单位或个人等进行相互核对，保证账证相符、账实相符、账表相符。

第十六条 加强对费用的总额控制，严格制定各项费用的开支标准和审批许可权，财务人员应认真审核有关支出凭证，未经领导签字或审批手续不全的，不予报销，对违反有关制度规定的行为应及时向领导反映。

第十七条 企业各项成本费用由财务管理中心负责管理和核算，费用支出的管理实行预算控制，财务管理中心要定期进行成本费用检查、分析、制定降低成本的措施。

第十八条 公司营业利润＝营业收入－营业税金及附加－营业支出

利润总额＝营业利润＋投资收益＋营业外收入－营业外支出

第十九条 财务报表分月报和年报，月报财务报表包括资产负债表、损益表。年度财务报表包括资产负债表、损益表、现金流量表、营业费用明细表、利润分配表。

第二十条　建立会计档案，包括对会计凭证、会计账簿、会计报表和其他会计资料都应建立档案，妥善保管。

第二十一条　会计人员因工作变动或离职，必须将本人所经管的会计工作全部移交给接替人员。会计人员办理交接手续，必须有监交人负责监交，交接人员及监交人员应分别在交接清单上签字后，移交人员方可调离或离职。

货币资金管理制度

第一章　总　则

第一条　为了加强和控制公司货币资金的管理，确保货币资金的安全，根据公司管理的要求并参照《中华人民共和国会计法》（以下简称《会计法》）的有关规定，特制定本制度。本制度适用于企业各部门，包括子公司。

第二条　本制度中涉及的货币资金是指现金、银行存款及其他货币资金。

第三条　货币资金管理的主要责任人为公司财务总监，财务总监必须严格按照本制度的规定管理、约束全体财务人员，并对他们的工作负全面的责任，子公司财务经理同时对总经理及财务总监负责，财务总监对公司董事长负责。

第四条　严格遵守“严禁坐支现金，收支两条线”的原则。出纳人员应时刻保证账面货币资金金额与实际存有的货币资金金额相互一致，如有差异，在查清差异原因后，属于出纳人员的责任的则追究其经济责任并予以处罚。

第二章　现金管理

第五条　公司专门设立出纳人员，负责货币资金的日常业务的管理、核算，出纳人员应严格按照《会计法》和公司各项规定开展日常工作，并对财务总监（子公司为财务经理）负责，子公司财务经理同时对总经理及财务总监负责，财务总监对公司董事长负责。

第六条　根据《内部会计控制规范——基本规范》的要求，出纳人员严格禁止办理会计稽核、会计档案保管以及涉及收入、支出、费用、债权债务账目的登记工作。

第七条　公司经营过程中，所有涉及现金的收入，出纳人员应当面清点，并注意辨别现金的真伪，在确定现金金额与应收金额一致的情况下，应填开公司统一购置的“现金收款收据”给交款方。

第八条　出纳人员应按照公司内部票据的管理规定申请领用“现金收款收据”，“现金收款收据”连续编号，出纳人员在使用过程中，不得任意撕毁，如因某种原因需作废时应在“现金收款收据”上加盖“作废章”并保留全部联次，待每本“现金收款收据”用完后到主管会计处定期缴销时备查。

第九条　为了保证现金资产的安全，防止出现被盗损失，出纳人员应严格控制每日现金的库存量，每天下班前应保证现金库存量不超过10000元，超过部分应及时解交到公司银行账户上；并且库存现金必须全部保存在公司的“保险箱”内。

第十条　对于涉及现金支付的采购、费用报销、工资发放、借款暂支等业务时，出纳人员应严格遵照公司内部的各项管理制度的规定，审核报销的各原始凭证或“借支单”是否齐全、是否合法、有无白条现象，审核数据的计算是否正确、审核报销的审批程序是否符合公司管理制度规定、各级审批人员的签字是否齐备，在确认上述事项无误的情况方可付款，并且预付款项应取得收款方的收款收据。

第十一条 子公司出纳应每日将现金收支单据及款项的交割和库存限额现金进行比照核对，超过库存限额的现金应及时存入开户银行。

第十二条 出纳人员应及时将所有现金的收支业务登记“现金日记账”，每日应结算当天现金的收、支、存金额，编入“资金日报表”，并与库存现金相核对，及时查找、纠正差异，以确保账、实相符。

第十三条 每月会计结账日后，出纳人员应及时与负责账务处理的其他会计人员就“现金日记账”和“现金明细账”进行相互核对一致，并编制“现金核对记录表”由财务总监（子公司由财务经理）和出纳人员以及会计人员三方签字，以确保账、账相符。

第十四条 出纳人员有义务配合财务总监（或财务经理）或其他稽查人员随时、不定期地抽查“现金盘点”工作，并确保抽查现金没有差异。

第三章 银行存款管理

第十五条 公司应严格控制“开户银行”和“开户账户”的管理，凡是涉及新增银行账户或注销银行账户的，均需要由出纳人员填写书面的“开户（销户）申请书”[子公司由主办出纳填写书面的“开户（销户）申请书”并经财务经理审核签字后]，交公司财务总监审核签字后报公司董事长审批，待取得董事长批准后方能执行。

第十六条 出纳人员应及时将所有银行存款的收、支业务按照“分银行账号”进行分类登记“银行存款日记账”，并每日应结算当天“分账号”的各银行存款的收、支、存金额，编入“资金日报表”。子公司出纳应将每日的“资金日报表”传真给总部出纳以便汇总。

第十七条 总部出纳必须在次日上午9点前将“资金日报表”电子文档分别发送给财务总监及财务经理。

第十八条 出纳人员在接受“转账支票”、“银行汇票”、“银行本票”的银行票据时，首先应审核收取上述银行结算凭证是否得到公司内部的审批，并应初步审核上述票据是否真实有效、填写是否齐全，且应将收到的上述银行票据及时背书后解交到开户银行，以便及时入账，保证资金的安全。

第十九条 对于涉及银行存款支付的采购、预付货款、业务往来款等业务时，出纳人员应严格遵照公司内部的各项管理制度的规定，审核“付款申请单”或“费用报销单”所附的单据是否齐全、是否合法，审核数据的计算是否正确、审核付款的审批程序是否符合公司管理制度规定、各级审批人员的签字是否齐备，在确认上述事项无误的情况下方可按照有关规定办理银行付款手续，并应取得收款方的收款收据（已取得发票的付款业务除外）。

第二十条 出纳人员不得私自从开户银行索取“银行对账单”，公司应安排其他会计人员定期到各开户银行领取“银行对账单”，并由其与出纳人员登记的“银行存款日记账”进行核对，查找差异并找出原因后，编制“银行余额调节表”并签署姓名和出纳人员签名后交财务总监（子公司由财务经理）备案，上述核对工作原则上一月不得少于一次。

第四章 银行票据管理

第二十一条 银行票据是指现金支票、银行转账支票、银行电汇凭证、银行汇票申请书等银行统一印制的票据。公司需要使用上述票据时，由财务总监（子公司由财务经理）指定专门人员向开户银行购买，并登记“票据领用簿”。由出纳人员办理领用手续后，全部移交，并保存于公司的“保险箱”中。

第二十二条 出纳人员应妥善保管和使用好领用的银行印制票据，防止空白票据的遗失和盗用，在使用过程中出纳人员应保存好所有银行票据的留底联（包括因某种原因报废的银行票据全部联次），以备银行票据使用完毕缴销时登记到“票据领用单”上。

第二十三条 公司应加强“银行印鉴章”的控制和管理，在开设“银行账户”时，一般在开户银行预留两枚“印鉴章”，包括“公司财务专用章”、“董事长私人印章”，并且此两枚印章必须由非出纳人员保管。

第二十四条 出纳人员需要使用“现金支票”提取现金时，应填写“现金领用单”，注明用途和金额，交财务总监（子公司由财务经理）审批后方能使用“现金支票”提现；如一次提取现金金额超过 1 万元以上的，还需要公司董事长（子公司为总经理）的审批批准。

第二十五条 出纳人员需要使用“银行转账支票、银行电汇凭证、银行汇票申请书”等银行票据付款时，应严格遵照公司内部关于采购、预付款、费用报销等管理制度的规定，审核付款的审批手续是否齐全、相关单据是否完整合法、金额计算是否正确，经审核无误后方能对外付款。具体原始凭证审核要素如下：

A. 采购付款、检查合法的发票、公司相关部门的验收手续、采购合同及相关的内部审批程序；

B. 预付、暂付款、审核“付款申请单”签字审批、合同或协议；

C. 一般费用、审核发票、合法票据或内部自制凭证（工资单等）。

第二十六条 出纳人员在办理银行票据付款时，除能当时取得合法的、齐全的发票外，一律需要收款对方提供“收款收据”，以备日后结算、对账使用，并要求收款对方当事人在“银行票据”的公司留底联次上签署名字。

【任务实施】

一、汽车销售企业的财务管理分工

汽车销售企业在财务管理组织结构上大多由财务经理、整车销售会计及售后会计组成。他们有各自明确的分工。

财务经理根据市场分析和前期销售的情况对下期资金做出调度、安排和制订订车计划等工作，另外还有融资、部门内部管理、报表审核等内容。财务经理还负责组织制订财务的核算流程，对整个财务核算售后服务进行监控管理。

整车销售会计主要负责对整车销售的成本核算，以及整个公司费用的核算、统计销售情况、制订订车计划、编制报表并协助财务经理进行资金需求的预算。

售后会计负责售后维修业务成本核算，主要包括配件、人工、单独配件的销售及汽车美容装饰等业务核算。

根据汽车销售企业管理组织结构从整车销售的核算管理和汽车售后服务的核算管理这两个方面，我们可以对汽车销售企业的财务管理进行讨论和分析。

二、汽车销售企业财务管理目标

汽车销售企业财务管理的目标是组织企业资金运动，处理企业同各方面的财务关系。财务管理区别于其他管理的特点在于它是一种价值管理，即对企业再生产过程中价值运动所进行的管理。财务管理利用资金、成本、收入等价值指标来组织企业总价值的形成、实现和分配，并处理这种价值运动中的经济关系。其目的是千方百计使资金释放出最大的能量，实现增值，提高资金效益。由此得知：资金的实质是再生产过程中运动着的价值。

三、财务管理的价值观念

1. 资金时间价值

定量的资金经历一定时期是投资和再投资后所产生的增值额。其中的利润和利息就是资金时间价值的基本形式。

2. 投资风险价值

（1）风险，如果做一件事有几个可能的结果，就有风险；反之，若只有一个结果则没有风险。

（2）经营风险，指生产经营方面的原因给企业赢利带来的不确定因素，即商业风险。

（3）财务风险，指因借款而给企业财务成果带来的风险，即筹资风险。

四、财务相关单据的使用

1. 支票

支票是出票人签发，委托办理支票存款业务的银行或者其他金融机构在见票时无条件支付确定的金额给收款人或持票人的票据。

（1）支票的种类

支票按支付方式，可分为现金支票和转账支票。

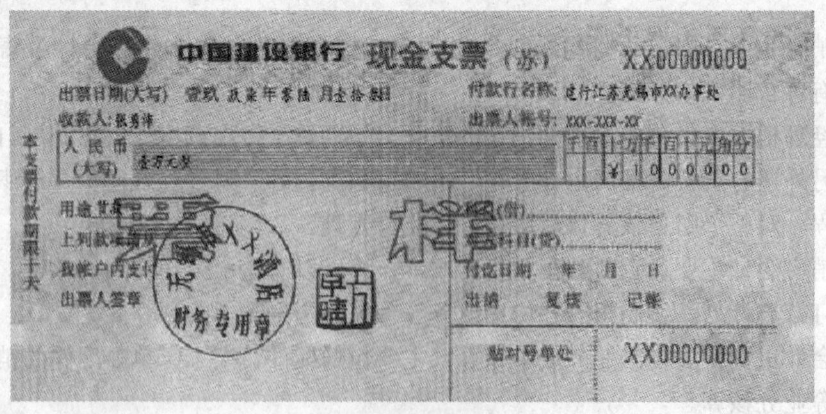

中国建设银行 现金支票（苏） XX00000000

出票日期(大写)

付款行名称：建行江苏无锡市XX办事处

收款人：

出票人帐号：XXX-XXX-XXX

人民币（大写） 壹万元整

千 百 十 万 千 百 十 元 角 分

¥ 1 0 0 0 0 0 0

本支票付款期限十天

用途

上列款项请从

我帐户内支付

出票人签章

科目(借)

对方科目(贷)

付讫日期 年 月 日

出纳 复核 记帐

贴对号单处 XX00000000

图 8－1－2 现金支票

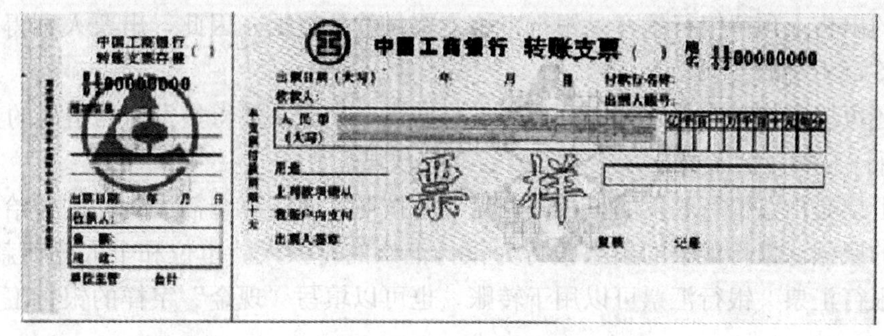

图 8－1－3　转账支票

（2）填写支票的方法

①填写要求

签发支票应使用墨汁或碳素墨水笔填写。

②填写日期

为了防止编造票据的出票日期，必须用大写数字。

填写出票日期时，“月”为壹、贰和壹拾的，“日”为壹至玖、壹拾、贰拾和叁拾的，应在前面加“零”。“日”为拾壹至拾玖的，应在前面加“壹”。例如 2 月 12 日，应写成零贰月壹拾贰日；10 月 20 日，应写成零壹拾月零贰拾日。填写日期时填写位置要规范，不得出现错位、挤压现象，否则就是无效支票。

③金额

大写：用正楷或行书填写。大写填写时应紧接“人民币”字样填写，不得留有空白。数字到“元”为止的，在“元”之后必须加“整”；数字到“角”、“分”为止的，“角”、“分”后不可以加“整”。

小写：使用阿拉伯数字填写时，均应在小写数字前填写人民币符号“￥”。

（3）支票的有效期

自出票日起 10 日内有效，超出有效期的支票为无效支票，银行不予以受理。

（4）支票的背书

持票人向其开户行提示付款的，不需做委托收款背书（又称主动付款，出票人主动到开户行送交支票，付款给收款人）。

委托收款背书要求：被背书人栏填写收款人开户银行的名称；签章栏填写“委托收款”字样并签章。

支票转让背书，背书应当连续，也就是指在转让中，转让支票的背书人与受让支票的背书人在支票上的签章，依次前后衔接。

（5）有效支票

出票日期、收款人名称和出票金额，这三项记载缺一不可。否则就是无效支票，银行不予以受理。

（6）禁止单位签发的支票

签发支票的金额不得超过付款人实有的存款金额（空头支票）。

支票的出售人预留银行签章是银行审核支票付款的依据。因此，出票人不得签发与其预留银行签章不符的支票。

银行还可以审核与出票人约定的使用支付密码，出票人不得签发密码错误的支票。

2. 银行汇票

银行汇票是出票银行签发的，由其在见票时按照实际结算金额无条件支付给收款人或者持票人的票据。银行汇票的出票银行为银行汇票的付款人。单位和个人任何款项结算，均可采用银行汇票。银行汇票可以用于转账，也可以填写“现金”字样的银行汇票用于支取现金。

银行汇票要标明“银行汇票”字样、出票金额、付款人名称、收款人名称、出票日期、出票人签章、无条例支付的承诺等，欠缺诸要素之一的银行汇票无效。

自出票日起一个月。持票人超过付款期限提示付款的，代理付款人不予以受理。

申请人使用银行汇票，应向出票银行填写“银行汇票申请书”，填明收款人名称、汇票金额、申请人名称、申请日期等项目并签章，要预留银行的签章。

申请人和收款人均为个人，需要使用银行汇票向代理付款人（兑付行）支取现金的，申请人须在“银行汇票申请书”上注明代理付款人名称，在“汇票金额”栏先填写“现金”字样，后填写汇票金额。

申请人或收款人为单位的，不得办理“现金”汇票。

签发转账银行汇票，不得填写代理付款人（兑付行）名称；签发现金银行汇票，申请人和收款人必须均为个人，在银行汇票“出票金额”栏填写“现金”字样，后填写出票金额，并填写代理付款人名称。

银行汇票的背书和挂失与支票相同

3. 发票

（1）发票的含义

发票是单位和个人在购销商品、提供或者接受服务以及从事其他经营活动时，开具、取得的收付款凭证。根据其作用、内容及使用范围的不同，可以分为普通发票和增值税专用发票两大类。

（2）发票的内容

发票一般包括：票头、字轨号码、联次及用途、客户名称、银行开启账号、商（产）品名称或经营项目、计量单位、数量、单价、金额，以及大小写金额、经手人、单位印章、开票日期等。实行增什税的单位所使用的增值税专用发票还应有税种、税率、税额等内容。1993 年 1 月 1 日全国实行统一发票后，发票联必须套印“发票监制章”。统一后的“发票监制章”形状为椭圆形，规管长轴为 3 厘米，短轴为 2 厘米，边宽 0.1 厘米，内环加一细线。上环刻制“全国统一发票监制章”字样，下环刻有“税务局监制”字样，中间刻制监制税务机关所在地省（市、区）、市（县）的全称或简称，字体为正楷，印色为大红色，套印在发票联票头中央。

（3）发票的开具

在销售商品、提供服务以及从事其他经营活动对外收取款项时，收款方应向付款方开具发票。特殊情况下，由付款方向收款方开具发票。开具发票应当按照规定的时限、顺

序、逐栏、全部联次一次性如实开具，并加盖单位发票专用章。使用计算机开具发票，须经国税机关批准，并使用国税机关统一监制的机外发票，并要求开具后的存根联按顺序号装订成册。发票限于领购的单位和个人在本市、县范围内使用，跨出市县范围的，应当使用经营地的发票。开具发票单位和个人的税务登记内容发生变化时，应相应办理发票和发票领购簿的变更手续；注销税务登记前，应当缴销发票领购簿和发票。所有单位和从事生产、经营的个人，在购买商品、接受服务，以及从事其他经营活动支付款项时，向收款方取得发票，不得要求变更品名和金额。对不符合规定的发票，不得作为报销凭证，任何单位和个人有权拒收。发票应在有效期内使用，过期应当作废。

纳税人有下列行为不得开具增值税专用发票：向消费者个人销售货物或者应税劳务的；销售货物或者应税劳务适用免税规定的；小规模纳税人销售货物或者应税劳务的；销售报关出口的货物；在境外销售应税劳务；将货物用于非应税项目；将货物用于集体福利和个人福利；将货物无偿赠送他人；提供非应税劳务转让无形资产或销售不动产。向小规模纳税人销售应税项目可以不开具专用发票。

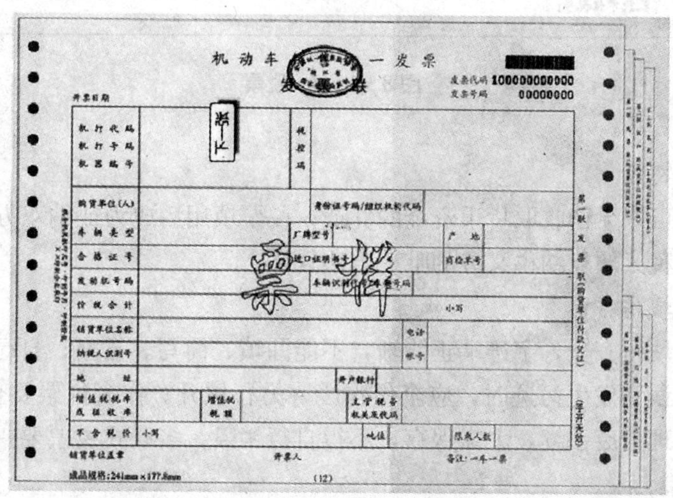

机动车　　一发票
发票代码 100000000000
发票号码 00000000
开票日期
机打代码
机打号码
机器编号
税控码
购货单位(人)　身份证号码/组织机构代码
车辆类型　厂牌型号　产地
合格证号　进口证明书号　商检单号
发动机号码　车辆识别代号/车架号码
价税合计　小写
销货单位名称　电话
纳税人识别号　账号
地址　开户银行
增值税税率或征收率　增值税税额　主管税务机关及代码
不含税价　小写　吨位　限乘人数
销货单位盖章　开票人　备注：一车一票
成品规格：241mm×177.8mm　(12)
票样

图 8-1-4　普通发票

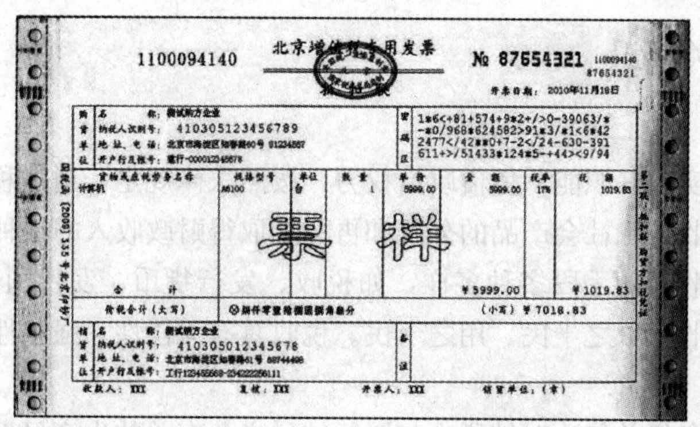

北京增值税专用发票
1100094140　№ 87654321　1100094140 87654321
开票日期：2010年11月18日
购货单位　名称：测试购方企业
纳税人识别号：410305123456789
密码区：1*6<+81+574+9*2+/>0-39063/* -*0/968*624582>91*3/*1<6*42 2477</42**0+7-2</24-630-391 611+>/51433*124*5-+44><9/94

货物或应税劳务名称	规格型号	单位	数量	单价	金额	税率	税额
计算机	A6100	台	1	5999.00	5999.00	17%	1019.83
合　计					￥5999.00		￥1019.83

价税合计（大写）　（小写）￥7018.83
销货单位　名称：测试销方企业
纳税人识别号：410305012345678
备注
收款人：XXX　复核：XXX　开票人：XXX　销货单位：（章）
票样

图 8-1-5　增值税专用发票

4. 税票

(1) 税票的含义

税票是税务机关征收税款时所用的各种专用凭证。

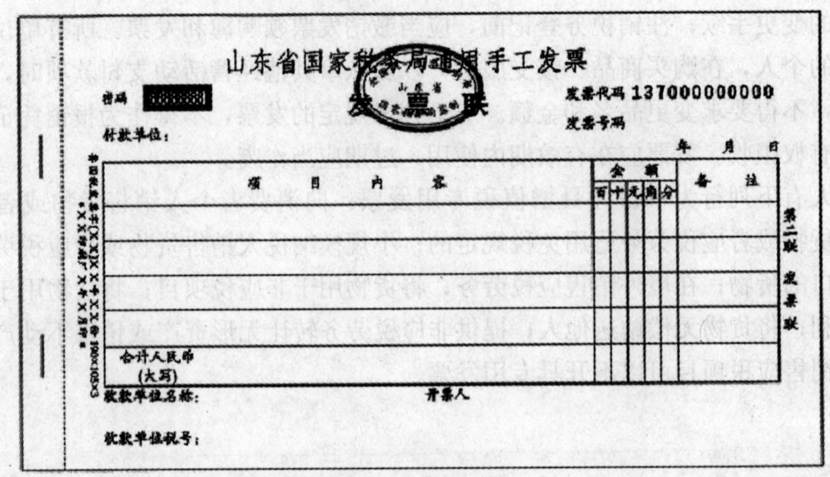

山东省国家税务局通用手工发票

密码

发票联

发票代码 13700000000

发票号码

付款单位：

年 月 日

项目内容	金额 百	十	元	角	分	备注
合计人民币（大写）						

收款单位名称：

开票人

收款单位税号：

第二联 发票联

图 8-1-6 税票

(2) 税票的特点

税票是一种可以无偿收取货币资金的凭证；税票填用后成为征纳双方会计核算的原始凭证；税票是纳税人履行纳税义务的唯一合法凭证。

(3) 税票的填写

税票各栏要填写齐全，字迹端正清晰，不能漏填、简写、省略、自行编造、涂改、补挖。税票填写错误和发生污迹时，应全份作废，另行填开。作废税票要全份注明“作废”字样，按规定办理作废手续，上缴保存，不得自行销毁。多联式税票要一次全份填写，不能分次分联填写。

填票应使用蓝色或黑色圆珠笔填写，并用标准复写纸垫写，不得用铅笔、水笔或其他颜色的圆珠笔/复写纸填写。各种章戳要加盖齐全。

五、财务相关知识

1. 税收

税收是国家为实现其职能，凭借政治权力，按照法律规定，通过税收工具强制地、无偿地征收参与国民收入和社会产品的分配和再分配取得财政收入的一种形式。

国家取得财政收入的手段多种多样，如税收、发行货币、发行国债、收费、罚没等，而税收则由政府征收，取之于民、用之于民。税收具有无偿性、强制性和固定性的特征。

(1) 税务登记

税务登记是税务机关依法对纳税人与履行纳税义务有关的生产经营情况及其税源变化情况进行的登记管理活动。

税务登记的内容包括：开业税务登记，从事生产经营的纳税人，应当在规定的时间内向税务机关书面申报办理税务登记；变更或注销税务登记，税务登记内容发生变化时，纳税人在工商行政管理机关办理注册登记的，应当自工商行政管理机关办理变更登记30日内，持有关证件向原税务机关申报办理变更税务登记；纳税人不需要在工商行政管理机关办理注册登记的，应当自有关机关批准或者宣布变更之日起30日内，持有关证件向原税务机关申报办理变更税务登记。

（2）纳税申报的材料

①财务、会计报告表及其说明材料。

②与纳税有关的合同、协议书。

③外出经营活动税收管理证明。

④境内或境外公证机构出具的有关证明文件。

⑤税务机关规定应当报送的其他有关证件、资料。

（3）适用税种

我国税率分为三种，即比例税率、累进税率和定额税率。

比例税率是对同一征税对象，不论数额多少，按照所需税目，都按同一个比例征税。这种税率在税额和征税对象之间的比例是固定的。

累进税率是按照征税对象的数额大小或比率高低，划分为若干等级，每个等级由低到高规定相应的税率。税率与征税对象数额或比率成正比，征税对象数额大、比率高；反之，税率低。

定额税率是按征税对象的一定计量单位直接规定一定数量的税额，而不是征收比例。定额税率一般适用于从计量征的某些税种。

2. 财务结算

（1）现金结算与转账结算

货币结算按其支付方式的不同，可分为现金结算和转账结算。

现金结算，是发生经济行为的关系人直接使用现金结清应收应付款的行为。

转账结算，是发生经济行为的关系人使用银行规定的票据和结算凭证，通过银行划账方式，将款项从付款单位账户，以结清债权债务的行为。转账结算是货币结算的主要方式。

（2）支票结算

支票结算是指付款人根据其在银行的存款和透支限额开出支票，命令银行从其账户中支付一定款项给收款人，从而实现资金调拨，了结债权债务关系的一种过程。

①现金支票结算流程

付款人用现金支票向外单位或个人支付现金时，由付款单位出纳人员签发现金支票并加盖银行预留印鉴后交收款人，同时收款人需在存根联签收。收款人持现金支票到付款单位的开户银行提取现金，并按照银行的要求交验有关证件。

②转账支票结算流程

转账支票由付款人签发后，可以直接交给收款人，由收款人委托其开户银行代收，也可以直接交给付款人开户银行，委托开户银行将款项划转给收款人，二者在结算程序上略有不同。

A. 由付款人签发，交收款人办理转账结算程序。

a. 付款人按应支付的款项签发转账支票并加盖银行预留印鉴后，交给收款人。

b. 收款人审查无误后，应作委托收款背书，在支票背面“背书人签章”栏签章，记载“委托收款”字样、背书日期，在“被背书人”栏记载开户银行名称，并将支票和填制的“进账单”一并交其开户银行办理转账。

c. 银行受理后，在“进账单”上加盖银行印章，退回收款人，作为收款入账的凭据。

d. 银行之间传递支票并清算资金。

B. 由付款人签发，委托开户银行办理转账结算程序。

a. 付款人按应支付的款项签发转账支票加盖银行预留印鉴，并填制“进账单”后，直接交其开户银行，要求转账。

b. 付款人开户银行受理后，退回“进账单”回单联（第一联），然后将款项划转收款人开户银行。

c. 银行之间传递凭证，并办理划转手续。

d. 收款人开户银行办妥进账手续后，通知收款人收款入账。

六、成本及费用

企业成本管理是对企业生产经营全过程所发生的所有费用和成本形成，进行预测、计划、控制、核算、分析、考核和采取降低成本措施等一系列的管理活动；是涉及企业各部门的一项综合性管理工作，是企业管理的重要组成部分。加强成本管理，对于促进企业技术与经济相结合，激发员工增产节支，降低成本，提高经济效益，具有重要意义。

一个企业，特别是制造业企业，其生产经营必须耗用材料、人力和财力等。这些生产要素的本质就是资源或是原始资源的转化物。所以，我们可以说，所谓费用就是资源的耗费（或转化）——用一种资源置换另一种资源，是一种资源形态上的置换。

而狭义的理解往往只认识到企业内部诸如材料、人力的耗用才是一种耗费。其实这种耗费，只是一种置换，即将材料、人力等资源置换为产品资源。

从广义上理解，无论是企业外部置换还是企业内部置换均产生了耗费，企业在一定时期内，用货币表现的必要劳动和物化劳动的耗费即生产费用。将这些费用按照一定标准（或目的）加以对象化就形成了特定对象的成本。而生产成本主要指企业在生产和销售一定品种和数量的产品所发生的各种费用的总和。因此，成本的本质就是一种资源耗费，所谓计算成本就是对资源耗费的计量。

生产成本的分类

（1）按经济性质分类：外购材料、外购燃料、外购动力、工资及职工福利基金、折旧费、大修基金、利息及其他。

（2）按经济用途分类：原材料、辅助材料、燃料和动力、工资及职工福利基金、废品损失、车间经费、管理费、销售费用。

（3）按计入产品成本的不同方式分类：直接费用（某种产品）、间接费用（几种产品的共同发生）。

(4) 按同产品产量的关系分类：变动成本（费用总额与产品产量增减直接联系）、固定成本（费用总额与产品产量增减没有直接联系，而相对固定的费用）。

(5) 按与生产工艺的关系分类：基本费用（由于生产工艺本身而引起的费用）、一般费用（由于管理和组织生产而发生的）。

七、利润及利润分配

利润是指企业在一定会计期间的经营成果，利润包括收入减去费用后的净额、直接计入当期利润的利得和损失等。

收入和直接计入当期利润的利得大于其有关费用和直接计入当期利润的损失，则为赢利；反之，则为亏损。

利润就其构成内容看由两部分组成：一是通过生产经营活动而获得的营业利润；二是直接计入当期利润的利得和损失。

利润按利润总额和净利润在利润表中列示。利润总额由营业利润和直接计入当期利润的利得和损失等部分组成，利润总额扣减所得税费用后的余额为净利润。

1. 利润总额

利润总额是指营业利润加上直接计入当期利润的利得减去直接计入当期利润的损失的差额。用公式表示为：

利润总额＝营业利润＋直接计入当期利润的利得（营业外收入）－
直接计入当期利润的损失（营业外支出）

营业利润＝营业收入－营业成本－营业税金及附加－销售费用－管理费用－
财务费用－资产减值损失＋公允价值变动收益＋投资收益

直接计入当期利润的利得（营业外收入）：指企业发生的与其经营活动无直接关系的各项净收入，主要包括：处置非流动资产利得、非货币性资产交换利得、债务重组利得、罚没利得、政府补助利得、捐赠利得、无法支付的应付款项、盘赢利得等。

直接计入当期利润的损失（营业外支出）：指企业发生的不属于企业生产经营费用，与企业生产经营活动没有直接的关系，但应从企业实现的利润总额中扣除的各项净支出。主要包括：处置非流动资产损失、非货币性资产交换损失、债务重组损失、罚款支出、捐赠支出、非常损失等。

2. 净利润

净利润是企业利润总额减去所得税费用后的余额，即企业的税后利润。用公式表示为：

净利润＝利润总额－所得税费用

所得税费用是指企业应计入当期损益的所得税费用。

3. 利润分配

利润分配是企业根据国家有关规定和投资者的决议、公司章程，向国家交纳所得税后的净利润进行的分配。

企业当期实现的净利润，加上年初未分配利润和其他转入后的余额，为可供分配的利润，按以下顺序分配：弥补企业以前年度亏损，提取法定盈余公积金，向股东分享利润。股东分享利润的顺序为：支付优先股股利，提取任意盈余公积金，支付普通股股利。

应纳税所得额＝会计利润±纳税调整额

超过税法规定标准项目：

纳税调整项目
- 调增项目
  - 税法规定不许列支项目
  - 应税未税收益
- 调减项目
  - 弥补亏损
  - 利息收入、股利收入

应纳所得税额＝应纳税所得额×适用所得税率

4. 利润分配的会计处理

(1) 账户设置

设置“利润分配”账户。该账户是用来核算和监督企业当年可供分配的利润（或应弥补的亏损）和历年分配利润后的结存余额（或弥亏后的结存余额）。

(2) 利润分配的核算

①企业按规定提取的盈余公积，借记“利润分配”账户，贷记“盈余公积”等账户。

②分配给股东或投资者的现金股利或利润，借记“利润分配”账户，贷记“应付股利”账户。

③分配给股东的股票股利，借记“利润分配”账户，贷记“股本”账户。如其差额，贷记“资本公积”账户。

④企业用盈余公积弥补亏损，借记“盈余公积”账户，贷记“利润分配”账户。

⑤年终企业应将全年实现的净利润，自“本年利润”账户转入“利润分配”账户，借记“本年利润”账户，贷记“利润分配”账户；同时，将“利润分配”账户所属明细账户的余额转入“利润分配”账户的“未分配利润”明细账户。结转后，“利润分配”账户除“未分配利润”明细账户外，其他明细账户应无余额。

⑥“利润分配”账户年末余额，反映企业历年积存的未分配利润。

5. 以前年度损益调整

以前年度损益调整，是指不列入本期利润表而直接调整留存收益期初余额的项目。如本期发现与以前期间相关的重大会计差错。

以前年度损益调整是与前期经营活动有关，而与本期及以后各期的经营活动无关的项目，应当调整期初的留存收益。

对以前年度损益调整后，在编制当年度的会计报表时，应调整资产负债表的年初数，利润表及所有者权益变动表的上年数也应作相应调整。

八、汽车销售企业的筹资与投资管理

汽车销售企业通过不同筹资渠道和运用不同筹资方式筹集的资金，由于其来源、方式、期限等不同，从而形成了不同的筹资类型。不同类型的筹资组合，就构成了企业的筹资结构。企业所筹集资金，按不同的标志可分为自有资金与借入资金、长期资金与短期资金、内部筹资与外部筹资、直接筹资与间接筹资等类型。

1. 自有资金与借入资金

企业的全部资金来源按其权益性质的不同，分为自有资金与借入资金。合理安排自有资金与借入资金的比例关系，既要控制财务风险，又要获取财务杠杆利益，这是筹资管理的核心。

(1) 自有资金

自有资金又称自有资本或权益资本，是企业依法筹集并长期拥有、自主调配运用的资金来源。根据我国《企业会计制度》规定，企业的自有资金包括实收资本、资本公积、盈余公积和未分配利润。自有资金具有下列属性：

①自有资金的所有权归属于企业的所有者，所有者凭其所有权参与企业的经营管理和利润分配，并对企业的经营状况承担有限责任。

②企业对自有资金依法享有经营权，在企业持续经营期间，除管理者依法转让外，一般不得以任何方式抽回其资本金。

③企业自有资金可以采取吸收直接投资、发行股票、留存收益等方式进行筹措。

(2) 借入资金

借入资金又称借入资本或债务资本，是企业依法筹措并依约使用、按期偿还的资金来源。借入资金包括各种借款，应付债券、应付款项等。作为借入资金具有下列属性：

①借入资金体现了企业与债权人的债权、债务关系，属于企业的债务，是债权人的权益。

②债权人有权按期索取其权益，但无权参与企业的经营管理，对企业的经营状况不承担任何责任。

③企业对借入资金在约定期限内，享有使用权，但要承担按期付息和到期还本的义务。

④借入资金的来源主要来自于银行和非银行金融机构、社会等渠道，一般采用银行借款、商业信用、发行债券等方式进行筹措。

银行借款是企业筹资的主渠道，但是银行借款一般采用担保方式。银行借款根据有无担保分为抵押担保借款和无担保借款，银行为降低信贷风险一般要求贷款人提供担保，所以企业一般都是采用担保借款。担保分为抵押担保和信用担保，信用担保主要是由有一定实力的企业作为担保人，所以很受限制。中小企业一般采用抵押担保，由于受抵押物的限制（主要是需要不动产），这种筹资限制了一些企业的融资能力。

商业信用是指在商品交易中以延期付款或预收货款进行购销活动而形成的借贷关系，是企业间直接的信用行为。商业信用对于中小企业来说一般包括应付账款和应付票据。

应付账款是指通过双方的商业交易形成后，在一定时间内延期付给供货商的货款，以减轻自身资金压力的一种短期筹资方式。

应付票据是一种较便捷的短期筹资方式。应付票据分为商业承兑汇票和银行承兑汇票。由于商业承兑汇票要求高，适用范围受到一定的限制，所以一般不采用这种筹资方式，主要采用银行承兑汇票进行筹资。

银行承兑汇票是由银行签发的，期限不超过 6 个月的，到期后由承兑行无条件支付的票据，它具有携带方便，流通性好的特点，很受企业推崇。银行承兑汇票在办理时需要企业支付一定的保证金，存入指定的银行，银行将保证金专户管理，同时作为定期存款处理，在承兑到期的时候企业还可得到一定数量的利息。

2. 长期资金与短期资金

企业的资金来源，按期限的不同可分为长期资金和短期资金，两者构成企业全部资金的期限结构。合理安排资金的期限结构，有利于实现企业资金的最佳配置和筹资组合，降低筹资风险。

(1) 长期资金是指期限在一年以上的资金。通常采用吸收直接投资、长期借款、发行股票、发行债券、融资租赁等方式来筹措的。

(2) 短期资金是指期限在一年以内的资金。一般是通过商业信用、短期借款等方式来筹措的。

3. 其他筹资方式

汽车销售企业的其他筹资方式主要采用企业内部留存和民间借贷。我国中小企业业主资本和内部留存收益分别占中小企业资金来源的 30%和 26%，在外源性融资渠道中，由于证券市场门槛高，创业投资体制不健全，企业债发行的准入障碍，中小企业难以通过资本市场公开筹集资金，中小企业缺乏外部股权融资渠道。亲友借贷、职工内部集资以及民间借贷等非正规金融方式在中小企业融资中占相当比例。

企业进行筹资期限决策，主要取决于企业筹资的用途。如果筹资是用于企业流动资产，则根据流动资产周期快、易于变现、经营中所需补充数额较小及占用时间短等特点，一般选择各种短期筹资方式；如果筹资是用于长期投资或购置固定资产、无形资产等，这类用途要求资金数额大、占用时间长，因而适宜选择各种长期融资方式。

另外，作为汽车销售企业的投资者，其出资方式主要有现金投资、实物投资、工业产权投资、土地使用权投资等。投入资本的出资方式除国家规定外，应在企业成立时经批准的企业合同、章程中有详细规定。

吸收直接投资的优点是有利于尽快形成生产经营规模，增强企业实力；有利于获取先进设备和先进技术，提高企业的生产水平；吸收直接投资根据企业经营状况向管理者进行回报，财务风险较小。

吸收直接投资的缺点是资本成本较高，特别是企业经营状况较好和赢利较多时，向管理者支付的报酬是根据其出资的数额多少和企业实现利润的多少来计算的；容易分散控制权，采用吸收直接投资，管理者一般都要求获得与投资数量相适应的经营管理权，如果达到一定的比例，就能拥有对企业的完全控制权。

4. 汽车销售企业的流动资金、收入及收益分配管理

汽车销售企业成立之初，企业筹集到的资本金就是企业经营启动资金，要注意资本金的筹集方式、时效、期限、货币、固定资产及无形资产所占份额、资本金确认、管理者违约责任等。

企业筹集到的股东投资必须进行工商和税务注册登记，同时将股东投资作为法定注册资本金登记，会计上作为所有者权益记账。

汽车销售企业的财务管理主要涉及收入、费用、利润、资产、负债、所有者权益等会计要素的核算。汽车维修收入及费用的核算首先要根据收入原始凭证填制记账凭证，并确认汽车销售企业营业收入，结合汽车维修费的折扣与折让，并根据支出原始凭证填制记账凭证，对支出费用进行核算与结算，之后对收入记账凭证、支出记账凭证及转账凭证进行

审核，并按期编制会计科目明细分类账和总分类账，最后核算本期税前利润。在财务管理及会计核算过程中，特别注意收入及支出的监督管理。

5. 汽车销售企业的流动资金管理

汽车销售企业的流动资金包括库存现金、银行存款及其他货币资金。

(1) 库存现金。财务人员可以在规定范围内使用现金，如工资、津贴、奖金、个人劳务报酬、差旅费、结算限额（1000 元）内的零星支出、总经理批准的其他开支等；除前款规定外，财务人员支付款项应当以支票方式支付；确须全额支付现金的，经会计审核、总经理批准后方可支付现金。日常开支所需库存现金限额为 2000 元，超额部分应存入银行。

企业购置固定资产、办公用品、劳保、福利及其他工作用品必须采取转账结算方式，不得使用现金。

财务人员支付现金，可以从本企业库存现金限额中支付或从银行存款中提取，不得从现金收入中直接支付（即坐支）。因特殊情况确需坐支的，应事先呈报总经理批准。

出纳人员应当建立健全现金账目，逐笔记载现金支付。现金账目应当日清月结，每日结算，账款相符。

现金的清查，主要采用实地盘点法，即通过清点票数来确定现金的实存数，然后以实存数与现金日记账的账面余额进行核对，以查明盈亏情况。

库存现金的盘点应当由清查人员会同出纳人员共同负责，一般在当天业务结束或开始之前进行，注意清查时不得以“白条”抵充库存现金，盘点结果填入“现金盘点报告表”，并由清查人员和出纳人员签章。

表 8-1-1　　　　现金盘点报告表

实存余额	账存余额	对比结果		备注
		盘盈	盘亏	

(2) 银行存款。银行存款的管理主要是清查与对账，是采用与开户银行核对账目的方法进行的，即将本单位的银行存款日记账与开户银行转来的对账单逐笔进行核对，检查账账是否相符。

银行对账单上的余额，常与企业银行存款日记账上的余额不一致，其原因主要有以下两点：

①由于某一方记账有错误。如有的企业同时在几家银行开户，记账时会发生银行之间串户的错误，同样，银行也可能把各存款单位的账目相互混淆。

②存在未达账项。所谓未达账项是指企业与银行之间对于同一项经济业务，由于取得凭证的时间不同，导致记账时间不一致，即发生的一方已取得结算凭证并登记入账，另一方由于尚未取得结算凭证还未入账的款项。产生未达账项的原因有四种情况：企业已收，银行未收款；企业已付，银行未付款；银行已收，企业未收款；银行已付，企业未付款。

以上任何一种未达账项的存在都会使企业银行存款日记账余额与银行对账单余额不一致。因此，在与银行核对对账单时，应首先检查是否存在未达账项，如确有未达账项存在，即编制“银行存款余额调节表”，待调整后，再确定企业与银行之间记账是否一致，双方账面余额是否相符。

例：某企业 2010 年 5 月 30 日银行存款日记账余额为 65000 元，而银行对账单余额为 58000 元，经过逐笔核对，发现有下列未达账项：

①企业送存银行转账支票一张，系销售收入 25000 元，银行尚未入账。

②企业开出现金支票一张，支付办公费 3000 元，银行尚未收到支票，未入账。

③银行代企业收取前欠销售款 17000 元，已入账，而企业尚未收到银行收款通知，未入账。

④银行代企业支付本月水电费 2000 元，银行已付款入账，而企业尚未收到付款通知，未入账。

根据资料，编制“银行存款余额调节表”，调整双方余额，如表 8－1－2 所示。

表 8－1－2　　银行存款余额调节表

2010 年 5 月 30 日　　单位：元

项目	金额	项目	金额
企业存款日记账余额	65000	银行对账单余额	58000
＋③收回前欠销售款	17000	＋①销售收入款	25000
－④水电费	2000	－②办公费	3000
调整后余额	80000	调整后余额	80000

该补记法是企业与银行都在本身账面余额的基础上，补记上对方已记账、而本身尚未记账的未达账项，登记后看双方余额是否一致。如调整后余额相等，则说明双方记账无错，否则说明双方记账有误，应进一步查找。

需说明的是，该调节表只起调节试算企业与银行之间账目是否相符的作用，而不能作为调整账面余额的凭证，不能据此更正账面记录。至于产生的未达账项，需等双方接到有关凭证后，才能据以登账。该调节表上调整后的存款余额，为企业存放在银行的可实际动用的存款数额。

【任务检验】

某汽车销售公司 2010 年当年实现的利润总额为 600 万元，适用的所得税税率为 33%。2011 年，经注册会计师审计发现下列问题：

（1）该公司按税法规定应计提坏账准备金 2 万元，实际计提坏账准备金 4 万元；

（2）该公司利润总额中包括从被投资企业分回的税后利润 30 万元（被投资企业所得税税率为 33%）；

（3）公司章程规定的公益金提取比例为5%；

（4）该公司有以前年度累计亏损310万元（其中有60万元已超过税前利润补亏的期限）。

要求：①计算该公司2004年的应纳税所得额、应纳所得税税额、税后利润。

②计算该公司最多有多少可供分配的利润。

解析：①应纳税所得额＝600＋2－30－（310－60）＝322（万元）

应纳所得税税额＝322×33%＝106.26（万元）

本年税后利润＝600－106.26＝493.74（万元）

②本年提取两金＝（493.74－310）×15%＝27.561（万元）

可供股东分配的利润＝493.74－310－27.561＝156.179（万元）

【任务总结】

首先，熟悉汽车销售企业财务管理的功能及内容；其次通过了解汽车销售企业基本的财务管理方式来学习汽车经营中常用的财务知识。

检验内容	检验指标	检验总结
汽车销售企业财务管理的重要性	汽车经营的财务管理主要体现在汽车销售企业的资金管理当中，如何运用好财务知识来有效管理、监控汽车销售企业的财务运作是销售环节中必不可少的要素，财务管理工作同时也直接关系到汽车销售企业的正常运转	
检查任务完成情况	1. 能描述汽车销售企业财务管理的功能及内容 2. 以小组为单位，模拟汽车销售企业财务管理岗位工作	

任务二　财务会计报告

【任务描述】

汽车销售企业的财务报告是反映企业财务状况和经营成果的书面报告，它是把经过完整登记的、核对无误的账簿记录及其他有关资料集中起来归类整理，使之更集中、更概括、更有条理地反映出企业的经营状况和经营成果。本任务通过学习企业财务报告的相关知识来了解和掌握汽车销售企业财务报告的作用、分类、编制等内容。

【任务目标】

1. 了解汽车销售企业财务报告的作用。
2. 了解汽车销售企业财务报告的分类。
3. 了解汽车销售企业财务报告的编制方法。

【任务准备】

汽车销售企业的财务报告通常包括会计报表及其附注，会计报表一般由资产负债表、利润表、现金流量表和会计报表附注组成。通过分析资产负债表，可以了解企业的财务状况，对企业的偿债能力、资本结构是否合理、流动资金是否充足做出判断；通过分析利润表，可以了解分析企业的赢利能力、赢利状况、经营效率，对企业在行业中的竞争地位、持续发展能力做出判断；通过分析现金流量表，可以了解企业运营资金管理能力，判断企业合理运用资金的能力以及支持日常周转的资金来源是否充分并且有可持续性；通过会计报表附注，可以了解企业使用的会计政策以及会计报表中的一些重大变化与重大事项。

汽车销售企业的财务报告的要求主要是：

(1) 及时而客观地编制财务报告，定期按时向企业管理者提供《资产负债表》、《利润表》、《现金流量表》，企业内部经营管理所需的《内部财务管理报表》，及有关附表和财务状况说明书等。

(2) 登记完整、核对无误的会计账簿和其他有关会计资料是编制财务报告的主要依据。编制时不仅要在会计计量和填表方法上保持前后一致，不可随意变动，而且要求数据真实、计算准确、内容完整、报送及时。对其中的重大问题应单项说明，从而使阅读者不产生误解和偏见，能准确有效地满足企业管理的决策需要。

(3) 编制原则：报表内容真实可靠，信息具有相关性，体现效益大于成本原则。

一、企业财务报告的作用

企业通过编制财务报表来报告企业的财务状况。其作用是：

(1) 帮助企业管理者通过财务报表了解本企业的资产负债情况及企业的经营成果和经济效益，分析和考核企业财务的成本计划和费用预算，从中发现问题和采取措施，改进企业经营管理，提高企业经济效益。

(2) 帮助企业投资者和债权人通过企业财务报表了解企业的经营状况和经济效益，并预测趋势，制定正确的投资决策和信贷决策。

(3) 有利于财政、税务、行政等部门，通过财务报表了解企业的财政信贷情况、税金上缴和利润分配情况，以及财经纪律执行情况，从而对企业实施有效的管理和监督。

(4) 有利于国家经济综合管理部门，通过企业财务报表测算综合国力，制订国民经济发展规划，调整和完善市场经济体制。

(5) 应严格按项目属性，选用会计科目填报会计报表，并准确完整地反映各项目性质和补充资料。

此外，企业财务报告还应提供以下内容：经济资源信息，企业经营业绩，现金流动信息，管理当局受托责任信息，非财务信息和未来信息。

二、汽车销售企业财务报告的分类

企业财务报告的主要种类有：

(1) 列举期末企业资产和资产权益归属及其资金来源的《资产负债表》。

(2) 概述企业在本年度获利绩效的《利润表》。

(3) 概述本年度企业的《现金流量表》。

除此以外，还有《利润分配表》、《主要业务收支明细表》和《财务情况说明书》等。

根据财务报告目的的不同，可以分为“外部报告”与“内部报告”两类。其中，外部财务报告的目的是为了让企业债权人或所有者更好地参与企业管理，为此不仅要求格式正规、简明扼要（只有结果而无分析），而且要求按公认的会计原则编制且编制后经会计师事务所查核，以使外部财务报告具有公正性。内部财务报告的目的是为了让企业管理者能够更好地掌握和分析企业的经营环境和财务状况，因此其格式不仅要方便企业管理者的阅读和使用，而且还要有详尽的分析与说明等。

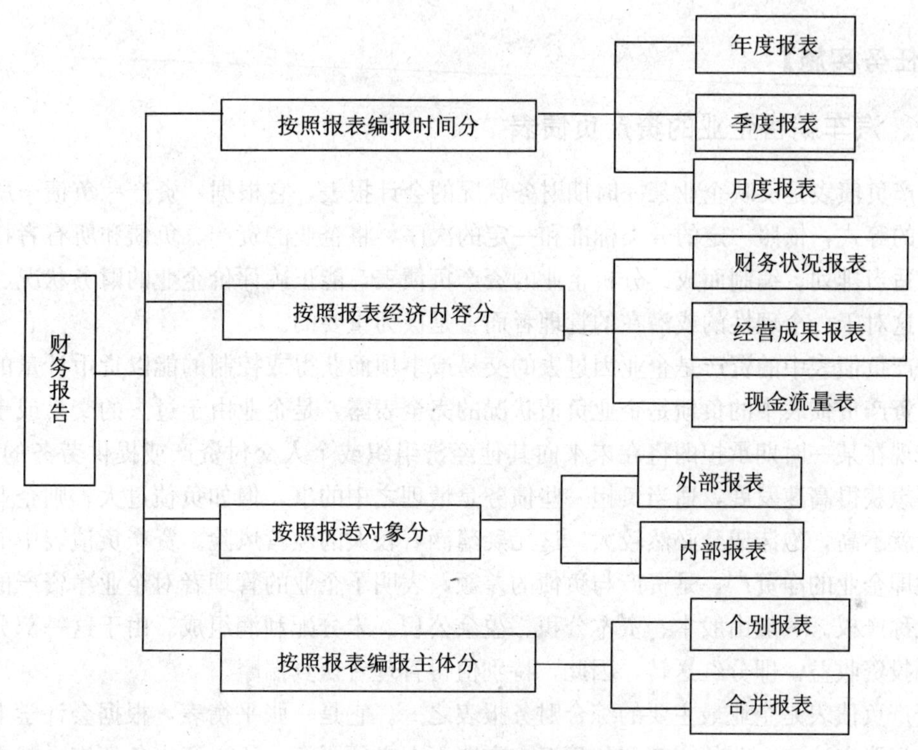

图 8－2－1　财务报告的形式

三、财务报告的基本要求

（1）报告期内所有经济业务必须全部登记入账；

（2）在编制财务会计报告之前应认真核对账簿记录、定期清查财产，做到账证相符、账账相符和账实相符。

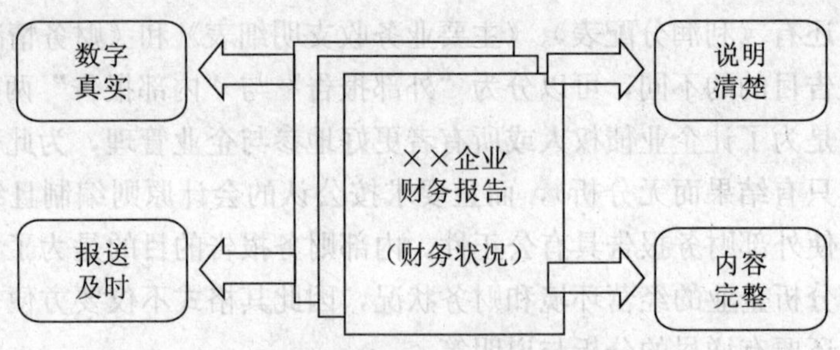

图 8-2-2　财务报告的基本要求

【任务实施】

一、汽车销售企业的资产负债表

资产负债表是反映企业某一时期财务状况的会计报表，它根据“资产＝负债＋所有者权益”的等式，依照一定的分类标准和一定的次序，将企业的资产、负债和所有者权益项目予以适当排列、编制而成。分析企业的资产负债表，能正确评价企业的财务状况、偿债能力，这对于一个理性的或潜在的管理者而言是极为重要的。

资产负债表中的资产是企业因过去的交易或事项而获得或控制的能以货币计量的经济资源。资产负债表中的负债是企业负债状况的完全表露，是企业由于过去的交易或事项引起而在现在某一时期承担的将在未来向其他经济组织或个人交付资产或提供劳务的责任。企业要想获得高速发展，适当负担一些债务是情理之中的事，但如负债过大，则企业的资产质量就不高，泡沫成分必然较大，这无疑蕴涵着较大的经营风险。资产负债表中的所有者权益即企业的净资产，是资产与负债的差额，表明了企业的管理者对企业净资产的所有权，也称产权。一般由股本、资本公积、盈余公积、未分配利润组成。由于这一部分直接影响到投资收益，即分红送转，因此，特别值得管理者认真揣摩。

资产负债表是企业最主要的综合财务报表之一。它是一张平衡表，根据会计学上复式簿记的记账方法，企业的资产和负债双方在账面上必须平衡，所以资产负债表也就是资产和负债的平衡表，资产作为会计上的借方，列在表的左边，负债作为会计上的贷方，列在表的右边，两边的总金额必须相等。假设一家企业的资产，如现金、银行存款、存货、机器设备等，一共价值 5000 万元。这 5000 万元的资产并不完全归这家企业的股东所有，因为企业在经营过程中总会有贷款或欠款。如果这家企业从银行取得 1500 万元的贷款，并发生赊购价值 500 万元的商品业务时，那么，这家企业一方面有资金（资产）5000 万元，另一方面欠银行和其他单位的债务（负债）2000 万元。作为企业 5000 万元资产的来源渠道，一是靠 2000 万元的负债，二是靠股东的投资和企业的累积盈余，即 3000 万元的股东权益（净资产）。下面我们对资产负债表的主要项目分别进行介绍。

（1）资产。企业的资产额在一定程度上反映了一家企业的规模和实力。从理论上讲，资产规模大的企业，发展相对稳健，经营成本与风险都小。当然，实际中不仅要看企业的资产规模，而且还要看资产质量。资产分为四大类，共 30 多项财务指标，从上至下按变现程序排列，变现最快的排在最上方，变现最慢的排在最下方。

①流动资产。流动资产是指企业日常经营所需的资金，以及在较短时间内能换成现金的短期资产。流动资产是最容易变现的资产，按变现快慢分为：货币资金、短期投资、应收票据和应收账款、预付账款、其他应收款、存货、其他流动资产等。一般来说，分析流动资产状况，要重点考察其中的应收账款及期末存货。应收账款的余额过大，发生坏账的风险会相应增加，企业的正常运转可能会因此而受影响，风险也可能因此而出现；存货比例过大（即存货周转率过低），会占用企业的资金，影响企业的资金流动和付现偿债能力，降低企业的活力。

②长期投资。长期投资指的是一年以上才能收回的投资。国内上市企业的长期投资主要是股权投资和联营投资两部分。要考察企业长期投资的资产质量，就要对长期投资的回报作最基本的评价。管理者应十分注意的是，一些企业一味注重规模、外延的扩大，不断向外投资，其子企业又投资孙企业，形成巨额的长期投资，但与之相应的投资回报率却很低。而合并报表往往将其中很大的部分抵消，表现为集团的存货和其他资产，淡化、掩盖了母企业长期投资中存在的问题。

③固定资产。固定资产指的是厂房、设备等实物资产，包括已经建好并投入使用的固定资产和在建工程。一般来说，工业企业和基础设施类公共事业企业固定资产比例较高，商贸类企业固定资产比例较小。

④无形资产。无形资产反映企业各项无形资产的原价扣除摊销后的净额。流动资产、长期投资、固定资产属于有形资产，土地、房屋的使用权，商誉，专利等则属于无形资产。我国宪法规定，城镇土地属国家所有，农村土地属集体所有，因而，作为有形资产的土地所有权不可能表现在企业的财务报表上，只有使用权才能转让，企业所拥有的地产只能作为土地使用权的“无形资产”。

(2) 负债。负债即企业的债务，按偿债期是一年以内还是一年以上又可分为流动负债和长期负债。流动负债是指那些在一年内必须偿付的债务，如应付员工的工资、应付未付账款、应付未付银行和其他贷款人的票据、应交未交的税款等。长期负债是指那些在偿还期限一年以上的债务，主要是银行的长期贷款，还包括企业发行的长期债券，长期应付款以及其他长期负债等。

(3) 股东权益。股东权益就是企业的自有资产，包括股本金、资本公积金、盈余公积金（含公益金）、未分配利润等项目。

资产负债表有三种格式：即报告式、财务状况式和账户式。

①报告式

资产负债表的报告式，指垂直列示资产、负债和所有者权益项目的一种格式，即上资产、下权益格式。具体还可分为两种：“资产＝权益”式和“资产－负债＝所有者权益”式。

表 8-2-1　　资产负债表

年　月　日

"资产＝权益"式	"资产－负债＝所有者权益"式
资产：	资产：
流动资产	流动资产
长期投资	长期投资
固定资产	固定资产
无形资产	无形资产
长期待摊费用	长期待摊费用
其他资产	其他资产
资产总计	资产总计
权益：	减：负债
负债：	流动负债
流动负债	长期负债
长期负债	其他负债
其他负债	负债合计
负债合计	所有者权益：
所有者权益：	实收资本
实收资本	资本公积
资本公积	盈余公积
盈余公积	未分配利润
未分配利润	所有者权益合计
所有者权益合计	
权益总计	

报告式便于编制比较资产负债表，可在一张表中，平行列示连续的若干期资产负债表，而且易于使用括弧旁注方式注明某些特殊项目。其缺点是资产和权益间的恒等关系并不能一目了然。

②财务状况式

资产负债表的财务状况式，即在资产负债表中列出营运资本，然后加减其他项目，最后列示所有者权益的一种格式。

表 8-2-2　　资产负债表

年　月　日

资产负债表
流动资产
减：流动负债
营运资本
加：非流动资产
减：非流动负债
所有者权益

鉴于营运资本以及营运资本比率信息的重要性，财务状况式资产负债表直接列示了营运资本信息，并可让报表使用者方便地判断企业的流动性以及清偿流动负债的能力。

③账户式

按照“T”型账户的形式设计资产负债表，将资产列在左边（借方），负债及所有者权益列在报表右边（贷方），左（借）右（贷）方总额相等，即为账户式。

表 8-2-3 资产负债表

编制单位： 年 月 日 单位：元

资产	行次	年初数	期末数	负债和所有者权益（或股东权益）总计	行次	年初数	期末数
流动资产				流动负债			
货币资金				短期借款			
短期投资				应付票据			
应收票据				应付账款			
应收股利				预收账款			
应收利息				应付工资			
应收账款				应付福利费			
其他应收款				应付股利			
预付账款				应交税金			
应收补贴款				其他应交款			
存货				其他应付款			
待摊费用				预提费用			
一年内到期的长期债权投资				预计负债			
其他流动资产				一年内到期的长期负债			
流动资产合计				其他流动负债			
长期投资							
长期股权投资				流动负债合计			
长期债权投资				长期负债			
长期投资合计				长期借款			
固定资产				应付债券			
固定资产原价				长期应付款			
减：累计折旧				专项应付款			
固定资产净值				其他长期负债			

续 表

资产	行次	年初数	期末数	负债和所有者权益（或股东权益）总计	行次	年初数	期末数
减：固定资产减值准备				长期负债合计			
固定资产净额				递延税项			
工程物资				递延税款贷项			
在建工程				负债合计			
固定资产清理							
固定资产合计				所有者权益（或股东权益）			
无形资产及其他资产				实收资本（或股本）			
无形资产				减：已归还投资			
长期待摊费用				实收资本（或股本）净额			
其他长期资产				资本公积			
无形资产及其他资产合计				盈余公积			
				其中：法定公益金			
递延税项				未分配利润			
递延税款借项				所有者权益（或股东权益）合计			
资产总计				负债和所有者权益（或股东权益）总计			

a. 资产、负债均按流动性排列，流动性强的在先，弱的在后。

b. 偿债期限短的在先，长的在后。

c. 所有者权益按形成来源分类后，按其留在企业的永久程度排列。

二、汽车销售企业的利润表

利润表又称收益表、损益表。对于企业管理者来说，利润表是他们最关注的问题。因为利润表犹如企业的“成绩单”，能集中反映该企业在一定时期内的收入、费用、利润或亏损，揭示企业获取利润能力的大小和潜力以及经营趋势。利润表由三个主要部分构成，第一部分是营业收入；第二部分是与营业收入相关的生产性费用、销售费用、管理费用、财务费用、其他费用；第三部分是利润。

我国的《利润表》多采用上下加减的多表式报告结构，按利润总额的形成过程逐步计算得出利润总额。由于利润表的内容主要为企业各项收入与支出，因此，利润表的编制必须基于某一特定的时期，才能了解该时期内的收支情况，这是利润表与资产负债表编制上的不同之处。资产负债表为表示某一时点的静态报表，而利润表则为表示某一特定时期的

动态报表。如果说资产负债表是企业财务状况的瞬时写照，那么利润表就是企业财务状况的一段录像，因为它反映了两个资产负债表编制日之间的企业财务赢利或亏损的变动情况。因此，利润表对企业的实力和前景具有特别重要的意义。通过分析利润表，可以了解分析企业的赢利能力、赢利状况、经营效率，对企业在行业中的竞争地位、持续发展能力作出判断。

1. 利润表的作用

(1) 利润表提供的信息，可用于反映和评价企业当期经营活动的效益。

(2) 通过利润表可以反映企业经营活动的多个方面，据以考核企业管理部门的工作绩效。

(3) 利润表可用于分析企业的获利能力，预测企业未来的赢利趋势。

(4) 利润表可用于反映企业实现利润的分配情况，以利于企业扩大经营规模，增大后期赢利的能力。

2. 利润表的格式

(1) 单步式。这种方式将所有的收入汇列在一起，也把所有的成本、费用或支出列在一起，一步计算出净损益。

(2) 多步式。这种方法通过多步计算得出企业损益：第一步，毛利＝销售收入－销售成本；第二步，营业净收益＝毛利－营业费用；第三步，营业净收益＋非常收益＝纳税前收益；第四步，纳税前收益－所得税＝净收益。

(3) 账户式。这种方法是将各项费用列于左方，各项收入列于右方。

(4) 报告式。这种方法类似于多步式，用编制会计报表的格式排列。

3. 利润表的编制

明确当期经营观念和总括观念。当期经营观念反映利润表中只应计入在当期经营有关的惯常收入和惯常费用。总括观念主张，除了股利分派的资本收益以外，所有影响所有者权益变动的经济业务，都要总括地反映在利润表中。针对两种观念的矛盾，报表编制者应从企业自身经营管理出发，并结合外部使用者的信息要求，寻找它们之间的最佳结合点。

(1) 产品销售收入项目，应根据“产品销售收入”账户发生额分析填列。

(2) 产品销售成本项目，应根据“产品销售成本”账户发生额分析填列。

(3) 产品销售费用项目，应根据“产品销售费用”账户发生额分析填列。

(4) 产品销售税额附加项目，应根据“产品销售税金及附加”账户的发生额分析填列。

(5) 其他业务利润项目，应根据“其他业务收入”，“其他业务支出”账户的发生额分析计算填列。

(6) 管理费用、财务费用项目，应根据“管理费用”，“财务费用”账户发生额分析填列。

(7) 投资收益项目，应根据“投资收益”账户发生额分析填列。

(8) 营业外收入项目和营业外支出项目，应分别根据“营业外收入”和“营业外支出”账户分析填列。

(9) 产品销售利润、营业利润、利润总额等项目，可在表内计算填列。

(10) 以前年度损益调整项目，根据“以前年度损益调整”账户填列。

表 8-2-4 利润表

编制单位： 年 月 日 单位：元

项目	行次	本期金额	上期金额
一、主营业务收入	1		
减：主营业务成本	2		
主营业务税金及附加	3		
二、主营业务利润（亏损以“—”号填列）	4		
加：其他业务收入	5		
投资收益（损失以“—”号填列）	6		
减：其他业务支出	7		
销售费用	8		
财务费用	9		
管理费用	10		
三、营业利润（亏损以“—”号填列）	11		
加：营业外收支净额（亏损以“—”号填列）	12		
四、利润总额（亏损总额以“—”号填列）	13		
减：所得税费用	14		
五、净利润（净亏损以“—”号填列）	15		

三、现金流量表

《现金流量表》是用以反映当期现金的用途及动态的流量报表。外部《现金流量表》与内部《现金流量表》两者尽管格式不同，但其最终结果都是现金的净增减差额。其计算公式是：

现金变动金额＝收入现金－现金支出

其中，现金收入包括营销收入、企业内部现金收入、借款和股东投资等其他来源现金；现金支出包括分派给所有者的现金股利、偿还债务、投资资本支出等。

现金流量
- 经营活动产生的现金流量
  - 资金流入
  - 资金流出
- 投资活动产生的现金流量
  - 资金流入
  - 资金流出
- 筹资活动产生的现金流量
  - 资金流入
  - 资金流出

在现金流量表中，重点是经营、投资、筹资三大活动所产生的现金流量。一般情况下，我们所关注的是现金流量净额，即现金流入减去现金流出的差额。如果有负数，需格外关注，并找出原因。一个企业是否有足够的现金流入是至关重要的，这不仅关系到其支付股利、偿还债务的能力，还关系到企业的生存和发展。因此，管理者、债权人在关心企业的每股净资产、每股净收益率等资本增值和盈利能力指标时，对企业的支付、偿债能力也应予以关注。在其他财务报表中，管理者只能掌握企业现金的静态情况，而现金流量表是从各种活动引起的现金流量的变化及各种活动引起的现金流量占企业现金流量总额的比重等方面去分析的，它反映了企业现金流动的动态情况。因此，管理者在研究现金流量表时，应与其他财务报表结合起来分析，就会对这一企业有更加全面的了解。

现金流量表主要由三部分组成，分别反映企业在经营活动、投资活动和筹资活动中产生的现金流量。每一种活动产生的现金流量又分别揭示流入、流出总额，使会计信息更具明晰性和实用性。经营活动产生的现金流量，包括购销商品、提供和接受劳务、经营性租赁、交纳税款、支付劳动报酬、支付经营费用等活动形成的现金流入和流出。由于商业信用的大量存在，营业收入与现金流入可能存在较大差异，能否真正实现收益，还取决于企业的收现能力。因此，了解经营活动产生的现金流量，有助于分析企业的收现能力，从而全面评价其经济活动成效。

投资活动产生的现金流量，主要包括购建和处置固定资产、无形资产等长期资产，以及取得和收回不包括在现金等价物范围内的各种股权与债权投资等收到和付出的现金。企业投资活动中发生的各项现金流出，往往反映了其为拓展经营所作的努力，可以从中大致了解企业的投资方向，一个企业从经营活动、筹资活动中获得现金是为了今后发展创造条件。现金不流出，是不能为企业带来经济效益的，当然错误的投资决策也会事与愿违，所以特别要求投资的项目能如期产生经济效益和现金流入。

筹资活动产生的现金流量，包括吸收投资、银行贷款、偿还债务、发行股票、分配利润、发行债券等收到和付出的现金。现金流可用于扩大再生产，用于引进先进的技术设备，用来补充流动资金短缺，以及弥补亏损或还债等。

表 8-2-5　　现金流量表

编制单位：　　　　年　　月　　日　　　　单位：元

项　目	行　次	金　额
①经营活动产生的现金流量		
销售商品或提供劳务收到现金		
收到税费返还		

续 表

项 目	行 次	金 额
收到的与经营业务有关的其他现金		
现金流入合计		
购买商品、接受劳务支付的现金		
支付给职工以及为职工支付的现金		
支付的各项税费		
支付的与经营活动有关的其他现金		
现金流出合计		
经营活动产生的现金流量净额		
②投资活动产生的现金流量		
收回投资所收到的现金		
取得投资收益所收到的现金		
处置固定资产、无形资产和其他长期资产的现金净额		
收到的与投资活动有关的其他现金		
现金流入合计		
购建固定资产、无形资产和其他长期资产支付的现金		
投资所支付的现金		
支付的与投资活动有关的其他现金		
现金流出合计		
投资活动产生的现金流量净额		
③筹资活动产生的现金流量		
吸收投资所收到的现金		
借款所收到的现金		
现金流入合计		
偿还债务所支付的现金		
分配股利、利润、偿付利息所支付的现金		
现金流出合计		
筹资活动产生的现金流量净额		
④汇率变动对现金的影响		
⑤现金流量净额		

现金流量表的编制方法：

现金流量表的编制通常通过资产负债表和利润表的非现金项目，以及现金及现金等价物分别开设账户为手段，以利润表和资产负债表为基础，对每一项目进行分析并编制调整分录，从而编制出现金流量表的一种方法。

(1) 为所有资产负债表和利润表的非现金项目分别开设账户，并将各自的期末期初变动数过入其账户。

(2) 开设一个大的“现金及现金等价物”账户，过入期末期初变动数。该账户每边设计经营活动、投资活动和筹资活动三个部分，左边记现金流入，右边记现金流出。

(3) 以利润表项目为基础，结合资产负债表分析每一个非现金项目的增减变动，并据此编制调整分录。

(4) 将调整分录过入各账户，并进行核对。该账户借贷相抵后的余额与原先过入的期末期初变动数应当一致。

(5) 根据大的“现金及现金等价物”账户的记录编制正式的现金流量表。

四、内部财务控制报表

为了完成企业原定的计划目标，需要企业管理者通过一系列的财务决策和财务控制。为此需要编制《内部财务控制报表》，以掌握企业在生产经营管理过程中反馈的必要信息。例如销售额、售价折让、产品成本、费用预算、现金流量等。除此之外，该报表还应有评价企业投资绩效及其成败原因的解释。

当然，要编制《内部财务控制报表》，首先要编制内部《损益表》，并分析企业利润的变化，列举明显影响企业利润的主要因素。在编制企业内部的《资产负债表》、《现金流量表》时，还应密切注意资产和负债的变化情况（特别是营运资产和营运负债的比率变动）。一般而言，来自营运利润的现金流量应等于公司营运资产和负债的变动。

为使企业管理者能够很好地应用《内部财务控制报表》以实施有效的管理和控制，会计人员应根据管理者的职责分别编制（如为采购经理编制存货和供应商控制报告，为业务经理编制应收账款和客户控制报告，为销售经理编制销售和销售人员控制报告等），并附加摘要和附录等，以提供更多的详情和细节，甚至还包括计算过程、解释及分析；包括过期的应收账款清单、过久的存货清单、客户高退换率的产品清单，以及经常超预算的费用开支等。除此以外，不仅应当反映当期情况，而且还要与上期比较，以说明企业的发展趋势。报告的编制间隔有的是每天编报，但常见的是按月或按季编报。

《内部财务控制报表》相当于企业内部的审计报告，属于企业内部机密会计文件。因为在此报告中可能会披露企业生产经营管理者的决策失误及其主客观原因，包括查核物品、审查账目、侦测企业内部可能存在的非法行为等。

五、财务报表附注

财务报表附注说明是为了帮助理解会计报表的内容而对报表的有关项目等所做的解释，是企业对报表加以说明的补充资料，它与会计报表共同构成一个有机整体。管理者利用会计报表附注说明可以了解到许多从报表中无法找到的重要信息。其内容主要由以下三部分组成：

第一部分是企业经营业务情况和会计报表中有关项目的补充说明。

第二部分是企业执行会计制度的有关说明，主要包括：

（1）遵循的会计制度和财务制度。

（2）采用的主要会计处理方法。

（3）会计处理方法的变更情况、变更原因以及对财务状况和经营成果的影响。

第三部分为有关部门对企业情况的说明，其中主要是注册会计师的审计报告。按我国制度规定，企业的会计报表必须经注册会计师的审计，并提出审计报告。在审计报告中，要对企业的会计报表进行公证，对企业的增资扩股、长期负债、存货构成、应收账项和应付账项进行说明。

【任务总结】

通过学习企业财务报告的相关知识来了解和掌握汽车销售企业财务报告的作用、分类、编制等内容。

检验内容	检验指标	检验总结
汽车销售企业的财务报告的功能	汽车销售企业的财务报告是反映企业财务状况和经营成果的书面报告，它是把经过完整登记的、核对无误的账簿记录及其他有关资料集中起来归类整理，使之更集中、更概括、更有条理地反映出企业的经营状况和经营成果	
检查任务完成情况	1. 能描述汽车销售企业的财务报告的作用及编制方法 2. 以小组为单位，编写汽车销售企业的财务报告	

任务三　经营分析

【任务描述】

汽车销售企业会计编制财务报告之后，企业管理人员就必须审查财务报告并进行必要的财务分析。汽车销售企业的财务活动分析，是根据财务报表，揭示收入、费用、利润、资产、负债、所有者权益六个会计要素之间的关系，借以评价企业财务状况和经营效果，为企业经营决策和经营管理提供依据。

【任务目标】

1. 了解汽车销售企业经营管理的作用。
2. 了解汽车销售企业经营管理的方法。
3. 了解汽车销售企业经营管理的岗位职责。

【任务准备】

汽车销售企业财务分析是以企业财务报告等会计资料为基础，对企业的财务状况和经

营进行分析和评价的一种方法。财务分析是财务管理的重要方法之一，它既是对已完成的财务活动的总结，又是财务预测的前提。通过财务分析可以评价企业一定时期的财务状况，揭示企业生产经营活动中存在的问题，总结财务管理工作的经验教训，为企业生产经营决策和财务决策提供重要的依据；通过财务分析可以对企业投资者提供系统完整的财务分析资料，便于他们了解企业的财务状况和经营成果，为他们作出投资决策提供依据：通过财务分析，可以检查企业内部各职能部门和单位完成财务计划指标的情况，考核各部门和单位的工作业绩，以便揭示管理中存在的问题，总结经验教训，提高管理水平。

财务分析的基本内容，可以简要地概括为：依据财务报告和资料，运用财务分析方法和财务指标进行财务能力的分析与评价。

一、财务报告和资料

进行财务分析所依据的主要资料是企业的财务报告。企业财务报告是反映企业财务状况和经营成果的书面文件。它包括会计报表主表、附表、会计报表附注和财务情况说明书。会计报表主表有资产负债表、利润表、财务状况变动表（或现金流量表）。会计报表附表有利润分配表、主营业务收支明细表等。会计报表附注是为了帮助理解会计报表的内容而对报表项目等所作的解释，其内容主要包括：所采用的主要会计方法；会计处理方法的变更情况、变更原因以及对财务状况和经营成果的影响；非经常性项目的说明；会计报表中有关重要项目的明细资料；其他有助于理解和分析会计报表需要说明的事项。会计报表附注能够为财务分析提供许多重要的具体情况，在具体分析中应予以重视。财务情况说明书是为了评价企业财务状况和经营成果所提供的书面性资料，主要说明企业的生产经营状况、利润实现和分配情况、资金增减和周转情况、税金缴纳情况、各项财产物资变动情况；对本期或者下期财务状况发生重大影响的事项；资产负债表编制日至报出财务报告前发生的重大财务事项；其他需要说明的事项。

二、财务分析的基本方法

进行财务分析所依据的资料，除了财务报告外，还包括日常核算资料（凭证、账簿等)、计划资料、生产技术资料、同行业其他企业发布的财务报告、调查研究所收集到的资料等。

1. 比较法

比较法是通过经济指标数量上的变化来揭示它的数量关系和数量差异的一种方法。其主要作用在于揭示财务活动中的数量关系和存在的差距，从中发现问题，为进一步分析原因、挖掘潜力指明方向，它是财务分析最基本的方法。根据分析的目的和要求不同，比较法有以下三种形式。

(1) 实际指标同计划（定额）指标比较。可以揭示实际与计划或定额之间的差异，了解该项指标的计划或定额的完成情况。

(2) 本期指标同上期指标或历史最好水平比较。可以确定前后期不同时期有关指标的变动情况，了解企业生产经营活动的发展趋势和管理工作的改进情况。

(3) 本单位指标同国内外先进单位指标比较。可以找出与先进单位之间的差距，推动本单位改善经营管理，赶超先进水平。

应用比较法对同一性质指标进行数量比较时，要注意所利用指标的可比性，双方的指标在内容、时间、计算方法、计价标准上口径应当一致。必要时，可以对所用的指标按统一口径进行调整换算。

2. 比率分析法

比率分析法是通过计算经济指标的比率来确定经济活动变动程度的分析方法。应用时，把分析对比的数值编程相对数，计算出各种比率指标，然后进行比较，从确定的比率差异中发现问题。因此，能够把在某些条件下的不可比指标变为可比较的指标进行分析比较。常用方法有以下三种类型：

(1) 构成比率，又称结构比率。用以计算某项经济指标的各个组成部分占总体的比重，反映部分与总体的关系。如固定资产占总资产的比重，负债占总权益的比重等都属于构成比率指标。利用此项指标可以考察总体中某个部分的形成和安排是否合理，以便协调各项财务活动。

(2) 效率比率。用以计算某项经济活动中所耗费与所得到的比例，反映投入与产出的关系。如成本费用与销售收入的比率、成本费用与利润比率等。利用效率比率指标，也可以进行得失比较、考查经营成果、评价经济效益的水平。

(3) 相关比率。用以计算在部分与总体关系、投入与产出关系之外的具有相关关系指标的比率，反映有关经济活动的联系。如资产总额与负债总额的比率、流动资产与流动负债的比率等。利用相关比率指标，可以考查有联系的相关业务安排得是否合理，以保障生产经营活动能够顺畅运行。

采用比率分析法要注意的问题：①比率指标中对比指标要有相关性；②比率指标中对比指标的计算口径要一致；③采用比率指标要有对比的标准。

常用的标准有：预定目标、历史标准、行业标准及公认标准，可根据具体要说明的问题选用。

3. 趋势分析法

趋势分析法是将两期或连续数期财务报告中的相同指标或比率进行对比，求出它们增减变动的方向、数额和幅度的一种方法。采用这种方法可以揭示企业财务状况和生产经营情况的变化，分析引起变化的原因、变动的性质，并预测企业未来的发展前景。常用以下三种方法：

(1) 重要财务指标的比较。将不同时期财务报告中的相同指标或比率进行比较，直接观察，其绝对额或比率的增减变动情况及变动幅度，考查有关业务的发展趋势，预测其发展前景。

(2) 会计报表金额的比较。将连续数期的会计报表的金额数字并列起来，比较其相同指标的增减变动金额和增减变动幅度，用此来说明企业财务状况和经营成果发展变化的一种方法。如对资产负债表、利润表及财务状况变动表等所作的比较。

(3) 会计报表构成的比较。它是以会计报表中的某个总体指标作为100%，再计算出其各组成指标占该总体指标的百分比，比较各个项目百分比的增减变动，以此来判断有关财务活动的变化趋势。其既可用于同一企业不同时期财务状况的纵向比较，也可用于不同企业之间或行业平均数之间的横向比较。这种方法能消除不同时期（不同企业）之间业务规模差异的影响，有利于分析企业耗费水平和赢利水平。

4. 因素分析法

因素分析法是用来确定几个相互联系的因素对分析对象——某个经济指标的影响和影响程度的一种分析方法。采用这种方法的出发点是：当有若干因素对分析对象发生影响时，假定其他各个因素都无变化，按顺序确定每一个因素单独变化所产生的影响。差额计算法是常用的一种形式，它利用各个因素实际数同标准数的差额来计算各项因素脱离标准对分析对象的影响。

设财务指标 P 由 a、b、c 三个因素的乘积构成，其计划指标和实际指标同有关因素的关系如下：

计划指标：$P_0=a_0b_0c_0$

实际指标：$P_n=a_nb_nc_n$

以实际与计划的差异 P_n-P_0 为分析对象，它同时受 a、b、c 三个因素的影响，运用差额计算法可确定各因素的影响程度如下：

a 因素变动的影响：$(a_n-a_0)\ b_0c_0=P_1-P_0$

b 因素变动的影响：$a_n\ (b_n-b_0)\ c_0=P_2-P_1$

c 因素变动的影响：$a_nb_n\ (c_n-c_0)\ =P_n-P_2$

影响合计：P_n-P_0

上式中带下标 0 的各字母为计划数，带下标 n 的字母为实际数，P_1、P_2 分别为第一、第二个因素变动后的结果。

因素分析法既可以全面分析各因素对某一经济指标的影响，也可以单独分析某个因素对某一经济指标的影响。后者可以用于计算由于流动资金周转天数缩减而对流动资金计划需要量减少的影响；应收账款收款天数缩短，降低坏账损失率对企业坏账损失减少的影响等。它是财务分析的一种常用方法。

三、财务分析的常用指标

对企业财务状况和经营成果的评价指标主要包括反映企业偿债能力、经营能力和赢利能力三大类指标。常用的指标有：

1. 反映企业偿债能力的指标

（1）流动比率。

（2）速动比率——反映短期偿债能力。

（3）现金比率。

（4）负债比率——反映长期偿债能力。

（5）股东权益比率。

（6）负债与股东权益比率。

2. 反映企业经营能力的指标

（1）应收账款周转率。

（2）存货周转率——反映流动资产周转情况。

(3) 流动资产周转率。

(4) 固定资产周转率——反映固定资产及总资产周转情况。

(5) 总资产周转率。

3. 反映企业赢利能力的指标

(1) 销售利润率。

(2) 成本费用利润率。

(3) 资产总额利润率。

(4) 资本金利润率。

(5) 股东权益利润率。

上述指标构成了企业财务指标的一个有机整体，既可以满足企业所有者、债权人和投资者的需要，也可以满足政府部门从不同的侧面对企业财务状况和经营成果了解的需要。

四、相关职位描述

1. 售后服务顾问

具体职责：

(1) 负责客户购车后的跟踪维系。

(2) 客户来店车辆保养的接待、出单服务、协调好售后前台和车间的工作调配。

(3) 及时热忱地接待来店顾客，并实行“一对一”的服务。

(4) 关注客户需求，并向上级主管提出合理化建议。

(5) 上级领导安排的其他事宜。

2. 销售计划员

职位描述：负责销售部车辆网上系统操作，负责部门经理做好部门内的其他管理工作。

任职资格：大专以上学历。

具体职责：

(1) 协助销售部经理制订销售计划和库存计划。

(2) 根据年/月销售计划和实际销售情况，协助销售部经理及时调整供需。

(3) 根据销售部计划和销售情况，协助销售部经理完成车辆订单计划。

(4) 负责日/月/年销售、库存状况的统计，汇总及分析，并将信息及时上报销售部经理并反馈给相关销售人员。

(5) 汇总、上传顾客订单信息，并进行整理、统计和分析。

(6) 保管原始销售资料集凭证，建立月销售管理档案。

3. 售后服务部经理

任职资格：大学本科及以上学历，汽车或相关专业专科毕业。

具体职责：

(1) 根据公司计划制订服务部的经营目标和计划。

(2) 负责服务部各项工作和流程有序开展和落实。

（3）负责服务部人员的初选、培训、管理、日常工作监督。

（4）协助公司制定服务部内部制度、流程。

（5）负责提升服务能力、服务质量，提升顾客满意度。

（6）负责解决顾客抱怨与投诉。

（7）负责完成轿车所布置的各项工作和任务。

（8）负责完成总经理交办的其他工作任务。

4. 汽车销售顾问

任职资格：大专以上学历，完成部门下达的销售计划，做好客户的开发和维护，认真执行公司的管理制度。

具体职责：

（1）负责车辆和装饰的销售，完成主管下达的销售任务。

（2）负责开发新客户，并对客户进行有效管理。

（3）负责对成交顾客的跟踪回访，提高顾客满意度。

（4）负责按照策划专员的要求执行外展等促销活动。

（5）全面贯彻落实销售服务中心的核心销售流程。

（6）负责协助顾客办理新车上牌、保险、装饰、分期付款等相关手续。

（7）负责收集、反馈市场相关信息。

（8）完成上级交办的其他任务。

5. 行政部文员

任职资格：大专以上学历，具备良好的计划、组织、控制与沟通能力；熟悉使用办公自动化软件。协助行政部经理，做好企业内各岗位的人员招聘、培训、考核等工作，配合客户部对企业内部的部门业务的监督。

具体职责：

（1）负责制定并完善公司的行政管理制度。

（2）负责对公司固定资产、办公设备的购置、登记、维护等工作。

（3）负责公司各种印刷品、办公室用品的采纳与保管等工作。

（4）负责劳保用品的订购、发放等管理工作。

（5）负责公司各类报刊杂志的订阅。

（6）负责公务车的管理。

（7）负责公司的保卫安全工作。

（8）负责展厅，车间环境的管理。

（9）配合各部门做好支持性服务工作。

6. 客服代表

任职资格：大专及以上学历，普通话标准，能够熟练使用办公自动化软件，有驾照或汽车相关专业者优先。

具体职责：

（1）负责客户回访和文件档案管理；

（2）全面贯彻并落实轿车标准服务流程；

(3) 及时热忱地接待客户，并关注客户需求及向上级主管提出合理化建议；

(4) 全面掌握产品知识，负责向客户解释车辆使用、保养、索赔等知识；

(5) 完成领导安排的其他事宜。

7. 售后部服务主管

任职资格：大专以上学历，汽车或相关专业毕业，负责服务部客户接待工作，协调前台和车间工作关系，做好客户的服务工作，确保公司考核要求达标。

具体职责：

(1) 负责服务顾问日常的客户服务管理工作。

(2) 负责轿车标准服务流程的执行监督和管理。

(3) 负责服务前台现场管理工作。

(4) 负责外出走访、外出救援及顾客抱怨与投诉处理等工作的实施与管理。

(5) 负责组织开展服务营销活动。

(6) 负责标准服务流程、服务理念的培训工作。

(7) 负责一次修复的管理、改进。

(8) 监督顾客服务档案的建立和管理。

(9) 全面掌握及控制维修车辆的结算工作。

(10) 上级领导分配的其他任务。

8. 市场部企划员

任职资格：大专以上学历，协助市场部经理做好市场企划活动。

具体职责：

(1) 负责组织执行市场调研计划的制订及实施。

(2) 协助市场部经理制订各项市场营销计划。

(3) 收集竞争厂家的市场情报和各级政府、业界团体、学会发布的行业政策和信息。

(4) 负责产品全方位企划，包括价格企划、包装企划、通路企划、延伸企划。

(5) 为本部门和其他部门决策提供信息支持。

(6) 完成部门经理交办的其他工作。

【任务实施】

一、汽车销售企业财务分析

汽车销售企业财务分析的内容包括偿债能力、经营能力和赢利能力分析以及财务状况的趋势分析和综合分析。

1. 偿债能力分析

偿债能力是指企业偿还到期债务的能力。偿债能力分析包括短期偿债能力的分析和长期偿债能力的分析两个方面。

(1) 短期偿债能力分析

短期偿债能力是企业的流动资产偿还流动负债的能力。它反映企业偿还日常到期债务的能力。企业能否及时偿还到期的流动负债，是反映企业财务状况好坏的重要标志。短期

偿债能力是企业的债权人、投资者、材料、配件供应单位等所关心的重要问题。对债权人来说，企业要具有充分的偿还能力，才能保证其债权的安全，按期取得利息，到期收回本金。对投资者来说，如果企业的短期偿债能力发生问题，就会牵制企业经营管理人员的大量精力去筹资，应付还债，同时也会增加企业筹资的难度或加大临时性紧急筹资的成本，影响企业的赢利能力。对供应单位来说，则可能影响应收账款的收取。因此，是企业短期偿债能力是企业本身及有关方面都很关心的问题。评价企业短期偿债能力的主要指标有：流动比率、速动比率及现金比率。

①流动比率：流动比率是流动资产与流动负债的比率。是企业每一元流动负债有多少流动资产作为偿还的保证，反映了企业在短期内转变为现金的流动资产偿还到期流动负债的能力。其计算公式为：

$$流动比率=\frac{流动资产}{流动负债}\times 100\%$$

一般情况下，流动比率越高，反映企业短期偿债能力越强，债权人的权益越有保证。它表明企业财务状况稳定可靠，除了满足日常生产经营的流动资金需要外，还有足够的财力偿付到期的短期债务。如果比例过低，则表示企业可能捉襟见肘，难以如期偿还债务。但是，流动比率也不能过高，过高表明企业流动资产占用较多，会影响资金的使用效率和企业的获利能力。流动比率过高还可能是由于应收账款占用过多的结果。

流动负债主要包括短期借款、应付票据、应付账款、应付工资、应付利润、应缴税金、其他应付款、预提费用等。其数额和结构都会影响到对流动资产的需要程度。因此，分析流动比率时，也应对不同性质的流动负债分别加以考查和分析。

②速动比率：速动比率是企业速动资产与流动负债的比率。速动资产包括货币资金、短期投资、应收票据、应收账款、其他应收款项等流动资产。存货、预付账款、待摊费用等则不应计入。用此指标衡量企业流动资产中可以立即用于偿付流动负债的财力。其计算公式为：

$$速动比率=\frac{流动资产/流动负债\times 100\%=（流动资产-存货）}{流动负债\times 100\%}$$

计算速动资产时，所以要扣除存货，因为存货是流动资产中变现较慢的部分，它通常要经过产品的售出和账款的回收两个过程才能变为现金。存货中还可能包括不适销对路而难以变现的产品。

速动比率可用作流动比率的辅助指标与之配合应用。有时企业流动比率虽然较高，但流动资产中易于变现、可用于立即支付的资产很少，则企业的短期偿债能力仍然较差。因此，速动比率更能反映企业的短期偿债能力。它表明企业的每一元的负债，都有一元易于变现的资产作为抵偿。值得注意的是速动比率指标与行业有密切的关系。汽车销售企业业务发生以现金交易为主，应收账款相对较少，速动比率相对较低。但是如果速动比率过低，说明企业的偿债能力存在问题；如果速动比率过高，则又说明企业因拥有过多的货币性资产，可能失去一些有利的获利机会。

③现金比率：现金比率是企业现金类资产与流动负债的比率。现金类资产包括企业所拥有的货币资金和持有的有价证券（指易于变为现金的有价证券）。它是速动资产扣除应

收账款后的余额。由于应收账款存在着发生坏账损失的可能，某些到期的账款也不一定能按期收回。因此，速动资产扣除应收账款后计算出来的金额，最能反映企业直接偿付流动负债的能力。现金比率的计算公式为：

$$现金比率=\frac{现金+有价证券}{流动负债}\times 100\%$$

现金比率虽然能反映企业的直接支付能力，但在一般情况下，企业不可能、也没有必要保留过多的现金类资产。若这一比率过高，就意味着企业所筹集的流动负债未能得到合理的运用，而经常以获利能力较低的现金类资产保持着。

（2）长期偿债能力分析

长期偿债能力是指企业偿还长期负债的能力。企业的长期负债包括长期借款、应付长期债券等。评价企业长期偿债能力，应从两个方面考虑：从偿债的义务看，包括按期支付利息和到期偿还本金两个方面；从偿债的资金来源看，则应是企业经营所得的利润。这里仅从债权人考查借出款项的安全程度，以及企业考查负债经营的合理程度出发，来分析企业对长期负债还本与付息的能力。

①资产负债率：资产负债率是企业负债总额对资产总额的比率，又称负债比率，它表明企业资产总额中，债权人提供资金所占的比重以及企业资产对债权人权益的保障程度。这一比率越小，表明企业的长期偿债能力越强，其计算公式为：

$$资产负债率=\frac{负债总额}{资产总额}\times 100\%$$

②股东权益比率：股东权益比率是所有者权益同资产总额的比率，又称所有者权益比率。该比率反映企业资产中有多少是所有者投入的。其计算公式为：

$$股东权益比率=\frac{所有者权益总额}{资产总额}\times 100\%$$

股东权益比率与负债比率之和按同一口径计算应等于1。前者越大，后者越少，企业的财务风险也就越少。股东权益比率是从另一个侧面来反映企业长期财务状况和长期偿债的能力。

③负债与股东权益比率：负债与股东权益比率又称产权比率，是负债总额与所有者权益之间的比率。它反映了企业投资者权益对债权人权益的保障程度。这一比率越低，表明企业的长期偿债能力越强，债权人权益的保障程度越高，承担的风险越少。在这种情况下，债权人才愿意向企业增加借款。其计算公式为：

$$负债与股东权益比率=\frac{负债总额}{所有者权益总额}\times 100\%$$

2．经营能力分析

经营能力是指通过企业生产经营资金周转速度的有关指标所反映出来的企业资金利用的效率。它表明企业管理人员经营管理、运用资金的能力。企业生产经营资金周转的速度越快，表明企业资金利用的效果越好，效率越高，企业管理人员的经营能力越强。经营能力分析包括流动资产周转情况分析、固定资产周转情况分析和总资产周转情况分析。

（1）流动资产周转情况分析。对汽车销售企业，反映流动资产周转情况的指标主要有两个，即应收账款周转率和存货周转率。

应收账款周转率是企业在一定时期内赊销收入净额与应收账款平均余额的比率。在一定时期内应收账款周转的次数越多，表明应收账款回收速度越快，其计算公式为：

$$应收账款周转率=\frac{赊销收入净额}{应收账款平均余额}\times 100\%$$

$$应收账款平均余额=\frac{期初应收账款+期末应收账款}{2}$$

按上述方式计算的应收账款周转速度，不仅反映企业的经营能力，而且由于应收账款是企业流动资产的重要组成部分，其变现速度和变现程度是企业流动比率的重要补充，也反映企业的短期偿债能力。

（2）存货周转率是一定时期内企业销货成本与存货平均余额的比率。它是反映企业销售能力和流动资产流动性的一个指标，也是衡量企业生产经营各个环节中存货运营效率的一个综合性指标。其计算公式为：

$$存货周转率=\frac{销售成本}{平均存货}\times 100\%$$

$$平均存货=\frac{期初库存余额+期末库存余额}{2}$$

汽车销售企业的流动资产中，存货往往占有相当大的比重，而存货中汽车配件一般占很大比重，企业的存货应该保持合理水平。存货数额过大，除了会增加存货投资之外，还会增加企业的储存费用，给企业带来一定的损失；存货数量过低，又会影响维修业务的正常开展。所以，既要维持一个恰当的库存水平，又应加速存货周转，提高存货的利用率。另外，存货的质量和流动性对企业的流动比率具有举足轻重的影响，并进而影响企业的短期偿债能力。

固定资产周转率是指企业年销售收入净额与固定资产平均净值的比率。它是反映企业固定资产周转情况、衡量固定资产利用效率的一项指标。该指标越高，则表明企业固定资产利用越充分，同时也表明企业固定资产投资得当，结构合理，能够充分发挥其效率。反之，如果固定资产周转率不高，则表明固定资产使用效率不高，企业的经营能力不强。

（3）总资产周转情况的分析。反映总资产周转情况的指标是总资产周转率，是企业销售收入净额与资产总额的比率。可用来分析企业全部资产的使用效率。当该比率较低时，说明企业运用全部资产进行经营的效率较低，最终会影响企业的获利能力。因此，企业应千方百计提高总资产的利用程度。

3. 赢利能力分析

赢利能力是指企业赚取利润的能力，又称获利能力。赢利是企业的重要经营目标，是企业生存和发展的物质基础，它不仅关系到企业所有者的利益，也是企业偿还债务的一个重要来源。反映企业赢利能力的指标主要有销售利润率、成本费用利润率、总资产利润率、资本金利润率及股东权益利润率。

（1）销售利润率是企业利润总额与企业销售收入净额的比率。其计算公式为：

$$销售利润率=\frac{利润总额}{销售收入净额}\times 100\%$$

在销售收入中，销售利润率主要反映企业职工为社会新创造价值所占的份额。该项指标越高，表明企业为社会所创造的价值越多，贡献就越大，也反映企业在增产的同时，为企业多创造了利润，实现了增产增收。汽车销售企业在计算此指标时，可以将销售收入指标换为汽车维修收入指标，销售利润率可称为维修收入利润率。

（2）成本费用利润率是企业利润总额与成本费用总额的比率。是反映企业生产经营过程中发生的耗费与获得的收益之间关系的指标。其计算公式为：

$$成本费用利用率=\frac{利润总额}{成本费用总额}\times 100\%$$

该比率越高，表明企业所取得的收益越高。这是反映增收节支、增产节约的指标。

（3）总资产利润率是企业利润总额与企业资产平均总额的比率，即过去所说的资金利润率。其计算公式为：

$$总资产利润率=\frac{利润总额}{资产平均总额}\times 100\%$$

总资产利润率指标反映了企业资产综合利用效果，是衡量企业利用债权人的所有者权益总额所取得盈利的重要指标。其值越高，表明资产利用的效益越好，整个企业获利能力越强，经营管理水平越高。

（4）资本金利润率是企业的利润总额与资本金总额的比率，是反映投资者投入企业资本金的获利能力的指标。其计算公式为：

$$资本金利润率=\frac{利润总额}{资本金总额}\times 100\%$$

资本金利润率指标越高，说明企业资本金的利用效果越好。企业资本金是所有者投入的主权资金，资本金利润率的高低直接关系到投资者的权益，是投资者最关心的问题。

（5）股东权益利润率是企业利润总额与平均股东权益的比率。是反映股东投资收益水平的指标。其计算公式为：

$$股东权益利润率=\frac{利润总额}{平均股东权益}\times 100\%$$

股东权益是股东对企业净资产所拥有的权益，净资产是企业全部资产减去全部负债后的余额。平均股东权益为年初股东权益额与年末股东权益额的平均数。

股东权益利润率指标越高，表明股东投资的收益水平越高，获利能力越强。

4. 财务状况的趋势分析

财务状况的趋势分析主要是通过对比企业连续几个会计期间的财务指标、财务比率和财务报告，来了解财务状况的变动趋势，并以此来预测企业未来财务状况，判断企业的发展前景。趋势分析主要从以下三个方面进行：

（1）比较财务指标和财务比率。这种方法是分析企业主要的财务指标和财务比率，从前后数年的财务报告中选出指标后，对指标进行必要的计算加工，直接观察其金额或者比率的变动数额和变动幅度，分析其变动趋势是否合理，并据此预测未来。

(2) 比较会计报表的金额。这种方法是将相同会计报表中的连续数期的金额并列起来，比较其中相同项目增减变动的金额及其幅度，由此分析企业财务状况和经营成果的变动趋势。

(3) 比较会计报表的构成。这种方法是以会计报表中的某一总体指标作为100%，计算其各组成部分指标占该总体指标的百分比，然后比较若干连续时期的该项构成指标的增减变动趋势。常用的形式是销售收入百分比法，就是以产品销售收入作为100%，计算其他指标占销售收入的百分比，分析各指标所占百分比的增减变动对企业利润总额的影响。

5. 财务状况的综合分析

单独分析任何一类财务指标，都难以全面评价企业的财务状况和经营效果。因此，应采用适当的标准，进行综合分析，这样才能获得对企业财务状况的经营成果的综合性总评价。常用的方法为财务比率综合评价法。

财务比率综合评价法可以通过指数法编制综合分析表来进行，其程序为：

(1) 选择评价企业财务状况的比率指标。通常要选择能够说明问题的重要指标，即在反映企业偿债能力、营运能力和获利能力三类比率指标中选择若干具有代表性的指标。

(2) 确定各项指标的相对重要性系数。其值应为小于1的小数值，各项指标的重要性系数之和应等于1。系数的确定要依据各项指标的相对重要程度，重要程度的判断要根据企业经营状况、一定时期的管理要求，以及企业所有者、债权人和经营者的意向而定。

(3) 确定各项比率指标的标准值。财务比率指标的标准值是指在本企业现时条件下各项指标最理想的数值，即最佳值。

(4) 计算企业在一定时期各项比率指标的实际值。

(5) 计算关系比率。即各项指标实际值与标准值的比率。注意三种不同情况的计算方法：

①当最佳值为实际值大于标准值时：

$$关系比率=\frac{实际值}{校准值}\times 100\%$$

②当最佳值为实际值等于标准值时：

$$关系比率=\frac{标准值-（实际值-标准值）}{校准值}\times 100\%$$

③当最佳值为实际值小于标准值时：

$$关系比率=\frac{标准值-（标准值-实际值）}{校准值}\times 100\%$$

(6) 求出各项比率指标的综合指数及其合计数。

二、成本控制

1. 成本预测与成本计划

成本预测是企业为了更好地控制成本，做到心中有数，避免盲目性，减少不确定性，为更好地进行决策提供依据而对企业发生的成本进行预测。

成本计划是通过货币形式，及其实际达到的水平为基础，参照计划期的业务量，对计划期内成本的耗费水平加以预先计划和规定。

维修企业的成本预测和成本计划，一般参照上期的实际情况，分析本期影响成本的各种因素，考虑其影响的大小，制定出合理的方案。

2. 成本控制的基本程序

(1) 制定控制的标准。应根据成本预测与成本计划，制定出控制的标准，确定标准的上下限。

(2) 揭示成本差异，分析差异产生的原因。将实际消耗和标准进行比较，计算成本差异，分析产生差异的原因。

(3) 反馈成本信息，及时纠正偏差。为及时反馈信息，应建立相应的凭证和表格，确定信息反馈的时间和程序，并对反馈的信息进行分析，揭示差异产生的原因，并及时加以纠正，明确纠正的措施、执行的人员及时间，以达到成本控制的目的。

3. 成本控制的方法

成本控制的方法取决于成本控制的对象，对象不同，控制的方法也不一样，即使是同样的控制对象，也要视其不同的情况，采取不同的措施。

(1) 生产成本（商品销售成本）的控制方法

①做好存货的控制。

②做好材料采购的控制。要货比三家，在保证质量的前提下，采购价格最低的材料。对于采购发生的费用，要制定一定的限制，要提高采购人员的素质，防止采购中的不正之风，严格考核采购的业务成果。

(2) 对营业费用，管理费用，财务费用的控制办法

按照现行规定，营业费用的主要项目包括运输费、包装费、保险费、展览费、广告费，以及为销售配件而专设销售机构的职工工资、福利、业务费等经常费用。

管理费用的主要项目包括管理人员的工资及福利、折旧费、修理费、物料消耗、低值易耗品消耗、办公费、差旅费、工会经费、保险费、会议费、咨询费、诉讼费、招待费、各种税金及附加、存货的盘盈盘亏等。

财务费用的主要项目有利息收入及支出、汇兑损益、金融机构的手续费、筹集资金发生的各种费用等。

对这些费用进行控制应做到以下几点：

①对不同的费用实现不同的归口管理，明确责任单位，如管理费用由管理科室负责，仓储费用由配件部门负责，财务费用由财务部门负责。

②编制费用定额，制定预算，严格地执行预算，对超出范围的支出，不予支付。

③建立费用分析制度，分析各种费用的支付情况，查找费用产生的原因，采取相应的控制措施。

三、针对财务报告的分析

1. 资产负债表的分析

资产负债表内容庞杂，数字繁多，在初步浏览一遍后，要对资产负债表的一些重要项

目，尤其是期初与期末数据变化很大或出现大额红字的项目进行进一步分析。例如，企业总资产在一定程度上反映了企业的经营规模，而它的增减变化与企业负债、股东权益的变化有极大的关系，当企业股东权益的增长幅度高于资产总额的增长时，说明企业的资金实力有了相对提高；反之则说明企业规模扩大的主要原因是来自于负债的大规模上升，进而说明企业的资金实力在相对降低、偿还债务的安全性也在下降。又如，企业应收账款过多，占总资产的比重过高，说明该企业资金被占用的情况较为严重，而其增长速度过快，说明该企业可能因产品的市场竞争能力较弱或受经济环境的影响，企业结算工作的质量有所降低。再如，企业年初及年末的负债较多，说明企业每股的利息负担较重，但如果企业在这种情况下仍然有较好的赢利水平，说明企业产品的获利能力较佳，企业经营能力较强。

固定资产是衡量一家企业有没有稳定可靠家当的重要标志，有较多的固定资产，可以以此作抵押或担保进行融资，扩大业务规模。

通过分析财务报告上的数据与指标，我们可以对汽车销售企业的财务结构、偿债能力等方面进行综合评价。因此，需要管理者能够以综合、联系的眼光进行分析和评价。举例来说，企业净资产比率很高，说明其偿还期债务的安全性较好，但同时反映出其财务结构不尽合理。作为管理者，所关心的就是企业的财力结构是否健全合理；如以债权人的身份出现，就会非常关心企业的债务偿还能力。另外，由于资产负债表仅仅反映的是企业某一方面的财务信息，因此，要对企业有一个全面的认识，不能静态地看一个数据或一张报表的内容，而应将各种财务数据结合起来综合分析才能看出问题的实质，得出正确的结论。

2. 利润表的分析

利润表是一张动态表，它反映了企业在某一时期的经营成果，是一个比较直观的经营状况表。根据利润表提供的数据，并结合年度报告中的其他有关资料，特别是资产负债表中的有关资料，汽车销售企业管理者可以从企业主营业务的能力、企业的综合赢利能力和企业的经营能力几个方面进行分析。

汽车销售企业管理者在阅读利润表时，要全面观察，客观分析。比如利润，就不能只看利润的多少，还要看利润的来源与构成。如前所述，企业利润主要由三部分构成，即营业利润（主业利润加上其他业务利润）、投资收益和营业外收入。营业利润是核心，也是所有企业追求的终极目标。投资收益是多元化经营的需要，拿出一部分资金向其他行业和企业投资，既可让暂时不用的资金产生效益，又可产生多元化收益。

企业流动资金

企业流动资金指在企业生产经营过程中，占用在原材料、产品、商品、银行存款、应收款等流动资产上的资金。随着企业生产经营活动的不断进行，流动资金占用形态也不断变化。生产企业的流动资金一般从货币形态开始，顺次经过供应、生产、销售三个阶段，相应地采取储备资金、生产资金、商品资金三种形态，最后又回到货币形态，从而完成一次周转。流动资金不同于固定资金，它周转一次所需时间较短。按照计划管理的要求，流动资金规定有占用定额的，如储备资金，称为定额流动资金；不规定占用定额的，如货币资金，称为非定额流动资金。按照资金来源的不同，流动资金可分为自有的和借入的。国有企业的自有流动资金主要来自国家财政拨款和企业内部积累，集体所有制企业的自有流动资金主要来自入股者的股金和企业积累的公积金。企业的借入流动资金主要是从银行取得的流动资金借款，接受其他单位联营投资的流动资金和各种应付、暂收款。在企业的应付、暂收款项中有一些项目，如应付税金和存入保证金，由于结算期固定，可以和企业自有流动资金一样，经常参加企业资金周转。对未到结算期的应付、暂收款项可以经常占用的部分，在会计上称为"视同自有流动资金"。考核流动资金利用效果的指标，主要有流动资金周转率、流动资金产值率和流动资金利润率。

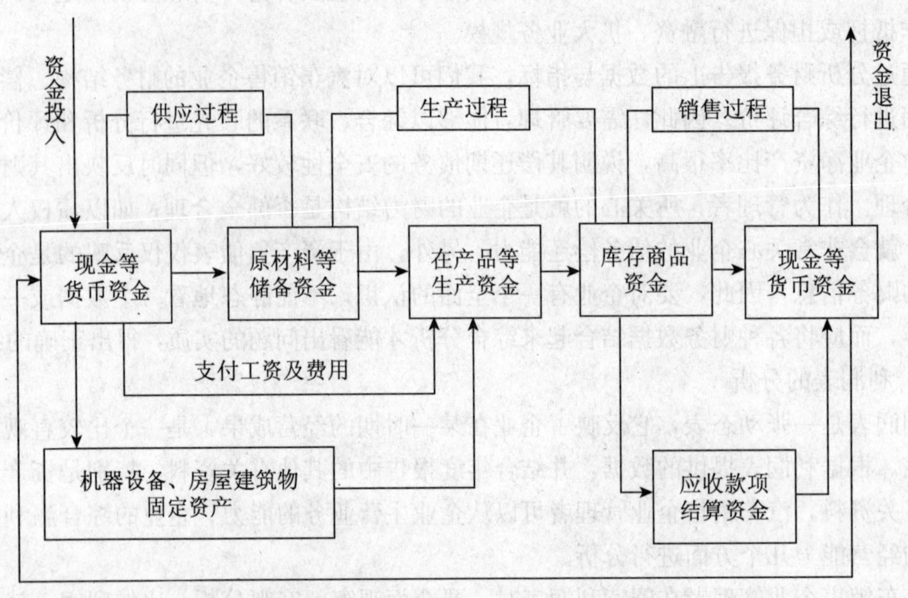

图 8-3-1 典型企业资金流动表

我国 4S 店销售与管理概况

一、我国当前几种汽车渠道模式比较

我国汽车分销渠道在传统上一向采用总代模式，但随着国外品牌的涌入、家用轿车的普及，传统的分销渠道已经不能满足市场的需求，汽车厂商为加快渠道流通，提高品牌形象，完善售后服务，纷纷进行渠道转型。特别是国外汽车企业不断进入中国市场，在带来汽车产品和品牌的同时，也带来了高效的分销模式。目前，国内汽车行业分销渠道改革总的趋势是扁平化，以加快产品和资金流动、加强对市场和终端的控制。

模式 A：通过与原代理商合资合作，成立省级联营公司。省级联营公司一般只代理联营企业的产品，其销售范围内的终端，既可以是以厂家为主体的多型号、多品牌销售中心，也可以是单一品种为销售目标的品牌专营。厂家通过与联营公司紧密的合作，来确保渠道独享，信息畅通和物流的有效调配。

模式B：区域代理模式缺陷和优势都非常明显。优势在于企业可以很快获得资金回笼，通过代理商的保证金或者预支进货款，企业可以弥补前期生产流程管理和市场营销费用，但是厂家对终端的控制不足，分销渠道不够稳定，特别是在汽车行业竞争越来越激烈的情况下，渠道冲突也越来越容易发生。同时，由于代理商往往积压大量的库存，以抵消企业的库存压力与成本，往往导致销售渠道不畅，车型更新换代的速度缓慢，各地区车型差异很大，给企业的市场战略带来很大的影响。

模式C：一些汽车企业在模式C的运作过程中，逐渐感受到模式C的缺陷越来越大，为了追求渠道的扁平化和对终端的直接控制，一些汽车厂商开始抛开原有代理商或者联营分销商，直接招标，利用经销商资源，大建品牌专卖店、4S店等，谋求通过分销得到市场、品牌的双重受益。但是，这种模式也存在巨大的隐患，经销商投资过大，导致终端在面临市场竞争中捉襟见肘，特别是市场行为不规范，使得经销商争夺代理权时对生产企业分销部门行贿受贿。有些市场竞争力较强的品牌在大城市一个4S店专卖权的私下贿赂竟然高达20万元，导致企业不但没有能够控制终端，反而被终端控制，而过量泛滥的终端，也使得企业竞争加剧，利润急剧下降。

二、4S店汽车销售部的具体作用

(1) 汽车销售部是连接企业与顾客之间的纽带，不断地进行着创造性的工作，为企业带来利润，并不断地满足顾客的各种需要。

(2) 销售部门在公司整体营销工作中承担的核心工作是销售和服务，直接与市场和消费者相联系，它可以为市场分析及定位提供依据。

(3) 销售部门通过一系列的销售活动可以配合营销策略组合，通过销售成果检验营销规划，与其他营销管理部门拟定竞争性营销策略，制订新的营销规划。

【任务总结】

熟悉汽车销售企业财务分析的方法及常用指标，审查财务报告并进行必要的财务分析。

检验内容	检验指标	检验总结
汽车销售企业经营管理的作用	汽车销售企业会计编制财务报告之后，企业管理人员就必须审查财务报告并进行必要的财务分析。汽车销售企业的财务活动分析，是根据财务报表，揭示收入、费用、利润、资产、负债、所有者权益六个会计要素之间的关系，借以评价企业财务状况和经营效果，为企业经营决策和经营管理提供依据	
检查任务完成情况	1. 能描述汽车销售企业经营管理的作用、方法及岗位职责 2. 以小组为单位，模拟分析某汽车销售企业的经营管理状况	

模块九　汽车配件管理信息系统及电子商务

汽车配件运用计算机管理后，对订货入库、出库及库存管理，配件销售进行跟踪，科学分析各种材料的使用量，确定最佳订货量，确定配件管理部门的应收、应付账款，对汽配企业配件管理水平的提升带来极大的帮助。汽车配件管理系统是以汽配企业日常的进销存业务为基础，利用现代化的软件技术和网络技术，吸收企业资源计划等先进的管理理念的汽车配件企业的局域网系统。主要功能是日常进货入库、汽车配件销售、库存管理、基本信息管理、财务管理、报表管理、查询统计等。

任务一　汽车配件的计算机管理

【任务描述】

通过对汽车配件计算机管理知识的学习，了解在汽车配件管理工作中实行计算机管理的作用和效能，形成配件计算机管理逻辑框架的基本结构。

【任务目标】

1. 了解汽车配件计算机管理的作用。

2. 理解汽车配件计算机管理的逻辑框架结构。

【任务准备】

汽车配件车型多，零部件种类繁杂，单靠手工作业管理难以达到科学、准确、快捷的目的，将计算机应用于汽配企业，已成为必然趋势。

一、实行计算机管理的作用

（1）计算机具有信息储存量大、信息处理准确的特点。汽配经营企业使用计算机进行配件管理后，能充分实现企业的人、财、物和产、供、销的合理配置与资源共享；能加快库存周期，减少采购和运输费用；能减少由于物料短缺而引起的维修工期拖延、确保维修承诺期；能保证企业的财务数据反映实际的成本及企业状况。所以，实行计算机管理是实现企业科学管理的有效手段。

（2）计算机管理可以挖掘企业内部潜力。如将计算机用于企业的库存管理，由于网络化的库存管理能够缩短进出货的周期并减少缺货的可能性，因此可以为按需库存提供准确的信息，减少因库存不当而造成的人力和财力浪费。

（3）实行计算机管理，各车型、配件型号、尺寸、价格等都可以量化，使得配件出入库、采购、在库管理、结算等方面都有据可查，既能调动员工工作的积极性，同时也为企

业规范化管理打下良好的基础。

二、计算机管理的效能

(1) 对车辆配件销售实现明码标价，代替自由度较大的手工打价，便于企业的标准化管理。

(2) 可以及时监控零配件的入库、出库、销售情况，便于企业做好零配件销售管理，实现合理库存。

(3) 可以详细准确地记录客户的基本情况和车辆的技术数据，便于企业做好客户服务管理和车辆维修管理。

(4) 可以量化员工绩效，使员工工资和本职工作挂钩，提供员工工作的积极性。

三、汽车配件计算机管理

1. 计算机在配件计划管理中的应用

汽配企业根据计算机统计日常配件销售数量，结合维修情况，制定出配件日常维护计划，建立配件领用记录，为制订配件日常采购计划提供依据。

2. 计算机在配件采购管理中的应用

采购部门利用计算机编制订货采购计划，手机订货信息，分析配件仓储的信息。根据配件仓储信息和配件计划进行采购。

3. 计算机在配件库存管理中的应用

在配件验收、入库、保管和发放环节充分利用计算机，将繁杂的仓库工作简单化。要求计算机在库存量达到临界状态下及时报警，提醒配件采购人员及时补充，实现配件管理的计划性、合理性，提高配件管理水平。

企业可以通过传输线路把多台计算机联成网络，各部门使用一台服务器，通过自身的终端设备，共用网络内的数据库，相互通信，共享资源，由于计算机的广泛应用，使配件管理水平得到进一步提高，使配件资源达到理想的最佳状态。

按照以上管理思路，配件计算机管理的逻辑框架如图 9-1-1 所示。

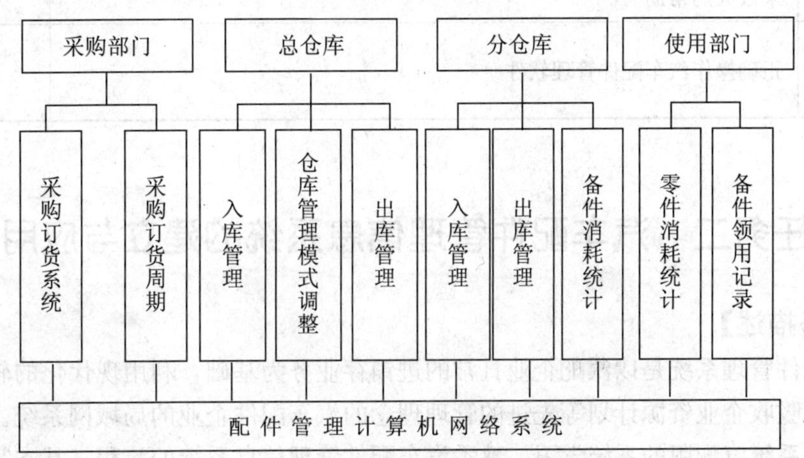

图 9-1-1　汽车配件管理计算机网络系统

【任务实施】

根据本任务讲解的汽车配件计算机管理的作用、效能和应用，在汽车配件管理中可以利用计算机实现的功能有：

(1) 开票制单：主要是由企业的销售、采购及仓库中需要开票制单的人员使用，按照管理权限操作计算机完成相应的模块功能，开具相应的业务票据。

(2) 商品销售：可以处理无订单销售及销售退货业务。

(3) 商品采购：通过计算机实现无纸化订单采购。

(4) 商品领用：通过对领用票据的查询，掌握各部门产生的各种消耗及费用。

(5) 票据查询：按各种条件复合查询、统计、分析各种、各期间、各年代已记账票据，打印票据清单或统计表。

(6) 仓库管理：按条件对库房库存商品明细进行查询、统计，打印库存清单、库存盘点表、统计表，查阅库房库存商品明细。

(7) 订单管理：管理企业与业务单位发生的销售、采购合同订单；管理围绕销售、采购合同订单发生的业务。

(8) 计划管理：取代采购计划手工台账，统一编制企业的各期间的采购计划，从年度的总计划到季度计划、月计划、周计划，包括每日的执行计划。系统提供各有关数据的汇总信息，为计划人员编制实际计划提供数据参考，从而全面提高企业计划管理的效率和数据准确性。

【任务总结】

复习汽车配件计算机管理的作用及逻辑框架结构；正确操作汽车配件管理软件。

检验内容	检验指标	检验总结
汽车配件计算机管理	汽车配件运用计算机管理后，对订货入库、出库及库存管理，对销售配件进行跟踪，科学分析各种材料的使用量，确定最佳订货量，确定配件管理部门的应收、应付账款，对汽配企业配件管理水平的提升带来极大的帮助	
检查任务完成情况	正确操作汽车配件管理软件	

任务二　汽车配件管理信息系统的建立与应用

【任务描述】

汽车配件管理系统是以汽配企业日常的进销存业务为基础，利用现代化的软件技术和网络技术，吸收企业资源计划等先进的管理理念的汽车配件企业的局域网系统。通过对商务智能管理系统汽配版的系统学习，熟悉汽车配件管理信息系统的流程，基本掌握汽车配件管理信息系统的操作方法，便于汽车销售企业更好地管理汽车配件。

【任务目标】

1. 熟悉汽车配件信息管理系统的流程。

2. 掌握汽车配件信息管理系统的基本操作方法。

【任务准备】

目前汽车配件管理已进入了信息化管理时代。汽车配件的信息管理系统一般包括配件出入库管理、库存管理、基本信息管理、财务管理、查询统计等系统模块。

汽车配件实行信息化管理，有利于加强汽车配件企业的进销存管理，提高运营水平，建立高效率的供销链。减少库存，降低成本，提高客户服务水平，同时也为企业的经营决策提供科学的依据。

一、汽车配件信息管理概述

1. 汽车配件信息管理的概念

信息管理是整个管理过程中，人们收集、加工和输入、输出信息的总称。

信息管理的过程包括信息收集、信息传输、信息加工和信息储存。信息收集就是对原始信息的获取。信息传输是信息在时间和空间上的转移，因为信息只有及时准确地送到需要者的手中才能发挥作用。信息加工包括信息形式的变换和信息内容的处理。信息的形式变换是指在信息传输过程中，通过变换载体，使信息准确地传输给接收者。信息的内容处理是指对原始信息进行加工整理，深入揭示信息的内容。经过信息内容的处理，输入的信息才能变成需要的信息，才能被适时有效地利用。信息送到使用者手中，有的并非使用后就无用了，还需留做事后的参考和保留，这就是信息储存。通过信息的储存可以从中揭示出规律性的东西，也可以重复使用。

2. 汽车配件信息管理目的

当代企业的信息化建设不外乎两个方向，首先是电子商务网站，是企业开向互联网的一扇窗户；其次是管理信息系统，它是企业内部信息的组织管理者。

实施汽车售后配件信息管理的目的在于：

（1）科学管理配件档案，优化分类，全面反映物品情况，有利于进行标准化工作。

（2）管理配件变动信息，实时反映配件现状。

（3）为保证合理配件量，提供实时信息。系统对于超量存储的配件及存储低于最低配件量的配件会实时发出提示信息。

信息化在帮助汽配企业降低采购和营销成本、减少库存、优化库存结构、拓展销售渠道、提高服务效率等方面起到了不可替代的作用。

对于独自经营、年营业额几十万到一百万元之间的民营汽配经销商，目前约有80%以上都使用了单机版的汽车配件经营管理软件以替代人力劳动；而一些经营规模较大、百万元营业额以上、连锁经营的经销商则大多采用了网络版的汽车配件经营管理软件，管理终端已延伸至其各个分销点，初步形成了小有规模的内网平台。对于连锁经营者，管理软件最显著的特点体现在商品的调拨上，通过网络管理，可达到事半功倍的效果。

对于经销商，使用汽车配件管理软件最大的好处并不只是简单地体现在诸如及时看到各种配件的库存情况和销售情况、加快资金流通等直观结果上。对于产品销售商而言，它所经销的汽车配件中总有一部分畅销，而另一部分滞销。滞销部分占用资金所引起的费用势必会分摊到卖出去的汽车配件上。而通过管理软件，经销商可以及时发现比较滞销的汽车配件并将相关信息反馈给厂商，这种由下而上的信息流互动不仅是管理观念上的变革，同时也为汽配行业上下游渠道与顾客间建立起无缝连接。

3. 汽车配件企业信息化管理的原则

（1）在信息化实施之前进行员工培训

当前，大多数企业经营者和员工素质不能适应信息化建设的要求。培训是提高企业整体素质、推进企业信息化的基础工作。

对企业员工进行信息化管理培训的目的：一是使员工接受信息化管理的理念，为企业信息化建设奠定理念基础；二是使员工会应用计算机，为信息化建设奠定应用基础。这样，才能使企业信息化走上健康发展的道路。对于理念的培训，应该在信息化实施前进行；而对于应用部分，则在信息化建设时及时培训。

（2）企业信息化建设与业务流程重组应互相推进

成熟的软件代表着一种先进的或标准的流程，必然与企业现有的业务流程存在这样或那样的差别。这就涉及业务流程重组问题，是先进行业务流程重组，还是先实施信息化，一直是困扰着企业进行信息化建设的难点问题。从理想状态说，先进行彻底的业务流程重组，再进行企业信息化建设，可以使企业信息化建设周期短、见效快。但是由于彻底的业务流程重组涉及企业的方方面面，推行起来难度大，风险也大，企业经营者往往望而却步。先进行局部的信息化建设，在信息化建设过程中，对局部的业务流程进行重组，逐步推进，可以使企业尽早地看到成果，在企业中营造乐观、积极参与变革的气氛，减少人们的恐惧心理，以促进企业资源计划（ERP）在企业中的推广和企业信息化建设的进行。因此，建议企业在信息化建设过程中选择后者，循序渐进地进行业务流程重组。即企业在运用先进的计算机信息技术实施管理过程中，根据自身的管理水平和技术水平，从解决生产中的瓶颈问题出发，一方面着手对企业的管理和技术基础工作进行整合与提升，使之适应先进管理软件的要求，这是实施企业信息化的核心工作；另一方面，对软件所要求的工作条件和环境，企业要结合自身情况对一时难以达到的部分管理软件进行二次开发，修改某些难适用的部分，使之能与企业的现状较好地融合在一起。不把引入的软硬件看做是“死”的东西，而是作为推动企业提升管理水平和技术水平的一套行之有效的工具，这是企业信息化建设成功的关键所在。

（3）打通人才和网络通道

企业信息化的人才来源与企业其他人才来源一样，有内部培养和外部引进两种渠道。不论是培养人才还是引进人才，都要求企业首先建立与企业信息化建设相适应的用人机制，形成尊重知识、尊重人才的良好氛围，解决企业人才留不住的问题。

随着企业规模的不断扩大，企业地域分散的情况越来越多，企业信息化建设网络通道的范围将越来越大。如果企业自己铺设网络，势必牵涉大量的人力、物力和财力。利用中国电信等网络通道提供商的通道资源，租用或外包建设是企业与中国电信等部门双赢的选择。

（4）软件的选择至关重要

企业信息化建设对软件的选择不只是选择产品，更重要的是选择未来长久的合作伙伴。

从这样的高度出发，软件选择，特别是ERP的软件选择可以遵循以下几个步骤：

①选择商誉卓著、经营绩效良好、经验丰富的公司。

②选择的产品既能满足企业长期发展成长的需求，又能满足未来多样化的需求，质量要稳定，维护要容易。

③选择的公司拥有完整的售后服务机制，可提供满足自己需求的服务。

④选择的公司拥有广大的满意客户群，最好有同行案例客户。

⑤尽量选择能在较短的时间内上线的方案。

⑥在各方面的条件都一致时，选择成本较低廉的解决方案。

企业信息化建设没有完全一样的一套模式可以选择，因为信息技术仅仅是实现企业管理的一种手段，它必然与企业管理结合起来。企业管理无定式，不同企业信息化建设的模式必然也是有着这样和那样的不同。但是企业信息化建设并非无规律可循，为了取得良好的经济效益，企业管理信息化的工作必须根据企业的实际需要，遵循客观规律，按照一定的原则来进行。

二、汽车配件管理信息系统

汽车配件管理系统针对汽配企业的购销、配件的进出、账款的结算等业务而专门开发，包括配件计划管理、配件订单管理、配件库房库管理、财务管理等。

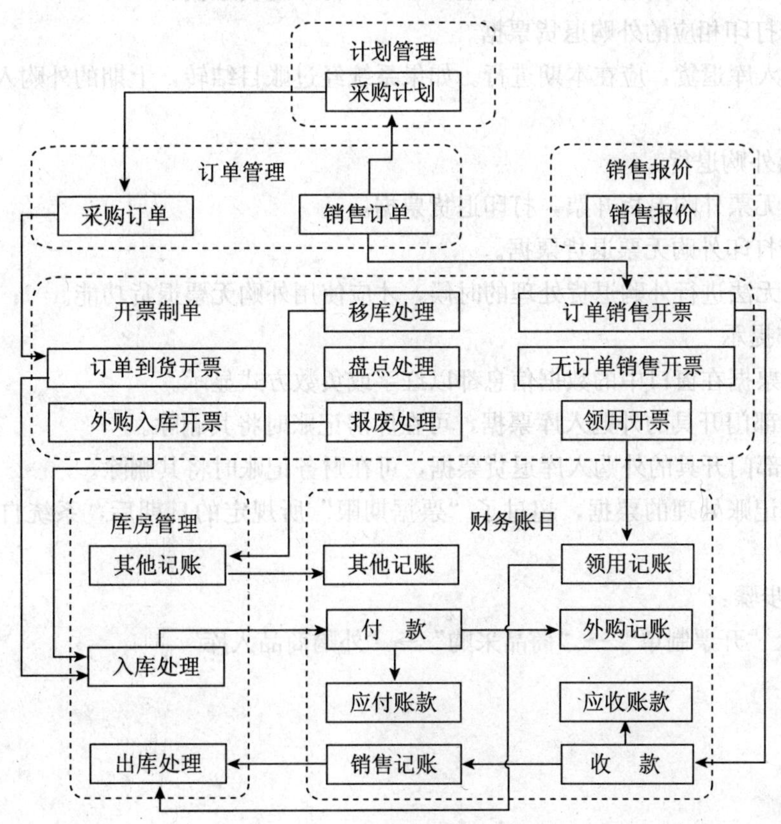

图9-2-1　汽配管理系统流程

下面以阎桦软件工作室开发的商务智能管理系统汽配增强版 V5.01.0 为例，介绍部分汽车配件管理系统的实际操作。

(1) 商品采购

①功能介绍：对于企业未与供货单位签订订单，而从供货单位直接采购的业务，应使用本模块功能处理。

②操作人员：由企业的销售、采购及库房需开票制单的人员使用，按照管理权限操作相应的模块功能，开具相应的业务票据。

③功能说明：

A. 外购商品入库

a. 外购商品经检验后开具外购入库票据，合格品入销售库；不合格品入待处理库，打印入库票据。

b. 重新打印相应的入库票据。

c. 如果外购商品中有新品种，需由“基础数据”→“商品品种”→“商品信息”中统一编码，建立商品信息后再进行入库开票。

d. 如果外购的供方单位或生产单位是新单位，需由“基础数据”→“业务单位”→“业务单位信息”中统一编码，建立业务单位信息后再进行入库开票。

B. 外购入库退货

a. 按外购入库票据进行外购入库退货开票，打印退货票据。

b. 重新打印相应的外购退货票据。

c. 外购入库退货，应在本期进行。如果系统经过账目结转，上期的外购入库只能无票外购退货。

C. 无票外购退货

a. 进行无票外购退货开票，打印退货票据。

b. 重新打印外购无票退货票据。

c. 只有无法进行外购退货处理的时候，才应使用外购无票退货功能。

D. 操作提示

a. 退货票据在窗口中的数据信息都以红字或负数方式显示。

b. 采购部门开具的外购入库票据，可在库房记账时将其删除。

c. 采购部门开具的外购入库退货票据，可在财务记账时将其删除。

d. 未经记账处理的票据，超过了“票据期限”所规定的日期后，系统自动将该票据删除。

④操作步骤：

A. 进入“开票制单”→“商品采购”→“外购商品入库”。

图 9－2－2　开票制单示意

B. 点击“增加”。

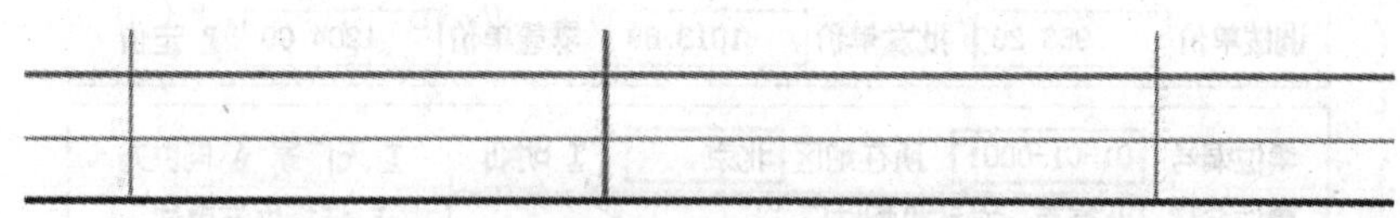

图 9－2－3　“增加”示意

C. 在商品数据检索中填写分类编号、编号、名称、标准中的一个进行检索。

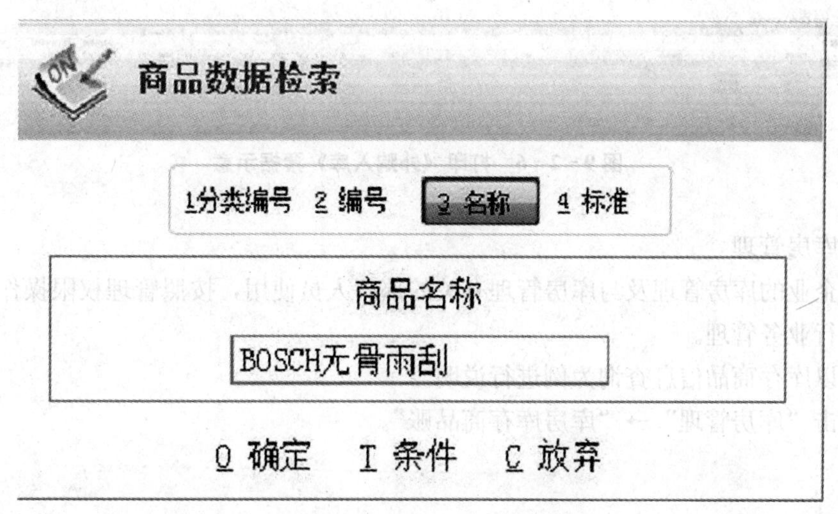

图 9－2－4　商品数据检索示意

D. 根据商品信息完成票据数据输入。

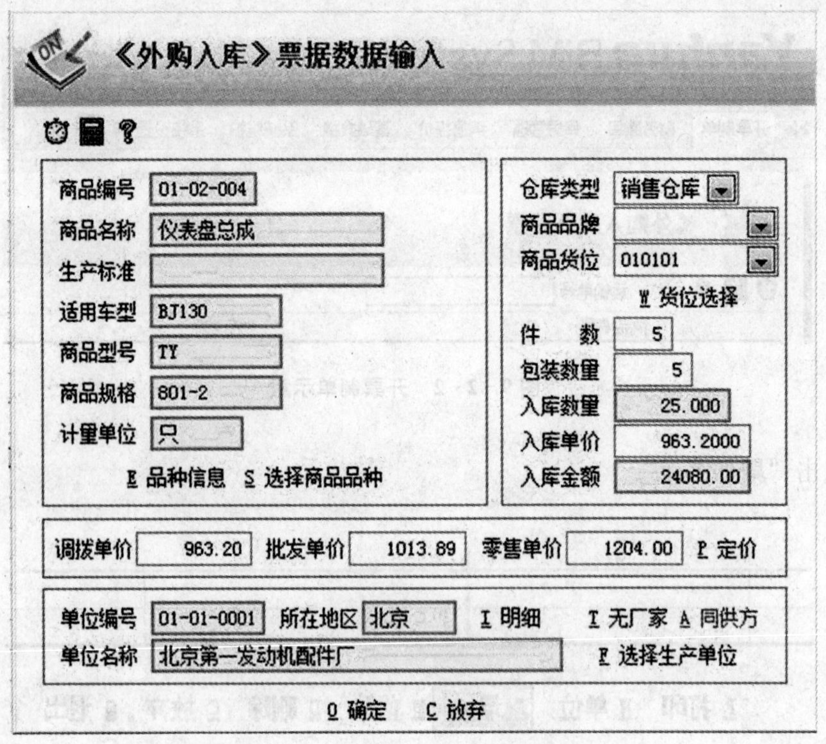

图 9-2-5 《外购入库》票据数据输入示意

E. 完成外购入库票据后点击“打印”。

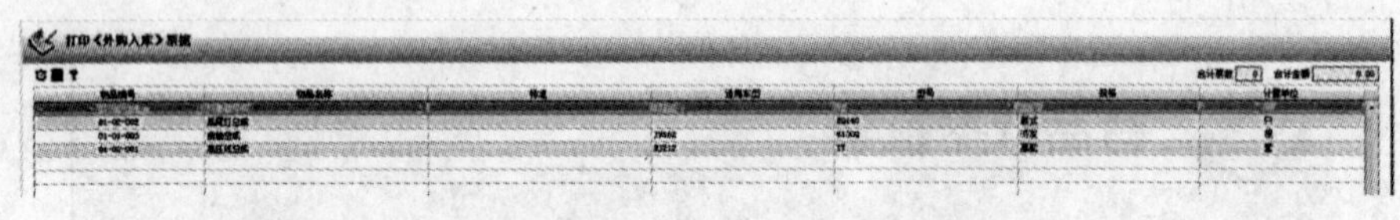

图 9-2-6 打印《外购入库》票据示意

(2) 库房管理

是由企业的库房管理及与库房管理有关的部门人员使用，按照管理权限操作相应的模块功能进行业务管理。

下面以库存商品信息查询为例进行说明。

①点击“库房管理”→“库房库存商品账”。

Yanhua BIM System
saftware house
开票制单
财务账目
库房管理
销售报价
基础数据
系统维护
系统设置
库房管理
库房库存商品账
调整品种附加说明
库房货位
库房货位
货位分类
货位信息

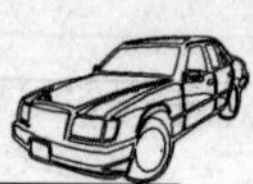

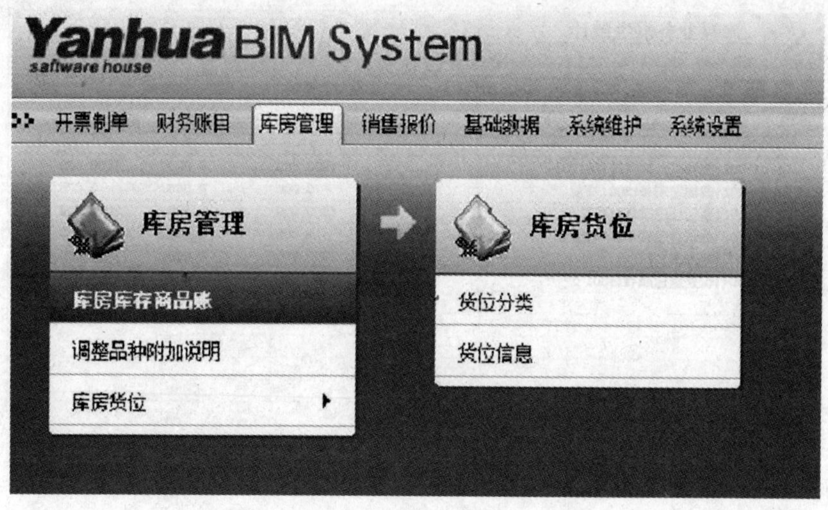

图 9-2-7 库房库存商品账示意

②进入“库存商品信息”后，可按商品编号、标准、适用车型、规格等进行升序或降序的排列。

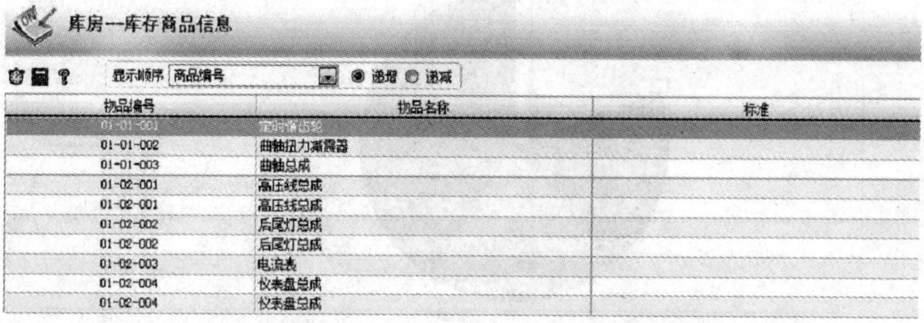

库房—库存商品信息
显示顺序
商品编号
递增
递减
物品编号
物品名称
标准
01-01-001
01-01-002
曲轴扭力减震器
01-01-003
曲轴总成
01-02-001
高压线总成
01-02-001
高压线总成
01-02-002
后尾灯总成
01-02-002
后尾灯总成
01-02-003
电流表
01-02-004
仪表盘总成
01-02-004
仪表盘总成

图 9-2-8 库存商品信息示意

③在“库存商品信息”中，选中所要查询的物品，点击“明细”按钮，系统会生成库存商品明细账。

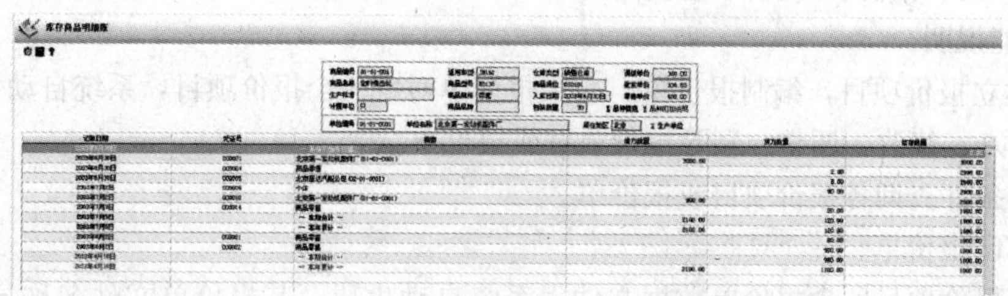

图 9-2-9 库存商品明细账示意

④点击“统计”，可在统计条件选择中按本期账目、本年账目、按时间段等条件进行统计。

库存业务发生统计

显示顺序 商品编号、名称、型号及规格 ◉ 递增 ○ 递减

商品编号、名称、型号及规格	期初数量	发出金额	销售金额
01-01-001|定时[illegible]|X6130|带孔	1980.000	0.000	980.000
01-01-002|曲轴扭力减震器|X6130|	1900.000	0.000	1000.000
01-01-003|曲轴总成|6130Q|济发	0.000	0.000	0.000
01-02-001|高压线总成|TY|高能	4000.000	0.000	2000.000
01-02-002|后尾灯总成|EQ140|新式	0.000	0.000	0.000
01-02-003|电流表|TY|	1900.000	0.000	900.000
01-02-004|仪表盘总成|TY|801-2	1000.000	0.000	0.000

图 9－2－10　库存业务统计示意

⑤点击“分析”按钮，系统可以按要求进行期初数量、移出数量等多项数量分析并能以推行形式进行展示。

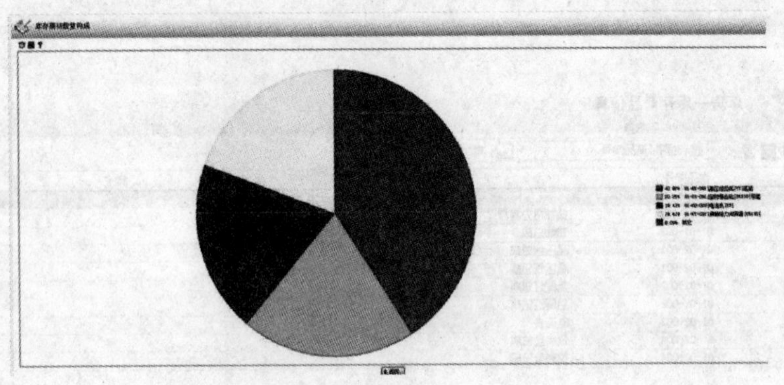

图 9－2－11　分析示意

(3) 销售报价

本模块用于编制、打印销售报价单，管理历史报价单。

下面以销售报价管理为例进行说明。

①功能说明

A. 建立报价项目，编制报价单，一个报价单对应一个报价项目，系统自动保存报价。

B. 录入、修改、调整、删除报价项目或报价单。

C. 按条件查询各报价项目或报价单。

D. 打印报价单。

E. 各报价项目所含报价单数据文件由系统自动生成，其报价单文件名称显示在报价项目窗口中“文件名称”栏内。

②操作步骤

A. 点击“销售报价”→“销售报价管理”。

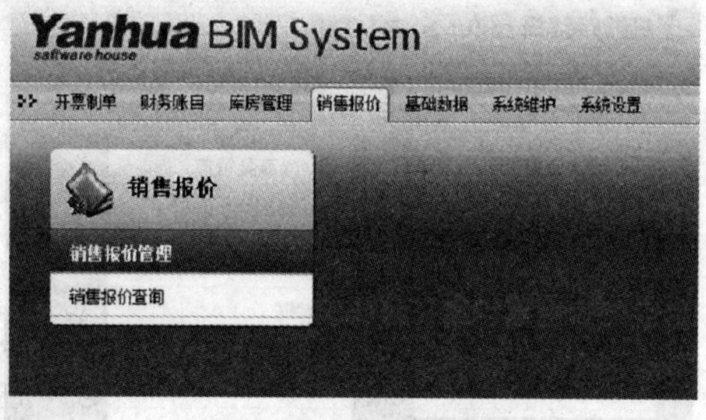

图 9－2－12　销售报价示意

B. 点击需方公司进入报价页面。

报价日期	需方编号	需方名称	调整日期	文件名	部门编号	编号	编制人员
2003年6月30日	02-01-0001	[illegible]	2003年6月30日	[illegible]	01-00-00	0001	刘成天
2003年6月30日	02-02-0001	德州汽配贸易公司	2003年6月30日	ZM19HB2X	01-00-00	0001	刘成天
2003年6月30日	02-03-0001	哈尔滨汽配一公司	2003年6月30日	ZM19IJAY	01-00-00	0001	刘成天

图 9－2－13　报价示意

C. 在报价页面点击“增加”按钮，弹出“增加报价商品信息数据”对话框，填写无误后点击“确认”按钮。

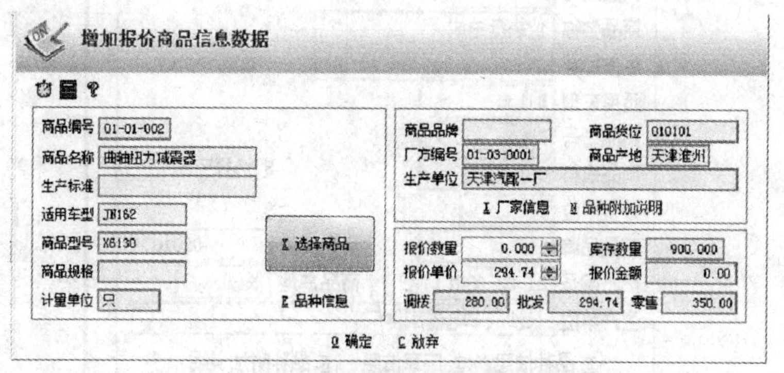

图 9－2－14　增加报价商品信息数据示意

D. 完成后打印。

(4) 商品销售

本模块主要功能是处理无订单销售及销售退货业务。

下面对商品零售的功能进行演示。

①点击“开票制单”→“商品销售”→“商品零售”。

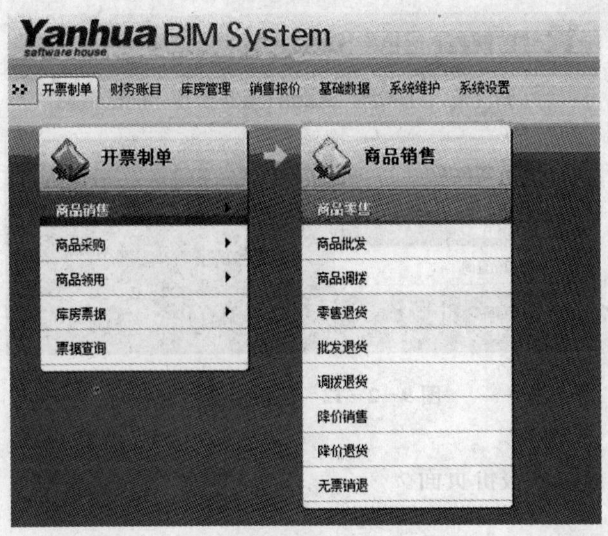

图 9－2－15　开票制单示意

②在商品零售开票页面点击“增加”按钮；根据商品编号、名称等条件输入后弹出《商品零售》票据数据输入对话框。

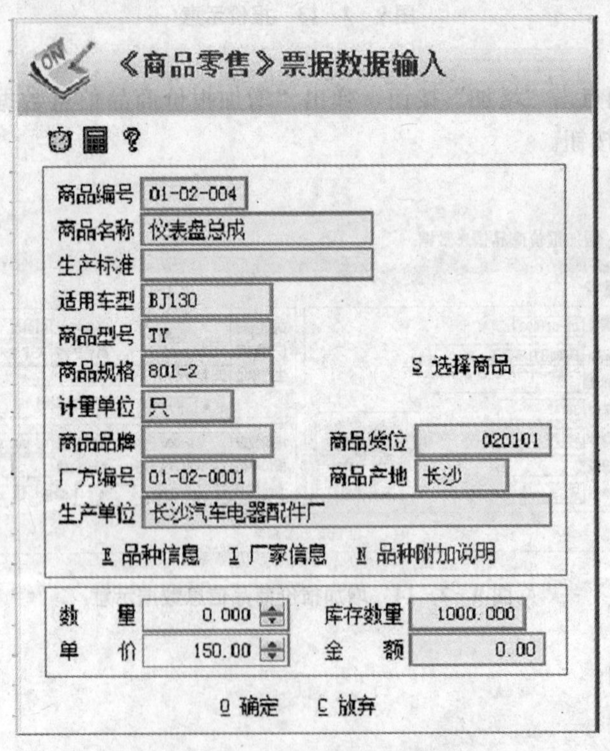

图 9－2－16　《商品零售》票据数据输入示意

③完成后输入后进行打印。

(5) 库存商品调价

本模块主要作用是按条件复合查询系统中库存商品，选择应调价的商品，进行销售价格调整。

①“财务账目”→“库存商品”→“库存商品调价”。

图 9-2-17　财务账目示意

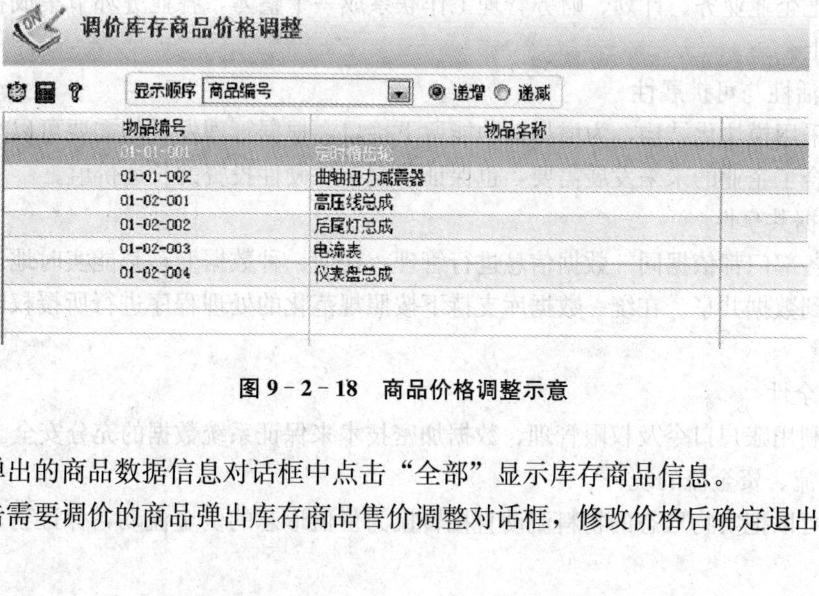

调价库存商品价格调整

显示顺序 商品编号　◉ 递增 ○ 递减

物品编号	物品名称
01-01-001	定时惰齿轮
01-01-002	曲轴扭力减震器
01-02-001	高压线总成
01-02-002	后尾灯总成
01-02-003	电流表
01-02-004	仪表盘总成

图 9-2-18　商品价格调整示意

②在弹出的商品数据信息对话框中点击“全部”显示库存商品信息。

③双击需要调价的商品弹出库存商品售价调整对话框，修改价格后确定退出。

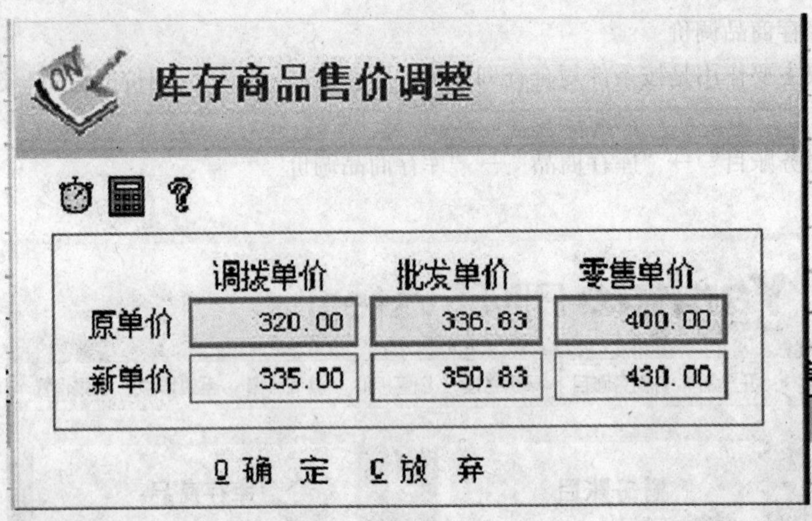

图 9-2-19 商品售价调整示意

【任务实施】

汽车配件管理信息系统具有的特点总结如下：

1. 先进性

系统基于现代供应链管理思想构建，提高企业供应、销售包括库房、计划、生产的管理效率。

2. 系统性

系统把企业业务、计划、财务管理工作联系成一个整体，各业务环节集成在一体化的系统平台上。

3. 灵活性与可扩展性

系统采用模块化结构，为增加新功能留下接口，根据管理发展的需要可以增加功能模块。既符合了企业的未来发展需要，也保证了现有软硬件投资的长远价值。

4. 数据共享性

企业各部门都依据同一数据信息进行管理，任何一种数据变动都能实时地反映给所有部门，做到数据共享。在统一数据库支持下按照规范化的处理程序进行所授权限下的管理和决策。

5. 安全性

系统利用账户口令及权限管理、数据加密技术来保证系统数据的充分安全。

6. 物流、资金流的统一

系统可以把实物形态的物料流动直接转换为价值形态的资金流动，保证物流和财会数据一致。

7. 开放性数据接口

系统提供开放的数据接口，方便同其他软件通信，实现无缝连接。32 位应用程序，保证数据的一致性与完整性，支持多平台。使用汽车配件管理信息系统可以使企业管理达到如下目标：

（1）规范化：每一笔业务都必须按照系统要求，正确履行业务处理流程；市场信息如价格（《商务智能管理系统》）、客户、账款等都纳入系统进行统一管理……通过组建统一、集成、硬化的管理平台，克服主观随意和盲目混乱。

（2）标准化：整理企业基础管理数据，对品种（《商务智能管理系统》）、往来单位、部门人员等进行统一的编码，实施标准化管理。

（3）自动化：将简单、重复、繁琐的工作交给计算机，所有涉及数据处理的工作都变得极其简单而快捷；用户可随时对已有数据进行业务分析、报表生成、资金统计，大大提高处理效率。

（4）透明化：企业运作过程中所有环节的人财物的变化，都可以通过系统，如实、准确、适时地体现出来。企业决策者可实时监控各个业务环节。用户可以随时方便地掌握每一个业务项目、业务事件的成本和效益情况，了解企业的财务状况。

【任务总结】

复习汽车配件信息管理系统的流程及基本操作方法；正确操作汽车配件信息管理系统。

检验内容	检验指标	检验总结
汽车配件信息管理系统	汽车配件信息管理系统的主要功能是日常进货入库、汽车配件销售、库存管理、基本信息管理、财务管理、报表管理、查询统计等，在帮助汽车配件企业管理方面起到很大的作用	
检查任务完成情况	以小组为单位，正确操作汽车配件信息管理系统	

任务三　汽车电子商务应用

【任务描述】

通过对电子商务相关知识的系统学习，掌握电子商务在汽车营销上的方法，便于汽车销售企业更好地销售汽车配件。

【任务目标】

1. 了解汽车电子商务的概念。
2. 熟练掌握电子商务在汽车上的应用。
3. 指出我国汽车电子商务存在的问题及对策。

【任务准备】

一、电子商务的定义

电子商务（Electronic Commerce）是指买卖双方之间利用计算机网络，按照一定的标准所进行的各类商贸活动。这里的“买卖双方”、“利用计算机网络”、“按照一定的标准”

和“进行商贸活动”都具有丰富的含义。参与电子商务同样是买方和卖方。买方包括购买物品和服务的消费者，以及购买劳动力、资金和原材料的厂商。卖方包括出售商品和服务的厂商、出卖劳动力的工人等。电子商务是最先进的买卖方式，这种买卖方式是依托互联网而开展的。入网用户将自己的各类供求意愿按照一定的格式输入电子商务系统，该系统根据用户的要求，寻找相关信息，提供给用户多种买卖选择。一旦用户确认，电子商务系统就会协助完成合同的签订、分类、传递和款项收付等全套业务。这就为卖方以较高的价格卖出产品，买方以较低的价格购入商品原材料提供了一条非常好的途径。电子商务的应用，有助于降低交易成本，改善服务质量，提高企业的竞争力。真正的电子商务交易的实现，需要一定的交易标准作保证。包括执行国际通用的安全套接层（SSL）标准，也包括根据我国实际情况制定的参与交易的企业资信认证标准、产品认证标准、标准电子合同、电子签名标准等。只有形成了一整套电子商务交易的标准体系，才能有效地保证电子商务安全、可靠、顺畅地进行。

二、电子商务的分类

电子商务按电子商务交易涉及的对象、电子商务交易所涉及的商品内容和进行电子业务的企业所使用的网络类型等对电子商务进行不同的分类。

1. 按参与电子商务交易涉及的对象分类，电子商务可以分为以下三种类型

（1）企业与消费者之间的电子商务（Business to Customer 即 B to C）。这是消费者利用互联网直接参与经济活动的形式，类似于商业电子化的零售商务。随着万维网（WWW）的出现，网上销售迅速地发展起来。目前，在互联网上有各种类型的虚拟商店和虚拟企业，提供各种与商品销售有关的服务。通过网上商店买卖的商品可以是实体化的，如书籍、鲜花、服装、食品、汽车、电视等；也可以是数字化的，如新闻、音乐、电影、数据库、软件及各类基于知识的商品；还有提供的各类服务，如旅游、在线医疗诊断和远程教育等。

（2）企业与企业之间的电子商务（Business to Business 即 B to B）。B to B 方式是电子商务应用中最受企业重视的形式，企业可以使用互联网对每笔交易寻找最佳合作伙伴，完成从定购到结算的全部交易行为，包括向供应商订货、签约、接受发票和使用电子资金转移、信用证、银行托收等方式进行付款，以及在商贸过程中发生的其他问题如索赔、商品发送管理和运输跟踪等。企业对企业的电子商务经营额大，所需的各种硬软件环境较复杂，但在 EDI 商务成功的基础上发展得最快。

（3）企业与政府方面的电子商务（Business to Government 即 B to G）。这种商务活动覆盖企业与政府组织间的各项事务。如企业与政府之间进行的各种手续的报批，政府通过互联网发布采购清单、企业以电子化方式响应：政府在网上以电子交换方式来完成对企业和电子交易的征税等，这成为政府机关政务公开的手段和方法。

2. 按照电子商务交易所涉及的商品内容分类，电子商务主要包括两类商业活动

（1）间接电子商务：电子商务涉及的商品是有形货物的电子订货，如鲜花、书籍、食品、汽车等，交易的商品需要通过传统的渠道如邮政业的服务和商业快递服务来完成送货，因此，间接电子商务要依靠送货的运输系统等外部要素。

（2）直接电子商务：电子商务涉及的商品是无形的货物和服务，如计算机软件、娱乐内容的联机订购、付款和交付，或者是全球规模的信息服务。直接电子商务能使双方越过地理界线直接进行交易，充分挖掘全球市场的潜力。

3. 按照开展电子商务业务的企业所使用的网络类型框架的不同，电子商务可以分为如下三种形式

（1）EDI网络电子商务。EDI是按照一个公认的标准和协议，将商务活动中涉及的文件标准化和格式化，通过计算机网络，在贸易伙伴的计算机网络系统之间进行数据交换和自动处理。EDI主要应用于企业与企业、企业与批发商、批发商与零售商之间的批发业务。EDI电子商务在20世纪90年代已得到较大的发展，技术上也较为成熟，但是因为开展EDI对企业有较高的管理、资金和技术的要求，因此至今尚不太普及。

（2）互联网电子商务（Internet网络）。是指利用联通全球的互联网络开展的电子商务活动，在互联网上可以进行各种形式的电子商务业务，所涉及的领域广泛，全世界各个企业和个人都可以参与，正以飞快的速度在发展，是目前电子商务的主要形式。

（3）内联网络电子商务（Intranet网络）。是指在一个大型企业的内部或一个行业内开展的电子商务活动，形成一个商务活动链，可以大大提高工作效率和降低业务的成本。如中华人民共和国专利局的主页，客户在该网站上可以查询到有关中国专利的所有信息和业务流程，这是电子商务在政府机关办公事务中的应用；已经开通的上海网上南京路一条街主页，包括了南京路上的主要商店，客户可以在网上游览著名的上海南京路商业街，并在网上南京路上的网上商店中以电子商务的形式购物；已开始营业的北京图书大厦主页，客户可以在此查阅和购买北京图书大厦经营的几十万种图书。上述两个都是B to C的电子商务应用形式。

三、电子商务的特点

电子商务与传统商业方式不同，其优越性是显而易见的。企业不但可以通过网络，直接接触成千上万的用户，和他们进行交易，从根本上精简商业环节，降低运营成本，提高运营效率，增加企业利润，而且还能随时与遍及各地的贸易伙伴进行交流合作，增强企业间的联合，提高产品竞争力。电子商务与传统商业方式相比，具有如下特点：

（1）精减流通环节。电子商务不需要批发商，专卖店和商场，客户通过网络直接从厂家定购产品。

（2）节省购物时间，增加客户选择余地。电子商务通过网络为各种消费需求提供广泛的选择余地，可以使客户足不出户便能购买到满意的商品。

（3）加速资金流通。电子商务中的资金周转无须在银行以外的客户、批发商、商场等之间进行，而直接通过网络在银行内部账户上进行，大大加快了资金周转速度，同时减少了商业纠纷。

（4）增强客户和厂商的交流。客户可以通过网络说明自己的需求，定购自己喜欢的产品，厂商则可以很快地了解用户需求，避免生产上的浪费。

（5）刺激企业间的联合和竞争。企业之间可以通过网络了解对手的产品性能与价格以及销售量等信息，从而促进企业改造技术，提高产品竞争力。

四、电子商务的功能

在信息时代电子商务显示出了强大的功能和明显的效益，正因如此，电子商务备受各行各业重视，成为促进汽车工业发展和汽车消费的又一热点，各汽车企业应高度重视电子商务对本企业发展的推动作用。

1. 在企业采购中的功能

企业采购工作是一个复杂的多阶段过程。企业采购属于 B to B 电子商务模式，许多大中型企业已经在专用网络上使用了电子数据交换来自动完成例行采购。全球范围利用 EDI 进行的商务活动已超过 3000 亿美元，据统计利用 EDI 的企业一般节省采购费用 5%～10%。利用互联网可以进一步降低采购费用，许多中小型企业可以从其低廉的传输费用中得益。

2. 在企业减少库存上的功能

企业与供应商之间传统的供应链运作效率很低，表现在每次供货量很大，每批供货间隔时间很长，其结果是企业的库存量很大，供应商对企业的商品需求不能做出快速的反应。日本汽车企业创立了及时供货（JIT）系统，将企业年库存周转次数由 4～5 次提高到近 20 次。

生产计划是按销售情况来不断调整的，企业产品的库存过大会造成大量资金积压、过小会产生脱销而影响销售量，在传统的生产与营销模式中库存量占年销量的 10%～20%，管理水平很高的汽车企业已可以控制在 10%以下，即使如此，资金困难总是困扰着大部分企业。

美国汽车制造商通过专用网络及电子数据交换系统与供应商之间沟通供货信息。供应商总是掌握整车厂两个月的生产计划以及近几天内的详细供应需求，这样供应商可以从容地安排本企业的供货和生产，同时及时向整车厂供货，使整车厂的年库存周转次数由近 20 次增到 130 次左右，从而节省了大量运营费用。

3. 在企业缩短生产周期方面的功能

市场竞争要求企业迅速地推出符合潮流的新产品来满足消费者的需求，这对汽车业界而言是极大的挑战。按传统的方式开发产品，周期约为 5～6 年，日本企业采用并行工程研发方式将研发、生产和营销人员组织在一起进行工作，使周期缩短到 3～4 年，这样企业从采用先进技术的新颖性到款式的时尚性都占有先机，具有很大的竞争力。

4. 在企业服务方面的功能

许多企业利用互联网进行客户服务，在网上介绍产品、提供诸多有关产品的信息资料，进行交互式的咨询服务，在互联网上接受订单，并按协议或方便客户的方式进行付款和送货。销售服务部门建立客户管理系统，通过电话、网络站点、传真、电子邮件等触发手段与客户进行交流，提供技术支持和售后服务。

企业在利用互联网进行客户服务中，可以充分地展示企业的产品，可以和更多的潜在顾客交流信息，可以迅速地反馈客户对产品消费中的意见，能更好地使客户满意，节省大量营销和服务费用。

5. 在企业降低产品价格方面的功能

在传统的销售方式中企业要销售更多的产品必须增加销售人员，故而大型企业必然拥

有一支庞大的销售队伍。如果通过互联网网络站点进行销售，新客户的增加，仅仅受到服务器容量的限制，其他附加费用甚低。

由于销售上升，企业通过信息网络系统及时进行采购和物资调配，缩短了生产周期，保证了向市场供货。电子商务的运作模式使企业在生产、营销服务上节省了资金，降低了生产成本和营销成本，最终在产品价格竞争方面具有更大的空间。

6. 在企业寻求新的销售机会方面的功能

由于互联网在全球已进入普及阶段，各企业利用网络站点可以进入一个新的市场。网络商务的特点是具有多媒体功能和交互能力，其页面能够显示各种彩色并附有音响的动画图像，很好地宣传、介绍企业的产品，客户可以利用浏览访问，允许来访者输入数据进行信息交流。

企业通过网络站点与销售商接触、树立品牌形象，与客户进行交流，实现信息管理和分发，提供顾客服务、技术支持和网上销售。以计算机制造商戴尔（Dell）公司为例，在其客户中，有 80%的消费者和一半的小公司过去从未购买过该公司的产品，有 25%的客户称，若无此网络站点，他们不会购买 Dell 产品。由于网络站点上的虚拟商店每周营业 7 天，每天营业 24 小时，因而可以比传统商店获得更多的商机。

对于汽车行业而言，中、小型的汽车零部件制造厂家通过电子商务可以获得许多销售机会。

7. 在消费者购买商品中的功能

传统的消费者购买行为是进商店，货比三家，然后才是付款提货。

网上购物开辟了一个不同的模式，网上浏览虚拟店铺可以取得精练而有价值的信息，可以迅速地了解数十家商场的商品情况，包括款式、功能及价格等。通过交互信息可以定制、增加功能、砍价，可以参与产品的设计开发，选择多种付款方式，选择送货上门或在附近提货，可以得到咨询等各项服务。

8. 对社会的功能

电子商务的发展将进一步促进市场的繁荣，使经济实现全球化。

信息产业是形成知识经济时代的核心，电子商务的发展将直接或间接地推动知识经济走向新的高点。在电子商务的发展过程中会出现许多新的行业和服务中介机构，如物流公司和配送中心，它们将起到重要的中介作用。

电子商务为政府行政管理带来了新的模式，在安全管理、税收管理、法律保证、知识产权保护、隐私保护等方面提出了挑战。电子商务将创造出更安全、更合理、更方便的社会服务体系，从而推动经济的发展，使得人民生活更加便利。

五、电子商务在汽车营销中的作用

20 世纪 80 年代，美国通用汽车公司率先建立了良好的全公司信息系统，包括营销、采购、开发、设计、生产与财务等，从而形成了竞争优势。从此，各大汽车公司都和通用公司一样，积极地运用电子商务来促进企业的发展。

在汽车开发工作中，许多汽车企业在由营销部门 S、生产部门 E 和研发部门 D 联合组成的产品开发组合 SED 基础上，扩充吸收了采购部门 B、财务部门 F 和质量部门 Q，形成了 SEDBFQ 的开发组合。通过三个层次的网络，可充分收集市场信息、技术信息，从产品构思开始便考虑到充分地利用已有的汽车制造平台、现有的供应链和企业的资金来提供能满足市场需求、缩短开发周期、降低生产和营销成本的新产品。同时，改变了过去大规模供应同一规格产品的方式，在同一制造平台上生产许多变型的产品，以迎合消费者个性化的需求。通用汽车公司在网上推出了让消费者在线设计汽车的服务项目，请消费者通过在线方式对自己想要购买的汽车进行定制，在基本车型的基础上，消费者可以选择发动机功率的大小、内饰、电子装备、颜色等。在完成定制选择后，有关信息会通过网络传送到通用公司的相应生产厂家和有关供应商，该定制车以统一的代码标定，在总装线上该代码的零部件会准确、及时汇总，无缝地装配成车，并通过运输公司配送到离消费者最近的营业点，消费者即可网上付款，营销人员便可为其送车。

1994 年年初，美国通用、福特、克莱斯勒汽车公司和强生控制零部件公司等 10 余家供应商联合建立了制造组装一条龙（MAP）系统，以改善汽车组装供应链的物流。MAP 的参与企业之间以外部联网互相连接，从营销需求到生产供应链的底层信息传递时间缩短了 2/3，出错率减少了 70%，保证了生产需要物资的正点运输，年节省资金近 11 亿美元。

2000 年年初，美国三大汽车企业联合发起建立大型的网上汽车行业电子商务交易平台。电子商务中心科维森特网站与 5 万多家供应商联网，通过网络进行汽车零部件的全球采购，紧接着丰田、雷诺—日产、大众、标志等跨国公司也纷纷参加，从而形成了世界上最大的电子交易市场，并建立起卖方主导市场的构架。科维森特网站的页面简洁，下载速度快，软件设计先进，有英、德、法、日四种语言可选择使用，有安全保密的保障。该网站的建立和运用体现了汽车产业链的全球化，国产化的概念由地产化替代，在发展中国家实施地产化不仅由于人工低廉而降低成本，也由于供应链间距离缩短而可以更好地实行生产，同样也可大幅度降低成本。

由跨国汽车企业组建并控制的电子商务大市场形成了卖方主导市场。这种 B - to - B 的电子商务模式整合了汽车行业上下游的资源，在大范围内进行资源优化配置可使企业产生规模收益递增效应，从而大幅度节省交易费用，降低采购成本，缩短交货期，减少库存，实现定制生产；同时改变了整车厂与零部件厂的关系，整车厂不再想控制零部件厂，更愿意退出零部件生产环节，而去寻求最佳零部件供应商实行全球采购，这样为零部件企业提供了竞争、发展的商机。

电子商务在发展的过程中，也面对诸如法律、税收和安全方面的问题。除此之外，还遇到了汽车行业特有的麻烦。汽车是技术密集、价格昂贵的耐用消费品，大多数消费者还是希望能通过试车、真实体验之后进行购买。这就需要各汽车厂商积极采取措施来解决这些问题。目前，汽车电子商务的发展动向主要有以下几个方面：

(1) 进一步完善企业的内部联网。企业将努力完善内部联网中的产品研发管理（PLM）系统、供应链管理（SCM）系统和客户关系管理（CRM）系统，这是直接影响企业经营的增值环节。

(2) 努力发掘企业外部联网的作用。汽车工业 B to B 的电子商务已经组建得有相当的规模与水平，企业应充分利用电子商务的优势，进一步提高 B to B 运作模式的效率和效益。

(3) 全力开拓 B to C 的电子商务业务。由于汽车本身经济价值和使用的原因，网上直销时需要对消费者做大量的工作，同时由于影响因素众多而不可能一蹴而就，这需要整个汽车行业联合起来，从转变观念入手，确保交易安全、服务周到，形成对消费者的强大吸引力，逐步打开网络营销的新局面。

(4) 汽车电子商务的多元化发展。各类商家都在做汽车及其零部件的销售业务，汽车企业营销工作也可以多元化地经营各类商品。丰田的 Gazoo 网站就与日本 15000 多家便利店联营，用户网上订货，就近的便利店即可送货，这是充分利用丰田国内外近 5000 万客户资源的结果。美国福特等公司也在策划这方面的业务。

六、我国汽车营销电子商务现状

1. 我国汽车营销电子商务存在的问题

目前，我国汽车企业已步入信息化，尤其在内部管理和汽车设计制造上各大汽车企业都建有自己的网页，如一汽、东风、上海大众、重庆长安等都利用自己的网页发布信息、品牌宣传、信息反馈等，但从内容到形式仍主要停留在企业简介、产品样本的初级阶段。有的汽车企业的主页虽有网上销售的内容，但却没有一套可以实施的操作方案，即使有通过网络购车的消费者，也往往被告知去找当地的经销商联络。

一些汽车专业网站，如汽车信息网、易车网等虽然声称可以提供汽车电子商务，但从总体上看，国内汽车电子商务处于有电子无商务的状态。

(1) 网站定位不明确，在线交易难以实现。虽然各类汽车网站数目很多，但绝大部分的汽车网站仅仅搭起了“架子”，给人的总体印象内容大同小异，无非是公司简介、产品展示、展会信息、政策信息、供求信息等，都缺乏与合作伙伴间的联系。虽然有一些重点汽车企业接通了互联网，但只停留在简单的企业介绍和产品介绍上，大多数仅在网上开设了主页和电子信箱，无法进行网上营销。网站只是象征性地设置了电子订单，内容也只限于登记供应商或经销商的大致情况。另外，绝大多数网站基本没有将客户进行分层，经销商与消费者没有得到区别对待，更谈不上对每个客户的个性化服务，这也是影响在线交易的原因之一。

(2) 缺乏信用。现在我国的商业信誉还达不到发达国家的级别，网上交易的双方没有完整的法律规范制约，双方都不放心。尽管制约电子商务发展的支付系统在不断完善，银行卡、在线支付等在有些银行已经实现，但由于缺少一个社会信用体系，参与网络购物的厂家、银行、网站、消费者之间都缺少信任，从而影响了汽车电子商务的发展。

(3) 缺乏行业统一的信息交换标准。在看得见而摸不着实物的网上商务中，交易的标的应该是标准的产品（如期货交易的产品），或者存在通用的标准可对其名称、规格、质量适用范围等进行描述。缺乏行业标准或行业标准混乱将使高质量汽车营销中电子商务交易受到致命的限制。

(4) 汽车企业管理水平落后。相比国外，我国绝大多数汽车企业管理水平还有很大的差距，采购、生产，特别是销售还是相对独立的手工操作，这种老一套的管理模式难以适应电子商务条件下各环节高效、协调、统一、即时的要求。

(5) 观念上的误区。我们的汽车企业仍是以一种传统经济的思维方式来思考问题，许多公司只是被动地接纳了这一销售方式，而没有真正意识到其作用，对从汽车电子商务所能获得投资回报也产生怀疑，从而影响开展汽车电子商务的积极性；许多消费者对我国汽车电子商务的实用性不认可，仍相信眼见为实，亲身体会车感仍是众多购车者的首选，如果在当地的销售网点买到的汽车与在网上买到的汽车价格一样，服务相同，那就不会使人们对电子商务感兴趣。

总之，影响我国汽车营销中电子商务发展的因素是多方面的。电子商务在汽车营销中具有十分广阔的应用前景，但我国汽车营销中发展电子商务应未雨绸缪，任重而道远。

2. 我国汽车营销电子商务发展的对策

(1) 加强汽车网站建设，树立“服务”理念，提高竞争力。汽车营销网站要想在竞争中生存，既要低成本运营，又要形成特色优势和品牌优势，在成本投入上要处理好网站的发展目标要求、服务功能技术实现与运营成本的矛盾，在相关信息的搜集、组织、处理、加工及发布上，又必须处理好信息的开放与集中、共享与垄断或变相垄断的矛盾，以提高竞争力；同时树立“服务”理念，从企业和消费者的实际需求出发设计汽车营销电子商务模式，电子商务才能成为真正能够为企业和消费者带来利益的商务，汽车业电子商务公司才能取得长远的发展。

(2) 应与传统模式相结合。由于我国汽车营销中的电子商务发展与发达国家相比还存在较大差距，不可能迅速实现网上交易，因此，目前比较理想的操作模式应是电子商务与传统模式的结合，共同搭建信息化平台，才能做到汽车营销中电子商务化，充分发挥两者优势。使用电子商务手段的同时，满足本行业顾客的具体要求，把服务落到实处，各企业要建立产品数据库、技术数据库，以支持销售，方便顾客查询，建立自身的具有一定数量的实体库存。借用社会力量，以企业联盟及其他方式建立覆盖当地市场的仓储、配送力量，把虚拟库存的产品调配用配送力量落到实处；以品牌为龙头、网络为手段、产品为纽带、仓储和配送力量为支持；发展包括配件、经销商、汽车修理厂、汽车养护中心为内容的连锁体系。在开放式信息平台的支持下，更大范围联合行业内的企业，借助各自的资源共享市场，合作竞争，共同获利。

(3) 应紧跟国际发展潮流。现在我国汽车工业迫切需要各个方面与国际接轨。无论从哪个方面看，网络化无疑成为竞争的关键。现在国外汽车营销中电子商务已先于我国，如果我们错失了电子商务的发展机会就等于放弃了未来。因此，我们的当务之急是要注意跟踪国外汽车营销电子商务的最新技术，尽早与国际接轨。只有这样，我们才能在参与国际汽车工业的竞争中赢得优势。

(4) 建立统一的汽车电子商务平台。我国汽车营销应采用统一的电子商务平台，不仅可以节约网络资源，规范贸易行为，最大限度地发挥网上交易的优越性，同时还能够避免国内汽车市场的无序竞争，把主要力量放在共同开拓国际市场上。这对于信息的标准化程度较高的汽车业是容易实现的。

(5) 政府应出台相关政策予以支持。政府应为企业提供必要的服务和指导，在政策和资金上予以扶持和支持，只有这样，才能使我国汽车营销中电子商务的发展具备良好的外部环境，才能帮助和促进汽车传统营销转变经营方式，才能使我国汽车营销跟上世界汽车电子商务的大潮。

总的来说，在国内，真正汽车电子商务时代的到来，还有一段很长的路要走。但专业汽车网站与传统汽车产业，二者若能借鉴国外在这方面的成功经验，并很好结合企业本身在人才、资金、技术方面的实际优势，完善网络技术与交易手段，为汽车消费者提供切实的服务，开展多种服务方式的有益探索，那么中国汽车电子商务一定会有一个较好的发展前景。

【任务实施】

汽车行业电子商务应用一般可分为五个层次：一是企业网上宣传；二是企业网上市场调研；三是企业与分销渠道网络联系模式；四是企业网上直接销售模式；五是供应链网上营销集成模式。国内汽车行业的电子商务应用已逐步展开，但现状不容乐观，基本上处于第一、第二层次。国内汽车工业的信息化总体应用水平还比较低，尤其是汽车行业间的数据交换，汽车业集团内部不同分公司之间的信息交流，汽车业之间的数据确认等。总的来说，国内汽车电子商务的应用仍处于萌芽状态，因此需要建立汽车电子商务与企业 ERP 的整合系统非常重要。

【任务总结】

复习汽车电子商务的概念、电子商务在汽车上的应用、我国汽车电子商务存在的问题及对策；正确操作汽车配件信息管理系统。

检验内容	检验指标	检验总结
汽车电子商务	汽车产业作为支柱产业已开始跨入网络化的电子商务时代，越来越多的汽车企业认识到利用国际互联网作为电子商务平台推动汽车营销的重要作用，纷纷挤占这一科技制高点，并将之视为未来汽车电子商务竞争优势的主要途径。可以预计，汽车电子商务必将成为 21 世纪汽车营销有主要形式之一，现代汽车市场营销的竞争将在很大程度上是汽车电子商务的竞争，谁适时占领这块阵地，谁将赢得市场营销的主动权	
检查任务完成情况	1. 讨论我国汽车营销电子商务发展的对策 2. 课堂辩论：汽车营销是否需要发展电子商务	

参考文献

[1] 蔡广新．汽车机械基础［M］．北京：高等教育出版社，2008.

[2] 梁飞燕，潘尚峰，王景先．机械基础［M］．北京：清华大学出版社，2005.

[3] 娄云．汽车性能与使用技术［M］．北京：机械工业出版社，2009.

[4] 宓亚光．汽车配件经营与管理［M］．2 版．北京：机械工业出版社，2011.

[5] 张彤，于澎田．汽车零部件供应物流模式分析［J］．中国流通经济，2010（7）：39-42.

[6] 何民爱，李艳峰．我国汽国零配件产业物流管理的新模式［J］．物流技术，2005（11）：17-19.

[7] 宓亚光．汽车配件经营与管理［M］．北京：机械工业出版社，2011.

[8] 夏志华．汽车配件市场营销［M］．北京：北京理工大学出版社，2010.

[9] 人力资源和社会保障部教材办公室组织编写．汽车配件营销知识［M］．北京：中国劳动出版社，2009.

[10] 李刚．汽车及配件营销实训［M］．北京：化学工业出版社，2010.

[11] 王擎天．汽车及配件营销实务［M］．北京：北京理工大学出版社，2010.

[12] 陈柏明．汽车配件营销［M］．北京：人民邮电出版社，2009.

[13] 李茂勇．汽车及配件营销［M］．山东：山东科学技术出版社，2008.

[14] 曹红兵．汽车及配件营销［M］．2 版．北京：电子工业出版社，2008.

[15] 张煜．汽车及配件营销［M］．北京：北京理工大学出版社，2007.

[16] 吴定才．图解汽车零配件通用互换实用手册［M］．北京：化学工业出版社，2008.

[17] 安军．汽车营销与配件管理［M］．北京：人民交通出版社，2010.

[18] 边伟．汽车及配件营销［M］．北京：机械工业出版社，2005.

[19] 方正宇．汽车维修企业的配件采购管理［M］．北京：机械工业出版社，2010.